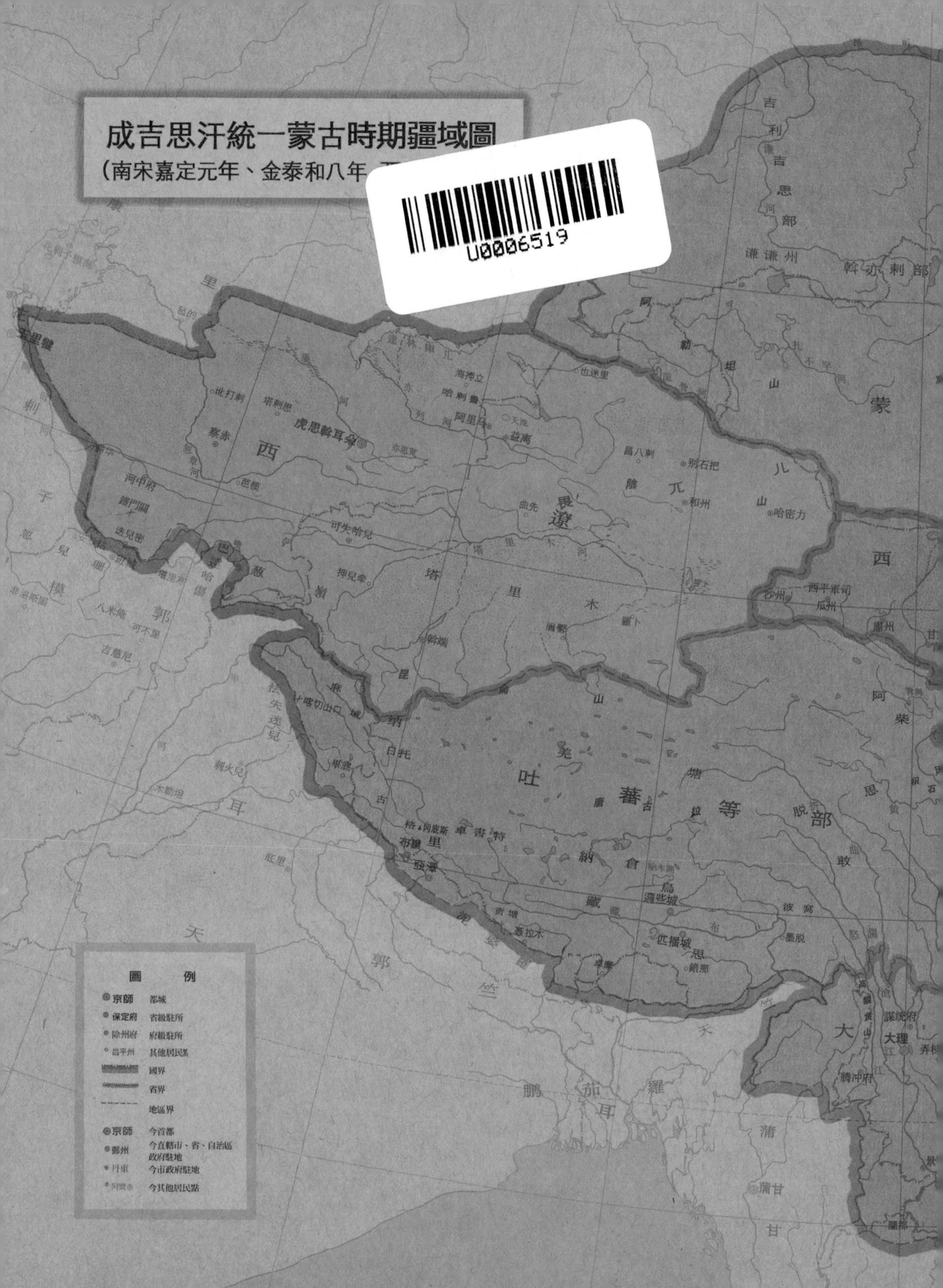

成吉思汗統一蒙古時期疆域圖
（南宋嘉定元年、金泰和八年、
西遼
吐蕃等部
虎思斡耳朵
可失哈兒
塔里木河
別石把
和州
哈密力
也迷里
吉利吉思部
謙謙州
斡亦剌部
沙州
瓜州
大理
騰沖府
匹播城
蒲甘
天竺
圖例
京師 都城
保定府 省級駐所
階州府 府級駐所
昌平州 其他居民點
國界
省界
地區界
京師 今首都
鄭州 今直轄市、省、自治區政府駐地
丹東 今市政府駐地
阿勒泰 今其他居民點

成吉思汗傳

朱耀廷 著

導讀　凱撒的還給凱撒

洪麗珠

成吉思汗（Genghis Khan，一一六二—一二二七，名鐵木真，中國歷史上的元太祖），他所帶領的部族（clan）崛起，在時間上對人類歷史的發展帶來震撼；空間上對中原王朝、北亞、中亞乃至歐洲部分地區影響延續至今。身為中外歷史上的世界征服者（World Conqueror）之一，他是最受西方人所認識的「東方帝王」，更是文學創作的重要靈感來源。二〇一五年初，《國際財經時報》（*International Business Times*）引述英國《自然》（*Nature*）期刊，提到英國萊斯特大學（University of Leicester）遺傳學家Mark Jobling的研究，指出成吉思汗的遺傳基因是亞洲影響最廣者，其「子孫」占據亞洲男子的二十%，全球男子的〇.五%，此一論證是否顛撲不破或可不論，例如所謂的染色體Y中發現的十一個獨特序列如何確認來自成吉思汗？真正的意義亦不在於是否能賦予成吉思汗「亞洲之父」的頭銜，而是昭示了這位蒙古世界帝國創建者的魅力，即使在學術圈，亦能吸引不同領域的研究者，而不拘於文史學界。如同作者文中曾提到據稱麥克阿瑟稱其為「全人類的皇帝」；波斯史家志費尼（al-Juwayni，一二二六—一二八三）於《世界征服者史》中描述：「運籌帷幄、料敵如神的亞歷山大，在使計用策上當是成吉思汗的學生；攻城略池的妙策上，最好盲目地跟著成吉思汗走。」也引述拿破崙感嘆自己不如成吉思汗一般有四個虎子效力的好運。綜言之，成吉思汗可說是英雄界的標竿，其知名度與影響力自不待言，以至於關於他的學術研究、文學傳記與通俗戲劇、音樂、電影作品更是汗牛充棟。

本書站在巨人的肩膀上，考驗作者如何獨樹一格，帶領讀者再度認識成吉思汗。內容共分八章，首章先從孕育成吉思汗的外在環境出發，從地理、文化背景架構出當時部落林立的北亞草原，再論及草原內部與周邊政治體之間的關係。第二章則描述一代天驕的出生與成長過程所遭遇的苦難。第三章為統一草原各大部族的戰爭過程。第四章到第七章則涵蓋了蒙古國的正式建立；取得成吉思汗尊號；汗權與神權的結合；開始走出北亞草原；畏兀兒（Uihur）、哈剌魯（Karluks）的降附；征西夏；南下伐金；滅西遼；開啟西征；摧毀中亞大國花剌子模，最終於西夏投降之際病逝於清水縣（今甘肅天水）。其中關於成吉思汗的生平事蹟，絕大部分立足於《蒙古秘史》、《史集》與《世界征服者史》等重要文獻，這些確實是迄今為止書寫成吉思汗最不可或缺的直接史料。在格式上，作者遵循基本的學術規範，力求史實，每章皆有完整註釋，筆法則企圖在通俗文學與專業論文之間取得平衡，可說是少見的立足於專業史料文獻之上的傳記文學。

成吉思汗作為研究與書寫的題材，不僅古老而且歷久不衰。廣義來說，中國的《元史・太祖本紀》可為濫觴，狹義則以十七世紀法國傳記作家克魯瓦（**Petis dela Croix**，一六二二—一六九五）利用了當時尚存、現今已佚的中亞多種語言文獻，撰成《古代蒙古和韃靼人的第一個皇帝偉大成吉思汗史》，開啟近現代成吉思汗傳記的序幕。整體說來，成吉思汗的傳記數量之多，亞洲史上的帝王與名人皆無出其右，通俗性作品如蘭姆（**Harold Lamb**，一八九二—一九六二）的《人類帝王：成吉思汗傳》（*Genghis Khan: The Emperor of All Men*），書寫特色是生動活潑，引人入勝，但內容卻謬於歷史事實。在學術界影響最廣者，以俄國漢學家符拉基米爾佐夫（**B. Ya. Vladimirtsov**，一八八四—一九三一）的《成吉思汗傳》（*The Life of Chingis Khan*）以及法國東方學家格魯塞（**René Grousset**，一八八五—一九五二）的《世界征服者》（*Conqueror of the*

World）。前者稱成吉思汗為「天才野蠻人」（savage of genius），日本學者小林高四郎（こばやしたかしろう，一九〇五－一九八七）曾藉此說法刻畫成吉思汗結合游牧戰士與草原領袖的理想性格。符拉基米爾佐夫的作品在大革命之後的蘇聯社會，被指責具有「唯心主義觀點的本質」，將成吉思汗的個人成就凌駕於社會發展之上，符拉基米爾佐夫最終在壓力之下，在其遺作《蒙古社會制度史》之中改採唯物史觀描述成吉思汗的角色，否定其西征的正面意義，但是這本成吉思汗傳，對於共產國家以外的學術界影響深遠。

格魯塞則是與東方學泰斗伯希和（Paul Pelliot，一八七八－一九四五）齊名的學者，他在一九四四年出版的《世界征服者》，雖是普及性讀本，卻嚴格遵守了歷史的客觀原則，除了生動傑出的敘述，書中極少發表個人議論，但透露著對成吉思汗英雄特質的崇拜，也提到蒙古西征的殺戮，導因於蒙古文化與當時正義觀的侷限，並非成吉思汗個人性格上的嗜殺。對於蒙古征服的影響，則以文學手法說道：「將環繞禁苑的牆垣吹倒，並將樹木連根拔起，卻將鮮花的種子從一花園傳播到另一花園。」暗示其西征在促進文化交流上的正面作用。

中華人民共和國建國之初，對於成吉思汗的各種書寫，基本上延續符拉基米爾佐夫《蒙古社會制度史》的唯物史觀，秉持著「肯定其統一蒙古諸部的相關作用，卻不應過度歸功於成吉思汗」，尤其是強調征服戰爭中造成了人民的傷亡、流離與對各地的破壞。但隨著共產世界中政治情勢的變遷，關於成吉思汗的評價也隨之再度擺盪，例如一九六二年成吉思汗誕生八百週年紀念，中國學者韓儒林為了反駁蘇聯對成吉思汗的否定，展現中方史學界的自主，強調成吉思汗對中國歷史的貢獻，以及西征功大於過的評價。蘇聯學界對此馬上做出回應，其科學院院士邁斯基（Ivan Mikhailovich Maisky，一八八四－一九七五）撰〈成吉思汗〉一文，肯定其統一蒙古諸部的貢獻，但是否定其征服活動。另外一方面，在成吉思汗的故鄉蒙古本土（蒙古人民共和國），在身為蘇聯附庸的時代，蒙古人民也一度喪失頌揚民族英雄的自由，直到蘇聯解體之後，蒙古共和國的民族主義勃興，展開對成吉思汗的重新評估。其中最值得注意的是著名學者比拉（Bira Shirendev，一九一一—二〇〇一）的影響，他譴責過去共產政權對成吉思汗的評論是削足適履，曾說道：「成吉思汗在歷史上既不是上帝，也不是魔鬼。他是一位功績與矛盾兼具並且充滿傳說與神話的偉大歷史性人物。」更不無情緒地說：「他將繼續是（蒙古）民族的守護神。」

從上述成吉思汗研究與傳記的正反變動中，可以發現歷史人物的形象與評價，常常受到外在政治與學術環境的牽動。本書作者除了透過客觀學術史料建構成吉思汗的一生，在最後一章「解讀成吉思汗」中，也提到「成吉思汗是中國人還是蒙古人」的問題，如同作者所承認，這已經超出了歷史研究的範疇，更確切一點說，這已非學術問題，無論是從詞彙的概念定義著手，或從人種學上切入，都難以解答，更無法符合不同立場者的期待。

著有《世界征服者及其子孫》一書的蒙元史學者楊訥曾反思道：「何以相同的事實會得出不同的結論呢？原因很簡單，因為採用了不同的衡量是非的準繩。」用在成吉思汗的書寫與評價上，頗發人深省。歷史只有一個事實，成吉思汗是中國史、蒙古史也是世界史上的重要人物，政治、學術環境的變動則不免會因為需求而在不同階段以不同的標準做出衡量。在此，我想借用我的業師，已故的蒙元史學者　蕭啟慶教授對長久以來中外成吉思汗傳記的評論：「上帝的還給上帝，凱撒的還給凱撒。」（Give to Caesar the things which are Caesar's, and to God the things which are God's）作為最後的總結。成吉思汗既不是上帝，也不是撒旦，他愛酒、愛色、愛馬，更愛狩獵；他謹慎、自制、尊敬上天，也光明磊落，作為學術研究者，應該致力於將真實面貌還給這位歷史人物。

導讀作者簡介

洪麗珠

台灣清華大學歷史所博士、四川大學歷史文化學院副研究員。

序言

西元十三世紀是一個天翻地覆的世紀，是一個戰火紛飛的世紀，是分裂了四百餘年的中國完成第四次統一的世紀，也是中國打破閉塞狀態、真正走上世界歷史舞台的世紀。而所有這一切都與一個偉大的名字聯繫在一起，這就是聞名中外的蒙古族及中華民族的英雄——元太祖成吉思汗！

有位先生說得好：「一個民族沒有英雄，這個民族是可悲的；出現了英雄，卻不去認識他、研究他、宣傳他，這個民族是沒有希望的！」任何時代、任何民族都需要自己的偉大人物，需要自己的英雄，中華民族也不例外。體育方面需要世界冠軍，科學方面需要著名的科學家，政治、軍事上也需要世界級的英雄。只有這樣才能振奮民族精神，激起人民的鬥志。成吉思汗是歷史上少有的世界級英雄，毛澤東曾將他與中國歷史上的秦皇、漢武、唐宗、宋祖相提並論，稱他為「一代天驕」！在世界歷史舞台上，成吉思汗的名聲與影響也絲毫不亞於拿破崙和亞歷山大。近些年來，不少地方給千年偉人排隊，成吉思汗往往排名第一或者名列前茅。歌頌與宣傳這樣的英雄，有利於激發人們的鬥志，有利於增強中華民族的民族自豪感與民族自信心，也有利於加強民族之間的瞭解與團結。處於改革開放、振興中華偉業中的中國，正需要用這種英雄的業績、英雄的精神、英雄的人物、英雄的品德影響與陶冶青年一代，需要不斷提高全民族的素質，鼓舞全體人民為中國的振興而奮鬥。崇尚英雄、塑造英雄、歌頌英雄，正是我研究成吉思汗的初衷。

早在北京大學歷史系讀書時，我就非常崇拜成吉思汗。「文革」以後，我回北大進修，選修了著名史學家蔡美彪先生的《遼金元史專題課》，進一步引起了我對成吉思汗的興趣，從此開始了對成吉思汗的專題研究。到二〇〇一年初，我先後寫作出版了多部有關成吉思汗的通俗歷史人物傳記、學術專著、電視劇文學劇本和長篇歷史小說，比如《成吉思汗全傳》、《一代天驕》等。長篇歷史小說《成吉思汗》還榮獲全國優秀暢銷書獎和北京市優秀圖書一等獎。

本書是在我多年研究成吉思汗的基礎上，重新撰寫的一本學術專著。

書中以國內外豐富的史料為基礎，通過極為複雜的矛盾和衝突，真實地反映和研究了成吉思汗的一生，反映了成吉思汗君臣不息抗爭、積極進取、自強自尊、勇敢頑強、恩仇必報、睥睨一切艱難險阻、壓倒一切敵人的英雄主義精神和氣概，肯定了成吉思汗締造蒙古民族、統一中國北方的偉大歷史功績。我對成吉思汗的基本評價是：

自強不息，頑強抗爭。書中首先歌頌了成吉思汗自強不息、勇往直前的奮鬥精神。從他九歲時父親被毒死之後，他們一家孤兒寡母，顛沛流離，挖草根，吃土撥鼠，家中僅有的幾匹馬被搶，一家人被追殺，年輕的鐵木真差點兒死於非命；剛結婚一個多月，年輕貌美的妻子又被搶走。泰赤烏人、主兒乞人、蔑兒乞人、塔塔兒人、札答蘭人、乃蠻人、克烈人……有多少仇敵要致他於死地，可以說，當時的社會加在他頭上的都是苦難和辛酸。但鐵木真母子兄弟並沒有被壓倒、被征服，而是咬緊牙關與厄運抗爭，與自然界及敵人搏鬥。即使是他的部眾被打散，只剩下幾十個殘兵敗將，吃野馬肉、喝混濁湖水的時候，他心裡裝著的也是振興蒙古的大業。正是這種自強不息的奮鬥精神終於使鐵木真從苦難中崛起，逐步擔當起歷史賦予他的重任：由一個弱小部落的首領，成為統一蒙古、統一中國北方、征服歐亞大陸的一代天驕。他這種不怕苦、不怕死、不服輸、不屈服的精神值得後人學習與發揚。

恩仇必報，敢愛敢恨。書中反映了成吉思汗恩仇必報、敢愛敢恨的人格自尊。蒙古族是一個愛恨分明、恩仇必報的民族，成吉思汗則是他們當中的傑出代表。本書的第一章描寫了成吉思汗的先世，他們是在血族復仇中逐步發展壯大的，成吉思汗也是在血族復仇的戰火中誕生的。正是在他出生的那個時刻，他父親俘虜了曾經殘害俺巴孩汗的仇敵塔塔兒部的首領鐵木真兀格。仇敵被處死了，但他父親卻讓自己的兒子使用了敵人的名字，說是為了紀念戰爭的勝利和兒子的降生。可見，「鐵木真」的名字本身就深深打上了社會動亂、血族復仇的烙印。從某種意義上也可以說，作為蒙古部的戰神——鐵木真是為血族復仇而生。而當他的父親被毒死之後，「為父祖報仇」就成為他生活的主要目標和動力。他痛恨金朝統治者，痛恨殺害其父祖的塔塔兒人，痛恨與他們一家為敵的泰赤烏人，也痛恨壓迫和迫害自己親人和同胞的一切敵人。但對於自己的父祖，對自己的母親，對自己的妻子和情人，對自己的子女、部將和人民，他卻充滿了無限的愛。正是為了搶回被奪走的妻子，他發動了第一次戰爭；為了替父祖報仇，他一直與塔塔兒為敵，並終於開始南下征金；為了替被殺害的四百五十名商人和使者報仇，他進行了西征；他對自己的母親卻一直孝敬溫順、言聽計從，對自己的恩人和情人他也一直感念不忘。更為可貴的是，他沒有停留在「恩仇必報」的水準上，而是隨著鬥爭的發展，思想不斷昇華。他的愛和恨都是發自內心的，其中大部分都是合理與正義的，但也因此而導致過一些殘暴的舉動。然而他的自尊、自愛、自強、自立的偉大人格，卻永遠值得今人與後人學習。

胸懷寬廣，求賢若渴。書中如實反映了成吉思汗胸懷寬廣、求賢若渴的用人政策。他用人不問民族、出身，不問等級、資歷，包括反對過自己的人、昔日的敵人，他都可以破格任用，如其名將者別就曾射中他的脖頸，而木華黎則是敵對勢力的門戶奴隸。從這一方面講，他用人是無條件的。但另一方面，他強調唯才是用、無才不用；強調部下必須忠於自己的主人，對於背叛故主者必殺無赦，因此他用人又是有條件的。人才的得失去留，關係到事業的盛衰興亡。正確的用人政策，正是成吉思汗取得成功的一個關鍵。總結和學習成吉思汗胸懷寬廣、求賢若渴的用人政策，對於我們今天的事業無疑也會有一定裨益。

雄才大略，無往不勝。成吉思汗具有雄才大略、無往而不勝的政治謀略與軍事才能。他從小到大、從弱到強、勇敢機智、無堅不摧，以十萬軍隊與幾十萬金軍進行決戰，只帶二十幾萬軍隊就敢於萬里西征，結果卻打敗了一個又一個敵人。所有這一切充分說明他不僅是一個「只識彎弓射大鵰」、能征慣戰的勇士，而且是一個精通戰略、戰術，深明治國之道的政治、軍事戰略家。他利用矛盾、爭取多數、各個擊破的鬥爭策略，他不斷加強軍隊建設、政權建設的各項政治、經濟措施，他因糧於敵、因敵攻敵、依靠敵方力量攻擊敵人的軍事鬥爭方針，他知己知彼、靈活機動、隨機應變的戰略戰術，的確都有「古法所未言者」。所有這些都值得我們學習與借鑑。

如何對待成吉思汗西征？這是成吉思汗研究中遇到的一個十分棘手的問題，也是描寫成吉思汗的人物傳記必須回答的問題。

目前，中國的史學界，一般都肯定成吉思汗統一蒙古高原、統一中國北方的鬥爭，但一提到西征往往予以基本的否定。而西方一些史學家與政治家乾脆將成吉思汗西征看做是一場天災、一場浩劫，一場來自東方野蠻人的黃禍，除了切齒痛恨與口誅筆伐之外，根本不許別人說出一點兒不同見解。對此抱有不同看法的中國史學家們，害怕別人說自己鼓吹侵略，鼓吹民族征服，因此也不願涉足這一問題。大概正是由於受這一問題的影響，直到二十世紀八〇年代初期，中國的史學家們還沒有人寫出一本全面論述成吉思汗的專著。八〇年代中期，中國拍攝了一部名為《成吉思汗》的歷史故事片，以史詩般的氣魄再現了成吉思汗統一蒙古高原的鬥爭，但也只寫到一二〇六年成吉思汗統一蒙古草原為止，始終沒有出現一個成吉思汗西征的鏡頭，似乎成吉思汗壓根兒沒有什麼西征之舉。這實在是個令人費解的現象。

在中國古代眾多的帝王當中，大概只有成吉思汗是最具有世界性影響的人物。之所以如此，在很大程度上是由於成吉思汗及其子孫進行了西征。描寫成吉思汗的人物傳記，不反映西征，這與努爾哈赤、皇太極，與統一中國北方的少數民族領袖就沒有什麼區別。實際上，這也不是一種實事求是的態度。我認為，作為一個史學家應該知難而上，應該敢於描寫成吉思汗西征，應該正確分析西征的起因，如實地反映戰爭的過程，並用生動的事實說明成吉思汗勝利、其他民族失敗的經驗教訓。

本書以《蒙古秘史》、《元史》、《史集》為主要參考資料，如實描寫和分析了成吉思汗西征的起因、過程、結果和歷史的反思。蒙古西征並非成吉思汗挑起的，花剌子模邊將海兒汗殺死蒙古四百五十人的商隊，花剌子模國王又殺死了成吉思汗要求引渡罪犯的正使，直接導致了成吉思汗西征，這是一個不容否認的歷史事實。花剌子模人的所作所為是對一個主權國家的無視與侮辱，這種事件即使發生在現代，也會引發一場國家之間的戰爭。當然，本書也沒有故意為西征辯護，我認為當時蒙古族正處於「以征服戰爭為職業」的歷史階段，企圖占領更多的領土，對其他地區進行經濟掠奪，的確是成吉思汗進行西征的終極原因。為此，本書專門描寫了成吉思汗的兒子們為爭奪汗位的一場「出師前的爭吵」，而成吉思汗解決矛盾的辦法則是盡可能多地占領西方的領土。

成吉思汗西征的對手花剌子模國王摩訶末本身也是世界征服者，他經過多年戰爭已經征服了伊斯蘭世界的不少國家，並企圖在征服伊斯蘭教主哈里發之後，再出兵征服斡羅思並征服東方。他之所以敢於殺死成吉思汗的正使，也說明他不可一世、目空一切的狂妄氣焰。為了對付摩訶末，伊斯蘭教主哈里發的確曾經派出使者，希望東方的救世主「約翰長老」出兵相救。而他們所謂的「約翰長老」正是西征途中的成吉思汗。本書反映了這一事實，並不是為了替成吉思汗西征進行辯護，而是為了說明成吉思汗西征事出有因，說明花剌子模國王摩訶末也不是什麼無辜的受害者。

在描寫西征的具體過程中，本書一方面寫了花剌子模內部的各種矛盾，導致戰爭失敗的原因；寫了戰爭的挑起者海兒汗的抵抗及其悲慘的下場；寫了摩訶末國王的無能和不抵抗政策；同時也描寫了花剌子模名將帖木兒滅里和札蘭丁王子的英勇抵抗；描寫了蒙古內部的反戰情緒，尤其是耶律楚材、長春真人對西征的批判態度。其中用了一定篇幅描寫長春真人西遊，目的正是為了對這場戰爭進行反思。從主題思想看，本書將西征視為歷史的悲劇，這場悲劇的製造者不僅有成吉思汗，也有花剌子模的海兒汗和摩訶末國王等人。戰爭當然免不了殺人、死人，本書對這一問題既沒有大力渲染，也沒有故意迴避，而是用批判的態度適當予以反映。

我不同意西方某些政治家所謂的「黃禍論」。我認為，將成吉思汗及其子孫的西征說成是什麼黃種人或中國人造成的，並由此引出黃種人野蠻、低劣和好戰的結論，這純粹是在借題發揮，而根本不是在談論歷史！成吉思汗西征是以征服戰爭為職業的蒙古奴隸主貴族造成的，它與當時蒙古草原的社會性質、社會發展階段有關，它只是反映了剝削階級的戰爭本性，並不能說明所謂黃種人的野蠻與好戰。

另外，從時間上看，成吉思汗及其子孫也是先征服中亞和俄羅斯，然後才征服金國和南宋。成吉思汗西征開始於一二一九年，結束於一二二五年；長子西征開始於一二三五年，結束於一二四一年；旭烈兀西征開始於一二五二年，結束於一二六〇年。而蒙古滅金是在一二三四年，滅南宋卻是在一二七九年。在進攻南宋時，蒙古的軍隊中就有斡羅思一帶各民族的軍隊。他們在元朝被稱為色目人，享受比中國的漢人和南人還要好的待遇。因此，用「黃禍論」來解釋成吉思汗及其子孫的西征，並以此來說明中國人好戰，違背了基本的歷史事實，是根本站不住腳的。

作者

二〇〇三年十二月二十一日

目次

成吉思汗像

有人說他是「世界征服者」，有人說他是「千年風雲第一人」，有人說「歷來蔑視人類之人，無逾此侵略家者」，有人則說他是世界歷史上取得最偉大成功的人物。他發動了人類史上規模最大的戰爭，創建了有史以來版圖最大的帝國，他曾對人類社會的發展產生過最大的影響，而在他死後又給人們留下了許多不解之謎。他就是本書的主人公——蒙古族與中華民族的英雄——一代天驕成吉思汗！

第一章　時代特點與歷史趨勢——成吉思汗誕生前的蒙古草原

若干個古老的傳說，留下了依稀而動人的故事；史詩般的《秘史》與《史集》，記載了他們生活與戰鬥的歷程。人們說他是「永恆而長生的氏族」，他們自稱為「純潔出生的蒙古人」。面對著曾經統治中國北方的金朝皇帝「分而治之」和屠殺掠奪的「減丁」政策，他們的幾代先人曾經付出了鮮血與生命。正是這種幾代冤仇導致了草原內外的長期征戰，孕育了以征戰為主要生活內容的一代天驕。

成吉思汗的根源——幾個古老的傳說

一、劫後餘生的東胡後裔

蒙古是生活在中國北方的一個古老民族。在漢文史籍中，雖然沒有留下蒙古遠古祖先活動的紀錄，但蒙古人口耳相傳也提供了一些可供追尋的線索。民族的傳說當然不等於信史，但它對研究蒙古族的起源也有重大參考價值。

相傳在天地初分之際，太陽有兩個女兒。當黃河注入東海時，人世間有了第一葉輕舟。太陽的女兒坐在輕舟上來到了山清水秀的神州大地。姊姊嫁到南方，妹妹嫁到北方。後來，姊姊生下一個嬰兒，取名為「海特斯」，意為「漢族」。當這個嬰兒降生時，手裡握著一個土塊，他長大後就種植五穀，成為農業民族的祖先。第二年，妹妹也生了一個兒子，取名為「蒙高樂」，即蒙古族。當他生下時，手裡攥著一把馬鬃。因此他長大成人後就放牧馬群和牛羊，成為游牧民族的祖先。這一記載說明，蒙古族與漢族是姨表兄弟，他的歷史也像漢族一樣源遠流長。[1]

波斯史學家拉施特（剌失德丁）根據蒙古人的民間傳說，描寫了蒙古族遠古的歷史，其中說：「大約距今兩千年前，古代被稱為蒙古的那個部落，與另一些突厥部落發生了內訌，終於引起戰爭。據值得信賴的貴人們（所轉告）的一則故事說，另一些部落戰勝了蒙古人，對他們進行了大屠殺，使他們只剩下兩男兩女。這兩家人害怕敵人，逃到了一處人跡罕至的地方，那裡四周唯有群山和森林，除了通過一條羊腸小道，歷盡艱難險阻可達其間外，任何一面別無途徑。在這些山中間，有豐盛的草和（氣候）良好的草原。這個地方名叫額兒古涅─昆。『昆』字意為『山坡』，而『額兒古涅』意為『險峻』；這個地方意即『峻嶺』。那兩個人的名字為：捏古思和乞顏。他們和他們的後裔長時期居留在這個地方生息繁衍。」[2]

《史集》寫於伊兒汗國合贊汗時期（西元一二九五─一三〇四年），「兩千年前」當為西元前七百年左右，相當於中國的東周時代。這一傳說告訴我們，蒙古族的祖先曾與其他突厥部落發生戰爭，只剩下兩個男人和兩個女人，被迫遷居到額爾古納河流域的深山老林中度日。這一傳說在漢文史籍中找到了旁證。《舊唐書》稱蒙古為「蒙兀室韋」，指出：蒙兀室韋是室韋部落的一種，而「室韋者，契丹之別類也」。「其部落傍望建河居。其河源出突厥東北界俱輪泊；屈曲東流」，「東經蒙兀室韋之北。」[3]望建河即黑龍江上游也里古納河，今稱「額爾古納河」。古人「黑」、「青」同意，當地人稱「青」曰「莽監」，異文寫作「望建」，望建河即指青河、黑河。蒙兀室韋居住在望建河之南，這與《史集》記載的蒙古祖先的居住地相同。因此亦鄰真先生說：「傳說中關於故土的回憶是可信的。至於被打得只剩下兩對男女之說，是民族學上常見的故套。北方民族在相當開化之後，由於無法解釋自己最古的祖源，便用這種辦法來編纂自己口碑歷史的第一章。突厥人也曾有過類似的傳說。」[4]

屠寄先生綜合分析了中外史學家的研究成果，在《蒙兀兒史記・世紀第一》中明確指出：「蒙兀兒者，室韋之別種也。其先出於東胡。楚漢之際，東胡王為匈奴冒頓單于所破殺，餘眾迸走，保險以自固，或為鮮卑，或為烏桓，或為室韋契丹。在南者為契丹，在北者曰室韋。室韋依胡布山（今黑龍江之興安嶺）以居。」「至唐部分愈眾，而蒙兀室韋北傍望建河。」

綜合以上記載，大致可以得出這樣的結論：第一，蒙古的祖先是東胡，他與契丹、鮮卑、烏桓等具有同一的族源。第二，與他們發生衝突的部落大概是匈奴。秦漢之際，東胡與匈奴東、西並立，不失為一個東方強國。後來與匈奴發生戰爭，被冒頓單于擊敗。從此東胡餘眾四散迸走，形成了幾種名稱不同的部族。第三，傳說中的兩個蒙古族男子捏古思和乞顏，大概是蒙古族兩個氏族的名稱，他們居住在額爾古納河南岸的深山老林中。《史集》說：「乞顏在蒙古語中，意謂從山上流下的狂暴湍急的『洪流』。因為乞顏人勇敢、大膽又極其剛強，所以人們以這個詞作為他們的名字。乞牙惕為乞顏的複數」，因此人們又稱這個氏族為「乞牙惕」。[5]「他們的各個分支漸以某個名稱著稱，並成為一個單獨的斡巴黑（氏族）」；「這些斡巴黑又複〔繁衍〕分為多支。」「凡出於這些分支的人，多半互為親屬。」[6]這些分支聯合為部落，這就是《舊唐書》上所說的「蒙兀室韋」。

屠寄先生指出：「蒙兀之名始見於此。本呼忙豁侖（《蒙古秘史》），異文作蒙瓦（《新唐書》），盟古（《遼史》），盟骨（《金史》），朦古（《契丹事蹟》），盲骨子（《松漠紀聞》），今通作蒙古（始於李志常所撰《長春西遊記》）。」[7]《史集》解釋說：「『蒙古』一詞，最初作萌古，意即『孱弱』和『淳樸』。」[8]而其他學者則研究出了一個更為貼切的含義：「蒙古」者，即長生的或永恆的部族。

直到唐朝中期，蒙兀室韋還北傍望建（額爾古納）河而居，活動於河南岸的山林中。當這個部族在那些山林中日益繁衍，地盤日益狹窄而無法容納的時候，他們就想離開額兒古涅—昆的深山，向外發展。但由於草木叢生，他們的祖先上山的道路早已被堵塞了。究竟如何從這個險谷中出去呢？他們互相商量著，進行各種探索和嘗試，最後終於發現了一處鐵礦。於是他們全體聚集在一起，在森林中準備了成堆成堆的木柴和煤，又宰殺了七十頭牛馬，從牠們身上剝下整張的皮，用那些皮做成鍛鐵的風箱。然後他們一起出動，使這七十個風箱一齊鼓風助火，將那處鐵礦全部熔化。他們從那裡得到無數的鐵，並開闢了一條通路。從此，蒙古族離開了那個狹窄的土地，走到廣闊的草原去游牧。[9]他們主要分為兩支，逐步向南、向西遷徙。

這個優美的傳說一直在蒙古各部中廣為流傳，據《史集》記載：乞顏部一些氏族、兀良哈等都自稱「曾拉過風箱」。而弘吉剌部的祖先沒有和其他氏族商議就首先走出了峽谷，用腳踩壞了其他部落的爐灶，因此那些部落的後人一直對弘吉剌部存有很深的成見，並一口斷定「弘吉剌惕人的有名的足疾，就是由於他們未與他人商議，﹝最﹞先走出﹝峽谷﹞，莽撞地用腳踩了我們的灶火才造成的」。包括成吉思汗所在的黃金家族也沒有忘掉這段美好的往事，他們的「氏族中有這樣一種習俗和規矩：他們在除夕之夜，準備好風箱、熔鐵爐和煤，把少許的鐵燒紅，放到砧子上錘打、展延﹝成條﹞，﹝對自己的解放﹞表示感激」。

那仁敖其爾先生曾專門著文論述了《乞顏精神是成吉思汗精神的核心理念》，其中說：「乞顏在蒙古語中，意為從山上流下的狂暴湍急的洪流。因為乞顏人勇敢、大膽又極剛強，所以他們以這個詞為他們的名字。」「這是原始而有力地規範社會思想，統一內部意志，凝聚民族力量的有效辦法。」又說：「乞顏人的勇敢與拚搏是無與倫比的。」他們那種「化鐵熔山」的行動表明，他們具備的是「自強不息、勇往直前、協作奮進的團體精神」。正是這種精神「變成為一種巨大的物質力量」，「在蒙古草原上，以排山倒海之勢，所向披靡，無往而不勝。」[10]

二、關於蒼狼和白鹿的傳說

《蒙古秘史》對其族源的記載並沒有追溯到遙遠的古代，而是從唐朝時的蒙兀室韋開始寫起。作者認為，蒙古的始祖是孛兒帖赤那和豁埃馬蘭勒，這兩個人名的漢字意譯是「蒼色的狼」和「慘白色的鹿」。因此舊譯《元朝秘史》記載說：「成吉思合罕（可汗）的根源是：奉上天之命降生的蒼色的狼，他的配偶是慘白色的鹿，他們同渡過騰汲思海子而來，在斡難河源頭、不兒罕山前立下營盤，生下了巴塔赤罕。」[11]這就是《秘史》所說的成吉思汗的始祖，他們距離成吉思汗整整二十二代。

人們不禁要問：「風馬牛不相及」，狼和鹿怎能相配？即使狼、鹿結成了姻緣，又怎麼會生出一個人來呢？這豈非曠古奇聞、彌天大謊？歷史學家們對此做出了不同的解釋：有人說：「這個傳說顯然和契丹族關於男子乘白馬、女子駕青牛在木葉山下生子的傳說一樣，反映著以狼和鹿作為崇拜象徵的兩個部落或氏族生育了蒙古各部落的共同的男祖先。它只是蒙古部落遷到不兒罕山時期的一段記憶。」[12]意思是說，這是傳說中的兩個氏族，其中男子所在的氏族以狼為圖騰，女子所在的氏族以鹿為圖騰。「圖騰」是原始社會氏族部落的標誌，印第安語譯為「他的親族」，其中含有祖先崇拜的意思。古人不瞭解人類的起源問題，誤認為他們的祖先是某種動物。我國古代許多民族都有這一類傳說，比如黃帝族自稱有熊氏，以熊為圖騰，認為他們的祖先是熊；周族也傳說他們的始祖母踩熊跡而生子，也是把熊當做他們的祖先；商族則以玄鳥為圖騰，說是「天命玄鳥，降而生商」，[13]是老天爺派了一隻燕子，送來一個兒子，這就是商族的祖先——契。以狼作為自己的祖先的也不僅僅是蒙古族，突厥族也有類似的傳說：據說在很早很早以前，突厥的祖先建國於西海之上，被鄰國滅亡，男女老少都被殺害，只剩下一個男孩。敵人不忍心再殺他，但卻砍掉他的手足，將他扔在沼澤裡。有一隻母狼大概是可憐這個男孩，常常叼一些鹿肉來給男孩吃，因此這個男孩不僅沒有餓死，反而漸漸長大了。久而久之，這個男孩與母狼產生了感情，雙方自由戀愛了，這隻母狼生了十個男孩，其中一個名叫阿史那，他能力最強，成為突厥人的君長，他的子孫就被稱為阿史那氏。從此，突厥人就以狼作為自己的圖騰，因此他們的旗幟上總是畫著一隻狼頭。由此看來，蒙古人以蒼狼和白鹿作為自己的祖先，並不值得大驚小怪，這也不算蒙古人自己的發明創造。

但另有一些學者卻認為，蒙古族並沒有圖騰崇拜的習慣，「孛兒帖赤那」、「豁埃馬蘭勒」，「不過是傳說中的兩個人名罷了」。儘管他們的漢文意譯是「狼」和「鹿」，但他們並非「狼」和「鹿」，「就同范文虎不是虎，藍田豹不是豹，馬雲龍不是龍，岩井萬龜不是龜，毛鬧海不是賴狗一樣，只是人名而已。」[14]「孛兒帖赤那」是離開額爾古納河流域的深山向西遷徙的那些蒙古部落的男首領。他們夫婦以「狼」、「鹿」命名，只不過反映了他們當時尚處於狩獵階段而已。後來的蒙古人主要是從此發展起來的，因此他們被尊稱為「成吉思合罕的根源」即蒙古族的祖先。

但在「孛兒帖赤那」時，蒙古人並沒有遷到不兒罕山之下，因為當時那個地區還是鐵勒人的地盤。但《蒙古秘史》所說的孛兒帖赤那的遷徙路線，卻基本符合蒙古族西遷的實際。他們離開額爾古納河之後，首先渡過了騰汲思海子，即今天內蒙古自治區的呼倫湖，逐步到達斡難河（鄂嫩河）源頭、不兒罕山之下。這段旅程不是在短期內走完的，而是經過十一代人的努力，大概到了西元九〇〇年左右，唐朝時的回鶻汗國滅亡以後，蒙古人在朵奔蔑兒干兄弟的率領下，才開始遷居到不兒罕山地區。他們發現這座山比原來的山還要高大，自以為是世界上最高的山、至高無上的山，因此起名叫「罕山」，這就是今天蒙古國的大肯特山。大肯特山地區不僅是斡難河的發源地，而且是怯綠連河（克魯倫河）、土兀剌河（土拉河）的發源地，因此被稱為「三河源頭」。這裡水草豐美，土地肥沃，對蒙古族的發展提供了有利條件。應該說，這一地區正是蒙古族的發祥地。

三、尼倫部落——純潔出身的蒙古人

從「蒼狼」與「白鹿」起又過了一百多年，蒙古族才進入朵奔蔑兒干時期。「蔑兒干」漢語意為「善射者」，「朵奔蔑兒干」即善射者朵奔。他有一個哥哥名叫都哇鎖豁兒，「都哇」漢意為「遠視」，「鎖豁兒」漢意為「目」。「都哇鎖豁兒」相當於漢族傳說中的「千里眼」。他們是蒙古族著名的首領，成吉思汗的第十一世祖先。

傳說都哇鎖豁兒額上生出一隻眼，能看見三程遠的東西。蒙古牧民一次遷徙三十里，稱為一程，三程遠即九十里。人的眼睛果真能如此「遠視」嗎？《松漠紀聞》說：蒙古人經常生吃麋鹿等動物，因此眼睛能看幾十里，秋毫皆見。這就是說，因為他們不食煙火，所以視力與眾不同，保存了一種特異功能。但人長出三隻眼，能看近百里，畢竟含有神話的誇張。

有一天，都哇鎖豁兒兄弟一起登上不兒罕山。山下有條小溪名叫「統格黎克溪」。「統格」漢意是「森林」，「統格黎克溪」即茂密的森林中的小溪。都哇鎖豁兒站在不兒罕山的山頂上，睜開那隻可以看三程遠的慧眼，突然發現有一群亦兒堅（百姓）沿統格黎克溪而來。其中有一輛黑車白帳。當時草原牧民為了便於遷徙，往往在車上搭一個圍帳，猶如一個活動的房屋，漢語稱為「帳輿」。在這座帳輿前面坐著一個漂亮的女郎，都哇鎖豁兒高興地對他弟弟說：「那一叢來的百姓裡頭，有一個黑車子，前頭有一個女兒生得好。若是不曾嫁人呵，索與弟朵奔蔑兒干做妻。」[15]

善射者朵奔懷著好奇和興奮的心情，「到那一叢百姓裡頭看了。這女兒名阿蘭豁阿，果然生得好，也不曾嫁人。」[16]原來這群百姓是豁里禿馬惕人，是居住在貝加爾湖附近的一個部落。他們本以捕捉貂鼠、青鼠為生，後來部族內規定了一條禁約：不准捕捉貂鼠、青鼠。他們對這條禁約不滿，又「聽得不兒罕山野物廣有，全家起來，投奔不兒罕山的主人名哂赤伯顏」。[17]「伯顏」即「富者」之意，哂赤伯顏是兀良哈部的富人，當時還是不兒罕山的主人。這群禿馬敦人的酋長名叫豁里剌兒台蔑兒干，也是一個善射者，阿蘭豁阿就是他的女兒。「豁阿」即「美女」，阿蘭豁阿即美女阿蘭。豁里剌兒台初來乍到，自然希望與當地部民搞好關係。朵奔蔑兒干身為蒙古部的首領，年輕英俊，與阿蘭姑娘也是天生的一對。於是豁里剌兒台一口答應了朵奔的求婚要求，這就是「朵奔蔑兒干娶了阿蘭豁阿為妻的緣故」。[18]

朵奔與阿蘭結婚以後，小倆口過得十分美滿，沒過幾年就生了兩個兒子，一個名叫不古訥台，一個名叫別勒古訥台。朵奔的哥哥都哇鎖豁兒有四個兒子，與他們一起居住。後來，都哇鎖豁兒去世了，他那四個兒子瞧不起朵奔，不把朵奔當親叔叔看待，離開朵奔遷到了其他地方。他們的後代就稱為朵兒邊氏。[19]「朵兒邊」漢意為「四」，「朵兒邊氏」即由都哇鎖豁兒四個兒子的後代所組成的氏族。

當時，蒙古正處於由原始社會末期向奴隸社會過渡的階段。朵奔兄弟雖為蒙古部的首領，但生活並不十分富裕。自從四個侄子遷走以後，朵奔家的日子就不太好過。有一次朵奔到山上去打獵，轉了半天也沒有打到一點獵物。眼看著溫存的妻子和兩個孩子就要挨餓了，他心裡非常著急。突然，他在樹林裡遇見了兀良哈部落的人，他們正在那裡燒鹿肉。朵奔萬般無奈，只好硬著頭皮去要點鹿肉吃。沒想到兀良哈人慷慨相贈，他們只留下了鹿頭、鹿皮和內臟，把所有的鹿肉都送給了朵奔。這是當時遊獵民約定俗成的規矩：當打到獵物時，如遇人提出要求，應將獵物的一部分贈給他，無論與對方是否熟識。但獵物的頭和皮以及內臟卻是福物，不能贈人。否則，以後就打不到獵物了。朵奔喜出望外，背著鹿肉大步流星地向家裡走去。「路間遇著一個窮乏的人，引著一個兒子行來。」[20]這位窮人自稱是伯牙兀歹人氏，名叫馬阿里黑，說：「我而今窮乏，你那鹿肉將與我，我把這兒子與你去。」[21]朵奔給了他一條鹿後腿，就將他的兒子「換去家裡做使喚的了」。[22]從此朵奔家有了一個奴隸，蒙古人稱為「哈刺抽」。在這個奴隸的協助下，朵奔家的處境逐步好轉，到朵奔臨死時已經成為一個比較富足的人家了，當地人稱他為朵奔伯顏。朵奔死後，那位小馬阿里黑就成了朵奔家唯一的成年男勞力。

阿蘭豁阿壯年喪夫，不甘寂寞。幾年之後，又連續生了三個兒子。「一個名不忽合答吉，一個名不合禿撒勒只，一個名孛端察兒。」[23]朵奔的兩個大兒子漸漸成人了，聽到了一些風言風語，私下議論他們的母親說：「俺這母親，無房親兄弟，又無丈夫，生了這三個兒子。家裡獨有馬阿里黑伯牙兀歹家人，莫不是他生的麼道。」[24]當時，蒙古人有一種習慣，丈夫死後，女人可以與她丈夫的兄弟或從兄弟結合，漢人稱為「妻其寡嫂」。如果沒有兄弟或從兄弟而生子女，則是不合風俗禮儀，是不被允許的。

兩個大兒子的議論被阿蘭母親聽到了。春季裡的一天，阿蘭煮了一隻臘羊，把五個兒子叫到一起美餐一頓，然後發給他們每人一支箭，讓他們折斷。五個兒子肉足飯飽，不費吹灰之力就把那五支箭折斷了。阿蘭母親把另五支箭竿綁在一起，讓他們輪流折一次。從老大傳到老二，從老二傳到老三，一直傳到小五手裡，哥兒五個使出了平生的力氣，結果誰也沒有折斷。於是阿蘭母親正襟危坐，開始教訓自己的兒子了：「您五個兒子，都是我一個肚皮裡生的。如恰才五支箭竿一般，各自一支呵，任誰容易折折；您兄弟但同心呵，便如這五支箭竿，束在一處，他人如何容易折得折。」[25]五個兒子紛紛點頭。阿蘭母親又說：「別勒古訥台、不古訥台，您兩個兒子疑惑我這三個兒子是誰生的。您疑惑的也是。您不知道，每夜有黃白色人，自天窗門額明處入來，將我肚皮摩挲。他的光明透入肚裡。去時節，隨日月的光，恰似黃狗般爬出去了。您休造次說。這般看來，顯是天的兒子，不可比做凡人。久後他每做帝王呵，那時才知道也者。」[26]這裡強調的是「光」與「天」的觀念。那位神秘的黃白色人是日月之光的化身，「天」即蒙古人崇拜的長生天。阿蘭正是假借天意，宣稱她的三個小兒子是上天之子，久後他們當中一定有人可以做帝王。從此，兩個大兒子就不再議論母親的貞操問題了，而阿蘭與金光神人生子的故事卻廣為流傳。

阿蘭老母死後，兩個大兒子的子孫組成了蒙古—答兒列斤氏，也就是一般出身的蒙古人；三個小兒子的子孫組成了尼倫氏，或稱尼魯溫氏，因為他們是金光神人的後裔，所以稱做「純潔出身的蒙古人」。其中第五子孛端察兒的後代稱為孛兒只斤氏，這就是成吉思汗所出生的氏族。

四、孛端察兒——成吉思汗的十世祖

成吉思汗所在的蒙古—孛兒只斤氏是從他的第十世祖孛端察兒開始興盛的。《元史》追述蒙古部的族源，也正是始於此。「孛端察兒」並非本名，而是一種尊稱，漢語意為「肧胎」，相當於漢人所說的「鼻祖」、「始祖」。他的本名叫「蒙合黑」，因此其全稱是「孛端察兒蒙合黑」，即始祖蒙合黑。由於他的後代所組成的孛兒只斤氏成為元朝皇族的姓氏，因此成吉思汗所在的黃金家族把孛端察兒奉為鼻祖。[27]

留學於北京大學歷史系的蒙古國學者策・達賚曾經專門論述過孛兒只斤氏與乞顏氏以及其與黃金家族的關係，他認為：「乞顏姓氏來源於孛兒帖赤那」，後來被人遺忘了，「到合不勒汗統一蒙古諸部時期，已被遺忘的乞顏氏復甦，成為蒙古人統一的象徵。」「孛兒只斤合不勒的孫子是也速該，也速該的兒子是成吉思汗。」「『黃金家族』指的是豁阿・馬蘭勒或馬力格孛要德的子孫、『天子』的後裔。」其「祖先是乞顏部落，起源於豁阿・馬蘭勒神話，而真正被命名為『大可汗黃金氏族』是成吉思汗時代」。其主體是成吉思汗兄弟及其四個兒子的後代。[28]

據《元史・太祖紀》記載：「孛端察兒狀貌奇異，沉默寡言，家人謂之癡。」人們都說他呆癡愚笨。「知子莫如父」，阿蘭母親也瞭解自己的兒子，其看法與眾不同，常對人說：「此兒非癡，後世子孫必有大貴者。」

阿蘭老母死後，四個大兒子沒有遵守母親折箭時的教訓，他們照樣把孛端察兒看做傻子，不當親兄弟看待。分家產時只分了四份，沒有分給孛端察兒。但孛端察兒卻毫不介意，說：「貧賤富貴，命也，資財何足道。」[29]認為貧富貴賤是命中注定的，分不分家產沒有什麼了不起。於是他獨自騎了一匹誰都不要的、背上長瘡的禿尾黑脊青白馬，沿著斡難河一直走到一個名叫馬勒諄的小島上，搭了個小草棚住了下來。開始，孛端察兒「食飲無所得」，[30]沒吃沒喝，差一點兒陷入絕境。後來，他忽然發現了一隻正在捕捉鳥獸的蒼鷹，希望靠架鷹打獵維持生活。於是他揪下幾根馬尾毛，做成一個套子，居然捉住了那隻蒼鷹，然後就認真地進行訓練。從此以後，孛端察兒就臂架蒼鷹，手拿弓箭，過起狩獵生活來了。打獵這種活兒，並不是旱澇保收的，有時打得多，有時打得少，有時可能接連幾天打不到。當打不到獵物時，孛端察兒就偷偷地跟隨被狼群包圍在山腳、懸崖的野物，想法把牠們射死、捉住，或者找來一些狼群吃剩的動物，與那隻蒼鷹一起享用，艱苦度日。春天到了，成群的野鴨飛到河邊，飛到小島。孛端察兒故意餓著那隻蒼鷹，讓牠盡可能多地捕捉野鴨。他一個人吃不了那麼多鴨肉，就把那些剩餘的野鴨掛在樹枝上。慢慢地，樹上掛滿了鴨肉，天氣一熱，枯樹發出一股腥臭氣味，從很遠的地方就能聞到。

這時，有幾十家兀良哈百姓沿著統格黎克溪遷徙到這一帶生活。孛端察兒算是有了鄰居，他與這些百姓互相幫助，白天到他們那裡喝點馬乳，夜裡就回到草棚休息，日子還過得滿有味道。那些百姓曾向他索取那隻蒼鷹，孛端察兒與那隻蒼鷹相依為命，當然不肯拱手相送。

幾個月過去了，孛端察兒的哥哥不忽合塔吉突然良心發現，心想：「孛端察兒獨出而無齎，近者得無凍餒乎？」於是就沿著斡難河來尋找孛端察兒。在兀良哈人的指引下，終於找到了孛端察兒的下落。然後兄弟二人告別兀良哈人，掉轉馬頭向家中走去。孛端察兒騎在那匹青白馬上，走在哥哥後面，邊走邊說：「人的身子有頭呵好，衣裳有領呵好。」[31]身有首，衣有領，該有多好啊！他哥哥不知他在說什麼，沒有理睬他。

走了一段路後，孛端察兒又將那句話重複了兩遍，他哥哥這才轉過身來問道：「你兩三遍的言語，只是這般說呵，意思裡如何？」[32]孛端察兒回答說：「恰才統格黎克河邊那一叢百姓，無個頭腦管束，大小者一般，容易取有，俺可以擄他。」[33]

不忽合塔吉瞭解了這群百姓的情況，認為孛端察兒的主意還不錯，說：「既是這般呵，到家裡去，哥哥弟兄每商量看，卻來擄他。」[34]他們邊走邊想辦法，到家以後，馬上把兄弟幾人找來，又從本族中選擇了一批壯丁，讓孛端察兒做前鋒去虜獲那群百姓，很快就全部降服了兀良哈人。從此他們兄弟五人「茶飯使喚的都有了」，[35]既有了隸民、奴婢，又有了馬群、家資，那幾十家兀良哈人變成了他們的部落奴隸，孛端察兒等人則變成了貴族。

在搶掠兀良哈人時，孛端察兒乘機給自己搶了一個老婆。這人名叫阿當罕，是兀良哈族札兒赤兀惕部人，當時已經懷孕五六個月了。到孛端察兒家後，沒有幾個月就生了一個男孩，孛端察兒認為這個男孩是「札惕亦兒堅」，即札兒赤兀惕百姓的後代，是外族血統的人，起名為「札只剌歹」，後來這個男孩的子孫就組成了蒙古—札答蘭氏。蒙古史上著名的札木合就是他的後代。[36]

過了幾年，阿當罕又生了一個男孩，起了個名字叫「巴阿里歹」，他的子孫組成了巴阿鄰氏。[37]

「孛端察兒又自娶了個妻。」[38]算是他的正式夫人。她生了個兒子，名叫「合必赤把阿禿兒」，他的子孫才繼承了「孛兒只斤」這個姓氏。《元史》稱其為「八林昔黑剌禿合必畜」，[39]這就是成吉思汗的九世祖。

部落林立，參差不齊

蒙古草原，即秦漢以來的漠北、漠南的遼闊草原，自古以來就是中國北方各少數民族活動的歷史舞台。匈奴、鮮卑、柔然、突厥、回鶻、契丹、女真等曾先後在這一地區興起，或先後在這一地區建立過自己的統治，逐步開發了中國的北方，創造了較為先進的政治、經濟和文化，形成了奴隸制或封建制政權。由於游牧經濟的不穩定性，也由於各民族之間以及他們和中原王朝的鬥爭，這些政權往往成為不穩定的政權，像走馬燈一樣匆匆來去，各自演出了自己獨具特色的歷史場面。隨著草原主人的更替，草原的名稱在中國歷史上也不斷變化。從西元前三世紀末到西元一世紀末，匈奴族首次統一了大漠南北，建立了一個與戰國七雄、秦漢王朝南北並立的強大的奴隸制政權。他們不僅征服了東胡、月氏、丁零等草原各部，將不同族源、不同發展水準、操著不同語言的各部置於自己的統治之下，而且對中原的漢族政權構成嚴重的威脅。正是在這種情況下，戰國七雄中的秦、趙、燕三國才在北部邊疆修築了長城，秦始皇才派蒙恬率眾修築了萬里長城，藉以防止匈奴鐵騎南下。匈奴族與中原政權的戰爭與和平成為當時歷史的重要組成部分，白登山之圍，漢初和親，衛青、霍去病、李廣等對匈奴的反擊，李陵之降，蘇武牧羊，昭君出塞等如實記載了漢族與匈奴族的爭戰與和平交往。直到西漢昭、宣中興時，匈奴才分裂為南北兩部，南匈奴入塞附漢，北匈奴屢受挫傷。到東漢前期北匈奴才被徹底擊敗，被迫西遷。在魏、晉、南北朝時期，鮮卑、柔然等族先後成為北方草原的主人，鮮卑人建立的北魏、東魏、西魏等北朝政權甚至主宰了大半個中國。到隋唐時，突厥奴隸主政權又在大草原興起，經過唐太宗、武則天幾代人的努力，東、西突厥才逐步被征服，被打敗，部分人內附，部分人西遷。隨後回紇人又在草原建立了自己短期的統治。西元八四〇年，黠戛斯推翻回鶻政權，大部分回鶻人又分為三支向西遷徙，不久黠戛斯又統一於唐朝。興起於中國東北的契丹、女真族建國之後，忙於和中原的宋朝爭奪中原，對北方草原沒有建立強有力的統治。正是在這一時期，塔塔兒、克烈、乃蠻、蔑兒乞、蒙古等部紛紛在大漠南北興起，孕育了一場更激烈、更壯觀、更驚心動魄的鬥爭。當蒙古族從額爾古納河流域幽靜的山林遷徙到不兒罕山的三河源頭之際，大漠南北已經幾度易主，而當地的居民既有匈奴、突厥族的後裔，又有操東胡鮮卑語的各氏族、部落。大家自成體系，又互相交往，甚至先後建立了自己粗具規模的政權組織，名目不同，水準不一，出現了部落林立、參差不齊的局面。

一、蒙古族之外的草原各部

塔塔兒部：蒙古部興起以前，塔塔兒部是漠北草原最著名的一個大部，它控制著呼倫、貝爾湖附近最富饒的草原，自唐朝以來就一直是一個強部。《史集》說：「他們的名稱自古以來即聞名於世。從他們分出了許多分支。該部落共有七萬戶。」「他們的游牧區、宿營站和禹兒惕的地點，均按氏族和分支〔明確〕規定，鄰近乞台地區〔即漢地，指中國北方內地〕邊境。他們的根本居所〔禹兒惕〕，是稱做捕魚兒—納兀兒〔貝爾湖〕的地方。」[40]《蒙古秘史》第五十三節也說：「捕魚兒海子、闊連海子〔呼倫湖〕，兩個海子中間的河名兀兒失溫〔今內蒙烏爾遜河〕，那河邊住的塔塔兒一種人。」

「塔塔兒」之名最早見於唐開元二十年（七三二）所立的突厥文《闕特勤碑》，其中說有「三十姓塔塔兒」。《遼史》稱其為「阻卜」，《金史》稱「阻𨋢」，宋人稱之為「達怛」、「達靼」、「韃靼」等。《史集》認為塔塔兒分為六部，並列舉了這六部的名稱，將其稱之為「聲譽昭著、各有軍隊和君長的塔塔兒部落」。[41]這說明塔塔兒部已進入階級社會，已產生了階級壓迫階級的工具——軍隊和政權機構，由塔塔兒各部所組成的「兀魯思」即有「國」含義。這時的部落聯盟已初步具備了階級社會國家的性質。

在講到塔塔兒與中原王朝的關係時，《史集》說：「他們在大部分時間內，是向乞台皇帝（指統治中國北方的遼、金皇帝）稱臣納貢的民族；其中一部分經常起兵作亂，乞台君主裝備了軍隊來對付他們，並一再迫使（他們）臣服。」[42]遼、金史籍中也記載了塔塔兒對中原王朝這種時叛時服的關係。這說明塔塔兒當時還是一個被統治的民族，與漢族、契丹、女真族相比，還是一個弱小的部族。因此它具有兩面性，一方面要臣服於乞台皇帝，向他們納貢，另一方面又不甘心屈服於他們的統治，經常起兵作亂。「禿禿黑里兀惕部是（所有）塔塔兒部落中最受尊敬者」，[43]有的史籍將其稱之為「都督之民」或「梅錄之民」，它說明這個部落的首領曾擁有世襲唐朝的官號「都督」和突厥官號「梅錄」，久而久之便成為部落的名稱。波斯人將中國人稱為「乞台」（契丹），《史集》所指的乞台皇帝不僅僅是指遼朝的皇帝，也應包括突厥、唐朝、金朝的皇帝和可汗。塔塔兒各部之間經常相互爭戰，不能統一，同時又與蒙古部、克烈部為敵，往往充當遼、金統治者鎮壓其他部的幫凶。但為了反抗遼、金政權的壓迫，十一世紀時又曾組成以塔塔兒部為首的部落聯盟。因此，塔塔兒或韃靼曾經成為蒙古草原各部的通稱。

克烈部：《史集》、《蒙古秘史》稱為「客列亦惕」，《遼史》稱為「北阻卜」。《史集》記載：「據說古代有個君王，他有七個兒子，膚色全都是黑黑的。因此之故，他們被稱為客列亦惕。後來，這些兒子的各後裔分支逐漸獲得了專門名號。到了最後，客列亦惕便用來稱呼其中有一個君主的那個（部落）分支了；其餘的兒子們都成為那個做了君主的兄弟的僕從。」[44]他們把自己看成是蒙古人的族類，居住在杭愛山與肯特山之間，即漠北的中心地帶——土拉河和斡爾寒（鄂爾渾）河流域的回鶻汗國故地。那個地區接近中原王朝的邊境，與蒙古．孛兒只斤部是近鄰。當時在那個地區，他們比其他部落更有力量，也是由六個部落組成的強大的部落聯盟。他們信奉景教。

著名元史專家韓儒林先生認為，克烈人很可能是最早西遷的室韋——達怛部落——九姓達怛的後裔，他們在幾個世紀中與突厥語部落雜居，因而在風俗、語言等方面受到突厥族的強烈影響，以致常常採用突厥的名字或稱號。

克烈部曾與遼朝和塔塔兒部發生過衝突，據《遼史》記載，「北阻卜」的首領磨古斯曾於大安八年（一〇九二）發動大規模起義，反抗遼朝，直到一一〇〇年才被鎮壓下去。[45]《史集》則說，克烈部王罕的祖父名叫「馬兒忽思」，曾與塔塔兒部發生衝突。塔塔兒部「利用機會〔俘〕獲了客列亦惕人的君主馬兒忽思—不亦魯黑，〔把他〕送到了女真君主處。女真君主將他釘到『木驢』上殺害了」。[46]馮承鈞先生認為，「磨古斯」是一個基督教的名字，當時居住在起義地點——鄂爾渾上游一帶而又信奉基督教的只有克烈部，因此《遼史》所說的「磨古斯」即是《史集》記載的「馬兒忽思」。按時間推算，這件事應發生在十一世紀末，因此《史集》所說的「女真皇帝」應為「契丹皇帝」。[47]這一事件說明，克烈部是漠北草原一個獨立的大部，它既沒有屈服於塔塔兒部，也沒有屈服於遼、金的統治。

乃蠻部：乃蠻部是突厥語族部落。據《元史．地理志》記載，乃蠻部開始居住於謙河（葉尼塞河）流域，可能是南遷的一支黠戛斯部落。後來居住在蒙古高原西部，控制著阿爾泰山東西的廣闊領土，無論經濟、文化都比東部的蒙古人先進。它已經建立了更為先進的部落聯盟，任用畏兀兒族官員進行統治，並採用了畏兀兒文字。他們同克烈部一樣也信奉西方傳來的景教。

據《史集》記載：「這些〔乃蠻〕部落都是游牧〔部落〕，有些人住在多山之地，有些人住在平原上。」其中包括「大〔也客〕阿勒台、哈剌和林，阿雷—昔剌思山和闊闊—也兒的石山，也兒的石河—沐漣」[48]等地，即今天的阿爾泰山，鄂畢河上游支流阿列依、察雷斯兩河流域，額爾濟斯河（也兒的石河）一帶。北與乞兒吉思部毗連，東與克烈、蒙古接壤，南達畏兀兒國邊界。

「這些乃蠻部落及其君主都受人尊敬而又強大；他們有一支龐大而又精良的軍隊；他們的習俗與蒙古人相似。」在成吉思汗誕生前，乃蠻部的君主是阿尼阿惕合罕（亦難赤—必勒格—卜古汗）。他有兩個兒子，中原皇帝封其長子為「大王」，當地人稱為「太陽汗」或「塔陽汗」；次子名叫「不亦魯黑汗」，即為「發號施令者」。太陽汗的駐地在平原附近，而不亦魯黑汗則居住在山地。因為他們與克烈、蒙古部為鄰，為了爭奪草原霸權，「經常與王罕（罕）發生糾紛，互相敵對」，[49]並不斷與蒙古部發生衝突。

蔑兒乞部：蔑兒乞部是蒙古語族部落之一。這個名稱出現於十一世紀末，《遼史》中寫作「梅里急」或「密兒紀」。遼道宗時，該部首領忽魯八參加了磨古斯發動的反遼起義，被遼打敗後，「梅里急長忽魯八等請復舊地，貢方物，從之。」[50]遼統治者對其採取了又打又拉的政策。十二世紀下半葉，他們居住在鄂爾渾河至薛靈格（色楞格）河流域。《元史》說：蔑兒乞部「世居不里罕哈里敦之地。其俗驍勇，善騎射，諸族頗憚之」。「不里罕哈里敦」即不兒罕山，今蒙古國肯特山，這說明在蒙古部興起之前，蔑兒乞的勢力曾達到肯特山地區，並且是漠北的強部之一。

《蒙古秘史》記載了襲擊成吉思汗的三姓蔑兒乞。《史集》則說，蔑兒乞有「四個分支」，即兀合思、木丹、禿答黑鄰和只溫。[51]周清澍先生說，蔑里乞包括「兀都夷、麥古丹、脫脫鄰、兀花思、察渾等部」。[52]估計它是由四至五個部落組成的部落聯盟。「他們又被稱為兀兒惕」，其全稱寫作「兀都亦兒惕—蔑兒乞惕部」。[53]「兀都亦兒惕」即「兀都夷」可能是蔑兒乞部的統治氏族，因此曾被當做蔑兒乞部的總名稱。拉施特說：「這個部落有一支人數眾多、非常好戰的強大軍隊。〔蔑兒乞惕〕——這是蒙古〔部落〕的一部分。」[54]蔑兒乞究竟屬於哪個族類，學者們尚有不同看法，有人認為他們是留在漠北的回紇小部與其他種族混合而成的新部，有人則傾向於不肯定他們是突厥語族或蒙古語族，伯希和認為他們是「蒙古語諸部落之一」，[55]陶宗儀的《輟耕錄》也將他們列在蒙古七十二部之中，但這是蒙古部統一草原以後的說法。因此，在蒙古統一前，蔑兒乞是否屬於蒙古語系還有待考證。在當時的蒙古草原上，蒙古部以外的部落除去以上四大部外，比較著名的還有斡亦剌部、汪古部、乞兒吉思部、豁里禿馬惕和巴兒忽等部落。斡亦剌人居住在庫蘇古爾湖以西，他們同蔑兒乞人一樣，是介於草原游牧民和森林狩獵民之間的部民；汪古部居住在陰山以北，他們自稱是沙陀突厥人的後裔，是替金朝守衛邊壕的一個部族；乞兒吉思部居住在謙河（葉尼塞河）流域；豁里禿馬惕部居住在貝加爾湖西部；巴兒忽部居住在貝加爾湖東面。以上諸部都曾與蒙古部發生過密切的關係。

二、蒙古部諸氏族

關於蒙古部諸氏族，各種史籍記載的數目不同，名稱也略有出入。據《蒙古秘史》和《史集》記載，蒙古部諸氏族當不下三四十種。日本河野元三據此而成書的《蒙古史》，列舉了多兒勒斤氏族（即迭兒列勤氏、答兒列斤氏）十六種，尼倫（即尼魯溫）氏族二十種，總計三十六種。《蒙古世系》所列蒙古氏族多為尼倫氏族，總計也有三十多種。陶宗儀《南村輟耕錄》「氏族」條，列舉蒙古氏族七十二種，其中有些氏族是重複的，只是漢語音譯有差別，而且還包括了塔塔兒等蒙古族以外的氏族。因此對蒙古所有的氏族進行詳細考證是個比較複雜的工作，我只列舉與成吉思汗的活動關係比較密切的幾個主要氏族。

按《史集》的說法，蒙古始祖捏古思和乞顏傳下的氏族分為兩支，一為蒙古—迭兒列勤氏，一為蒙古—乞顏氏。

日本河野元三《蒙古史》卷上《蒙古之肇興》則說：「蒙古諸部落……大別為二類，一為尼倫，一為多兒勒斤。」「多兒勒斤」即《史集》所說的「迭兒列勤」，「指一般蒙古人」，[56]其中包括朵奔蔑兒干之前，乞顏氏以外的蒙古人和朵奔蔑兒干之後尼倫氏以外的蒙古人。「尼倫」也譯為「尼魯溫」，「指出自貞潔之腰，即出自阿蘭—豁阿之腰和氏族者。」[57]朵奔蔑兒干死後，阿蘭豁阿與所謂日月之光所生三子的後代被稱為尼倫氏。狹義的蒙古人應是指尼倫諸氏族。《蒙古秘史》沒有尼倫、答兒列斤之分，它所記載的蒙古氏族，絕大多數是孛端察兒一支的後裔，幾乎都是《史集》的尼倫民族。嚴格說來，只有尼倫諸族才可以確切地看做是蒙兀室韋的後裔，即蒙古部人。因為其他氏族除弘吉剌等少數氏族還保持自己的獨立性外，多數氏族已淪為尼倫氏的奴隸。

據《史集》記載，「被稱為迭兒列勤的突厥—蒙古諸部落」主要有八種：

兀良哈部落：「這個部落出自上述乞顏和捏古思的氏族」，「兀良哈人聲稱，他們曾幫助並點燃過額兒古涅—昆的七十座爐。」[58]他們先於朵奔蔑兒干兄弟到達三河源頭，因此他們曾是不兒罕山的主人。後來才被孛端察兒兄弟征服，變成了蒙古貴族的世襲奴隸。

弘吉剌惕部落：傳說他們是踏壞了其他部落的爐灶，最早走出額兒古涅—昆深山的一個部落。後來繁衍為眾多的氏族和部落，在捕魚兒海子（貝爾湖）一帶的草原上游牧。他們和孛兒只斤氏可以互相通婚，結成了密切的「忽答」（姻親）關係，證明雙方出自不同的祖先。

斡羅納兀惕部落：《史集》列舉了它的三個分支「晃豁壇」氏等。他們是成吉思汗六世祖海都的第三子的後代組成的氏族，因此他們應為尼倫氏。

許慎部落：早在成吉思汗興起以前，這個部落已成為蒙古貴族的附屬民。

此外還有速勒都思部落、亦勒都兒勤部落、巴牙兀惕部落和輕吉惕部落。以上八種部落，只有弘吉剌氏自成一獨立而強大的集團，其他都是蒙古貴族的世襲奴隸或附屬民。他們雖然保留了氏族的名稱，卻沒有自己氏族的首領和單獨的地域，而是役屬於強大的蒙古貴族。拉施特有時甚至將迭兒列勤與「斡脫古—孛斡勒（老奴隸）」等同起來，說明這些氏族早已被尼倫氏所征服。

《史集》所列舉的「被稱為尼倫的突厥諸部落」共十六個，多數「起源於阿蘭—豁阿重新開創的一個氏族」，[59]起源於她感光受孕生下的三個兒子的氏族和後裔們。如「合塔斤部落是從阿蘭—豁阿的長子不渾合塔乞分支出來的」。撒勒只兀惕部落即「散只兀部」（山只昆），「是從阿蘭—豁阿次子不合禿—撒勒只分支出來的。」而多數部落都是成吉思汗八世祖土敦蔑年的後代，如八鄰氏、泰赤烏氏、赤那思氏、那牙勤、兀魯兀惕和忙忽惕氏等。但也有個別氏族屬於答兒列斤氏，如朵兒邊氏。而成吉思汗的黃金家族孛兒只斤—乞顏氏以及他的近親主兒乞氏等，自然屬於尼倫部落。

由幾十個氏族組成的蒙古部落同塔塔兒、克烈、乃蠻、蔑兒乞部一樣，都曾建立過軍隊和政權機構，因此當時又稱為五大兀魯思。「兀魯思」漢意為「人眾」、「國家」。與這五大兀魯思同時並存的還有幾十個部落和氏族。這些部不僅大小不一，並且社會經濟發展水準，政治、文化情況也互不相同。有的史學家根據他們居住的地區和經濟生活，把他們分為「林木中百姓」和「有氈帳的百姓」，即森林狩獵民和草原游牧民，此外還有一部分鄰近漢地的部落，已開始過定居生活。蒙古草原之北，東起貝加爾湖，西至額爾濟斯河，屬於森林地帶，居住在這些地區的部落，被稱為「槐因亦兒堅」即「林木中百姓」。他們主要從事狩獵業，經濟發展水準一般要比草原游牧民低，但也有一部分轉向游牧生活。草原游牧民以游牧為主，生活比林木中百姓有保障，文化程度也稍微高些。而鄰近漢族地區的部族，逐步接受了封建經濟文化的影響，生產方式和生活方式都發生了較大變化。漢族人則根據這些部族漢化程度的高低，把他們分為「白韃靼」、「黑韃靼」和「生韃靼」、「熟韃靼」。漢化程度較深的被稱為白韃靼或熟韃靼，受漢族影響較少的則稱為生韃靼或黑韃靼。如《建炎以來朝野雜記》說：「韃靼之人，皆勇悍善戰。近漢地者，謂之熟韃靼，……遠者謂之生韃靼。」「所謂生韃靼者，又有白黑之別。」[60]《蒙韃備錄》則說：「韃靼始起，……其種有三：曰黑、曰白、曰生。所謂白韃靼者，容貌稍細，為人恭謹而孝。……所謂生韃靼者，甚貧，且拙，且無能為，但知乘馬隨眾而已。今成吉思皇帝及將相大臣皆黑韃靼也。」[61]總之，當時蒙古草原的部落大體上可以分為三類，居住在北部森林地區的森林狩獵民，游牧於草原各地的游牧民，而居住於鄰近漢地的汪古部、弘吉剌部等，則可以稱為白韃靼。成吉思汗所在的蒙古—孛兒只斤—乞顏部是一個以游牧為主、狩獵為輔的部落，比起北方的「林木中百姓」來還算比較先進，已經從採集、狩獵經濟進入了比較有保障的游牧經濟，但與其他草原部落或開始過定居生活的部落相比，還是一個比較貧窮、比較落後的部落，因此又被漢人稱為「黑韃靼」。

三、草原各部的社會階級狀況

從社會形態來看，蒙古草原各部有的尚處於氏族公社階段，有的正在從氏族公社向奴隸社會轉化，有的已經完成從原始社會向奴隸社會的過渡。隨著生產力水準的逐步提高，在大多數部落中，氏族公有制早已不存在，牲畜和其他財產早已成為個體家庭所私有。家庭——「阿寅勒」成為社會經濟的基本單位，父母的財產由子女繼承。隨著私有制的發展，逐步出現了貧富兩極分化。富裕家庭的財產日益增長，他們被稱為「伯顏」即富人。如在蒙古尼倫氏出現以前，朵奔蔑兒干就曾用一條鹿腿換來一個奴隸，這個奴隸就成了他們一家的世襲奴隸。而孛端察兒兄弟幾人，用武力搶掠兀良哈百姓，使其變為自己的隸民和奴婢，則相當於戰俘奴隸。兩個對立的階級就這樣逐步產生了。

在一個部落內，強有力的富裕家族逐步獲得了部落的支配權，控制和奴役其他氏族成員。如《契丹國志》記載說，遼代漠北的達打（韃靼）等部，就是「以部落內最富豪者為酋長」。而隨著私有財產世襲制的發展，政治權利也逐步由民主推舉制變成了某個或某幾個家族的世襲制，於是部落酋長逐漸變成了世襲的貴族。唐朝以及遼、金政權曾經任命這些部落首領為都督、梅錄、令穩、詳穩及太師、大王等官，使他們管轄本部人民，為朝廷徵收貢賦，從而進一步加強了他們的政治和經濟力量。這些內、外因素使原來的部落酋長成為統治者——那顏（老爺、官人），而一般氏族成員則成了他的屬民。通過戰爭和掠奪，他們又獲得了大量財富和奴隸、屬民。這些奴隸和屬民就構成了各部那顏的百姓，又稱為「亦兒堅」，即「部落」、「部族」、「人眾」、「百姓」之意，一般稱為屬民百姓，「一圈子百姓」。而那顏的子孫則從父祖那裡繼承一份財產和百姓，並繼續通過掠奪和兼併，形成新的「一圈子百姓」。

儘管當時還沿用斡孛黑（氏族）的稱號，但這種斡孛黑已不是原始社會那種血緣氏族集團了，它的成員包括了統治者家族和被統治的屬民和奴隸，而「斡孛黑」的名稱則僅僅是統治者——貴族的「姓氏」。在這裡，主人「管理」百姓的關係已經取代了氏族成員間的平等關係。於是，當時的社會分成了統治階級和被統治階級，這就是那顏貴族與屬民、奴隸的基本關係。當時草原各部階級和階層的劃分大致包括以下幾類人：

那顏——漢語譯為「官人」，各部的奴隸主貴族和官員的稱謂。他們是高居於氏族成員之上的顯貴，在社會上享有很高的榮譽並擁有許多尊貴的稱號：有的被譽為「巴特兒」（把阿禿兒），即勇士；有的被稱為「薛禪」，即賢者；有的稱為「蔑兒干」，即善射者；或稱為「孛闊」，即力士；「必勒格」，即智者，等等。他們是各部的首領、統治階級，有的甚至接受唐、遼、金王朝的官號，成為這些王朝在草原地區的代理人。所有這些稱號表明，這些人不是生產者階級，而是專門從事戰爭和擄掠，專門統治本部百姓的剝削者和統治者。而汗、合罕（可汗）等則是那顏階級的領袖人物，是若干貴族家族為了對付外敵或進行掠奪戰爭，建立聯盟所推舉的首領，他們有權管理全部族百姓，統率各支軍隊。他們不但有自己的政府中心——斡耳朵（窩魯朵，意為宮帳、宮廷），而且設官分職，外有守衛邊境的將領，內有掌管錢穀刑政的官員。他們無疑是各部貴族的最高代表，已經成為名副其實的君主。因此，應該承認當時的這種部族已經成為統治著一定地域的地方政權。

哈剌抽——又稱「哈剌出」，意為「黑民」、「賤民」。他們在經濟上有少量牲畜、帳幕、工具等私有財產，是與那顏階級對立的受統治、受剝削的個體牧戶。「哈剌抽」雖有一定的人身自由，是自願隨從那顏貴族，也可以離開本主依附他人的階層，但他們與那顏貴族仍是一種主從的依附關係，沒有完全的人身自由。哈剌抽必須效忠主人，侵犯本主被視為叛逆。哈剌抽平日有義務為那顏服役，戰時則自備馬匹、武器、食物，隨主人參加軍事活動，戰爭取勝時可以分享少量戰利品。

「白身人」在哈剌抽中屬於地位較高者。就其出身看，他們原是氏族成員，是沒有擠進那顏貴族行列的自由民。但他們作為統治者氏族的成員，仍擁有「平等」的權利，可以參與氏族部落的選舉。而哈剌抽則無權討論部落和部落聯盟中的各種事務。「白身人」在戰時也要充當普通戰士。

屬民——一個附庸等級。在掠奪戰爭中，被征服或被削弱的部往往成為征服者的屬民。一些力量弱小的部的牧民，為了人畜安全，也成批地投靠勢力較強的部，爭取保護，他們之間也形成一種政治上的隸屬關係，前者成為後者的屬民。有的學者甚至認為，隨著奴隸主貴族財富與權力的膨脹，原來的各氏族成員的平等地位日益消失，也變成了貴族的屬民。這就是說，他們認為當時並沒有一個獨立的平民階層，所謂平民也已經淪落到屬民的地位。從這個意義上說，屬民即指「哈蘭」，漢語意為「人丁」之意，指的是人數眾多的庶民。

屬民與奴隸不同，勞動成果有一部分為個人所得，擁有一定的私有財產。他們雖然在政治上受其所從屬的貴族們支配，但仍有一定的自由，可以由一個部投往另一個部。

那顏貴族與屬民的關係是保護與被保護的關係，而不一定有血緣關係，在這種意義上說，屬民不是平民，不是自由民，不是白身人，而是處於附庸地位。屬民的活動要以其所從屬的貴族意志為轉移，按其旨意駐牧。其負擔十分沉重，平日要納貢服役，戰時要隨從參戰。屬民中的哈剌抽，不僅要為統治者氏族的領主貴族效勞，還要為本氏族的貴族服役。

孛斡勒——元譯「奴婢」。蒙古草原各部的一種隸屬人口。其中包括世襲奴隸，即家奴後生札剌兀；用財物換來的奴隸，即買賣奴隸；陪嫁奴隸，即引者；贈賜奴隸，罪犯奴隸，自動投靠的奴隸，同族和近親奴隸，以及戰俘奴隸等等。在戰爭中，將戰敗部落的人分給戰勝者各家，世代作孛斡勒，稱為「門限的奴隸」，「門的梯己奴婢」。[62]這種奴隸的來源主要是擄掠來的人口和被征服的部落和氏族。

按當時蒙古社會的習慣，一個人一旦淪為奴隸，就陷於世代為奴的地位，比如被孛端察兒掠去為奴的兀良哈人，過了十一代，還必須把親子送到成吉思汗家裡去做「備鞍子、看門子」的奴隸，從事最繁重的勞動。成吉思汗六世祖海都所擄掠的札剌亦兒人的後裔，到成吉思汗時又被送去做門戶內的奴隸。脫斡鄰勒的高祖是成吉思汗四世祖屯必乃擄來的奴隸，幾代人一直在成吉思汗家做奴隸，因此成吉思汗稱其為：「你是我祖宗以來的奴婢。」[63]拉施特用「斡脫古—孛斡勒」一詞來說明蒙古奴隸的地位，他解釋說：「斡脫古—孛斡勒（這個名稱）的意思是說，他們（迭兒列勤諸部）都是成吉思汗祖先的奴隸和奴隸的後裔。」[64]「斡脫古」意為「老的」、「古的」，因此「斡脫古—孛斡勒」又可譯為老奴隸或世襲舊奴。

這種奴隸長大後可以娶妻生子，成家立業，亦有少量財產，為主人放牧畜群，隨主人參加圍獵與征戰，並從事各種家內服役。在當時蒙古社會中，他們被看做是主人家中的低等成員，因此常稱為「弟」。他們的地位和普通屬民不同，雖然允許成年的奴隸成家立業，但必須把自己的親生兒子送到主人家做門戶奴隸。而這些成家立業的人一般也經歷過相當年月的在主人家服役——充當門戶奴隸，然後才能擁有自己的少量畜產，附在主人門下游牧或從事其他工作。

隨著階級的日益分化，戰爭的日益頻繁，蒙古各部奴隸的數量也在增加。他們不僅供家內役使，而且從事生產勞動，被用於游牧業、狩獵業、農業和手工業。鑑於游牧經濟的特點，許多勞動，如接羔保育、飼養幼畜、剪毛、製氈、製革、擠奶、製馬奶酒等，都在駐地內進行，因此不少家內奴隸，實際上也是生產奴隸的一部分。有些奴隸甚至被役使充當軍隊中的苦力，令其修築戰地工事，為士兵舂米，或在部隊進攻時驅趕其首先衝鋒陷陣等。

綜上所述可以看出，成吉思汗誕生前的蒙古草原，不僅是部落林立，而且階級分化日益加深；各種矛盾交織在一起，出現了一種十分複雜、十分混亂的局面。

各部之間的爭戰與金朝對蒙古的壓迫

成吉思汗誕生前的蒙古草原充滿了矛盾和鬥爭。當時既有各部奴隸反抗本部奴隸主的鬥爭，又有屬民、平民反對那顏貴族的鬥爭，還有那顏貴族內部為爭奪本部汗權的鬥爭，以及各部那顏之間為爭奪奴隸、屬民，搶奪牲畜、牧場的鬥爭，各部奴隸主爭奪草原霸權的鬥爭等等。成吉思汗君臣在教育自己的兒子時，曾回憶當時的情況說：「汝等未生之前：星天旋回焉，列國相攻焉，不入寢處而相劫焉；大地翻轉焉，普國相攻焉，不臥其衾而相鬥焉。」[65]韓儒林先生曾把這幾句話譯為白話：「有星的天旋轉著，眾百姓反了，不進自己的臥內，互相搶掠財物；有草皮的地翻轉著，全部百姓反了，不臥自己被兒裡，互相攻打。」[66]這幾句話真實地反映了當時蒙古草原社會的混亂局面。「列國相攻」，說明了各部矛盾的不可調和；「普國相攻」，反映了階級矛盾的極度尖銳；「互相搶掠財物」，可能使一些奴隸主貴族破產，但由於各部奴隸之間沒有聯合成一支統一的力量，不僅沒有可能推翻各部的奴隸主階級，而在這種「互相搶劫」中受害的往往是弱者，許多奴隸和平民、屬民也難免不受到屠殺和掠奪。而且「互相搶掠財物」並不能增加社會的總財富，反而影響了正常的社會生產，使更多的人陷入貧困與苦難。許多奴隸和牧民在這種混戰中死亡，一些奴隸主和部落在這種鬥爭中消失，而成吉思汗所在的孛兒只斤氏在這種鬥爭中雖然也曾屢遭挫傷，但終於從絕望中求得重生，由弱小變為強大，成為漠北草原一個舉足輕重的大部。

一、亡而復興的海都

孛端察兒死後又過了兩代，蒙古族進入土敦蔑年時期。《秘史》將其稱為「蔑年土敦」，《元史》稱「咩撚篤敦」。這是一個重要的時期，據《史集》的作者拉施特說，他曾親眼看到蒙古皇族的金字譜牒，正是從土敦蔑年起，蒙古的各代祖先才有了一個專門的稱呼，土敦蔑年被稱為「都塔渾」（都答洪）。他是成吉思汗的八世祖。土敦蔑年的妻子名叫莫拿倫（《蒙古秘史》稱「那莫倫」），她生了七個兒子。「他的兒子們，娶了各地、各部落的姑娘〔為妻〕後，便按照習慣上的女婿權利，〔從一個部落〕去到〔另一個部落〕。」67

土敦蔑年死後，生產和家務都由莫拿倫指揮。「莫拿倫擁有巨額的收入和財富。」已經成為一個大奴隸主。「每隔幾天，她就要吩咐將畜群趕在一起；她的馬和牲畜，多到無法計算，當她坐在山頭上，看到從她所坐的山頂上直到山麓大河邊滿是牲畜，遍地畜蹄時，她便喊道：『牲畜全聚攏來！』——要不然她就命人去找畜群。」68 莫拿倫坐在山頂上發號施令，可見她家已經擁有眾多的奴隸和屬民。

據《元史》記載，「莫拿倫性剛急」，[69]是一個性烈如火、殘忍無情的人。當時答兒列斤部的札剌亦兒人在怯綠連河北面游牧。他們人數眾多，環車為營，每營一千車，共七十營，蒙語稱為「七十古列延」，[70]即七萬帳幕。他們自以為人多兵強，對契丹族的遼朝發動戰爭，與遼軍隔河相望。他們認為遼軍無法渡過怯綠連河，「便嘲笑地揮舞著帽子和袖子，向他們（遼軍）喊叫著，〔故作〕悲傷地〔喊道〕：來搶走我們的牲畜吧！」遼軍用枯枝、乾枝當夜築成了一道堤壩，渡過了河，將「眾多的札剌亦兒部落，直到身材和鞭子一般的兒童，全部殺光；並且把他們的傢俱什物和牲畜洗劫一空」。[71]只有七十個帳幕的札剌亦兒人得以倖免。他們帶著妻子兒女遷徙到莫拿倫的牧地。由於他們飢餓已極，只好挖一些草根來充飢，不小心掘亂了莫拿倫的兒子們馴馬的地方。莫拿倫乘車外出，見此情景，勃然大怒，說：「你們為什麼要亂掘一氣，掘壞了我的兒子們馴馬的地方?!」[72]一邊叫罵，一邊趕著馬車飛快地衝了過去，許多札剌亦兒幼童被輾傷了，還有幾個小孩當場斃命。札剌亦兒人忍無可忍，搶走了莫拿倫的馬群。莫拿倫的兒子們聽說馬群被搶走了，顧不上披甲穿戴，立刻騎馬去追趕。札剌亦兒人知道，他們（指莫拿倫諸子）「每一個都〔通過婚娶〕與某一部落結親，他們的親戚很多，〔札剌亦兒人〕害怕不能從他們處安全脫身」。[73]於是一不做，二不休，索性殺死了莫拿倫的六個兒子，並乘勝反攻，又殺了莫拿倫和她的一家老小。只有一個長孫海都被乳母藏在亂木堆中，才死裡逃生，倖免於難。「第七子納真，於八剌忽民家為贅婿，故不及難。聞其家被禍，來視之，見病嫗十數與海都尚在，其計無所出。」[74]當時，他兄長的一匹黃馬還沒有被趕走，於是納真偽裝成牧馬人，去探聽札剌亦兒人的動向。他首先殺死了「臂鷹而獵」的札剌亦兒父子二人，搶回了他家的一隻獵鷹。然後又來到一座山下，看見有幾百匹馬，正是自己家的馬群。「牧者唯童子數人，方擊髀石為戲。」納真「於是登山四顧，悄無來人，盡殺童子，驅馬臂鷹而還，取海都並病嫗，歸八剌忽之地止焉」。[75]與那十幾個女奴一起帶著海都逃到了貝加爾湖附近的巴剌忽部。

「海都稍長，納真率八剌忽、怯谷諸民，共立為君。」海都長大以後，納真率領巴剌忽兒、怯谷一帶的百姓，擁立海都做首領。海都率軍進攻札剌亦兒部，札剌亦兒人戰敗，「臣屬之」，被迫充當了海都的部落奴隸。從此，海都「形勢浸大」，勢力逐步恢復發展，「列營帳於八剌合黑河上，跨河為梁，以便往來。」[76]這個渡口被稱為「海都札羅魯木」（或赤剌勒姆），即「海都之渡」。「由是四傍部族歸之者漸眾。」[77]周圍一些部落紛紛歸附海都。蒙古—孛兒只斤氏度過一次難關，亡而復興，反而由弱變強了。有些史學家將海都稱為蒙古歷史上的第一位可汗，這顯然是後人追贈的。

海都是成吉思汗的六世祖，蒙古人稱為「不兀迪」（攸兒吉）。「他生了三個兒子，都是有福之人和命運的寵兒。長子名叫伯升豁兒，成吉思汗的世系即出於他。次子名叫察剌合—領昆；幼子名叫抄真，他的後裔形成了赫兒帖干、昔只兀惕兩部落。」[78]「伯升豁兒」《秘史》寫作「伯升豁兒多黑申」，他是成吉思汗的五世祖，蒙古人稱為「不迭—兀古兀」（不塔兀闊兒）。「察剌合—領昆」《秘史》稱為「察剌合領忽」。由於伯升豁兒早死，察剌合被推舉為部落首領。當時，蒙古各個氏族逐步聯合在一起，開始單獨組成一個部落，並已恢復了斡難河源頭和不兒罕山的故地，與遼朝鄰近。拉施特認為：「在乞台語中領昆一詞為『大異密』之意。因為他們與乞台國及其君主的領地鄰近，所以他們中間也使用和流行乞台居民（所用的）名詞和稱號。因為蒙古百姓不懂領昆（一詞）的意義，所以他們說成了察剌合—領昆」，[79]「大異密」即大官，估計遼朝正式任命察剌合為部族官，稱為「令穩」，漢語「令公」之意，蒙語轉音為「領忽」（領昆），這就是「察剌合領忽」的來歷。他的兒子名叫必勒格，後被遼朝任命為大部族官——詳穩，蒙語稱為「想昆必勒格」。這件事告訴我們，當時蒙古部落的力量已相當強大，蒙古部的首領已成為遼朝的「朝廷命官」。察剌合領忽的子孫組成了蒙古泰赤烏氏，成為「人數眾多的部落，一些尊貴君主的氏族出自這些部落。他們擁有無數軍隊。從他們每個氏族中，都出過特殊的異密和領袖，所有〔這些部落〕彼此間同心協力。在每個時代，他們都從自己人中間推選出君主或汗，服從於他」。[80] 蒙古部的幾個可汗和首領就出自泰赤烏氏。後來，泰赤烏氏又成為成吉思汗的勁敵。

海都第三子抄真，《秘史》作「抄真—斡兒帖該」，並說由他的後代組成了六個部落，即斡羅納兒、晃豁壇、阿魯剌惕、雪你惕、合卜合兒合思、格泥格思。這也是與成吉思汗血緣關係較近的孛兒只斤氏的氏族。

海都的叔父納真率領一部分百姓在斡難河流域游牧，形成了蒙古部的另外幾個氏族，其中以勇敢善戰著稱於世的兀魯兀惕，忙忽惕氏就是他的子孫。

據《秘史》記載，莫拏倫的另外六個兒子雖然死於札剌亦兒人之手，但他們並沒有斷子絕孫，而是分別留下了自己的後代，並逐步發展成有一定勢力的氏族部落。估計當時保存族外婚的遺俗，莫拏倫的六個兒媳都住在母家部落。因此她們的兒子仍然可以安然無恙，長大成人。如那牙勤氏、巴魯剌思氏、不答安氏、阿答兒斤氏等，就是這六個死難者的後人，他們在成吉思汗的事業上也占有一定地位。

二、不甘屈服的合不勒汗

伯升豁兒的兒子名叫屯必乃，由於他聰明有才能，有賢德，族人稱他為「薛禪」。他是成吉思汗的四世祖，即高祖，蒙人稱為「不都禿」。「他有九個聰明、能幹、勇敢的兒子，其中每一個都是現今有聲望的分支和部落的始祖；這些部落每一個有三萬車帳，男女人數達到十萬人。」[81]想昆必勒格做部落首領時，屯必乃與泰赤烏氏聯合在一起，逐步形成另一支強大的勢力集團。他的子孫繼承了從孛端察兒至海都的姓氏，仍稱為蒙古—孛兒只斤氏。

屯必乃的第六個兒子即合不勒可汗，他是成吉思汗的三世祖，漢族稱為曾祖，蒙古人稱為「額鄰赤克」。合不勒汗統一了蒙古族各部，被推舉為蒙古族的第一任可汗，管轄著全部蒙古百姓。正如《蒙兀兒史記》所說：「合不勒可汗威望甚盛，部眾歸心。想昆必勒格卒後，合不勒代領其眾，並轄蒙兀全部。於時始有可汗之號。」[82]金朝曾封其為國王，合不勒汗拒而不受，自稱太祖元明皇帝。[83]因此道潤梯步先生說：「合不勒合罕（可汗）是初建蒙古國的人。」[84]

合不勒汗所在的家族被稱為蒙古—乞顏氏。乞顏本是蒙古的始祖，後來氏族分支眾多，每一支都另有名稱，這個古老的名稱便消失了。由於合不勒可汗的家族全是勇士（巴特兒），產生出一些著名的人和國王，因此「乞牙惕」又重新成為他們的名號。合不勒汗有七個兒子，長子的子孫組成乞顏—主兒乞氏；次子的子孫組成乞顏—孛兒只斤氏，這就是成吉思汗所在的氏族。從此，成吉思汗所在的黃金家族成為世襲蒙古汗權的主要家族之一，氏族社會實行的部落首領推舉制開始向汗權世襲制過渡。

合不勒稱汗時，女真族的金朝已經統治了中國北方。當時正是金熙宗完顏亶在位的時候，南宋高宗趙構紹興年間。蒙古草原處於金國的統治之下，金對草原各部實行「招懷降附、征討攜離」[85]又打又拉的政策。《建炎以來朝野雜記》說：「金國盛時置東北招討司，以捍禦蒙兀、高麗；西南招討司以統隸韃靼、西夏。」[86]這種「招討司」既是對這些少數民族進行掠奪的機構，也是對這些少數民族進行戰爭的機構，它的任務是「統隸」和「捍禦」這些少數民族。蒙古族立國稱汗，這不能不引起金朝統治者的注意。金熙宗聞其名，「想在雙方之間開闢出一條團結友好的大道，便派了些使者去邀請他。」[87]合不勒汗欣然前往，金人盛情款待，「端來了各式各樣美味的食物和無數可口的飲料。」[88]合不勒汗聽說金人詭計多端，害怕食物中有毒，每當宴會時，他常「借著出外鬆快鬆快的名義，不時走到外面來，來來回回地走動，因為天氣炎熱，所以他沉到水裡，彷彿是為了解除暑熱」。「在水下潛伏著，〔將吃下的東西〕全部吐出，〔然後〕再到阿勒壇汗（金帝）處，照常吃了許多食物，喝了許多酒。」[89]金朝君臣見合不勒汗飯量、酒量如此之大，都十分驚奇。有一次，合不勒汗稍微大意，飲酒過量，喝得酩酊大醉，居然忘記了大朝的禮儀，拍著巴掌跳起蒙古舞來，跳完後還摸著金熙宗的鬍子又笑又叫。在金朝的臣子們看來，這簡直是大不敬的行為，應該斬首。但金熙宗「是一個有頭腦、能克制自己的君主，他知道合不勒汗有部落和屬民，如果為了這麼點小事將他殺死，以後他的長幼宗親就會出於仇恨而起來〔為合不勒汗〕報仇，他們之間的紛爭和敵對關係將會〔長期〕綿延。因此，他把這一〔舉動〕當做開玩笑和友好的嬉鬧，壓下了怒火，寬恕了〔他〕（合不勒汗）。〔接著，〕他命人從國庫裡取來許多金子、寶石和衣服賜給他（合不勒汗）（這些東西堆在一起，有他的身子那麼高），極其尊敬和彬彬有禮地將他（合不勒汗）送了回去」。[90]

合不勒汗走後，金朝的謀臣策士們紛紛跑到金熙宗面前獻計獻策，他們說：「不該忽視他的舉動，將他放走。」[91]「若縱此人，且為邊患。」[92]金熙宗改變了原來的想法，馬上派出使者，追上了合不勒汗，命令他返回金朝。合不勒汗預感到來者不善，拒絕返回。金熙宗再一次派出使者，到三河源頭去請他入朝。合不勒汗躲藏起來，拒不與金使見面。金使無計可施，只好先回朝覆命，但在半路上卻與合不勒汗巧遇，不由分說地綁架他入朝。在路上，經過合不勒汗結義兄弟撒勒只兀台的住處，撒勒只兀台瞭解了事情的原委，偷偷地對合不勒汗說：「毫無疑問，把你叫回去不會有什麼好事，他們是要謀害你的。」[93]於是贈給他一匹好馬，讓他找機會逃跑。夜間，合不勒汗想乘機逃走，但金國的使者卻早已有所防備，用繩子捆住了他的雙腳。有一天，他終於找到了機會，「便放開韁繩，趕著馬疾馳而去。一直到他到家為止，他們都沒能追上他。」[94]

金使隨後疾馳而來。合不勒汗躲進一個兒媳的帳幕，當時兒子們不在，他召集兒媳和僕役們說：「我將你們聘娶過來，供養這些僕役和家僕，是要你們大家在這種生死關頭與我一條心。我們要殺掉這些使者，如果你們不幹，我就殺死你們。當乞台人來攻打我時，我就活不成了，〔但〕我要先除掉你們。常言說得好，大家在一起，一死何足畏！」[95]於是大家根據合不勒汗的布置，殺死了那些金朝使者。

金使被殺的消息傳到金朝，金熙宗立刻派胡沙虎率領大軍討伐蒙古。合不勒汗避開金軍鋒芒，誘敵深入，胡沙虎糧盡撤軍，合不勒汗乘機追襲，在海嶺[96]一帶大敗金軍。這一年正是南宋紹興七年，金天會十五年，西元一一三七年。當時金熙宗已上台三年，但尚未改元，仍用金太宗完顏晟年號。從此金與蒙古就結下了幾代冤仇。[97]

當時，草原各部之間也不斷發生戰爭，克烈部與塔塔兒部，蔑兒乞部與克烈部，乃蠻部與克烈部之間已經互相攻掠了幾十年。正是在合不勒汗在世時，曾經發生了一個意外的事故，導致了蒙古部與塔塔兒部結下了不解之冤仇。

合不勒汗的妻子是弘吉剌部人，她為合不勒汗生了七個兒子。有一年，合不勒汗的妻兄「賽因—的斤患了病。為了治療〔賽因—的斤〕，請塔塔兒人〔派來〕一個名叫察兒乞勒—訥都亦的珊蠻」。[98]蒙古草原各部人相信一種原始的宗教——薩滿教，珊蠻就相當於漢族的巫醫。他們自稱能與鬼神共話，能治病去邪，其實都是自欺欺人，騙取財物。輕病不治自愈，算是他們的功勞；重病醫治無效，說成是鬼神的意志。當時賽因—的斤上了幾歲年紀，又病入膏肓，塔塔兒珊蠻沒有起死回生之術，眼看著病人一命歸天了。弘吉剌人悲痛之餘，一口咬定賽因—的斤是被珊蠻害死的，不承認他是什麼鬼神的代表，一怒之下就把珊蠻毒打了一頓，不久又把他殺死了。塔塔兒部當然不肯善罷甘休，立即大興復仇之師，對弘吉剌部進行討伐。弘吉剌部是一個文明程度較高、但武力卻比較弱的部落，它抵擋不住塔塔兒部的強大攻勢，只好向蒙古部求救。合不勒汗的兒子們是賽因—的斤的外甥，為舅舅出力自然是責無旁貸，於是捲入了與塔塔兒部的戰爭。「他們全是把阿禿兒、戰士和勇士，（他們中間）沒有一個人會在擁有大量輜重的大軍面前逃跑，沒有一個敵人能夠抵抗他們。」[99]其第三子合丹，是蒙古部著名的「巴特兒」（勇士），兩次與塔塔兒部的君主蔑帖兒作戰，第一次刺傷了蔑帖兒，第二次就結果了他的性命。塔塔兒的軍隊變成了蒙古人的虜獲物。[100]從此，蒙古部與塔塔兒部結下了世代冤仇，血族復仇戰爭連續進行了幾代。

三、視死如歸的俺巴孩汗

「合不勒合汗（可汗）之後，遵合不勒合罕言，雖有其七子，卻令想昆必勒格之子俺巴孩合罕領全蒙古矣。」[101]合不勒汗死後，蒙古部人遵照合不勒汗的遺囑，擁立泰赤烏部的俺巴孩為全蒙古的可汗。大概是為了緩和與塔塔兒部的關係，「俺巴孩合罕去到了塔塔兒諸部落，想為自己挑選他們的一個姑娘（為妻）。」[102]「塔塔兒人感到受了侮辱——『為什麼要這樣地來娶我們的姑娘呢?!』他們將他連同幾個那可兒一齊抓了起來。」[103]「由於塔塔兒人知道乞台皇帝曾受辱於合不勒汗，因為合不勒汗殺死過他的使者和親兵〔那可兒〕」，皇帝對「蒙古人懷有惡念，對他們的仇恨已〔深〕印於皇帝心中，而塔塔兒人正在他的統治之下聽命於他，他們便把俺巴孩汗送到了他那裡去」。104

以上記載說明，由於塔塔兒部與蒙古的仇恨已經很深，因此他們根本不願與俺巴孩結什麼「秦晉之好」，而是必欲置之死地而後快。當時金朝採取了聯合塔塔兒對付蒙古的政策，塔塔兒人把捉到的蒙古首領送到金朝，這不僅是借刀殺人，同時也是向主子表功。金朝皇帝為了向蒙古人報殺使之仇，於是根據懲治叛部法，「下令用鐵釘將俺巴孩汗釘到『木驢』上。〔俺巴孩汗〕說道：『是別人捉住了我，又不是你；你這樣厚顏無恥地對待我，既不體面，也不值得誇獎，是很不高尚的。』蒙古諸部全都是我的親屬，他們將要竭力〔為我〕向你復仇，你的國土將因此不得安寧。」105「毫無疑問，他們將起來為我向你討還血債，〔因此，〕你殺死我是很不明智的！」106俺巴孩汗雖然面臨著死亡的威脅，但仍然臨危不懼，視死如歸。他不僅嘲笑金熙宗「厚顏無恥」，而且公開申明要向金朝「討還血債」！金熙宗作為一個大國的皇帝，當然也不甘示弱，當場放走了俺巴孩汗的一個那可兒，讓他去向蒙古人報信。這個那可兒臨行前，俺巴孩汗還對他說：「你到合不勒皇帝的七個兒子中間的忽圖剌跟前，並我的十個兒子內的合答安太子跟前說」，「你每將五個指甲磨盡，便壞了十個指頭，也與我每報仇。」107磨光指甲，握拳決鬥，這是蒙古人誓師的意思。俺巴孩汗臨死前，由這位那可兒向自己的子弟轉達了誓師伐金的滿腔遺恨。

一個勇敢而誠實的草原英雄就這樣死去了，而他的最後的吶喊，震撼了金國首都的上空，隨著天上的白雲飄到了草原，飄到了蒙古人世代居住的營地，激盪著俺巴孩的子子孫孫投入血族復仇的戰爭。為被殺害的首領或部民報仇雪恨，是蒙古部人義不容辭的責任，因此「當〔俺巴孩合罕遇害的」消息傳到他們那裡時，合丹太師、禿帶和也速該把阿禿兒同各部落和人數眾多的蒙古兀魯思一起，舉行了出兵為俺巴孩合罕報血仇的會議。他們擁戴忽圖剌合罕登上了汗位，將全部軍隊交給他統轄」。[108]忽圖剌是合不勒可汗的第五子，貝勒津說他「是個豪傑與大英雄」。[109]拉施特則說：「蒙古詩人們寫了許多詩頌揚他，描寫他的勇敢大膽。他們說：他的聲音洪亮極了，以致他的喊叫隔開七座山也能聽到，就像是別座山裡傳來的回聲。他的手猶如熊掌：他用雙手抓起一個無比強壯的人，毫不費力地就能將他像木杆似的折成兩半，將脊樑折斷。」「他每餐要吃（整整）一隻三歲羊和一大碗酸馬奶，但仍未吃飽。」[110]忽圖剌汗首先率軍進攻塔塔兒人，雙方進行了十三次戰爭，殺得難解難分，但蒙古人並沒有捉住暗害俺巴孩汗的凶手。相反，在一次戰爭中，合不勒汗的長子、主兒乞氏的祖先斡勤巴兒合黑又被塔塔兒人俘獲，塔塔兒人又把他送到金朝，釘在木驢上處死了。

西元一一四七年（南宋高宗紹興十七年，金熙宗皇統七年），在合不勒汗戰勝金軍的十年之後，忽圖剌可汗終於親率蒙古軍隊攻入金朝的邊界。金軍受到突然襲擊，吃了一個大敗仗。蒙古人搶掠了大量財物、人口，撤回三河源頭。當時，金兀朮出任金朝的都元帥，山後諸部族事務亦由元帥府管轄，於是金兀朮率兵討伐蒙古，雙方仍然兵連不解，金人被迫議和而退，割西平河北二十七團寨給蒙古，每年還送給蒙古一定數量的牛羊米豆。[111]南侵中原，不可一世的金兀朮，居然對付不了蒙古部的忽圖剌可汗，可見忽圖剌的兵勢之強已非同小可。

正由於此，蒙古部與金朝的矛盾一直比較尖銳，金朝對其防範的措施也相當殘酷。元初鄭所南曾記載說：「昔金人盛時，韃雖小夷，粘罕、兀朮輩嘗慮其有難制之狀，三年一征，五年一徙。用蒿指之法扼其生聚。蒿者，言若刈蒿也。去其拇指，則丁壯無用。」[112]不僅每隔三五年即出兵征討或強行遷徙，而且還用「去其拇指」的慘無人道的手段殘害其青壯年男子，目的是為解除其「難制之狀」。

到了金世宗大定年間，成吉思汗出生前後，形勢變得更為嚴峻。這時蒙古部的忽圖剌可汗已經去世，蒙古部沒有推舉出合適的人選繼承汗位，汗統中絕，力量大為削弱。金世宗乘機加重了對蒙古部的屠殺與壓迫。《蒙韃備錄》說：「金虜大定間，燕京及契丹地有謠言曰：『韃靼來，韃靼去，趕得官家沒去處。』葛酋雍[113]驚曰：『必是韃人為我國患。』乃下令極於窮荒，出兵勦之，每三歲遣兵向北勦殺，謂之減丁。迄今中原人盡能記之，曰：二十年前山東、河北誰家不買韃人為小奴婢，皆諸軍掠來者。今韃人大臣當時多有虜掠住於金國者。且其國每歲朝貢，則於塞外受其禮幣而遣之，亦不令入境。韃人逃遁沙漠，怨入骨髓。」又說：「成吉思少，被金人虜為奴婢者十餘年方逃歸。」[114]成吉思汗少年時是否被金人虜為奴婢，《秘史》、《元史》、《史集》中均無記載，但金世宗的「每三歲遣兵向北勦殺」不僅繼承了金兀朮等人「三年一征，五年一徙」的做法，而且明確提出了「減丁」之策。它摧毀了蒙古族第一個粗具規模的王國，同時給蒙古部民造成了極大的災難：不少蒙古青年被殺死，蒙古兒童被掠賣為奴，在以後成吉思汗的大臣中也確實有人曾被虜掠到金朝。在這種情況下，金國還強迫蒙古部每年向他們進貢，讓人家將貢品親自送到邊疆而又不准其入境。這種殘酷的民族屠殺、民族掠奪政策怎能不使蒙古人「怨入骨髓」呢?蒙古草原各族人民痛恨金朝的民族壓迫政策，各部族的統治者也要求解除這種壓迫。正是這種民族壓迫和幾代冤仇導致了草原內外的長期征戰，孕育了以征戰為主要生活內容的一代天驕。

以上就是成吉思汗誕生前蒙古草原的基本狀況，它有兩個主要特點：一是部落林立，水準不一，爭戰連年；二是金朝對草原各部軟硬兼施，分化瓦解，瘋狂掠奪，殘酷鎮壓。由此引出了兩種歷史趨勢，一是草原人民厭惡戰亂、要求統一蒙古草原；二是草原各部人民要求擺脫金朝的民族掠奪和民族壓迫，由自己充當草原的主人。這就是成吉思汗活動的背景和舞台。這是一個複雜的背景，一個廣闊的舞台。在這個背景下，這個舞臺上，究竟演出了一些什麼樣的歷史活劇呢？這就是以下各章節所要描述與研究的主要內容。

註釋

1 蘇赫巴魯著：《成吉思汗傳說》。

2、5、6（波斯）拉施特著，余大均、周建奇譯：《史集》第一卷第一分冊，頁二五一，北京：商務印書館，一九九七。

3（後晉）劉昫等：《舊唐書》卷一九九下〈北狄傳〉「室韋」條，北京：中華書局，一九七五。

4 亦鄰真：〈成吉思汗與蒙古民族共同體的形成〉，《內蒙古大學學報》，一九六二年第一期。

7 屠寄：《蒙兀兒史記》卷一〈世紀第一〉，北京市中國書店，一九八四。

8（波斯）拉施特著，余大均、周建奇譯：《史集》，第一卷第一分冊，頁二五一—二五二，北京：商務印書館，一九九七。

9（波斯）拉施特著，余大均、周建奇譯：《史集》，第一卷第一分冊，頁二五二，北京：商務印書館，一九九七。

10 那仁敖其爾：《乞顏精神是成吉思汗精神的核心理念》，呼和浩特：內蒙古教育出版社，一九九四。

11（波斯）拉施特著，余大均、周建奇譯：《史集》，第一卷第一分冊，頁二五二—二五三，北京：商務印書館，一九九七。

12 蔡美彪等著：《中國通史》第七冊第六章，頁四，北京：人民出版社，一九八三。

13《十三經注疏》，《毛詩正義》卷二〇—三〈商頌·玄鳥〉，頁六二三，北京：中華書局，一九七九。

14 道潤梯步：《新譯簡注蒙古秘史》卷一，頁三，註3。

15《蒙古秘史》校勘本，第六節，內蒙古人民出版社，一九八〇。

16《蒙古秘史》校勘本，第七節。

17《蒙古秘史》校勘本，第八節。

18《蒙古秘史》校勘本，第九節。

19《蒙古秘史》校勘本，第十一節。

20《蒙古秘史》校勘本，第十四節。

21《蒙古秘史》校勘本，第十五節。

22《蒙古秘史》校勘本，第十六節。

23《蒙古秘史》校勘本，第十七節。

24《蒙古秘史》校勘本，第十八節。

25、26《蒙古秘史》校勘本，第二十二節。

27《元史》卷一〈太祖紀〉。

28（蒙古國）策·達賚：《全蒙古國》，烏蘭巴托出版社，一九九六。

29《元史》卷一〈太祖紀〉；《蒙古秘史》卷一。

30《蒙古秘史》校勘本，第三十三節。

31《蒙古秘史》校勘本，第三十三節。

32《蒙古秘史》校勘本，第三十四節。

33《蒙古秘史》校勘本，第三十五節。

34《蒙古秘史》校勘本，第三十六節。

35《蒙古秘史》校勘本，第三十九節。

36《蒙古秘史》校勘本，第四十節。

37《蒙古秘史》校勘本，第四十一節。

38《蒙古秘史》校勘本，第四十三節。

39《元史》卷一〈太祖紀〉。

40、41、42、43《史集》（漢譯本），第一卷第一分冊第二編「塔塔兒部落」。

44、46《史集》（漢譯本），第一卷第一分冊第三編「客列亦惕部落」。

45《遼史》卷二五〈道宗紀五〉；卷二六，〈道宗紀六〉。

47 馮承鈞：《元史文證補》。

48、49《史集》（漢譯本），第一卷第一分冊第三編「乃蠻部落」。

50《遼史》卷二六〈道宗紀〉。

51《史集》（漢譯本），第一卷第一分冊第二編「蔑兒乞部落」。

52 蔡美彪：《中國歷史大辭典·遼夏金元史卷》，「蔑里乞」，上海辭書出版社，一九八六。

53、54《史集》（漢譯本），第一卷第一分冊第二編「蔑兒乞部落」。

55 伯希和：〈庫蠻〉，《西域南海史地考證譯叢》，頁二二。

56、57《史集》（漢譯本），第一卷第一分冊第四編，頁二四九。

58《史集》（漢譯本），第一卷第一分冊第四編「兀良哈部落」。

59《史集》（漢譯本），第一卷第一分冊第四編，頁二九一。

60《建炎以來朝野雜記》乙集卷一九，適園叢書本，頁九—十。

61 王國維校注：《蒙韃備錄》，頁一。

62《元朝秘史》，第一三七節旁譯。

63《史集》（漢譯本），第一卷第二冊第一編，頁一四。

64《蒙古秘史》校勘本，第一八〇節。

65 道潤梯步：《新譯簡注蒙古秘史》續集卷一，頁三〇五。

66 韓儒林：〈論成吉思汗〉，《歷史研究》一九六二年第二期。

67《史集》（漢譯本），第一卷第二分冊第一編，頁一八。關於莫拿倫兒子的數目，《史集》說是九個，包括海都；《蒙古秘史》說是七個，認為海都為莫拿倫之孫，今從《蒙古秘史》。

68《史集》（漢譯本），第一卷第二分冊第一編，頁一八。

69《元史》卷一〈太祖紀〉。

70、71《史集》（漢譯本），第一卷第二分冊第一編，頁一八—一九。「古列延」意為「圈子」。元代漢譯「翼」。蒙古游牧、行軍，以氈帳環繞為營，首領居中，稱古列延。翼為軍事組織。

72《史集》（漢譯本），第一卷第二分冊第一編，頁一八—一九。

73《史集》（漢譯本），第一卷第二分冊，頁一九。

74《元史》卷一〈太祖紀〉。「納真」，《史集》及《蒙古秘史》作「納臣」。「札剌亦兒」，《元史》作「押剌伊而」。

75《元史》卷一〈太祖紀〉。「八剌忽之地」在貝加爾湖東岸巴兒忽真河谷。

76、77《元史》卷一〈太祖紀〉。

78《史集》（漢譯本），第一卷第二分冊第一編，頁二二。

79、80《史集》（漢譯本），第一卷第二分冊第一編，頁二三。

81《史集》（漢譯本），第一卷第二分冊第一編，頁三四。《秘史》第四十八節說，他有二子。《元史》卷一○七說，他有六子。

82 屠寄：《蒙兀兒史記》卷一〈世紀第一〉。

83 參見《多桑蒙古史》、《蒙韃備錄》、《大金國志》。

84《新譯簡注蒙古秘史》，頁二二注「合不勒合罕」。

85《金史》卷五七〈百官志三〉。

86《建炎以來朝野雜記》。

87、88、89《史集》（漢譯本），第一卷第二分冊第一編，頁四二。

90、91、92《史集》（漢譯本），第一卷第二分冊第一編，頁四三。

93《蒙兀兒史記》卷一〈世紀第一〉。

94、95、99《史集》（漢譯本），第一卷第二分冊第一編，頁四四。

96 指今齊齊哈爾西，呼倫貝爾東面的興安嶺。

97 參見《史集》、《大金國志》、《蒙兀兒史記・世紀第一》、《多桑蒙古史》。

98《史集》（漢譯本），第一卷第一分冊第二編，頁一六八。

100《史集》（漢譯本），第一卷第一分冊第二編；《蒙兀兒史記》卷一〈世紀第一〉、《多桑蒙古史》。

101 道潤梯步：《新譯簡注蒙古秘史》，頁二一─二二。

102《史集》（漢譯本），第一卷第二分冊，頁五三。《蒙古秘史》說俺巴孩嫁女於塔塔兒。

103《史集》（漢譯本），第一卷第二分冊，頁五三。那可兒含有「伴當」、「從者」、「同伴」、「朋友」之意，即平時服侍貴族，戰時隨其出征的親兵和扈從。

104、105《史集》（漢譯本），第一卷第一分冊，頁一六九─一七○。

106《史集》（漢譯本），第一卷第二分冊，頁五三。

107 額爾登泰、烏雲達賚：《蒙古秘史》校勘本總譯第五十三節。

108《史集》（漢譯本），第一卷第二分冊，頁五四。

109《史集》（漢譯本），第一卷第二分冊，頁四一註3。

110《史集》（漢譯本），第一卷第二分冊，頁五一─五二。

111 參見《大金國志》、《續綱目》、《蒙兀兒史記》。

112（元）鄭所南：《心史・大義略序》。

113 金世宗舊封葛王，名完顏雍，故稱「葛酋雍」。

114 參見《蒙韃備錄・國號年號》，《征伐》、《韃主始起》等節。

第二章　在苦難中成長

搶來的夫人生下了草原的一代天驕，求親的路上父親死於一杯毒酒；部眾的叛離帶來了重重苦難，死裡逃生種下了愛與恨的種子。殺父之仇、奪妻之恨迫使鐵木真選擇了戰爭，正是這場戰爭向世人展示了鐵木真傑出的指揮才能，從而為他的崛起與振興打下了基礎。射鵰英雄的名聲從此傳遍草原內外。

戰亂中降生的「一代天驕」

一、訶額侖——搶來的夫人

成吉思汗的祖父是合不勒汗的第二子，名叫把兒壇巴特兒，即把兒壇勇士。《元史．宗室表》寫作「八里丹」。在蒙語中，祖父被稱為「額不格」，本義是一族人所出的祖先——始祖。他的長子是蒙格禿－乞顏，二子是捏坤太師，[1]三子即成吉思汗的父親也速該巴特兒，四子為答里台－斡惕赤斤。

據《史集》記載，也速該「頗為英勇，曾多次與其他蒙古部落，其中包括塔塔兒部落作戰，同時也與乞台的異密和軍隊作過戰。有關他的傳聞遍及於四周，他的名聲很高，受到所有人們的承認和尊敬。他有出自不同部落的許多個妻子，其中長妻月倫旭真，是幸福、尊貴的子女們的母親，又被稱為月倫—額客」。[2]「旭真」即妻子，「額客」即母親，這就是《蒙古秘史》所說的「訶額侖兀真」，《元史》所說的「月倫太后」，她本是一個搶來的夫人。

由於草原各部實行族外婚，年輕人找妻子總要經過一番周折，要走出很遠的距離，到沒有血緣關係的其他氏族去求婚。而當找不到合適的妻子時，還不惜採取搶親的行動，用暴力去奪取外部的女人做妻子。孛兒只斤氏的始祖孛端察兒就曾搶了一個懷孕五六個月的孕婦。直到也速該時代，搶婚的遺俗仍在草原各部流行，人們見慣不驚，無人指責；被搶者也聽天由命，不認為是什麼醜事。正是在這種背景下，也速該搶來了一個如花似玉的月倫夫人。

訶額侖出生於弘吉剌部的斡勒忽訥氏，本來嫁給了蔑兒乞部的也客赤列都。斡勒忽訥氏是個游牧部族，活動於呼倫貝爾湖及海剌爾之間。蔑兒乞部的駐地則在今蒙古人民共和國的布拉河、鄂爾渾河、色楞格河流域。也客赤列都娶親回家，路經斡難河畔。當時，「也速該巴特兒在斡難河放鷹」，「望見那婦人生得有顏色，隨即走回家，去引他哥哥捏坤太子，弟答里台斡惕赤斤來了。」「他兄弟每來到時，也客赤列都見了恐懼，即便打著馬，走過了一個嶺，轉過一個山嘴。回來到他妻車子跟前，其妻說：『那三個人的顏色好生不善，必害了你性命，你快走去。你若有性命呵，似我這般婦人有也者，你想我呵再娶的婦就喚做我的名字者。』說了，就脫下衫兒與他做紀念。也客赤列都於馬上方才接得衫兒，見也速該巴特兒兄弟三人來了，即便打著馬，逆著斡難河走了。」[3]

「也速該把阿禿兒兄弟三人，隨後趕也客赤列都。過了七個山崗，趕不上，回來了，將那婦人裹將去。也速該牽著車子，捏坤太子引路，答里台傍著車轅行。」「訶額侖哭著說：『我的丈夫頭髮不曾被風吹，肚腹不曾忍餓，如今走去呵，怎生般艱難。』哭的聲將斡難河的水並山川裡林木都震動了。答里台斡惕赤斤對那婦女說：『你丈夫嶺過得多了，水也渡得多了，你哭呵，他也不回顧，蹤跡尋呵也不得見了，你住聲休要哭。』因此上將回去與也速該把阿禿兒做了妻。」[4]這就是《蒙古秘史》敘述也速該搶親的經過。這個訶額侖兀真就是成吉思汗的生身之母。儘管她被搶時曾對原來的丈夫表示了脈脈深情，脫衫相贈，又曾悲痛欲絕，聲震川林，但時隔不久，她就變成了也速該勇士的一個忠誠的妻子，不僅為他生兒育女，而且在極其艱難的境遇中為他撫育教養了幾個名揚古今的後代。

二、鐵木真在戰亂中降生

中國有句古語：「亂世出英雄。」成吉思汗降生的年代，無論從蒙古草原，還是從整個中國來看，都是一個戰爭頻仍的亂世。

唐玄宗時發生的安史之亂，破壞了中國內地的大一統局面。隨後出現的是藩鎮割據，五代十國，遼、宋、夏、金，直到成吉思汗誕生的十二世紀後半葉，中國的分裂混戰局面已經整整延續了四百多年（七五五─一一六二年）。當時，在中國境內，同時並存的不下十幾個政權：漢族的南宋，女真族的金朝，党項族的西夏，畏兀兒族的高昌國，葛邏祿人的哈剌魯，契丹族的西遼，雲南的大理國，西藏的幾個小邦，蒙古草原的五大兀魯思等（塔塔兒、克烈部、乃蠻部、蔑兒乞部、蒙古部）。在成吉思汗出生的二十年前，一一四一年，也就是南宋高宗趙構紹興十一年，南宋與金簽訂了著名的「紹興和議」，南宋向金稱臣，宋、金兩個政權東以淮水，西以大散關為界，南宋每年向金交納銀二十五萬兩、絹二十五萬匹，稱為「歲貢」。南宋愛國將領岳飛父子被秦檜殺害。又過了十二年，一一五三年，金主海陵王完顏亮自會寧府（今黑龍江省阿城南白城）遷都燕京（今北京市），改稱中都，女真猛安、謀克戶[5]大規模內遷。一一六一年，金主完顏亮又遷都汴京（今開封），並親自率領六十萬大軍大舉侵宋，企圖用武力統一中國。沉重的兵役、徭役強加到各族人民頭上，北方契丹族人民，河北、山東王友直、耿京、辛棄疾等被迫起義。南宋的虞允文率宋軍進行了采石之戰，大敗金軍。女真貴族葛王完顏雍乘機自遼陽入據中都，奪取帝位（金世宗）。海陵王完顏亮南侵失敗，在揚州被部將殺死。金世宗改元「大定」。其實當時正是天下大亂，大亂之後必有「大定」，對金世宗君臣來說還只是一個良好的願望。

當時的蒙古草原也是處於大亂之中。由於新上台的金世宗忙於穩定內部、鎮壓起義、對付南宋，對於部落林立的漠北地區鞭長莫及、無暇問津。蒙古、塔塔兒、乃蠻、克烈、蔑兒乞等，五大兀魯思各自為政，同時並存。草原牧場、奴隸、牛羊都變成了互相爭奪的對象。血族復仇、爭霸稱雄的戰爭仍在繼續進行。漠北大草原同內地一樣，也處在一個紛爭不已的年代。

自從忽圖剌可汗死後，蒙古各部由於利益衝突和意見分歧，一時未能推舉出新的可汗。也速該身為忽圖剌汗之侄、蒙古部著名的勇士，依靠自己周圍的那可兒，收聚了許多百姓，擁有一批奴隸和僕從，占有大量的牲畜和牧場，在草原上確立了自己的勢力。他被推舉為蒙古—孛兒只斤—乞顏氏的首領，同時負責整個蒙古部的軍事。當時，他雖然沒有被推舉為蒙古部的可汗，但尼倫各部都奉他為主，服從他的管轄，實際上也相當於蒙古部的國王。因此《元史・太祖紀》說：「八哩丹歿，子也速該嗣，併吞諸部落，勢愈盛大。」「至元三年十月，追諡烈祖神元皇帝。」

一一六二年秋，也速該作為蒙古部的軍事首領，又發動了一場對塔塔兒部的戰爭。當時他的妻子訶額侖兀真十月懷胎，即將分娩。也速該為什麼偏偏在這時去從事一場勝負莫測、出生入死的戰爭呢？難道他不喜歡自己漂亮、溫存的妻子嗎？不希望親眼看著兒女降生，享受一點天倫之樂嗎？當然不是。因為他身為蒙古部的軍事首領，還肩負著另一個重要使命：打擊自己的敵人，進行自衛、掠奪或復仇戰爭。他若沒有勇氣進行這些戰爭，不及時向部落的敵人宣戰，他就沒有資格當蒙古的軍事貴族，就不配「巴特兒」這個「勇士」的稱號。

當時，蒙古部與塔塔兒部的戰爭已經進行了三代，雙方經過了十幾次較量。這次到底是第幾次出征，誰也記不清楚了；究竟是勝是敗，也速該也沒有確實的把握。但在歷次戰爭中死去了親人的貴族和部民們，渴望向敵人討還血債；年輕的勇士們則希望能夠一顯身手，掠奪對方的奴隸、美女、戰馬和財物，討伐塔塔兒勢在必行。它猶如一塊從高山滾下的巨石，由於慣性的作用，也速該既無力阻止它，也無力改變它前進的方向；又如箭在弦上，不得不發。戰爭、狩獵、掠奪、屠殺，對於當時的遊獵民族來說，似乎都是生活的一個組成部分。因為他們正處於一個「以征服戰爭為職業」的階段，鄰人的財富刺激了他們的貪欲，「獲得財富已成為他們的最重要的生活目的之一」。[6]也速該丟掉夫妻的脈脈溫情和父子的天倫之樂，去進行一場生死未卜的戰爭，正因為他感到這是自己的義務和責任。

男人出征了，斡難河畔帖里溫孛勒塔黑[7]的營地裡，只剩下了老人、婦女和兒童。訶額侖夫人悶坐在帳幕中，既為出征的丈夫擔心，又為即將降生的子女焦急，心裡自然是七上八下。但值得慶幸的是，這一次居然雙喜臨門，也速該打了一個大勝仗，俘獲了兩個塔塔兒部酋長，其中一個名叫鐵木真兀格，恰巧在這時，訶額侖夫人生下了一個男孩。戰爭勝利了，兒子降生了，訶額侖夫人心裡的石頭終於落地了。尤其令人驚喜的是，這個男孩一生下來就紅光滿面，非同一般。據《元史》記載，這個男孩出生時「手握凝血如赤石」[8]；《秘史》也說「右手握著髀石般一塊血」；[9]蒙古族民間傳說則說：「孩子的右手裡，攥著一塊堅硬的血餅，像『蘇魯錠』的形狀一樣。」[10]「蘇魯錠」形似長矛，是蒙古族戰神的象徵。「烈祖異之，因以所獲鐵（帖）木真名之，志武功也。」[11]為了紀念長子的降生和對塔塔兒作戰的勝利，也速該給自己的兒子取名為鐵木真，蒙語意為「鐵之變化」，這就是成吉思汗名字的來歷。

「一代天驕」在戰亂中降生了，他的名字本身就反映了當時一種尖銳的社會矛盾，深深地打上了社會動亂的烙印，同時寄託著老一代和本部族的無限希望。

三、是馬兒年的戰神，還是豬兒年的真龍？

蒙古族民間傳說認為，成吉思汗生於馬兒年馬兒月，即一一六二年古曆七月。因其手握「蘇魯錠」式的血餅而生，因此把他當做戰神的象徵。[12]

而元朝的楊維楨則說，成吉思汗同宋太祖趙匡胤一樣，都是生於「亥」年（豬年）：「宋太祖生於丁亥，而建國於庚申，我太祖之降年與建國之年亦同。宋以甲戌渡江，而平江南之年亦同，是天數之有符者不偶然，天意之有屬者不苟然矣。」[13]意思是說，元太祖成吉思汗同宋太祖趙匡胤一樣，都是生於「亥」年的真龍天子，是「天意之有屬者」。

那麼，成吉思汗究竟是生於馬兒年的戰神，還是生於豬兒年的真龍呢？對於這一問題，中外史學家做了大量考證，但至今並未最後定論。

成吉思汗死於太祖二十二年，即丁亥年，西元一二二七年。對於這一點，中外各史書記載相同，只是具體月、日略有出入。但對成吉思汗出生年月，中外史籍卻有不同的說法。

《元史·太祖本紀》記載：太祖二十二年，「秋七月壬午，不豫。乙丑，崩於薩里川哈老徒之行宮」，「壽六十六。」元太祖二十二年即丁亥年，西元一二二七年。依此上推六十六年，即宋高宗紹興三十二年，壬午年，馬年，西元一一六二年，這與蒙古族傳說中所說的馬兒年是相同的。

《親征錄》於成吉思汗癸亥年滅王罕時寫道：「上春秋四十二。」癸亥年為西元一二〇三年，四十二年前當為一一六二年，與《元史》本紀同。

《蒙古秘史》未言成吉思汗年壽，只記載了也速該死時鐵木真九歲。這與《元史》、《親征錄》的記載相符。《蒙古源流》也持這一觀點。

但波斯史及波斯人的私家著述卻與上述記載不同，他們「無不謂帝生於豬年，崩於豬年，十三歲喪父亦在豬年」，[14]也就是「孤於豬年」。他們認為成吉思汗生於豬兒年，壽七十三歲。依此計算則應生於宋紹興二十五年，乙亥年，西元一一五五年；死於丁亥年，一二二七年；孤於丁亥年，一一六七年。

趙珙《蒙韃備錄》說成吉思汗生於甲戌，為乙亥上一年，即一一五四年。但其中又說：「其俗每以草青為一歲。[15]人有問其歲，則曰：『幾草矣？』亦嘗問彼生月日，笑而答曰：『初不知之，亦不能記其春與秋也。』每見月圓為一月，見草青遲遲方知是年有閏月也。」因此，成吉思汗的出生年月記憶不會十分確切。

《元史譯文證補》說：「先時蒙兀不諳曆算，故帝誕生月日無知之者，唯今可汗（元成宗）及近戚大臣皆知帝壽足七十二歲，未足七十三歲而崩，亦豬年。」[16]中國有句俗話：「七十三，八十四，閻王不叫自己去。」不知元成宗君臣是否受了這一說法的影響。但既然成宗有這種說法，《元史》為什麼卻說成吉思汗只活了六十六歲呢？《證補》翻譯波斯史料，接受了《史集》的觀點，但這一看法卻需要繼續證明和補充。

由於洪鈞的考證被過去的學者看做幾乎是定論，因此，此後出版的《新元史》、《蒙兀兒史記》等都採用了《史集》的說法，歐洲、俄國、日本的不少學者也確定成吉思汗生於一一五五年。但也有一些學者採用《元史》、《秘史》的說法，如日本河野元三《蒙古史》說：「成吉思汗名鐵（貼）木真，以一一六二年生於迭里溫孛勒答里山。」然而隨後又說：「一一五五年之役，獲鐵（帖）木真兀格。」也速該俘獲鐵木真兀格之年，正是成吉思汗出生之年。《蒙古史》自相矛盾，估計是由於史料出處不同。

一九六二年，北京大學歷史系教授邵循正先生在《歷史研究》第二期上發表了一篇著名的文章：〈成吉思汗生年問題〉。他分析比較了中外的各種不同說法，進行了大量考證，既不同意豬年之說，也不同意「一一六七年」的說法，明確指出：「無論是一一五五年或是一一六七年的說法都不能成立」，「因此，成吉思汗的生年，如《元史》所記，至少是比較可信的，應該據以為準。」從此，中國史學界基本上採用了這一說法，也正是在一九六二年紀念了成吉思汗誕辰八百週年。

中外史書對於成吉思汗出生的具體年月記載雖然不同，但前後相差不過幾年，而對其他大事的記載卻基本相符，或者可以互為印證，互為補充。因此，無論認為成吉思汗是生於馬兒年的戰神，還是生於豬兒年的真龍天子，這對史學研究都不會帶來太大影響。對於這一問題，作者沒有深入研究，暫且採取「吾從眾」的態度，將成吉思汗的出生年月定為一一六二年秋天。

草原巴特兒在苦難中成長

一、定親與喪父

一一七〇年，九歲的鐵木真已經成長為一個英俊的少年了。也速該和訶額侖兀真希望給他早點兒定下一門親事。當時蒙古乞顏部與弘吉剌部是世通婚姻的部落。這年秋天，大概是也速該選定了「九為吉數」之年，「金秋打籽」之季，帶著鐵木真到弘吉剌部斡勒忽訥氏去看望舅父，同時為鐵木真物色一位合適的媳婦。弘吉剌部居住在呼倫貝爾湖東面，從三河源頭的蒙古—乞顏部到弘吉剌部，要走很遠的路程，中間還要經過塔塔兒部駐牧的呼倫貝爾草原。

也速該父子走到扯克徹兒、赤忽兒古兩山中間[17]時，遇到了弘吉剌氏的德薛禪。「薛禪」蒙語含有「智慧」之意，只有德高望重、才智超人的老者才能獲得這一尊稱。「德薛禪」即名字叫「德」的智慧老人。他主動而親切地向也速該打招呼：「也速該親家，你往哪裡去。」[18]也速該開門見山說明了自己的來意：我想帶這個孩子到他母舅家斡勒忽訥氏去看看，順便替他定一門親事。德薛禪上下打量著鐵木真，十分興奮地說：您這個孩子兩眼炯炯有神，紅光滿面，正中了我昨夜一夢。我夢見一隻海東青帶著太陽和月亮落在了我的手掌上。太陽和月亮，是我們所仰望的。今天，海東青握來落在我手上了。我這個夢不正是預示您帶兒子來求親嗎？這真是個好夢。所以有此夢者，「必是你乞顏人氏的吉兆。」[19]

「俺翁吉剌惕百姓，自古來，
以甥之貌，以女之顏，而非爭國者也。

將我美貌之女，俾乘汝合罕（可汗）者巨輦。
駕黑駝而顛去，並居於后妃之位焉。
俺非爭國爭百姓者也，
育我淑姿之女，俾乘具前座之帳輿。
駕紫駝而起去，傍陪起居之高位焉。」
「也速該親家，請臨我家，
我有小女，親家請觀之。」[20]

於是德薛禪領也速該父子到自己家住下。德薛禪的女兒名叫孛兒帖，當時十歲，比鐵木真大一歲。這個女孩生得健壯美麗，「也速該心裡喜歡」，[21]第二天早晨就向德薛禪求婚。德薛禪說：多求而與之不見得崇敬，少求而與之不見得低賤。女子之命，不可老於生身之門，就將這孩子嫁給您的兒子吧！[22]

按照當時的習慣，兒女定親以後，要先把男孩留在未婚妻家，並贈送禮物作為聘禮。這說明古代蒙古人的婚姻中，還存在著母系氏族的殘餘。也速該留下一匹從馬做聘禮，「留贅鐵木真而去。」臨走時說：「吾子善驚狗也，親家休令吾子驚狗也。」[23]《元朝秘史》說鐵木真怕狗，這不符合英雄本色。事實上是狗怕鐵木真，也速該擔心鐵木真頑皮，搞得人家雞犬不寧。

也速該順利地為兒子定下了一門親事，高高興興地奔回三河源頭。途經扯克徹兒山的失剌客額兒，[24]漢語稱做「黃色的野甸」。由於這裡臨近遼朝的上京臨潢府（今遼寧巴林左旗東南波羅城），當地人才起了這個名字。這個黃色的野甸是塔塔兒部主因氏的駐地，主因氏人正在舉行宴會。根據蒙古人的習慣，騎馬經過正在進餐者之旁時，要下馬，未等主人許可就應一同就餐。主人也不應拒絕，而應以飲食相待。這既是客人對主人表示應有的敬意，也是主人殷勤待客的一種表現。也速該風塵僕僕，一路上飢餐渴飲，十分勞累，心裡自然也想乘機去喝幾杯。另外他也可能想到，戰場上的仇敵也不妨同桌共飲。因此就放鬆了對塔塔兒人的警惕，參加了他們的宴會。

大概是冤家路窄，事有巧合吧，舉行宴會的正是九年前與也速該作戰的氏族。其中有幾個年長的人曾經見過也速該，並親眼看見也速該將鐵木真兀格等人捉去。他們一眼就認出了這個昔日的仇敵，「因記起舊日被擄的冤仇，暗地裡和了毒藥與吃了。」[25]

宴會之後，也速該上馬，繼續往回走。沒走出多遠，他就感到頭暈眼花，肚子裡很難受。他伏在馬背上艱難地前進，經過三天三夜，終於回到家中，這時已經支持不住了。於是他把晃豁壇氏的蒙力克叫到自己面前，說：我的兒子們幼小，我去為鐵木真求親，回來的路上被塔塔兒人毒害了。我覺得心中難受，恐怕活不長了。留下了孤兒、幼弟，請您多多關照。訶額侖就是你的寡嫂，將來有什麼困難還求您幫忙。請您趕快到弘吉剌部去，將我兒鐵木真帶回來。說完就死了。[26]

蒙力克根據也速該的囑託，趕到了弘吉剌部，對德薛禪說：「也速該想鐵木真，好生心疼，教我來取。」[27]德薛禪說：親家若想念自己的兒子，您就將他帶回去吧，見面以後快點送回來。於是蒙力克將鐵木真接回不兒罕山營地。但鐵木真萬萬沒有想到，父親為了他的親事，竟在壯年遭人暗算。訶額侖兀真向鐵木真轉達了父親的遺言：長大後一定要替他報仇，掃平塔塔兒，將那些高過車轄的男子統統殺掉！愛和恨的種子從此在鐵木真的心中生根發芽，它對鐵木真的成長產生了重大影響。

二、親族與部眾的叛離

自從俺巴孩汗死後，蒙古各支貴族就開始了爭奪汗權的鬥爭。「俺巴孩汗有十個兒子，所有的朋友們都對他們的存在感到高興，都說：『王權將留在他們的氏族裡。』」[28]他們也曾舉行會議，企圖推舉一個繼位人，但由於這十兄弟紛爭不和，互不相讓，「會議舉行了好久，但沒有一致公推出一個人來」，「誰也沒有被確定為他們的君主。」[29]王權從他們手裡失去了，俺巴孩汗的侄子乞顏氏的忽圖剌繼承了汗位。

忽圖剌可汗死後，這種爭奪汗權的鬥爭又一次重演，長期沒有產生出新的可汗。忽圖剌可汗的兒子拙赤威望不高，諸部離散，沒有資格執掌汗權。泰赤烏氏內部仍然是矛盾重重，選不出一個眾望所歸的君主。而也速該所在的孛兒只斤—乞顏氏力量卻比較統一，也速該本人又勇敢善戰，戰功卓著，因此蒙古諸兄弟部落都由他管轄，因此《史集》說：「忽圖剌合罕死後，成吉思汗的父親、把兒壇把阿禿兒的兒子也速該把阿禿兒進行了統治。」[30]「也速該統轄尼倫全部，以故泰亦赤兀亦隸麾下。」[31]當時也速該雖然沒有正式被推舉為全蒙古部的可汗，但卻依靠自己的力量和威望實際登上了蒙古部「君主」或「國王」的地位。也正因為如此，那些沒有爭奪到汗權的其他蒙古貴族才對他懷有忌恨之心，「正如〔俗話〕所說：『親人〔狠似〕蠍子』，出於天生的仇恨心，嫉妒他；但由於沒有足夠的實力來反抗他，他們在他生前早就在心頭種下了仇恨和報復的種子。」[32]「族人如蠍」，正是這種貴族之間的爭權奪利，導致了也速該死後的一系列事變。

《蒙兀兒史記》記載說：「也速該既卒，鐵木真少孤，族眾欺其母子寡弱，咸有離心。」[33]就在也速該死後的第二年春天，時間僅僅過了幾個月，死者屍骨未寒，生者淚痕未乾，本族內部就出現了眾叛親離的局面。有一天，蒙古部舉行祭祖之禮，主持祭祀的是泰赤烏氏的長輩、俺巴孩汗的兩位可敦（夫人）——斡兒伯和莎合台。按照蒙古族的習慣，祭祀之後，祭祀所用的供品要分給所有的同族人，即使沒有參加儀式的人也有權獲得應有的一份。這些供品稱為「胙物、餘胙、供酒」，包括祭祀所用的牛羊馬肉、牛奶、馬湩（音凍，馬乳汁）等。蒙古人信神敬祖，祭祀祖先對他們來說是件大事，誰如果分不到祭祀的供品，就等於不承認他是蒙古的同族人，等於被開除了族籍。

在這次祭祀活動中，鐵木真母子因故遲到，俺巴孩汗的二可敦沒有分給他們應有的供品。訶額侖兀真認為這是奇恥大辱，忍無可忍，當場就向斡兒伯、莎合台二可敦提出質問：也速該雖然死了，難道我的兒子們將來就不能長大成人麼？大人們的肉胙分了，為什麼不分給我們？「眼看著的茶飯不與了，起營時不呼喚的光景做了也。」今天不分給我們供品，不給茶飯，他日轉移營地，是不是也想拋棄我們呢？[34]

俺巴孩汗的二可敦也不示弱，以眼還眼，以牙還牙，說：「你行無請喚的禮。遇著茶飯呵便吃。俺巴孩皇帝死了麼道，被訶額侖這般說。」[35]意思是說，你們母子遇飯便吃，遇水便飲，祭祀祖先卻遲遲不到。難道還要我們邀請你們，非給你們供品不可嗎？你們眼裡既然沒有祖先，何必還要分享祭祖的供品呢？並且對自己的部眾說：俺巴孩皇帝死了，訶額侖才敢這樣橫行無忌，說了這些不講理的話。「可將這母子每撇下在營盤裡，休將他行。」[36]她既然誣衊我們要拋棄她，我們乾脆把他們母子撇下在營盤裡，換一換營地，不要和他們在一起了。大家各奔前程，也省得吵吵鬧鬧，不得安生。

當時，泰赤烏氏的首領是俺巴孩汗的孫子塔兒忽台乞鄰禿黑，「『乞鄰禿黑』意為『吝嗇』

和『貪婪』。由於他有這樣的品質，才被稱做這個名字。」在也速該時代之末，「他曾向也速該把阿禿兒挑起內訌。」[37]因此，他立即同意了二位祖母的建議，第二天早晨就率領泰赤烏部順斡難河遷走了。曾經充當也速該近侍的泰赤烏氏人脫朵延吉兒帖等，甚至包括乞顏部的貴族、百姓，以及鐵木真家祖宗以來的奴婢也拋棄了鐵木真母子，跟隨泰赤烏氏遷走了。只有晃豁壇部的察剌合、蒙力克父子，這時還和鐵木真母子一條心，因為「在也速該巴特兒時，有一次他們曾經約請晃豁壇部落（一起）去攻打泰亦赤兀惕人；晃豁壇部先於他們（與泰亦赤兀惕人）開戰，泰亦赤兀惕部殺死了他們許多人。也速該巴特兒突然趕到，才從泰亦赤兀惕手中救出了晃豁壇部」。[38]他們兩家是患難之交，蒙力克又是也速該的「託孤之臣」，因此察剌合老人對泰赤烏氏的分裂行動十分不滿，拚著老命拉住了脫朵延吉兒帖的戰馬，勸他回心轉意，不要背叛鐵木真母子。脫朵延吉兒帖對察剌合老人說：「深水已涸矣，明石已碎矣！」[39]意思是說：也速該已經死了，好比河水已經枯乾，白石已經破碎。水乾了就養不住魚，石頭碎了就失去了靠山，鐵木真他們孤兒寡母，擔負不了保護屬民百姓的責任，我們何必跟著他們受苦受罪呢？察剌合老人死死拉住馬韁不放，脫朵延吉兒帖見別人已經走遠了，氣憤地說：「汝何得勸阻！」老東西，你自己留下吧，何必拉別人做替死鬼呢！一邊說一邊狠狠地向老人刺了一槍，老人脊背受傷，倒在地上。

察剌合老人艱難地回到家中，臥床不起。鐵木真得知這一不幸消息，趕緊前去探望。老人十分痛苦地說：「你父親收的並俺眾人的百姓，被他將去。因勸他的時分，被他傷了。」[40]鐵木真哭著離開了察剌合老人，去告訴自己的母親。

親族和部眾的叛離意味著一個貴族將瀕於毀滅，自己的孤兒寡母將陷入困境，訶額侖兀真當然不會等閒視之。當時鐵木真兄弟年齡很小，根本指望不上；察剌合老人又身負重傷，他的兒子蒙力克也不能離開身邊。因此只好由訶額侖兀真親自出馬了。於是訶額侖「持纛（音毒）上馬而往」，[41]「麾旗將兵，躬自追叛者。」[42]手持「禿黑」軍旅，跨上戰馬，去追趕那些遷走的百姓。「禿黑」是一支繫著一縷縷牦牛毛的長竿，類似漢族出使的旌節，它是也速該率領軍隊作戰時的軍旗。蒙古的軍隊要根據這支「禿黑」的指揮進退，它代表著軍事統帥的權力，誰如果違背它的指揮，就要受到軍紀處分。不知是「禿黑」的威力，還是由於訶額侖兀真的感召，乞顏部的百姓有不少人又回到了原來的駐地，「驅其太半而還。」[43]然而訶額侖畢竟沒有也速該的號召力，鐵木真兄弟也沒有力量與泰赤烏部抗衡，這些追回的百姓，「也不肯停住，都隨著泰亦赤兀去了。」[44]他們又先後投奔了強大的泰赤烏部。這一事件不僅反映了蒙古貴族內部爭權奪利的鬥爭，而且生動地反映了「百姓」與族長、首領的關係是保護與被保護的關係。當一個首領有力量，足以保護自己的百姓時，就可以在自己周圍收集許多百姓；這個首領死了，就等於「深水已涸」、「明石已碎」，他的孤兒寡母保護不了自己的屬民百姓，因此眾百姓只好去追隨力量強大的其他氏族。作為廣大奴隸——孛斡勒，則本能地要求擺脫奴隸主貴族的統治，奴隸主貴族死去了，他的孤兒寡母暫時失去了統治的力量，這正是奴隸逃離的好時機。因此，就連成吉思汗祖宗以來的奴婢脫斡鄰勒也逃到了克烈部。也速該死後不久，鐵木真一家的親族和部眾之所以迅速叛離，正是在這種情況下發生的。

三、顛沛流離的歲月

泰赤烏部和屬民百姓的叛離，使鐵木真一家從部落首領的地位一下子跌入了苦難的深淵。從此，他們孤兒寡母開始在飢寒交迫、顛沛流離中苦度歲月。

也速該死時，訶額侖兀真已經生了四子一女，長子鐵木真剛剛九歲，次子拙赤合撒兒七歲，三子合赤溫額勒赤五歲，四子帖木格斡赤斤三歲，女兒帖木侖還在搖車之中。也速該還有一個「別妻」，相當於漢族的妾，生了兩個兒子，一個名叫別克帖兒，一個名叫別勒古台。泰赤烏部和乞顏部的百姓遷走以後，鐵木真家只剩下了一個老僕婦豁阿黑臣，加上他們二母七子，全家共有十口人。他們的牛羊畜群也被部眾和奴隸們趕走了，只剩下了他們乘坐的九匹銀合馬。三位婦女，七個幼兒，九匹銀合馬，這就是鐵木真一家當時的基本狀況和全部財產。[45]

以畜牧業為生的蒙古牧民，失去了畜群，也就是失去了生活的來源；以氏族、部落為活動單位的人們，離開了氏族、部落，也就是失去了生活的保障。面對著茫茫的草原、漫長的歲月，眼看著七個需要撫養的幼兒，訶額侖兀真怎能不愁腸寸斷呢？

但訶額侖兀真畢竟不是一個弱女子，而是一個久經磨練、意志堅強的巾幗英雄。她的後代推崇她「賢能」、「有膽量」，[46]尊她為「宣懿太后」，[47]她確實不愧為烈祖的英烈夫人。當也速該做蒙古部的「國王」時，訶額侖是位威嚴的「國母」；當一家十口艱難度日時，她又成為一位不辭辛苦、日夜操勞的家長。她頭戴以柳枝為架、用青氈包成的固姑冠，腰間緊緊地繫著一條牛皮帶，脫下了昔日的麗裝，換上了一身短打扮。她身體健壯而豐滿，面容美麗而尊嚴。她既能馳馬於遼闊的草原，又能無微不至地照看年幼的嬰兒，身兼嚴父和慈母兩種責任，帶著自己的十口之家，「奔波於斡難河上下。」沒有牛羊畜肉，她「拾彼杜梨，稠梨」；沒有掘地的工具，她「手持檜木之劍，掘彼地榆，狗舌」，以此解除孩子們的飢餓，「餬其口」，「供其食」。她用山韭、野蔥養育可汗的後代，用山丹之根培育未來的執政者。[48]遼闊的草原是養育北方各族人民的偉大的母親，訶額侖兀真千方百計地採集草原的乳汁，精心地哺育著自己的子女，希望他們成長為聰明超群、勇敢堅定的人。

小樹，總有一天會長成參天之木；嬰兒，也不會永遠在襁褓之中。但在苦難中長大的嬰兒，總是不同於錦衣玉食的貴族子弟，他們的血管裡流動的是富有生命力的熱血，他們的性格中深深地打上了艱苦生活的烙印。鐵木真兄妹七人目睹了訶額侖兀真的艱辛，親身體會到母親對兒女的深情，他們不是坐在河邊玩石子，而是盡量為母親分憂。小兄弟們找來幾根木棍，又用曲針彎成了釣魚鉤，坐在河邊去釣魚。有時，他們「釣彼殘缺之魚」，「鉤彼細鱗，鰺條」，有時「撈彼雜樣之小魚」，他們都小心翼翼地拿回家去，孝敬自己可敬的母親。慢慢長大以後，他們開始結網打魚，彎弓射獵。他們有一個共同的心願：盡是減輕母親的負擔，「以報其母鞠養之恩。」[49]

苦難，能使人堅強，也容易使人暴烈；能使人容忍，也容易使人殘酷無情。鐵木真兄弟就具有這種雙重性格。有一天，鐵木真與二弟合撒兒，庶弟別克帖兒、別勒古台，四人一起去釣魚。鐵木真、合撒兒釣上一條金色小魚，在陽光的映照下，這條小魚鱗光閃耀，令人喜愛。別克帖兒、別勒古台看到後，心裡也很喜歡，就從合撒兒手裡搶走了。鐵木真、合撒兒回家後，對母親說：「我釣得一個金色魚，被別克帖兒、別勒古台奪了。」母親耐心地教導他們：「您兄弟們如何那般做。譬喻說道，除影兒外無伴當，除尾子外無鞭子。咱們受泰亦赤兀兄弟每的苦報不得時，如何恰似在前阿蘭娘娘的五個孩兒般，不和順。您每休那般做。」[50]意思是說，咱們家形單影隻、無依無靠，除影子外無朋友，除馬尾外無鞭子，全憑你們兄弟幾人同心協力。我常給你們講阿蘭祖母的故事，不就是希望你們記住阿蘭祖母折箭時的訓言嗎？現在泰赤烏兄弟們加給我們的苦難還沒有過去，你們怎麼就像阿蘭娘娘的五個兒子那樣互相爭奪、不和順呢！

當時，鐵木真、合撒兒畢竟年齡還小，聽不進母親的教誨，心中不以為然，二人私下合計說：「我昨前射得個雀兒，也被他奪了；今遍釣得個魚兒，又被他奪了。似這般呵，一處怎生過。」[51]說完，二人偷偷地從門簾下溜了出去。

離他們家帳篷不遠，有一座小山頭，斡難河從山後流過，山前有一片草地。別克帖兒坐在小山上，正放牧他們家的九匹銀合馬。鐵木真與合撒兒手拿弓箭，鐵木真在別克帖兒背後，合撒兒在他身前，隱蔽著摸了上去。將箭抽出要射時，被別克帖兒發現了，別克帖兒大聲說：泰赤烏兄弟的苦受不得，還不知誰能報仇呢，你們為什麼把我當做眼中的毛、口中的梗呢？母親不是說過嗎，我們影外無友，尾外無纓，你們為什麼起此邪念、容不得我？希望你們不要毀我爐灶，不要拋棄我的小弟弟別勒古台。「爐灶」是指蒙古包正中的爐灶，它是家道或家系的象徵。毀了爐灶，意味著全家的滅亡。別克帖兒的意思是希望鐵木真等保護自己的同母弟別勒古台。說完，盤腿端坐在原處，一動不動地等著鐵木真兄弟向他放箭。鐵木真兄弟正在氣頭上，根本不理別克帖兒的話，一前一後，好像射一隻小鳥一樣，射死了別克帖兒。[52]

鐵木真兄弟回家後，母親立刻發現他們臉色不對，很快就瞭解了事情的真相，把他們叫到面前，狠狠地教訓了一頓，說：你們簡直是敗家子！你鐵木真手握凝血而生，就好比是自咬胞衣的合撒兒狗，又好像性情暴烈的山貓、猛豹，恰似一頭難以馴服的獅子。你們是吃人的蟒蛇和魔王，是自衝其影的海東青，是乘風雪而襲之的野狼，是自食其子的狠鶻。你比豺、虎還凶，比靈獒還狠。我剛剛對你們說了，我們影外無友，尾外無纓，泰赤烏兄弟加給我們的苦難難盡，我們報仇雪恨的日子還在後邊。你們為什麼這樣自相殘害呢？[53]

鐵木真、合撒兒低頭不語，大概也後悔自己做了一件蠢事。訶額侖兀真尋舊言，引古語，深深地責怪他們，希望他們記住這次慘痛的教訓。[54]從此以後，他們兄弟幾人和睦相處，有難同當，有福同享，一起度過了一個又一個難關。

四、死裡逃生

鐵木真兄弟在艱難的歲月中一天天長大了，他們在斡難河畔捕魚打獵，家中的境況在逐步好轉。但天有不測風雲，奪走了他們的百姓和奴隸的泰赤烏氏，害怕鐵木真兄弟長大成人後進行報復，又對鐵木真一家進行了一次新的打擊。

某年的一天，泰赤烏部那位吝嗇狠毒的塔兒忽台對部眾說：「原撇下鐵木真母子們，如今莫不似飛禽的雛兒般毛羽長了；走獸的羔兒般大了。」[55]於是塔兒忽台領著一些伴當，對鐵木真一家發動了突然襲擊。

鐵木真母子感到來者不善，害怕他們下毒手，趕緊躲到樹林中去。別勒古台砍了些樹木做藩籬，紮成了一個寨子；合撒兒與泰赤烏部對射起來；合赤溫、帖木格、帖木侖三個小孩，藏在山上的崖縫中。雙方相持了一段時間，泰赤烏部人對合撒兒喊道：「只將你哥哥鐵木真來，其餘的人，我不要。」[56]鐵木真聽到他們的喊聲，知道他們要捉拿自己，於是跳上馬背，「鑽入帖兒古捏・溫都兒山之林中。」[57]泰赤烏人發現鐵木真逃走了，立即跟蹤追擊，由於山深林密，泰赤烏人找不到入山的道路，於是包圍了這片山林。

鐵木真在密林中過了三天三夜，估計泰赤烏人也該走了，牽著馬向林外走來。突然，馬鞍脫落在地。鐵木真回頭一看，發現綁馬鞍的扳胸、肚帶仍然扣著，他心中詫異，自言自語道：「肚帶扣著，鞍子脫落呵猶可；扳胸扣著，鞍子如何脫落得。莫不是天止當住我麼。」[58]於是他整好馬鞍，牽著馬又轉回了密林中。

在密林中又過了三天三夜，鐵木真心想，這回泰赤烏人總該撤走了吧！於是又牽著馬向林外走來。快到密林邊緣時，他發現有一塊像行帳似的大白石堵住了出林的道路，鐵木真心想：這麼大的石頭怎麼會滾落下來呢？大概又是上天警告，危險還沒有過去吧？於是他無可奈何，再次轉入密林中。[59]

鐵木真在密林中又躲了三天三夜，「前後共住了九日，無吃的茶飯。說道：『這般無名如何死了，不如出去。』」[60]他感到像這樣無聲無息地死去太沒有價值了，乾脆不如出去看看，即使被捉住了也沒有什麼了不起。於是他用削箭刀砍斷巨石旁的樹木，牽著馬「滑擦而去」，[61]走下山來。泰赤烏人發現了鐵木真，立即把他捉走了。

塔兒忽台乞鄰禿黑將鐵木真押回自己的營地，向部下百姓傳出了一道命令：每營輪流看管鐵木真，一營一宿。像這樣過了若干天，到了陰曆四月十六日。這是青草復生、天氣變暖的一個仲夏既望之日。草原牧民在這一天之後開始移營。蒙古族傳說則說：泰赤烏部要在這一天於斡難河畔舉行大聚會，請薩滿教主祭天、祭山。塔兒忽台想用鐵木真的人頭祭天，祭祀前先在河邊舉行一次宴會。[62]直到太陽落山時，宴會才散。當時，一個瘦弱的青年人看守著鐵木真。這個青年人沒有見過世面，一見人就臉紅、低頭、局促不安。蒙語稱為「格列不列，可溫，古溫」，即羞怯之意，是一個「羞怯兒」。[63]鐵木真見宴會已散，泰赤烏部的人們回到了各自的營帳，這個羞怯兒又低頭不語，警惕性不高。於是鐵木真用枷角將他打暈，帶枷逃入斡難河邊的樹林中。剛在林中伏定，他轉念一想，林中肯定有人來搜查，容易被發現。於是又跳入斡難河的水流中，讓木枷漂在水面，自己仰臥在水裡，只露出一張臉。[64]

看守鐵木真的那個年輕人並沒有受致命傷，他很快就清醒過來了，大聲呼喊：「拿住的人脫走了。」[65]因人跑了！泰赤烏人聽到喊聲，很快集合了許多人。那天晚上月明如晝，泰赤烏人一個接著一個，挨排搜索斡難河邊的樹林。只有速勒都孫氏的鎖兒罕失刺向斡難河邊走來，他發現了仰臥在水中的鐵木真，走到鐵木真身邊，說：正因為你有這般見識，泰赤烏兄弟們才妒害你，你只管小心地藏著吧，我不會告訴別人的，[66]說完就走了。

泰赤烏部人在斡難河邊的樹林中找了一遍，沒有發現鐵木真的蹤影，準備再一次搜索各處，鎖兒罕失刺說：「你每白日裡失了人，如今黑夜裡如何尋得。再回原行的路上去，將不曾見處仔細排尋了散著，明日再聚著尋。這帶枷的人那裡去。」[67]大家覺得鎖兒罕失刺說得有理，於是草草搜索了一遍，就各自回家去了。等人們走完以後，鎖兒罕失刺再一次來到鐵木真身旁，說：「我每只這一遍排尋回去了，明日再來尋。如今我每散了後，你自尋你母親兄弟去。若見人時休說我見你來。」[68]說完就若無其事地走了。

鐵木真早就認識鎖兒罕失刺，當鐵木真被各營輪流看管時，曾被監護在鎖兒罕失刺家。他有兩個兒子，一個叫沈白，一個叫赤老溫。他們同情鐵木真的不幸遭遇，晚上偷偷地給鐵木真去掉木枷，讓鐵木真安安穩穩地睡了一夜。鐵木真心想：他的兩個兒子心裡憐憫我。如今鎖兒罕失刺兩次見我，又不肯對人說。我如果到他家去，一定能救我脫險。於是鐵木真順著斡難河去尋找鎖兒罕失刺的營帳。[69]

鎖兒罕失刺是泰赤烏部的部落奴隸，他們一家的任務是替泰赤烏貴族搧馬乳，即把生馬乳製成熟馬乳，做飲料，因此往往需要通宵達旦地工作。鐵木真從很遠的地方就聽到了搧馬乳的聲音，順利地找到了鎖兒罕失刺的營帳。鎖兒罕失刺見到鐵木真，大驚失色，說：「我教你尋你母親兄弟去，你如何又來？」沈白、赤老溫見此情景，對父親說：「雀兒被龍多兒（一種雀鷹）趕入叢草去呵，叢草也能救他性命。草尚能如此，咱們行來的人不能救他呵，反不如叢草。」[70]他們立刻替鐵木真去掉木枷，放入火中燒掉。然後把鐵木真藏到房後盛羊毛的車中，囑咐妹妹合答安認真照看，不許告訴任何人。[71]這是一種遇客婚，讓客人與自己的女兒住在一起，以示對客人的好意。[72]鐵木真在生死關頭，遇到了一位情人，當然更不會予以拒絕了。

泰赤烏人始終找不到鐵木真的下落，感到十分奇怪。第三天，他們互相議論說：我們的百姓會不會把鐵木真藏起來呢！還是從自家人裡搜一搜吧。於是泰赤烏兄弟下令挨家進行搜查。搜查的人們依次來到鎖兒罕失剌的營帳，房中，車中，以至床下都搜遍了，很快就要來到鐵木真的腳旁了，鎖兒罕失剌急中生智，笑哈哈地說：「似這般熱天氣，羊毛裡若有人，如何當得。」[73]搜查的人這才從車上跳下來，離開了鎖兒罕失剌的營帳。

鎖兒罕失剌嚇出了一身冷汗，對鐵木真說：為了救您，我們全家差一點灰飛煙滅，您趕快離開這裡，去找你母親和弟弟去吧！他送給鐵木真一匹草黃色、口白、不生駒的母馬，煮了一隻肥壯、肉美的羔羊，盛在一只皮桶中，又用一只背壺裝滿了馬奶，馬背上沒有備鞍，也沒有給鐵木真火鐮，只給了一張弓，兩支箭，然後打發鐵木真上路。[74]鎖兒罕失剌是一個飽經風霜、富於生活經驗的人，他之所以送給鐵木真一匹沒有鞍子的馬，是怕別人認出鞍子的主人，將來招惹是非；其所以不給鐵木真打火的火鐮，是希望鐵木真不要投宿，不要生火做飯，而要日夜兼程，趕快脫離險境；他只給鐵木真兩支箭，是為了讓鐵木真用來保護自己，萬一遇到險情，足以用來自衛。箭多了反而會惹是生非，眼下最關鍵的還是「三十六計，走為上策」，先逃命要緊。

鐵木真遵照鎖兒罕失剌的囑咐，馬不停蹄地回到了自己家原來的住地。舊寨雖存，但已不見了母親和弟弟們的蹤影。他下馬仔細查看了草地上人畜行走的蹤跡，然後沿著斡難河，來到一個名叫乞沐兒合溪的地方。這裡留下了一些紮營的痕跡，但營帳也已經遷走了。鐵木真繼續尋找全家人的下落，沿乞沐兒合溪，經過別迭兒山嘴，直到豁兒出恢孤山時，才找到自己的親人。[75]鐵木真死裡逃生，全家人久別重逢，其喜悅的心情是不言而喻的。

從奮鬥中崛起

一、結交博爾朮

鐵木真母子兄弟相會以後，擔心泰赤烏部人再來騷擾，輾轉遷徙到不兒罕山前的古連勒古山中（肯特山脈外延部分）。那裡有條桑沽兒小河（今臣赫爾河），是怯綠連（克魯倫）河的支流，由此向南流入怯綠連河。小河旁有座小山，名叫合剌只魯格。山下有一個闊闊納浯兒小湖，漢語意為「青海子」（藍湖）。這裡有山有水，草木茂盛，風景秀麗。鐵木真一家在這裡紮下了營盤，靠捕捉土撥鼠、野鼠維持生活。

安穩的日子只過了幾個月，新的不幸又向鐵木真一家襲來。由於當時蒙古各部分散活動，各自為營，沒有產生出共同的首領，因此社會秩序比較混亂。不僅各部之間經常發生戰鬥和衝突，還有許多人「把搶劫、暴行、淫猥和酒色看成豪勇和高尚的行為」。[76]當時，在泰赤烏的部眾中，有一群主兒乞（又作禹兒乞、主兒勤）百姓，他們是合不勒汗的長子斡勤巴兒合黑[77]的後代。「『斡勤』〔一詞〕是姑娘的意思。他被稱做斡勤—巴兒合黑，是由於他的臉容美靜，看到他的人無不驚訝於他的美貌。」[78]在蒙古部與塔塔兒部的衝突中，他被塔塔兒部捉去送到金國處死了。他有個兒子名叫忽禿黑禿—禹兒乞，《秘史》寫作「主兒乞」，因此他的後裔稱為乞顏—主兒乞氏。合不勒汗從自己的百姓中挑選了一些有膽量、有氣力、剛勇能射的漢子給了他們，使其形成一個獨立的姓氏。這些人驕悍善戰，偷盜和搶劫是他們的職業之一。當時他們站在泰赤烏部一邊。有一天，幾個主兒乞人發現了鐵木真一家的營盤，搶走了正在營盤旁吃草的八匹銀合馬。79

馬匹是蒙古人的財富，又是「草原的靴履」。草原人幾乎天天騎在馬上放牧，用馬做交通工具和運輸工具，還要騎在馬上進行戰鬥。離開了馬匹，蒙古人的生活和作戰都會受到極大影響。泰赤烏部叛離以後，鐵木真家只剩下了九匹銀合馬，鐵木真被泰赤烏氏捉走時，已被搶走一匹，所以家中只有八匹銀合馬和鎖兒罕失剌送給鐵木真的那匹禿尾劣黃馬。八匹銀合馬同時被搶，幾乎相當於挖了鐵木真家的命根子，鐵木真當然不能等閒視之。

因此，當鐵木真發現銀合馬被搶後，立即徒步去追趕。但主兒乞人騎的是快馬，早已跑得無影無蹤了，鐵木真只好「觀而止」，十分氣憤地回到家中。當時，別勒古台騎著那匹禿尾劣黃馬去打獵，夕陽快要落山時，別勒古台才牽著那匹劣黃馬，馱著許多土撥鼠，顫顛顛地回到家中。鐵木真告訴他：我們的馬被人劫去了。別勒古台立即將土撥鼠卸下，說：「我趕去。」合撒兒見他打獵太勞累，說：「你不能，我趕去。」鐵木真怕他們年小誤事，又說：「您都不能，我去。」說罷，就騎上那匹禿尾黃馬，向盜馬賊逃跑的方向追去。80

八匹銀合馬，再加上主兒乞強盜的若干匹馬，草原上留下了一條明顯的蹤跡，只要不遇到陰雨，就不會失掉線索。但盜馬賊馬快心急，逃跑的速度自然非同一般，而鐵木真的禿尾劣黃馬體衰疲憊，因此過了三天三夜鐵木真還沒有見到盜馬賊的影子。第四天早晨，他繼續往前追趕，突然發現旁邊草地上有一群馬，一個英俊伶俐的少年正在擠馬乳。鐵木真向這個少年詢問，是否見過八匹銀合馬。這個少年說：「今早未出時，有這樣八匹馬，自這裡趕過去了。去的蹤跡，我指與你。」說完後，他立即牽過一匹黑脊白馬，讓鐵木真把劣黃馬放了，換騎這匹快馬，同時將皮桶、皮斗用草蓋好，自己跳上一匹甘草黃快馬，毫不猶豫地對鐵木真說：「你來好生艱難，男子的艱難都一般，我與你做伴一同趕去。我的父名字喚做納忽伯顏，只我一個兒子，我的名喚做孛斡兒出。」[81]

鐵木真知道，納忽伯顏是蒙古－阿魯剌惕氏的首領。說起來，阿魯剌惕氏與孛兒只斤－乞顏氏的血緣關係還挺近。他們不僅同為孛端察兒的後代，而且還都是海都的子孫。海都生了三個兒子，長子的後代繼續稱孛兒只斤氏，即鐵木真所在的氏族；次子即察剌合領忽，是泰赤烏部的祖先；第三子生了六個兒子，其中老三名叫阿魯剌惕，他的子孫就組成了阿魯剌惕氏。納忽與也速該是同輩人，「伯顏」指富裕的貴族，因此納忽伯顏在蒙古貴族中也占有一席地位。「孛斡兒出」即《元史》所說的「博爾朮」。當時博爾朮只有十三歲，比鐵木真還小。鐵木真發現他機靈豪爽，又沒有倒向泰赤烏一邊，因此很樂意獲得他的無私援助。於是他們二人打馬前進，踏著銀合馬的蹤跡，又追趕了三天三夜。

第六天，夕陽快要落山時，他們來到一個營地旁邊。鐵木真一眼就發現了他那八匹銀合馬正在大營旁吃草。鐵木真說：「伴當，你這裡立著，我去把這馬趕出來。」博爾朮雖然年小力弱，卻毫不畏懼，說：「我既與（你）做伴來了，如何（讓）我這裡立。」於是二人一起馳馬前往。估計主兒乞的盜馬賊也是剛剛回來，連日疲勞，大概都回帳篷休息去了。因此，鐵木真二人很順利地將八匹銀合馬趕了出來。

當他們離開主兒乞營地一段距離之後，主兒乞人才發現了。然後三人一群，五人一夥，相繼追來。有一個騎白馬的人，手拿套馬竿，跑在最前頭。博爾朮說：「你弓箭將來，我與他廝射。」鐵木真說：「為我的上頭，恐傷著你，我與他廝射。」說完，鐵木真就勒轉馬頭，與追趕者對射起來。騎白馬者一看勢頭不好，立刻停止前進，用套馬竿招呼自己的同伴，主兒乞人陸續趕來。但當時太陽已經落山了，天色漸次曛暮，主兒乞人「見日落黃昏天色黑了，那後來的人都立住著落後了」。[82]

鐵木真二人日夜兼程，又經過三日三夜回到了納忽伯顏的牧地。

鐵木真十分感謝博爾朮路見不平、拔刀相助的俠肝義膽，誠懇地說：「不是你呵，我這馬如何得！咱兩人可以分，你要多少？」博爾朮一口拒絕了，說：「我見你辛苦著來，所以濟助做伴去。如何做外財般要你的。我父親只我一個兒子，置的家財，與我盡勾（夠）。我不要你的，若要你的呵，與你做伴來的濟甚事。」[83]假如我為了要你的馬才幫助你，我這種幫助還有什麼用處呢？

博爾朮邀請鐵木真到自己家休息，二人一起來到納忽伯顏的營地。自從博爾朮同鐵木真去追馬之後，至今已經六天了，納忽伯顏一直未見這個獨生子的下落，心裡自然火燒火燎似地焦急。當博爾朮他們進帳時，老人家正在低頭悶坐，涕淚交流呢。忽然發現博爾朮回來了，納忽伯顏先是吃驚地看著，然後又一邊哭，一邊怒形於色地痛斥自己的兒子不告而行。博爾朮向父親解釋說：那天我遇見這位朋友，同情他丟馬的痛苦，就和他做伴去追趕那群強盜了。實在來不及告訴您，請您原諒。[84]說完，騎馬出去，取回了藏在草地的皮桶、皮斗等。

當天晚上，博爾朮殺了一隻「帖勒羔羊」，熱情地招待鐵木真。蒙古人為了讓羔羊肥壯、鮮美，讓一隻羔羊吃兩隻母羊的奶，製成一種高級食品，蒙語稱為「帖勒，豁里罕」。第二天早晨，博爾朮用皮桶、皮斗裝好了食物和牛乳、馬湩，放在馬背上，為鐵木真送行。臨行前，納忽伯顏深情地說：「汝二少年，今宜相顧，後亦勿相棄也。」[85]鐵木真辭別博爾朮父子，趕著八匹銀合馬向自己家所在的營地走去。

又經過三天三夜，鐵木真回到桑沽兒河邊的家中。母親和弟弟、妹妹們正在為他焦急不安，見他趕著八匹銀合馬順利歸來了，大家自然是好生喜歡，心裡的石頭終於落地了。

「塞翁失馬，安知非福」；死裡逃生，名揚天下。面對著一個又一個突如其來的災難，鐵木真沒有被嚇倒、被壓垮，而是不息地奮鬥，勇敢地抗爭。在危難中，他不僅找回了失去的馬匹，還結識了可以生死相託的知心朋友，遇到了品德高尚的恩人與情人，而射鵰英雄的名聲從此也傳遍了蒙古草原內外。這對他以後的事業自然產生了重大影響。

二、孛兒帖夫人的遭遇

自從九歲那年鐵木真定親喪父，蒙力克根據也速該的遺囑，將鐵木真從德薛禪家接回三河源頭以後，鐵木真一家輾轉流徙，沒有過過幾天安生日子。因此，鐵木真既不能根據當時的習慣到弘吉剌部去做贅婿，也沒有找到一次機會去探望自己的岳父母和心上人。大約在一一七八年—一一八四年之間，[86]訶額侖兀真眼看著鐵木真一天天長大成人了，其他幾個孩子也能料理家務了，於是決定讓鐵木真到弘吉剌部去完婚，將孛兒帖接到自己家中。

孛兒帖出身於弘吉剌部孛兒忽兒氏。蒙語稱漢人居住的房屋為「板升」，轉音為「孛兒」；稱「圈子」為「庫倫」，轉音為「忽兒」。「孛兒忽兒氏」即居住在房屋中的一部分弘吉剌人。這個氏族的居住地靠近臨潢府一帶，受漢族、契丹族影響較深，過著半農半牧的定居生活，不像其他草原部落那樣逐水草而居。因此德薛禪家不像鐵木真家那樣經常遷徙，十來年左右一直住在扯克徹兒、赤忽兒忽二山之間的老地方。鐵木真根據自己幼年的模糊記憶，與庶弟別勒古台沿怯綠連河東行，沒費多大周折就找到德薛禪門前。

儘管鐵木真已經從一個頑皮的孩子長成了一個彪形大漢，德薛禪還是很快認出了自己的女婿。因為從鐵木真身上自然可以發現也速該的影子：他的身材像也速該那樣魁梧，但卻比也速該顯得機智與深沉，兩眼閃閃發光，透露出一股英氣。德薛禪沒等鐵木真開口，就興高采烈地迎上前來，說：「知得泰亦赤兀兄弟每（們）嫉妒你，我好生愁著絕望了來，今日反得見你。」[87]暴風吹不走雄鷹，惡狼吃不掉獵犬，久經磨難的鐵木真終於來到朝思暮想的未婚妻家中，孛兒帖緊鎖的雙眉從此綻開了笑顏。

按照當時蒙古草原的習慣，男子到女方去迎親，要在女方家裡舉行婚禮，然後才送他們一起回男方家中。這一是因為兩家距離遙遠，避免路上發生意外；二是因為當時的婚俗中還保留著母系氏族族外婚的遺跡。因此，德薛禪「遂使與孛兒帖夫人合巹，而後送之」。[88]德薛禪很快給鐵木真、孛兒帖辦完了婚事，然後與自己的妻子搠擅送他們小倆口上路。大概是德薛禪忙於照料生產和家務，只送了一程，中途就回去了。孛兒帖的母親則一直將他們送到鐵木真的家中——桑沽兒小河邊的營地。訶額侖兀真如何盛情接待自己的親家母，鐵木真全家如何熱烈歡迎新媳婦的到來，儘管《秘史》上沒有多作描寫，但這卻是不言而喻的事。鐵木真一家經過十來年的苦難，好不容易才迎來了一個喜慶的日子，大家怎能不認真慶祝、歡天喜地，怎能不希望從此吉星高照、時來運轉呢！

人逢喜事思賓朋。新婚不久的鐵木真忽然想起了患難中的朋友博爾朮。他打發別勒古台去請博爾朮。「孛斡兒出見了別勒古台，又不對他父說，騎著個拱背黃馬，馱著個青毛襖子，與別勒古台一同來了。」[89]從此，博爾朮就一直跟隨鐵木真，成為鐵木真最知心的伴當和朋友，後來又成為蒙古國著名的功臣。在桑沽兒河畔度過自己的蜜月之後，大概在第二年夏天，鐵木真一家遷徙到怯綠連河的發源地不兒吉小河[90]流域。又過了些日子，兀良哈部的札兒赤兀歹老人從不兒罕山來到鐵木真的新居。他是蒙古部的鐵匠，身背一個打鐵的風箱，靠打鐵為生。他的祖先自孛端察兒時就成為蒙古—孛兒只斤氏的部落奴隸。自從泰赤烏氏拋棄鐵木真一家之後，札兒赤兀歹和其他奴隸一起離開了鐵木真家，另謀出路。但部落奴隸是世襲的，他們的子孫也要世代充當主人的奴隸。札兒赤兀歹老人聽說鐵木真兄弟已經長大了，鐵木真已經結婚成家，於是根據這一古老的傳統，把自己的兒子者勒蔑送到鐵木真家中，對鐵木真說：「你當初在迭里溫孛勒答合地面生時，我與了你一個貂鼠裹兒袱有來。者勒蔑兒子曾與了來。為幼小上頭，我將去養來。如今這兒教與你，備鞍子，開門子。」[91]當鐵木真出生時，他曾送給鐵木真一個貂皮襁褓，並把自己的兒子者勒蔑送給了鐵木真。只因當時者勒蔑年小，他又帶回去撫養。如今者勒蔑長大了，於是他又送來給鐵木真當門戶奴隸，替鐵木真備鞍子、開門子。這種門戶奴隸相當於貴族家中的一個低級成員。從此，者勒蔑就成了鐵木真忠心耿耿的那可兒，後來也成長為大蒙古國的一員名將。

鐵木真既有了一個知冷知熱、如花似玉的夫人，又有了兩個忠心耿耿的那可兒，九年的苦難似乎看到了盡頭，家道復興的曙光已從東方地平線升起。但順心的日子沒過多久，一個更大的災難又突然降臨。這一災難導因於近二十年前也速該兄弟的搶親，導因於鐵木真的母親——那位被搶來的月倫夫人。

訶額侖兀真本來嫁給了蔑兒乞部的也客赤列都。也速該兄弟半路搶親，也客赤列都只帶了訶額侖的一件內衫回到營地。這對蔑兒乞人來說無異於一種奇恥大辱，他們自然不肯善罷甘休。但也速該在世時勢力強大，蔑兒乞人不敢輕舉妄動。這時他們聽說也速該的長子鐵木真已經結婚了，於是決定乘鐵木真羽毛未豐進行報復。父輩種下的苦果卻要讓新婚燕爾的鐵木真夫婦吞下，這正是草原的搶婚制導致的一個因果報應。

那年雨季的一個清晨，百鳥還沒有出巢，牛羊還沒有出牧，人們還在酣睡，天色蒼黃還沒有大亮，訶額侖母親身邊的老僕婦豁阿黑臣就急促地叫喊起來：「母親！母親！疾快起來！田地顫抖的聲聽得有。莫不是擾害咱們怕了的泰亦赤兀惕兄弟每又來了！母親疾快起來！」[92]訶額侖兀真從睡夢中驚醒，立即聽到了馬蹄的震動聲，對僕婦說：「速喚醒孩兒們！」[93]訶額侖兀真邊說邊整理衣服，鐵木真兄弟也迅速起床，來到帳篷外。鐵木真母子六人和博爾朮、者勒蔑每人騎上一匹馬，訶額侖母親懷抱帖木侖，另有一匹馬當做備用馬匹，以防萬一。鐵木真兄弟趕快離開營地，保護著母親向不兒罕山逃去。

大概是由於事出倉促，鐵木真竟然忘記了孛兒帖；別勒古台也忘記了自己的母親。牛羊馬群已經驚散，剩下孛兒帖夫人、別勒古台的母親以及僕婦豁阿黑臣都無馬可騎了。[94]多虧老僕婦豁阿黑臣急中生智，不知從哪裡牽來一條花牛，套上一輛黑色的帳車，將孛兒帖藏在車中，若無其事地沿著騰格里溪走去。

時尚昏暗，天空漸漸露出曙光，迎面開來一支軍隊，轉眼間來到豁阿黑臣車前，劈頭問道：你是什麼人？豁阿黑臣不慌不忙地說：「我是鐵木真家於大家裡剪羊毛去來，我如今回家裡去。」我是鐵木真家的僕人，替他家去剪羊毛，現在要回自己家去。那夥軍人又問：「鐵木真家裡有也無，離這裡多遠近？」老僕婦說：「家呵不遠。我自後房子起來來了，未知鐵木真他家裡有無。」[95]那夥軍人沒有再盤問，立即向鐵木真家撲去。

豁阿黑臣被嚇出了一身冷汗，舉起鞭子猛抽花牛，希望快點逃出這夥人的魔掌。沒想到「欲速則不達」，車子飛快地行駛，突然碰到一塊石頭上，車軸折斷了。豁阿黑臣正想讓孛兒帖下車步行，趕快藏到山林中去，但回頭一看，那夥軍人已經捉住了別勒古台的母親，擄在馬上疊騎著來到她們面前。為首的軍人指著停在路上的車子問：「此車中載有何物？」豁阿黑臣說：「載有毛。」其首領這次提高了警惕，說：「子弟每，下馬驗之。」幾個軍人跳下馬來，進行搜查，他們發現，車裡載的根本不是羊毛，而是一個年輕美貌、楚楚動人的夫人。於是他們把孛兒帖從車上拉下來，與豁阿黑臣疊騎於馬後，然後向鐵木真逃跑的方向，依草掃道踏蹤，向不兒罕山追去。[96]

通過軍人們的對話，孛兒帖和豁阿黑臣瞭解到，這夥偷襲他們的軍人並不是泰赤烏兄弟，而是三姓蔑兒乞人。這三姓蔑兒乞的首領分別是兀都亦惕氏的脫脫（脫黑脫阿），兀窪思氏的歹亦兒兀孫，合阿惕氏的合阿台答兒馬剌。脫脫正是被也速該搶去夫人的赤列都的族兄，為了替自己的族弟報仇，這才率領三百蔑兒乞人襲擊了鐵木真一家，企圖活捉鐵木真母子兄弟。他們堵住不兒罕山的山口，圍著不兒罕山來回搜了幾遍，曾幾次企圖進入不兒罕山深處，但由於那裡路險林密、道路泥濘，據說飽蛇進入都相當困難，他們不是陷入泥淖，就是被叢林擋住了去路。因此，他們無法進山，只好帶著幾個被虜的婦女撤回蔑兒乞駐地。他們互相安慰說：「奪要訶額侖的仇，已將鐵木真的妻拿了，這仇也報了。」[97]過去也速該奪了我們的訶額侖，今天我們奪了他兒子的妻子，這個仇也算報了。說完，他們就離開不兒罕山，各自回家去了。

為了瞭解三姓蔑兒乞的動向，看看他們究竟是撤走了，還是設下了埋伏，鐵木真派別勒古台、博爾朮、者勒蔑偵察了三天，知道蔑兒乞人已經遠離了，鐵木真一家才走出了不兒罕山。鐵木真面向不兒罕山主峰，捶胸告天說：

> 多虧豁阿黑臣母像金鼠一樣警覺，像銀鼠一樣眼明，我們母子才逃得了性命。乘駑馬趨彼鹿徑，折榆柳做柴篷，逃入不兒罕山之中。躲得我們像蝨子一樣的性命。偉大的不兒罕山可憐天下蒼生，遮護了我們如蟻之命。千言萬語難表我驚懼感激之情。今後我要時常祭祀不兒罕山，我的子子孫孫也一般祭祀。[98]

說完，面向太陽，解下腰帶掛在脖子上，左手舉著帽子，右手捶胸，面向太陽叩頭九次，將馬奶酒祭奠了。古代的蒙古人認為腰帶和帽子象徵個人的自由。解腰帶、脫帽表示對對方的崇敬。後代的隆重場合脫帽，或對死者、神靈脫帽致敬，大概就含有此意。

人們常說：「殺父之仇，奪妻之恨，不共戴天！」鐵木真殺父之仇未報，蔑兒乞人的奪妻之恨又降臨到他的頭上。它像一個青天霹靂，使鐵木真從甜蜜的生活中驚醒；而不兒罕山前的禱告，則像一篇出征前的誓詞，促使鐵木真投入了一場激烈的影響深遠的戰爭。

三、向誰求救——兩代人的「安答」

「不經盤錯不成才，功業都從患難來。」鐵木真從少年時代起，就不斷禁受種種患難：父親被毒害，畜群被奪走，部眾和奴隸紛紛背離，本人險些丟掉性命，僅有的八匹銀合馬被盜，年輕美貌的妻子又被人搶去，這是當時的社會給鐵木真所帶來的苦難。出身於那顏貴族的鐵木真尚且如此，其他力量弱小的部民，比較貧窮的家庭，廣大當牛做馬的奴隸，在頻繁的戰爭、混亂的社會中，生活就更沒有保障。窮則思變，亂則思治。在社會鬥爭中受到了損害的人們必然強烈要求改變自己的處境，改變不合理的社會現狀。趨利避害是人類的本能，現實生活逼得人們活不下去，為了尋找生活出路，只要有一定的力量，合適的機會，在苦難中掙扎的人們就會起來進行鬥爭。而當這種鬥爭符合了多數人的利益和願望時，就必然能彙集成一股強大的社會潮流，成為一股改造社會的強大力量。鐵木真的遭遇孕育了他改造現狀的思想，也磨練了他的堅強意志；而他家原來所處的部落領袖的社會地位，又使他有可能集合一部分社會力量。向蔑兒乞人報仇，奪回自己被搶走的妻子，成為鐵木真從患難中崛起的第一個契機。

孛兒帖是被三姓蔑兒乞搶走的，他們是一個有統一指揮的強大的部落聯盟。要戰勝這些人，比戰勝幾個偷馬的盜賊要困難得多。它不能只憑少數人的勇敢和機智，而必須有一支人數眾多的軍隊。究竟如何組織這支軍隊呢？究竟向誰求救呢？這是鐵木真能否取勝的關鍵。

在當時的蒙古草原上，組織軍隊的辦法不外乎如下幾種：

第一種辦法是依靠本氏族成員，臨時編制一支軍隊，進行掠奪或復仇戰爭。這就是恩格斯所指出的：「同氏族人必須相互援助、保護，特別是在受到外族人傷害時，要幫助報仇。」[99]血族復仇本是氏族制度下每個氏族成員不可推卸的義務，俺巴孩汗死後蒙古—乞顏部就曾用這種辦法向金朝和塔塔兒人開戰。

但在鐵木真生活的時代，階級日益分化，本氏族的貴族之間也充滿了矛盾和衝突，血族復仇的實質早已發生了根本變化。尤其對鐵木真來說，他的同族成員早已拋棄了他，根本談不上去為他盡什麼復仇義務，因此，他難以依靠這一古老的傳統去組織一支軍隊。

第二種辦法是依靠自己的奴隸和屬民，即所謂「收集來的百姓」，讓他們平時盡奴隸的義務，戰時則要提供兵員，自備武器、裝備、戰馬等，組成一支軍隊。這些奴隸和屬民已經打破了原始氏族的界限，這種軍隊已不完全是原始社會時期具有自衛性質的氏族武裝了，而是具備了半正規軍的性質。在鐵木真生活的那個時代，草原各部主要就是依靠這種軍隊進行掠奪戰爭的，當然第一種性質的軍隊在一些部落中還繼續存在。鐵木真的父親也速該就是靠了屬民百姓的眾多和兵力的強大才得以掌握蒙古部軍事大權的。而為血族復仇而搶奪鐵木真妻子的三百蔑兒乞人，恐怕就具有上述兩種軍隊的性質。但對鐵木真來講，當時他對原來屬於他們一家的奴隸和屬民還沒有號召力，也就是沒有力量收集離散了的百姓。要使這些離散了的百姓組成一支軍隊，還要依靠外力的援助。

第三種辦法是收集那可兒，組成親軍或扈從隊。那可兒相當於那顏貴族的「伴當」和朋友。他們既是那顏貴族的僕從，又是那顏貴族的護衛和助手。他們來自和那顏不同的氏族，為那顏服役，但他們效忠於自己的主人，得到倚信，本人又可以在對外擄掠時獲得財富和奴隸。他們可以上升為貴族，又可能下降為奴隸。他們是那顏貴族進行自衛和從事掠奪戰爭的重要力量。在小規模的征戰中，他們充當衛隊和戰鬥預備隊；在大規模的征戰中，他們是現成的軍官團。在成吉思汗統一蒙古草原的過程中，他的那可兒發揮了重要作用，像木華黎、博爾朮、者勒蔑、速不台等，還成為以後的萬戶和千戶。但當時鐵木真身邊只有兩個那可兒，即使加上鐵木真的幾個弟弟，鐵木真身邊的力量還是屈指可數，連十個人的小隊都無法組成，更不用說組成什麼扈從軍了。

第四種辦法是結為「安答」、結為「父子」或結為「忽答」（姻親），實行政治聯盟。「安答」《史集》解釋為「義兄弟」，[100]《多桑蒙古史》說「猶言盟友也」，[101]《秘史》解釋為「盟友或同盟者」。[102]貧富差別的產生和階級分化的加劇，使人與人之間的關係發生了根本變化，血緣親族關係為階級關係所取代。這種「安答」已不是血緣親屬的結合，而是不同氏族的人在利害關係一致時的相互利用。結交安答的目的在於聯合盟友，擴充勢力，以便進行掠奪和自衛。它為各種勢力的聯合創造了條件，並進一步增強某些領袖人物的權勢，從而為蒙古部的統一打下了基礎。鐵木真為了壯大自己，暫時不能得到本氏族的支持，只好考慮通過結交安答，結為父子或結為婚姻等辦法到其他氏族和部落去尋求盟友。弘吉剌部的孛兒帖與鐵木真結婚，這本身也是一種政治的聯盟，在以後的鬥爭中也確實發揮了不少作用。但當時不知是因為距離太遠，還是因為孛兒帖的父親尚未掌握弘吉剌部的大權，孛兒帖被蔑兒乞人搶走後，弘吉剌部並沒有及時做出反映。做出反映的卻是另外兩個人，他們是鐵木真父子兩代人的安答——克烈部的脫斡鄰勒罕和札答蘭部的札木合。

早在也速該執掌蒙古部大權時，脫斡鄰勒繼承了克烈部的汗位。他為了鞏固自己的統治，對有可能威脅汗權的叔叔和弟弟們大加殺伐。其中有一個叔叔被迫起兵反抗，自稱「古兒罕」。「古兒」漢意為「普」，「古兒罕」即眾汗之汗，普天下的可汗。結果脫斡鄰勒罕被古兒罕打敗，只帶了一百多人逃入合剌溫山隘。為了擺脫困境，他曾向鐵木真的父親也速該求援，也速該起兵與古兒罕作戰，將古兒罕趕到西夏。然後又召集克烈部流散的百姓，幫助脫斡鄰勒罕恢復了統治。脫斡鄰勒感激也速該的大力援助，與也速該結為安答。他就是蒙古史上著名的王罕，建牙[103]於土兀剌河的黑林[104]一帶。

鐵木真與孛兒帖結婚時，孛兒帖的母親搠擅夫人曾帶來一件珍貴的禮物——黑貂端罩，即用黑貂皮做的短大衣。蒙古族傳說這樣記述了黑貂端罩的來歷：英雄的忽圖剌汗去世三周年時，蒙古人立了一座九尺高的紀念金碑。當時蒙古部沒有文字，請弘吉剌的德薛禪刻寫祭文。德薛禪用了九天九夜，刻下了九十九個契丹字的祭文。為了酬謝德薛禪，忽圖剌汗的妃子們將忽圖剌汗的遺物——九張黑貂皮縫製的紅面戰袍，贈給了德薛禪。[105]孛兒帖結婚時，德薛禪夫婦又把這件貂皮端罩送給了鐵木真，大概是希望鐵木真繼承忽圖剌汗的遺志，幹出一番轟轟烈烈的事業吧。

根據當時的風俗習慣，這件結婚的禮物應該送給女婿的父親，鐵木真說：「客列亦惕百姓之王罕，昔日與也速該父罕為安答者，父之安答即如父也。」[106]「他如今在土兀剌河邊黑林裡住著，我將這襖子與他。」[107]於是鐵木真、合撒兒、別勒古台三人，帶著那件珍貴的禮物，一起趕到土兀剌河的黑林，鐵木真對脫斡鄰勒罕說：「在前日子，你與我父親契合，便是父親一般。今將我妻子上見公姑的禮物，將來與父親。」[108]脫斡鄰勒罕得到這件貴重的禮物，心裡別提多高興了，對鐵木真兄弟說：「你離了的百姓，我與你收拾。漫散了的百姓，我與你完聚。我心裡好生記著。」[109]因此，孛兒帖被搶走以後，鐵木真第一個就想到了克烈部的脫斡鄰勒罕，馬上與合撒兒、別勒古台到黑林去搬救兵。早在脫斡鄰勒七歲時，蔑兒乞人就曾把他和母親搶走，讓他在薛涼格河邊舂米。因此脫斡鄰勒罕早就對蔑兒乞人懷恨在心，於是滿口答應了鐵木真兄弟的請求，說：「去年你與我將貂鼠襖子來時，我曾說離散了的百姓，我與你收聚。我心常記著有來。如今我依著那言語，將蔑兒乞每滅著。」[110]並建議鐵木真去聯合札木合，「有我這裡起二萬軍馬做右手，教札木合起二萬軍馬做左手，相約會的日子，教札木合定奪來。」[111]

札木合同王罕一樣，也是蒙古史上著名的人物，開始是鐵木真的盟友，後來又成為鐵木真的勁敵。他是蒙古—札答蘭氏的首領。他的始祖就是孛端察兒搶來的孕婦生的那個男孩，因為他們是異族血統的人，所以被稱為札答蘭氏。鐵木真十一歲時，曾與札木合在斡難河的冰上玩遊戲，札木合贈送鐵木真一個公麅子髀石，鐵木真回贈一個銅灌髀石，於是二人結為安答。第二年春天，兩人又一起射箭，札木合贈送鐵木真一個鳴鏑，鐵木真回贈一個柏木頂瑛頭，於是二人再一次結為安答。根據蒙古族的傳統，結為安答後，要同生死，不相棄，要相依為命，「天地與我添氣力，男子的冤仇得報。」因此，札木合也有義務幫助鐵木真解決危難。鐵木真兄弟從黑林回來後，合撒兒、別勒古台又向札木合去求援，並向他轉告了脫斡鄰勒的意見。札木合也滿口答應了他們的請求，說：我也聽說鐵木真安答的妻子被人搶了，居處為空，衾中為半，我好生心痛。此仇不得不報，我們要盡滅蔑兒乞部，救還孛兒帖夫人。112

兩代人的安答，強大的克烈部和札答蘭部成為鐵木真的救星，這對鐵木真來說，真是不幸中之萬幸。其實，無論結為「安答」也好，認為「父子」也罷，都是以利害關係為轉移的。雙方利益一致時，可以互相支援；一旦發生了利害衝突，也會反目為仇。脫斡鄰勒罕和札木合之所以樂於幫助鐵木真，不僅因為他們有結盟關係，還因為他們都曾作過蔑兒乞部的俘虜。這樣，蔑兒乞部就成為鐵木真、脫斡鄰勒罕、札木合三人的共同敵人。札木合自己出兵一萬，當時乞顏部原來的百姓有一部分與札木合一起游牧，由他幫助鐵木真收集原來的百姓一萬人，合為二萬。脫斡鄰勒罕與其弟札合敢不分別率領一萬騎兵，於是組成了一支四萬騎兵的大軍，首先在與蔑兒乞的兵力對比上占了壓倒優勢。

脫斡鄰勒罕推舉札木合為這次戰爭的總指揮，札木合也當仁不讓，並與之約定了會師的時間與地點。脫斡鄰勒罕及其弟札合敢不先是率軍與鐵木真會合，然後才一起前往三河源頭，等到達約定的會師地點時已經遲到了三天。札木合集合好自己的隊伍，熱烈歡迎戰友們的到來，同時又毫不客氣地指出了他們遲到三天的錯誤，強調了作戰紀律：凡是約好的日期，雖遇風雪亦應踐其約，雖遇天雨也應赴其會。咱們蒙古人說的話便如同誓言。答應了的事又不能做到，即使是同族也是不能允許的。脫斡鄰勒罕也沒有為自己辯護，而是虛心地接受了札木合的批評，說：我們比約定的時間晚了三天，札木合兄弟，是教訓，是處罰，都由您決定。113

札木合沒有再深究戰友們遲到的錯誤，而是抓緊時間詳細說明了自己制訂的作戰方案，他指出：三姓蔑兒乞居住在不兀剌、斡兒洹、薛涼格河一帶（即今蒙古國的布拉河、鄂爾渾河和色楞格河流域）；從斡難河源頭出發，向脫脫的營地不兀剌川[114]進攻，可以走兩條路，一條是繞過不兒罕山，沿赤苦河前進，從東南向西北進攻，直指不兀剌川；另一條是繞道東北，渡過勤勒豁（今俄羅斯希洛克）河，突襲不兀剌川。第一條路較近，也不用渡河，但容易被蔑兒乞人發現；第二條路較遠，還要過一條河，但蔑兒乞人不會想到南部的敵人忽然從東北方向發動進攻，這就會打他個措手不及，一舉消滅他們。鐵木真與脫斡鄰勒認為札木合的作戰方略是個出奇制勝的好主意，於是各路人馬一齊向東北方向開去。

脫脫也是一個警惕性很高的人，自從搶了孛兒帖夫人之後，他就派出了許多漁者、貂者、獵者作為偵察人員，及時瞭解蒙古部的動向，包括東北方向的勤勒豁河流域他也沒有放過。札木合等人本來企圖乘脫脫熟睡時突然襲擊不兀剌川，結果當他們的騎兵結筏偷渡勤勒豁河時就被脫脫的偵察人員發現了。這些偵察人員日夜兼程向脫脫報告了敵人偷襲的消息，脫脫立即通知了兀窪思氏的首領歹亦兒兀孫，二人率部順薛涼格河而下，迎著敵人開來的方向，逃入了巴兒忽真之地。敵人從東北來，我也向東北跑，狡猾的脫脫終於逃脫了。[115]

四萬蒙古、克烈騎兵的到來，好像一場大禍從天而降。蔑兒乞人失去了首領，無法組織有效的抵抗，只好扶老攜幼、拖兒帶女順著薛涼格河連夜逃走。札木合、脫斡鄰勒則率領聯軍跟蹤追擊，一邊追趕、一邊擄掠蔑兒乞百姓。鐵木真當時還顧不上擄掠人口、搶掠財物，一心一意尋找孛兒帖的下落。他一邊打馬奔跑，一邊面向奔逃的百姓連聲不斷地高呼「孛兒帖」的名字。孛兒帖果然混雜在逃難的百姓群中，她坐在一輛馬車上，聽到了鐵木真熟悉而焦急的呼喊聲。孛兒帖喜出望外，立即跳下車來，與老僕婦豁阿黑臣一起，向鐵木真呼喊的方向猛跑。那天夜裡月明星稀，照耀如同白晝，孛兒帖很快就認出了騎在銀合馬上的鐵木真。她像見了救星一樣，邊哭邊喊，猛撲過去，緊緊拉住銀合馬的馬韁。鐵木真一眼就認出了自己朝思暮想的妻子，迅速跳下馬來，伸開雙臂扶住了孛兒帖顫抖的身軀，將她緊緊摟在懷裡。[116]久別的夫妻終於在萬馬軍中重逢了，孛兒帖悲喜交集，激動得說不出話來。鐵木真一邊安慰她，一邊派人通知札木合和脫斡鄰勒罕：「我尋的人，已自得了。咱們夜裡且休行，可就這裡下營。」[117]四萬聯軍很快停止了追殺，在河邊、路旁紮下了營帳；蔑兒乞百姓也相繼停止了奔逃，與敵人犬牙交錯，下營過夜。疲憊不堪的將士們很快就進入了夢鄉，鐵木真的營帳中卻久久不能平靜。鐵木真兄弟、博爾朮、者勒蔑等聚集在一起，聽孛兒帖夫人和老僕婦敘述了她們幾個月來的不幸遭遇。

以脫脫為首的三百蔑兒乞人捉住孛兒帖等人之後，將她們馱在馬上，運回了不兀剌的營地。為了對也速該進行報復，脫脫強迫孛兒帖與赤列都的弟弟赤勒格兒結婚。赤勒格兒是蔑兒乞部的一個大力士，為人倒也誠實憨厚，他從來沒有想到會用這種方式解決自己的婚姻問題，對孛兒帖倒也十分敬重。孛兒帖無力反抗，也只好暫且聽天由命，等待鐵木真前來搭救。當鐵木真的四萬聯軍突然衝進蔑兒乞的營地時，赤勒格兒預感到大禍即將臨頭，十分懊悔地說：

我不過是一隻只配吃殘皮剩肉的烏鴉，
如今卻妄想吃大雁和仙鶴。
正因為我這個面目醜陋的赤勒格兒，
觸犯了尊貴的后妃，
才招致了全蔑兒乞的滅頂之災。

我是一個低賤卑劣的下民，
我寧願獻出自己的腦袋。
我即使逃入黑暗的峽谷之中，
又有誰為我做掩護呢？
我本是只配吃野鼠的惡超，[118]
卻妄想食天鵝之肉。
正因為我這穢濁的赤勒格兒，
侮辱了有福有德的夫人，
才招致了蔑兒乞人的滅族之禍。
我是一個齷齪可惡的人，
理應獻出這乾枯的頭顱。
我即使鑽入陰暗的溪谷中，
又有誰能容下我這糞球般的性命？[119]

赤勒格兒說完這段話，就乘著黑暗、混亂，鑽到峽谷中去了。

脫脫逃走時，沒有來得及通知蔑兒乞部的另一個首領合阿台答兒馬剌。於是合阿台做了鐵木真的俘虜，被帶上板枷，押往不兒罕山蒙古營地。別勒古台瞭解到，他母親就在合阿台營中，於是趕快去尋找母親的下落。但別勒古台還沒有從西門進入營帳，他母親已換了一件襤褸的羊皮衣，從東門走了出去，對遇見她的人說：聽說我的孩子們已成為可汗了，我在這裡配給了歹人，有何面目見我的兒子呢？說完，就頭也不回，鑽入森林中去了。別勒古台帶人到林中去尋找，一直沒有發現母親的蹤影。失去母親的悲痛和仇恨使別勒古台難以忍受，一遇見蔑兒乞人，他就大叫：「還我母來！」「還我母來！」[120]「原曾來不峏罕山圍繞了三遭的那三百人每，盡數殄滅了。他的其餘妻子每，可以做妻的做了妻，做奴婢的做了奴婢。」[121]

別勒古台、鐵木真兄弟對蔑兒乞人進行了報復性的屠殺和搶掠，「報丈夫之仇於蔑兒乞百姓」，「盡空其懷」，「悉殘其肝」，「盡空其居處」，「悉滅其族類」，「盡擄其所餘」，並「同力推倒蔑兒乞惕之會事房，虜獲其固姑婦人」。[122]然後才收兵回營，鐵木真與札木合二人同行，脫斡鄰勒罕則向黑林退去。

正是在這次戰爭中，鐵木真兄弟在兀都亦惕蔑兒乞的營地中撿到一個小男孩，這個男孩年方五歲，戴一頂貂皮帽，穿一雙鹿蹄皮靴，披一件鞣鹿羔皮接貂皮衣，名字叫曲出。小孩兩眼閃閃發光，活潑可愛，一眼就能看出是一個貴族的驕子。鐵木真將他帶回家中，送給了訶額侖母親。訶額侖將他收為養子，這就是以後蒙古著名的將領，四養子之一曲出。

也正是在這次戰爭中，在鐵木真退軍的路上，孛兒帖夫人生下了一個兒子，起名為朮赤。「朮赤」在蒙語中是「客人」的意思，於是有人認為他是別人家的人，不是鐵木真的親生兒子。儘管鐵木真夫婦竭力庇護他，他的兄弟和親屬還是對他另眼相看，由此引起了一系列矛盾和衝突。至於朮赤是否鐵木真的後代，學術界一直有兩種看法，一種看法認為，孛兒帖被搶到蔑兒乞部不足九個月，朮赤無疑是鐵木真的親生子；一種看法認為，孛兒帖在蔑兒乞部住了幾年，朮赤肯定是蔑兒乞血統。《史集》和《蒙古秘史》都沒有記下孛兒帖被搶和鐵木真奪回孛兒帖的確切時間，因此這個問題至今還是一個歷史懸案。蒙古族傳說認為，孛兒帖被搶發生在鐵木真結婚不久，即一一七九年或一一八〇年初，而孛兒帖被奪回卻是在一一八五年，如果此說能夠成立，朮赤肯定是外族血統。但這一傳說卻與《元史》不符，《元史．太宗紀》說：窩闊台死於辛丑年即一二四一年，「壽五十有六。」如此推算，鐵木真的第三子窩闊台應該生於一一八六年。在朮赤和窩闊台之間還有二子察合台，孛兒帖無論如何不可能在一年之內連生兩個兒子，因此朮赤出生的時間肯定應提前二三年或三四年，即生於一一八一年至一一八三年之間。假如朮赤生於一一八一年夏季，孛兒帖被搶則是在一一八〇年夏秋之間，也可以說孛兒帖在蔑兒乞部生活的時間未超過九個月，朮赤還應算做鐵木真的血統。《史集》未曾提到鐵木真與蔑兒乞的這次戰爭，只是說孛兒帖懷孕後才被蔑兒乞搶走，蔑兒乞將她送給了王罕，王罕對孛兒帖以兒媳相待，不久即送還了鐵木真。孛兒帖在途中生了一個嬰兒，這個嬰兒之所以被稱為「朮赤」，則是「因為他是猝然降生的」，[123]是一個不速之客。

註釋

1《蒙古秘史》第五十節作「捏昆太子」；《元史．太祖紀》作「聶坤」；〈宗室表〉作「聶昆大司」；《親征錄》作「捏群太石」。

2《史集》（漢譯本）第一卷第二分冊，頁六四。

3、4《蒙古秘史》校勘本，第五十四—五十六節。

5 猛安、謀克制是金朝兵民合一的制度，三百戶為一謀克，十謀克為一猛安。各戶「壯者皆兵」，家屬分配土地耕種，稱猛安、謀克戶。

6 恩格斯：《家庭、私有制和國家的起源》，頁一五八。

7 帖里溫孛勒塔黑：鄂嫩河右岸，離尼布楚二百三十俄里，離中國邊界八俄里。見《俄國考古學會東方部叢刊》第二卷，尤連斯基報導。

8、11《元史》卷一〈太祖紀〉。

9《蒙古秘史》校勘本，第五十九節。

10《成吉思汗傳說》上卷，頁一〇。

12《成吉思汗傳說》上卷，頁八—一〇。

13 陶宗儀：《南村輟耕錄》卷三。

14、16 洪鈞：《元史譯文證補》卷一下〈太祖年壽考異〉。

15《建炎以來朝野雜記》：「韃靼不知歲月，以草青為一歲。」

17 此二山似為阿爾丹—諾木山和杜蘭豁拉山，位於呼倫、貝爾兩湖之間的兀兒失溫河西畔。

18、19《蒙古秘史》校勘本，第六十二、六十三節。

20 道潤梯步：《新譯簡注蒙古秘史》卷一，頁三〇。

21《蒙古秘史》校勘本，第六十六節。

22、23《新譯簡注蒙古秘史》卷一，頁三一。

24 杜蘭豁拉山附近的失剌客額兒草原，位於貝爾湖與克魯倫河注入呼倫湖的河口之間。

25《蒙古秘史》校勘本，第六十七節。

26《蒙古秘史》校勘本，第六十八節。

27《蒙古秘史》校勘本，第六十九節。

28《史集》（漢譯本），第一卷第一分冊，頁二九八。

29《史集》（漢譯本），第一卷第二分冊，頁五六—五七。

30《史集》（漢譯本），第一卷第二分冊，頁五八。

31、33《蒙兀兒史記》卷二〈成吉思汗本紀〉。

32《史集》（漢譯本），第一卷第二分冊，頁九六。

34、35、36《蒙古秘史》（校勘本），頁七〇。

37、38《史集》（漢譯本），第一卷第一分冊，頁二九七。

39、41 道潤梯步：《新譯簡注蒙古秘史》，頁三四。

40、44《蒙古秘史》校勘本，第七十三節。

42、43《元史》卷一〈太祖紀〉。

45《蒙古秘史》卷二。《史集·成吉思汗列祖紀》說：「月倫生了四個兒子，沒生下女兒。另一個妻子為他（也速該）生了一個名叫別勒古台那顏的幼子。」

46《蒙古秘史》卷二。

47《元史》卷一〈太祖紀〉。

48《新譯簡注蒙古秘史》卷二，頁三七。

49《新譯簡注蒙古秘史》卷二，頁三七—三八。

50《蒙古秘史》校勘本，第七十六節。

51、52《蒙古秘史》校勘本，第七十七節。

53、54《新譯簡注蒙古秘史》卷二，頁三九—四〇。

55、56《蒙古秘史》校勘本，第七十九節。

57《新譯簡注蒙古秘史》卷二，頁四三。

58、60《蒙古秘史》校勘本，第八十節。

59《蒙古秘史》卷二。

61、63、64《新譯簡注蒙古秘史》卷二，頁四四。

62《成吉思汗傳說》，頁四八。

65、66《蒙古秘史》校勘本，第八十二節。

67、68《蒙古秘史》校勘本，第八十三節。

69《蒙古秘史》校勘本，第八十四節。

70、71《蒙古秘史》校勘本，第八十五節。

72《黃金史》，嘎拉侖冠布耶夫注。

73《蒙古秘史》校勘本，第八十六節。

74《蒙古秘史》，第八十七節。

75《蒙古秘史》，第八十八節。

76《世界征服者史》上冊，頁二三。

77《元史·宗室表》作窠斤八剌哈哈；《親征錄》作八兒哈—拔都；《元史·太祖紀》作八剌哈。

78《史集》（漢譯本），第一卷第二分冊，頁三九—四〇。

79《蒙古秘史》卷二，第九十節。

80《蒙古秘史》校勘本，第九十節。

81《蒙古秘史》校勘本，第九十一節。

82《元史》卷一一九〈博爾朮傳〉說：博爾朮「知眾寡不敵，乃出奇從旁夾擊之，盜舍所掠去」。

83《蒙古秘史》校勘本，第九十二節。

84《蒙古秘史》卷二，第九十三節。

85《新譯簡注蒙古秘史》卷二，頁五〇。

86據《成吉思汗傳說》記載，鐵木真結婚之年乃「亥豬多子之年」，即一一七九年，當時鐵木真十八歲。

87《蒙古秘史》校勘本，第九十四節。

88《新譯簡注蒙古秘史》卷二，頁五四。《成吉思汗傳說》記載，婚禮在鐵木真家舉行，還曾舉行了拜天、拜火典禮，這恐怕是以後蒙古人的習俗。

89《蒙古秘史》校勘本，第九十五節。

90不兒吉小河：今蒙古人民共和國克魯倫河上游布爾肯小河。

91《蒙古秘史》校勘本，第九十七節。

92《蒙古秘史》校勘本，第九十八節。

93《新譯簡注蒙古秘史》卷二，頁五七。

94《蒙古秘史》第九十九節。當時鐵木真家應有十匹馬，因為博爾朮曾帶來一匹。因此蒙古族傳說，孛兒帖曾騎上一匹黃驃馬，但黃驃馬被驚跑了，於是她才無馬可騎了。

95《蒙古秘史》校勘本，第一〇〇節。

96《新譯簡注蒙古秘史》卷二，頁五八。

97《蒙古秘史》校勘本，第一〇二節。

98《蒙古秘史》，第一〇三節。

99 恩格斯：《家庭、私有制和國家的起源》，頁八四。

100《史集》（漢譯本），第一卷第二分冊，頁三九—四〇。

101《多桑蒙古史》上冊，頁四二。

102《新譯簡注蒙古秘史》卷二，頁五六「安答」注釋。

103 建牙：「牙」指軍旗、旗幟。「建牙」指建立統帥部，這裡指建立統治中心，政權機構。

104 黑林：今蒙古人民共和國烏蘭巴托東南，可能位於土拉河和庫倫以南的博格多兀拉山。

105《成吉思汗傳說》上冊，頁七七。

106《新譯簡注蒙古秘史》卷二，頁五五。

107、108、109《蒙古秘史》校勘本，第九十六節。

110、111《蒙古秘史》校勘本，第一〇四節。

112《蒙古秘史》卷三。

113《蒙古秘史》校勘本卷三，第一〇八節。

114 不兀剌川：意為雄駝草原。指色楞格河支流之一布拉河流域的草原。

115《蒙古秘史》卷三，第一〇五—一〇九節。「巴爾忽真之地」，即貝加爾湖東岸巴爾忽真河流域。

116、117《蒙古秘史》校勘本，第一一〇節。

118 惡超：一種捕食野鼠的鳥，其形如鷂而小，一種為白超，一種為黑超，是一種無能的鳥。

119《蒙古秘史》校勘本卷三，第一一一節。

120、122《新譯簡注蒙古秘史》，頁七四。

121《蒙古秘史》校勘本，第一一二節。

123《史集》（漢譯本），第一卷第一分冊，頁一五八、一八七。

第三章　統一蒙古的戰爭

現實的利害衝突引起草原各部的分離聚合，多年的分裂混戰賦予了草原人民統一的渴望；乍興乍滅的小國寡民盼望部族的強大，以「血族復仇」為其生活習俗的馬上民族自然會寄希望於草原英雄！手持蘇魯錠長矛的鐵木真在斡難河畔獨樹一幟，削平東方各部的戰爭使他占領了蒙古高原的水草豐美之地；黑林之盟未能鞏固鐵木真與王罕的友誼，而大戰納忽崖則將草原上的最後一個敵人送進了墳墓。「分久必合，合久必分。」鐵木真用戰爭的手段迎來了蒙古草原的統一。

乞顏部的可汗

一、鐵木真、札木合分道揚鑣

「鐵木真與札木合本有宗誼，又自幼結為安答。」經過對蔑兒乞部的戰爭，札木合幫助鐵木真奪回了心上人，因此鐵木真「益感其義」，二人的關係更加密切。[1]於是鐵木真放棄了桑沽兒小河邊的舊營，與札木合一起在斡難河流域的豁兒豁納黑川[2]游牧。

為了慶祝對蔑兒乞戰爭的勝利，慶祝他們友好關係的進一步發展，鐵木真與札木合在忽勒答兒山崖前的松林中，舉行了一次豐盛的宴會，重申了他們兩次結為安答的手足之情。鐵木真將虜獲脫脫的金帶，「與札木合安答繫之」，又將脫脫的一匹幾年不生駒的海騮馬送給札木合當坐騎。札木合則將虜獲的歹亦兒兀孫的金帶，「與鐵木真安答繫之」，又將歹亦兒兀孫的一匹額鬟如角的白馬送給了鐵木真。雙方互相贈送了心愛的禮物，第三次結為安答，並重申了如下的誓言：「聽先世父老之言，為安答者，一性命，不相棄，相依為命之謂也。」「故相睦之義若是。」[3]「如今再重新契合相親相愛。」[4]二人大張盛宴，交杯換盞，直飲至夜闌更深，微帶醉意，同被抵足而眠。這件事在蒙古族發展史上具有重要意義：豁兒豁納黑川是蒙古汗國最後一位可汗忽圖剌汗稱汗的地方，鐵木真與札木合在這裡重申同盟，正意味著他們希望用結盟的形式來恢復蒙古汗國的統治。

純真的友誼使他們互相體貼、形影相隨，但現實的利益又使他們分道揚鑣、各奔前程。鐵木真與札木合在一起游牧了一年半左右，一個偶然的事件導致了他們的分離。

第二年孟夏既望之日，四月十六日，大草原上春草萌發，萬物復甦，正值各部牧民移營的時節。鐵木真、札木合也商議著移營到他處游牧。二人同車共載，走在整個隊伍的最前面。札木合說：「咱們如今挨著山下，放馬的得帳房住；挨著澗下，放羊的放羔兒的喉嚨裡得吃的。」[5]當時草原牧民貧富分化，富裕牧民和貴族馬群較多，貧苦牧民則只有一些羊兒羔兒。札木合認為，傍山而營，牧馬者和馬群可以在帳房附近活動，行動方便；臨澗而營，牧羊者、牧羔者可以和羊群在一處，羊群咽喉裡有吃有喝，飲食便利。兩類牧民不宜合在一起，因此其中含有「分開過，大家方便」之意。[6]

鐵木真沒有理解札木合這段話的用意，默然不語，未置可否。馬車輾過青草，隊伍繼續向前移動。不一會兒，鐵木真藉故跳下車來，等待後面的訶額侖和孛兒帖。母親的車子很快開過來了，鐵木真將札木合的話對訶額侖複述了一遍，說：「那言語我不曾省得，也不曾回他話，特來問母親。」還沒等訶額侖開口，孛兒帖夫人就搶先說話了：「聞札木合安答性好厭舊云，今其厭我之時矣，札木合安答適所語者，乃欲謀我之言也。我不可下營，就此行而善離之，兼夜行焉可也。」[7]她認為札木合喜新厭舊，不可與之久處。現在他不僅厭煩我們，而且正在圖謀我們。我們乾脆與他分手，讓我們的百姓連夜前進吧！

直言快語換來是推心置腹，隱諱曲折則會引起不必要的誤會。札木合的話本來並沒有「圖謀」之意，只不過是針對不同牧民對牧場的不同要求，委婉地提出分開設營而已。札木合的部族是蒙古部的一個強大部族，經過多年的發展，估計當時的馬群已相當多；鐵木真在札木合的協助下，剛剛收集了一些百姓，這些百姓長期寄人籬下，不可能十分富足，大概馬群不多，只有一些羊群。札木合感到在一起紮營，對雙方都不太方便。說明這個情況，採取一些措施，也未嘗不可。但札木合用隱諱的語言，曲折地表達自己的意見，使人摸不著頭腦；孛兒帖也不求甚解，隨意猜測，於是這句話變成了鐵木真與札木合分裂的導火線。

當然，一言之差只會引起一時的誤會，而不應造成終身的衝突。鐵木真與札木合的分離應該有更深刻的社會原因。札木合身為異族血統的後裔，儘管他具有卓越的才能，也收集了大批部眾，但蒙古各部貴族並沒有擁立他為蒙古部的可汗。而鐵木真卻是名副其實的「出身純潔的蒙古人」，是歷任蒙古可汗所在的黃金家族後裔。在對蔑兒乞的戰爭中，鐵木真已初步展示出自己的政治見識和軍事才能。這次戰爭的主力雖然是克烈部和札答蘭人，戰爭的總指揮也是札木合，但這次戰爭的勝利卻大大提高了鐵木真在蒙古部民中的威望。在戰爭過程中，札木合曾替鐵木真收集了乞顏部的一萬名百姓。戰爭勝利後，不僅乞顏部原來的部眾、屬民、奴隸紛紛回到鐵木真手下，「漫散了的百姓」很快得到了收集。而且不少其他部落的百姓、奴隸也爭先恐後地投靠鐵木真。「兩雄不並立。」希望爭當草原霸主的札木合，自然對鐵木真急切地收聚部眾存有戒心，而雄心勃勃的鐵木真自然也不甘心於永遠寄人籬下。因此，信誓旦旦的安答關係，禁受不住現實利益的考驗，這才導致了鐵木真與札木合的分離。

鐵木真根據孛兒帖的建議，通知自己的部眾不要就地下營，而要連夜前進。鐵木真的移營隊伍很快進入了泰赤烏部的駐地。泰赤烏部以為鐵木真前來襲擊，從貴族到部民都大驚失色，趕緊收拾車帳，連夜逃跑，向著鐵木真相反的方向，與鐵木真的隊伍交錯而行，陸續投靠了札木合。在泰赤烏氏的營盤中，丟下了一個名叫闊闊出的小男孩。鐵木真的部下將他送給了訶額侖兀真，這就是額訶侖的第二個養子。[8]

一山不容二虎，羊、馬不能同牧。離開札木合單獨設營，這在鐵木真的發展史上是一件大事。自從也速該死後，鐵木真一家一直在艱難流離中苦度歲月，奪回孛兒帖的戰爭雖然為鐵木真時來運轉提供了契機，但棲身於札木合帳下也不會有太大的作為。而鐵木真離開札木合單獨設營，實質上就是擺脫了對札木合的依附，開始形成一支獨立的力量。當時，跟隨鐵木真、離開札木合的不僅有成千上萬的百姓和奴隸，其中還有四十幾位有影響、有能力的人物，他們來自二十七個氏族和部落，除少數人屬於鐵木真的近親——蒙古—孛兒只斤—乞顏氏之外，其他人有的屬於蒙古部的其他氏族，有的屬於蒙古部以外的其他部落。比較著名的有者勒蔑的弟弟速不台，巴魯剌思氏的忽必來等。者勒蔑、速不台、忽必來以及後來的者別，是成吉思汗時的四員虎將——號稱「四狗」，與博爾朮、木華黎等「四駿」（四傑）名揚中外。古代蒙古人認為「狗為忠臣，馬為伴友」，故用「四狗」、「四駿」形容當時的忠臣和勇將。甚至泰赤烏氏的赤勒古台、塔乞兄弟，札木合的族人豁兒赤、闊闊出思等也「棄暗投明」，分別離開了鐵木真的對手泰赤烏氏和札答蘭氏，投到鐵木真帳下。不久，一些有名望的乞顏氏貴族也離開札木合，投靠了鐵木真。他們是合不勒汗的長支主兒乞氏的撒察別乞、泰出，忽圖剌汗之子拙赤罕和阿勒壇，也速該的哥哥捏坤太師之子忽察兒別乞，也速該的弟弟答里台斡惕赤斤等。這些人在擁立鐵木真稱汗以及後來統一蒙古草原、南征、西征的鬥爭中都發揮了重大作用，在成吉思汗的八十八功臣中占去了二十幾個名額，超過了四分之一。應該承認，這是蒙古史上一次大規模的人才流動，它為鐵木真的成功鋪下了一塊奠基石。

鐵木真團結了各部首領，率領自己的屬民百姓，從斡難河中游的札木合營地，遷回到昔日的駐地——怯綠連河上游的桑沽兒小河邊，在合剌只魯格小山下的闊闊納浯兒安營駐牧。

二、乞顏部的可汗，粗具規模的汗國

鐵木真剛剛離開札木合單獨設營，為什麼會有大批部眾、幾十位首領同時投靠鐵木真呢？這不僅與札木合、鐵木真的出身有關，而且與他們的能力和表現有很大關係。日本學者村上正二在〈征服王朝〉一文中說：「對於這種騎馬戰爭能夠發揮作用的，是騎士或統率者個人的勇武和機略。因此有正確的射擊技術的騎士團的首長是戰場上的風雲人物，是部族內的英雄。尤其部族間的戰爭拖久了，在全體部族間期望有英雄出現時，如果真有一個英雄登場能夠按照部族的期望而帶來勝利，則不僅僅成為部族內的英雄而已，也會成為新的權力者，這在游牧部族社會裡也是自然的趨勢。」鐵木真正是這樣一個英雄人物。他的「英勇果決」，[9] 他的政治家、戰略家的氣魄，在與蔑兒乞的戰爭中已經顯示出來；在與札木合一起駐牧的一年多時間裡，各部首領及部眾對鐵木真有了進一步的瞭解，於是他的威望日增，逐步受到更多的人們的尊崇。出身於巴阿鄰氏，與札木合血緣關係很近的豁兒赤之所以離開札木合、投靠鐵木真，就是因為他經過認真觀察，發現了只有跟鐵木真走，自己才有光明的前途。

就在鐵木真離開札木合的第二天早晨，鐵木真一一慰問了投靠自己的各部首領，當他看到豁兒赤的營盤時，又驚又喜，他一方面熱烈歡迎豁兒赤的到來，但同時也感到不可理解。豁兒赤則一語道破了自己的來意，他說：我本是聖祖孛端察兒擄來的婦人所生的後代，是與札木合同母而異族的人。札木合之祖是札只剌歹，是異族血統的人；我的祖先是巴阿里歹，是聖祖的後代。我本不該離開札木合，但有位神人向我托夢，使我不得不認真考慮自己的去向。我夢見一頭草黃色的母牛，繞著札木合轉來轉去，一頭觸向札木合的房車，又向札木合撞去，折斷一角，變成了一頭斜角牛，面向札木合一邊揚土，一邊大吼大叫：「還我角來！還我角來！」這頭斜角犍牛，駕起那輛房車，跟在您的身後，沿著大路邊吼邊跑。這是什麼意思呢？還不是天地相商，令您鐵木真做國主嗎？那頭牛已經載國來了。神靈讓我目睹了這件事，讓我來向您通報。您將來做了國主，用什麼來報答我這個報告好消息的人呢？怎樣使我快樂呢？[10]

豁兒赤繪聲繪色地敘述他的夢中所見，鐵木真和周圍的將士們也都聽得十分入神。當時，蒙古人信奉薩滿教，對所謂「神」的啟示多數人都深信不疑。鐵木真自然也希望利用神權給自己的事業披上一層神秘的色彩，增加一點「人世間以外」的助力。儘管豁兒赤的夢中所見可能有不少是他自己的編造，但他卻是第一個提出讓鐵木真做國主的人，又是借用了神的權威，這勢必在廣大部民中形成一種輿論，有可能使鐵木真順利地登上可汗的寶座。因此鐵木真越聽越興奮，當聽到豁兒赤向他提出交換條件時，鐵木真不假思索，順口答道：「我真個做呵，教你做萬戶。」我果真做了國主，封你為萬戶。「萬戶」即統治一萬家牧民的高官，率領一支萬人大軍的統帥，相當於漢族的萬戶侯、元帥之類。但豁兒赤並不以此為滿足，說：「我告與你許多道理，只與我個萬戶呵，有什麼快活。與了我個萬戶，在國土裡美好的女子，由我挑選三十個為妻。又不揀說什麼言語，都要聽我。」[11]他不僅希望鐵木真封他為萬戶，而且希望允許他自娶國中美女，使他成為有三十個妻子的人；甚至要求鐵木真對他言聽計從。豁兒赤以所謂神的啟示宣傳了自己的政治主張，也說出了那些投靠鐵木真的人們的共同願望，希望鐵木真成為蒙古族的「國主」，率領他們統一天下，自己也變成一個有權有勢的人。鐵木真感到豁兒赤的南柯之夢對自己建國稱汗將會起到巨大的宣傳作用，因此就滿口答應了豁兒赤的要求。

乞顏氏的各支貴族在這時投靠鐵木真，與這種鬥爭形勢也有很大關係。據《蒙兀兒史記》記載：「蒙兀自忽圖剌以後，可汗之號中曠莫敢居。諸部離析，各自為長，國勢不振者數十年。至是思擇共主，以聽約束。於是阿勒壇、忽察兒、薛扯別乞等會議，共推鐵木真為汗。」[12]在舊蒙古兀魯思的貴族聯盟破裂以後，乞顏氏各部也隨之分崩離析，「國勢不振。」他們雖然各自擁有一圈子百姓，但已成不了什麼大氣候，只能依附於更強盛的泰赤烏氏和札答蘭氏。為了重整乞顏氏的舊業，這些乞顏氏的貴族們都「思擇共主」，但由於他們的勢力不相上下，其中沒有一個比較傑出的人物，因此在也速該死後二十多年中，一直沒有推舉出一個「共主」來。這時，也速該的兒子、年輕的鐵木真異軍突起，不僅僅取得了一次驚人的勝利，而且逐漸聚集了大批的屬民百姓，聚集了一支強有力的那可兒集團，這些蒙古乞顏氏的貴族們好像在茫茫黑夜中看到了一顆啟明星，於是協商：「共推鐵木真為汗。」

當時，答里台斡惕赤斤、阿勒壇、忽察兒、撒察別乞等，分別為鐵木真的親叔、堂叔和族兄，屬於貴族中的長輩。因此，「鐵木真次第讓答里台斡惕赤斤及阿勒壇、忽察兒、薛扯別乞。四人者皆不敢當。遂相與誓於鐵木真之前曰：『今者眾議僉同，奉汝鐵木真為汗。』」[13]從以後的事實看，這些蒙古貴族並不像豁兒赤等人那樣真心誠意地推舉鐵木真做「國主」，而是企圖把這位名望尚不太高但卻擁有相當實力的人物當做可供利用的工具，企圖借助他的力量去掠奪更多的財富和奴隸。為了表示自己的誠意，他們當眾對天盟誓：

「若鐵木真為罕（汗），
俺願為先鋒赴彼眾敵，
與汝將美女豔婦宮帳來！
願將異國之妍妃、美姬，
與汝將好臀節之良驥來；
獵彼狡獸也，
俺願為汝先驅而圍之，
一併擠彼獵物之腹乎！
俺願為汝取崖中獵物，
一併擠獵物之足乎！
於爭戰之日也，
若夫違汝號令，
可離散俺家業妃妻，

棄俺黑頭於地而去！
于太平之日也，
若夫壞汝成命，
可流散俺人夫妻子，
棄俺於無主地而去！」14

這篇誓詞反映了當時漠北地區各兀魯思的君臣關係：君主由貴族協商擁立，貴族要為君主效勞，無論狩獵還是作戰，都要絕對服從君主的意志，它標誌著貴族的鬆散聯盟向君主專制國家的過渡。儘管這種舊式貴族之間的盟約與那可兒對主人的從屬關係不盡相同，但其中有一點卻是共同的，即制定了進行掠奪戰爭的方針，希望君臣合力，在以後的戰爭中去爭取「豔婦宮帳」、「美姬」、「良驥」，用暴力去奪取榮華富貴。

從此，鐵木真由一個受苦受難的孤兒一躍而變為乞顏部的可汗。《蒙古秘史》、《元史》等都未記載鐵木真稱汗的年代，只有蒙古人薩囊徹辰的《蒙古源流》記載為己酉年，即一一八九年，當時鐵木真已二十八歲。但從《秘史》記載的其他事件看，鐵木真被推舉為乞顏氏的可汗，發生在鐵木真脫離札木合、單獨設營後不久，即遷徙到桑沽兒小河邊之後。而鐵木真與札木合一起駐牧，只有一年多時間。因此，這件事距離對蔑兒乞的戰爭，距離鐵木真的長子朮赤出生的日期不過有二三年左右。察合台後王在一個碑文中曾記載說，察合台出生之年正是鐵木真第一次稱汗之年。察合台為鐵木真第二子，他出生肯定在窩闊台出生的一一八六年之前，朮赤出生的一一八一年或一一八二年之後。因此可以推斷，鐵木真第一次稱汗不是在一一八九年，而是在一一八三年—

一一八四年之間。賈敬顏先生在〈關係成吉思汗歷史的幾個問題〉一文中已對此進行了詳細考證，認為：「成吉思汗做蒙古一個部落的首領的時間在西元一一八三年或一一八四年，再往前推，則不得超過一一八一年或一一八二年。」[15]亦鄰真先生也認為鐵木真「被一些貴族推戴為汗」，「這大約是十二世紀八〇年代初的事。」[16]我認為這兩位老先生言之有理，故未採用「一一八九年」之說。

鐵木真被推舉為可汗以後，馬上著手建立和健全政權機構。他首先封設了各種官職，分別執掌各種事務：其中有「火兒赤」，又譯豁兒赤、貨魯直、忽赤，意為「佩帶箭筒者」，即佩帶弓箭侍衛於可汗左右的人；「雲都赤」，又稱溫都赤、兀勒都赤，意為「帶刀者」，即佩刀侍衛可汗之人；「博兒赤」又譯寶兒赤、卜兒赤、保兀兒赤、保兒赤，意為「司膳」、「廚師」，即司廚和管理飲膳的人；「火你赤」，又譯豁你赤，意為「羊倌」，即負責牧放羊隻者；「阿塔赤」，又譯阿黑赤、阿里塔臣，意為「管騸馬者」，即專管馭馬的人；「阿都兀赤」，即負責牧馬的人。此外還有掌管修造車輛、房子的木匠「抹赤」，總管「家內人口」者，掌管征討、巡警事務者，負責懲治盜賊者以及專門充當使臣的官員。《元史．百官志》記載說，鐵木真創建的蒙古汗國是個游牧之國，「部落野處，非有城郭之制，國俗淳厚，非有庶事之繁。」[17]這說明，蒙古汗國的政治經濟制度不像中原的封建王朝那樣複雜，但它也已經初步具備了國家政權的雛形，從生產到生活，從畜牧業到手工業，從對內管理到對外聯絡，從軍隊到侍衛，以及民事的處理等，均已有專人負責。所有這些職位都是根據實際需要設置的，它說明，當時蒙古的游牧業已相當發達，分工已經很細，手工業也有了一定發展，政權機構也已粗具規模，並在逐步完善。「麻雀雖小，五臟俱全。」小小的蒙古乞顏部汗國，雖然「非有庶事之繁」，但它的政治經濟設施也並非十分簡單的。

為了進一步加強可汗的權力，實行統一管理，鐵木真還特別委任博爾朮、者勒蔑為眾官之長，對他們說：「我以前無伴當時，您二人首先與我做伴。我心裡不忘了。如今與這眾人為長著。」[18]由自己的親信統率百官，執掌朝政。

鐵木真分派擔任各種官職的人，除了他的弟弟之外，幾乎都是出身於奴隸或屬民，他們是鐵木真忠實可靠的那可兒，是鐵木真真心誠意的擁護者，因此鐵木真對他們信任備至，敢於對他們放手使用。「您眾人離開了札木合，想著來我跟前，若天地保佑呵您老的命，久後都是我吉慶的伴當。」「說著都委付了。」[19]而這些那可兒也甘願為鐵木真效勞盡忠，願意為鐵木真的事業獻出自己的一切，正如速不台所說：「我如老鼠般收拾，老鴉般聚集，蓋馬氈般蓋護，遮風氈般遮擋。」[20]他們不像舊貴族那樣具有顯貴的族望和擁有眾多的百姓，也不像氏族、部落首領那樣分別管理本部落事務，而是由可汗直接任命的分管各種事務的各類官員，因此他們可以同鐵木真保持一致，絕對服從鐵木真的指揮和調遣。鐵木真這樣來建立自己的政權機構，實質上是用封官授職的官僚制度代替了各部貴族壟斷政治權力的制度，用統一的君主集權代替了各部貴族的分部統治。這是一項重要的政治組織措施，它對後來鐵木真的強大起了巨大作用。

新政權的挫折——十三翼之戰

鐵木真被推舉為乞顏部的可汗，這在蒙古草原來說也是件大事。根據當時的禮節，需要派出使者向同盟者通報，漢族人稱為「告即位」，目的是獲得同盟者的承認與支持。鐵木真的使者答孩、速格該首先來到土兀拉河的黑林，向克烈部的脫斡鄰勒罕報告了鐵木真稱汗的情況，脫斡鄰勒罕由衷地高興，對使者說：

「立吾子鐵木真為罕，甚是。
汝蒙古豈可無罕而居。
其勿毀汝此議，
其勿解汝此盟，
勿撕汝衣領可也。」[21]

意思是說，你們推舉我兒鐵木真為可汗，實在是太好了。你們蒙古部哪能沒有可汗呢？希望你們不要違反立汗時的協議，不要自己毀壞盟約，不要撕毀你們的衣領。當時草原人把各部的首領比喻為「衣領」，衣服有領，就好比部族有汗。脫斡鄰勒罕希望蒙古貴族真心誠意地擁戴鐵木真，而不要中途變卦。在當時的蒙古草原上，克烈部是個舉足輕重的大部，乞顏部的其他貴族之所以推舉年輕的鐵木真為可汗，其中一個重要的原因就是因為鐵木真是脫斡鄰勒罕的義子，強大的克烈部是鐵木真的後盾和靠山。

與此同時，鐵木真派阿兒孩合撒兒、察兀兒罕二人為使者，「告即位」於札木合。札木合的反應與脫斡鄰勒罕正好相反，他毫不掩飾地表示了對鐵木真的怨恨和忌妒。因為在鐵木真稱汗以前，蒙古部的大權掌握在札木合手裡。自從打敗蔑兒乞後，許多部眾先後離開了札木合，投靠了鐵木真。如今鐵木真又被推舉為乞顏部的可汗，這豈不是與札木合平分秋色、分庭抗禮嗎？札木合怎能不忌恨、不氣憤呢？他既恨鐵木真分道揚鑣，又恨乞顏氏的貴族們不辭而別，更恨鐵木真稱汗稱雄。札木合氣不打一處來，對鐵木真的使者說：請你們轉告阿勒壇、忽察兒二人，他們為什麼像兩隻公羊一樣，在我與鐵木真安答之間戳腰刺肋、挑撥離間呢？當安答與我同處而未離時，他們為什麼不立鐵木真為汗呢？如今推舉鐵木真為汗，究竟居心何在？阿勒壇、忽察兒二人應該實踐自己的諾言，使我的安答心安位穩。希望他們好好做安答的夥伴。說完，就把鐵木真的使者打發走了。鐵木真的使者不敢當面頂撞札木合，只好忍氣吞聲地回去向鐵木真覆命。[22]

不久，一個意外的事件發生了。札木合的弟弟給察兒[23]的牧地，與鐵木真的部下拙赤答兒馬剌的牧地相鄰。給察兒搶走了拙赤答兒馬剌[24]的馬群。拙赤答兒馬剌不能容忍這種欺侮，獨自一人騎馬追趕。日落西山時，趕到馬群旁邊。拙赤答兒馬剌伏身在馬鬃之間，一箭射中了給察兒，砍斷了他的腰脊，「取其馬群而還。」[25]正是這件事，成為十三翼之戰的導火線。《史集》的記載與《秘史》大同小異，只是說迭兀─答察兒想驅走拙赤─答兒馬剌的馬群，「〔這件事〕被拙赤─答兒馬剌得知了。」他「躺在馬群和畜群中間。迭兀─答察兒剛向〔牲畜〕走近來時，拙赤─答兒馬剌一箭射殺了他。因此，札木合薛禪和成吉思汗結了怨。」[26]

《蒙古秘史》記載說：「札木合因為射殺他弟給察兒，領著他一種，並十三部，共三萬人，越過阿剌兀惕土兒合兀的嶺，[27]要與成吉思汗廝殺。」[28]按《親征錄》和《史集》的說法，這十三部主要包括：札答蘭部、泰赤烏部、弘吉剌部、合答斤部、朵兒邊部以及塔塔兒部等。

當時，「成吉思汗卻不知道他們的陰謀詭計。幸好泰亦赤兀惕部裡有個名叫揑群的亦乞剌思部人。因為他的兒子孛禿在成吉思汗處服務，他的心向著成吉思汗。」他「通過兩個八魯剌思部人木勒客與脫塔里將敵人的陰謀詭計和意圖報告了成吉思汗。」[29]

當時，鐵木真駐牧於古連勒古山。[30]「成吉思汗獲悉了這個情況，馬上組織起〔自己的〕軍隊，並﹝將這個情況﹞通知了擁護他的友盟部落和氏族。﹝全體﹞集合起來後，按照萬、千、百人點數。總共是十三個古列延。」[31]「古列延」原意是指游牧時駐紮的營地，在這裡是指按環形分布的軍隊，分十三古列延即分為十三營、十三翼迎戰，因此，《元史．太祖紀》說：「大集諸部兵，分十有三翼以俟。」

關於十三翼的組成，中外蒙古史專家都有考證，韓儒林先生寫了〈成吉思汗十三翼考〉，[32]伯希和等著《聖武親征錄注》也專門考證了這一問題，本田實信也曾寫過〈論成吉思汗的十三翼〉。[33]十三翼的劃分大致如下：第一翼是鐵木真的母親訶額侖統領的親族、屬民、養子、奴婢和屬於她個人所有的人們；第二翼是鐵木真直屬的部眾，包括他的那可兒和護衛軍（怯薛），是全軍的主力；第三翼至第十一翼都是乞顏氏各貴族所率領的族人和屬民，其首領包括撒察別乞、泰出、答里台斡惕赤斤、忽察兒、拙赤罕、阿勒壇等；第十二、十三翼由來附的旁支尼倫氏族人組成。這就是當時乞顏氏兀魯思的全部人馬，雖然鐵木真和他所統領的那可兒集團居於核心地位，但還不占優勢。十三翼的全軍兵數，《秘史》說是三萬人，《史記》、《親征錄》則未說人數，也有人說僅一萬三千人。

據《聖武親征錄》記載：「軍成，大戰於答蘭版朱思之野。札木合敗走。彼軍初越二山，半途為七十二灶，烹狼為食。」「答蘭版朱思」《秘史》作答蘭巴勒主惕，《史集》作答蘭—巴勒渚思，意為「七十沼澤」，其地位於今蒙古國鄂嫩河支流臣赫爾河附近。關於十三翼之戰的結局，《史集》、《親征錄》、《元史．太祖紀》記載相同，都是說鐵木真打了勝仗。但《蒙古秘史》的記載卻完全相反，說鐵木真被札木合所迫，退入了斡難河的哲列捏狹地，即敗退到一個狹長地帶據守。當時札木合和泰赤烏等部力量強大，鐵木真剛剛被推舉為可汗，札木合實行突然襲擊，鐵木真屬於倉促應戰，軍隊是臨時湊集的，他聯合的各家貴族又都各懷異志，因此鐵木真不可能一舉戰勝札木合的三萬騎兵，說鐵木真主動退軍據守，可能更符合實際。《史集》、《親征錄》和《元史》的作者大概是為了證明成吉思汗的英明偉大，故意掩蓋了這次戰爭的退卻和失敗。

關於札木合「半途為七十二灶，烹狼為食」，各書的記載也大有出入。《史集》說，成吉思汗戰勝札木合後，駐紮在河邊的大樹林中，「下令在火上架起七十個鍋，在鍋裡將被他抓住的作亂的敵人〔活活〕煮〔死〕。」[34]在這裡，「烹狼」變成了煮人，「七十二灶」變成了「七十個鍋」，札木合也變成了鐵木真。鐵木真在以後的征伐中確實是殺人不少，用七十口大鍋煮死一些俘虜也是可能做到的。但當時他剛剛興起，不適宜用這種殘酷的手段對付周圍的部落；而且他打了敗仗，泥菩薩過江自身難保，趕緊退卻還怕來不及呢，哪裡可能抓到那麼多俘虜，哪有機會讓他從容不迫地在大樹林中煮人肉吃呢？

《蒙古秘史》的記載與《親征錄》和《史集》都不相同，其中說札木合得勝而歸，「具釜七十，以煮赤那思之王子每（們）。」[35]「赤那思」蒙古文含義為「狼」，赤那思之子因此被說成「狼子」。但《親征錄》等書的解釋也有明顯的矛盾，既然說札木合打了敗仗，逃跑都怕來不及，哪裡還有心思去組織圍獵？即使圍獵，各種野獸都可能獵獲，怎麼偏偏捉到那麼多狼，難道其中就沒有一隻狐狸、野兔或其他野味？即使說碰上了幾個狼群，其中也應是既有老狼、大狼，又有小狼，既有公狼，又有母狼，怎麼可巧都是清一色的「狼子」呢？難道狼也有托兒所、幼兒園不成？因此這種解釋很難令人信服，未免過於牽強附會。

《新譯簡注蒙古秘史》的作者認為：「赤那思」即捏古思（努古思），這是泰赤烏部的一個氏族，後來歸於札木合麾下，最後又投靠了鐵木真。札木合和泰赤烏氏貴族對他們恨之入骨，因此當鐵木真敗走後，被捕的捏古思氏王子們才受到了這樣殘酷的處置。札木合「烹狼為食」應為札木合煮捏古思氏的王子們為食。同時，札木合「又斫斷捏兀歹察合安的頭，馬尾上拖著走了」。[36]

札木合如此凶慘地對待自己的胞族和過去的部眾，引起了其他部眾的不滿，許多人紛紛離開札木合，投到鐵木真帳下。《秘史》說：「札木合回了後，兀魯兀惕種的主兒扯歹，與忙忽種的忽余勒答兒，各引著他一族，離了札木合，太祖行來了。又晃豁壇種的蒙力克也引著他七個子來了。」[37]兀魯兀惕、忙忽惕是蒙古族中戰鬥力最強的兩個氏族，主兒扯歹即《元史》上所說的朮赤台，忽余勒答兒即《元史》中的畏答兒，他們後來成為成吉思汗的兩員勇將。而蒙力克本是也速該臨死時的託孤之臣，後在札木合處游牧，這時也離開札木合投靠了鐵木真。這些人的歸附對鐵木真統一蒙古草原發生了重大影響。

甚至包括泰赤烏部的屬民這時也對泰赤烏貴族日益不滿，因為那些貴族驕橫跋扈，無法無天，經常搶掠他們的車馬，奪其飲食。與此相反，鐵木真卻盡可能地籠絡人心，爭取屬民。《元史．太祖紀》和《史集．成吉思汗本紀》專門敘述了照（昭）烈部來降、效忠於成吉思汗的經過，《史集》說：「照烈惕部的住所在成吉思汗禹兒惕的附近。有一天，他們全體一起出去打獵。他們在橫亙在大草原中間的名叫斡札勒—札勒馬黑的山嶺上舉行圍獵；成吉思汗的兀禿，即狩獵中心和他們靠攏，圍獵〔圈〕就合攏到了一起。狩獵進行得很得手，他們說道：『我們就在這兒同成吉思汗一起過夜吧！』他們共有四百人。由於他們沒有帶鍋和食糧，有二百人回自己的住所去了，二百人同成吉思汗一起在這裡過夜，成吉思汗下令將他們所需要的鍋和糧食給了他們，第二天又進行了狩獵。〔成吉思汗〕分給他們的獵物超過了他們應得的部分。」因此，「他們對成吉思汗不勝感激，便說道：『泰亦赤兀惕部將我們扔在一邊，不理睬我們。過去成吉思汗同我們沒什麼交情，卻厚待我們，給了我們這些禮物。他〔真〕是關懷〔自己的〕部屬和軍隊的〔好〕君主。』」[38]他們認為，泰赤烏兄弟「無人君之度。有人君之度者，其唯鐵〔帖〕木真太子乎」？[39]於是照烈部的酋長玉律把阿禿兒率領他的部族投靠了鐵木真，對鐵木真說：「我們就像成了沒有丈夫的妻子，沒有主的馬群，沒有牧人的畜群！長母的兒子們正在毀滅我們！為了你的友誼，讓我們一起去用劍作戰，去殲滅你的敵人！」鐵木真對他們表示熱烈歡迎，說：「我像個睡著的人，你拉扯我的額髮喚醒了我！我坐著〔動彈不得〕，你從重負下拉出了〔我〕，使我能夠站立起來。我要盡力來報答你。」[40]儘管後來照烈部的首領又背叛了鐵木真，但照烈部及其他各部的屬民百姓卻紛紛來到鐵木真身邊，他們說：「泰亦赤兀惕的異密們平白無故地壓迫、折磨我們，鐵〔帖〕木真太子卻將〔自己身上〕穿的衣服脫下來讓給〔我們〕，從自己騎坐的馬上跳下來〔將馬〕讓給〔我們〕，他是個能為地方操心，為軍隊操心，將兀魯思好好地掌管起來的人！」[41]

十三翼之戰是鐵木真稱汗之後的第一場戰爭。戰勝攻取雖然能決定一時的勝負，但政治上、道義上的勝利其影響則更為深遠。札木合在戰場上獲得了勝利，但他乘勝報復，用七十口鐵鍋煮人肉為食；鐵木真在戰場上雖然失敗了，但卻注意廣泛團結貧窮的部眾，「乘人以己馬，衣人以己衣」，[42]受到蒙古部民的真心擁護。札木合的眾叛親離與鐵木真的眾望所歸形成了一個鮮明的對照。經過十三翼之戰，鐵木真的力量不僅沒有削弱，反而進一步壯大了。

初戰塔塔兒

金朝建立後，塔塔兒成為金朝的屬部，金人稱其為「阻𡃤」。他們經常協助金朝對付蒙古草原各部，充當了女真貴族的鷹犬和爪牙。當時，蒙古部有兩個強大的氏族合底忻和山只昆，生活在呼倫湖東岸，往來游牧於塔塔兒與弘吉剌之間。「合底忻」即《秘史》所說的合答斤，「山只昆」即撒勒只兀惕。《金史》卷九三〈內族宗浩記〉記載說：「合底忻者，與山只昆皆北方別部，恃強中立，無所羈屬，往來阻𡃤、廣吉剌（弘吉剌）之間，連歲擾邊皆二部為之也。」他們自恃勢力強大，不服從金朝的統治，連年騷擾金的邊界，金朝一直想收拾他們。一一九五年（金章宗明昌六年），金朝的左丞相夾谷清臣率軍北伐，再一次起用了自己在漠北的鷹犬，徵召塔塔兒部從軍出征。金朝與塔塔兒部的聯軍前進到合勒河（今哈拉哈河）、拷拷泊（呼倫湖），攻下了許多營寨。塔塔兒人見財眼紅，乘金軍回師時，對金軍發動突然襲擊，搶走了許多羊、馬、物資。夾谷清臣責令塔塔兒交還所掠物品，向金軍認罪。塔塔兒自以為作戰有功，有功當受祿，繳獲物資本應有自己一份。但金人視塔塔兒為奴僕，分毫不予，塔塔兒人只好自己動手，用武力搶奪。因此，他們根本不向金人認罪，反而對金軍展開了更大規模的進攻。戰場上的盟友忽然反目為仇，討伐合答斤、山只昆的戰爭變成了塔塔兒部與金朝的一場混戰。

女真人一向以能征慣戰著稱於世，豈容小小的塔塔兒胡作非為。一一九六年（金章宗承安元年），金章宗大興問罪之師，改派右丞相完顏襄取代夾谷清臣率軍對塔塔兒進行大規模討伐。金軍從臨潢出師，分兩路進剿。塔塔兒部畢竟不是金軍的對手，禁不住兩路金軍的東西夾攻，在龍駒河（即怯綠連河）流域被金軍打敗，其首領蔑兀真笑里徒率殘兵敗將爭先恐後地向浯勒札河（今蒙古國烏勒河）方向逃竄。金軍將領完顏安國一步不捨，跟蹤追擊。金國的丞相完顏襄老謀深算，派使者通知鐵木真，希望他與上國朝廷配合，從西面截擊這些叛國之徒。

鐵木真接到金人合擊塔塔兒的邀請，自然要反覆權衡利弊，認真分析當時的形勢。蒙古乞顏部與塔塔兒的衝突幾乎充滿了蒙古兀魯思的歷史篇章，它甚至關係到蒙古汗國的盛衰興亡。塔塔兒部依靠中原王朝的支持，成為蒙古乞顏部的東方勁敵，使乞顏部的幾代英雄灑下了鮮血，獻出了生命，無數孤兒寡母嘗盡了辛酸，受盡了苦難。而金朝與蒙古也有幾代冤仇。從血族復仇的古老傳統出發，這些冤仇都不得不報。但既進攻金朝，又對付塔塔兒，兩個拳頭打人，很難取得勝利。自俺巴孩死後，蒙古部在這方面有不少慘痛教訓。現在，這兩個敵人已經反目為仇，他們之間的聯盟已不攻自破了，這倒是蒙古人報仇雪恨的一個好機會。於是鐵木真根據「敵人的敵人是自己的朋友」這一原則，決定接受金朝的邀請，採取聯合金朝、夾攻塔塔兒的策略，先集中力量打敗自己身邊的強敵。

為了使勝利更有把握，鐵木真立即派人與克烈部聯繫，對脫斡鄰勒罕說：「阿勒壇罕（指女真皇帝）之完顏丞相，驅塔塔兒之蔑古真薛兀勒圖部，溯浯漓札水而來，云。俺其並此毀我父祖之塔塔兒乎！脫斡鄰勒父罕其速來。」[43]意思是說，金朝的完顏丞相通知我，他們打敗了塔塔兒部，其首領順浯勒札河西逃。塔塔兒與我部有世代冤仇，我的祖輩俺巴孩汗、斡勤巴兒合黑曾被他們出賣，先父又被他們毒死，我與他們不共戴天。如今塔塔兒被金人打敗，這正是上天賜予我復仇的時機。希望父罕親率大軍，幫我夾擊敵人，向塔塔兒人討還血債！

因為被塔塔兒出賣的斡勤巴兒合黑是主兒乞氏的祖先，因此鐵木真通知主兒乞人，希望他們也參加這場血族復仇戰爭。

脫斡鄰勒罕不負鐵木真的厚望，迅速組成一支大軍向東開來，第三天就與鐵木真的軍隊會師了。但主兒乞人不久前剛與鐵木真兄弟發生過衝突，因此拒絕與鐵木真並肩作戰，鐵木真整整等了六天，還不見主兒乞人的蹤影。鐵木真害怕貽誤戰機，只好與脫斡鄰勒罕沿斡難河東進，不久即到達浯勒札河上游。這一帶原來有金朝早期修築的邊牆，還保存下一些堡壘和營寨，其中松樹寨和楓樹寨是當時的兩座邊堡，蒙古人稱為納剌禿—失禿延、忽速禿—失禿延。塔塔兒人為了保存實力，稍作喘息，退到寨中，準備築寨堅守。鐵木真與脫斡鄰勒罕的大軍開到時，塔塔兒人站腳未穩，於是這兩個寨子很快被攻破了，塔塔兒部的首領蔑兀真笑里徒變成了刀下之鬼。

鐵木真等人縱兵搶掠，清掃戰場，塔塔兒部的車馬、糧餉被一搶而光。正是在這次戰爭中，鐵木真得到了兩件貴重的戰利品：銀綳車和大珠衾，為此《秘史》還曾大書一筆。在搶掠松樹寨時，蒙古軍還撿到一個小男孩，他脖子上戴一只金圈環，穿一件貂皮做裡的金緞兜肚。按蒙古人的習慣，凡是撿到這種幼童，都要視為家人，親自撫養，受氏族保護，與親生子女同等待遇。於是鐵木真又把這個孩子送給了訶額侖，老母親見後十分高興，逢人便說：「此其撒因人之子乎！其有根基人之裔乎！」[44]意思是說，這是貴族子弟，是有根基的人家的後代。「遂使其為五子之弟，第六子，名：失乞刊忽都忽而養焉。」[45]將他收為義子，長大後還讓他學習畏兀兒文化，這就是後來著名的大斷事官失吉忽禿忽。

鐵木真配合金朝，聯合克烈部，取得了浯勒札河之戰的勝利，不僅打擊了東鄰的勁敵，使塔塔兒部從此一蹶不振，而且還在蒙古部中贏得了「為父祖復仇」的聲譽，蒙古各部人對他更加敬重了，把他看做草原英雄。金朝的右丞相完顏襄接到鐵木真的捷報，也大喜過望，立即代表金朝中央政府對他們封官予爵，大加賞賜。鐵木真被封為「札兀惕忽里」，脫斡鄰勒被封為王。脫斡鄰勒本來就是克烈部的可汗，如今又得到了金朝的王位。因此被人們稱為「王可汗」，簡稱「王罕」。「札兀惕忽里」又譯「察兀惕忽里」，「忽里」是金朝封授的統領數部的首領稱號。完顏襄臨行前對鐵木真、王罕說：你們「有大功於阿勒壇罕焉，我將奏聞此功於阿勒壇罕，加成吉思合罕以更大號，招討之號」。[46]金朝的招討使為正三品，副招討使為從四品，因此鐵木真的封號一定是低於從四品的中下級官員。鐵木真雖然沒有被封為金朝的大官，但等於是當時的官方已正式承認了鐵木真的地位，承認他是所率諸部的首領。也就是說，鐵木真已經從一個部族推舉的首領變成了「朝廷命官」，這就大大增強了他的號召力。從此，他就可以用金朝職官的身分統率蒙古部眾和統轄其他貴族了。

鐵木真配合金朝，初戰塔塔兒，打破了塔塔兒依靠中原主子稱霸草原的局面。從此，草原的力量對比發生了明顯變化，鐵木真的事業開始出現了轉機。

壓服主兒乞

鐵木真初興之際，蒙古各部還處在從部落奴隸制向奴隸制國家轉化的時期。各部貴族建立的「兀魯思」雖然具有最初的國家性質，但實際上不過是各支貴族之間鬆散的政治聯盟。由於各支貴族都擁有自己的營地和百姓，都具有一定的獨立性，因此這種聯盟中又存在著難以克服的分裂因素。也速該死後蒙古兀魯思的崩潰，就是由於泰赤烏貴族的分裂引起的。鐵木真被推舉為乞顏部的可汗，與乞顏氏各支貴族的擁戴有關，但這些貴族的獨立勢力又與君主集權的國家存在著不可克服的矛盾。不解決這些矛盾，鐵木真的國家就難以存在下去，當然更談不到發展與鞏固。十三翼之戰的失敗又一次說明了這種鬆散的政治聯盟難以應付草原上多變的政治形勢，進攻塔塔兒前後所出現的衝突，迫使鐵木真著手解決這個問題。由於一個偶然的事件，鐵木真打擊的矛頭首先指向了主兒乞氏。

主兒乞氏與孛兒只斤氏屬於近親氏族，他們同為合不勒汗的子孫。主兒乞氏的祖先是合不勒汗長子的後代，名叫莎兒合禿主兒乞，屬於乞顏氏的長支貴族。它的部眾是蒙古各部中的精華，以能征慣戰著稱於蒙古草原，在乞顏部中具有左右形勢的力量。偷盜鐵木真家那八匹銀合馬的盜賊就出身於這個氏族。

主兒乞氏的首領撒察別乞、泰出雖然推舉鐵木真為乞顏部的可汗，也曾當眾對天盟誓，但並不把年輕的鐵木真放在眼裡，並不是心悅誠服地接受他的管轄。在此之前，撒察別乞也曾企圖攫取帝位；在此之後，他們還隨時準備背棄誓言，一直懷著爭奪汗位的野心。他們對鐵木真缺乏應有的尊重，於是一場衝突不可避免地爆發了：

十三翼之戰後，不少蒙古氏族離開札木合投靠了鐵木真，尤其是朮赤台、畏答兒、蒙力克等人的到來使鐵木真欣喜若狂，於是他與撒察別乞等人商議，決定在斡難河邊的樹林中舉行一次歡迎宴會。宴會以鐵木真、訶額侖、合撒兒、撒察別乞為首，司廚分別在他們面前斟上一革甕[47]酒；然後在撒察別乞的小母豁別該[48]面前，斟上一革甕酒。當時，參加宴會的還有撒察別乞的另外兩位母親——豁里真妃和忽兀兒臣妃。[49]她們雖然不是撒察別乞的生身之母，但年齡比豁別該大。只是由於豁別該是一個有影響的活躍人物，因此受到這種破格的待遇。在這種公眾場合越位於前，等於承認她是主兒乞氏的女領袖。豁里真、忽兀兒臣受到冷落，心中十分不滿，認為這是鐵木真母子故意給她們難堪，當場就像潑婦罵街一樣爭吵起來了，而且文武代打，動起手來，責打的對象是鐵木真的司廚失乞兀兒。失乞兀兒代主人受罰，當然也很窩火，於是又哭又喊：「因也速該把阿禿兒，捏坤太石二人已死，乃被蓋如此也耶？」意思是說，也速該、捏坤太師不在了，你們才敢這樣無法無天，竟敢在宴會上大打出手，這算什麼體統？鐵木真當時還沒有也速該、捏坤太師的權威，對於長輩的無禮行為儘管也十分氣憤，但也不便對這兩位長輩大動肝火，只好不動聲色，盡量忍耐。[50]

《史集》也記載了「那次宴飲時發生的爭吵」，只是細節略有出入，說廚子在月倫母親和忽忽兒真哈敦面前放了一只盛酸馬奶的合用的木碗，而在地位低的額木亦面前卻專門放了一只盛酸馬奶的碗，以示特別優待。忽忽兒真哈敦覺得太受委屈，生了氣，這才動手打了成吉思汗的司廚。「成吉思汗和他的母親容忍了這件事，對此什麼話也沒有說。」[51]

一波未平，一波又起。宴會席上的爭端還沒有真正解決，另一場衝突又在宴會席外發生了。衝突的雙方是掌握後勤的兩位負責人。這次宴會的後勤工作，孛兒只斤氏由鐵木真的弟弟別勒古台掌管，主兒乞氏由不里孛闊[52]掌管。一個名叫合答吉歹[53]的合答斤人偷盜了馬籠頭，被別勒古台捉住。合答吉歹是不里孛闊的那可兒，不里孛闊袒護自己的部下，於是與別勒古台發生了口角。話不投機，互不相讓，最後二人竟動起武來。別勒古台習慣於脫右袖裸行，不里孛闊手下無情，用刀砍傷了別勒古台的右肩。別勒古台倒是為人老成，為了不影響宴會的情緒，並沒有大肆聲張，而是若無其事地繼續處理宴會上的其他事務。但坐在筵席旁的鐵木真卻發現了別勒古台右肩流血，立刻前去詢問。別勒古台只好說明了事情的經過，勸鐵木真不要追究，說：「我的傷不要緊，不要忙著向他報復，你們為我鬧得彼此失和，這可不好！」「他竭力阻止發生內訌」，希望不要傷了兄弟們的和氣。[54]

可汗的司廚在宴會上挨打，可汗的弟弟被人用刀砍傷，這說明主兒乞人驕橫跋扈、目空一切，根本不把可汗放在心上。鐵木真也是年輕氣盛，忍耐不住滿腔怒火，一手推開了勸阻他的別勒古台，命令部下折取樹枝，抽出撞乳杵，親自指揮與主兒乞人廝打，戰勝了主兒乞人，扣押了豁里真、忽兀兒臣二妃。慶祝各家兄弟團聚的宴會變成了打架鬥毆的場所，堂堂的可汗充當了械鬥的指揮，其緊張和混亂程度遠遠超過了楚漢相爭時的鴻門宴，這哪裡還有一點大汗王廷的樣子呢？簡直像一批上山為王、落草為寇的烏合之眾、草莽強人。這種情況再繼續下去，真是要「國將不國」了，它只能導致蒙古汗國的衰亡。

「由此之故，薛扯別乞帶著他的部屬禹兒勤（主兒乞）全族人離開了成吉思汗。後來，為互相和解起見，他們將這二位哈敦放還給了他們。雙方使者，往還馳馬，〔商量〕締和。」[55]事情過後，大概鐵木真也有些後悔，感到未免有失身分，缺乏一個可汗應有的政治涵養。為了彌補這次衝突所造成的裂痕，他主動派出使者與主兒乞人講和，並把豁里真、忽兀兒臣二妃還給了他們。但主兒乞人卻懷恨在心，不願和解，一氣之下離開鐵木真，另外找了一處牧場，立營駐牧。

正在這時，金朝的使者來到蒙古乞顏部，邀請鐵木真共同對付塔塔兒。這又給鐵木真提供了一次與主兒乞氏講和的機會，因為主兒乞的祖輩斡勤巴兒合黑也是被塔塔兒人害死的，討伐塔塔兒也是為主兒乞人報父祖之仇。忘掉兄弟間的衝突，共同參加血族復仇戰爭，既符合古老的傳統，也有利於整個蒙古乞顏部的利益。但主兒乞人卻拒絕合作，讓鐵木真白白等待了六天，使鐵木真大失所望。尤其令人難以容忍的是，主兒乞人竟然趁火打劫，偷襲了鐵木真的老小營。「老小營」，《元史》稱做「奧魯」，即後方留守營，家屬輜重營。當時，鐵木真的老小營駐紮在哈澧漓禿湖畔（克魯倫河上游）。主兒乞氏乘鐵木真後方空虛，蓄意報復，對鐵木真的老小營實行突然襲擊，殺死了十人，剝去了五十個人的衣服。[56]

《史集》的記載與此略有出入，其中說：「成吉思汗戰勝了塔塔兒人及其軍隊、部屬，獲得許多戰利品後，便想去找禹兒勤部（主兒乞）的駐地，將他奪得的東西分一些給他們，於是決定到他們處去。在路上，一部分禹兒勤人勾結了一群作亂的人殺死成吉思汗十個士兵，還有五十個人的馬被搶走了，衣服被撕掉了。」[57]

《元史．太祖紀》則記載說：「帝之麾下有為乃蠻部所掠者，帝欲討之，復遣六十人徵兵於薛徹別吉。薛徹別吉以舊怨之故，殺其十人，去五十人衣而歸之。」總之，當時鐵木真還是千方百計地希望與主兒乞人和好，盡量對主兒乞人做些讓步，與他們共同對敵。但主兒乞人卻不忘舊怨，得寸進尺，欺人太甚。鐵木真聞報大怒，說：「主兒勤其奈何害我如此耶？於斡難林中筵宴時，彼即打我失乞兀里，彼亦砍別勒古台之肩。以其請成，俺已返其豁里真妃、忽兀兒臣二人，其後邀與往並塔塔兒，報昔日毀我父祖之仇。俟主兒勤六日而不至，今其行又近乎敵，彼已敵矣。」[58]如今他們又趁火打劫，這豈不是助紂為虐、幫助敵人嗎？「現在他們同敵人勾結起來了！我迫不得已只好向他們動手！」[59]於是鐵木真立即部署人馬，「在憤怒之中出兵，從草原的路上向他們進攻。」一支貴族畢竟不是一個國家的對手，鐵木真「在朵蘭—孛勒答里地方[60]擊潰了他們，殲滅、洗劫了〔他們〕許多人。薛扯別乞和泰出帶著妻子、兒女和少數〔人〕逃走，逃出了〔成吉思汗軍隊的〕包圍」。[61]鐵木真「追至帖列禿之口，擒撒察別乞，泰出二人矣」。[62]鐵木真緊追不放，主兒乞的首領終於被捉拿歸案。鐵木真當面質問他們：「我等昔日共嘗云何？」我們過去盟誓時說了些什麼？撒察、泰出自知理虧，承認自己「未能踐所言」，違背了推舉可汗時的誓約，甘願以身殉約，「伸頸就戮」。[63]

主兒乞氏的首領被鐵木真處死了，但主兒乞氏的屬民百姓卻歸附了鐵木真。這些百姓本是從各氏族內挑選的「有膽量、有氣力、剛勇能射弓的人」，「但有去處，皆攻破，無人能敵」，「太祖將此種人也服了，又將他百姓做自己的百姓了。」[64]其中不少人以後都成為蒙古的著名將領，四傑當中的木華黎、博爾忽[65]就是主兒乞的屬民。

木華黎出身於札剌亦兒氏，這個氏族自海都之後就成為孛兒只斤氏的部落奴隸。到木華黎的祖父帖列格禿時，家境已經比較富足，號稱「伯顏」。但他及其三子仍要充當主兒乞的屬民。當撒察、泰出被殺後，木華黎的祖父及父親古溫兀阿、二叔赤剌溫孩亦赤、三叔者卜客這才帶著木華黎兄弟投靠了鐵木真。古溫兀阿將自己的兩個兒子木華黎、不合送給鐵木真做那可兒，對鐵木真說：「教永遠做奴婢者。若離了你門戶呵，便將腳筋挑了，心肝割了。」同時，木華黎的二叔也將自己的兩個兒子統格、合失送給了鐵木真，說：「教與你看守金門，若離了時，便將他性命斷了者。」木華黎的三叔者卜客，則「與了太祖弟合撒兒」。[66]者卜客從主兒乞營地撿來一個小男孩，這就是博爾忽。者卜客將他送給了訶額侖兀真。從此，訶額侖就有了四個養子，即從蔑兒乞營地撿來的曲出，從泰赤烏營地撿來的闊闊出，從塔塔兒營地撿來的失吉忽禿忽，從主兒乞營地撿來的博爾忽。訶額侖像對待親生兒女一樣對待他們，「與他兒子每日做眼教看，每夜做耳教聽」，[67]把他們看做自己的心肝和耳目。後來，他們都成為傑出的將領，蒙古人稱他們為四養子，其中博爾忽又被視為四傑之一。

主兒乞氏的首領被殺死了，百姓歸順了，但主兒乞氏貴族還沒有最後被壓服。其中，不里孛闊成為主兒乞中最有影響的人物。不里孛闊本是合不勒汗第三子的後代，與鐵木真的父親也速該是同輩人，即鐵木真的堂叔。只因他與主兒乞的「勇健之諸子為友」，[68]又是著名的「國之力士」，[69]所以在撒察、泰出死後，不里孛闊成為主兒乞氏的實際領袖。分庭抗禮是昔日的傳統，絕對服從才是君主專制的要求。為了進一步削弱舊貴族的分裂勢力，鐵木真有意安排了一場帳前決鬥。參加決鬥的還是別勒古台與不里孛闊。無論論力氣還是論武藝，別勒古台都不是不里孛闊的對手。不里孛闊力大無窮，用一隻手就可以執住別勒古台，用一隻腳就能把他絆倒，壓在他身上就休想挪動一分一毫。但這時主兒乞氏已經處於劣勢，沒有人再為不里孛闊撐腰壯膽了。不里孛闊不敢再公開向鐵木真的權威挑戰，因此在摶鬥時主動退讓，最後竟假裝失敗，故意摔倒了。別勒古台騎在不里孛闊身上，回頭看了看鐵木真，意思是向鐵木真請示。鐵木真緊咬下唇，暗中示意。於是別勒古台拉緊不里孛闊的衣領，扼住其喉嚨，猛一用力，用膝蓋折斷了不里孛闊的腰骨。不里孛闊含恨而死，臨死前說：「我本非敗於別勒古台者，唯畏合罕，佯倒躊躇，致喪我命矣。」[70]由於不里孛闊曾代表主兒乞氏公開與鐵木真兄弟作對，「所以雖有一國不及之力，終不免折腰死了。」[71]

不里孛闊之死，進一步打擊了主兒乞氏的氣焰，其他舊貴族不敢再輕舉妄動了。鐵木真用暴力壓服了乞顏氏中最有力量的長支貴族，這是鐵木真從貴族聯盟首領向真正的君主邁進的重要一步。不削弱舊貴族的權力，就沒有蒙古汗國的集中統一，鐵木真與各支貴族的矛盾和衝突是不可避免的。

闊亦田之戰

鐵木真堅決剷除了主兒乞氏舊貴族，吞併了他們的屬民百姓，這是他鞏固汗權的重要一步。但他前進的道路上仍然是荊棘叢生，障礙重重，要發展自己的事業，還有幾個對手必須剷除。從蒙古族內部來說，必須戰勝札答蘭部、泰赤烏部、合答斤部、山只昆部等蒙古諸強部，然後才談得上蒙古族內部的統一；從蒙古族外部來說，必須征服與乞顏部為敵的塔塔兒部、蔑兒乞部、乃蠻部等。闊亦田之戰，就是鐵木真、王罕與以上這些部落的一次大決戰。

自從鐵木真、王罕配合金朝戰勝塔塔兒之後，草原其他各部就與他們處於敵對地位，並不斷與之發生戰爭。一一九七年，鐵木真率軍進攻蔑兒乞部的脫脫，將戰利品全部贈送給王罕的那可兒。一一九八年（金章宗承安三年），金朝又派完顏襄、完顏宗浩出動大軍討伐弘吉剌、合答斤、山只昆等部，這些桀驁不馴的部落又受到一次沉重的打擊。完顏宗浩首先征服了弘吉剌部，進而向移米（伊敏）河北進，攻打呼倫貝爾湖以東的合答斤、山只昆等部，斬首一千多人，俘獲大批車帳、人、畜。從一一九五年夾谷清臣率軍北征，一一九六年完顏襄聯合鐵木真、王罕戰勝塔塔兒部，再到一一九八年討伐草原諸部，金朝先後進行了三次北征。這「三次北征有力地打擊了在東蒙古草原的強悍部落塔塔兒、弘吉剌、合答斤、撒勒只兀惕諸部，使北邊得到暫時的安定。但同時卻替正在興起的成吉思汗削弱了他的東方勁敵，為他進一步削平蒙古草原諸部、完成統一鋪平了道路。三次北征也使金朝的元氣耗盡，國力益衰。」[72] 金軍得勝後，不僅沒有進一步向外發展，反而將臨潰路的界壕邊堡向內地遷移了。這就為鐵木真爭奪東部地區創造了更為有利的條件。

一一九九年，鐵木真、王罕聯合進攻了西方乃蠻的不亦魯黑汗，「大敗之，盡殺其諸將族眾，積屍以為京觀。乃蠻之勢遂弱。」[73] 一二〇〇年春，鐵木真與王罕會師於薩里川，[74] 回軍東向，討伐勢力強大的泰赤烏部。泰赤烏部與蔑兒乞部聯合對敵，脫脫派他的兒子忽都和斡兒長率軍參戰。他們「全都會聚在斡難河地區的蒙古草原上。成吉思汗和王罕（罕）奔向他們，廝殺起來。泰亦赤兀惕諸部戰敗後逃跑了」。[75] 據《史集》記載，鐵木真率軍追擊塔兒忽台乞鄰勒禿黑等，在月良古惕—禿剌思[76] 之地，殺死了這個長期與他作對的仇敵。但《秘史》卻說，塔兒忽台這次並未被殺死，而是死在泰赤烏部被徹底滅亡之後。泰赤烏部的其他首領阿兀出把阿禿兒、忽都兀答兒以及蔑兒乞部的忽都、斡兒長則一起逃入巴兒忽真境內。[77]

幾年來，鐵木真、王罕連續作戰，所向披靡，這不能不引起其他部落的警惕。「哈答斤部、散只兀（山只昆）部、朵魯班（朵兒邊）部、塔塔兒部、弘吉剌部聞乃蠻、泰赤烏敗，皆畏威不自安，會於阿雷泉，[78] 斬白馬為誓，欲襲帝及汪罕。」[79] 合答斤、山只昆也屬於純潔出身的蒙古人，他們是阿蘭始祖母感光所生的前兩個兒子的後代，同鐵木真所在孛兒只斤氏具有同樣尊貴的血統，其力量不在泰赤烏氏和乞顏氏之下。早在鐵木真與札木合分離之前，他們就曾派遣使者到這兩個部落，想與之和好。古代蒙古沒有文字，「他們的文書多半用巧妙地押韻的隱喻進行〔口頭〕傳述。」[80] 即將首領的意圖編成押韻的詩句，讓使者記熟，向對方轉達。當使者用這種方式傳述了鐵木真的話時，合答斤、山只昆的首領未能領會其中的含義。一個伶俐的小夥子猜到了這些話的意思，便對他們說：「這些話的意思很明白，成吉思汗（應為鐵木真）告訴〔我們〕說：『與我們不是一家子的蒙古部落，〔如今〕成了我們的朋友，〔與我們〕結了盟。我們既是一家子，就應該結盟做朋友，快快活活〔過日子〕！』」[81] 但他們卻拒絕了鐵木真的好意，也沒有對使者表示應有的尊敬。「他們從鍋裡將連同羊血煮在一起的、像……那樣的羊的臟腑取出，潑在他的臉上，辱罵了他，使他受辱而歸。因此〔他們同成吉思汗〕結了冤仇。」[82]後來他們又依附於泰赤烏氏，多次參預反對鐵木真的戰爭。

當泰赤烏氏被鐵木真、王罕打敗後，合答斤、山只昆很快與朵兒邊、塔塔兒、弘吉剌部結成了聯盟，「他們互相立下了蒙古人中間最重的誓約」，「一起舉劍砍殺牛馬，並說道：『天地之主請聽吧，我們立下了什麼樣的誓約啊！看這些牲畜的臊根！如果我們不遵守自己的誓言，破壞誓約，讓我們落得跟這些牲畜同樣的下場！』他們互相結盟，要同鐵木真和王罕作戰。」[83]「弘吉剌部長迭夷恐事不成，潛遣人告變。」[84]參加盟誓的弘吉剌人擔心這支盟軍不是鐵木真與王罕的對手，因此暗中派人向鐵木真、王罕透露消息。據《史集》記載，這個派人報信的人並非弘吉剌部長，而是鐵木真的岳父德薛禪，他派人對鐵木真說：「〔你的〕敵人訂立誓約，結成了聯盟，齊心協力地朝你們方面出動了！」[85]鐵木真得到情報，立即同王罕一起，從斡難河附近的虎圖澤出發，主動反擊，先發制人，進至捕魚兒海子（貝爾湖）。合答斤等部頑強抵抗，雙方打得難解難分。但在與金朝的作戰中，這些部落的力量已大大削弱，這次又未能充分準備，因此最後還是失敗了，王罕、鐵木真掠奪了他們許多部眾、牲畜和其他財物。鐵木真駐軍於金朝邊牆附近的徹徹兒山，乘勝進攻塔塔兒部，其部長阿剌兀都兒等領兵迎戰，又大敗而逃。

這是一場爭奪草原霸權的戰爭，鐵木真的崛起威脅了各部首領的切身利益，因此他們逐步糾集在一起，誓與鐵木真為敵。當時，巴牙兀惕部有個「賢明的老人」，分析了這種群雄爭霸的形勢，他說：「乞牙惕─禹兒勤（主兒乞）部的薛扯別乞想登大位，但他沒有這個〔福〕分。札木合薛禪經常讓人們互相衝突，行使種種口是心非的奸計來推進〔自己〕的事業，也沒能成功。拙赤─八剌（即成吉思汗的兄弟拙赤合撒兒）也有這種野心。他倚仗自己的力氣和神射，但也不成功。蔑兒乞惕部的阿剌黑—兀都兒有謀取大權的野心，表現出一定的魄力和偉大，但也一無所獲。只有這個鐵木真（成吉思汗），具有稱王稱霸的相貌、氣派和魄力。他毫無疑問，定能成就霸業。」[86]這位「賢明的老人」的預言很可能出於後人的編造，但它對理解當時蒙古草原稱王爭霸的形勢也有一定啟發。正是這種爭霸的形勢，導致了鐵木真、王罕與東方十二部的一次大決戰——闊亦田之戰。

西元一二〇一年，即南宋寧宗嘉泰元年，金章宗泰和元年，農曆辛酉年。《蒙古秘史》紀年即從此開始，稱為酉年，雞兒年。蒙古草原十二個部落在額爾古納河、根河、得爾木爾河會流處的忽蘭也兒吉（紅岸）舉行了一次重要的盟會，其中有合答斤、山只昆、朵兒邊、塔塔兒、亦乞列思、豁羅剌思、乃蠻、蔑兒乞、斡亦剌、泰赤烏、弘吉剌等十一部首領，共同推舉札答蘭部的札木合為古兒汗。弘吉剌部本來準備投靠鐵木真，「哈撒兒不知其意，往掠之。」[87]「弘吉剌惕部遭到襲擊，失去了首領，便投奔了札木合薛禪。」[88]他們腰斬兒馬、騍馬，相誓為盟，決定與鐵木真、王罕決一死戰。其盟誓曰：「凡我同盟，有泄此謀者，如岸之摧，如林之伐。」盟誓後，「共舉足蹋岸，揮刀斫林，驅士卒來侵。」[89]準備對鐵木真、王罕進行突然襲擊。

這是一個以札木合為首的政治、軍事聯盟，一個反對鐵木真、王罕的統一戰線。札木合被推舉為「古兒汗」，意為「眾汗之汗」、「普眾之汗」，也有人稱其為皇帝。但札木合既沒有皇帝的權力，也缺乏當皇帝的能力；這個聯盟也是既無共同的政治、經濟基礎，又無統一的軍事力量，只是為了對付鐵木真、王罕的進攻臨時湊集在一起，實際上卻是一群各懷異志的烏合之眾。各部的貴族都有自己的小算盤，各部的屬民百姓也並不真心擁護。鄭重其事地對天盟誓並沒有加強聯盟的力量，它對下邊的成員也沒有多大的約束力。

當時，鐵木真駐紮在古連勒古山。[90] 札木合的軍馬剛開始行動，豁羅剌思人豁里歹[91] 就派人連夜密報了鐵木真。鐵木真得到這個重要的軍事情報，立即派人通知王罕。王罕率領全部軍隊，迅速與鐵木真會合。

鐵木真與王罕的聯軍順克魯倫（怯綠連）河而下，預計正面迎擊札木合聯軍。他們進行了嚴密的部署，分別派出了三路先鋒。鐵木真以有聲望的貴族阿勒壇、忽察兒和答里台三人分別擔任先鋒軍統帥，王罕則以其子桑昆、弟弟札合敢不和必勒格別乞為先鋒軍統帥。在六個先鋒前面又設置了三個哨望所，負責偵察敵情。一天傍晚，鐵木真、王罕的先鋒阿勒壇、忽察兒、桑昆等進軍到兀惕乞牙，正準備安營下寨，設在赤忽兒忽的哨望所派人報告說：「敵人將至。」[92] 於是阿勒壇等率軍前去瞭解情況，遇到札木合的頭哨先鋒——泰赤烏部的阿兀出把阿禿兒、乃蠻部的不亦魯黑汗、蔑兒乞部的忽都、斡亦剌惕部的忽都合別乞。只因當時天色已晚，鐵木真、王罕命令各路先鋒退至大營，合軍而宿，與敵人約定：明日再戰。[93]

第二天清晨，鐵木真、王罕聯軍搶占了阿蘭塞陣地，與札木合聯軍對陣於闊亦田（這是今天中蒙邊界的奎騰嶺一帶），這一地區位於闊連湖（呼倫湖）與捕魚兒湖（貝爾湖）之間，克魯倫河注入呼倫湖之河口以南。鐵木真、王罕依山傍塞，占據了有利地形，居高臨下，以逸待勞，可以說是既得「人和」，又占了「地利」，唯一沒有把握的是「天時」。

札木合聯軍也想從「天時」方面打主意。那天，天氣陰沉昏黑，不亦魯黑汗、忽都合別乞[94] 自稱會「札答」之術，能呼風喚雨，命令部下取來一盆淨水，放入幾顆雞卵大小的石子，據說這些石子乃牛馬腹中之石，相當於漢族方士的牛黃狗寶之類。他們口中念念有詞，希望暴風雨幫助他們襲擊敵人。不知是偶然的巧合，還是他們真有特異功能，時隔不久，果然風雨大作，但風向卻與他們希望的相反，不是由東向西，而是由西向東。札木合聯軍只好逆風冒雨向山坡攀登，而鐵木真、王罕的部隊卻可以順風射箭，「天時」也變得對鐵木真有利了。札木合聯軍有不少人紛紛滾落坍溝，隊伍中出現了一片怨言：「天不保佑，所以如此。」[95]企圖求助於神靈的人們反而得不到上天的保佑，札木合聯軍很快就軍心渙散了。

據《元史・太祖紀》、《史集・成吉思汗紀》記載，一二〇一年的戰爭發生在海剌兒、帖尼火魯罕之地；[96]一二〇二年才發生了闊亦田[97]之戰。《史集》說：「當時〔乃蠻人〕作起致風雪的巫法來。巫法的要點為：念咒並將各種石頭投入水中，大雨就來了。〔但〕這陣風雪卻朝著他們反颳過來。他們想從這些山裡退回來，卻在闕奕壇地方陷住了。眾所周知，乃蠻不亦魯黑汗的部屬以及與他聯合的那些蒙古部落，在這個地方由於嚴寒把手足凍壞了。大風雨使許多人畜從高處滾下來摔死了。」[98]

臨時聯盟缺乏統一指揮，為保存實力各自進退，這是札木合聯軍的另一個致命弱點。面臨著戰場形勢突如其來的變化，札木合的四路頭哨前鋒首先失去了衝鋒陷陣的勇氣，他們早已將「先鋒」的職責拋到了九霄雲外，不是身先士卒率領部隊向敵人衝殺，而是竭力保存自己，率先逃命。號稱能呼風喚雨的不亦魯黑汗，突不破阿勒壇部的防線，剛剛接觸就撥轉馬頭，率部離去，既不報告自己的古兒汗，也不顧並肩作戰的其他三路戰友，頭也不回地向西方老家逃竄。其他三路先鋒也沒有一個人肯衝鋒陷陣，蔑兒乞部的忽都一看勢頭不對，趕緊招呼自己的部下，後隊變前隊，向薛涼格河方向撤退；斡亦剌惕的忽都合別乞也收起魔法，不再寄希望於神靈，而是寄希望於四條馬腿，策馬揚鞭離開了戰場，向北方的森林地帶猛跑，一直逃到失思吉思之地；[99]號稱「巴特兒」泰赤烏氏的阿兀出，也不敢自充勇士了，帶領自己的部眾逃到斡難河一帶的營地。四路先鋒四散逃命，聯軍的首領札木合也失去了「眾汗之汗」的氣魄，暴露了鼠竊狗偷的嘴臉。面對著先鋒軍的潰散，他不是想法穩定軍心，壓住陣腳，而是乘機搶掠那些推舉他為汗的百姓，趁火打劫，大撈一把，然後順著額爾古納河向東北方向逃之夭夭了。[100]

闊亦田之戰是爭奪草原霸權的一場決戰。各懷異志的十二部聯盟禁不住鐵木真、王罕聯軍的猛烈打擊，不到一天就土崩瓦解了。蒙古草原的形勢出現了第一次重大轉折，這不僅給鐵木真提供了報仇雪恨的機會，而且為他進一步統一蒙古準備了條件！

泰赤烏部的覆滅

札木合聯軍如鳥獸散，鐵木真與王罕分路追趕。王罕順著額爾古納河追擊札木合與蔑兒乞部，札木合投降了王罕，「重新倒向成吉思汗方面」，「到成吉思汗處（應為王罕處）來，表示奴隸般的順從。」[101] 蔑兒乞部的脫脫率殘兵敗將逃入巴兒忽真脫窟木地面，[102] 王罕軍殺死了他的長子脫古思別乞，[103] 俘獲了他的兩個女兒和妻子，並押走了他的兩個兒子忽都、[104] 赤剌溫及其僕役們。

鐵木真向斡難河方向挺進，一步不捨地追擊泰赤烏部。阿兀出與塔兒忽台等晝夜兼程，逃回斡難河畔的營地。潰不成軍的泰赤烏部隊已完全喪失了保護營地的能力，泰赤烏百姓預感到將要有一場大禍臨頭，於是大家各奔前程，「俾皆荒奔」。[105] 阿兀出等貴族首領也不敢與乘勝前進的鐵木真軍背水一戰，只好「將百姓起了，渡過斡難河整治軍馬，候成吉思汗來對敵」。[106] 他們集中了盡可能多的方牌軍，「嚴陣以待，欲決一戰。」[107]

幾十年的仇恨終於到了清算的時候，鐵木真自然不肯放過這個難得的機會。他率軍來到斡難河邊，不怕箭如飛蝗，親自冒死衝殺；不顧水深浪急，立即揮軍橫渡。一人拚命，萬夫莫當。何況鐵木真率領的是得勝之師，士氣正旺，泰赤烏部的方牌軍很快被衝垮，鐵木真的軍隊相繼登岸。

但面臨著亡族滅種的威脅，泰赤烏人也不肯束手待斃，他們沒有再拔腿逃跑，而是步步為營，頑強抵抗。鐵木真率軍過河後，立即下令向泰赤烏陣地發動進攻。「翻覆鏖戰多合」，[108]從日出戰至烈日當空，從中午戰至日落西山，雙方你進我退，你爭我奪，勝負未分。泰赤烏部隸民中有一名年輕的神箭手，名叫只兒豁阿歹，站在山坡上發現了指揮衝殺的鐵木真，彎弓搭箭，向鐵木真的喉嚨射去。利箭帶著風聲，一眨眼工夫就飛到鐵木真面前。鐵木真把頭一偏，企圖躲過這支利箭。但發現得太晚了，這支箭雖然沒有射中他的喉嚨，但卻「傷其項脈，血不能止」，[109]射中了他脖子上的血脈，鮮血如注，湧流不止。「慌急間，日已落。」[110]鐵木真的軍隊只好停止進攻，就地紮下營寨，與泰赤烏軍相拒。泰赤烏「慌奔之百姓亦來其地，與其軍共立寨而宿焉」。[111]

者勒蔑小心翼翼地將鐵木真抱入帳中，伏在鐵木真身上，一口一口地吸吮壅血。其他那可兒和士兵也很著急，想替換一下者勒蔑，但他「不信他人」，[112]怕別人誤事，一直不肯離開鐵木真一步。者勒蔑滿口沾滿了血跡，吸一口壅血，有時嚥到肚裡，有時吐在身邊，直到半夜以後，鐵木真才慢慢清醒過來，有氣無力地說：「血已乾矣，我渴甚。」[113]我的血大概已經流乾了吧，真是渴死人了！

者勒蔑見鐵木真清醒了，深深地吸了一口氣。他多想一頭躺下，痛痛快快地睡一覺啊！但鐵木真口渴難忍，營帳中又沒牛奶、馬乳或清水，其他戰士早已睡熟了，者勒蔑毫不遲疑，脫下上衣和鞋帽，只穿一條褲子，「赤身趨入相持之敵陣中」，光著上身進入泰赤烏部的陣地。他爬到陣後百姓營中的車上，沒有找到馬乳，因為大家忙於逃跑，來不及擠馬乳了。者勒蔑東瞧西看，轉來轉去，終於在一輛車上發現了一個有蓋的大桶，打開一看，居然是一桶乾酪。他立即把這個大桶背回鐵木真的營帳。「其來往間，曾無一人見者。」[114]當時泰赤烏人勞累了一天，都已經睡熟了，沒有一個人發現者勒蔑的行動。者勒蔑放下大桶，又去找來清水，調好乾酪送到鐵木真嘴邊。鐵木真傷口痛疼，邊飲邊歇，三次才喝完一杯。鐵木真說：「我眼已明，心已省了。」欠身坐了起來。這時天已大亮，鐵木真發現自己周圍地上都是者勒蔑吐出的壅血，已經變成泥濘，鐵木真說：「如何這般做，遠些棄呵不好？」者勒蔑說：「慌忙不及遠去，又怕離了你。當地咽的咽了，吐的吐了，我肚裡也入去了多少。」[115]昨夜您生命垂危，瘀血很多，我擔心害怕，不敢遠離您的身邊，只想快點救您甦醒，用嘴吸吮壅血，有時嚥到肚裡，有時一回頭吐在地上，我的肚子裡還不知有您多少血呢？

鐵木真見者勒蔑還沒有穿上衣，模模糊糊地想起了者勒蔑到泰赤烏營地找馬奶的事，吃驚地問：「我傷既好些，你如何裸身去敵營？倘若被擒，你豈不說我被傷？」[116]假如被敵人捉住，你會不會告訴他們我已受傷呢？者勒蔑一片忠心，反而受到可汗的懷疑，這才把自己當時的想法一五一十地告訴了鐵木真，他說：當時我想，我赤身進入泰赤烏營地，假如被他們捉住，我就這樣說：我本來要投降你們，結果被別人發現了，把我捉了起來，要殺我，脫光了我的上衣，還沒剝掉褲子，我「倐然脫走」，一轉身逃了出來，只好這樣赤身露體來投奔你們。「彼必以我言語為至誠，必與我衣服用我，我必將他馬騎了走來。」[117]敵人聽我這樣說，一定會以為我說話真誠，會拿衣服給我穿，熱情地對待我。然後我就可以抽機會騎馬跑回來。「我作此想，乃為解合罕枯渴之心切，故犯睽睽之目而往焉。」[118]我看到可汗乾渴得實在難受，所以才冒險進入敵人陣地。

我不顧眾目睽睽，不怕赤身露體，當時就是這樣想的。

者勒蔑不愧為鐵木真忠心耿耿的那可兒，聽完者勒蔑這段發自肺腑的敘述，鐵石心腸的人也會激動得熱淚盈眶，鐵木真說：「今復何言！」119你對我如此忠心，我還有什麼可說的呢？「在前被蔑兒乞惕於不峏罕山困我時，你曾救我性命。今次又將壅血吮去。我正乾渴，你又捨命尋將酪來與我吃，使我心內開豁。這三次恩，我心中永不忘了。」120過去，三姓蔑兒乞包圍不峏罕山時，你曾救我一命；昨天夜裡你口吮壅血，使我從垂危中甦醒；然後你又不顧疲勞、捨命潛入敵人陣地，背回一桶乾酪供我飲食。這三次恩德，我將永遠銘記心中。

這時，相拒而宿的敵軍在夜間已經潰逃了。泰赤烏部的屬民百姓大概知道逃不出鐵木真的追擊，因此許多人沒有離開自己的營地。鐵木真下令招還慌走之百姓，並立即裹創上馬，親自去進行安撫。當他來到一座山嶺下時，發現嶺上有一位紅衣婦人，一邊大哭，一邊呼喊鐵木真的名字。鐵木真說：「何人之婦，呼喚如是也？」121這是誰家的婦人，為什麼大聲呼喊我的名字？於是派人到嶺上去問。那位婦人說：我是鎖兒罕失剌的女兒，名叫合答安。這裡的軍人們捉住了我丈夫，要殺他。我喊鐵木真救救我丈夫。鐵木真瞭解到這個情況，立即打馬上山去救人。但當他趕到現場時，合答安的丈夫已經被殺死了。鐵木真跳下馬來，親切地擁抱合答安。他命令自己的軍隊和召集的百姓就地宿營，將合答安請到自己的營帳，「與之並坐」，122讓她坐在自己身邊，感謝她昔日的救命之恩，勸慰她忘掉今天的不幸。患難中的有情人又在戰亂中相逢，自然有說不盡的千言萬語。低聲的抽泣訴說了昔日的別情，爽朗的笑聲轉達了彼此的歡樂。幾十年的仇敵已被粉碎，互相愛慕的情人竟在中年意外相逢，這也算是「蒼天有眼」，事有巧合吧。據考證，合答安雖然沒有成為鐵木真的正式妻子，但卻做了鐵木真家的乳母與用人，與鐵木真親如一家，朝夕相處。

第三天早晨，合答安的父親鎖兒罕失剌和射中鐵木真的只兒豁阿歹一起來投奔鐵木真。他們都是泰赤烏部貴族脫朵格的「哈蘭」（即屬民）。鐵木真對鎖兒罕失剌說：

「卸我頭上重木，
棄之於地者，
去我領上枷板，
而使移之者，
乃汝父子之功也。
汝等來何遲也？」[123]

鎖兒罕失剌說：「我心中自有所恃焉，急何為哉！」意思是說，我們相識於患難之中，結下了生死之情，我心中才有恃無恐，沒有急於前來。「若或急而早來，則泰亦赤兀惕官長們，必使我所遺之妻孥，馬群，飲食毀如灰飛矣，是故俺未急，今投我合罕來合矣。」[124]

鐵木真覺得鎖兒罕失剌說得有理，沒有再怪罪他，然後話題一轉，突然問道：「闊亦田地面對陣時，自嶺上將我馬項骨射斷的，果是誰？」[125]闊亦田對陣時，博爾朮騎著鐵木真的一匹馬指揮作戰，曾被射死；但兩天前另一箭卻射中了鐵木真的脖頸，鐵木真至今傷口未愈。這兩支箭乃為同一個人所射。鐵木真不好意思在新來的客人面前說出自己受傷的真相，而只是說在闊亦田之戰時有人射中了他的戰馬。[126]只兒豁阿歹早已發現鐵木真包紮著的脖子，知道這箭正是自己射的，心中十分不安，說：「是我射來。如今皇帝教死呵，止汙手掌般一塊地；若教不死呵，我願出氣力，將深水可以橫斷，堅石可以沖碎。」[127]

鐵木真十分讚賞只兒豁阿歹的誠實不欺，說：「但凡敵人害了人的事，他必隱諱了不說。如今你卻不隱諱，可以做伴當。」[128]鐵木真親自給他改名為「者別」，「者別」蒙語意為「梅針箭」，估計射傷鐵木真的即這種梅針箭，「以汝射之乎」，遂命名者別。降旨曰：「可近隨我行之。」[129]意思是說，你曾用這種箭射我的戰馬，從今以後你就是我手中的利箭，為我去射殺強敵。

據《史集》記載，者別也出身於蒙古孛兒只斤氏，他的祖先是海都的後代，屯必乃的第九子。此後這個氏族名為「別速惕」。「關於他的故事如下：有一次，這個部落反抗成吉思汗〔並〕為他戰敗時，他奪取了他們的〔全部〕財產，〔這個部落的〕一部分人躲了起來，哲別（者別）也在其中，〔這時〕成吉思汗進行了圍捕。哲別陷入了包圍之中。成吉思汗認出了他，想同他廝殺。」後來，孛斡兒出（博爾朮）替鐵木真出戰，鐵木真給他「一匹白嘴臉的馬」。「他騎上牠，奔馳出戰，向哲別射去一箭，〔但〕沒有命中。哲別射過箭來，射中了馬，〔馬〕倒下死了。哲別便逃走了。後來，哲別力竭無援，便歸順了〔成吉思汗〕。」[130]按這一記載推斷，也可以說闊亦田之戰射死鐵木真的戰馬、以及這次射傷鐵木真脖頸的都是者別一人。鐵木真不記射馬、射頸之仇，對者別推誠相待，破格重用，使者別成為蒙古的一代名將。

鐵木真收納了泰赤烏部的屬民百姓，但對於泰赤烏氏的貴族卻毫不心慈手軟。他不僅下令殺死了阿兀出把阿禿兒、豁敦斡兒長、忽都兀答兒等各支首領，而且規定凡是泰赤烏氏血統的人都要殺掉，「乃至其子孫之子孫，使如飛灰焉。」[131]

泰赤烏部貴族也有少數人漏網，尤其是長期與鐵木真一家為敵的塔兒忽台就逃到森林中去了。他的屬民巴阿鄰氏[132]的失兒古額禿發現了他的行蹤。這位老人早就恨透了這個貴族，於是和自己的兩個兒子阿剌黑、納牙阿捉住了塔兒忽台，想把他獻給鐵木真。塔兒忽台是個大胖子，「體肥不能騎馬」，失兒古額禿父子只好把他「載於車內」。塔兒忽台的子弟們如狼似虎地從後邊追來了，想把塔兒忽台奪回去。失兒古額禿老人抽出刀子，騎在塔兒忽台身上，威脅他說：「我殺你也死，不殺你也死。不如先殺了你，我然後死。」[133]塔兒忽台乞求饒命，並大聲向自己的子弟們呼叫說：「他要殺我。若殺了我，你每要我死屍何用？不如快回去，便送到鐵木真處，也必不殺我。我於鐵木真少時亦曾有恩。」[134]據塔兒忽台說，鐵木真小時候曾被扔到無主的營地上，是他把鐵木真抱了回來，好像訓練二三歲的馬駒那樣訓練過鐵木真。因此他估計，即使被捉到鐵木真那裡，鐵木真也會不忘這點恩德，「其心必有以醒察。鐵木真將不死我。」[135]塔兒忽台反覆呼喊，他的子弟們只好停止追趕，眼睜睜地看著納牙阿父子把他帶走了。

失兒古額禿父子趕著馬車前進，來到一個名叫忽禿忽勒的地方，納牙阿忽然對自己的父兄說：「我每若將他拿至鐵木真處，必說我每拿了正主，難做伴當，必將咱每殺了。不如放回去，對鐵木真說：『我每本將塔兒忽台乞鄰勒禿拿來，因是正主，心內不忍的上頭，放回去了。』成吉思汗必容我每。」[136]納牙阿的父親和哥哥覺得納牙阿說得有理，立即放掉了塔兒忽台。

當他們見到鐵木真時，如實向鐵木真敘述了事情的經過，表示不忍背棄本主，所以才放了塔兒忽台；但他們又真心敬慕可汗，願為可汗效力。鐵木真十分讚賞他們的行動，對他們說：「若繫手執乃罕塔兒忽台來者，則當族斬汝等此手執其本罕者耳。既不能棄其本罕，汝等此心是也。」[137]如果你們親手將塔兒忽台捉來，我就要族誅你們這些背叛本主的人。你們不忘本主，說明你們有忠於主人之心，我就喜歡這樣的人。從此，納牙阿受到鐵木真的恩遇和信任。作為一個奴隸主貴族的代表，鐵木真十分注意維護當時的主奴關係，不允許奴隸和屬民背叛本主。他認為只有忠於本主的人，才能忠於新的主人，實質上還是要求人們絕對忠於自己。在以後的鬥爭中，鐵木真經常用這一道德標準衡量臣下的忠奸，這與漢族封建階級提倡的「忠臣不事二主」有類似之處。它既符合當時蒙古貴族的政治需要，也符合當時蒙古民族的風俗習慣，這是鐵木真維繫君臣關係、鼓勵臣下拚死效忠的一條重要紐帶。

泰赤烏氏的塔兒忽台等人是俺巴孩汗的嫡親後裔，他們一直是鐵木真父子爭奪汗位的政敵與對手。也速該死後，正是塔兒忽台為鐵木真一家製造了種種災難。泰赤烏部的覆滅剷除了鐵木真進一步統一蒙古各部的巨大障礙，而其手下幾員部將者別、納牙阿等卻成為鐵木真征服天下的得力助手和一代英雄！

討平塔塔兒

捏拿過鐵木真的泰赤烏部被消滅了，曾經殺害過鐵木真父祖的塔塔兒部當然更不能放過。血族復仇，是人類社會初級階段的一個普遍現象，它似乎合乎人類的天性，因此往往會成為團結與號召本氏族、本部落的至高無上的口號。為了對付塔塔兒，幾代以來，蒙古人曾多次大興復仇之師，但結果都未能如願以償。闊亦田之戰的勝利，給鐵木真討平塔塔兒創造了極其有利的條件。就在消滅泰赤烏部不久，一二〇二年春，[138]鐵木真又乘勝發動了討伐塔塔兒的戰爭。

當時塔塔兒分為四部，人稱四種塔塔兒，即察阿安氏、阿勒赤氏、都塔兀惕氏、阿魯孩氏。[139]鐵木真從徹徹兒山出發，在答蘭捏木兒格思之地[140]擺下了戰場。戰前，鐵木真發布了一道軍令：「若戰勝時，不許貪財，既定之後均分。若軍馬退動至原排陣處，再要翻回力戰，若至原排陣處，不翻回者斬。」[141]這是鐵木真被推舉為可汗以後所發布的一道意義重大的法令。他為什麼要頒布這樣的命令呢？因為經過幾次戰爭實踐，鐵木真發現，一些舊貴族在作戰時不聽指揮，只顧自己搶掠財物，各自率領本部人馬隨意進退。這個問題不解決，就不能統一指揮、統一行動。因為戰爭是殘酷的，沒有高度的集中統一，就不能形成一支無堅不摧的力量。各自進退、各自搶掠，狼上狗不上的烏合之眾，是難以贏得戰爭的。鐵木真的這道法令要求由可汗統一分配戰利品，論功行賞；要求所有將士必須服從統一的軍令，其中還包含另一層意思：就是進一步提高汗權，限制舊貴族，這又是一種集權與分權的鬥爭。

幾代人的仇恨激發了昂揚的士氣，嚴肅的軍令帶來了上下的協力同心。頒布完命令以後，鐵木真立即發動進攻，絕大多數將士都遵守鐵木真的軍令，一心一意地衝鋒陷陣，不再去自由搶奪財物、牛羊，軍隊的戰鬥力大大增強。四種塔塔兒招架不住，向兀魯回—失連真河[142]方向潰逃。鐵木真的軍隊一邊追擊敵人，一邊收集塔塔兒的屬民百姓，四種塔塔兒的貴族、富戶相繼在刀箭下喪生。

但在戰爭的過程中，仍有幾個乞顏氏的舊貴族違反了鐵木真的軍令，他們是忽圖剌汗的兒子阿勒壇、捏坤太師的兒子忽察兒、鐵木真的叔父答里台斡惕赤斤等。阿勒壇、答里台身為鐵木真的族叔、親叔，比鐵木真輩分高；忽察兒是鐵木真的族兄，比鐵木真的年齡大，但主要是由於他們舊貴族的本性難移，貪財好利，根本沒有把鐵木真的命令放在眼裡。在戰場上，他們帶頭搶掠財物，不積極對敵作戰。鐵木真雖然沒有將他們斬首示眾，但對他們也不客氣，立即派自己的猛將者別、忽必來沒收了他們搶掠的牲畜、財物，進行了統一分配。[143]「為此，他們懷恨在心，叛變了〔他〕，暗地裡倒向了王罕（罕）一邊。後來，他們成為造成成吉思汗和王罕決裂的部分原因。」[144]

塔塔兒部被征服後，鐵木真召集乞顏氏貴族舉行秘密會議，研究對待塔塔兒百姓的方針，做出了這樣一個決議：「自昔日塔塔兒百姓乃毀我父祖也，當為父祖報其仇，雪其恨，比轄而屠之，殺之，屠而盡絕之，奴其所餘者，分與各處乎！」[145]決定將高於車轄的塔塔兒人全部殺掉，剩下的人給蒙古貴族當奴婢，將他們分散到各處。

部族之間的衝突也無法禁止兩部人民之間的和平交往，蒙古部與塔塔兒部同為漠北草原大部，牧地犬牙交錯，在兩部人民之間也存在著一定的友好關係。蒙古部的男子有不少人娶過塔塔兒部的姑娘，蒙古部的姑娘自然也有人嫁給塔塔兒人。甚至鐵木真的二弟合撒兒也從那裡娶過妻子，包括鐵木真本人，當打敗塔塔兒時，也挑選了塔塔兒貴族也客扯連的女兒也速干做妃子。這些與蒙古人有親戚關係的人自然會受到各方面的庇護。尤其是也客扯連，他作為鐵木真的岳父，當然應在不殺之列。

但也客扯連卻十分關心自己同胞們的命運，乞顏氏貴族的會議剛剛結束，他就攔住別勒古台探聽消息：「所議何事也？」別勒古台心地善良，大概也不太滿意鐵木真這種大屠殺的決定，而且為人誠實，不會說假話，於是向也客扯連透露了會議的主要內容：「議定比轄而盡屠汝等耳。」決定將高於車轄的你們塔塔兒人全部殺掉。也客扯連得到這個不幸的消息，馬上通知了其他塔塔兒人，讓他們立寨防守，準備反抗。[146]

鐵木真的軍隊執行屠殺計畫時，每一個塔塔兒營寨都防守得十分嚴密。經過一場場苦戰，反覆爭奪，蒙古人才攻克了這些營寨，但「損耗極大」，自己的軍隊也損失慘重。攻克營寨後，大屠殺馬上開始了，塔塔兒人互相轉告：「人各袖以刀，取籍背而死乎！」[147]每人暗藏一把刀，即使被殺也要找個蒙古人墊背。因此許多蒙古人在這場大屠殺中被對方刺死或刺傷了。

一場大屠殺就這樣結束了，鐵木真下令對洩密一事進行追查，發現是別勒古台走漏了消息，鐵木真非常生氣，立即發布了一道命令：「自家一族裡商量大事，因別勒古台洩漏了，所以軍馬被傷死者甚多。今後議大事，不許別勒古台入來，只教他在外整治鬥毆盜賊等事。」答里台也不守軍令，以後族人會議，等會議結束，進一盅酒後，「方許別勒古台、答里台入來。」[148]鐵木真從實踐中體會到了保守機密對於軍事、政治鬥爭的極端重要性，他對別勒古台的處理並不過分。答里台則是因為不守軍令，也被剝奪了參加貴族會議的權力，它體現鐵木真執法如山的精神。

向也客扯連透露機密的別勒古台雖然受到了處分，但也客扯連的女兒也速干因為才貌出眾，仍然受到鐵木真的寵愛。有一天，也速干對鐵木真說：「待我以人，以畜皆合罕之恩也。我有姊，名也遂，優於我，堪配為罕之人者也，方適婿，今造此亂離，未知何往矣。」[149]您把我當普通人對待也好，當牲畜對待也罷，這都是可汗的恩典。只是我有一個姊姊至今下落不明，她名叫也遂，長得比我漂亮，她才是配得上可汗的人呢。她剛剛出嫁，就遇到了這場戰亂，您能想法把她找來嗎？英雄愛美女，鐵木真聽也速干一說，心有所動，急切地說：你姊姊果真比你漂亮，我就派人去找她。找來以後，你能讓位給她嗎？也速干毫不遲疑地回答：「若得合罕降恩，但見我姊，將為我姊避之。」感謝可汗的恩典，只要找到我姊姊，我立刻讓位。[150]

鐵木真馬上傳令，派了幾支隊伍去尋找也遂。當時也遂夫婦正在森林中避難，被鐵木真的軍隊發現了。也遂的丈夫見勢頭不好，轉身逃走，軍人們捉住了也遂，把她獻給了鐵木真。也速干與姊姊見面後，立即實踐了自己的諾言，讓也遂坐在自己原來的位置上，自己則坐在也遂的下一位。鐵木真見也遂果然長得十分美麗，立即娶她為妃子，讓她與也速干並列而坐，這就是鐵木真的第二位、第三位夫人。

在戰爭的間隙，鐵木真找到了兩位年輕美貌的妃子，其興奮心情不言而喻。鐵木真自然經常與她們一起遊玩打獵、飲酒作樂。炎熱的夏天很快到來了，有一天中午，鐵木真在帳外的樹陰下，坐在也遂妃、也速干妃之間開懷痛飲，也遂忽然表現異常，長吁短歎起來。鐵木真為人機警，立即掃視了一下四周，發現附近有不少屬民百姓也在乘涼，其中有一些不太熟悉的人。鐵木真感到這裡一定有什麼奧妙，於是命令博爾朮、木華黎進行檢查：讓周圍所有的人，按自己所屬的部落排好隊，不是本部的人另排一隊。周圍的屬民百姓很快按部屬排好了，只有「一苗條美少年，別於各部之外矣」。鐵木真派人去詢問，那人果然是也遂原來的丈夫。他本想偷偷地來看看也遂，然後再遠走高飛，沒想到卻落在鐵木真手裡。鐵木真不顧也遂傷心落淚，命令手下人說：這是一個心懷敵意的刺客，今天是來摸底探路的。他們塔塔兒人車轄高的都殺了，還留下他幹什麼？趕快把他拉到背靜處殺掉！於是也遂的原配丈夫就這樣被殺死了。151

《史集》也記載了鐵木真對塔塔兒的這次大屠殺，但塔塔兒人並沒有被斬盡殺絕，其中說：「因為他們是成吉思汗及其父祖的凶手和敵人，所以他下令對塔塔兒人進行全面屠殺，在札撒規定的限度內，一個活的也不留，婦女和幼兒也要殺掉，孕婦剖腹，為的是將他們消滅乾淨，因為他們〔塔塔兒人〕是叛亂的根子，曾殲滅掉與成吉思汗相近的許多部落和氏族。任何人也不可能庇護該部落或隱匿其中的〔任何人〕，或使其中少許倖存者出頭露面。」「但是，在成吉思汗強國的初年以及以後，每個蒙古和非蒙古部落都曾給自己和自己的氏族〔娶過塔塔兒〕姑娘，而且〔還將自己的姑娘〕出嫁給他們。成吉思汗也娶過他們的姑娘，因為他的妻子之中，也速倫（即也遂）和也速干是塔塔兒女人；成吉思汗的長弟拙赤—合撒兒也從他們中娶過妻子；很多異密也娶過塔塔兒姑娘。由於這個緣故，他們暗藏了一些塔塔兒孩子。成吉思汗曾交給拙赤—合撒兒一千個塔塔兒人，讓他把他們全部殺掉。〔拙赤〕為了自己的妻子和出於對〔瀕死者〕的同情，殺掉了其中五百個，而隱藏了〔其餘〕五百人。」「歸根到底，在成吉思汗對塔塔兒部落發怒並消滅了他們之後，〔他們仍然〕有一些人各以某種原因留存於各個角落；躲藏在斡耳朵裡和諸異密及其塔塔兒部妻子們家裡的孩子們，被撫養了起來。有些倖免的〔塔塔兒〕孕婦，生下了孩子。」[152]因此蒙古統一後，仍有一些塔塔兒後裔。這一事實說明，鐵木真對塔塔兒的大屠殺政策在蒙古族內也是不得人心的，包括他的親弟弟、異母弟以及他寵愛的妻子、信任的文武官員都暗中反對，因為這種政策是滅絕人性的，是不分青紅皂白的，它自然會傷害許多無辜者，因此也必然引起不少人對受害者的同情和庇護。

戰爭是殘酷的，但鐵木真的戰果卻是輝煌的。一二〇一—一二〇二年的幾場大戰使蒙古草原的形勢發生了重大轉折。札木合聯盟被擊潰了，札木合投降了，蔑兒乞部受到了沉重打擊，泰赤烏部、塔塔兒部則被徹底消滅了，弘吉剌部也在此期間投降了鐵木真。在蒙古草原上只剩下了蒙古乞顏部、王罕的克烈部和西方的乃蠻部，三家對峙，鼎足而立。鐵木真占據了東方各部的牧場——水草豐美的呼倫貝爾草原，部眾和牛羊馬群都大大增加了，人力和物力都今非昔比了，這就為他進一步統一蒙古草原準備了充分的條件。

從父子到仇敵

克烈部是人數眾多、影響重大、力量較強的大部。它和乃蠻部一樣，因與文化發達的畏兀兒、西夏毗鄰，相互之間經濟文化聯繫比較密切，逐步吸取其先進經驗，客觀上促進了自己的發展。鐵木真最初的振興及戰勝蔑兒乞、泰赤烏、札答蘭、塔塔兒等部，不能不說是借助於克烈部的支持。在以往的歷次戰爭中，克烈部的王罕幾乎每次都與鐵木真並肩作戰，這也可以看做是鐵木真統一戰線政策的勝利。但草原其他各部被消滅以後，蒙古乞顏部與克烈部再也不能和平共居了，昔日親密的盟友一變而成為勢不兩立的仇敵，這種變化究竟是怎樣發生的呢？

一、黑林之盟——鐵木真、王罕重申父子之誼

王罕原名脫斡鄰勒，用突厥語或克烈語說則是「屯黑魯勒」。「這是他們對一種飛禽的稱呼」，「這種飛禽跟鷹很相像，嘴和爪子堅硬似鋼。牠一次能擊落、捕殺二三百隻鳥雀。」「有的身首分異，有的翅膀撕裂、腿折斷。」[153]這就是王罕本名的真實含義。實際上，王罕也正是這樣一個貪婪殘忍的人。他繼承汗位後，為了鞏固自己的權力，曾經殘殺自己的兄弟，因此克烈部內部一直醞釀著不安和動亂。

「螳螂捕蟬，黃雀在後。」就在王罕配合鐵木真初戰塔塔兒時，克烈部又發生了一次政變。「先是，王罕有弟額兒客合剌不見容，亡入乃蠻。乃蠻酋亦難察罕聞王罕東討塔塔兒，乘間以兵送額兒客合剌歸國。及王罕帥凱旋之師西還，與戰不勝，被逐，奔西遼。」[154]王罕的弟弟額兒客合剌，曾配合王罕殺死了其他諸弟，但他也一直盤算著爭奪汗位，與王罕進行競爭。王罕的地位

鞏固後，額兒客合剌受到威脅，被迫逃到乃蠻，投奔了亦難察汗。王罕率軍東征，黑林兵力空虛，乃蠻國王協助他奪取了克烈部的政權。王罕凱旋而歸，雙方發生激戰，王罕被打了個措手不及，只好棄眾逃跑，西奔垂河，[155]投靠了西遼的末代皇帝直魯古。王罕之弟札合敢不逃到金朝的邊界爪忽都[156]之地，鐵木真追擊主兒乞首領時，「使人往招之」，札合敢不投靠了鐵木真。克烈部的分支土綿土別干、斡欒董合亦惕的「潰眾亦相帥至」。[157]札合敢不「與成吉思汗結成了義兄弟（安答）」。[158]

王罕到西遼時，那裡「正發生內亂，他仍然不得棲身在那兒」，於是又準備重返黑林。「他窘困已極，身邊只有五隻奶水充足的山羊和兩三匹駱駝，藉以維持生活。」[159]王罕靠擠羊奶、刺駱駝血以解飢渴，騎了一匹一隻眼的黑鬃黃尾馬，輾轉流徙，到達唐努烏梁海地區的古泄兀兒湖一帶。[160]這裡本是克烈部故地，王罕的祖父以及王罕和也速該都在這個地方住過。鐵木真瞭解到王罕已從西遼逃回，立即派塔孩、速客該二勇士進行援助，[161]並親自到克魯倫河的發源地去迎接他。

為了幫助王罕解決困難，鐵木真「從蒙古人處徵收了忽卜出兒[162]給他，將他安頓在自己的古列延和斡耳朵的中央，用應份的尊敬待他。」[163]鐵木真特向自己的部民徵收貢物，將王罕安置在自己的營地調養。王罕的弟弟札合敢不也率領自己收集的克烈部百姓回到王罕身邊。

「秋天，他們一起駐紮在合剌溫—合卜察勒，[164]意即『黑林』隘的河谷上。由於王罕與也速該把阿禿兒曾結為兄弟，他與成吉思汗便認了父子，並舉行了宴飲。」[165]早在鐵木真結婚時，鐵木真兄弟就向王罕贈送了珍貴的禮物，稱呼王罕為父親。這次黑林之盟則是正式確認了他們的父子關係，重申父子之誼。

正是在這次黑林之盟以後，鐵木真發動了對蔑兒乞部的進攻，擊潰了蔑兒乞惕的一個分支兀都亦惕—蔑兒乞惕人，[166]「對〔他們〕進行了屠殺和掠奪。他將這次戰爭中奪得的東西，全部給了王罕與他的那可兒們。」從此，「王罕的勢力重又鞏固，他又成了部屬和軍隊的領袖。」[167]

王罕作為一個大名鼎鼎的國王，自然不甘心長期寄人籬下，不願意永遠在乾兒子的控制下過日子。一二〇〇年春，鐵木真與王罕在薩里河的原野上舉行會議（忽里勒台），據說，「當他們聚在一起舉行會議時，王罕企圖將成吉思汗抓起來。在宴飲時，八鄰部人阿速那顏起了懷疑，便將刀子插在靴筒內，他坐在王罕和成吉思汗中間，吃著肉，邊說邊回過頭來看。因此王罕知道，他們已經猜到了他的背叛行為，不能下手。」[168]

王罕的背信棄義首先引起了他的諸弟和手下親信的不滿，他們相互商量道：咱們這位汗兄，秉性窮凶，常懷臭肝，包藏禍心。他不僅要殺盡兄弟，而且還虐待百姓。我們如何與他長期相處呢？他七歲時，曾被蔑兒乞人擄去，為蔑兒乞搗碓；十三歲時，又與其母被塔塔兒擄去，讓他放牧駱駝；不久前又跑到西遼，投奔了古兒罕。因窮困之極逃回時，投奔了鐵木真子，鐵木真為之科斂而養之。他本身命運不好，屢經挫傷，如今卻好了瘡疤忘了疼，「今已忘其鐵木真子之德，常懷臭肝而行焉。」我們怎能和這種人長期相處呢？他們的議論被人告發了，王罕下令逮捕「諸弟及諸官」，諸弟中的札合敢不逃到乃蠻去了。[169]王罕後院起火，泥菩薩過江自身難保，因此就沒有再敢與鐵木真公開分裂。

正是在這種情況下，王罕與鐵木真再度並肩作戰，取得了一二〇一—一二〇二年戰爭的勝利。但當他與鐵木真分頭追擊敵人，收降了札木合，戰勝了蔑兒乞時，他並沒有將俘獲的羊、馬、財物送給鐵木真一絲一毫。

當時，蒙古草原各部貴族所進行的戰爭，主要目的就是搶掠財物和奴隸。部下搶到的財物要按比例上交可汗，同盟者搶到的財物，也要按一定比例分配。為什麼鐵木真把自己搶到的東西全部送給王罕，而王罕對自己一無所予時，鐵木真還能安之若素嗎？他之所以甘願對王罕在這方面做出讓步，是因為他所追求的目標比財物和奴隸更為重要。面對著各部貴族的威脅，鐵木真沒有力量單獨應付，必須尋找強大的盟友。失去了這一盟友，他就有被消滅的危險。因此，為了鞏固與王罕的政治軍事聯盟，鐵木真寧願在一些利益方面做出犧牲，甚至努力做到以德報怨，以大局、以團結為重。

當王罕、鐵木真戰勝東方各部之後，立即回軍西向，追擊乃蠻部的不亦魯黑汗。此次戰爭大概發生在一二〇二年秋季。[170]當時乃蠻部的亦難察汗已經去世，其長子脫兒魯黑繼承汗位，號稱「古失魯克」，即「威武的君長」之意，金朝封他為王。蒙古人誤將「大王」讀為「塔陽」或「太陽」，因此又稱其為塔陽汗或太陽汗。不亦魯黑乃太陽汗之弟，「兄弟交惡，分部治事」。[171]他不服從太陽汗的領導，脫離太陽汗自行占據了阿爾泰山地區，自稱「不亦魯黑汗」，即「發號施令的可汗」。他參加了札木合的東方聯盟，在闊亦田被打敗後逃回了自己的駐地。王罕、鐵木真聯軍緊追不放，不亦魯黑汗無法抵擋，只好放棄舊營，「越阿勒台而走」。[172]越過阿爾泰山向南逃跑。王罕、鐵木真聯軍順忽木升吉兒河（臣吉里河）、兀瀧古水（烏倫古河）而下，其後哨將領被俘。當追至乞濕泐巴失湖[173]時，不亦魯黑汗的軍隊被徹底擊潰。

王罕、鐵木真得勝而回，乃蠻部太陽汗的驍將可克薛兀—撒卜勒黑[174]整軍於巴亦答刺黑別勒赤兒之地，[175]占據了要道路口，截斷了王罕與鐵木真的歸路。「當他們打了一仗以後，雙方將軍隊重新進行了整頓，以便〔再〕戰。到了夜裡，軍隊一長串地駐紮下來，決定早晨進行廝殺。」[176]

當時，札木合在王罕帳下，與王罕同行。他雖然被迫投降了王罕，但他與鐵木真的矛盾並沒有解決，因此他一天也沒有忘記想法對付鐵木真。還在鐵木真的軍隊沒有開來以前，札木合就對王罕說：我那位鐵木真安答，過去就曾派使臣到乃蠻處往來，「今他這早晚落後了不見來，必是他投降了乃蠻。」並說：我對於您來說是一隻白翎雀兒，我那位安答卻是一隻告天雀兒。白翎雀兒寒暑常在北方，告天雀兒遇寒則南飛就暖耳。他大概已派人到乃蠻去了，他所以遲遲不來，大概是要與乃蠻聯合，投降乃蠻吧！177

王罕手下有一名勇士名叫古鄰，人們稱之為「兀卜只兒台．古鄰把阿禿兒」。「兀卜只兒台」這個詞意為當地生長的一種紅果，婦女們用這種紅果代替紅粉擦臉。因為古鄰巴特兒天生紅臉，所以人們將他與這種紅果相比，用這個名字稱呼他。178這位紅臉漢子為人耿直，對札木合那一套撥弄是非的話十分不滿，說：「這種假仁假義的話不像是在朋友與族人之間說的話！」179

札木合誣衊鐵木真不守信用，輕於去就，甚至說他想投降乃蠻，這本是無中生有，憑空捏造。每一個正直的人一眼就能看穿。但王罕為人處世的原則是：為了爭權奪利不惜搞陰謀詭計。他以己度人，以為別人也都是這樣處世待人的，因此對札木合的壞話不僅沒有懷疑，反而深信不疑。於是下令虛設營火，偷偷率部隊轉移了。

第二天清晨，鐵木真整軍欲戰，派人與王罕聯絡。軍士回報，王罕營中燈火通明，只是帳中空無一人。鐵木真看到王罕這一無恥行徑，十分氣憤，說：「王罕想讓我遭殃，將我推到火中，自己卻〔毫無損傷地〕回去了！」180「其以俺為犧牲也耶？」181他估計孤軍作戰難於取勝，只好放棄原作戰計畫，迅速撤退，「渡額垤兒，阿勒台之合口」，渡過阿爾泰山之南的依德爾河谷，「依舊繼行，至撒阿里之野營矣」，182至克魯倫河西南才選擇地形紮下了營寨。

王罕、鐵木真先後撤走了，但乃蠻部並不肯善罷甘休。可克薛兀—撒卜剌黑「揀弱的打」，率軍追襲王罕。當時王罕的軍隊一口氣跑到土拉河流域，其子桑昆也帶著自己的家丁、僕役們隨後跟來，駐紮在今色楞格河右岸的依德爾河沿岸。可克薛兀的軍隊首先追上了桑昆；「把他們的全部財產洗劫一空，〔奪走了他們的〕馬群與畜群。」然後，乃蠻軍又「從那裡向王罕兀魯思邊境〔進發〕，驅走了他的全部家丁、親信、族人，又將帖烈徒之隘[183]邊境上的牲畜驅走」[184]了。被王罕俘虜的蔑兒乞部脫脫的兩個兒子忽都、赤剌溫乘混亂之際，率領自己的百姓從王罕處逃走，順薛涼格河而下，去投奔他們的父親。

王罕勢窮力竭，又一次陷入困境，這時他又想起了鐵木真，派了一個急使去向鐵木真求救，說：「乃蠻部搶劫了我的軍隊和部落。我請求我兒將四根台柱，即成吉思汗麾下的四員勇將派來幫助我，他們或許〔能從乃蠻人處〕奪回我的軍隊和財產。」[185]鐵木真以德報怨，立刻派四傑博爾朮、木華黎、博爾忽、赤老溫率軍去援助王罕。「在他們到來之前，乃蠻軍隊擊潰了鮮昆（桑昆），殺死了王罕的兩個大異密的斤—忽里[186]和亦禿干—余答忽[187]。他們刺傷了鮮昆坐騎的腹部，鮮昆差點跌下〔馬〕來被俘走。正當他們潰敗下來時，〔成吉思汗〕四個異密趕到了。」[188]

出征時，博爾朮向鐵木真要了一匹名叫「只乞—不列」的名馬，鐵木真對他說：「當你想讓牠奔馳起來時，可用鞭子撫一下牠的鬣毛，但不可用鞭子抽打牠！」「當時孛斡兒出（博爾朮）見鮮昆的馬受了傷，他馬上就要被抓走，便馳近去救他，將自己的馬讓給鮮昆，自己騎坐只乞—不列馬。」他「用鞭子撫弄了一下〔它的〕鬣毛，〔登時〕馬就像閃電般地疾馳起來」。[189]一馬當先，萬馬奔騰，博爾朮等四傑率領的這支生力軍如生龍活虎，橫衝直闖，把敵人打跑了。「他們奪回了〔被乃蠻人奪走的〕王罕的軍隊、部落、財產和牲畜，還給了他，〔然後〕毫無損傷地凱旋而歸，回到了成吉思汗處。」[190]

王罕十分感謝鐵木真對他的無私援助，「對他說了〔種種〕感謝的話，十分感激。」[191] 他說：「在前他的好父親，將我輸了的百姓救與了我；如今他的兒子將我輸了的百姓，又差四傑來救與了我。欲報他的恩天地護助知也者。」[192] 又說：「去年我在敵人面前又一次逃跑了，我餓著肚子、赤身裸體地到我兒成吉思汗處來。他收留了我，讓我吃得飽飽的，遮蔽了我的裸體。我欠你這麼多情分該怎樣來還你呢，我該怎樣來報答你呢，榮耀的我兒啊？」[193]

不久，鐵木真與王罕相會於土拉河的黑林，再一次重申父子之盟，藉以恢復曾一度破裂了的關係。王罕又說：「也速該安答曾一次將我已輸了的百姓救與了我，今他兒子鐵木真又將我輸了的百姓救與了。他父子兩個為誰這般辛苦來。」[194]「我也，今已老矣，我老而登高則舊矣，我舊而登峰則其誰如此百姓歟？我諸弟無令行者，我獨子則（雖有）如無，乃桑昆也。願得鐵木真子為桑昆之兄，有二子而安吾心乎！」[195] 意思是說，我已經老了，眼看就要升天了。我的屍體將成為舊物，將被埋在高山峰巔。我這些像雀群紛飛似的部眾將來交給誰呢？我的弟弟們都沒有德行，不足以付大事。唯有桑昆一子依我膝下，雖有若無。假如鐵木真為桑昆之兄，我有了兩個兒子，就可以高枕無憂了。

於是王罕立即舉行宴會，再次與鐵木真結為父子，確認鐵木真的長子地位，並共同立下了如下的盟約：

「其征眾敵也，
則同往征之，
其獵狡獸也，

亦一同獵之。」

自今以後，與敵人作戰，共同征伐；獵取野獸，一起出獵。假如有人嫉妒我們，像有齒的毒蛇那樣挑唆我們，我們切莫輕信其挑唆，而應當面交談，弄清事實，相互信任。假如有人像長大牙的毒蛇那樣挑撥、煽動，我們切不可為其鬼蜮伎倆所迷惑，而應當面核對，解除誤會。勿信讒言，事必面質。相親共處，地久天長。196

二、桑昆、札木合的陰謀

每個歷史時代都有自己的時代特徵，從部落奴隸制向奴隸社會轉化的那個時代正是「以征服戰爭為職業」的階段。為了掠奪奴隸和牧場，為了確立在草原上的霸權，蒙古草原各部貴族之間充滿了殺伐和攻戰。在他們之間，既沒有萬古長青的友誼，也沒有一成不變的敵人。是友好還是敵對，完全以利益和形勢為轉移。在古代蒙古語裡，「朋友」這個詞，有時也含有敵人的意思。「昨天的朋友是今天的敵人」，這幾乎是亂世的一個規律。鐵木真與札木合的關係沒有逃出這個規律，鐵木真與王罕的關係也受這一規律支配。

鐵木真父子與王罕的安答、父子關係從始至終都是利益的結合。王罕有四十多個兄弟，他繼承汗位後擔心別人篡權，曾殘殺自己的兄弟，被其叔叔起兵趕走。鐵木真的父親也速該支持他恢復了汗權，於是二人才結為安答。這次結盟的基礎就是權和利，是也速該幫助王罕爭權奪利。鐵木真未興起之前，將結婚的禮物送給王罕，認王罕為父，則是為了尋找強大的靠山。孛兒帖被蔑兒乞搶走後，鐵木真正是依靠王罕的實力，戰勝了強大的蔑兒乞人，奪回了被搶的妻子。王罕之所以樂於出兵，一是報答也速該的恩惠，二是因為他已經收了鐵木真的珍貴禮物，三是因為他自己也曾做過蔑兒乞的俘虜，與蔑兒乞有舊仇夙怨。這次聯合仍然是利益的結合。鐵木真初起時，部族內外充滿了敵人，沒有王罕的支持，他既不可能戰勝塔塔兒，也不可能戰勝泰赤烏。只是因為他與王罕並肩作戰，互相支援，才使他逐步削平了內部的政敵和外部的敵國。為了報答王罕的援助，鐵木真在歷次戰爭中捉到了俘虜，搶到了財物、畜群，總是全部或大部送給王罕。而王罕的諸弟日夜陰謀奪取他的權利和百姓，強大的乃蠻部則支持其政敵，不斷與他作對。沒有鐵木真的支持，王罕也不可能逢凶化吉、轉危為安。正如諺語所說：輔車相依，唇亡齒寒。在一段相當長的時期內，王罕與鐵木真的關係正是這種互相依存的唇齒關係。因此，儘管在他們之間也曾出現過一些矛盾和裂痕，但鐵木真對王罕盡量做到仁至義盡，而王罕也並非冷酷無情，也沒有下決心吃掉鐵木真。正是在這種情況下，他們才兩次舉行黑林之盟，一再重申父子之誼，王罕甚至還希望由鐵木真與桑昆共同做他的繼承人。這一方面反映了克烈部內部矛盾尖銳，後繼無人，另一方面也說明了鐵木真對王罕還有一定的依附關係，乞顏部還沒有強大到足以取代克烈部的地步。

一二〇二年冬，鐵木真與王罕駐紮在同一個駐冬營地上。為了進一步密切與王罕的關係，鐵木真主動提出親上加親，為長子朮赤聘娶桑昆的妹妹察兀兒別姬，[197]將自己的女兒豁真別姬[198]嫁給桑昆的兒子禿撒合。[199]從當時的情況看，結為安答，結為父子，兒女結親，都是鞏固政治聯盟的一種手段。鐵木真主動提出「相換做親」，[200]說明他希望和王罕父子的政治聯盟能繼續得到鞏固和發展。這時的關鍵在於，王罕和桑昆究竟採取什麼態度。

當時桑昆強自坐大，堅決反對這兩門親事，說：「俺的女子到他家呵，專一門後向北立地；他的女子到俺家呵，正面向南坐麼道。」[201]桑昆認為，鐵木真有幾個兒子，長子朮赤生於孛兒帖被掠走以後的歸途中，外邊傳播了不少流言蜚語，說朮赤是蔑兒乞血統的人，以後很難繼承汗位，朮赤的妻子也只能做人臣妾，北面事人。而他桑昆卻是王罕的獨子，汗位再傳必及禿撒合，因此禿撒合的妻子必然能做大可敦，位居中宮，將面南高坐。「成吉思合罕聞其言，遺憾於王罕、你勒合桑昆二人矣。」[202] 鐵木真遭到了桑昆的拒絕，心中感到十分遺憾。

「由於札木合是最先嫉妒成吉思汗和對他不懷好意的人，他極端狡猾、生性奸惡。」[203] 當他發現鐵木真與王罕父子又發生裂痕時，立即「乘著這個有利時機」加緊了挑撥離間的活動。札木合首先搜羅了鐵木真所有的反對派，結成了一個與鐵木真作對的小集團；然後一起去挑撥桑昆。這個小集團包括鐵木真的叔父答里台、阿勒壇和堂兄忽察兒，「由於當他們同塔塔兒人作戰時違令搶奪戰利品，成吉思汗曾從他們處奪回了戰利品，他們懷恨在心。」而「忙忽惕部人塔海─忽剌海和尼倫合答斤部首領木忽蘭─忽蘭，全都同這幫人聯合，想把成吉思汗打垮。」[204] 同時，合兒答勤氏的額不格真、那不勤，雪格額部的脫斡鄰勒以及合赤溫別乞等也同他們結為一黨，決心與鐵木真為敵。當時，桑昆離開王罕，獨自遷徙到者者溫都兒山陰、[205] 別兒客額列惕之地。[206] 札木合等人一起來到桑昆的營地，札木合對桑昆說：「鐵木真同太陽汗一條心，他不斷派遣使者到他那邊去。」[207] 他口裡雖說是王罕之子，實際行動卻恰恰相反。他的話很不可靠，他將做些不利於君父子的事。如果您不先下手，將來的形勢難以預料。「君若能加兵，我當從傍助君也。」您如果發兵進攻他，我願做您的助手，從旁邊襲擊他，「橫衝入去。」[208] 阿勒壇、忽察兒也向桑昆明確表示了自己的態度，說：「訶額侖的眾兒子們，俺與你殺。」[209] 我們願與您一起討伐訶額侖的兒子們，殺其兄，棄其弟。其他幾位鐵木真的反對派也爭先恐後地表態，縱容桑昆下決心對付鐵木真。合兒答勤氏的額不格真、那不勤說：「將與汝手其手，足其足乎！」我可與您縛其手足，捉拿他的兄弟。脫斡鄰勒說：「計不如往取鐵木真百姓，若亡其百姓，無百姓者，其將奈何！」

不如先奪取鐵木真的屬民百姓，他失去了百姓，還有什麼辦法？[210]合赤溫別乞則說：「桑昆你想做什麼呵，長的梢頭，深的底下，我與你同去。」[211]我將想你所想，做你所為。再長的征途，我也將不避艱險，走到頂端；再深的深淵，我也能不顧死生，堅持到底！

札木合、阿勒壇以及其他部落的首領，他們基本上屬於蒙古部的舊貴族集團，在爭奪草原統治權的鬥爭中，他們處於劣勢，無力對付鐵木真。他們企圖依靠一個強大的力量奪取已經失去的權力，或者乘機進行報復，這是毫不奇怪的。而桑昆為了繼承汗位，也不願意鐵木真當王罕的義子，不願與鐵木真平分秋色，更不想受鐵木真的控制。因此，當他聽到札木合、阿勒壇等人的挑動後，立即派出一個親信去請示王罕，同時進行了軍事部署，「讓成吉思汗軍隊和鮮昆軍隊交錯駐紮，以便伺機進行襲擊。」[212]桑昆的使者對王罕說：「鐵木真對於你的契交、情誼存有野心。月倫—額客的兒子成吉思汗圖謀叛變，我們想先下手打垮他！」開始，王罕並沒有聽信他們的挑動，斥責說：你們為什麼如此謀害我兒鐵木真呢？我們依靠他的支援，才有了今天，如今你們如此謀害我兒，上天是不會保佑我們的。[213]「札木合，巧言寡信人也，不足聽。」[214]札木合是個花言巧語不講信用的人，「這個人不可靠，不要聽他的話！」[215]

在此期間，鐵木真轉移營地，「在離他們遠點的地方駐紮下來」。[216]桑昆為了說服王罕，「使者往返者數四」，[217]直到一二〇三年春他還派人對王罕說：有口有舌之人都是這樣說的，您有什麼根據不相信呢？[218]「為什麼聰明人、頭腦清醒和有遠見的人，不聽對他說的這樣一些話呢！」[219]但王罕仍然沒有同意桑昆的意見。

桑昆見使者說不服王罕，只好親自出馬，進一步申明反對鐵木真的理由，他說：您如今還健在，鐵木真就不把我放在眼裡。假如汗父您教白的噎著，黑的噎著了，俺祖父辛苦收集來的百姓，鐵木真能教俺管嗎？王罕仍堅持自己的看法，說：怎能拋棄吾兒我子呢？因倚其力，方有今日，怎麼能懷惡意呢？天將不保佑我們的。桑昆見王罕翻來覆去申述這幾句話，心裡煩透了，脫門而出。[220]王罕又恐怕父子關係破裂，把桑昆叫了回來，說：「我們同他（成吉思汗）是安答，他不只一次慷慨地接待我們，用牲畜和種種東西幫助過我們，我們怎麼可以謀害他，對他動（壞）主意呢？我該怎麼辦呢？我阻止了你們多少次，你們總不聽！讓我這副老骨頭得到安息吧！如今你們不聽話了！你們如果幹出了這件事，上帝保佑，讓他們忍受（這一切）吧！」[221]「汝善自為之，毋貽吾憂可也。」[222]你果真能戰勝對方就好自為之吧！希望不要給我添麻煩。

桑昆回到自己的駐地，立即與札木合等人研究對付鐵木真的辦法。他們首先偷偷地放火燒掉了鐵木真的牧場，「沒讓他知道事情是怎麼發生的」，然後又想出了一條毒計，企圖騙鐵木真上鉤，桑昆說：「以前他要為他的兒子朮赤娶我們的妹妹抄兒別吉，我們沒有許給他。現在我們去告訴他，如果他前來舉辦讓我們吃喝的定親筵席，我們就將姑娘許給他。他如果來了，我們就把他抓起來！」[223]計策既定，他們立即派人去通知鐵木真，請他「來食不兀勒札兒」，即吃定親酒，面定婚約。鐵木真得到這個消息，喜出望外，毫不懷疑，只帶了十個騎兵前去赴宴。[224]路上經過蒙力克老人家。蒙力克的兒子帖卜騰格理曾從克烈部的分支只兒斤部娶了一個姑娘，這個姑娘的父親名叫合丹巴特兒。「當王罕對成吉思汗起了惡念時，他派人去告訴帖卜—騰格里。」[225]蒙力克已瞭解了內幕，但還不便明說，於是他提醒鐵木真說：你開始提親時，他們看不起我們，沒有答應，今天為什麼忽然叫你去飲許親酒呢？不久前還是強自坐大，目中無人，幾天後為什麼又變得這樣主動熱情、特許自招呢？他們究竟是出於真心，還是另有打算？你應認真想一想，派人去查一查，千萬不可貿然而行！[226]鐵木真覺得蒙力克的話不無道理，於是派不合台、乞剌台二人去飲許親酒，[227]並對桑昆說：目前正當春季，青黃不接，俺的馬瘦無力，不便遠出，需飼我馬群。[228]鐵木真便聽從蒙力克老人家的話，返回自己的駐地。不合台、乞剌台到桑昆營地後，桑昆知道陰謀敗露了，決定第二天早晨率兵包圍鐵木真。

出兵包圍鐵木真的計畫確定之後，阿勒壇的弟弟也客扯連[229]回到家中，對自己的妻子說起了這件事：已經商定明天早晨捉拿鐵木真了。如果有人把這個消息告訴給鐵木真，不知將來有多大報酬？也客扯連的妻子阿剌黑亦惕[230]說：「汝濫言乃爾，恐人聞之當真也。」[231]你胡說些什麼？你就不怕有人聽到當成真事嗎？他們夫婦倆正說話時，牧馬人巴歹[232]送奶來了，聽到了他們的對話。巴歹回去後，把這個消息告訴了另一個牧馬人乞失里黑。乞失里黑說：我再去打聽一下。說完就去了也客扯連處。當時，也客扯連的兒子納客延[233]正坐在帳外，一邊磨箭一邊說：剛才會上共議時說什麼誰洩密後要割誰的舌頭，這能擋得住誰的嘴呢？說完，抬頭發現了乞失里黑，即命令他立即牽過「蔑兒乞歹白」、「白口棗騮」兩匹馬，說：今天晚上就要用。[234]

乞失里黑、巴歹將也客扯連父子的話和其他情況聯繫起來進行分析，認為他們如此詭秘，又如此緊張地磨箭備馬，一定是準備進攻鐵木真。乞失里黑對巴歹說：你剛才聽到的話已經證實了。現在我們一起去告訴鐵木真吧！於是他們先把蔑兒乞歹白和白口棗騮馬牽來拴好，等天黑以後在房中殺了一隻羔羊，把床拆掉，將羔羊煮熟。然後連夜趕到鐵木真的營地，將他們瞭解的情況一五一十地告訴了鐵木真，說：希望可汗降恩，不要懷疑我們的話，他們已經議定要「圍而擒之」了。

這是一個十分重要的軍事情報，它使鐵木真又一次脫離了險境。鐵木真在關鍵時刻得到救助、接到重要情報，這已經不是一二次了。在與蒙古草原各部貴族的鬥爭中，失敗了的貴族往往投靠札木合、王罕和乃蠻，而那些貴族手下的奴隸和百姓，在關鍵時刻卻多次幫助鐵木真，這說明：鐵木真反對草原舊貴族的鬥爭，多少還是得到了各部奴隸和百姓的同情和支持。這種同情和支持對鐵木真的盛衰成敗起了重要作用。

哈蘭真沙陀之戰

鐵木真與幾個主要將領認真分析了巴歹、乞失里黑送來的情報，相信桑昆與札木合會做出這種背信棄義的事情，於是連夜通知附近的各級將領，讓他們拋棄一切笨重物品，輕裝轉移。大隊人馬沿卯溫都兒[235]山後而行，以自己的親信那可兒兀良哈氏的者勒蔑為後哨，在卯溫都兒山背後設置了幾個哨望所。第二天中午，隊伍進入哈蘭真沙陀之地。此地位於卯溫都兒山之北，今內蒙古自治區烏珠穆沁族北境。鐵木真一行奔波了一夜半天，人困馬乏，在一片林子裡安下帳廬，進餐休息，直至紅日西斜。[236]

《史集》也記載了鐵木真的這次倉促轉移，只是細節上與《蒙古秘史》略有出入。它說，鐵木真收到情報後，「下令將帳廬遷到名為昔魯主勒只惕[237]的林子裡，自己則留在名為阿剌勒的地方。」並將「全體戰士派到山後卯溫都兒地方巡哨」。[238]

「阿剌勒」即哈蘭真沙陀，《親征錄》作「合蘭只之野」。以上記載都說明，當時鐵木真相信了牧馬人的情報，並立即採取了應急措施：第一是放棄一切笨重物品，包括「帳廬」，將其隱藏在附近的樹林裡。第二是將司令部轉移到哈蘭真沙陀。第三是在卯溫都兒山後派出了偵察部隊和後哨。

第三天凌晨，王罕的軍隊開到卯溫都兒南面生長紅柳的地方，蒙古人稱為「忽剌安・不魯合惕」，[239]即紅柳林。當時，鐵木真的侄子阿勒赤歹[240]有兩個牧馬人名叫赤吉歹、牙的兒，[241]他們一邊放馬一邊前進，落在了大隊的後面。忽然發現背後塵土飛揚，於是立即飛身上馬，向鐵木真報告說：「自卯溫都兒山前望見忽剌安不剌合惕地面塵起，敵人來到也。」[242]背後塵土飛揚，王罕的大軍已經追上來了。鐵木真只好以哈蘭真沙陀為陣地，倉促整軍備戰。《史集》說：「太陽升起一杆矛那麼高的時候，雙方軍隊已經面對面擺開了隊伍。」[243]據此推論，這次戰爭開戰的時間是在上午八九點鐘；但從《秘史》記載的時間看，是發生在下午太陽西斜時。

當時，由於事出倉促，跟隨鐵木真轉移的主要是親近的那可兒，估計整個隊伍的人數不過五千人左右。而王罕、桑昆則是主動出擊，做了充分準備，另外還有札木合及蒙古部的其他貴族阿勒壇、忽察兒等，軍隊的人數比鐵木真要多幾倍。但王罕也沒有必勝的把握，一路上他與札木合並馬而行，向札木合詳細打聽鐵木真各支部隊的情況。王罕問道：鐵木真兒子麾下誰最善戰？札木合說：「兀魯兀惕、忙忽惕那二種百姓能廝殺。」[244]他們屬於蒙古孛兒只斤氏，是納臣巴特兒的第三子、第四子的後裔。他們陣勢嚴整，「雖當混戰時不亂」，[245]進退迴旋各有章法，翻轉衝殺各有竅門。他們「從小刀槍裡慣」，從小就在刀槍陣中磨練，黑纛旗和花纛旗是他們的認旗，「見時可提防者。」[246]請您轉告部下，一定要提防這兩族人。

王罕十分重視札木合提供的情況，立即制定了嚴密的作戰部署：派只兒斤勇士專門抵擋兀魯兀惕和忙忽惕人，由勇將合答吉率領只兒斤人衝鋒。繼只兒斤之後，命土綿土別干氏的阿赤黑失侖衝之；繼土別干之後，命斡欒董合亦惕氏的諸勇士衝之；繼斡欒董合亦惕氏之後，由豁里失列門太石率王罕的千員護衛軍衝之；最後由大中軍衝之。全軍分為五個梯隊，一個比一個強大。部署已定，王罕突然對札木合說：「我這軍馬，札木合弟你整治著。」希望札木合做這次戰爭的前線總指揮。札木合當時不置可否，不久便藉故離開了王罕，對自己人的左右親信說：「我在前常不能敵鐵木真來，如今王罕教我整治他軍馬，看來他又不及我，可以報與鐵木真安答知道。」[247] 札木合發現王罕是個平庸之輩，沒有多大作為，於是暗中派出親信向鐵木真透露了王罕的作戰計畫，並轉告鐵木真：「似這等必不能勝你，你休怕，謹慎者。」[248] 像這種情況，你不必害怕，只要謹慎對待就能取得勝利。

鐵木真瞭解了王罕的內情，馬上與部下將領研究作戰計畫，由於敵眾我寡，成吉思汗問道：「我們該怎樣採取行動呢？」[249] 當時兀魯兀惕部的朮赤台，[250] 忙忽惕的畏答兒[251] 是鐵木真手下的兩員主將。「（這兩個部落）互相有親屬關係。當兀魯兀惕與忙忽惕兩部落叛離了成吉思汗，投奔泰亦赤兀惕部時，他們倆卻沒有倒戈，仍忠心耿耿地為他效勞。」[252] 他們與鐵木真同屬於孛兒只斤氏，朮赤台與也速該同輩，鐵木真稱其為「伯父」，有的學者認為應是「叔父」。畏答兒與其兄畏翼本來同在鐵木真麾下，十三翼之戰後，畏翼率眾投靠了泰赤烏部，「畏答兒力止之，不聽，追之，又不肯還。」但畏答兒還是堅決回到了鐵木真身邊。鐵木真問：「汝兄既去，汝獨留此何為？」你兄長已經離去了，你還獨自留在這裡幹什麼？「畏答兒無以自明，取矢折而誓曰：『所不終事主者，有如此矣。』」鐵木真發現他確實是真心擁護自己，於是「更名為薛禪，約為安達」。[253] 尊稱他為薛禪，與他結為義兄弟——安答。

鐵木真發現兀魯兀惕、忙忽惕兩部的英名已傳於四方，王罕也聞風喪膽，於是首先與朮赤台說：「主兒扯歹伯父，我欲教你做先鋒，你意思如何？」[254] 朮赤台「用鞭子撫弄著馬鬣，猶豫不決」。[255]畏答兒發現朮赤台有畏難情緒，於是自告奮勇，搶先說道：「我做先鋒。」[256]「我猶鑿也，諸君斧也，鑿非斧不入，我請先入，諸君繼之，萬一不還，有三黃頭兒在，唯上念之。」[257]《史集》則做了如下描述，畏答兒說：「汗啊，我的安答！我飛馳上前把大旗插到敵人後方名叫闕奕壇的山崗上去，顯一顯我的勇氣。我有幾個兒子，成吉思汗將會把他們撫育成人。」[258]在敵人後方有一座名為闕奕壇的山崗，畏答兒表示，他可以橫斷敵陣，將禿黑軍旗插在這座山崗上，激勵我們的軍隊勇往直前，共同衝殺，戰勝敵人。朮赤台見畏答兒搶戰，也不示弱，說：我們兀魯兀惕人願與忙忽惕部同為先鋒，在可汗面前而戰！[259]忙忽惕的部將興奮地說道：行了，讓我們衝鋒吧！「在神的佑護下躍馬向他們衝過去吧，一切聽最高真理裁決吧！」[260]

於是畏答兒與朮赤台各率本族人馬列陣於鐵木真馬前。陣腳未穩，王罕的第一路先鋒只兒斤勇士就殺到了。兀魯兀惕、忙忽惕兩部兩支部隊迎面衝去，很快就戰勝了只兒斤人。只兒斤首將招架不住，虛晃一刀，掉轉馬頭就走。畏答兒身先士卒，匹馬單刀緊追不放，兩匹馬一前一後，似乎在進行比賽，王罕的軍隊驚呆了，也不敢向畏答兒放箭。畏答兒一口氣穿過敵人的陣地，果然「將大旗插上了闕奕壇山崗」。[261]成吉思汗與其他將領一起向敵人衝殺過去。這時，王罕的第二梯隊土綿土別干氏的人馬迎面殺來，其主將阿赤黑失侖截殺畏答兒，畏答兒被刺中。忙忽惕人回身列陣於畏答兒落馬處，與王罕軍苦戰。[262]朮赤台立即率軍支援，向敵人猛衝，戰勝了王罕的第二梯隊。朮赤台揮軍追擊，王罕的第三梯隊迎面衝來。這是由斡欒董合亦惕氏諸勇士組成的一支生力軍，朮赤台毫不畏懼，轉眼間又打垮了這支敵軍。朮赤台乘勝追擊，王罕的勇將豁里失列門率第四梯隊迎戰。這是王罕的一千名護衛軍，朮赤台孤軍奮戰，拚死衝殺，豁里失列門抵擋不住，被迫退軍。按王罕原來的作戰部署，繼千名護衛軍之後，王罕的大中軍將發起總攻。這時，

「王罕子桑昆，不教他父知，也衝來。」桑昆見四路軍隊連續敗下陣來，心中焦急，沒有經過王罕允許，就率領左右人馬向蒙古軍衝殺。朮赤台一箭射中了桑昆的腮部，桑昆翻身落馬。克烈部人集中到桑昆周圍，列陣保護自己的主將。經過「這一次衝殺以後，客列亦惕軍勢已衰，他們停止了〔進攻〕」。

王罕見桑昆腮部中箭，心裡既煩悶又氣憤，對部下說：我早就說過，鐵木真是不可招惹的人，就因為招惹了鐵木真，我兒子的腮上就釘上釘了。為奪回我兒子的性命，大家衝鋒吧！王罕部下的重要將領阿赤黑失侖勸告道：可汗啊可汗，請不要急躁。當您沒有生兒子時，設了招子幡，嘴裡叫著「阿備巴備」（嬌嬌、寶貝）不停地向上帝禱告。現在就不要衝鋒了，還是好好撫養這個已經出生的兒子桑昆吧！蒙古部的多半百姓都在札木合、阿勒壇、忽察兒和我們這邊，鐵木真難道還能逃出蒙古包，跑到別處去嗎？他們現在已經困窮不堪了：沒有備用的馬匹，每人只騎一匹馬；沒有居住的營帳，夜裡只能在樹林下宿營。將來收拾他們，就好像拾馬糞那樣容易。王罕聽了阿赤黑失侖這番話，方才火氣大消，說：好吧，聽你的。為了不讓桑昆受苦，我們暫且收兵吧。「將這兒子休搖動，好生抬舉者。」說完，就從戰地退走了。

據《元史》記載：「帝與戰於哈蘭真沙陀之地，汪罕大敗。」《蒙古秘史》也說：「方勝彼時，日已薄崗。」當戰勝對方時，太陽已經快落山了。鐵木真下令停止追擊，將畏答兒及其他受傷者救回，立即離開戰場。《史集》則說：「由於〔克烈亦惕部〕人多，成吉思汗抵擋不住，便退卻了。」實際情況應該是，當時王罕人多兵眾，雖受一定挫折，但並未大敗；鐵木真的部將雖然射傷了桑昆，但畢竟是眾寡懸殊。王罕決定收兵了，鐵木真也下令停止交戰，於是雙方都離開了哈蘭真沙陀的戰場，乘黑夜各自撤退了。

當擺脫了「威脅全軍覆沒的危險」之後，鐵木真下令各營結陣而宿。「次日天明，點視軍馬。」直到天大亮時，鐵木真認為危險已經過去，這才下令宿營，派人清點人馬。經過一場激戰，雖有數百人傷亡，主要將領都在，唯有三子窩闊台、四傑博爾朮（孛斡兒出）、博爾忽（孛羅忽勒）三人不見蹤影。鐵木真心裡打鼓，自言自語地說：「斡闊台與中倚仗的孛羅忽勒、孛斡兒出勇冠三軍，一同死生，必不肯相離。」博爾朮、博爾忽勇冠三軍，窩闊台雖初臨戰陣，也武藝不凡，他們不會戰死吧？昨天他們在一起衝殺，同生共死，總不該分離吧？鐵木真下令軍中做好戰鬥準備，防止敵人前來追襲；同時就地等待窩闊台等三人歸來。

天色漸漸大亮了，只見一人騎著一匹光板木鞍馬向營地跑來，此人正是博爾朮。鐵木真既高興、又擔心，捶胸搓手，劈頭就問：長生天知道你們的遭遇，博爾忽、窩闊台他們在哪裡呢？博爾朮敘述了他們昨天的作戰經過：當桑昆發起進攻時，他與博爾忽保護著窩闊台衝入了敵陣。忽然，博爾朮的戰馬被敵人射倒。正在危急之際，桑昆被朮赤台射中，王罕的人馬大都集中到桑昆周圍，其他地方的敵軍大大減少了。博爾朮發現一匹馱馬，背上的馱子已經傾斜，於是他斬斷繩索，卸下馱子，騎著這匹光板鞍馬，依著蹤跡找來了。由於當時他與博爾忽等失掉了聯繫，因此他並不知道窩闊台、博爾忽的下落。

鐵木真心存一線希望，繼續耐心等待。又過了一會兒，只見一匹馬向營地跑來。遠看，馬上只有一個人；「近看時人下又有兩腳垂著」；等到來到近前，才發現是窩闊台、博爾忽疊騎在馬上。博爾忽嘴角帶著血。原來，昨天衝出重圍後，窩闊台被射中脖頸，跌下馬來。博爾忽乘天黑將窩闊台抱到一個僻靜的去處，用嘴吸出壅血，抱著窩闊台歇息了一夜。天亮後，二人才騎在一匹馬上來尋找部隊。

鐵木真見此情景，心痛難忍，兩眼落淚，立即命人點了一堆火，燒紅一把鐵劍「將窩闊台箭瘡烙了」，這是古代蒙古人治療刀箭等外傷的一種傳統療法，目的是高溫消毒、防止壅血化膿。隨後派人尋找飲食給窩闊台等人吃。部下擔心敵人追來，心神不定。鐵木真為了使窩闊台等稍事休息，堅持暫不前進，鼓勵將士們做好戰鬥準備，說：「敵來則吾其戰之。」這時博爾忽才告訴鐵木真：當我們離開戰場時，發現西方塵土飛揚，敵人已經沿著卯溫都兒山南，向紅柳林方向撤退了。鐵木真為了防止王罕軍再來追襲，休整了一會兒就下令繼續撤退。他們沿著烏爾渾河和失連真河而上，撤軍到蒙古草原東部的呼倫貝爾湖南的訥墨爾根河流域，即答蘭捏木兒格思草原。

在鐵木真撤退的路上，合答安、答勒都兒罕從後趕來。他本是塔兒忽惕部人，早在鐵木真離開札木合單獨設營時，他們兄弟五人就投奔了鐵木真。後來，鐵木真與王罕一起設營，一些部眾就跟隨了王罕。合答安對王罕父子的背信棄義十分不滿，於是拋棄自己的妻子來追趕鐵木真，並告訴了王罕已經撤退的原因。直到這時，鐵木真才從忐忑不安的狀態下解脫出來，整個隊伍的軍心也逐漸安定了。

鐵木真到達答蘭捏木兒格思草原以後，並沒有停留，而是沿著合勒合河繼續撤退。並一邊撤退，一邊收集部眾，清查人數，發現還有四千六百餘人。鐵木真親自率領二千三百人，沿合勒合河西岸而行；兀魯兀惕、忙忽惕率二千三百人，沿合勒合河東岸前進。為了解決飲食問題，將士們只能邊撤退邊狩獵。當時畏答兒「金瘡未曾痊可」，鐵木真與他分手時特別告誡他不要追逐野獸。但畏答兒身為一軍主將，不願坐享其成，多次參加狩獵。在一次追逐野獸時，戰騾跑得太快，結果引起金瘡崩發，畏答兒不幸犧牲了。

鐵木真得到消息，立即下令兩軍都停止前進，將畏答兒埋葬在合勒合河旁斡兒訥兀山的半山中，此即哈勒哈河之北的鄂爾多山，其山有座喀兒喀王墓，當年畏答兒即埋葬在此地。鐵木真統一蒙古草原後大封功臣時，追贈畏答兒為第二十一千戶，子孫襲職，世世不絕。

由於札木合等人的挑撥離間，王罕、桑昆背信棄義，向鐵木真發動了突然襲擊。昔日的親密戰友終於變成了不共戴天的仇敵。哈蘭真沙陀之戰鐵木真部雖曾英勇抵抗，但畢竟受到重大損傷，並不得不向東部草原轉移。鐵木真的事業處於低潮。

瓦解王罕聯盟的攻心戰

鐵木真含淚離開畏答兒的墓地，率領軍隊繼續北撤，很快就要到達捕魚兒海子（今貝爾湖）。鐵木真打算在這一帶紮下營盤，利用呼倫貝爾草原的優越條件，迅速醫治戰爭的創傷。但在合勒合河流入捕魚兒海子的入口處，有弘吉剌部的帖兒格、阿蔑勒等氏族往來游牧。他們對一路撤退的蒙古軍究竟會採取什麼態度呢？是友好還是敵對？鐵木真並不清楚。這是他能否在此地立足的一個首要問題。

蒙古乞顏部本來就與弘吉剌部有忽答（姻親）關係，鐵木真的母親和夫人都出身於弘吉剌部。在與札木合等東方各部的鬥爭中，弘吉剌部實際上傾向於鐵木真，因此曾給他遞送軍事情報，後來德薛禪所在的那個氏族又在闊亦田之戰後投靠了鐵木真。為了建立一個鞏固的根據地，鐵木真派朮赤台率領兀魯兀惕、忙忽惕人去招降弘吉剌部的這兩個氏族。臨行前，鐵木真對朮赤台說：弘吉剌百姓自古以來很少參加各部的爭戰，只以甥之貌、女之色與他族結親。你們去後，如若他們不起來反抗，你就招降他們；假如他們不接受招降，你就征服他們。[263]朮赤台遵照鐵木真的意圖，先派遣一個使者到弘吉剌部，對他們說：「過去我們互稱兄弟和姻親，你們照規矩享有母舅的權利，如果你們〔同我們〕友好，我們就做〔你們的〕同盟者和朋友。如果你們〔與我們〕為敵，我們也就〔與你們〕敵對。」[264]弘吉剌人做出了希望友好的表示，朮赤台的軍隊一到，他們就全部歸附了，「他們〔同成吉思汗〕和好一致了，成吉思汗遷到名為董哥澤的脫兒合—豁羅罕[265]的湖和河邊駐紮下來。他們〔在那裡〕安營休息，以消除一路上的疲勞。」[266]

鐵木真在呼倫貝爾草原董哥澤立足後，一邊在那裡收集部眾，休養士馬，一邊派出兩名使者向王罕求和。這兩個使者是札剌亦兒氏的阿兒孩合撒兒，速客虔氏的速客該者溫。[267]他們善於辭令，能言善辯。鐵木真將自己的意圖告訴他們，讓他們依次去見王罕、札木合、阿勒壇、桑昆等人，當面指出他們的背盟行為，爭取王罕能夠允許和解，盡可能減少目前的壓力，爭取時間，徐圖再舉。

鐵木真的使者首先去見王罕，向王罕轉述了鐵木真的話，他們說：「現在我們駐紮在董哥澤的脫兒合——豁羅罕邊，這裡草兒長得好，餵肥了我們的騸馬。」[268]告訴王罕，自己的士氣已經恢復，希望他不要再產生非分之想。

然後兩個使者話鋒一轉，開始質問王罕了，他們說：我們可汗讓我們問問父罕，不知父罕為何發此雷霆之怒？為何如此驚嚇自己的賤子賤婦？「你為什麼不讓你的兒子、兒媳酣睡？」[269]為什麼不讓他們睡足吃飽以後再教訓他們呢？為什麼把他們當敵人對待，黑更半夜，大動干戈，毀床撤座，使之不能安居；毀爐破灶，使之無家可歸呢？[270]

鐵木真問得有理，兩位使者能說會道，王罕自然無言以對。但為了避免引起王罕的反感，鐵木真的使者將話頭一轉，接著說道：我們可汗說了，父罕為人忠厚，不會搞陰謀詭計，這次進攻我們，「莫不是有人離間？」[271]他讓我們提醒父罕，千萬不要忘記在黑林重申的父子之盟，不要忘記當時立下的誓言：

「若為有齒之蛇唆之，
則勿中其唆焉。
以齒以口相證而後信之歟？」
「若為有齧之蛇忮之，
則勿惑其忮焉。
以口以舌相證而後信之歟？」[272]

「如果有牙和舌的蛇用牙和舌伸到我們中間時，只要我們還能用嘴和牙說話，我們彼此決不分離，這也就是說，當有人在我們之間說一些有意、無意的話，在我們沒有碰頭商量加以證實以前，我們不要信以為真，我們不要變心，彼此決不分離。」[273]如今父罕您，既沒有用口舌證明，也沒有認真分析吧？「現在，我們沒有碰頭商量，也沒有將有人故意在我們中間製造的話查問一下，你就信以為真，拿它作為根據離開了〔我〕。」[274]鐵木真的責問擊中了要害，王罕確實是受札木合等人的挑撥，直接違反了黑林父子之盟，他自知理虧，自然會有所觸動。

鐵木真的使者接著說道：「我父罕（其察之），我非以少而尋多者也，非以劣而尋優者也。」[275]請父罕認真核察一下，「我，你的兒子，從來也沒說過：我所分得的份子太少，想要多一些，或者嫌它不好，想要好一些！」[276]「夫兩轅之車，折其一轅，則牛不能曳焉，我非汝如是之一轅乎？兩輪之車，折其一輪，則車不能行焉。我非汝如是之一輪乎？」[277]「大車有兩根車轅，其中有一根折斷時，就再也不能〔乘坐它〕游牧了。」「我就好比是你的大車上的兩個輪子中的一個！」[278]

鐵木真的兩個使者還一一列舉了也速該、鐵木真父子對王罕的救命之恩，復國之德，列舉了他們對王罕的五大恩德，其中說：當你被你叔父古兒汗所逐，只帶一百人逃往河西時，假如沒有我們先君也速該勇士的援助，您能戰勝古兒汗嗎？能以一百名騎兵復國嗎？[279]「我的仁慈的父親從古兒汗處奪回王位，交給了你。因此你才和我父親結成兄弟，我也就稱你為汗父。這是我對你的第一恩德！」[280]

「還有，我的汗父啊，」前幾年你被乃蠻所攻，「你的部屬躲到雲端裡去了，散失在太陽落山的地方，散失在乞台的札兀忽惕（金帝國的人民）中間了。」[281]我救出了你的兄弟札合敢不。當時你窮困潦倒，靠五隻乳羊，靠刺駱駝血為食，假如不是我派人迎救，你能脫離險境嗎？[282]「我為你殺死了我的哥哥，幹掉了我的弟弟，如果要問他們是誰？薛扯別乞是我的哥哥，泰出—忽里是我的弟弟。這是我對你的第二個恩德！」[283]

「還有，我的汗父啊，你像是衝破烏雲的太陽來到了我那裡，你像是逐漸冒出來的火苗來到我那裡。我沒有讓你挨過半天餓，我讓你吃得飽飽的，我沒有讓你赤身裸體過一個月，我遮蔽了你的全身！」[284]為了讓你迅速振興，我們出生入死，打敗了蔑兒乞部，「奪取了他們的全部馬群、畜群、帳幕、斡耳朵和好衣服，〔全都〕給了你。」[285]使你的百姓飢者得食，寒者得衣，這難道不是再造之恩嗎？「這是我對你的第三個恩德。」[286]

「君不告我往掠蔑里乞部，大獲而還，未嘗以毫髮分我，我不以為意。及君為乃蠻所傾覆，我遣四將奪還爾民人，重立爾國家。」[287]「將你的兀魯思〔從敵人處〕奪回交還給了你。這是我〔對你」的第四個恩德。」[288]

「還有，我的汗父啊，後來我像鷹一般地向赤兀兒忽—巒山[289]飛去，飛過捕魚兒海子（貝爾湖），為你抓住了灰腿的鶴。如果你要問：『那是誰呢？』——那就是朵兒邊部和塔塔兒部！我再次變為寬胸的鷹，飛過闊連海子（呼倫湖），為你抓住了灰腿鸛，交給了（你）。如果你要問：『那又是誰呢？』——那是合塔斤部、撒勒只兀惕部（山只昆部）與弘吉剌惕部。……這是我對你的另一個恩德。」[290]如今，草原各部的屬民百姓大都在您帳下了，您反而依靠他們來嚇唬我，對付我，你於心何忍呢？「而今父罕汝，何以咎我而懲之也耶？其所以咎之之由，遣使來（言）之。」[291]而今父罕您究竟為什麼對我不滿，為什麼要懲罰我呢？您討伐我的理由究竟何在呢？請您派出使者對我講明原因，我實在是百思不得其解。

面對著鐵木真這兩位使者義正詞嚴的質問，王罕一句話也回答不上來，等使者說完了，他才歎息著說：「嗟乎！憒矣。離吾子者即離而道也。有不可析之道，而我析矣，中心痛焉。」[292]唉，別提了，我太糊塗了。我以恩為仇，與吾兒分離，實在不合與人交往的道德。我們本來有「同心合力、共同對敵、永不分離」的盟約與原則，如今我卻製造了糾紛，我心中難受極了。王罕一邊說，一邊拿出一把小剜刀刺破了自己的小指肚，一滴滴鮮血流在一個樺皮小桶中，王罕將這個小桶交給了鐵木真的使者，說：「今若視我子而懷惡意，猶如此出血。」「其遺我子。」[293]從今以後，我若再對我兒鐵木真懷有惡意，也像這樣出血，死無葬身之地。請把這個小桶交給我兒。

鐵木真的使者離開王罕的金帳後，馬上去見札木合，他們表面上對札木合提到的是生活瑣事，實際是暗含諷刺和譴責：「汝不能視我於父罕處，而使離析之矣。俺先起者嘗以父罕之青鐘飲之也，汝其忮我先起而飲之乎！今可以父罕之青鍾飲之，其所費幾何哉？」[294]「青鍾是青銅酒杯；

一種解釋為「青湩」。蒙古人以馬乳為食，一般的馬乳色白而濁，味酸而羶；但撞馬乳至七八天後，馬乳就色清而味美，成為一種高級食品。這種馬乳略呈青色，蒙古人稱為「青湩」。他們又以「黑」為「青」，因此又稱為黑馬乳。只有草原貴族和尊貴的賓客才能飲這種青湩。鐵木真、札木合幼年時曾在王罕處共同生活過，每天早起，札木合總是先起，搶先去飲青湩，有時鐵木真先起飲了青湩，他就嫉妒不滿。鐵木真讓使者重提這件事，暗示札木合從小就是個愛占便宜、不知禮讓的人。鐵木真讓自己的使者轉告札木合：你從中挑撥我與王罕的關係，使我們離析分裂，無非是要多喝幾口青湩吧！現在你可以恣情暢飲了，但不知你的肚量有多大？

鐵木真的使者離開札木合的營帳，去見阿勒壇與忽察兒，也對他們轉述了鐵木真的話：「你們倆想殺我，想將我扔到黑暗的國土上或埋到地下！」「以前，我首先對把兒壇把阿禿兒的子孫薛扯和泰出說道：『你們來當君主和可汗吧！』你（他）們不同意，我沒有辦法。我對你忽察兒說：『你是捏坤太師的兒子，當我們的汗吧！』你推辭了。我對你阿勒壇說：『你是忽圖剌合罕的兒子，他曾登臨大位，現在還來當君主吧！』你也推辭了。當時你們堅持對我說：『你來當汗！』——我照著你們說的當了汗，並說：『我決不讓祖居淪喪，決不允許破壞他們的規矩、習慣！我一旦當了君主，並統率許多地區的軍隊時，一要關懷（我的）部下，奪來許多馬群、畜群、游牧營地、婦女、兒童給你們。我將為你點火燒草原上的野獸，將山地的野獸趕到你們方面來。』[295] 如今你們離開我投奔了父罕，我並不反對。只希望你們好好做父罕的伴當，千萬不要再有始無終，招人物議，不要讓人家說是「札兀惕忽里」（鐵木真官號）讓他們這樣幹的。[296]「不要到你們落空的時候才想起我。我的汗父性情喜怒無常。如果像我這樣的人（都）讓他厭煩了，你們不久也會使他厭煩的。」三河源頭是我們的祖先興起的聖地，你們千萬「不得讓任何人屯駐在三河地區」。

鐵木真家的世襲奴隸脫斡鄰勒這時也在王罕處，鐵木真讓自己的使者也想法見他一面，提醒他不要忘記自己的身世，不要忘記他的祖先曾是鐵木真「高祖守國之奴」，「曾祖私門之僕」，鐵木真抬舉他稱之為「弟」，他不該不識抬舉與鐵木真作對。「你想搶奪誰的兀魯思？如果你也搶奪我的兀魯思，阿勒壇和忽察兒倆不會（將它）給你的，不會允許你享用（它）的。」

最後，鐵木真的使者來到桑昆的營地，對桑昆說：「我於你父是有衣服生的兒子，你是赤裸生的兒子，父親曾將咱們一般抬舉。」意思是說，雖然我是乾兒子，你是親生子，但父罕對咱們卻是一視同仁、同樣撫養。你總以為我行將插入其間，厭惡我，並且驅逐我。希望你休教父親心裡難過，早晚出入，應該寬慰他，給他消愁解悶。假如你不去掉以往的野心，「父罕在時，而欲為罕」，那只能給父罕增加煩惱，與父罕分彼此了。

鐵木真希望王罕、桑昆、札木合、阿勒壇、忽察兒等分別派出兩名使者，到他的駐地進行談判，解決彼此的爭端。

王罕、桑昆等對鐵木真的求和要求做出了截然相反的回答，王罕說：「是他有理，（我們）對他不公正。但是讓我的兒子桑昆來答覆這些（話）吧！」他明知自己站在理虧的一面，但又不肯站出來糾正，將決定權交給了桑昆。

桑昆根本聽不進鐵木真的話，壓根兒不想與鐵木真和好，不以為然地說：「他（現在）怎麼還稱我為義兄弟（安答）呢？（有一次）他把（我）稱做脫卜脫黑—孛黑。」說我像回回羊的小尾巴一樣，低三下四地跟在男巫的屁股後面，是個沒出息的下賤貨。「（如今）被他稱做汗父的我的父親，曾被他稱為乞迪阿失—額不干！」說他是殺人不眨眼的老屠夫。「我正要派遣使者向他宣戰哩！如果他戰勝了，我們的兀魯思是他的，如果我們戰勝了，他的兀魯思就是我們的！」[297]說完這些話，他立即向自己的兩位將領必勒格別乞、脫朵延（脫端）下令說：「我們出征吧！舉起大旗，敲起鼓來，將馬兒牽來，讓我們騎上馬向成吉思汗進軍！」[298]

王罕雖然不同意桑昆的看法，但一時又說不服桑昆，因此沒有派使者去與鐵木真議和，只是先打發鐵木真的使者回去覆命。當時，速客該者溫的家屬在王罕處，他「懼不敢歸」，[299]被迫留了下來。只有阿兒孩合撒兒回到鐵木真的營地，向他彙報了王罕及桑昆等人的不同反應。

鐵木真的使者走後，王罕左思右想，總覺得有負於鐵木真父子的情意，於心有愧。於是不顧桑昆、札木合等人的反對，決定接受鐵木真的和議。這一決定，導致了王罕陣營的公開分裂。札木合、阿勒壇、忽察兒等與鐵木真矛盾較深，不同意王罕與鐵木真講和；答里台斡惕赤斤、脫斡鄰勒、塔孩忽刺海等原來就是鐵木真的同族人，這時則動搖於王罕與鐵木真之間，他們也對王罕不滿。鐵木真的使者速客該者溫乘機進行活動，暗中與他們聯繫，準備殺死王罕，自成體系。他們聯合在一起約定：「我們去突襲王罕，自己當君主；既不與王罕合在一起，也不與成吉思汗合在一起，不去管〔他們〕。」[300]不幸他們的計畫被發現了，王罕派軍隊討伐，將他們洗劫一空。札木合、阿勒壇、忽察兒以及塔塔兒部的忽禿—帖木兒等投奔了乃蠻部的太陽汗；鐵木真的叔父答里台斡惕赤斤和一個尼倫部落以及克烈部的分支撒合亦惕部，以及嫩真部則投到鐵木真帳下，桑昆與其父親王罕之間的矛盾也日益加深了。

鐵木真派出的求和使者雖然沒有立即與王罕達成講和的協議，但使者的幾份致詞卻發揮了巨大的威力，它相當於鐵木真對王罕集團發動的一場攻心戰。擁有大量部眾的王罕聯盟，由於內部存在著許多利害衝突，禁不住鐵木真的政治攻勢，轉眼之間就四分五裂了。這是鐵木真外交政策的一次重大勝利。它為鐵木真贏得了政治上的主動和整軍備戰的時機。

飲渾水，襲金帳

鐵木真遣使求和遭到桑昆的拒絕，王罕決定議和導致了內部的分裂。一二〇三年夏，鐵木真為了防止桑昆再次實行突然襲擊，被迫將營地向呼倫湖的班朱尼小湖[301]邊轉移。「當他後退時，大部分軍隊離開了他。」[302]這時，鐵木真的處境仍然十分困難，一路上隊伍失散、減員比較嚴重，一些主要將領負責照顧其他部隊或充當後哨、收容隊，同他一起來到班朱尼湖的各級首領只有十九人，見於歷史記載的有朮赤台（主兒扯歹）、速不台（速別額台）、札八兒火者、塔孩拔都兒（阿塔海）、懷都（速哥）、紹古兒、阿朮魯、雪里顏那顏、孛圖（孛徒）、耶律阿海、耶律禿花、鎮海以及鐵木真的二弟拙赤合撒兒等。當王罕襲擊鐵木真時「拙赤—合撒兒曾落在他（鐵木真）的後面，王罕的軍隊又洗劫了他的帳廬、馬群和牲畜，他帶著有限的人逃走，一路上吃著死獸，〔終於〕與成吉思汗相會」。[303]據《元史·太祖紀》記載，當時「哈撒兒別居哈剌渾山，妻子為汪罕所虜，挾幼子脫虎走，糧絕，探鳥卵為食，來會於河上」。《秘史》則說：合撒兒將自己的妻子以及也古、也松格、禿忽（即脫虎）三個兒子留在王罕處，只帶幾個伴當來尋找鐵木真。他們走到興安嶺的深山老林之中，沒有發現鐵木真的去向，食物吃光了，又打不到野獸，只好吃些生皮筋頭充飢。直到班朱尼湖，合撒兒才與鐵木真相遇。總之哈蘭真沙陀之戰，不僅使鐵木真的人馬大受損失，而且使鐵木真兄弟離散，鐵木真、合撒兒等都吃了不少苦頭。

親兄弟在患難中相聚，鐵木真自然是喜不自勝。他本想舉行一次豐盛的宴會，歡迎合撒兒的歸來。但軍中既無酒肉，又無糧食，前些天獵獲的野獸也都吃光了。荒野茫茫，到哪裡去尋找食物呢？忽然，一匹野馬從草原上跑來。合撒兒跳起身來，騎馬趕了過去，一箭射中了那匹飛奔的野馬。鐵木真命令手下的軍士們剝下野馬皮，塗泥當釜（鍋），擊石取火，用湖水煮野馬肉為食。吃完之後，鐵木真雙手捧起湖水，一飲而盡。其他十九名首領，也都喝了幾口湖水。鐵木真以湖水當酒，捶胸舉手，對天發誓說：「使我克定大業，當與諸人同甘苦，苟渝此言，有如河水。」[304]眾將深受感動，流下了熱淚。據《史集》記載：「這個地方有幾條水不多的泉，泉水不夠他們和牲口喝。因此他們從污泥中擠出水來喝。」[305]《元史・太祖紀》則說：「至班朱尼河，河水方渾，帝飲之以誓眾。」「凡與飲河水者，謂之飲渾水，言其曾同艱難也。」《史集》則說：「當時跟隨成吉思汗一起到過巴勒渚納（班朱尼湖）的人不多。他們被稱為巴勒只溫惕，這是同他一起到過這個地方、沒有拋棄他的人。他們享有確定的權利，與眾不同。」[306]十九位首領「共飲班朱尼河水」成為鐵木真創業史上的佳話。有人稱班朱尼湖為黑河，因此又稱為「飲黑河水」。飲過班朱尼湖水的十九名首領都成為以後的功臣，受到成吉思汗及其子孫的優遇和崇敬。這裡所推崇的是一種不畏艱險、失敗了再幹的團結奮鬥精神，也反映了鐵木真對創業人才的高度重視。

鐵木真等人飲班朱尼湖水時，豁魯剌思部的搠斡思察罕率部來到這一帶，「不曾廝殺，便投降了。」[307]他們主動投靠了鐵木真。花剌子模商人阿三（哈撒納），也在這時來到班朱尼湖。他騎著一匹白色的駱駝，驅趕著上千隻羯羊，從汪古部順額爾古納河而來，打算用羊群換取貂鼠、青鼠。鐵木真邀請他吃了一點野馬肉，同飲班朱尼湖水。阿三為鐵木真等人艱苦創業的精神所感動，決定棄商從軍，幫助鐵木真爭奪天下。他用自己的一千隻羊犒軍，使吃盡了苦頭的鐵木真的軍隊得到了豐盛的食物，以後阿三就成為有名的功臣，在鐵木真西征時阿三父子發揮了獨特的作用。

一二〇三年秋，鐵木真的屬民、百姓陸續集結到呼倫貝爾草原，軍事力量迅速得到恢復。當時，克烈部與蒙古處於不戰不和狀態，鐵木真感到求和無望，決定對王罕實行突然襲擊。他派合撒兒的兩個親信做使者，假裝合撒兒想投降王罕，實際上是去刺探軍情，瞭解王罕的動向。這兩個使者是沼兀里耶歹之合里兀答兒（哈柳答兒）308和兀良哈人察忽兒罕。309《蒙古秘史》這樣描寫了這次出使：兩位使者代表合撒兒對王罕說：我本來希望尋找我的兄長，但一直沒有見到他的形影。我雖然緣路尋問，但卻未能得其蹤跡。我登高而呼，始終也沒有聽到他的回聲。時至今日，我還無家可歸，只好以木葉為帳，仰望星辰，枕土石而臥，終夕不寐。我妻子還在父罕處，假如父罕能派心腹與我盟誓，我一定歸附父罕，為父罕效力！310

《史集》的描寫與此略有出入，其中說合撒兒已經見到了鐵木真，只是鐵木真生他的氣，不願收留他：「我滿心想念我的哥哥，但誰能說出他〔該有多麼〕憤恨呢？儘管我想找條出路，但我無法擺脫困境與他聯合。我聽說，我的妻子、兒女在我的汗父處。我的住所早就已經是用枯枝和草搭成的，土塊石頭做了我的枕頭。我沒有心愛的人兒伴睡。我依賴汗父，因此悄悄地派了這兩個使者到汗父處來，〔向他〕要回自己的部落、軍隊、妻子、兒女，我要同全家一起〔向他〕俯首聽命，赤誠地歸附〔於他的部落中〕。」311

「由於盡人皆知，〔這兩名〕使者是拙赤—合撒兒的人，〔王汗〕過去早就知道他們跟隨他，因此他絲毫沒有懷疑到他們是成吉思汗派來，教〔他們〕這樣說的。由於當時成吉思汗的事業動盪不定，拙赤—合撒兒流離失所，〔王汗〕將這些話完全當做了最真誠的話。」312

當時，王罕並沒有作戰的準備，而是在安排撒金褐子帳，準備大擺宴席，飲馬湩慶祝勝利。他聽說合撒兒希望投靠他，喜出望外，熱情地接待了合撒兒的使者，並「在泡膠水用的角上滴了幾滴血，讓他們送去〔給拙赤—合撒兒〕作為誓盟，因為蒙古人有互相瀝血立誓的習慣」。313他派自己的親信亦禿兒堅314與合撒兒的使者同行，向合撒兒約定的約會地點怯綠連河邊的阿兒合勒苟吉之地[315]走去。

當鐵木真送走兩位使者後，立即派朮赤台、阿兒孩二人為先鋒，將軍隊埋伏在阿兒合勒苟吉附近。「（這時，）成吉思汗正從那方面帶著軍隊向王汗進軍。哈柳答兒的視線突然落到了成吉思汗的大旗上。他怕亦禿兒干發覺（大旗）後逃走，因為他騎的是匹好馬。他立即下馬，藉口馬蹄裡嵌進了石頭，馬跛足（難行），將馬的前腿舉起，讓亦禿兒干下馬，向他說道：『你來抓住馬的前腿，讓我把馬蹄弄乾淨吧！』亦禿兒干抓住了馬的前腿，哈柳答兒（為馬蹄）除了幾次（石頭），讓亦禿兒干不得空閒。突然成吉思汗帶著軍隊來到了。他沒對亦禿兒干說什麼話，就把他送到拙赤—合撒兒處去了。」[316]據《秘史》記載，王罕的使者亦禿兒堅並沒有束手就擒，而是掉轉馬頭企圖逃走。合里兀答兒（哈柳答兒）眼疾馬快，很快就追到了亦禿兒堅前面。但他膽子太小，不敢去捉拿亦禿兒堅，只是橫馬在路當中，阻止亦禿兒堅前進。不一會兒，察忽兒罕也從後面趕來，拔弓搭箭，射中了亦禿兒堅的金鞍黑馬，黑馬負痛坐在地上，他們這才捉住了亦禿兒堅，將他送到鐵木真帳前。鐵木真對亦禿兒堅根本不予理睬，命令將他押到合撒兒處，合撒兒也二話沒說，當場就把他斬首了。[317]

合里兀答兒、察忽兒罕向鐵木真彙報了王罕的動向，鐵木真立即「派那兩個使者走在前面做嚮導」，[318]命令朮赤台、阿兒孩率部隊出發，從將領到士兵，每人都帶兩三匹戰馬，換騎而馳，加速前進，連夜進襲王罕的金帳，乘他大擺宴席時，殺他個措手不及。

鐵木真軍隊「連夜不停地驅馬前行，一直到了名叫者只兒—溫都兒[319]的地方」，出其不意地包圍了王罕的金帳。但克烈部畢竟是一個大部，鐵木真的突然襲擊並沒有一下子把他們打垮，克烈部的各個部族各自為戰，居然還堅持了三天三夜，最後才被迫投降了。而王罕和他兒子桑昆卻在混戰中逃走了，早已不知去向。王罕的驍將合答黑巴特兒，是只兒斤氏的有名勇士，在三天的戰鬥中他一直在最激烈的地方衝殺，正是他有意安排王罕父子脫離了險境，最後才帶只兒斤氏投降了鐵木真。他一見鐵木真就如實說出了自己的想法：我之所以力戰三日而不屈，只是不忍心看著王罕被捉而見殺，使他抽機會逃命遠颺。現在，他們已經跑得很遠了，我才敢來見可汗。「今若賜死則死之，若得成吉思合罕恩赦，則願效力。」[320]鐵木真十分欣賞合答黑的忠勇誠實，誇他是好男子、英雄漢，說：「不肯棄他主人，教逃命走得遠著，獨與我廝殺，豈不是丈夫？可以做伴來。」[321]於是賜他不死，任命他為百戶官。

為了酬報已經去世的畏答兒的功勞，鐵木真命令合答黑隸屬於畏答兒寡妻孤子麾下效力。規定只兒斤氏的百名勇士要充當畏答兒家的世襲奴隸，其生子也，要世世代代為畏答兒的子孫效勞；其生女也，也不能自由出嫁，而要在畏答兒妻子前後當奴婢。為此，鐵木真特地發布了一道恩旨：「以忽亦勒答兒（畏答兒）之功，直至忽亦勒答兒子孫之子孫，當受孤子之俸也！」[322]

為了防止克烈部死灰復燃、東山再起，鐵木真將克烈部的屬民百姓分別賞賜給各級將領。孫勒都氏的塔孩巴特兒曾奉命救援過王罕，後來就留在王罕身邊。但他一直沒有背叛鐵木真，當他參與速客該者溫襲殺王罕的行動失敗後，立刻投奔了鐵木真。鐵木真為了表彰他的忠心與功勞，也賞給他一百名只兒斤氏人。

這時，王罕的弟弟札合敢不也來投靠鐵木真。札合敢不曾與鐵木真結為義兄弟，後來又因反對王罕逃往乃蠻，王罕被打敗後他才來投奔，正說明他一直站在鐵木真一邊。為此，鐵木真與他親上加親，將其大女兒亦巴合別乞收為自己的夫人，將其二女兒必克禿忒迷失旭真聘為長子朮赤的妻子，其三女兒莎兒合黑塔尼[323]則聘給了四子拖雷，她就是建立元朝的忽必烈之生身之母。從此札合敢不成為鐵木真的外戚，因此鐵木真下令：「不虜其私屬百姓，賜恩命為另一轅矣。」[324]不僅不奪取他的私屬百姓，反而將他當做一個重要的依靠力量，札合敢不受到了高度重視。

鐵木真之所以能戰勝強大的克烈部，在王罕的突然襲擊下還能轉危為安，這與兩個牧馬人及時送來情報有直接的關係。為了酬報這兩個牧馬人巴歹、乞失里黑的功勞，鐵木真特地降旨說：「緣巴歹，乞失里黑二人之功，賜以王罕之全副撒金褐子帳，金製酒局，器皿並其執事人等。以客列亦惕之汪豁只惕氏為其宿衛，命帶弓矢，吃喝盞，直至其子孫之子孫自在享樂之。」[325]允許他二人帶弓矢出入可汗大帳，既可以用金製酒局、高貴的酒具喝酒飲宴，在汗廷也受到貴族的待遇，直至其子孫之子孫都可以成為自由自在的人。在征伐敵人時，允許他們隨意拿取戰利品；在獵殺野獸時，允許他們隨意取其所殺獵物。為了引起人們的重視，鐵木真又發下一道恩旨：「以巴歹、乞失里黑二人有拯命之功，故獲長生天之佑護，竟屈客列亦惕百姓，而至此高位矣。久後我子孫之子孫，居我位者，當代代省此等有功者。」[326]要求自己的繼位人世世代代照顧這些有功的人們。

對於其他克烈部的屬民百姓，鐵木真也依次進行了分配，分配給那些沒有或缺少屬民百姓的人。「分土綿禿別干，而悉取足。分斡欒董合亦惕，不終日而盡。黎分彼血腥劫剝之只兒斤勇士，而未敷矣。如是廢彼客列亦惕訖。」[327]從此，克烈部就被徹底消滅了，克烈部的屬民百姓變成了蒙古部的部落奴隸。

王罕、桑昆突圍逃走以後，王罕一路上唉聲歎氣，後悔不已，對跟隨自己的人說：「我離開了我所不該疏遠的人呢，還是離開了本該疏遠的人呢？舉目無親、襲擊、悲痛、苦難、流離失所、無依無靠——〔凡此種種〕，都是臉上長腫皰的那人造下的孽才使我遭受到的！」[328]王罕的這些話是暗指桑昆而說的，當時，「桑昆的臉上和面頰上長著腫皰，由於他憤怒已極，才這樣地提到他，而不稱呼他的名字。」329 桑昆不理王罕，只顧伏在馬背上趕路。後來，他們到達乃蠻部的邊界，那裡有一條小河，《蒙古秘史》寫作「的的克撒合剌之捏坤水」，《親征錄》寫作「涅坤烏柳河」，這是克烈部與乃蠻部的界河。王罕飢渴難忍，桑昆又不主動照顧，於是王罕只好自己去找水喝。乃蠻的邊將豁里速別赤和帖迪克—沙勒 330 正在那裡巡哨，豁里速別赤捉住了王罕，王罕對他說：「我王罕也。」豁里速別赤既不認識王罕，也不相信他的話，便把他殺死了。331

當時桑昆沒有到那條小河邊去，而是去曠野尋找水源。他發現了一匹被蠅虻叮咬的野馬，正搖頭擺尾，又跳又叫。桑昆身邊只有掌馬官闊闊出及其妻子。闊闊出感到桑昆已到了窮途末路，不願再替他賣命了。乘桑昆將他的馬交給自己時，闊闊出騎上馬就要往回跑。闊闊出的妻子卻是個講義氣的人，不滿意闊闊出的背叛行為，大聲斥責說：主人讓你穿金衣，食甘脂時，你常常說你闊闊出如何如何。如今正當急難之際，你為什麼卻背主逃跑呢？她拒絕跟闊闊出一起逃走。闊闊出惱羞成怒，出言不遜地罵道：「你不跟我走，是不是想嫁給桑昆呢？」

闊闊出的妻子滿臉飛紅，氣憤地說：人們都說婦人的臉皮像狗皮那樣厚，但我卻不是那種人。你要離開主人逃跑，請把那個金盂交給我，給桑昆留下，讓他自己找水喝。332 闊闊出把金盂扔在地上，帶著妻子投奔了鐵木真。

闊闊出見到鐵木真後，敘述了他們與桑昆一路逃跑的情況，並說他怎樣對桑昆不滿，怎樣不顧妻子的勸阻，離開了桑昆，棄暗投明。鐵木真不僅不欣賞他的所作所為，反而大發雷霆，罵道：「你原來是背叛本主的人！像你這種人能和誰交朋友呢？誰還能相信你呢？」下令賞賜闊闊出的妻子，而對闊闊出則「斬而棄之」。333

王罕被殺了，掌馬官逃跑了，桑昆為了不做乃蠻邊將的刀下之鬼，只好繼續逃命。後來，他經過西夏邊界的亦集乃城，逃到波黎吐蕃部。「他洗劫了那些地區的一部分地方，在那裡住了一段時期，大肆蹂躪。」334當地人恨透了這個外來的強盜，「集合起來，將他包圍在一個地方，要抓住他。〔但〕他戰敗後安全地從那裡突圍，從那些部落手中逃脫出來。」335最後一直逃到忽炭和可失哈兒境內，336逃到今庫車一帶。那裡的居民也不歡迎他，一個部落酋長乞里赤－合剌下令「將他捉住殺死了」。後來，這個酋長「將他擒獲的桑昆的妻子和兒子送到了成吉思汗處，〔他自己也〕歸順了成吉思汗」。337

王罕父子的敗亡對於鐵木真來說是一次最大的勝利，從此，在蒙古草原，鐵木真已是三分天下有其二，「帝業」基本上奠定了。

用兵乃蠻部，大戰納忽崖

克烈部滅亡後，在蒙古草原上乃蠻部成為鐵木真的唯一對手。敗於鐵木真之手的各部貴族先後彙集乃蠻汗廷，企圖借助太陽汗的力量奪回自己失去的牛羊和牧場。但草原人民並不希望部落林立的局面重演，而未經戰陣、不自量力的太陽汗也不堪一擊，蒙古草原統一的時代終於到來了！

乃蠻國的邊將殺死王罕後，派人報告了太陽汗。太陽汗自以為國大民眾，從來不把蒙古放在眼裡。但鐵木真興起朔方，吞併諸部，尤其是戰勝了強大的克烈部，這不能不使太陽汗感到震驚。太陽汗左右的文臣武將也覺得這件事應該認真對待。太陽汗的後母兼寵妃古兒別速，一是出於好奇，二是好問國政，更急於瞭解事情的真相。

太陽汗的父親亦難察必勒格汗死時，留下了一個年輕美貌的妃子，此人名叫古兒別速。太陽汗根據當時「妻其後母」的習慣，將其收為自己的妃子。古兒別速不僅專寵後宮，而且專權擅政，好干預政事。她聽說邊將殺死了一個自稱「王罕」的老頭兒，馬上對太陽汗說：「王罕乃曩昔年邁之大罕也，可取其首來，若然，則俺其祭之乎！」[338]要求把那個老頭兒的腦袋拿來看看，如果真是王罕，還要以禮祭祀呢。

太陽汗立即派人通知豁里速別赤，讓他們割下那個老頭兒的腦袋，送到汗廷請人辨認。「他們將他的頭送到了自己的君主太陽汗處。」[339]將其放在一個大白氈上。乃蠻有不少人見過王罕，自然不難認出王罕的面容。太陽汗埋怨豁里速別赤做事莽撞，說：「為什麼將這樣偉大的君主殺死呢?應當將他活著帶來。」[340]但人死不能復生，腦袋掉了更不能重新長上，太陽汗「為了顯示〔王罕的〕偉大、〔應受〕尊敬，他命令將王罕的頭鑲上銀子，在自己的寶座上擺了若干時期」。[341]

隨後，太陽汗下令給王罕舉行祭奠儀式，等於是開了一個追悼會，讓自己的文臣武將以臣子之禮，兒媳以兒媳之禮祭祀他，設酒醴，陳女樂，以國王的葬禮對待王罕。太陽汗目不轉睛地盯著王罕的腦袋，一時心亂眼花，忽然發現王罕笑了起來。這一笑非同小可，太陽汗被嚇出一身冷汗。他大概意識到在自己的王座上放個人頭總是不祥之兆吧，於是趕快命人把王罕的腦袋扔到一邊，用腳踩碎了。[342]《史集》也記載了這一情節：「有一天，太陽汗對〔王罕〕的頭顱說道：『講話呀！』據說這時〔頭顱〕吐了幾下舌頭。太陽汗的異密們說道：『這是不祥之兆！要是毀滅不降臨到國家和我們頭上，那才怪呢！』」[343]於是太陽汗才令人踩碎了這個頭顱。

乃蠻的老臣可克薛兀撒卜剌黑對太陽汗這種行為很不滿意，當場就提出意見，說：人家王罕已經死了，你派人把他的腦袋割下來，又讓人給踩碎了，這樣做合乎禮義嗎？近來「犬吠之聲甚惡」，好像有不祥之兆。先君亦難察必勒格汗說過：我老了，這婦人古兒別速年少，兒子又太柔弱。他是一個禱祀而生的孩子，好像一匹無經驗、未經馴練的小馬，沒有太大的出息。而我們乃蠻部的人，大都有小看人的毛病，我這些百姓，他能管得住嗎？如今狗吠以將敗之聲，古兒別速又「治道鋒銳」，用法太嚴，太陽汗您又庸暗怯懦，除放鷹、狩獵以外，餘無所慮，也無所能。[344]像這種狀況如何能應付突然事變呢？

太陽汗不喜歡這位老臣的嘮叨碎語，也不瞭解鐵木真的實力，以十分輕蔑的口氣說道：聽說東方有為數不多的蒙古人，用弓箭嚇唬年邁的老王罕，使老頭子出走，死在我們邊將手裡了。莫非鐵木真想做皇帝不成？天上有日月兩個，日月都能給人帶來光明。地上哪能有兩個皇帝呢？我要親自去討伐他們。[345]

古兒別速也聽不進那位老臣的話，開始皺眉不語，後來則撇嘴冷笑，接過太陽汗的話頭，以一個大國皇后的口吻說道：我們要這些蒙古人幹什麼？聽說蒙古百姓渾身膻氣，衣服油污，取來以後也要離我遠點兒。假如有清秀的媳婦、女孩，倒不妨挑選幾個，讓她們好好洗個澡，換件乾淨衣服，可以派個擠牛奶、羊奶的差使。太陽汗為了討古兒別速的喜歡，滿有把握地回答說：找幾個女奴，這有何難？我要到蒙古那裡，把他們的箭筒、弓矢統統奪來！[346]

太陽汗和古兒別速就這樣輕率地決定了要對蒙古部發動戰爭。乃蠻的老臣可克薛兀撒卜剌黑見他們用這種極不嚴肅的態度對待這種有關國家興亡的大事，感到十分擔心，歎息說：「嗚乎！汝等妄出大言耳，嗚乎！遢庸罕，其宜也乎？當密之。」[347]你們不要說大話了。遢庸的可汗呀，你這樣決定合適嗎？戰爭是件大事，應該保守秘密，哪能這樣大喊大叫呢？太陽汗長期偏安西方，生在深宮之中，長於宮女之手，嬌生慣養，未經艱難，不識時務，壓根兒不知道對敵國宣戰有多大分量，他不顧自己老臣的勸阻，決定與鐵木真決一雌雄。

在乃蠻部的東南方有一個汪古部，其部長名叫阿剌忽失的斤—忽里，[348]「系出沙陀雁門節度之後。」金朝「塹山為界以限南北」，汪古部「以一軍扼其衝」。[349]替金朝守衛國界邊壕。乃蠻部的先輩曾娶汪古部的女兒做妻子，因此乃蠻與汪古稱為舅甥之國。太陽汗首先派使者與汪古部聯繫，這個使者名叫卓忽難。[350]他到汪古部後，向汪古部長轉達了太陽汗的意圖：「據說，這些地區內出了一個新王（他是指成吉思汗而言），我們深知，〔天上〕有個太陽，又有個月亮，但是地上在一塊領地上怎能有兩個君王？你做我的右手，出兵助我，讓我們將他的箭筒奪了，也就是說將他的稱號奪了吧！」[351]汪古部長目睹了鐵木真多年的戰績，「料太祖知勇，終成大事，決意歸之。」[352]認為鐵木真智勇兼備，能成大事，太陽汗並非鐵木真的對手，於是決定拒絕太陽汗，歸附鐵木真。他不顧部下一些人反對，下令逮捕了太陽汗的使者卓忽難，「即遣麾下將禿里必答思，齎酒六榼，送卓忽難於太祖，告以帶陽（太陽汗）之謀。」鐵木真「酬以馬二千蹄、羊二千角」，[353]用五百匹馬、一千隻羊對汪古部長表示感謝，並說：「異日吾有天下，奚汝之報，天實監之！」[354]鐵木真邀請汪古部長同自己一起討伐太陽汗。

汪古部的使者到來時，鐵木真正率領部眾在帖麥該川[355]圍獵。面對著乃蠻部即將進攻的威脅，鐵木真不得不認真研究對策。當時正值一二〇四年春天，鐵木真在帖麥該川的禿勒古勒主惕[356]舉行了忽里台[357]（「忽里台」蒙語即大聚會之意，凡征伐、立汗等大事，皆召集忽里台）。許多將領都說：「我們的馬瘦，讓我們餵肥了馬，秋天出兵吧！」[358]戰馬是草原各部的主要作戰工具，春天青黃不接，水草缺乏，戰馬消瘦，確實不利於作戰。因此當時草原各部作戰往往選擇秋高馬肥的季節。鐵木真的部下提出這條理由反對作戰，不是沒有道理，但其中也包含害怕強大的乃蠻部、畏敵怯戰的成分。鐵木真的弟弟斡赤斤、別勒古台不同意這種意見，斡赤斤說：「那可兒們啊，為什麼我們要以馬瘦做理由呢？有一次我們就聽到過這類話，但我們還是出征了！怎麼可以讓太陽汗來抓我們呢——讓我們去抓他吧！讓人們說：太陽汗就擒於此！我們的聲名將遠揚！至於我們抓住他呢，還是他抓住我們呢，〔那只有〕偉大的天神知道！好了，讓我們出兵吧！」[359]

別勒古台說：人生在世，被敵人取走弓矢，那活著還有什麼用處？男兒生當做大丈夫，死則要使弓矢與屍同臥。乃蠻人以其國大民眾而出此大言，我當就其大言而伐之，奪取他們的弓矢，這有何難？他們馬群再多也得老老實實地丟下；他們的人可以逃走，但他們的宮室卻不能帶走；他們人雖多，不過是些無能之輩，打起仗來也只會往山上跑。太陽汗說了那種大話，我們怎能無動於衷呢？我認為應該立刻出兵討伐！[360]「如果乃蠻部奪了你的箭筒，我們的骨頭就埋不到一起了。」「要是我們勝利了，難道還奪不了他們的箭筒不成！」[361]

鐵木真十分欣賞斡赤斤、別勒古台的勇敢無畏，高興地說：「以此眾戰，何憂不勝。」[362]於是他立即下令停止圍獵，將營地遷徙到合勒合河畔的客勒帖該合答地面，[363]準備與乃蠻決戰。

隨著蒙古部眾的一再離合和外族分子的大量湧入，當時已不可能再按原來的氏族組織作戰了，為此鐵木真下令對軍隊進行整編。第一，正式建立了十進位的軍事編制。他要求所有的軍隊都依十進位組成十戶、百戶、千戶，委派了各級那顏為各級軍事首領——即十戶官、百戶官、千戶官。第二，進一步加強與改組中央機構，任命了六個親信那可兒為扯兒必。據《事林廣記》所收《蒙古譯語》解釋，「扯兒必」又譯「闍里必」，相當於元朝時「掌諸王朝覲儐介事之內八府宰相」。[364]這六個扯兒必是朵歹、多勒忽、斡格列、脫侖、不察蘭、雪亦客禿，由他們常侍鐵木真身邊，處理有關事務。第三，正式組建宿衛、侍衛軍，確定晝夜值班和交接班制度。鐵木真選拔了八十名親信那可兒充當宿衛（客卜帖兀勒），七十名那可兒充當侍衛（散班，禿魯華）。宿衛值夜班，侍衛值白班，三日夜一輪換。「七十侍衛由斡歌列扯兒必長之。與忽都思合勒潺共商而理之。」[365]第四，著手組建怯薛軍。下令從千戶、百戶官的子弟，老自由民的子弟中，挑選有技藝、身材端好的一千名戰士為怯薛軍（護衛軍），由札剌亦兒人阿兒孩合撒兒統率，「爭占之日，列於我前戰之；平日，為我侍衛而番值之。」[366]戰時作先鋒，平時充護衛。從此，鐵木真正式確定了千戶制，建立了一支怯薛軍，這是軍事制度上的一項重大改革。它進一步克服了部落聯盟的鬆散性，建立了一支統一指揮的正規軍，同時又大大加強了大汗的力量，加強了君主集權。為了進一步統一軍令政令，鐵木真還「宣布札薩克軍中」[367]，正式頒布了大札薩，即軍令與法令。所有這些措施，不僅對戰勝乃蠻，而且對以後的南征、西征都發生了重大影響。

部隊整編完成之後，鐵木真首先「命阿兒孩合撒兒選勇健之士，自合勒合河，斡兒訥兀客勒帖該合答之地，出征乃蠻百姓矣」。[368]一二〇四年，蒙古紀年子年（甲子）鼠兒年夏四月十六日，鐵木真大隊人馬祭旗出征，[369]以者別、忽必來二人為先鋒，沿怯綠連河而進。四月中旬以後，蒙古草原春草返青，至六月草原繁茂。從呼倫貝爾草原至乃蠻部所在的阿爾泰山一帶，鳥道三千三百里，人行曲折往返，當有五六千里之遙。蒙古軍隊都是騎兵，行軍數千里，全靠馬力，每人都有幾匹戰馬，以備替換。戰馬需吃草，戰士需進食，為此這支遠征軍只能一路游牧、一路打獵而行，等到達乃蠻邊界的撒阿里一帶時，估計已經到了當年秋天。

太陽汗率領軍隊越過阿爾泰山，設營於杭愛山哈瑞河邊。[370]蒙古草原被鐵木真打敗了的各部舊貴族幾乎都集合到太陽汗周圍，其中包括札答蘭部的札木合、蔑兒乞部的脫脫、克烈部的阿鄰太師[371]、斡亦剌部的忽禿合別乞，以及朵兒邊、塔塔兒、合答斤、山只昆等部的遺民，兵強馬壯、軍勢頗盛，太陽汗也自認為穩操勝券。

在斡兒寒河[372]一帶，鐵木真的偵察部隊（哨望者）與乃蠻的巡邏部隊遭遇，雙方互相角逐。有一匹淺色的青白馬，腹下拖著一副反轉來的破馬鞍，從鐵木真軍隊那邊誤入乃蠻營地，被乃蠻人捉住。乃蠻人見蒙古的戰馬如此瘦弱，連馬鞍都馱不住，不免暗自慶幸。

不久，鐵木真率領中軍來到前線，立即與部下將領研究作戰方略。朵歹扯兒必向鐵木真獻計說：「咱人少遠來，可只於此牧馬。多設疑兵，將這撒阿里客額兒地面布滿，夜令人各燒火五處。彼人雖多，其主軟弱，不曾出外，必是驚疑。如此則我馬已飽，然後追彼哨望的，直抵大營，擊其不整，必然可勝。」[373]鐵木真採納了朵歹扯兒必的建議，讓各個營帳之間拉開較大的距離，布置了許多疑兵，盡量讓自己的軍隊布滿撒阿里之野。晚上，「凡有性命者，人各爇火五處」[374]，讓每人點五堆火，造成人馬眾多的假象。

這種虛張聲勢的策略果然起到了先聲奪人的威懾作用，乃蠻的哨望者自杭愛山頭看到這一情景，一個個驚得目瞪口呆，說：「非云蒙古少歟？其火何多於星辰也！」[375]於是他們趕快派人將那匹破鞍青白馬送到了哈瑞河邊，向太陽汗報告說：「蒙古軍已滿營口於撒阿里之野，且似日增無已，其火多於星辰焉。」[376]

太陽汗得到這一情報後，也沒有進行認真分析，就派人告訴自己的兒子屈出律，[377]準備向後撤退，使者對屈出律說：蒙古的戰馬雖然消瘦，但營火卻多於繁星，「其人必眾。」我曾聽人們說：「達達每剛硬。眼上刺呵，不轉睛；腮上刺呵，不躲避。」[378]我們今天若與他們交戰，必然會兵連禍結。目前他們遠來疲憊，戰馬已瘦。我們不如率部隊越過金山（阿爾泰山），整頓軍馬。用門狗的辦法，且戰且走，誘敵深入，瞅準機會，突然反擊。等到達金山前麓時，我們的肥馬消腹，更加輕健；蒙古的戰馬則更加疲乏。然後回頭向他們發動總攻，「潑其面而上」，[379]刀、槍、弓箭一齊迎面痛擊，這樣就能取得徹底勝利！

太陽汗的兒子屈出律血氣方剛，有勇無謀，根本不聽太陽汗的指揮，反而當著使臣的面將太陽汗奚落了一頓：巾幗中的太陽汗又心怯了，所以才說出這種話。那麼多蒙古人是從何而來的呢？蒙古的大部分不是與札木合一起在我們這裡嗎？鐵木真從哪裡增兵呢？「我父塔陽，於孕婦更衣處，牛犢吃草處，都不曾到。」[380]我這位父汗從小生長在深宮，沒有離開過孕婦撒尿的地方，連放牧牛犢的草場都沒有到過，剛聽說敵人來了就膽怯了，真像個婦人啊！

太陽汗的使臣被屈出律打發回去，向太陽汗如實稟報了屈出律的反應。太陽汗被氣得火冒三丈，但又無可奈何，說：有力有勇的屈出律，等到雙方相接、相殺之日，不失其勇就好了。像這樣打下去，勢必會難解難分的！[381]

太陽汗的手下大將豁里速別赤對太陽汗臨陣怯敵也很不滿，說：過去你父親亦難察必勒格汗，逢對等之敵，從未使敵人看見男兒的脊背，戰馬的後胯。你現在年富力強，為什麼這樣心虛膽怯呢？早知如此，還不如讓古兒別速統率軍隊呢！噫！太可惜了，可克薛兀撒卜剌黑已經老了！可奈何！我軍的紀律已經鬆弛了！大概是蒙古人時來運轉了吧？嗚乎！不可為矣，像你這樣怯懦無能，我們乃蠻還有什麼希望呢。說完，歎了口氣，「叩鞭而去矣」，於是馬上打著箭筒到別處去了。[382]

太陽汗這次真被激怒了，對左右人說：「人死的性命，辛苦的身軀，都一般。你那般說呵，咱迎去與他廝殺。」[383]男兒百年，終有一死；七尺之軀，辛苦一生，誰敢獨辭。這些人口出大言，我們也不怕捨死一戰！於是他在杭愛山聚集部眾，渡過鄂爾渾河，列陣於納忽山[384]崖前察乞兒馬兀惕，準備與鐵木真決戰。

偵察人員馳馬飛報鐵木真：乃蠻主力開來了。鐵木真立即下達了作戰命令：「多而多，少而少，其中損焉乎！」[385]要求部下以少勝多，勇猛作戰。「進入山桃皮叢，擺如海子樣陣，攻如鑿穿而戰乎！」[386]要求大家像山桃皮叢一樣，分小隊低姿勢聯絡前進；擺成大海一樣的陣勢，從四面八方進行包圍；要像用鑿子攻木材一樣，長驅直入，直逼其中軍。鐵木真親自任先鋒，命合撒兒統率中軍，斡赤斤將殿軍，負責後衛。乃蠻軍從察乞兒馬兀惕退到納忽崖前，沿山麓擺下了陣勢。鐵木真的哨望者驅趕乃蠻之哨望者，一直逼到納忽崖前的大中軍內。

太陽汗發現蒙古軍作戰十分勇猛，乃蠻人被逼得步步後退，站在納忽崖前向札木合詳細詢問蒙古各支軍隊的情況。太陽汗問：那幾個一路趕來的，「如狼將群羊直趕至圈內，是什麼人？」[387]「我鐵木真安答，養有飼以人肉，繫以鎖鏈之四狗焉。驅我哨望者而來者，蓋此輩也。」[388]札木合一眼就認出了他們幾個人，他們是鐵木真的四員虎將。札木合說：他們「銅額鑿齒，錐舌鐵心，用鐶刀做馬鞭，飲露騎風。廝殺時，吃人肉。如今放了鐵索，垂涎著喜歡來也」。[389]他們名叫者別、忽必來、者勒蔑、速不台。

太陽汗有些害怕了，說：咦！我們還是離這些下等人遠點，免得受他們凌辱。於是從崖前後退，將陣地移上山坡。太陽汗發現，在他們背後，有一些人結陣繞行而來，於是又問：那是一些什麼人？他們像早晨放出的馬駒，好像吃完了母乳，然後又繞在四周。你看他們大隊人馬，「群奔而揚塵」，擺開圓陣，團團急行，他們究竟是哪個氏族的？[390]

札木合一看對方的旗纛，馬上又認出來了，說：他們是專門驅趕拿槍的好漢，「劫彼血腥之財」的人；他們是專門驅趕拿刀的好漢，砍殺他們而奪其家資的人。他們就是所謂兀魯兀惕、忙忽惕氏。今天他們大概不高興了，所以才結陣而來。

太陽汗聽說後又嚇了一跳，說：「咦！然則遠避其凌辱乎！」[391]於是他命令中軍大營繼續向另一個山頭移動。太陽汗不是指揮部隊衝鋒陷陣，而是指揮部隊節節後退，但蒙古軍隊卻是步步進逼。太陽汗又問札木合：「繼其後而來者，如餓鷹之捕食，奮銳當先而來者誰也？」[392]札木合向太陽汗所指的方面望去，一眼就看到了自為先鋒的鐵木真，說：「此來者，乃我安答鐵木真也。」他渾身上下以生銅鑄成，用鐵錐刺他找不到空隙；他從頭到腳用熟鐵鍛成，用絎針扎他找不到紋縫。「我鐵木真安答，恰似餓鷹之捕食，如此奮銳而來也，汝其見之乎？」乃蠻的夥計們曾說：若見了韃靼們，要把他們消滅乾淨，連個小羊羔的蹄皮也不留。這就是韃靼的統帥，您仔細看看吧！[393]

太陽汗見鐵木真橫衝直闖，如入無人之境，嚇出一身冷汗，說：「咦（誠）可畏也，其登山而陣乎！」[394]於是乃蠻的陣地又向更高的山頭移去。剛剛站穩陣腳，太陽汗又指著後面的人問道：鐵木真後邊，「來勢甚眾者誰也？」[395]札木合說：「是訶額侖母的一個兒子，用人肉養來。」[396]此人身高三尋左右，一頓能吃一隻三歲的小牛。披掛三重甲，坐駕三牤牛。「他將帶弓箭的人全咽呵，不礙著喉嚨；吞一個全人呵，不勾（夠）點心。」[397]其發怒之時，引弓放其叉披箭，能射穿隔山一二十人。其鬥敵之時也，引弓放其大披箭，能射穿越野橫渡人。大引放箭九百尋，小引放箭五百尋。他生得與眾不同，身軀莽壯像個大魔君。他的名字叫做拙赤合撒兒。[398]

太陽汗被驚得目瞪口呆，說：「咦！然則奔山之高處乎！」[399]乃蠻人登山而上，陣地撤到了更高處。太陽汗又問：「繼其後而來者誰也？」札木合說：「乃訶額侖母之幼子，人稱孝義斡惕赤斤者也。」此人睡眠常早，起床常遲，但爭鬥不落後，衝殺不落伍。[400]

看見一個蒙古將領，太陽汗就向札木合詢問；殺來一支蒙古軍隊，太陽汗就向札木合打聽。札木合繪聲繪色地向他介紹蒙古軍的情況，其中不免有許多言過其實的吹噓。但眼看著蒙古軍的勇猛衝殺，太陽汗早就嚇得喪魂落魄、手足無措了，完全喪失了勝利的信心。在他的一個個命令下，乃蠻的中軍大營一步步移到了高山之巔，已經無路可退了。札木合見鐵木真「軍容整肅」，又發現太陽汗比克烈部的老王罕還無能，於是對自己的那可兒們說道：「看啊，〔我的〕義兄弟成吉思汗軍隊的陣勢和戰鬥隊形真是與眾不同！」[401]「乃蠻初舉兵，視蒙古若羖羬羔兒，意謂蹄皮亦不留。今吾觀其氣勢，殆非往時矣。」[402]說完之後，他就率部離開了乃蠻陣地，又派人向鐵木真轉告了乃蠻部的情況，說：「塔陽（太陽汗）如今聽了我說的話，已自驚得昏了，都爭上高山頂去，並無廝殺的氣象。我已自離了他，安答你謹慎者。」[403]

經過一天的戰鬥，鐵木真的軍隊將納忽崖團團圍住，夜間結陣宿營。乃蠻軍長期生活在相對安定的環境裡，禁受不住蒙古人的猛攻，害怕陣地被攻破後成為蒙古人的刀下之鬼。當天夜裡，許多人企圖找條山路逃一條活命，結果卻適得其反，「自納忽崖山上，滾落壑底，堆壘狼藉，跌碎筋骨，積如爛木，相壓而死焉。」[404]第二天，鐵木真就討平了太陽汗的乃蠻軍。自恃英勇無敵的屈出律不顧太陽汗的死活，帶少數人逃走了。太陽汗本人被蒙古軍射中要害，身上負了多處重傷。「他躲在難以攀登上去的山坡上，豁里─速別出等幾個異密跟隨著他。他儘管費盡力氣想爬上山去再戰，但由於傷勢沉重無能為力。當時，豁里─速別出對別的異密和那可兒們說：『等一等，讓我來說幾句話吧，我知道，我說的話能讓他振作起來！』於是他（豁里─速別出）說道：『太陽汗啊，我們在山下，要爬上山坡去。起來，讓我們去廝殺吧！』他聽到了這些話，但卻動也不動。豁里─速別出又說道：『太陽汗啊，你的哈敦們，尤其是你所寵愛的古兒別速，全部打扮好了，將斡兒朵收拾好了等著你呢。起來，我們〔到她們處〕去吧！』這些話他也聽到了，但他一動也不動，他爬不起來。豁里—速別出對那可兒們說：『只要他還有半點力氣，他總會動一動或回答〔我們〕的。現在，在我們看到他死去前，讓我們在他面前廝殺吧，讓他看我們戰死吧。』他們下了山坡，進行激戰，直到〔全部〕戰死為止。成吉思汗想活捉他們，他們無論如何也不讓……。成吉思汗很驚奇，對他們的堅貞忠誠十分讚許，他（成吉思汗）說道：『有這樣那可兒的人，還有什麼可悲傷的呢？』」[405] 納忽崖大戰以鐵木真的全勝而結束。投靠了太陽汗的札答蘭、合答斤、山只昆、朵兒邊、泰赤烏、弘吉剌等部餘眾紛紛投降鐵木真，只有札木合和蔑兒乞部脫脫父子等少數人逃到了遠方。乃蠻部的百姓、屬民做了鐵木真的俘虜，連太陽汗的後母兼寵妃古兒別速也做了鐵木真的老婆。鐵木真問她：「汝非謂蒙古之味惡歟？今何以來也？」[406] 你不是說蒙古人氣味不好嗎？今天為什麼也來投降呢？亡國滅種，為人臣妾，這就是不可一世、無能無才的太陽汗給乃蠻部所帶來的後果。人數眾多，文化進步的強大的乃蠻部在鐵木真的攻擊下，只有一天一夜就被粉碎了。

草原舊貴族的歸宿

一、蔑兒乞部的敗亡

一天一夜的戰爭勝利結束了，鐵木真派人清掃戰場、清查俘虜，發現除札木合外，蔑兒乞部的脫脫父子、太陽汗之子屈出律等人也逃之夭夭了。為了徹底消滅敵人，鐵木真馬不停蹄，乘勝追擊。

屈出律從戰場逃跑後，曾準備在塔米兒河邊立陣頑抗。但他的陣地還沒有布置好，蒙古的追兵已經開到河對岸，屈出律如驚弓之鳥，繼續逃命。蒙古騎兵驅馬渡河，尾追不捨，直至阿爾泰山南面的兀瀧古河[407]外。屈出律的隊伍被蒙古追兵包圍了，跟隨他的士兵們十無一生。後來，長春真人丘處機到阿姆河邊去會見成吉思汗，曾路經此地，當地人稱為古戰場——白骨甸，可見當時屈出律軍死傷慘重。屈出律「勢益窮促，不得已盡棄其眾，脫身而逃，依其叔父不亦魯黑」。[408]他不顧戰士們的死活，棄眾逃跑，投奔了他叔父不亦魯黑汗。與此同時，鐵木真率領另一支部隊追擊蔑兒乞部的脫脫父子，雙方在合剌答勒忽札兀兒發生了一場激戰，脫脫被打敗，率殘兵敗將竄回撒阿里之野。蒙古軍俘虜了大批蔑兒乞部的屬民百姓，脫脫及其子忽都、赤剌溫等只帶了少數親信，也投奔了不亦魯黑汗。

蔑兒乞部有一個分支——兀窪思—蔑兒乞，[409]該部首領名叫答亦兒兀孫。[410]他感到實在走投無路了，打算投降鐵木真。答亦兒兀孫有個女兒名叫忽蘭，正當二八妙齡，相貌出眾。為能換取鐵木真的歡心，藉以保持自己的富貴榮華，答亦兒兀孫準備把自己的女兒獻給鐵木真。當時，戰火還沒有完全平息，軍隊調動頻繁，答亦兒兀孫從迭兒思河源[411]出發，向鐵木真的駐地開去，中途被蒙古軍擋住了去路，遇見了巴阿鄰氏的納牙阿。他對納牙阿說：「這女子要獻與成吉思汗。」納牙阿說：「咱一同將你女子獻去。你若先去呵，亂軍將你也殺了，女子也亂了。」[412]於是留他們父女在營中住了三天三夜，然後才將忽蘭送到鐵木真那裡。

鐵木真懷疑納牙阿與忽蘭的關係，大發雷霆：「汝何得止之耶？」「即從嚴勘問，欲將號令。」[413]你為何讓她住在你的營地？並立即從嚴審問，欲將納牙阿斬首號令！忽蘭姑娘知道鐵木真起了疑心，趕緊站出來替納牙阿分辯：「納牙阿曾言：軍之亂，故諫止焉。今非納牙阿，倘遇眾軍，方亂中生事，未知陷於何境也。得遇此納牙阿，幸矣。今乞合罕降恩，問納牙阿前，其問我奉天之命，父母所生之肌膚乎？」[414]意思是說，納牙阿是好人，請您不要懷疑。他曾對我父親說，我是成吉思汗的大官，咱們一起將你的女兒送給可汗吧。他恐怕路上眾軍太亂，才提出與我們同行。若不是納牙阿，假如遇到其他亂軍，一定會亂中生事，還不知陷入什麼境地呢！我們能遇見納牙阿，真是太幸運了。希望可汗降恩，先不要審問納牙阿，我這天地所賜、父母所生的身體完全可以證明。忽蘭是個未出嫁的處女，納牙阿是個正直的將領，為了解除鐵木真的誤會，忽蘭姑娘甘願以身相試，因為這件事不僅關係到納牙阿的生死，而且關係到忽蘭全家的命運。這時，納牙阿也說：「我只一心奉事主人，凡外邦得的美女好馬，要獻與主人。除此之外，別有心呵，便死。」[415]鐵木真聽了忽蘭和納牙阿的話，怒氣消了一大半，但還是將信將疑。於是採納了忽蘭的建議，「就那日將忽蘭試驗呵，果然不曾被污。」[416]事實證明，忽蘭與納牙阿都沒有說謊，鐵木真這才轉怒為喜，將納牙阿放了，並發下了一道恩旨：「此人至誠，以後大勾當裡，可以委付。」[417]從此，納牙阿受到鐵木真的絕對信任，忽蘭也受到鐵木真的寵愛，成為地位僅次於孛兒帖夫人、得寵則有過之的人物。

答亦兒兀孫向鐵木真稟報說，他們沒有兀剌黑，即馱用或騎用的牲畜，不能隨同鐵木真一起出征。鐵木真「下令將他們劃分為百戶，為他們設置了長官，將他們留在輜重隊（奧魯）裡。成吉思汗剛走開，他們又叛變了，搶走了輜重。留下看守輜重的少數人員集合起來，〔與叛亂者〕作戰，奪回了被搶走的全部東西，那個部落逃跑了」。後來答亦兒兀孫帶著他們的部眾「到了薛靈哥河地區合剌溫—合卜察勒[418]寨，在那裡屯駐下來」。[419]

這時，蔑兒乞部其他各支的屬民百姓大都成為蒙古軍的俘虜，其中包括兀都亦惕氏，[420]木丹氏，[421]脫脫鄰氏[422]以及剌准氏。[423]在蔑兒乞百姓中有脫脫之子忽都的兩個妃子，一個名叫禿該，一個名叫脫列哥那。[424]鐵木真將脫列哥那賜給了窩闊台，「窩闊台的四個大兒子都是她生下的；貴由汗是其中年長而主要的。」[425]蔑兒乞百姓不甘忍受這種亡國滅種、為人臣妾的待遇，不久即有「一半百姓反去，將台合勒[426]山寨把住。成吉思汗命鎖兒罕失剌的兒子沈白，領右手軍去攻」。[427]鐵木真本人則親自率領一支部隊去追擊脫脫父子。當年冬天，鐵木真的軍隊就在阿爾泰山南面過冬。

一二〇五年春，鐵木真率軍越過阿爾泰山，進入兀魯黑塔黑之地，[428]對聚集在索果克河的不亦魯黑汗、屈出律叔侄和脫脫父子發起突然襲擊。[429]當時，不亦魯黑汗正在索果克河邊帶鷹、鵰行獵，獵取禽鳥，「什麼事情也不知道」，[430]鐵木真「出其不意地在他打獵時擒殺了他」。[431]「奪取了他的領地、帳廬、妻子、兒女、馬群和畜群。」[432]屈出律和脫脫父子再次走脫，「躲在乃蠻地區邊境也兒的石地方」，[433]於是鐵木真勝利班師，回到老營。

這時，立寨反抗的蔑兒乞人也先後被蒙古軍討平了。「沈白攻破台合勒寨，將蔑兒乞百姓盡行殺擄了。」[434]返於老營、逃到薛靈哥河地區的兀窪思—蔑兒乞，也被博爾忽、沈白率右翼軍鎮壓了，他們「將躲在寨內的該部落全部擒獲」。[435]鐵木真下令殺死那些帶頭造反的人，其餘的百姓屬民分給眾軍做奴隸。鐵木真說：「俺本欲成全包容，彼卻反焉。」[436]我本來想成全他們，讓他們同族人生活在一起，但他們卻起來造反。因此，只好根據處理克烈部的辦法，也把蔑兒乞的氏族部落組織拆散，「就教各人盡數分」，[437]把他們分配給蒙古各級貴族。強大的蔑兒乞兀魯思從此土崩瓦解了，脫脫父子雖然僥倖逃出了羅網，但他們藉以反抗的基礎已經被摧毀了，蔑兒乞敗亡的命運至此已經成為定局。

二、札木合的末路

當鐵木真收捕乃蠻、蔑兒乞部眾時，札木合所率領的札答蘭氏百姓也大都做了鐵木真的俘虜。札木合雖然在戰爭的緊要關頭臨陣脫逃了，但跟隨他的親信已為數不多，他幾乎成了一個孤家寡人。據《蒙古秘史》記載，最後札木合身邊只剩下了五個那可兒；即使採用《史集》的說法，也不過只有親屬及堂兄弟們六十人。[438]

札木合作為鐵木真反對勢力的主要首領，在草原舊貴族中有很高的威望，但他為人狡詐，不講信義。闊亦田之戰中，他作為東方同盟的首領，戰敗時搶掠同盟者，後又投降王罕；哈蘭真沙陀之戰、納忽崖之戰時，他都是在關鍵的時刻脫離戰場，藉以保存實力，另謀出路。對部眾和盟友他都不曾推誠相待，而是一切以個人得失為轉移，因此當他面臨危機時，也只能會出現眾叛親離的局面。

札木合離開太陽汗之後，往北逃入狩獵部落居住的儻魯山[439]地區。「只有五個伴當，同做劫賊。」[440]由於他們急於逃命，輜重和糧草都丟光了，只好靠射獵、搶劫維持生命。有一天，他們大概沒有打到獵物，飢餓難忍。他的五個那可兒只好把僅有的一隻羱羊燒著吃了。「羱羊」蒙語稱為「兀忽勒扎」，即盤羊。這是草原上一種比較珍貴的食物，本不應草草地燒著吃掉。札木合一見就生氣了，連罵帶挖苦地說：「是誰之子，今日殺羱羊如此食之耶？」[441]你們是誰的兒子，今天竟這樣排場，將珍貴的羱羊燒著吃掉？但當時札木合也已經餓得肚皮貼脊樑了，聞著燒羊肉味也會有點流口水，一邊嘮叨一邊蹲下吃了起來。那五個那可兒卻被他罵急了，乘他正津津有味地吃羱羊肉時，五人一齊動手將札木合綁了起來。當時鐵木真正走在勝利回師的路上，於是他們將札木合押送到鐵木真的軍隊中。

札木合見到了蒙古軍人，仍然是怒氣沖沖，讓他們轉告鐵木真說：

「烏鴉以至捕鸂鶒[442]矣，
下奴以至擒其罕矣，
我合罕安答其云何也？
黑超以至捕蒲鴨矣，
奴僕以至圍擒本主矣，
我聖明安答其云何也？」[443]

意思是說，烏鴉捉住了紫鴛鴦，賤奴捉拿了本汗；低賤的黑超捕捉了蒲鴨，奴僕竟敢圍擒本主，我聖明的安答可汗您看應該如何處理呢？「讓我的安答來鑑定那些跟隨我的人，在處理案件時仔細地審查清楚。」[444]

當札木合被送到鐵木真的營帳時，鐵木真問那些押送者：「捉住札木合時，他說了些什麼？」「人們重述了他說的話。成吉思汗懂得這些話的含意。這些話的含意如下：既然〔我的〕那可兒捉住了他們的主人我，對我不忠，那麼他還會忠於誰呢！」[445]

鐵木真本來就十分重視維護主奴關係，痛恨那些背叛本主的人，聽札木合這麼一說，立即發布一道命令：「安可容此犯其本罕之人也？此等人，其能為誰之友乎？傳旨：族斬其犯本罕者。」[446]鐵木真的軍士馬上執行命令，當著札木合的面殺了他的那五個那可兒及其子孫。

《史集》的記載與此大同小異，其中說：「成吉思汗下令，從六十個他（札木合）的親屬和堂兄弟們的那一群人中，分出將他抓起來的那三十個那可兒來，全部處死。其餘三十人都歸順了〔他（鐵木真）〕。他們的首領玉律把阿禿兒成為受尊敬的大人物，立有卓異功勞。」[447]

鐵木真回頭派人（合撒兒）對札木合說：過去我曾經仰賴安答，好像車之有轅，我們各為其一。你中間與我分離，如今又可以相合了。希望您做我的伴當，不要另有打算了。假如我們誰忘了什麼，可以互相提醒一下；假如有誰睡得太死了，可以揪頭髮喚醒。前些年您雖與我離析而行，但終究還是我的吉慶的安答。每當生死存亡之際，您總是戀戀有故人之情；每當爭戰之日，您總是痛其肺腑手足。我與王罕在哈蘭真沙陀廝殺時，您曾將王罕的打算告訴我，這是對我的一次恩德。在納忽崖與太陽汗作戰時，你又替我吹噓，嚇壞了乃蠻人，這是又一次有恩於我，我對您的恩德永遠不會忘記。[448]

聽完鐵木真的話，札木合既感動又慚愧，回答說：當我們年幼時，我曾與安答定交於豁兒豁納黑川，我們曾共進不消之食，共說不忘之言，還曾同床共衾而臥。不幸的是，我們聽信了他人的挑唆，中途分道揚鑣了。回想起在先說過的誓言，我實在沒有臉面與安答相見。如今安答不計前嫌，仍然願意與我做伴。如今安答已將眾百姓收了，眾鄰邦平了，一個圓滿的國家即將創立了，汗位肯定屬於您了，天下大事已定，我與您做伴當還有什麼裨益呢？您若不殺死我，只會使您夜裡睡覺不安，白天飲食不甘。好像蝨子在衣領，針刺在底衿。我是一個毛病很多的人，自己異想天開，出了許多差錯，實在不敢奢望安答為我費心。在此生此世，我與安答的交誼、名聲，自日出之地至日落之處，人人皆知。「安答有聰慧之母，生性俊傑，有多才之弟，友為英豪。」[449]又有能駕馭七十三匹駿馬的勇士（指鐵木真手下幾十位將領），所以安答所向有功。與安答相反，我「自幼遺於父母，（又）無（昆）弟，妻乃長舌，友無心腹，故為天命有歸之安答所敗矣。安答降恩，令我速亡，則安答之心將安焉。安答降恩使殺之也，乞勿使流血而殺之」。450我死之後，希望將我的屍骨埋葬在高地，我將永遠護佑您的子子孫孫。我與您的同族而異源的人，被安答旺族的威靈征服了。我死以後，我的族人將託庇於安答的威靈之下，希望安答朝夕予以照料。今天只求安答賜我速死。451

鐵木真沉吟不語，認真考慮了札木合的意見，然後對自己的左右將領說：我這位安答交絕不出惡聲，雖與我分離，但不曾有真實害我之心，還是一個可以效法的人。他自己堅決不肯活下去，但我令人占卜，並未入卦。況且他久負盛名，我們總不能無故害他的性命吧？452

因此《史集》記載說：「由於〔成吉思汗〕稱札木合為『安答』〔義兄弟〕，他不想殺他，於是將他連同那可兒們和〔他的全部〕帳廬和財產，都賜給了自己喜愛的一個堂兄弟額勒只帶那顏。過了幾天，額勒只帶殺害了他。據說，額勒只帶曾下令將他肢解。札木合說道：『這是你們的權利！我曾想過，我若獲〔天〕佑，就將你們砍成碎塊。既然〔天〕佑在你們〔方面〕，就快把我砍碎吧！』他催促著他們，向他們亮出自己的關節說：『砍這裡！』一點也不害怕。」453

《蒙古秘史》的記載與此不同，其中只是說：開始鐵木真不想殺死札木合，但考慮了一會兒，又想出了幾條讓他死的理由，並讓執行死刑的人轉告札木合：「有個緣故，你對他說。」454當時你弟弟給察兒與我的那可兒拙赤答兒馬剌因盜馬事相爭，你不該妄行攻伐，敗我於答蘭巴勒渚惕之地，逼我躲入者列捏之峽。我不念舊惡，令你為伴當，你堅決不肯；惜你性命，你卻必欲即死。那我只好根據你的要求，讓你不流血而死了。說完，馬上發下一道旨意：「俾勿流血而使亡之，勿露棄其骨，宜厚葬之。」455於是鐵木真的部下將札木合裝入袋中絞死了。同時，阿勒壇、忽察兒也在這次戰爭中被捉住，鐵木真也用這種辦法處死了他們，並依蒙古貴族禮葬埋。札木合為什麼要求不出血而死呢？因為蒙古人認為：一個人的靈魂在他的血液中，死者不出血能保住靈魂。後來，蒙古人處死有罪的宗室貴族，常常使用這種不出血的「特典」。

註釋

1 《蒙兀兒史記》卷二〈成吉思汗本紀〉。

2 豁兒豁納黑川為鄂嫩河支流，似為今庫爾克忽河或基爾刊河，《史集》作「豁兒豁納黑不兒」。

3 《新譯簡注蒙古秘史》卷三，頁七九。

4 《蒙古秘史》校勘本，第一一七節。

5 《蒙古秘史》校勘本，第一一九節。

6 《新譯簡注蒙古秘史》卷三，頁八三註9。

7 《新譯簡注蒙古秘史》卷三，頁八一。

8 《蒙古秘史》校勘本，第一一九節。

9 《元史》卷一〈太祖紀〉。

10 《蒙古秘史》校勘本，第一二一節。房車：蒙古人為了便於遷徙，將帳房設在車上，稱房車。《黑韃事略》中稱「穹廬」。

11 《蒙古秘史》校勘本，第一二一節。

12、13 《蒙兀兒史記》卷二〈成吉思汗本紀〉。

14 《新譯簡注蒙古秘史》卷三，頁八七－八八。

15 賈敬顏、洪俊：〈關係成吉思汗歷史的幾個問題〉，原載《社會科學輯刊》一九八一年第三期。

16 亦鄰真：〈成吉思汗與蒙古民族共同體的形成〉，《內蒙古大學學報》一九六二年第一期。

17 《元史》卷八五〈百官志〉。

18、19 《蒙古秘史》校勘本，第一二五節。

20 《蒙古秘史》校勘本，第一二四節。

21 《新譯簡注蒙古秘史》卷三，頁九〇。

22 《新譯簡注蒙古秘史》卷四，頁九五。

23 《史集》作迭兀－答察兒。《元史．太祖紀》、《親征錄》作禿合察兒。

24《元史·太祖紀》作搠只。

25《新譯簡注蒙古秘史》卷四，頁九五。

26《史集》（漢譯本），第一卷第二分冊，頁一一〇。

27《史集》作阿剌無惕、禿兒阿兀惕；《親征錄》作阿剌烏、禿剌烏兩山。

28《蒙古秘史》校勘本，第一二九節。

29《史集》（漢譯本），第一卷第二分冊，頁一一一。「捏群」《親征錄》作孛徒。《秘史》第一二九節：木勒客脫塔黑為一人，另一人名叫孛羅勒歹。《元史·孛禿傳》作磨里—禿禿、波欒歹。《親征錄》作慕哥、卜欒台。

30《親征錄》作曲鄰居山，《元史·太祖紀》作答蘭版朱思之野，《史集》作吉列勒兀。此山位於桑沽兒河上游。

31《史集》（漢譯本），第一卷第二分冊，頁一一二。

32原載《華西協會大學中國文化研究所集刊》第一卷第一期。

33載《東方學》第四輯，一九五二年三月。

34《史集》（漢譯本），第一卷第二分冊，頁一一四。

35《新譯簡注蒙古秘史》卷四，頁九六；《蒙古秘史》校勘本說：「札木合於是回去，將赤那思地面有的大王們，教七十鍋煮了。」

36《蒙古秘史》校勘本，第一二九節。

37《蒙古秘史》校勘本，第一三〇節。

38《史集》（漢譯本），第一卷第二分冊，頁一一五—一一六。

39、42《元史》卷一〈太祖紀〉。

40《史集》（漢譯本），第一卷第二分冊，頁一一六。

41《史集》（漢譯本），第一卷第二分冊，頁一一七。

43《新譯簡注蒙古秘史》卷四，頁一〇〇。

44、45《新譯簡注蒙古秘史》卷四，頁一〇一。

46《新譯簡注蒙古秘史》卷四，頁一〇〇—一〇一。

47革囊：原文為「禿速兒格」，《元史·太祖紀》、《親征錄》作「革囊」。實為飲酒器具。《史集》寫作木碗。

48《史集》作「額木亦」，《親征錄》、〈太祖紀〉作「野別該」。

49《史集》作「忽忽兒真哈敦」，《親征錄》作忽兒真哈敦。

50《新譯簡注蒙古秘史》卷四，頁九九。

51《史集》（漢譯本），第一卷第二分冊，頁一一九—一二〇。

52不里孛闊：意為「國中的力士」不里。《史集》寫作「播里」。

53《史集》作「合塔乞台」。

54《史集》（漢譯本），第一卷第二分冊，頁一二〇。參見《蒙古秘史》，第一三二節。

55《史集》（漢譯本），第一卷第二分冊，頁一二〇。

56《蒙古秘史》校勘本，第一三六節。

57《史集》（漢譯本），第一卷第二分冊，頁一二三。

58、62《新譯簡注蒙古秘史》卷四，頁一〇四。

59、61《史集》（漢譯本），第一卷第二分冊，頁一二三。

60《蒙古秘史》第一三六節作「朵羅安孛勒答兀地面」，意為「七道嶺」，在克魯倫河沿岸。《親征錄》作「朵欒—盤陀山」。

63《新譯簡注蒙古秘史》卷四，頁一〇四—一〇五。

64《蒙古秘史》校勘本，第一三九節。

65《蒙古秘史》作「孛羅忽勒」。

66《蒙古秘史》校勘本，第一三七節。

67《蒙古秘史》校勘本，第一三八節。

68、69、70《新譯簡注蒙古秘史》卷四，頁一〇七。

71《蒙古秘史》校勘本，第一四〇節。

72周良霄、顧菊英：《元代史》，頁五〇，上海人民出版社，一九九三。

73《元史》卷一〈太祖紀〉。

74薩里川，其地在今蒙古國克魯倫河與土拉河上游之間，克魯倫縣西南。

75《史集》（漢譯本），第一卷第二分冊，頁一五五。

76《蒙古秘史》作月良兀禿剌思之野，《親征錄》作月良禿剌思。今俄羅斯赤塔南鄂良古依河地區。

77《蒙古秘史》作巴兒忽真隘，流入貝加爾湖東岸的巴爾古津河地區。

78阿雷泉：阿勒灰河之源。

79《元史》卷一〈太祖紀〉。

80《史集》（漢譯本），第一卷第二分冊，頁一五七。

81、82《史集》（漢譯本），第一卷第二分冊，頁一五七—一五八。

83、84《史集》（漢譯本），第一卷第二分冊，頁一五八。

85《史集》（漢譯本），第一卷第二分冊，頁一六一。

86、87、89《元史》卷一〈太祖紀〉。

88《史集》（漢譯本），第一卷第二分冊，頁一六二。

90今蒙古人民共和國肯特省臣赫爾河河源。

91《史集》作火力台，說：火力台親自送信給鐵木真。《元史·太祖紀》、《親征錄》說，向鐵木真報信的是抄吾兒。

92、93《蒙古秘史》校勘本，第一四二節。

94 別乞：薩滿教的長老，相當於巫師、僧正。

95 《蒙古秘史》校勘本，第一四三節。

96 《史集》作亦迪—豁羅罕地方。《親征錄》作「戰於海剌兒—帖尼—火羅罕之野」。海剌兒即滿洲的額爾古納河支流海拉爾河。

97 《史集》、《元史．太祖紀》作闊奕壇。《親征錄》作闕亦壇。

98 《史集》（漢譯本），第一卷第二分冊，頁一六五—一六六。

99 失思吉思：小葉尼塞河南源錫什錫德河流域。

100 《蒙古秘史》校勘本，第一四二—一四四節。

101 《史集》（漢譯本），第一卷第二分冊，頁一六六。

102 流入貝加爾湖東岸的巴爾吉津河地區。

103 《親征錄》作土居思別吉。

104 《蒙古秘史》作忽圖，《親征錄》作和都。《史集》記載這次戰爭發生在一一九八年，說忽都和赤剌溫是脫脫的兩個兄弟。

105、107、108、111 《新譯簡注蒙古秘史》卷四，頁一一〇。

106 《蒙古秘史》校勘本，第一四四節。

109、110、112、113 《新譯簡注蒙古秘史》卷四，頁一一二。

114、115、116、117、120 《蒙古秘史》校勘本，第一四五節。

118、119、121 《新譯簡注蒙古秘史》卷四，頁一一三。

122 《蒙古秘史》校勘本，第一四六節。

123、124、129 《新譯簡注蒙古秘史》卷四，頁一一四。

125、127、128 《蒙古秘史》校勘本，第一四七節。

126 闊亦田之戰時，博爾朮騎鐵木真的戰馬出戰，被射死。估計放箭者也是者別，見後。

130 《史集》（漢譯本），第一卷第一分冊，頁一一五。

131 《新譯簡注蒙古秘史》卷五，頁一一七。

132 《史集》作八鄰部。

133、134、136 《蒙古秘史》校勘本，第一四九節。

135 《新譯簡注蒙古秘史》卷五，頁一一八。

137 《新譯簡注蒙古秘史》卷五，頁一一九。

138 《史集》作「狗年春」，即一二〇二年春。《元史．太祖紀》作「歲壬戌」。《蒙古秘史》作狗兒年秋。

139 《史集》作只提阿勒赤、察罕兩部；《親征錄》、《元史．太祖紀》作只提按赤、察罕兩部。

140 今內蒙古自治區哈拉哈河支流訥墨兒根河一帶。

141、143 《蒙古秘史》校勘本，第一五三節。

142 《元史．太祖紀》、《史集．成吉思汗紀》以此作為發兵地，《史集》寫作忽勒灰—昔魯主勒朮惕。《蒙古秘史》作兀勒灰失魯格勒只惕，今內蒙古自治區錫盟烏爾渾河及色野爾集河之地。

144 《史集》（漢譯本），第一卷第二分冊，頁一六四。

145、146、147 《新譯簡注蒙古秘史》卷五，頁一二四。

148 《蒙古秘史》校勘本，頁一五四。

149 《新譯簡注蒙古秘史》卷五，頁一二六。

150 《新譯簡注蒙古秘史》卷五，頁一二六—一二七。

151 《新譯簡注蒙古秘史》卷五，頁一二七。

152 《史集》（漢譯本），第一卷第二分冊，頁一七二。

153 《史集》（漢譯本），第一卷第二分冊，頁一四四。

154、157 《蒙兀兒史記》卷二〈成吉思可汗本紀〉。

155 今吉爾吉斯國楚河。

156 「爪忽都」漢語即「金蓮川」，因盛產蓮花而得名，屬金朝桓州；後為元上都所在地。今內蒙古錫林郭勒盟正藍族閃電河一帶。

158 《史集》（漢譯本），第一卷第二分冊，頁一四五。

159 《史集》（漢譯本），第一卷第二分冊，頁一四七。

160 《蒙古秘史》第一五一節作古泄兒海子；《親征錄》作曲薛兀澤。

161 《史集》說王罕「派遣自己的兩個那可兒塔海與雪也該，沿著怯綠連河往上走，到成吉思汗處去通報自己的到來」。

162 忽卜出兒：貢物。

163、165 《史集》（漢譯本），第一卷第二分冊，頁一四七。

164 《蒙古秘史》作合剌溫•合卜察勒。《親征錄》作「會於土兀剌河上黑林間」。克魯倫河上游地區。

166 《蒙古秘史》作兀都亦惕—蔑兒乞惕，《親征錄》作兀都夷。

167 《史集》（漢譯本），第一卷第二分冊，頁一四八。

168 《史集》（漢譯本），第一卷第二分冊，頁一五六。

169 《新譯簡注蒙古秘史》卷五，頁一二一。

170 據《蒙古秘史》記載，這次戰爭發生在鐵木真平定塔塔兒，王罕戰勝蔑兒乞之後，應為一二〇二年秋。但《史集》、《親征錄》、《元史．太祖紀》均記為闊亦田戰之前，一一九九年秋。今從《蒙古秘史》。

171 《蒙兀兒史記》卷二〈成吉思可汗本紀〉。

172 《新譯簡注蒙古秘史》卷五，頁一二九。

173 《親征錄》、《元史．太祖紀》作黑辛八石之野，今新疆北部烏倫古湖。

174 可克薛兀—撒卜勒黑：《親征錄》、《元史．太祖紀》作「曲薛兀、撒八剌」二人；「撒卜勒黑」本是地名，「可克薛兀—撒卜勒黑」即「撒卜勒黑的可克薛兀」；《史集》以其為不亦魯黑汗驍將。

175 《史集》作拜答剌黑—別勒只兒；《親征錄》作拜答剌—邊只兒之野。估計是拜達里克河谷，該河發源於蒙古國杭愛山的主脈，從杭愛山南麓流下來。

176 《史集》（漢譯本），第一卷第一分冊，頁一五一—一五二。

177 《蒙古秘史》校勘本，第一六〇節。

178、179、180 《史集》（漢譯本），第一卷第二分冊，頁一五二。

181、182 《新譯簡注蒙古秘史》卷五，頁一三〇。

183 《蒙古秘史》第一三六節作帖列禿・阿馬撒兒，第一六二節作帖列格禿—阿馬撒兒；《親征錄》作帖列徒之隘。杭愛山山口之一，帖列格禿山口。

184 《史集》（漢譯本），第一卷第二分冊，頁一五三。

185、188、189 《史集》（漢譯本），第一卷第二分冊，頁一五四。

186 《親征錄》作迪吉—火力。

187 《親征錄》作亦禿兒干盞塔兀；《秘史》第一七七節作忽巴里—忽里與亦禿兒堅。

190 《史集》（漢譯本），第一卷第二分冊，頁一五四—一五五。

191、193 《史集》（漢譯本），第一卷第二分冊，頁一五五。

192 《蒙古秘史》校勘本，第一六三節。

194 《蒙古秘史》校勘本，第一六四節。

195 《新譯簡注蒙古秘史》卷五，頁一三一。

196 《新譯簡注蒙古秘史》卷五，頁一三一—一三二。

197 《蒙古秘史》校勘本，第一六五節。《史集》（漢譯本），第一卷第二分冊，頁一六六作「抄兒別吉」；《親征錄》、《元史・太祖紀》作「抄兒伯姬」。

198 《蒙古秘史》校勘本，第一六五節。《史集》（漢譯本），第一卷第二分冊，頁一六六作「火臣別吉」；《親征錄》、《元史・太祖紀》作「火阿真伯姬」。

199 《史集》作禿思—不花。並說「王罕為鮮昆的兒子禿思—不花聘娶成吉思汗的女兒」。

200、201 《蒙古秘史》校勘本，第一六五節。

202 《新譯簡注蒙古秘史》卷五，頁一三五。

203、204、207 《史集》（漢譯本），第一卷第二分冊，頁一六七。

205 意為「花山之高者」。《親征錄》作徹徹運都山；《元史・太祖紀》作折折運都山。

206 意為「小沙陀」。《親征錄》作別里怯沙陀。

208、209 《元史》卷一〈太祖紀〉；《秘史》，第一六六節。

210 《新譯簡注蒙古秘史》卷五，頁一三五。

211《蒙古秘史》校勘本，第一六六節。

212、215《史集》（漢譯本），第一卷第二分冊，頁一六七。

213《蒙古秘史》，第一六七節。

214、218、222《元史》卷一〈太祖紀〉。

216《史集》（漢譯本），第一卷第二分冊，頁一六七。

217《蒙古秘史》，第一六七節。

219、221《史集》（漢譯本），第一卷第二分冊，頁一六八。

220《新譯簡注蒙古秘史》卷五，頁一三六。

223《史集》（漢譯本），第一卷第二分冊，頁一六八。

224《史集》說，鐵木真只帶了兩個那可兒。

225《史集》，第一卷第一分冊，頁二一七。

226《蒙古秘史》校勘本，第一六八節。

227、228《蒙古秘史》第一六八節。《史集》、《親征錄》、《元史·太祖紀》說只派一人去飲許親酒。不合台、乞剌台《親征錄》作不花台—乞察。《史集》說是桑昆使者。

229《史集》作也可—察蘭。《親征錄》作也可—察合蘭。

230《史集》作阿剌黑—因敦。

231《新譯簡注蒙古秘史》卷五，頁一三八。

232《史集》作「把帶」。

233《親征錄》作「納林」。

234《蒙古秘史》校勘本，第一六八節。

235《親征錄》作「莫運都兒」。

236《蒙古秘史》校勘本，第一七〇節。

237《蒙古秘史》作「失魯格勒只惕」；《親征錄》作「失連真河」。

238、243《史集》（漢譯本），第一卷第二分冊，頁一七〇。

239「忽剌安·不魯合惕」蒙文意為「紅杞柳」。《親征錄》作「忽剌阿、卜魯哈二山」。

240《史集》作「額勒只帶」。

241《史集》作「泰出、札卜乞台—也迭兒」；《親征錄》作「也迭兒」。

242、244、245、246、247、248《蒙古秘史》校勘本，第一七〇節。

249、252《史集》（漢譯本），第一卷第二分冊，頁一七〇。

250《秘史》第一七一節作「主兒扯歹」；《史集》作「怯台」。實際上怯台乃朮赤台之子，《史集》誤。

251《元史》稱「畏答兒」，《蒙古秘史》作「忽亦勒答兒」，《史集》同。

253、257《元史》卷一二一，〈畏答兒傳〉。

254、256《蒙古秘史》校勘本，第一七一節。

255《史集》（漢譯本），第一卷第二分冊，頁一七〇。《元史·畏答兒傳》說：「帝命兀魯一軍先發，其將朮赤台，橫鞭馬鬣不應。」

258、260、261《史集》（漢譯本），第一卷第二分冊，頁一七一。

259、262《蒙古秘史》校勘本，第一七〇節。

263《新譯簡注蒙古秘史》卷六，頁一四九。

264、266、268《史集》（漢譯本），第一卷第二分冊，頁一七三。

265 哥澤即今貝爾湖東的董哥澤。脫兒合—豁羅罕《蒙古秘史》寫作「統格黎小河」。

267《蒙古秘史》，第一七七節。《史集》將二人合為一人，作阿兒孩一者溫。《親征錄》、《元史》作阿里海。

269《史集》（漢譯本），第一卷第二分冊，頁一七七。

270、272《新譯簡注蒙古秘史》卷六，頁一五二。

271《蒙古秘史》校勘本，第一七七節。

273、274《史集》（漢譯本），第一卷第二分冊，頁一七六。

275、277《新譯簡注蒙古秘史》卷六，頁一五三。

276、278《史集》（漢譯本），第一卷第二分冊，頁一七七。

279 見《蒙古秘史》第一七七節；《元史》卷一〈太祖紀〉。

280《史集》（漢譯本），第一卷第二分冊，頁一七四。

281、283、284、285、286《史集》（漢譯本），第一卷第二分冊，頁一七五。

282 見《蒙古秘史》，第一七七節；《元史》卷一〈太祖紀〉。

287《元史》卷一，〈太祖紀〉。

288《史集》（漢譯本），第一卷第二分冊，頁一七六。

289《親征錄》作「自赤忽兒黑山」。

290《史集》（漢譯本），第一卷第二分冊，頁一七六—一七七。

291、292、293《新譯簡注蒙古秘史》卷六，頁一五五。

294《新譯簡注蒙古秘史》卷六，頁一五九。《史集》將此事記在使者與脫斡鄰勒的談話中。

295《史集》（漢譯本），第一卷第二分冊，頁一七八。

296 參見《新譯簡注蒙古秘史》卷六，頁一六〇。

297、298《史集》（漢譯本），第一卷第二分冊，頁一八〇。

299《新譯簡注蒙古秘史》卷六，頁一六一。

300《史集》（漢譯本），第一卷第二分冊，頁一八一。

301《史集》作巴勒渚訥；《蒙古秘史》作巴泐渚納湖；《親征錄》作班朱尼河。

302、305《史集》（漢譯本），第一卷第二分冊，頁一七一。

303《史集》（漢譯本），第一卷第一分冊，頁三一五。

304《元史》卷一二〇，〈札八兒火者傳〉。

306《史集》（漢譯本），第一卷第二分冊，頁一七二。

307《蒙古秘史》校勘本，第一八二節。

308《史集》作照烈惕部人哈柳答兒；《親征錄》亦作哈柳答兒。

309《史集》作察兀兒罕；《親征錄》作抄兒寒。

310《蒙古秘史》，第一八三節。

311、312、313、316、318《史集》（漢譯本），第一卷第二分冊，頁一八三。

314《史集》作亦禿兒干。

315 阿兒合勒苟吉之地，位於克魯倫河下游。

317《蒙古秘史》，第一八四節。

319《蒙古秘史》第一八五節作者折額兒─溫都兒；《親征錄》作徹徹運都山；〈太祖紀〉作折折運都山。

320《新譯簡注蒙古秘史》卷六，頁一六七。

321《蒙古秘史》校勘本，第一八五節。

322《新譯簡注蒙古秘史》卷六，頁一六八。

323《史集》作唆兒忽黑塔尼。

324、325《新譯簡注蒙古秘史》卷六，頁一七一。

326、327、330《新譯簡注蒙古秘史》卷六，頁一七二。

328、329《史集》（漢譯本），第一卷第二分冊，頁一八四。

331 見《蒙古秘史》第一八八節。《史集》，第一卷第一分冊，頁二一七說：「因為他們〔對他〕有夙怨，便殺掉了他。」

332《蒙古秘史》，頁一八八。

333《新譯簡注蒙古秘史》卷七，頁一七二。

334、335、337《史集》（漢譯本），第一卷第二分冊，頁一八四。

336 中世紀時東突厥斯坦的兩個文明地區，各擁有同名之城，即今新疆南部。

338、342、344《新譯簡注蒙古秘史》卷七，頁一七四。

339、340、341《史集》（漢譯本），第一卷第二分冊，頁一八四。

343《史集》（漢譯本），第一卷第二分冊，頁二一七。

345、346《蒙古秘史》校勘本，第一八九節。

347《新譯簡注蒙古秘史》卷七，頁一七五。

348《蒙古秘史》第一九〇節作阿剌忽失的吉惕忽里；《元史．太祖紀》作阿剌兀思別吉忽里。

349、352、354 閻復：〈駙馬高唐忠獻王碑〉，見《元文類》卷二三。

350《蒙古秘史》第一九〇節作月忽難，為汪古部長使臣。《親征錄》作「太陽可汗遣使月忽難」。

351《史集》（漢譯本），第一卷第二分冊，頁二〇二。

353《史集》、《親征錄》作脫兒必答失。《蒙古秘史》寫作太陽汗使臣。

355《蒙古秘史》第一九〇節作帖蔑延客額兒地面；《史集》作帖蔑格原野，意為「駱駝草原」。

356《蒙古秘史》第一九〇節作禿勒勤扯兀愓。

357又譯「庫里爾台」、「忽里勒台」、「忽鄰勒塔」。蒙古語「（大）聚會」之意。

358、359、361《史集》（漢譯本），第一卷第二分冊，頁二〇三。

360《新譯簡注蒙古秘史》卷七，頁一七六。

362《元史》卷一〈太祖紀〉。

363《親征錄》、〈太祖紀〉作建忒該山。

364《中國歷史大辭典》遼夏金元史卷，頁四四九，亦鄰真先生釋。

365、366、368《新譯簡注蒙古秘史》卷七，頁一七九。

367《蒙兀兒史記》卷二〈成吉思汗本紀〉。

369關於鐵木真出征乃蠻，《史集》、《親征錄》均記載了春秋兩次出征。但杭愛山大戰卻發生在秋季。

370《史集》作沆海地區阿勒台河谷裡；《蒙古秘史》第一九四節作「康孩地面的合池兒水邊」；《親征錄》作「營於沆海山的哈只兒─兀孫河」；《元史・太祖紀》作「營於沆海山」。今阿爾泰山北面的杭海山。

371《蒙古秘史》作阿鄰太石。

372斡兒寒河：今鄂爾渾河。

373《蒙古秘史》校勘本，第一九三節。

374、375、376《新譯簡注蒙古秘史》卷七，頁一八三。

377《蒙古秘史》作古出魯克；《史集》作古失魯克。

378、380、382《蒙古秘史》校勘本，第一九四節。

379、381《新譯簡注蒙古秘史》卷七，頁一八四。

383、387、389、396、397《蒙古秘史》校勘本，第一九五節。

384似為哈剌和林和豁搠才旦以北之納莫合山。

385、386、388《新譯簡注蒙古秘史》卷七，頁一八八。

390《新譯簡注蒙古秘史》卷七，頁一八九。

391、392、393、394、395《新譯簡注蒙古秘史》卷七，頁一九〇。

398《新譯簡注蒙古秘史》卷七，頁一九〇─一九一。

399《新譯簡注蒙古秘史》卷七，頁一九一。

400、406《新譯簡注蒙古秘史》卷七，頁一九一─一九二。

401《史集》（漢譯本），第一卷第二分冊，頁二〇四。

402《元史》卷一〈太祖紀〉。

403《蒙古秘史》校勘本，第一九六節。

404《新譯簡注蒙古秘史》卷七，頁一九二。

405《史集》（漢譯本），第一卷第二分冊，頁二〇四─二〇五。

407兀瀧古河：《長春真人西遊記》作龍骨河，今烏倫古河。

408《蒙兀兒史記》卷二一〈乃蠻塔陽罕列傳〉。

409《蒙古秘史》第一九七節作豁阿思—蔑兒乞惕；但第一〇二、一〇九、一一七節作兀窪思—蔑兒乞；《親征錄》作兀花思—蔑兒乞。

410《史集》作帶兒—兀孫。

411《史集》作迭兒思—沐漣，即塔兒河。

412、415、416、417《蒙古秘史》校勘本，第一九七節。

413、414《新譯簡注蒙古秘史》卷七，頁二〇二。

418「合卜察勒」意為「狹谷」、「隘」，《親征錄》作哈剌溫隘。

419《史集》（漢譯本），第一卷第二分冊，頁二〇六—二〇七。

420《親征錄》作兀都夷—蔑兒乞。

421《親征錄》作麥丹氏。

422《親征錄》作脫脫里。

423《親征錄》作掌斤（一作孛斤）。

424譯朵列格捏。《史集》（漢譯本），第一卷第一分冊，頁一八九說：脫列哥那哈敦是答亦兒兀孫的妻子。

425《史集》（漢譯本），第一卷第一分冊，頁一八九。

426《親征錄》、《元史·太祖紀》作泰寒寨。

427、434《蒙古秘史》校勘本，第一九八節。

428《親征錄》、〈太祖紀〉作兀魯塔山，今科布多西北，額魯特一帶。

429據《史集》記載，這次戰爭發生在一二〇六年成吉思汗建蒙古國後。從《蒙古秘史》記載看，此戰發生在一二〇五年更為符合實際。

430、432、433《史集》（漢譯本），第一卷第二分冊，頁二〇八—二〇九。

431《史集》（漢譯本），第一卷第一分冊，頁二二六。

435《史集》（漢譯本），第一卷第二分冊，頁二〇七。

436《新譯簡注蒙古秘史》卷七，頁二〇六。

437《蒙古秘史》校勘本，第一九八節。

438《史集》（漢譯本），第一卷第一分冊，頁三一三。

439儻魯山：今唐努烏梁海地區唐努烏拉山。

440《蒙古秘史》校勘本，第二〇〇節。

441《新譯簡注蒙古秘史》卷八，頁二一一。

442鸂鶒（音溙赤）：紫鴛鴦。

443《新譯簡注蒙古秘史》卷八，頁二一一。

444、445、447《史集》（漢譯本），第一卷第一分冊，頁三一三。

446《新譯簡注蒙古秘史》卷八，頁二一二。

448《新譯簡注蒙古秘史》卷八，頁二一二—二一三。

449《新譯簡注蒙古秘史》卷八，頁二一四。

450《新譯簡注蒙古秘史》卷八，頁二一四。

451、452《新譯簡注蒙古秘史》卷八，頁二一四—二一五。

453《史集》（漢譯本），第一卷第一分冊，頁三一三—三一四。

454《蒙古秘史》校勘本，第二〇一節。

455《新譯簡注蒙古秘史》卷八，頁二一五。

第四章　斡難河源的大汗——蒙古國的建立與鞏固

一二〇六年，成吉思汗建國稱尊，這在蒙古史乃至全中國和世界歷史上都是一件大事。成吉思汗分封功臣，實行了具有草原特色的領戶分封制——千戶、萬戶與諸王制；創造了畏兀字書，制定了法律制度；征服了林木中百姓和畏兀兒政權。從此，部落林立的蒙古草原的統一才得到鞏固，蒙古族才成為一個有共同的經濟基礎、共同的風俗習慣、共同的文化語言、共同的政治、法律制度的真正統一的民族。

告天即位　共上尊號

一二〇六年春，鐵木真從阿爾泰山前線回到了蒙古乞顏部的「根本之地」——斡難河（鄂嫩河）源頭。自一二〇〇年鐵木真與王罕相會於薩里川、聯兵討伐東方各部以來，鐵木真連續取得了一個又一個的輝煌戰績，先後平定了泰赤烏部、塔塔兒部、克烈部、乃蠻部、蔑兒乞部、札答蘭部等幾個強大的部族，與蒙古兀魯思並駕齊驅的其他幾大兀魯思相繼土崩瓦解了，另外幾個比較弱小的部族如弘吉剌、山只昆、合答斤、朵兒邊以及汪古部等，則懾於鐵木真的威力，自願或被迫充當了蒙古乞顏部的附庸。東起興安嶺，西迄阿爾泰山，南達陰山界壕，北至林木中百姓居住的邊緣地區，已經沒有人再與鐵木真抗衡了，遼闊的蒙古草原實際上已經成為鐵木真的一統天下。「瓜熟蒂落」，收穫的季節終於到來了。虎兒年（丙寅）的春風吹拂著鐵木真大帳前的九腳白旄纛，[1]一次具有歷史意義的忽里台在斡難河源頭召開：歸附了鐵木真的諸部族首領和各級那顏一致推舉鐵木真為全蒙古的可汗，鐵木真告天即位，「諸王群臣共上尊號曰成吉思汗皇帝」。[2]

十幾年後，一二一九年，成吉思汗在給長春真人丘處機的詔書中曾經談到他統一蒙古草原的情況，其中說：「七載之中成帝業，六合之內為一統，非朕之行有德，蓋金之政無恆，是以受天之佑，獲承至尊，南連趙宋，北接回紇，東夏西夷，悉稱臣佐。念我單于國千載百世以來未之有也。」[3]這裡所說的「七載之中成帝業」，正是從一二〇〇年鐵木真與王罕聯合討伐東方各部算起；所謂「金之政無恆」，指的是金國一會兒聯合塔塔兒反對蒙古，一會兒又聯合蒙古反對塔塔兒。成吉思汗正是利用了這一機會，打敗了自己的世仇和勁敵，並一步步發展壯大。「才能」和「機遇」是人才成功的兩大要素，這種「機遇」在古人看來就是上天的護佑，因此說是「受天之佑，獲承至尊」。建立一個統一的蒙古政權，這對於長期分裂、落後的蒙古部來說確實是「千載百世」以來從未有過的勝利。蒙古作為一個統一的民族出現在歷史舞台上，正是從成吉思汗時開始的。

鐵木真被稱為「成吉思汗」，時間應為一二〇六年。《史集》也認為，在這一年鐵木真才「獲得了『成吉思汗』的尊號」。[4]《蒙古秘史》在鐵木真被推舉為乞顏部的可汗後即稱其為「成吉思汗」，這是沿用了後人對他的稱謂。

「成吉思汗」是鐵木真的群臣商議、共上的尊號。這一稱號的含義究竟何在呢？古今中外的史籍中有幾種不同的說法，至今也沒有一個統一的意見。

《史集・成吉思汗四》指出：「獻上這個尊號的是晃豁壇部蒙力克別乞—額赤格的兒子、人稱帖卜—騰格里的闊闊出。『成』是強大、堅強的意思，『成吉思』是這個詞的複數，它與哈剌契丹的偉大君主所帶的古兒汗〔稱號〕是一個〔意思〕，都是強盛偉大的君主之意。」[5] 這是《史集》的作者拉施特對「成吉思汗」一詞的解釋。

多桑《蒙古史》沿用了這一說法，其中說：闊闊出代神發言，奉天命命鐵木真為「成吉思汗或強者之汗」。其中的注解說：「蒙古語 **xchink** 猶言剛強，**guiz** 表示多數之語尾助詞。汗為可汗之縮稱。」[6] 這一解釋表明，多桑的解釋與拉施特相同，也認為「成吉思汗」是堅強之汗。

洪鈞的《元史譯文證補》主要是用《史集》證補《元史》，因此對「成吉思汗」的解釋也同於《史集》：「『成』，為堅強之義。『吉思』，為眾數，亦猶哈剌乞觧之稱『古兒汗』。『古兒』，普也。『古兒汗』，眾汗之汗也。」[7]

但是，作為第一手蒙文珍貴資料的《蒙古秘史》以及與《蒙古秘史》具有同樣重要價值的《聖武親征錄》、《元史》、《蒙韃備錄》、《黑韃事略》、《蒙古源流》等書，並沒有「成吉思汗」為堅強之汗的說法，更無所謂「成，為堅強之義，吉思，為眾數」的記載。波斯志費尼的《世界征服者史》也沒有這種說法。因此洪鈞在引用上一段話時，加了一段解說：「此節當非脫必察顏（指秘史）原有，當是拉施特增入。」[8]

實際上，拉施特對「成吉思汗」的解釋也自相矛盾，他既說「成吉思汗」與「古兒汗」意思相同，但他對「古兒汗」的解釋卻是「古兒汗〔一詞〕意為算端和國王們的主君」，[9] 又說「古兒汗，眾汗之汗也」。這裡並沒有堅強或強盛之意。在《成吉思汗編年紀要》中，拉施特又說：「成吉思汗這個詞也就是最高君主或王中之王。」[10] 這種自相矛盾的解釋說明拉施特對這一問題也沒有一個確定的看法。

洪鈞對拉施特的說法表示懷疑，自己在注文中提出了另一種新的解釋：「成，大也，吉思，最大也。」又說：成吉思即「天子之義」。[11]尚鉞先生編的《中國歷史綱要》頁二六三說：成吉思汗「意為大多數人之強有力的皇帝」。邱樹森先生在《元朝史話》中說：「成吉思是蒙古語強大的意思。」《新譯簡注蒙古秘史》頁三註2說：成吉思一詞，亦即表示鐵的性質的強硬之意，以其在人，可以理解為強大。一些學者反駁了這種說法，認為蒙古語中的「成」只有「堅確」，「堅硬」之義，沒有「大」或偉大、最大、強大之意。「成吉思」也無「天子」之意。成吉思汗的「汗」與匈奴族的「單于」，柔然、突厥、回紇的「可汗」（合罕）意思相同，將「汗」解釋為漢語的「皇帝」或「天子」是正確的，但「成吉思」三字不含此意。

洪鈞在《元史譯文證補》的注中又引用了第三種說法：「成吉思即騰吉思，言海也。」蒙古史專家伯希和也主張這種說法，認為「成吉思」其意猶言海洋，與西藏語「達賴」有同等含義，「達賴喇嘛」即海洋喇嘛之意，「成吉思汗」表示此合罕具有強大威力，即「海內合罕」之意。外蒙古的蒙史專家達木丁蘇榮也同意這種說法，在他編譯的《蒙古秘史》中「成吉思汗」之下就注有「大海皇帝」四字。在《蒙古文學史》一書中，他進一步闡明說：「大部分學者以為成吉思是從騰汲思一詞來的，這個騰汲思一詞是蒙古、突厥語，意思是大海。秘史上就把大汗稱為大海汗的。因此成吉思汗有大海汗之意。……成吉思這一汗號是和蒙古的古兒汗（普天下汗）、達賴汗（大海汗）、塔陽汗（全世界汗）相近的詞彙。」史學界確實有不少學者採用了這一說法，如馮承鈞在《成吉思汗傳》中說：「『成吉思之義』或謂剛強，或謂為『田吉思』之轉，猶言海洋，與蒙古語之答來為義同也。」余元盦先生在《成吉思汗傳》中也說：「成吉思汗」這個詞意為「騰吉思」

或「達賴汗」，即海洋之意。南開大學歷史系編寫的《中國古代史》下冊在頁一一四的註釋中說：「成吉思含義有不同的解釋，一般認為是海洋意，成吉思汗就是海洋皇帝。」蔡美彪等先生編著的《中國通史》第七冊也說：成吉思汗「意為海洋般的大汗」。

但關於「騰汲思」或「騰吉思」的解釋，各種記載也不盡相同。《事林廣記》續集卷八〈蒙古譯語〉有「騰忽赤」，漢譯為「龍」。《蒙古秘史》第一節有「騰汲思」，第一九九節有「騰吉思」，旁譯為「水名」。明代《萬曆武功錄》卷七〈俺答列傳〉上亦作「騰吉思水」，而未作「海」或「海洋」講。清代《五體清文鑑》地輿類頁二〇三則解「騰汲思」為「湖」。實際上，蒙古草原並沒有海洋，只不過有幾個湖泊而已；成吉思汗本人當時也沒見過海洋，成吉思汗之前若干年，蒙古的汗也沒用過大海汗的稱號。

《蒙古源流》卷三的解釋帶有神話色彩，其中說：「歲次己酉，合罕子鐵木真，年二十八歲，於克嚕倫河之闊迭格—阿喇勒即合罕位時，自其三日之前，房前一方石上，每晨落下（一隻）似雀之五色鳥，囀聲：成吉思，成吉思。遂中外共稱聖雄成吉思合罕，而名揚天下四方矣。」此書受佛教影響，其中夾雜了一些神話傳說，這種說法不足為據。

一九八〇年《中國史研究》發表了舒振邦先生的〈「成吉思汗」稱號考釋〉，對以上各種說法都提出了異議，他認為《蒙韃備錄》、《元史新編》中的說法比較接近實際。他指出：「目前我們能見到的關於『成吉思』一詞有解釋的漢文史籍，首先得數《蒙韃備錄》。此書曾說：『成吉思者，乃譯語天賜二字也。』《蒙韃備錄》的作者趙珙與成吉思汗為同時代人，西元一二二一年（元太祖成吉思汗十六年），親自到燕京見過木華黎。關於蒙古最高統治者『成吉思汗』的解釋，決不會信口雌黃，必有所據。故魏源撰《元史新編》亦說元太祖成吉思『言天賜』也。」

據《史集》、《世界征服者史》記載，「成吉思汗」這個稱號是蒙力克老人的第四子闊闊出提出的。闊闊出是蒙古薩滿教的首領，自名為「帖卜—騰吉里」，漢語意為「天使」，人稱「通天巫」。他聲稱自己能與鬼神共語，預卜吉凶。《史集》說：「蒙古力克—額赤格的兒子闊闊出—帖卜里騰格里是一個奇蹟的預言者。以前他屢次對〔成吉思汗〕說：『最高的主讓你統治大地』。」並說：「最高的主命你採用成吉思汗的稱號。」「異密們一致贊同，便向他獻上了這個尊號。」[12]

志費尼在《世界征服者史》中則寫道：「我從可靠的蒙古人那裡聽說，這時出現了一個人，他在那帶地區流行的嚴寒中，常赤身露體走進荒野和深山，回來稱：『天神跟我談過話，他說：我已把整個地面賜給鐵木真及其子孫，名他為成吉思汗，教他如此這般實施仁政。』他們叫此人為帖卜—騰格理，他說什麼，成吉思汗就辦什麼。」[13]

《元史．祭祀志》六說：「呼太祖成吉思御名而祝之，曰：托天皇帝福蔭，年年祭典者。」以上記載說明，「成吉思汗」這一稱號，最初的確是以「最高的主」或「天神」的名義賜予的，《元史》上則直接寫為「天皇帝」。由此可以看出，《蒙韃備錄》所說的「成吉思者，乃譯語天賜二字也」，確實不是信口雌黃。

從北方少數民族的歷史看，元朝人把成吉思汗稱為「天皇帝」也不是什麼別出心裁。如匈奴的單于，有的就稱為「天所立匈奴大單于」，「撐犁孤塗單于」、「天單于」[14]等。「撐犁孤塗單于」漢語即為「天單于」。突厥、回紇有「登里可汗」即「天賜福神武智慧可汗」。契丹耶律阿保機稱「天皇帝」、「天皇王」。成吉思汗這個稱號就包含匈奴、突厥、回紇、契丹等族所說的至高無上、神聖無比的「天皇帝」之意。由此可以推論，「成吉思」即匈奴語的「撐犁」，突厥、回紇語的「登里」，漢語的「天」或「天賜」之意；「汗」即匈奴語的「單于」，柔然、突厥、回紇、契丹語的「可汗」，漢語的「皇帝」或「天子」之意。

當時，鐵木真的事業興旺發達，他的文臣武將自然也會雄心勃發。他們知道漢族人的最高統治者稱「皇帝」或「天子」，第一個統一中國的人就稱為秦始皇帝，表示他功過三皇，德高五帝，確立了皇帝至高無上的地位。鐵木真君臣認為，他們的事業也可以與秦始皇、冒頓單于、登里可汗、耶律阿保機，以及被稱為「天可汗」的唐太宗媲美，因此也有資格稱為「天可汗」或「天皇帝」。這就是「成吉思汗」這一稱號的真實含義。

一二〇六年的忽里台不僅確定了「成吉思汗」的至高無上地位，而且確定了這個新政權的國號：「也客—忙豁勒—兀魯思」，漢語意為「大蒙古國」。這裡沿用的也是北方民族以族名為國名的傳統，它標誌著蒙古族已經實現了對草原各族的政治統治。在此之前，分散在漠北草原的有十幾個部落，各部名稱各不相同，蒙古部只是其中的一部。從這時起，「蒙古」就成為草原各部的總名稱了，一個統一的蒙古民族共同體出現在了世界的東方。這無論對於蒙古族，還是對於當時的中國和世界來說，都是一件影響深遠的劃時代的大事。此後不久，蒙古族就從這裡出發，幾乎踏遍了大半個世界，斡難河源頭的天可汗率領他的子弟們進行了一場又一場驚心動魄的鬥爭，一個以征服戰爭為特點的年代很快就降臨到歐亞大陸了。

千戶、萬戶和諸王

蒙古政權的建立結束了漠北草原長期的割據混戰局面，它標誌著新興的奴隸主階級對各部氏族貴族的勝利，標誌著鐵木真集團已經成為整個草原的主宰。這個新興的政權要想得到鞏固與發展，不僅需要強迫大多數人服從少數人的統治，而且需要進一步肅清各種反對勢力，還需要繼續進行征服戰爭，以滿足奴隸主階級的貪欲和奴隸制發展的需求。千瘡百孔的氏族部落組織擔負不了這一使命，初期的國家政權——蒙古乞顏部的兀魯思也顯得力不從心。為此，成吉思汗必須在原有制度的基礎上創立一套適應歷史發展需要的政治、經濟、軍事制度，創立一套比較完善的國家政權機構。這是成吉思汗建國後面臨的第一個歷史任務。

一、分土授民，酬報功臣

軍隊是國家政權的主要組成部分。有兵就有權，兵強則國固。在以征服戰爭為職業的歷史階段尤其如此。因此，成吉思汗統一蒙古草原後，第一件事就是大封功臣、宗室，把在戰爭中已經實行的千戶制進一步完善和制度化，創立了軍政合一的千戶制，先後任命了一批千戶官、萬戶官和宗室諸王，建立了一個層層隸屬、指揮靈活、便於統治、能征慣戰的軍政組織。

成吉思汗降旨說：「使為立國而效力者，千之以千，委以千戶之官。」「除森林百姓外，成吉思汗所命之蒙古國之千戶官，凡九十五千戶官矣。」[15] 即把占領區的人戶編為九十五個千戶，分封給開國功臣和貴戚們，分別進行統治。《史集》和《蒙古秘史》一一列舉了這些千戶官的姓名、出身、主要經歷以及各千戶的組成情況，其中包括七十八位功臣、十位駙馬，有三位駙馬共領有十千戶，[16]因此當時實際分封的只有八十八人，這就是蒙古史上著名的八十八功臣。

論功行賞，根據「效力」的多少予以酬報，是成吉思汗分封功臣的第一個原則。為此，蒙力克、博爾朮、木華黎、豁兒赤、朮赤台等首先受到封賞，名列前茅。也速該臨終時，蒙力克父子實際上是也速該的託孤之臣，正是蒙力克將鐵木真從弘吉剌部接回家中。泰赤烏部叛離時，蒙力克的父親察剌合老人被傷而死。尤其是王罕、桑昆騙鐵木真飲許親酒時，又是蒙力克識破了他們的陰謀，使鐵木真避免了一場滅頂之災。因此鐵木真表示「深感乃德，直至子子孫孫，寧能忘之乎?!」於是封蒙力克為第一千戶，並於大汗的帳隅特設一座，或一年，或一月，請蒙力克坐在那裡共議軍國大事，「賜汝廩給，直至子子孫孫侍奉之乎！」[17]

博爾朮從少年時起就跟隨鐵木真，協助鐵木真一起奪回八匹銀合馬，在不兒罕山一起避難。他與鐵木真「共履艱危，義均同氣，征伐四出，無往不從」。「君臣之契，猶魚水也。」[18]成吉思汗一一列舉了博爾朮的功勞，他說，有一次與敵人作戰，「兩軍相接，下令殊死戰，跬步勿退，博爾朮繫馬於腰，跽而引滿，分寸不離故處。」[19]在與克烈部交戰時，我突圍失馬，你與我「累騎而馳，頓止中野，會天雨雪，失牙帳所在，臥草澤中」，你與木華黎張氈裘為我蔽雪遮寒，「通夕植立，足跡不移，及旦，雪深數尺，遂免於難。」[20]還有一次與蔑兒乞交戰，風雪迷陣，我們君臣失散，你拚死衝殺，再入敵陣，儘管當時我已酣臥車中，但你的忠勇卻令人難忘。[21]最危險的是，有一天我們二人同行，忽遇十二人埋伏在嶺後，我沒有等你到來就衝了上去，被敵人射傷落馬，昏倒在地。你見我傷重，取熱水給我，使我吐出凝血，才得以復生。後因你往復向敵人進攻，十二個敵兵才統統被消滅。[22]「今國內平定，多汝等之力，我之與汝猶車之有轅，身之有臂，汝等宜體此勿替。」[23]為此鐵木真封博爾朮為第二千戶，居眾人之上，赦九罪而不罰。並封他為右手千戶，管轄西面直至阿爾泰山一帶的百姓。[24]「成吉思汗曾對孛斡兒赤（博爾朮）說，他的地位在汗之下，但在眾異密和庶民之上。」[25]

第三個受到封賞的是木華黎。木華黎父子自從投靠鐵木真後，曾屢立戰功。其父甚至為救鐵木真脫險，犧牲了性命。[26]木華黎「沉毅多智略，猿臂善射，挽弓二石強。與博爾朮、博爾忽、赤老溫事太祖，俱以忠勇稱，號掇裡班曲律，猶華言四傑也」。[27]成吉思汗對木華黎說：自你做了我的伴當，從未離開過我的門戶。當我設營於豁兒豁納黑川時，你即以天神的吉兆鼓勵我，使我下決心奪取天下。以後又多次出生入死，威震敵膽。今日封你為第三千戶，居於上位，直至子子孫孫。並為左手萬戶，管轄東面直至合剌溫只敦（大興安嶺）的百姓。[28]

第二批受到封賞的是豁兒赤和朮赤台。早在鐵木真離開札木合單獨設營時，豁兒赤棄暗投明，主動投靠了鐵木真，並以「天神」之言相告，預計鐵木真可以當國主。當時鐵木真曾答應豁兒赤的要求，建國後封他為萬戶，並允許他選擇三十個美女做妻子。這時成吉思汗實踐了自己的諾言，首先於三千巴阿鄰之上，加上赤那思等氏族，使豁兒赤統率的軍隊達到了一萬人，任命他為萬戶。讓他「直至緣額兒的石河（而居）之森林百姓之地，以鎮森林百姓，自在營居之」。當時森林百姓尚未降附，但成吉思汗答應，一旦征服了這些林木中百姓，豁兒赤「可從此投來之百姓中，視其美婦美女自選取之」。[29]

成吉思汗指出，朮赤台立了兩件大功。一是在哈蘭真沙陀之戰時，射中了桑昆，挫敗了克烈部，「此乃主兒扯歹（朮赤台）不世之大功也。」[30]沿合勒合河撤退時，朮赤台「如遮護之高山」，後又同飲班朱尼湖水。[31]二是偷襲王罕金帳時，朮赤台任先鋒，「得天地之贊力」，滅掉了王罕。當時，王罕之弟札合敢不歸附了蒙古部，後來又反而離去。朮赤台用誘敵之計，「親執已離去之札合敢不而成焉。」「此乃主兒扯歹之第二功也。」[32]為此，成吉思汗不僅封他為第六千戶，讓他獨自統領四千兀魯惕人，而且把自己的一個妃子、札合敢不之女亦巴合別乞贈送給朮赤台。只因為朮赤台「於相殺之日，忘生以進之故，於鏖戰之日，舍死以進之故。成吉思合罕以亦巴合別乞，恩賜予主兒扯歹也」。[33]成吉思汗對亦巴合別乞說：我並不是嫌你無胸懷，也不是嫌你無顏色。只因朮赤台「爭戰之日為盾牌，對敵之日為遮護，合我離逷之百姓，全我潰散之民眾。故念其多功而賜以汝耳。久後我子孫之居我位者，（亦）當念有功若此者，不可違我言語，直至子孫之子孫，不可廢亦巴合之位者」。[34]成吉思汗作為一個奴隸主階級的代表，自然不會尊重一個妃子的人格與感情，因此為了酬報功臣，竟以妃子相贈，《蒙古秘史》認為「其所思之道也大」。[35]這正從反面說明一個妃子在他眼裡地位是何等低賤，不過相當於一個玩物而已。但成吉思汗為了表示自己仍對這個妃子還有一絲眷戀之情，又對亦巴合別乞說：你父親札合敢不曾給你二百人做陪嫁，給了你兩個司廚。你可將一百從嫁帶走，留下阿失黑帖木兒司廚和一百人做我遺念。

《史集》也記載了這件事，具體情節與此略有區別，其中說：有一天晚上，朮赤台負責統領怯薛軍守衛成吉思汗的大帳。成吉思汗做了一個噩夢，醒來發現亦巴合在他身邊。成吉思汗說：「我一向與你很好，並未看你有何奸邪。此刻我做了一夢，最高的主命我將你出贈〔他人〕。你不要生〔我的〕氣！」[36]於是他把這個妃子贈給了朮赤台。當時朮赤台極為惶恐，成吉思汗安撫他說：「別害怕，我是認真說這些話的！」並留下一個司廚和一只金杯做紀念。

打破舊貴族用人的狹隘界限，不分等級、階級，不分氏族、民族，因才授任，破格用人，是成吉思汗分封功臣的又一個重要原則。《史集》曾專門記載了成吉思汗「足垂訓的言論」，其中說：「他讓賢明勇敢的人當了將官，他把奧魯交給伶俐的人，讓他們管理馬群，粗魯無知的人，則給予鞭子，派去放牧畜群。」[37]他曾說：「能治家者即能治國；能率領十人作戰者，即可委付以千人、萬人，他能率領千人、萬人作戰。」「十夫長不能統率其十人隊作戰者，將連同其妻子、兒女一併定罪，然後從其十人隊中另擇一人任十夫長，對待百夫長、千夫長、萬夫長們也這樣！」[38]正是根據這一原則，成吉思汗封賞了四狗、四傑、訶額侖夫人的四個養子。第三批受到封賞的就是成吉思汗的四狗——四虎將。第一員虎將即忽必來，《元史》寫作「虎必來」，當時人稱其為「虎將軍」。此人雖出身於蒙古—孛兒只斤氏，但與成吉思汗的血緣關係已過八代，並不屬於乞顏氏的近親。成吉思汗對他說：「你與者勒蔑、者別、速別額台（速不台）四個如猛狗一般。凡教去處，將堅石撞碎，崖子衝破，深水橫斷。所以廝殺時，教你四人做先鋒，教孛斡兒出（博爾朮）、木合黎（木華黎）、孛羅兀勒（博爾忽）、赤老溫四傑隨我。教主兒扯歹、忽亦勒答兒（畏答兒）在我前立，教我心安有來。如今但凡軍馬事務，忽必來為長者。」[39]忽必來被封為第八千戶。

成吉思汗又對者勒蔑說：自你相從以來，即為我守國之奴，守門之私僕。「一同生長做伴到今，多有功勞，是我有福慶的伴當，九次犯罪休罰者。」[40]速不台是者勒蔑的弟弟，也是一個奴隸出身的人；者別是泰赤烏部屬民，成吉思汗不記射頸之仇，予以重用。這次他們也得到特別封賞，都被封為千戶，並允許他們統率自己收集的屬民百姓，組成一支千戶軍。

四傑中的博爾朮、木華黎，一個出身於那顏貴族，一個出身於奴隸，他們的功勞與地位不相上下。四傑中的第三人博爾忽是訶額侖夫人的四養子之一，本是一個戰爭中的孤兒。四傑中的赤老溫，是泰赤烏部的奴隸鎖兒罕失剌的兒子，他們父子兄妹對鐵木真有救命之恩，他的妹妹又是鐵木真的情人。赤老溫作戰非常英勇，號稱巴特兒。據說，「有一次，他突然在戰場上落馬，敵人向他疾馳而來要結果他。他一躍而起，徒步持矛奔向騎者，向騎者進攻，打跑並追趕了約一程之遠。成吉思汗驚歎道：一個〔作戰時〕落馬的人，要有何等樣的力量才能挺身再戰啊?!即使站起來作戰，一個徒步者又怎能對抗一個騎士，取勝而歸呢?」

「我未曾見過徒步者作戰，
並使頑抗者的頭顱落入其手中！
我還沒有見過這樣的英雄！」[41]

在與泰赤烏部的最後一次作戰中，正是赤老溫殺死了鐵木真的仇敵塔兒忽台乞鄰禿黑。[42]因此，赤老溫也受到成吉思汗的重用，只因其父鎖兒罕失剌當時還健在，身為千戶，因此八十八功臣中並未單列赤老溫的名字。

訶額侖夫人的四個養子也分別被封為千戶，蒙古人又稱他們為「四俊」。四養子中的失吉忽禿忽出身於塔塔兒，被封為第十六千戶，又被任命為大斷事官，權高位重。曲出拾自蔑兒乞營盤，闊闊出本是泰赤烏部丟下的小孩。他們不忘訶額侖夫人的撫養之恩，為成吉思汗立下了汗馬功勞，為此成吉思汗封他們為第十七千戶、十八千戶。尤其是博爾忽，不僅作戰勇敢，身兼「四傑」、「四俊」的榮譽稱號，而且曾經救過窩闊台和拖雷的生命，因此成吉思汗對他格外器重，稱他為「俺之友」，身之影。成吉思汗說：當你與我為伴時，疾征之中，霖雨之夜，未嘗使我空腹而宿；當相拒之地，對敵之時，未嘗使我無湯而眠。尤其當征服塔塔兒時，有一強盜闖入母親房中，當時拖雷才五歲，強盜將他夾於腋下而出，抽刀欲殺。又是你的妻子首先發現敵人，將他手中刀打落。多虧哲別、者勒蔑趕到，才救拖雷脫險。你妻子為你另一轅，為救拖雷立了大功。在哈蘭真沙陀之戰時，你又救了窩闊台的性命。你有救我二子的功勞，今日封你為第十五千戶，犯九罪免處罰，並特許你的家族與我族的婦女通婚，「其賜以我族之女乎！」[43]「再教牧羊的迭該將無戶籍的百姓，收集著做千戶者。」[44]甚至「木匠古出古兒管的百姓少了」，鐵木真還令「於各官下百姓內抽分著，教他與札答剌的木勒合勒忽，一同做千戶管著」。[45]

要求部下忠於故主，忠於職守，為人誠實，忠心耿耿地為自己效勞，這是成吉思汗分封功臣的又一個重要原則。《蒙古秘史》所記載的最後幾批受到特別封賞，並「賜以（獎譽之）辭」[46]者，基本上屬於這一類。成吉思汗將巴阿鄰氏的兀孫老人叫到面前，對他說：「兀孫、忽難、闊闊搠思、迭該這四個人，但聽見得，心內想起的事，不曾隱諱，都對我說。如今達達體例裡，以別乞官為重，兀孫你是巴阿鄰為長的子孫，你可做別乞。做別乞時，騎白馬，著白衣，坐在眾人上面。揀選個好年月議論了，教敬重者。」[47]別乞是蒙古薩滿（巫師）首領的稱號。蒙古族崇尚白色，因此別乞穿白衣，乘白馬，聚會時位於眾人之上，備受尊敬。有些氏族的族長，尤其是長子系統的族長同時又是別乞。兀孫所在的巴阿鄰氏是孛端察兒所擄之妻生下的長子，因此鐵木真讓兀孫任別乞官，坐在上面主持祭祀，還可在歲中、月中提出問題，發表議論。這既是借助長支貴族的威望，又是以神權作為政權的補充，是族權、神權、政權的有機結合。

成吉思汗又對博爾朮、木華黎等人說：「這忽難夜間做雄狼，白裡做黑老鴉，依著我行，不曾肯隨歹人，您凡是（事）可與這忽難、闊闊搠思二人商量著行。我子拙赤（朮赤）最長，教忽難領著格你格思就於拙赤下做萬戶者。」[48]因為忽難忠於鐵木真，被任命為第七千戶和朮赤台手下的萬戶官。

對於戰死者的子孫，成吉思汗也沒有忘記封賞，畏答兒的子孫被封為一個千戶，可以世世代代承襲官職。在哈蘭真沙陀之戰中，被紮木合殺死的察合安豁阿的兒子納鄰脫斡里勒，也以其父之功，領取孤子之俸，世襲父職為第二十五千戶，並允許他從各地收集赤那思氏（捏吉思）兄弟，「直至汝子孫之子孫領之歟」。[49]

對於有救命之恩的鎖兒罕失剌，送來情報的巴歹、乞失里黑，成吉思汗更是大加表彰，賜予他們許多特權。他問鎖兒罕失剌父子：「我小時被泰亦赤兀種的塔兒忽台乞鄰勒禿黑兄弟每（們）拿我時，你父子每（們）藏著我，教合答安女子奉侍我，放出我來。您那恩，我心中日夜想著有來。您卻自泰亦赤兀處來得遲了，如今方賞賜您。您要什麼賞賜。」鎖兒罕失剌父子說：「俺欲要蔑兒乞的薛涼格地面自在下營。再要如何賞賜呵，皇帝理會著。」成吉思汗說：「依著你那地面內自在下營。再教你子孫行許他帶弓箭，喝盞，九次犯罪休罰者。」又對其子赤老溫、沈白說：「在前你二人說來的言語如何忘得，你二人心裡想起有缺少的，自來索者。」又說：「鎖兒罕失剌、巴歹、失乞里黑，教你每（們）自在，出征處得的財物，圍獵時得的野獸，都自要者。」[50]他們就是蒙古史上著名的「答剌罕」（答兒罕）。陶宗儀《輟耕錄》解釋說：「答剌罕，譯言一國之長，得自由之意。勳戚不與焉。太祖龍飛日，朝廷草創，官制簡古，唯左右萬戶，次及千戶，丞相順德忠獻王之曾祖啟昔禮（乞失里黑），以英才見遇，擢任千戶，錫號答剌罕。」伊朗志費尼在《世界征服者史》中解釋說：「答剌罕是這樣的人：他們免納徵課，享有每次戰役的虜獲物，無論何時，只要他們願意，他們可以不經許可或同意進入御前。成吉思汗還把軍隊、奴隸及無數的服飾、馬匹和牲口賜給他們。並傳詔稱：不管他們犯多大的罪，都不得召他們審訊；這條詔令也有效到他們的第九代子孫。」[51]特別受到重用的，還有泰赤烏部的屬民納牙阿。由於他不背叛故主，放走了泰赤烏部的貴族塔兒忽台；又由於他保護了忽蘭妃，為人忠厚，一心侍奉成吉思汗，因此成吉思汗任命他為中軍萬戶，統率保衛大汗的怯薛軍。

據《金冊》、《史集》記載，成吉思汗時的軍隊「總計十二萬九千人」。其中屬於成吉思汗直接統率、後由少子拖雷繼承的包括中軍和兩翼，「為十萬一千人」。中軍即怯薛軍，其萬戶即納牙阿。兩翼指右手軍、左手軍，即右翼萬戶，左翼萬戶。右手軍的萬戶即博爾朮，副帥即博爾忽，「共三萬八千人」，二十九個千戶。左翼萬戶即木華黎，副帥為納牙阿，「共六萬二千人」，三十六個千戶。其餘的軍隊分給了成吉思汗的子侄、諸弟及其母親，「共二萬八千人」。「四千人分給長子朮赤汗」；「分給第二子察合台的軍隊，有四千人」；「分給第三子窩闊台合罕的軍隊，有四千人」；「分給第五子闊列堅的軍隊，共四千人」；「分給其幼弟、即四弟斡惕赤斤那顏的軍隊，共五千人」；「分給成吉思汗諸侄、拙赤合撒兒的兒子也苦、脫忽、移相哥的軍隊為一千人」；「分給成吉思汗的侄子，哈赤溫的兒子額勒只帶那顏的軍隊為三千人」；「分給成吉思汗的母親月倫－額客的軍隊為三千人。」[52] 以上數目不足九十五千戶，而且與《蒙古秘史》記載有出入。《蒙古秘史》指出，成吉思汗共分給母親和幼弟一萬分子百姓，分給長子九千百姓，二子八千百姓，三子、四子各五千百姓，二弟四千，侄子阿勒赤歹二千，異母弟別勒古台一千五百。

二、千戶制的實質

究竟如何理解成吉思汗時的千戶制呢？

第一，千戶制的建立，標誌著許多部落和氏族的最後瓦解。

成吉思汗所編制的九十五個千戶，除去少數千戶是由同族結合而成的以外，絕大多數都打破了原來氏族、部落的界限。即使同族結合而成的千戶，也並非純粹的血緣親族關係，其中也包括大量的不屬於本氏族血統的奴隸和屬民。這種狀況的出現，首先是當時社會生產力發展的結果，是個體家庭出現後社會組織的重新組合。另外，在征服戰爭中，成吉思汗為了防止被征服者的反抗，故意打破氏族界限，對投降或俘虜的人們重新進行編制，或分別賞賜給作戰有功人員。因此在建國後編制千戶時，只有少數千戶還保留了原來的氏族系統，有的還是因為有突出貢獻或身為駙馬等，經過請求由成吉思汗特別許可才使其率領本氏族軍隊的。這就基本上打破了按血緣關係組成的原始氏族，而變成了按地域編制的軍事行政組織。

第二，這種千戶制是一種軍事、政治、經濟三位一體的制度，是蒙古國家統治體制中最重要的一環。

首先，它是一種層層隸屬的軍事組織，成吉思汗是這支軍隊的最高統帥，成吉思汗的「黃金家族」的成員——成吉思汗的諸子侄、諸弟被封為宗王，他們可以完全支配分屬於自己的各級那顏。那顏們對汗和諸王則處於絕對從屬的地位，他們是被委任管理軍隊的軍事長官。國家按千戶簽派軍隊。「男子，十五以上、七十以下，無眾寡，盡簽為兵。」[53]凡十五歲至七十歲的男子都要服兵役，都要隨時根據命令，自備馬匹、兵器、糧草，由本管那顏率領出征。他們既是牧民，同時又是戰士，「上馬則備戰鬥，下馬則屯聚牧養。」[54]成吉思汗通過這種千戶制，把蒙古族的成年男子按十進位編制在十戶、百戶、千戶中，它有利於迅速動員後備兵員，有利於統一指揮和統一調動。

其次，這種千戶又是蒙古各地的行政組織，千戶那顏既是軍事將領，又是地方上的行政長官。「百戶長、千戶長、萬戶長的職銜是世襲的；帶有這種職銜的人獲得那顏這一共同的稱號，即『官人』、『領主、軍事領主』的意思。」「人民按千戶、百戶來區分，即分給『千戶長』和『百戶長』是登入特置的簿冊中的。」[55]各千戶所管的百姓都登記在戶口青冊上，在指定的牧地範圍內居住，不准變動。成吉思汗的札撒（法律）明確規定：「任何人不得離開其所屬之千戶、百戶或十戶而另投別一單位，亦不得避匿他處。如違此令，擅離者於隊前處以極刑，接受其人者嚴厲懲處之。」[56]「蒙古那顏在其千戶、百戶內顯然是一個專制君主，一般地依照札撒和習慣法對屬下人民執行審判。在汗的屯營裡雖沒有特別審判官，但是在『草原裡』，一切審判事件，似乎都是由那顏——千戶長來裁決的。」[57]千戶長對於其所屬人民，既有軍事指揮權、行政統治權，又有法律制裁權，這就大大加強了全國和地方的治安，加強了汗和那顏貴族對蒙古牧民的統治。軍事系統和行政系統相結合，這是蒙古國家的一個明顯的特點。

同時，這種千戶又是一種經濟組織，按千戶分配駐牧的範圍，以千戶、百戶、十戶為單位進行畜牧和狩獵，並規定了各千戶、百戶、十戶對國家和諸王貴族應負擔的貢賦和徭役。正如符拉基米爾佐夫所指出的那樣：諸王或千戶長、百戶長的分地（忽必）「是由一定數量的游牧家族（兀魯思）和足資他們生活的牧地與獵場（嫩禿黑）這兩部分構成的」。[58]成吉思汗和諸王「給千戶長指定場所，千戶長給百戶長指定場所，百戶長給十戶長指定場所」。[59]「每一個首領根據自己管理下人數的多少，都知道自己牧地的境界，以及春、夏、秋、冬應該在何處放牧自己的畜群。」[60]他們「掌管著隸屬於他的百姓（兀魯思）的游牧，隨意指揮他們，分配良好的牧地」。[61]所有民戶都應在本管千戶內「著籍應役」，負擔差發，「貴賤無一人得免者。」[62]這些民戶「與其說他是經營獨立經濟，倒不如說他更像是放牧他人的畜群」。他們必須向各級貴族「繳納許多實物貢賦」。[63]這種貢賦稱為「失兀孫、速孫」，即糧賦、分例。至於成吉思汗時每個民戶繳納多少貢賦，史無明文，但窩闊台時則曾規定：「百姓羊群裡，可每年只出一個二歲羯羊，做湯羊；每一百羊內，可出一個羊，接濟本部落之窮乏者。」[64]但實際上，成吉思汗和諸王「對百姓的全部財產想索取多少就索取多少」，他們「對全體人民擁有不可思議的權力」。[65]

志費尼的《世界征服者史》曾生動而形象地描繪過蒙古的千戶制，他說：「整個世界上，有什麼軍隊能跟蒙古軍相匹敵呢？戰爭時期，當衝鋒陷陣時，他們像受過訓練的野獸，去追逐獵物，但在太平無事的日子裡，他們又像是綿羊，生產乳汁、羊毛和其他許多有用之物。在艱難困苦的境地中，他們毫不抱怨和傾軋。他們是農夫式的軍隊，負擔各類賦役，繳納分攤給的一切東西，無論是忽卜綽兒、[66]雜稅、行旅費用，還是供給驛站、馬匹和糧食，從無怨言。他們也是服軍役的農夫，戰爭中不管老少貴賤都成為武士、弓手和槍手，按形式所需向前殺敵。無論何時，只要抗敵和平叛的任務一下來，他們便徵發需用的種種東西，從十八般武器一直到旗幟、針釘、繩索、馬匹及驢、駝等負載的動物；人人必須按所屬的十戶或百戶供應攤派給他的那一份。檢閱的那天，他們要擺出軍備，如果稍有缺損，負責人要受嚴懲。哪怕在他們實際投入戰鬥，還要想方設法向他們徵收各種賦稅，而他們在家時所擔負的勞役，落到他們的妻子和家人身上。因此，倘若有了強制勞動，某人應負擔一份，而他本人又不在，那他的妻子要親自去，代他履行義務。」[67]「軍隊的檢閱和召集，如此有計畫，以致他們廢除了花名冊，用不著官吏和文書。因為，他們把全部人編成十人一小隊，派其中一人為其餘九人之長；又從每十個十夫長中任命一人為『百夫長』，這一百人均歸他指揮。每千人和每萬人的情況相同。」[68]「如果要突然召集士兵，就傳下命令，叫若干人在當天或當晚的某個時刻到某地集合。『他們將絲毫不延誤（他們約定的時間），但也不提前。』總之，他們不早到或晚到片刻。」[69]因此志費尼說：「組織軍隊的最好方法莫過於此。」[70]這就是志費尼當時親眼見到的蒙古的千戶制，它與成吉思汗時的千戶制是一脈相承的。

第三，這種千戶制究竟是屬於奴隸制呢，還是屬於封建制？有一種意見認為，這是封建的領主制，在這一制度下，萬戶官、千戶官、百戶官、十戶官已經變成大小封建領主，原來的部眾和奴隸已經變成自由的牧民，剝削方式已基本上由奴隸制的剝削方式變成了由牧民負擔賦役的封建剝削方式。[71]另一種意見認為，這種千戶制仍然是奴隸制的政治、經濟、軍事制度，萬戶、千戶、百戶、十戶官是各級奴隸主。雖然當時有一個自由牧民階層，但人數並不太多。他們主要是軍隊中的普通戰士，他們也有自己的私有財產，要從事兵役、徭役並向各級那顏交納貢賦。而在蒙古社會中，社會生產的主要承擔者卻是各種奴隸。這些奴隸既從事畜牧業，又從事手工業和農業，他們是蒙古社會財富的主要創造者。隨著以後征服戰爭的不斷進行，奴隸的數量不是減少了，而是增加了。因此，成吉思汗統一蒙古只是完成了蒙古草原各部由分裂到統一的變化，並沒有使蒙古社會從奴隸制過渡到封建制。[72]以上兩種意見，究竟哪一種符合當時的實際情形，還有待於進一步研究。就目前我所接觸的資料看，我比較傾向於後一種意見。

我認為，這裡有一個關鍵問題，即如何看待某些人社會地位的變化。誠然，在成吉思汗統一蒙古草原的過程中，有些屬民和奴隸變成了功臣，變成了那顏貴族，也有一部分奴隸上升到平民地位。但這只是一部分奴隸個人的解放，而不是整個奴隸階級的解放。當時的整個奴隸階級並沒有變為封建牧民。《世界征服者史》曾經描繪了這些人生活的轉變，其中說：「直到成吉思汗的大旗高舉，他們才從艱苦轉為富強，變長期的苦惱為恬靜的愉快。他們穿的是綾羅綢緞，吃的是彼等喜愛之山珍海味，彼等所選之果品，飲的是麝香所封之（醇酒）。」[73]「他們人人都占有土地，處處都指派有耕夫；他們的糧食，同樣地，豐足富餘，他們的飲料猶如烏滸水般奔流。」[74]「蒙古人的境遇已從赤貧如洗變成豐衣足食。」[75]這裡主要是指蒙古的各級那顏，而不應是指全體蒙古人；即使西征後，不少蒙古人的境遇大大改變，但他們社會地位的改變也正是建立在剝削、壓迫多數人的基礎之上。而成吉思汗時所實行的千戶制，卻是向他的功臣實行分土授民的分封制，這與周武王的分封制在本質上是相同的。這些功臣以及成吉思汗的母親、弟弟和子侄們，不僅得到了封地，而且明確了每個人應分的「分子百姓」或「耕夫」的數量，這些「分子百姓」或「耕夫」中雖有一般平民，但卻有大量奴隸。蒙古統治階級的生活需要和揮霍享受由這些「分子百姓」和「耕夫」負擔。他們對這些百姓不僅有教化的權力，還有懲罰的權力，而且這種權力是世襲的，可以傳之子子孫孫。萬戶那顏、千戶那顏和百戶那顏都獲得了世襲的職位。他們在本管範圍內，掌握著分配牧場，徵收賦稅，差派徭役和統領軍隊等權力。高級的那顏還可以參政與選舉大汗、商議國策和掌管國政。通過賞賜和戰爭中的擄掠，他們擁有了大量牲畜、財物和奴隸，建立了特殊功勳的那顏，還被授予種種特權，如被封為答剌罕，即允許他們成為自由自在的人。那顏階級是成吉思汗「黃金家族」統治蒙古人民的支柱。這實際上是用戰爭打敗了原來各部的奴隸主和氏族貴族，又重新培植了一個新的奴隸主階級，這是以成吉思汗所在的黃金家族為主、以各級功臣為輔的新的奴隸主階級。

福神般的怯薛軍

成吉思汗分封完千戶、萬戶之後，馬上著手擴建中軍護衛。突厥—蒙古語「番直宿衛」漢語音譯為「怯薛」，因此中軍護衛又稱怯薛軍。由於怯薛軍分四班輪番入值，習慣上稱為四怯薛。其中的護衛人員稱怯薛歹，複數作怯薛丹。正在執行任務的護衛人員叫怯薛者，從事宮廷服役的怯薛歹稱為怯薛執事。

成吉思汗連續發下幾道旨意，對怯薛的人數，怯薛歹的選擇，怯薛的編制，四怯薛的具體任務，以及新老怯薛歹和執行任務的怯薛者的政治待遇，都做了明確規定。

一、怯薛的人數與選擇，首領的任命

成吉思汗首先發下一道旨意，明確規定了怯薛軍的人數：「在前我只有八十人做宿衛，七十人做護衛、散班。如今天命眾百姓都屬我管，我的護衛、散班等，於各萬戶千戶百戶內，選一萬人做者。」[76]怯薛軍分為三部分，一部分負責夜間宿衛，一部分為帶弓箭的散班，又稱「箭筒士」或「弓箭手」，一部分負責白天侍衛，三部分合為一萬人。

隨後成吉思汗又宣布了選擇怯薛歹的辦法和標準：「揀選時，於各官並白身人兒子內，選揀有技能，身材壯的，教我跟前行。若是千戶的子，每人帶弟一人，帶伴當十人。百戶的子，每人帶弟一人，伴當五人。牌子（十戶）並白身人子每，帶弟一人，伴當三人。」[77]選擇怯薛歹的範圍是「各官並白身人兒子內」，即從萬戶官、千戶官、百戶官、十戶官及自由民的兒子中挑選。這說明成吉思汗十分注意怯薛歹的出身成分，規定主要從各級那顏貴族及有較高社會地位的自由民中選擇，目的是保證這支隊伍的政治可靠性。選擇的標準則是有技藝、身強體壯、身材端好，適合到大汗跟前工作的人，目的是挑選能征善戰的精銳，藉以增強這支軍隊的戰鬥力。成吉思汗還規定，這些怯薛歹不僅本人被編入怯薛軍，還規定要根據出身的不同，分別帶弟弟一人，伴當若干人。這些怯薛歹的弟弟與其兄長一起入衛，大概帶有見習的性質，作為一支後備力量；而怯薛歹的伴當則只能充當隨從和後勤人員。這樣一來，中央怯薛軍的人數實際上已不是一萬人，而是共達數萬人之多。

這些人所需的馬匹、物資，「於本千百戶內科斂，整治與他。」[78]即從各千百戶的民戶中徵收馬匹、財物，作為怯薛歹及其從者的裝備。同時，其「父分與的家財，並自置財物人口」[79]也要作為服役期間的自備物資。由此可見，充當護衛，實際上是各級那顏和白身人對大汗承擔的一種特殊兵役。但當了怯薛歹，則可免除其差發雜役。[80]成吉思汗強調指出：如果有人違背以上規定，「加以罪責」。被選為怯薛歹的人若躲避不來，可另選別人。但對於逃避者則要處以刑罰，流放到人們看不見的遠方。假如有人自願充當怯薛歹，「諸人休阻擋者。」[81]

成吉思汗雷厲風行，令行禁止，各千百戶根據成吉思汗的旨意，先從各百戶、十戶官的兒子中挑選出一批人做宿衛。加上原有的八十名宿衛，共達八百人。成吉思汗命令增為一千人，並再次強調：「入宿衛者其勿阻之。」[82]於是任命蒙力克老人的兒子也客捏兀鄰為宿衛長，這就是中軍護衛中的第一個千戶。

同時，又挑選出四百名弓箭手為散班，成吉思汗也讓增為一千名，任命者勒蔑的兒子也孫帖格為千戶長，第十千戶禿格之子不吉歹為副。弓箭手與侍衛負責白天的侍衛工作，分四班入值。[83]

對於侍衛軍的組織及其首領的任命，成吉思汗也做出了詳細的規定，首先把原來的七十名侍衛增加為一千人，仍由博爾朮家族的斡格列扯兒必率領，稱為第一侍衛。同時又新組編了六個侍衛，各達千名，任命木華黎、朮赤台等家族的人為侍衛長，屢立功勳的阿兒孩合撒兒仍舊統率原來的一千名勇士軍，為第八侍衛。[84]

從此，成吉思汗組成了一支擁有萬名怯薛歹的護衛軍，其中有一千宿衛，一千散班（弓箭手），八千侍衛。成吉思汗說：「這些做我護衛的人，以後教做大中軍者。」[85]這支大中軍的萬戶長就是納牙阿。

在談到怯薛軍的首領時，《元史．兵志》的記載與《蒙古秘史》略有出入。《元史》未列舉各個千戶的姓名，卻指出成吉思汗任命自己最親信的四傑家族世襲擔任四怯薛之長。博爾忽家族掌第一怯薛，後因博爾忽早逝，由其他人代替，名義上是由天子親自統率，稱為「也可怯薛」。博爾朮家族掌第二怯薛，木華黎家族掌第三怯薛，赤老溫家族掌第四怯薛。赤老溫沒有後代，此後常以右丞相率領。[86]怯薛長是大汗的親信內臣，元朝稱為「大根腳」出身，放外任即為一品官。

二、護衛制度和怯薛的主要職責

成吉思汗規定，怯薛軍的主要職責有三個：一是護衛大汗的金帳；二是「戰時在前為勇士」，[87]充當大汗親自統率的作戰部隊；三是分管汗廷的各種事務。因此可以說，成吉思汗建立的大中軍既是由大汗直接控制的常備武裝，又是一個分管中央日常事務的行政組織，它已發展成為蒙古國家中樞的龐大的統治機構。

成吉思汗規定了嚴格的護衛制度，包括輪班、交接班制度。他說：「護衛的分做四班。一班教不合管者，一班教阿勒赤歹管者，一班教朵歹扯兒必管者，一班教朵豁勒忽管者。」[88]這就是《蒙古秘史》所說的四怯薛長。成吉思汗要求，凡值勤之日，各怯薛應點齊其所屬之怯薛歹，入為護衛，「宿三夜一次交替」。[89]而弓箭手、侍衛及廚子人等「白日裡各管自的職事」，[90]即負責白天的護衛和後勤工作。日將落時，交班給宿衛，「帶弓箭的將弓箭，廚子將器皿，各分付與宿衛的人。」[91]他們則到外面住宿，宿衛則於大汗住處住宿。到第二天早晨大汗進湯時，在外住宿的弓箭手、侍衛們、司廚者，要坐于聚馬處等候，並告訴宿衛者。等大汗進湯後，負責白天工作的人們則要「都入來依舊各管自的職責」。[92]「各怯薛者，各遵此制，依此例而行之。」[93]每個怯薛者，都必須認真遵守此項制度，不允許有絲毫差錯。

甚至對於行軍、下營時的護衛工作，成吉思汗也做了詳細的分工和布置：有的在汗帳的右廂行之，有的在汗帳的左廂行之，負責保衛大汗的左右兩廂；阿兒孩的一千名勇士在汗帳的前方行之；宿衛人員負責宮室車輛，在汗帳的左右廂行之，「眾護衛散班並內裡家人等」，[94]由朵歹扯兒必管理，「常於宮後，食餘草焚乾糞行之」，[95]負責後衛工作。

宿衛除負責夜間護衛外，還應做好下列各項工作：一是負責管理宮嬪、怯憐口，司駝、司牛，掌管宮中房車。「怯憐口」即「家中兒郎」，指工匠、獵戶、鷹人等私屬人口。二是掌管作儀仗用的纛、鼓、儀槍等。三是負責保管碗、盞、器皿。四是負責管理伙食。大汗的飲食由宿衛提調。乳飲、肉食都由宿衛提調煮熟。假如飲食缺乏，則向負責提調的宿衛去要。給散飲食時，要先從宿衛開始。大酒局（宴會）也由宿衛中抽出二人掌管。五是負責出入宮室之事，在門上宿衛的人員應靠近房屋站立。宿衛還應派出管營者負責宮室的安置。六是大汗放鷹出獵時宿衛要與大汗一起放鷹行獵，酌情留下一部分人負責看守房車。七是派人與大斷事官一起聽其斷事，參與掌管刑罰。八是負責發放箭筒、衣甲、弓矢，並與宮嬪發放緞匹。總之，這些宿衛人員不僅要負責保衛大汗，跟隨大汗一起出征狩獵，還要負責汗廷的衣、食、住、行，負責處理各種日常事務和行政事務，甚至還要參與掌管刑罰。怯薛長則要協助大汗處理國家機務。因此怯薛軍不僅是一支大汗的親軍，而且相當於國家的中樞行政機構。它反映了成吉思汗時中央機構還很不健全，還未設立分掌兵、刑、錢、穀、內政、外交的相應機關，因此怯薛軍竟成為一個總攬中央日常的無所不包的最高機關，它在蒙古國的政治生活中起著極其重大的作用。

怯薛軍中的宿衛人員可以說是成吉思汗的心腹，是成吉思汗的左膀右臂，因此成吉思汗十分重視宿衛人員，並特別發下一道詔旨說：我若不親征，宿衛不能離開我出征。倘有人違旨，嫉妒宿衛令其出征，則要向管軍的扯兒必問罪。有人問，為什麼不讓宿衛出征呢？因為宿衛是保衛我的金命的人。他們放鷹行獵時共受辛勞，又讓他們管理宮室；移徙時，住時，又掌管車輛。夜間在我身邊宿衛，這本身就是很重的任務；執掌房車大營的移徙、安置，這件事也不容易。正因為他們有如此種種繁重的任務，所以才不讓他們離開我出征。[96]

三、護衛軍的紀律

紀律嚴明，信賞必罰，是成吉思汗取得成功的一個重要原因，對於自己的親軍——怯薛軍，成吉思汗也規定了嚴格的紀律：

「若有合入班的人，不入者，笞三下。第二次又不入者，笞七下。第三次無事故又不入者，笞三十七下，流遠方去者。」[97]這是對無故曠職者的一種體罰。據說蒙古族敬奉天、地、君，故用杖刑時，為天、地、君各減一杖，因此往往是「笞七下」、「笞三十七下」、「笞九十七下」等。

成吉思汗強調，對這些規定要做到人人皆知，「掌護衛的官人，凡換班時，將這些言語省會一遍。若不省會，則掌管的有罪。既省會了，有違了號令的，依前例要罪者。」[98]

由於怯薛軍是大汗的貼身親信，是由大汗直接掌握的親軍，因此對怯薛歹的處罰權也掌握在大汗手裡：「掌管護衛的官人，不得我言語，休將所管的人擅自罰者。凡有罪的必奏聞了，將該斬的斬，該打的打。若不依我言語，將所管的人用條子打的，依舊教條子打他；用拳打的，依舊用拳打他。」[99]

成吉思汗還規定：日落之後，不准有人在宮前後行走。若有人在宮前後行走，則予以逮捕，宿衛監守其過夜，第二天早晨審問；宿衛者前來接班時，要檢查其符牌證件再放他進入，宿衛離開時，也要進行檢查；宿衛夜間睡在宮室周圍；把門的宿衛，如遇有人夜間進來，可以擊破其首，砍落其肩；假如有人夜間來告急，必須先告訴宿衛，與宿衛一起到房後說明；不論何人，不准到宿衛中間閒坐；無宿衛之言，不准入內；不論何人，不准到宿衛處行走，不准穿行；宿衛的人數，不許詢問；行走於宿衛之處、穿行於宿衛之間的人，宿衛要將其逮捕拿問；打聽宿衛人數的人，則要將其當天所騎的鞍馬轡頭及所穿的衣服，由宿衛沒收。[100]

四、怯薛歹的崇高地位

由於怯薛歹擔負著保衛可汗、為可汗服務、代表可汗處理軍政事務等重要任務，因此成吉思汗為他們規定了優越的地位。成吉思汗降旨說：「我的護衛散班，在在外千戶的上。護衛散班的家人，在在外百戶、牌子的上。若在外千戶，與護衛散班做同等相爭鬥呵，將在外的千戶要罪過者。」[101]意思是說，怯薛者的地位高於在外的千戶官；怯薛者的從者，地位在百戶官、十戶官之上。在外的千戶官，如果與正在執行護衛任務的怯薛者鬥毆，這一千戶官則應受到刑罰。

對於曾經跟隨他南北轉戰的八十名宿衛、七十名侍衛以及阿兒孩率領的一千名勇士，也孫帖格率領的弓箭手們，成吉思汗都給予了高度的評價。他說：無論是在烏雲密布的夜晚，還是在月朗星稀的時刻，我的吉慶的老宿衛都整夜圍臥在我的宮室之旁，不驚於衾，使我靜眠，使我至此高位。無論是在飄飆的風雪中，還是在瑟顫的冷風裡，大雨傾瀉時，我的至誠的宿衛，圍守在我的帳房邊，從來不敢稍歇，使我至此享樂之位。尤其是在那紛擾廝殺的敵群中，只要我稍微一動樺皮箭筒，我的宿衛就一擁而上；只要我稍微一動柳皮箭筒，我的宿衛就疾行而前。他們是我吉慶的宿衛，應該稱為老宿衛；斡格列扯兒必率領的七十侍衛，應號為大侍衛；阿兒孩的勇士們，應號為老勇士；也孫帖格、不吉歹等弓箭手，應號為大弓箭手。[102]

成吉思汗為了引起自己的子孫對這支中軍護衛的重視，格外發下一道詔旨，說：「九十五千戶內選揀的人，做我帖（貼）身的萬護衛。久後我子孫將這些護衛的想著，如我遺念一般，好生抬舉，休教懷怨，福神般看著。」[103] 意思是說，我這一萬名怯薛歹是從九十五個千戶內選來的，是我隨身的私屬。今後居我之位的兒子，以至子孫的子孫，對於這些怯薛歹，要看做是我的遺念，要好生抬舉他們，不要教他們懷怨，要像福神般看待。

《元史．兵志》認為，成吉思汗建立怯薛軍關鍵在於「制輕重之勢」。大汗直接掌握著這樣一支最強悍的親信軍隊，就可以大大加強大汗的權力，保衛大汗的安全，藉以制約任何一個在外的諸王和那顏貴族。同時，這又是一種「質子」制度，各級那顏的子弟被徵入護衛軍，等於是充當「質子」，它有助於成吉思汗更牢固地控制各級那顏，使他們效忠於自己；使他們將自己子弟的安危與大汗的安危聯繫在一起考慮，更樂於為保衛中央效力。同時，怯薛軍又是成吉思汗培養各級首領的一個大學校，對各級貴族子弟也有很大吸引力。在經歷了長時期的氏族貴族相互爭戰之後，建立這樣一支強大的武裝力量以維護最高的汗權，對鞏固新生的統一國家，防止氏族貴族的復活和重新發生內戰，是十分必要的。當然，它也是成吉思汗對外進行征服戰爭的有力工具。

製造文字，頒布成文法

一、塔塔統阿創蒙古文字

蒙古族原來沒有文字，只靠結草刻木記事。《蒙韃備錄》說：「今韃之始起，並無文書，凡發命令，遣使往來，只是刻指以記之。」《長春真人西遊記》也說：「蒙古俗無文籍，或約之以言，或刻木為契。」在鐵木真討伐乃蠻部的戰爭中，蒙古軍人捉住一個名叫塔塔統阿的畏兀兒人。他是乃蠻部太陽汗的掌印官，太陽汗尊他為國傅，讓他掌握金印和錢穀。《元史》曾為他立傳，說他「性聰慧，善言論，深通本國文字」。[104]乃蠻滅亡時，塔塔統阿懷揣金印逃走了，但很快又被擒拿了。鐵木真問他：太陽汗的人民、疆土都屬於我了，「汝懷印何之」，你懷抱一顆大印跑到哪裡去呢？塔塔統阿回答說：這是為臣的職責，我想尋找故主交給他，並無其他打算。鐵木真稱讚他忠於所事，同時又感到十分驚奇，問：這顆金印有什麼用處？塔塔統阿說：「出納錢穀，委任人才，一切事皆用之，以為信驗耳。」[105]鐵木真以為這種辦法還不錯，讓塔塔統阿留在自己左右，「是後，凡有制旨，始用印章，仍命掌之。」[106]不久，鐵木真又讓塔塔統阿「以畏兀字書國言」，即用維吾兒文字母拼寫蒙古語，教太子諸王學習這種文字，這就是元朝人所說的「畏兀字書」。[107]從此以後，蒙古國的文書，「行於回回者則用回回字」，「回回字只有二十一個字母，其餘只就偏旁上湊成。行餘漢人、契丹、女真諸亡國者只用漢字。」而在一個相當時期內，在蒙古本土還是「只用小木」。[108]「回回字」就是指「畏兀字書」，雖然忽必烈時曾讓國師八思巴創制「蒙古新字」，但元朝滅亡後就基本上不用了，而「畏兀字書」經過十四世紀初年的改革，更趨完善，一直沿用到今天。塔塔統阿創制蒙古文字，這在蒙古史上是一個創舉。正是由於有了這種文字，成吉思汗才有可能頒布成文法和青冊，而在他死後不久成書的第一部蒙古民族的古代史——《蒙古秘史》，就是用這種畏兀字書寫成的。

二、蒙古成文法——大札撒的頒布

在成吉思汗統一蒙古以前，由於蒙古族還沒有文字，因此也不可能有什麼成文法。但經過多少代的發展，在蒙古族內部也有自己的「規矩」、「體例」、「道理」等等，也就是所謂習慣法，蒙古人稱為「古來的約孫」。後來產生了階級，出現了貴族和可汗，他們的言論、命令就被當做「法令」、「軍法」，蒙古人稱之為「札撒」。

據《史集》記載，還在一二〇三年，鐵木真戰勝克烈部之後，就曾召集大會「訂立完善而嚴峻的法令」。[109]但當時蒙古還沒有文字，這些「法令」也只能口耳相傳，很難說什麼「完善」。因此《元史．太祖紀》只是說：「帝既滅王罕，大獵於帖麥該川，宣布號令，振凱而歸。」那一次不過是「宣布號令」而已，而制定完善的法令，公布成文法，還要在創制自己的文字之後。

《蒙古秘史》說，一二〇六年成吉思汗建國時就命令失吉忽禿忽著手制定青冊，這是蒙古族正式頒布成文法的開端。但蒙古族的第一部成文法——《札撒大典》卻是十幾年之後，在西征花剌子模之前制定的。

據《史集》記載，一二一九年，「成吉思汗〔高舉〕征服世界的旗幟出征花剌子模」，臨出師前，「他召集了會議，舉行了忽里勒台，在他們中間對〔自己的〕領導規則、律令和古代習慣重新做了規定。」[110]這就是所謂地《札撒大典》。志費尼在《世界征服者史》中專門寫了一章「成吉思汗制定的律令和他興起後頒佈的札撒」，其中說：「因為韃靼人沒有自己的文字，他便下令蒙古兒童習寫畏吾文，並把有關的札撒和律令記在卷帙上。這些卷帙，稱為『札撒大典』，保存在為首宗王的庫藏中。每逢新汗登基，大軍調動，或諸王會集〔共商〕國事和朝政，他們就把這些卷帙拿出來，依照上面的話行事，並根據其中規定的方式去部署軍隊，毀滅州郡、城鎮。」[111]

以上就是蒙古的成文法——大札撒頒布的經過。現在，《札撒大典》已經失傳，但在中外史籍中還片段記載了其中一部分條款。俄國人里亞贊諾夫斯基曾彙集波斯、阿拉伯和歐洲史料中的有關記載，得到成吉思汗的札撒條款三十六條，訓言二十九條，以及其他有關蒙古法律的記述若干條。漢文史料中保存的札撒和訓言也相當多，還有待於收集整理。根據以上這些不完整的記載，我們可大致瞭解成吉思汗法律的若干內容。

三、大札撒的內容和實質

法律是統治階級意志的表現。「前主所是著為律，後主所是疏為令。」[112]西漢時的酷吏杜周的這句話充分反映了法律的階級實質。在蒙古社會中，大汗、合罕是最高統治者，享有至高無上的權威，他用不著用所謂仁義道德來粉飾自己的行為，因此法律的階級實質暴露得更加明顯。按當時的習慣，大汗的言論、命令就是法律，成吉思汗頒布的「大札撒」就是記錄成吉思汗的命令。成吉思汗的「訓言」也被稱為「大法令」。一切是非功過都以是否符合大汗的利益和意志為轉移，符合的就是「合法」，否則就是「非法」。據志費尼說，這些「律令」和「札撒」是成吉思汗「憑自己的腦子創造出來，既沒有勞神去查閱文獻，也沒有費力去遵循傳統」；「全是他自己領悟的結果，才智的結晶。」[113]「依據自己的想法，他給每個場合制定一條法令，給每個情況制定一條律文；而對每種罪行，他也制定一條刑罰。」[114]這種說法未免有點唯心主義和天才論的嫌疑，它沒有揭示法律產生的社會經濟條件和階級鬥爭狀況，但它卻從一個極端揭示了蒙古的法律是成吉思汗意志的表現，實際上也是奴隸主貴族階級意志的表現。

成吉思汗的法律規定了各類人員的權利義務以及違反規定時的處置辦法，如規定萬夫長、千夫長和百夫長們，「要在年初和年終時前來聆聽成吉思汗的訓誡（必里克）」，回去後要實力奉行，管好自己的軍隊。「如果他們住在自己的營盤（禹兒惕）裡，不聽訓誡（必里克），就像石頭沉沒在深水中，箭射入蘆葦叢裡般地消逝得無影無蹤。這樣的人就不適於當首長。」[115]「萬夫長、千夫長和百夫長們，每一個都應將自己的軍隊保持得秩序井然，隨時做好準備，一旦詔令和指令不分晝夜地下達時，就能在任何時刻出征。」[116]「居民（在平時）應像牛犢般地馴順，戰時投入戰鬥應像撲向野禽的餓鷹。」[117]「婦女在其丈夫出去打獵或作戰時，應當把家裡安排得井井有條」，[118]應當擔負男子在家時所負的任務。禁止任何一個執事者將自己的職務擅自移交給別人，擅離職守者處死；構亂皇室，挑撥是非，助此反彼者處死。[119]「凡諸臨敵不用命者，雖貴必誅。」[120]法律反映了戰爭年代對不同人的要求，反映了明顯的軍事性和集權性。

成吉思汗的法律明確規定保護私有財產，保護繼承權，尤其是保護奴隸主對奴隸的所有權。如其中規定：「犯寇者殺之，沒其妻子畜產，以入受寇之家。」有時則「罰充八魯軍（猶漢之死士），或三次四次，然後免，其罪之至輕者，沒其資之半」。[121]被盜馬匹在破獲之後，即應以九匹相同毛色的馬匹歸還原主。如無償還能力，可收其子女相抵，如無子女，應處死刑。[122]在這裡，犯人的子女、生命只相當一匹馬。成吉思汗法律還規定：捉獲逃奴、俘虜而不歸還其主者，處死。[123]

成吉思汗的法律反對某些落後的、損人利己的意識，提倡急公好戰。其訓言曾說：「凡是一個民族，子不遵父教，弟不聽兄言，夫不信妻貞，妻不順夫意，公公不讚許兒媳，兒媳不尊敬公公，長者不保護幼者，幼者不接受長者的教訓，大人物信用奴僕而疏遠周圍親信以外的人，富有者不救濟國內人民，輕視習慣和法令、不通情達理，以致成為當國者之敵，這樣的民族，竊賊、撒謊者、敵人和〔各種〕騙子將遮住他們營地上的太陽，這也就是說，他們將遭到搶劫，他們的馬和馬群得不到安寧，他們〔出征〕打先鋒所騎的馬精疲力竭，以致倒斃、腐朽、化為烏有。」[124]教誡子弟勿使忘本，他們「將穿戴織金衣，吃鮮美肥食，騎乘駿馬，擁抱美貌的妻子，〔但〕他們不說：『這〔一切〕都是由我們的父兄得來的』，他們將忘掉我們和這個偉大的日子！」[125]

成吉思汗的法律中還保留了一些蒙古部落後的習慣和宗教色彩，如規定不許洗滌衣物，認為洗後晾曬天將發怒，引起雷擊等等；不能說吃食是不潔的，什麼東西都應該吃；吃食而噎者拉出去處刑；「嚴禁溺於水中，或灰燼上，嚴禁跨火、跨桌、趴碟」等；[126]父親死後，兒子有權決定其庶母的命運，除生母外，可將其庶母收為妾或送給他人等等。

法律的不平等是成吉思汗法律的一個明顯特點，他規定一些那顏貴族享有「九次犯罪，不要罰」[127]的特權。那顏對其屬下則可以「隨意處分財產，且得處分其身體」。[128]並規定對親者、近者以及神職人員都可以採取優待措施：「若有違號令者，我認得的，便拿將來；不認得的，就那裡典刑了。」[129]認識可汗的人，要交可汗親自處理，從輕發落；不認識可汗的人，一旦違反號令，則要立即「典刑」。對宗室親屬的處理則更加寬大：「我們的兀魯思中若有人違犯已確立的札撒，初次違犯者，可口頭教訓；第二次違犯者，可按必里克（成吉思汗訓言）處罰；第三次違犯者，即將他流放到巴勒真—古勒朮兒的遙遠地方去。此後，當他到那裡去了一趟回來時，他就覺悟過來了。如果他還是不改，那就判他帶上鐐銬送到監獄裡。如果他從獄中出來時學會了行為準則，那就較好，否則就讓全體遠近宗親聚集起來開會，以做出決定來處理他。」[130]成吉思汗甚至降旨說：「如果我的宗族中有人違背了札撒，在未經與全體長幼兄弟們商議前，不得戕害他的生命。」[131]法律懲罰的輕重，不是看罪過的大小，而是看與可汗關係的親疏遠近，這與漢族封建法律中的議親、議貴、議功、議賢等「八議」具有相同性質。後來又規定，被判處死刑的回教徒、神職人員，付四十金幣可以免死，這是對宗教人員實行的一種贖刑，目的是增加收入，緩和矛盾；漢人付一驢可以赦免，這並不是對漢人格外優待，只是表明漢人的生命價值低，只相當於一頭驢。

成吉思汗一再要求各級官吏認真遵守、努力貫徹大札撒，他說：「由於偉大的主的仁慈，我使用了這些律令，並推行了這些必里克，因此使我們的安寧、歡樂和自由的生活一直繼續到現在。將來，直到五百年、千年、萬年以後，只要嗣承汗位的後裔們依然遵守並永不改在全民族中普遍沿用成吉思汗的習慣和法令，上天將佑助他們的強國，使他們永遠歡樂。全宇宙的主將降恩於他們，普世萬民將祈禱他們，他們將長壽享福。」又說：「如果隸屬於國君的許多後裔們的權貴、勇士和異密們不嚴遵法令，國事就將動搖和停頓，他們再想找成吉思汗時，就再也找不到了！」[132]

四、建立審理機構，完善相關制度

軍隊和監獄是國家機器的主要組成部分。如果說成吉思汗確立千戶制、擴建怯薛軍，主要是加強軍隊建設的話，那麼他宣布各種號令，頒布大札撒，則是創建法律制度。法律既需要有人制定，更需要有人貫徹執行，因此「治政刑」[133]的「斷事官」首先從無所不包的怯薛軍中分化出來，成為蒙古國最早的一批專職官員，於是審判機構、監獄應運而生了。

《經世大典序錄．官制》說：成吉思汗時，「治政刑則有斷事之官。」「斷事官」蒙語稱為「札魯忽赤」，漢語意為審斷案件者。早在一二〇二年滅塔塔兒之後，鐵木真就曾讓其異母弟別勒古台「整治門毆盜賊等事」。[134]《元史·別勒古台傳》則說：別勒古台「嘗立為國相，又長札魯火赤」。他是蒙古乞顏部汗國的第一位斷事官。

大蒙古國建立後，成吉思汗分封千戶、萬戶，對一些立有特殊功勞的人格外嘉獎、賞賜時，讓訶額侖夫人的養子失吉忽禿忽宣召博爾朮、木華黎等人，失吉忽禿忽說：博爾朮、木華黎等，他們的功勞比誰多呢？為什麼先賞賜他們？我出力也不少，因何不先降恩於我呢？我還在搖車中時，還在尿褲子時，就在您的國中了，直至頷下生了這麼多鬍鬚，從來沒有三心二意，沒有失誤的地方。訶額侖母親讓我睡在腳後，當兒子養育我；您讓我睡在身旁，當弟弟照看我。今天我們建立了大蒙古國，您將如何降恩於我呢？[135]

成吉思汗聽他這麼一說，就沒有立即宣召博爾朮、木華黎等，只好先發出一道旨意，對失吉忽禿忽進行封賞：「你曾做我第六的弟，依我諸弟一般分分子。九次犯罪，不要罰。如今初定了普百姓，你與我做耳目。但凡你的言語，任誰不許違了。如有盜賊詐偽的事，您懲戒著。可殺的殺，可罰的罰。百姓每分家財的事，你科斷著。凡斷了的事，寫在青冊上，以後不許諸人更改。」[136]於是失吉忽禿忽被任命為大蒙古國的第一個專職官員——大斷事官。這個大斷事官不僅掌握全國的司法大權，而且掌握全國的戶口青冊，掌握財賦大權，同時還有權與大汗直接擬議，他所發布的命令具有法律性質，別人不得更改。於是大斷事官成為兼管司法和財政的官職，被人們稱為「國相」，與漢族的丞相一樣在國家政治生活中具有舉足輕重的地位。後來漢族人就稱失吉忽禿忽為「胡丞相」。直到忽必烈至元二年（一二六五），元朝設立大宗正府，大斷事官才專主宗正府，治蒙古宗室事並兼理刑名，不再是全國的行政長官了。

成吉思汗不僅設立了大斷事官，還在大斷事官之下設有若干斷事官，為其僚屬、下級。諸王、貴戚、功臣有分地者，也各置斷事官管治其本部百姓。137

正是在失吉忽禿忽擔任大斷事官時，蒙古國頒布了戶口青冊和大札撒。同時失吉忽禿忽還逐步制定了一套審理辦法，規定：「犯罪者除現行犯外，非自承其罪者不處刑。」138目的是防止誤審錯判，防止出現冤、假、錯案。為此，失吉忽禿忽還曾告誡犯人：「不要因為恐懼而招認！」「不要害怕，要說實話！」《史集》的作者對此做出了高度評價，說：「他決獄公正，給過犯人很多幫助和恩惠。」「他的〔斷案的〕方式方法的原則，奠定了判決的基礎。」139

成吉思汗建立的蒙古國家制度，當時還是很不完備、較為原始的，儘管軍事和刑法有了一定分工，但各種政權機構還很不健全。在南征和西征的過程中，成吉思汗從畏兀兒、西夏、女真等先進民族吸取了不少統治經驗，於是又陸續擴充了一些新的管理機構，國家政權才逐步趨於完善。比如他設置專門機構主持監造各種武器；委派專人負責屯田和農業；「仿中國制度，於大道上設置驛站，以供官吏使臣旅行之需。」140採用金朝通用的牌子制度，將大汗的旨意（札兒里黑）刻在牌子上，作為調發兵馬、傳達命令的憑據；「定西域，置達魯花赤於各城監治之」，141等等。

蒙古國的建立結束了北方草原長期以來的部落紛爭，成吉思汗採取的一系列政治經濟措施則使蒙古草原的統一得到了進一步的鞏固。如果說成吉思汗及其子孫在西征中建立的蒙古大帝國是不穩固的軍事行政聯盟的話，那麼同樣也應該承認，自從成吉思汗統一蒙古草原後，蒙古族就成為一個有共同的經濟基礎、共同的風俗習慣、共同的文化語言的一個真正統一的民族。八百多年來，經過幾次改朝換代，蒙古族不僅沒有消失，而且至今仍然是一個偉大的民族，應該說這與成吉思汗的貢獻是分不開的。

懲治通天巫

鐵木真統一蒙古，被推舉為可汗，主要依靠武力，依靠千戶、萬戶、諸王的英勇善戰、拚死衝殺，同時與薩滿教的支持也有很大關係。薩滿巫師作為天的代表，傳達上天的意志，支配氏族部落事務，在蒙古草原具有很大權威。因此，借助神權製造輿論、強化王權，一直是鐵木真的一個重要策略。正如屠寄先生所說：「自古奸雄崛起，自諗德不足以服民，威不足以懾敵，往往假託符命，多見其誕妄。成吉思汗雄才大略，橫絕古今，跡其成功，罔非人力。顧草昧之始，未免雜用巫風，是豈不得已。」[142]為此薩滿教的首領豁兒赤、通天巫（帖卜騰格理）闊闊出在蒙古國初建時都取得了舉足輕重的地位。尤其是「帖卜騰格理既以符命被寵，又藉父勢，兄弟七人，勢傾一時」。[143]通天巫闊闊出假借天神意旨，幫鐵木真定尊號為成吉思汗，不僅受到成吉思汗的寵幸，還得到不少蒙古人的擁護。闊闊出的父親蒙力克老人有恩於鐵木真，成為蒙古國的第一功臣，他共有七個如狼似虎的兒子，他們結為一黨，企圖利用薩滿教爭權奪利，要與成吉思汗「齊等」，[144]想使宗教權與王權並駕齊驅，與成吉思汗平分秋色。

成吉思汗的二弟拙赤合撒兒力能折人，尤善騎射，攻王罕時派使假降，征乃蠻時統率中軍，戰功卓著，威望甚高。而闊闊出兄弟卻不把合撒兒放在眼裡，有一天他們竟把合撒兒捉起來吊打了一頓。這無異於太歲頭上動土，公然向可汗的權威挑戰。合撒兒難以忍受這種屈辱，只好到成吉思汗那裡去告狀，企圖得到可汗的庇護。當時成吉思汗正在為其他事情發脾氣，心煩意亂，沒好氣地對合撒兒說：「你平日說人不能敵，如何卻被他打。」[145]於是合撒兒流著眼淚走了，對成吉思汗十分不滿，三天不入見。通天巫闊闊出乘機挑撥，對成吉思汗說：「長生天的聖旨，神來告說，一次教鐵木真管百姓，一次教合撒兒管百姓。若不將合撒兒去了，事未可知。」[146]成吉思汗對此信以為真，害怕合撒兒奪權，當天晚上就逮捕了他。訶額侖的義子屈出、闊闊出二人得到消息後，立即報告了訶額侖母親。

合撒兒無故被闊闊出兄弟吊打，本來就窩了一肚子氣；現在又被當做篡權的隱患，被成吉思汗逮捕，顯然是蒙受了不白之冤。訶額侖夫人既擔心兒子受屈，又擔心事態擴大，於是用白駝駕車，連夜起行，第二天早晨太陽剛剛露頭就趕到了現場。當時成吉思汗正在親自審問合撒兒，合撒兒被綁住衣袖，摘掉了冠帶，變成了一個階下囚。[147]

急促的車輪聲使成吉思汗從暴怒中清醒，他猛一抬頭，發現了母親的車輛，不由得大吃一驚。訶額侖夫人怒容滿面，從車上跳下來，二話沒說就直奔合撒兒身邊，親手解開了綁合撒兒的繩子，並將帽子、腰帶還給了合撒兒。然後怒不可遏地盤腿而坐，顫抖著雙手托出兩個乳房放在雙膝上，說：你看見了沒有？這就是你們所吃的奶！你這齜牙吼叫、自吃胞衣、自斷臍帶的東西，合撒兒有什麼罪，你要骨肉相殘？在你小的時候，你能吃盡我的一個乳，合赤溫、斡赤斤二人不能吃盡一個乳，唯有合撒兒能夠吃盡兩個乳，使我胸懷寬舒。為此鐵木真有才智，合撒兒有力善射。他為你執弓矢，討叛捕亡。今天已經討平了敵人，你眼裡就容不下合撒兒了，這難道是理所應當的嗎？[148]

等訶額侖夫人怒氣漸消後，成吉思汗才說：「受母之怒（責），懼則懼矣，羞則羞矣，吾其退乎！」[149]於是成吉思汗離開了合撒兒的營地。但他對合撒兒的懷疑並未解除，後來他背著訶額侖夫人，裁減了分封給合撒兒的百姓，從原來的四千戶變成了一千四百戶。「後訶額侖得知，心內憂悶，所以早老了。」[150]負責協助合撒兒的者卜客害怕受牽連，逃到巴兒忽真一帶去了。

「合撒兒事件」因訶額侖母親的干預而告一段落，通天巫削弱王權的陰謀未能如願以償。但闊闊出兄弟並沒有就此止步，而是繼續向可汗的權力挑戰。他們企圖通過爭奪民眾擴大自己的權勢，將各支貴族操九種語言的百姓陸續收集到自己周圍，其人數之多超過了成吉思汗的聚馬處，甚至成吉思汗的幼弟帖木格斡赤斤的百姓也有人投靠了闊闊出。帖木格派莎豁兒為使者，向通天巫去討還自己的百姓。通天巫對莎豁兒說：「斡惕赤斤其有二使者歟？」[151]意思是說，斡赤斤還有第二個使者嗎？來一個打走，看他再敢派第二個！於是指使手下人毆打莎豁兒，並將馬鞍綁在莎豁兒背後，暗示莎豁兒是帖木格的牛馬或走狗，將他趕了回去。第二天，帖木格只好親自去見通天巫，說：昨天，你們毆打、侮辱了我的使者莎豁兒，今天我來討還百姓了！通天巫兄弟七人一擁而上，從幾個方面包圍了帖木格，氣勢洶洶地質問說：「你如何敢差人來取百姓？」[152]「躍躍然有欲打之勢。」[153]帖木格被迫當面認錯，說：「我不當差人。」闊闊出兄弟說：「你既不是，當伏罪。」[154]強迫帖木格跪在通天巫身後，帖木格的百姓卻一個也不放回。

根據蒙古的法律規定，收留別人逃跑的百姓，應受死刑。帖木格是成吉思汗的幼弟，名為「守灶」之人，因此成吉思汗在分配百姓時將他和訶額侖母親的份額分配在一起，共分給他們一萬分子百姓。當時訶額侖還嫌少，但不曾做聲。收留帖木格的百姓，也就是收留太后的百姓，按常理推斷也得罪加一等。通天巫肆無忌憚，不但無視國家的法令，而且根本不把成吉思汗的幼弟和母親放在眼裡，竟敢公開侮辱鐵木真的幼弟，其氣焰之囂張已無以復加了。帖木格無論如何也嚥不下這口氣，第二天清晨就去找成吉思汗喊冤叫屈。當時成吉思汗還沒有起床，帖木格直至金帳，跪在成吉思汗床前，一五一十地敘述了自己的遭遇，說完後放聲大哭。鐵木真還沒來得及開口，孛兒帖夫人已忍耐不住了，沒穿衣服就從被窩裡坐了起來，用被角遮住胸前，流著眼淚說：他們晃豁壇人究竟要幹什麼？前些時他們合夥毆打合撒兒，這次又讓帖木格跪在他們身後，這是什麼道理呢？現在可汗還健在，他們就任意欺辱您如檜如松的弟弟們，假如以後您似大樹的身體忽傾，這似績麻、飛鳥般的百姓，他們能讓您弱小的兒子們管束嗎？他們對您如檜如松的弟弟們尚且如此，等我那三四個幼劣的孩子長成後，他們能讓我們做主嗎？他們晃豁壇人究竟有什麼了不起，您為什麼眼看著他們欺辱自己的弟弟而不聞不問呢？[155]孛兒帖夫人邊說邊哭，氣憤極了。成吉思汗也感到了巫師勢力已經構成對王權的威脅，於是決定對通天巫開刀，對帖木格說：通天巫今天會來朝見的，你想怎麼處理就怎麼處理吧。[156]

帖木格擦乾眼淚走了出去，選了三個大力士在一邊等待。過了一會兒，蒙力克老人帶著七個兒子來朝見成吉思汗，通天巫闊闊出走到酒局的西面，剛剛坐下，帖木格就揪住他的衣領說：「你昨日教我服罪，我如今與你比試。」[157]於是揪著闊闊出的衣領向門口拖去，通天巫也不相讓，反手揪住帖木格的衣領，兩人搏鬥起來。在倉促搏鬥間，通天巫的帽子落在了爐灶旁。蒙力克老人若無其事地撿起帽子，用鼻子嗅了嗅放到了懷裡，對兩個年輕人的爭鬥並未介意。成吉思汗也聽之任之，說：讓他們出去較量一下勇力吧。帖木格拖著闊闊出往外走，剛出門檻，三個大力士就迎了上來，捉住通天巫，折斷了他的腰脊骨，扔在東廂的車隊旁邊。帖木格以勝利者的姿態走進大帳，以不屑一顧的口氣說：通天巫昨日讓我服罪，今天我想與他較量，他卻推辭，還故意躺在那裡不肯起來，真是一個平庸的人，不值得吹噓。[158]

蒙力克老人知道自己的兒子已經死於非命，流著眼淚說：當大地還像土塊那樣大，江海還像小溪一樣時，我已經跟隨你了。意思是埋怨鐵木真兄弟不講情義，卸磨殺驢。他的話音剛落，他的六個兒子就塞門圍灶而立，挽袖攘臂，氣勢洶洶，企圖與成吉思汗兄弟決一雌雄。成吉思汗一見勢頭不好，吃驚地站了起來，說：躲開！讓我出去！說罷離開了金帳，弓箭手、侍衛們立即圍繞在成吉思汗身旁。成吉思汗發現被折斷腰骨、扔在車邊的通天巫已死，於是派人從後邊取來一頂青帳，覆蓋在通天巫的屍體上，然後駕車起營，遷移到別處去了。[159]

三天過後，通天巫的屍體不見了，成吉思汗也沒有派人追查，只是對部下說：「帖卜騰格理將我弟每打了，又無故讒譖的上頭，天不愛他，連他身命都將去了。」[160]同時，成吉思汗把蒙力克叫來，責備他說：「自的子不能教訓，要與我齊等，所以將他送了。我若早知您這等德性，只好教你與札木合、阿勒壇、忽察兒每一例廢了來。」[161]又說：我曾答應赦你九死，假如朝令夕替，人們就會恥笑我。既已有言在先，這次可以免你不死。「自帖卜騰格理死後，蒙力克父子每（們）的氣勢，遂消減了。」[162]屠寄先生曾對這一事件寫下了一段評論，其中說：「帖卜騰格理恃寵而驕，無禮已甚，讒間骨肉，左道惑人，投畀豺虎不食其肉。假手力士，折脊而死，非正刑也。」[163]他認為通天巫罪有應得，但成吉思汗以摔跤比武為名處死他卻並非「正刑」，而是屬於陰謀手段。這主要是由於當時薩滿教巫師影響較大，成吉思汗才迫不得已採取了這種辦法。通過這次摔跤比武，成吉思汗不僅除掉了一個巫師，而且剷除了產生於原始社會的巫師代天立言、干預部落事務的制度，這是成吉思汗加強君主集權的又一個重要步驟。

招降與北征

一、林木中百姓的叛降

成吉思汗在建國前的連年征戰中，已先後征服了「氈帳裡的百姓」，即草原游牧民。但草原北部森林地帶的狩獵部落還沒有降服，這對於新建的蒙古國仍然是一個潛在的威脅。因此，成吉思汗建國後，又立即用招降和戰爭的手段征服北方各部，這是統一蒙古的戰爭的繼續。

在蒙古大草原以北，西起葉尼塞河，東至貝加爾湖周圍，當時還是森林密布。居住在這些地區的部族，被蒙古人稱為「槐因亦兒堅」即「林木中百姓」。他們一般住在白樺樹皮覆蓋的棚屋裡，穿獸皮縫製的衣服，以樺樹汁當飲料，靠狩獵和打魚為生。其中也有一部分人開始轉向游牧生活。「林木中百姓」主要包括以下幾個部落：貝加爾湖周圍的不里牙惕部，即後來的布里亞特；葉尼塞河上游的斡亦剌部，即後來的瓦剌；靠近乞兒吉思部的禿馬惕部、巴兒忽惕部等。

一二〇七年，成吉思汗建國後的第二年（卯年，兔兒年），成吉思汗派長子朮赤率右手軍北進，木華黎的弟弟不合駙馬被任命為先鋒。當時，在庫蘇古爾湖以西、色楞格河北源德勒格爾河一帶，居住著一個狩獵部落——斡亦剌部。這個部落曾先後參加札木合、王罕、太陽汗反對鐵木真的軍事行動。成吉思汗對他們進行討伐還是師出有名的。斡亦剌部的部長忽都合別乞沒有力量單獨對抗強大的蒙古軍，朮赤的部隊一到，他就立即投降了，並主動充當蒙古軍的嚮導，到失思失惕河（錫什錫德河）、八河地區（貝加爾湖以西、安加拉諸河源流）、貝加爾湖一帶去招降他的同胞和鄰人。居住在那裡的土綿（萬）斡亦剌、不里牙惕、巴兒忽惕、禿馬惕等部也先後歸附了蒙古國。

與此同時，「成吉思汗派遣了阿勒壇和不忽剌為急使」，164前去招降乞兒吉思部。多桑《蒙古史》說：「乞兒吉思突厥種。據地廣大。南界小金山，與乃蠻接境；東南界薛靈哥河，東北抵安哥剌河。剌失德謂其地多游牧，而城村亦不少。」165乞兒吉思即唐朝時的黠戛斯。八四〇年，它曾與唐朝合力擊潰回鶻汗國，但很快即衰落下去，臣事唐朝、遼朝。一部分黠戛斯人退居葉尼塞河上游，逐步形成了一個大部落——乞兒吉思部。他們西界阿巴坎河，與乃蠻接境；東南界色楞格（薛靈哥）河，與蔑兒乞部為鄰；東北抵安加拉河。據地廣大，主要以放牧牛羊為職業，但在謙河一帶也有少數城郭鄉村，開始過農業定居生活。「他們君主的尊號均為亦納勒，儘管每個君主另有（自己的）名字，這個地區中的顯貴姓氏為也迪。」成吉思汗的兩位使者來到這裡，乞兒吉思的首領也迪亦納勒（斡列別克的斤）也不戰而降。蒙古軍沒有經過激烈的戰鬥，就相繼招降了今西伯利亞地區的林木中百姓和乞兒吉思部，這個地區的各個部落先後接受了蒙古的統治。於是朮赤召集各部的首領、萬戶、千戶等官員，攜帶著白海青、白騸馬、黑貂鼠等名貴動物及其他禮物，一起去謁見成吉思汗。

由於忽都合別乞率先歸附，又不辭勞苦地說服其他各部，才使得朮赤不費一刀一槍，順利地完成了平定北方的任務。忽都合別乞成為北方各部的帶頭羊，因此受到成吉思汗的極大重視。在接見各部首領的宴會席上，成吉思汗當眾宣布將自己的第二個女兒扯扯亦干嫁給忽都合別乞的兒子脫劣勒赤，這就是《元史》上記載的延安公主闊闊干、駙馬脫亦列赤；將朮赤的女兒豁雷罕嫁給忽都合別乞的另一個兒子亦納勒赤哈答，《元史》上稱「豁雷罕」為火雷公主。成吉思汗在宴會上同時宣布，將公主阿剌合別乞嫁給汪古部的首領，這就是以後那位鼎鼎大名的阿剌海別吉。成吉思汗通過婚姻關係和斡亦剌等部結成了「安答和忽答」，鞏固了蒙古國在這一帶的統治。166

隨後，成吉思汗發下一道旨意，表彰朮赤的功勞：「我兒子中你最長，今日初出征去，不曾教人馬生受，將他林木中百姓都歸附了，我賞與你百姓。」[167]正是由於這次功勞，朮赤分到的百姓僅次於祖母訶額侖夫人與叔父帖木格的總和，分到了九千百姓，這說明成吉思汗並沒有把朮赤當做外族血統的人，而是確確實實地承認朮赤長子的地位。

成吉思汗統一蒙古草原之後，其所以能對北方森林各部順利地推行招降政策，不僅由於朮赤招降有方和忽都合別乞率先迎降，主要是由於當時的整個形勢對蒙古有利。成吉思汗平定草原各部，勢力強盛，聲威遠震，那些小國寡民的林木中百姓自知不是蒙古人的對手，因此才先後表示臣服。而一旦力量對比發生變化，或蒙古國的政策發生失誤時，這些力量較小的部落也會「既附而叛」，也不甘心屈服於別人的統治。實際上，成吉思汗征服林木中百姓，主要還是依靠武力。正如《世界征服者史》記載說：「當成吉思汗事業鼎盛，福星高照時，他也派遣使臣招諭其他諸部；納款投誠的諸部，如斡亦剌和弘吉剌，都被收納為他的部屬和麾下，得到另眼相待；但對那些頑固不化和反抗者，他用災害之鞭和毀滅之刃把他們殺得七魂出竅，直到各部成了清一色，聽命於他為止。」[168]

林木中百姓投降不久，成吉思汗集中兵力南征金國，後方只留兩千人馬，兵力空虛。同時，被任命為林木中百姓萬戶的豁兒赤為滿足個人的私欲，激化了當時的矛盾。早在豁兒赤離開札木合、投靠鐵木真時，因他曾將天神的預言告訴鐵木真，鐵木真答應建國後封他為萬戶，並允許他挑選三十個妻子。在分封功臣時，成吉思汗雖然已封豁兒赤為萬戶，讓他管轄林木中百姓。但那時林木中百姓尚未降附，當時的分封也只能是「虛封諸侯」而已。後來，林木中百姓歸附了，於是成吉思汗準備兌現自己的諾言，同意豁兒赤到禿馬惕部去挑選三十名美女美婦。

當時禿馬惕部的首領歹都忽勒莎豁兒已死，由其妻子孛脫灰塔兒渾負責部中事務。這位女部長和禿馬惕人都不能接受這種為人臣妾的待遇，他們不僅拒不獻出三十名美女，反而逮捕了自己的萬戶和「新郎」——豁兒赤。成吉思汗聽說豁兒赤被禿馬惕人關押起來了，只好設法解救。斡亦剌部與禿馬惕為鄰，忽都合別乞也瞭解禿馬惕的內情，於是成吉思汗請自己這位「親家公」親自出馬，希望能說服那位禿馬惕的女部長，放回豁兒赤，獻出三十名美女。禿馬惕人為了維護自己的尊嚴，也顧不得與斡亦剌部講什麼鄰國之情了，乾脆一不做、二不休，又逮捕了成吉思汗的這位特殊使者忽都合別乞。這就是《聖武親征錄》和波斯《史集》所說的禿馬惕人的「既附而叛」、「重新起義」。

對於周圍的少數部族，成吉思汗一貫使用兩手政策：對於真心投降的人，他熱情歡迎，大加獎賞；對於堅持反抗的人，他從來不吝惜自己的武力。大功臣和親家公被禿馬惕的女部長抓起來了，成吉思汗自然不會等閒視之。他聽說，禿馬惕駐地山險林密，難於用兵，禿馬惕人以狩獵為生，剽悍善射，而且「組成了獨立的軍隊，善戰，好作亂」。[169]於是他決定派中軍萬戶納牙阿去征討他們。納牙阿為人正派、有主見，他大概對豁兒赤挑選三十個妻子不滿，「推託有病」，[170]沒有接受這一任務。成吉思汗無可奈何，只好改派四傑之一、自己的義弟博爾忽前去平叛。「孛羅忽勒（博爾忽）聽到後，向異密們問道：『是你們在主上面前提到我的，還是主上自己想到的？』他們說：『是主上自己想定的。』孛羅忽勒當時說道：『我去為成吉思汗謀取幸福，但我是代替別人去的！』他將妻子、兒女託付給聖上後，便出發了。」[171]為了執行成吉思汗的命令，博爾忽甘願「以我之軀，易人之血」，冒著生命危險去完成這個違背本意的任務。

一二一七年的某月，博爾忽率軍向禿馬惕部進攻。禿馬惕人據險而守，在森林中設下了埋伏。

博爾忽屢經大敵，根本不把禿馬惕這個小小的部落放在眼裡，只帶了三個騎兵，離開大隊，親自在前面探路。他們在不辨晝夜的森林中摸索前進，不知不覺地進入了禿馬惕人的包圍圈中。禿馬惕人一擁而起，截住了博爾忽的歸路。大隊人馬還沒來得及增援，博爾忽就戰死了。當大批蒙古軍趕到時，禿馬惕人早已撤退得無影無蹤了。

屢立戰功的四傑之一、年輕的博爾忽就這樣死去了。消息傳到了成吉思汗的金帳，成吉思汗大驚失色，悲憤交加，手指肝膽對天發誓，一定要為博爾忽報仇，打算親征禿馬惕部。博爾朮、木華黎等竭力勸阻，這才改派朵兒伯多黑申率兵前往，成吉思汗降旨說：「當嚴以治軍，禱告長生天，試降禿馬惕百姓。」[172]

朵兒伯多黑申接受了博爾忽輕敵冒進的教訓，申嚴軍令而行，分別派出偵察人員，暗中瞭解各條路上敵人的情況。同時又虛張聲勢，放出風聲說要沿博爾忽的舊路進攻。實際上卻偷偷改變了進軍路線，沿著「忽剌安不合」小徑，向山後爬去。「忽剌安不合」意為「紅牛」，是林木中百姓販牛所走的小路。朵兒伯多黑申擔心軍士畏難不進，讓每人背了十根柳枝，傳令軍中：所有軍人，若有心怯不進者，則用柳枝箠背。同時又準備了斧、錛、鋸、鑿等工具，砍斷荊棘，鋸斷擋路的樹木，鑿開巨石，開路登山而上，一直爬到了山頂。當時，禿馬惕人正在舉行宴會，蒙古軍出其不意地包圍了他們，活捉了那位女部長和其他首領，禿馬惕部眾反抗無效，全部做了蒙古軍的俘虜。[173]

禿馬惕部終於被平定了，為了酬報博爾忽，成吉思汗將一百戶禿馬惕人賞賜給博爾忽家做世襲奴隸。同時，成吉思汗又召見了豁兒赤和忽都合別乞，安慰他們，替他們壓驚，仍允許豁兒赤再往禿馬惕部挑選三十名美女，並把禿馬惕的那位桀驁不馴的寡婦部長賞給了自己的親家公忽都合別乞。[174]

重信義，說話算數，是成吉思汗和蒙古族的突出特點。但在豁兒赤這件事上卻因此而帶來了不少麻煩。由於成吉思汗稱汗之前，曾親口答應豁兒赤可以在國中選取三十個美女做妻子，這才有了豁兒赤到林木中百姓那裡去選美，從而導致了塔兒渾夫人的降而復叛。正是為了平定這場叛亂，成吉思汗從征金前線回師草原，並為此做出了重大犧牲！

二、追擊脫脫父子

「林木中百姓」的降附，使蒙古的統一得到了鞏固和發展，但蔑兒乞部的脫脫父子，乃蠻部太陽汗之子屈出律等至今還沒有捉獲，這對於成吉思汗來說仍是一塊心病。在召見「林木中百姓」的首領時，他不斷向他們打聽脫脫等人的下落，後來有人告訴他：脫脫與屈出律等盤據在也兒的石河畔（今額爾濟斯河）。

一二〇八年，蒙古軍以斡亦剌部的忽都合別乞為嚮導，越過阿來嶺（奎屯山），向也兒的石河畔進軍。當時，脫脫、屈出律等列營於也兒的石河的支流不黑都兒麻源頭。[175]忽都合別乞的斡亦剌部「給成吉思汗軍隊帶路，〔把他們〕突然帶到了蔑兒乞惕君主脫黑台（脫脫）別乞和太陽汗的兒子古失魯克（屈出律）處，將他們兩人包圍起來，把他們的家人、財產、馬群和畜群洗劫一空。脫黑台被殺死了」。[176]他的兒子忽都、赤剌溫、馬札兒、蔑兒干等一齊「跳下馬來，想把脫黑台的屍體搬走，但由於沒有充足的時間，他們急忙將他的頭割下，從也兒的石河岸上逃走了」。[177]與鐵木真對抗了二十年左右的著名的蔑兒乞部的部長變成了一個斷頭鬼，身首異處，死無葬身之地，悲慘地結束了自己的一生。

屈出律及蔑兒乞部的人馬抵擋不住蒙古軍的強大攻勢，爭先恐後地逃命，搶渡也兒的石河，「溺水死者過半，餘亦皆散亡。」[178]後來，屈出律投奔了垂河（楚河）一帶的西遼，忽都、赤剌溫等則向畏兀兒方向逃去。一二〇九年春，「他們來到畏兀兒地區，派了一個名叫額不干的使者去見亦都護。[179]亦都護殺掉了這個使者。為此他們（與畏兀兒人）在名為襜河的河谷裡作戰，（戰敗後）逃跑了。」[180]

一二一六年，丙子年，成吉思汗從伐金前線回到蒙古草原，在土拉河的黑林大會諸將。當時他接到一個情報，說蔑兒乞部的忽都、赤剌溫、馬札兒、蔑兒干等「以前逃到了乃蠻地區邊境，（如今）在峻嶺重重、跋涉艱難的地方重新糾合了一夥人，想和他對抗。成吉思汗（立即）採取了對付他們的手段」。[181]

《元史．速不台傳》也記載了這次黑林之會，其中說：「滅里吉（蔑兒乞）部強盛不附。丙子，帝會諸將於禿兀剌河之黑林，問：『誰能為我征滅里吉者？』速不台請行，帝壯而許之。」第二年（一二一七年，丁丑，牛兒年）春天，成吉思汗為速不台配備了鐵車軍，發布了著名的「鐵車敕令」。

《蒙古秘史》第一九九節將這次遠征記載在一二〇五年，乙丑年。而第二三六節又說：「太祖又命速別額台追脫黑脫阿子忽禿、赤剌溫等，追至垂河，將忽禿等窮絕了回來。」[182]隨後又記載了者別出征屈出律。這兩件事發生在一二一七、一二一八年，因此「鐵車敕令」不是在乙丑年頒布，而是頒布於丁丑年，即《史集》所說的「相當於伊斯蘭教曆六一二年的牛年（西元一二一七年）」」。[183]

成吉思汗「下令為軍隊製造許多大車，牢固地釘以鐵釘，使大車不致在石頭中間行進時很快就損壞」。[184]並當眾頒布了「鐵車敕令」：

「脫里脫阿之子忽都、合勒、赤剌溫等驚而走時尚回射焉。已為帶套之野馬，中箭之傷鹿而去矣。」[185]意思是說，忽都等人不甘心失敗，勢窮力盡了還不投降，頑固反抗，臨逃走時還回頭射了幾箭。目前他們已變成帶套的野馬、中箭的傷鹿了，只要找到他們的下落，捉住他們並不困難。為此我特地打造了換車，命你率軍遠征。「有翅飛上天呵，你做海青拿下來；似鼠鑽入地呵，你做鐵鍬掘出來；如魚走入海呵，你做網撈出來。」[186]要求速不台想盡一切辦法，圓滿地完成這次出征的使命。隨後又反覆叮囑了幾條注意事項：

「你越高山，涉大河，可趁軍每的馬匹未瘦，行糧未盡時，先要愛惜。」[187]速不台第一次單獨率軍遠征，成吉思汗告誡他要注意愛惜馬匹，節省行糧，以免出現糧盡馬乏的危險。

「路間不可輕易圍獵。若要圍獵做行糧呵，也要斟酌著。馬的鞦並閘環不許套上，如此則軍每不敢走馬。」[188]成吉思汗估計，遠征經過荒山野林，肯定會有不少野獸。他告誡速不台不要讓軍卒們無節制地打獵，因為只顧追逐獵物，就會耽誤行軍時間。不要讓士兵套其鞍鞦，勿令搭轡閘口以行，這樣戰士們就不會放馬飛奔。這也是一種愛惜馬力、愛護戰士的措施。

「若有違號令者，我認得的，便拿將來；不認得的，就那裡典刑了，可謹慎者。」[189]這是授予出征統帥生殺、獎懲的權力，但可汗的親信和熟人要交可汗處理。

「若天相助，將脫黑脫阿子每拿住呵，就那裡殺了者。」[190]如果捉住了脫脫的幾個兒子，允許速不台就地處死，免得他們中途逃脫。

最後成吉思汗又強調指出：我之所以命你遠征，是因為「當初我小時，被三種蔑兒乞拿我，將不兒罕山繞了三遭。這般有仇的百姓，如今又發言語去了。我欲教你追到極處，所以造與你鐵車」。[191]

「丑年使汝出征焉。」[192]表示了此仇不報、誓不罷休的決心。為了增強速不台必勝的信念，成吉思汗說：「其在遠處也，仍如在俺眼前，其在遠處也，仍如在俺近邊。如此思之，則汝將獲上天之佑乎？」[193]意思是說，我雖然不能與你一起遠征，但我卻時刻掛念著你。我雖然看不見你，你仍如在我眼前；你雖遠在天邊，猶如在我身旁。你經常這樣想一想，就會得到上天的護佑，就會增加無窮的力量。

這個「鐵車敕令」既表示了成吉思汗對蔑兒乞人不共戴天的仇恨，表示了他「宜將剩勇追窮寇」的戰鬥精神，又體現了他的戰略家風度：為保證遠征的勝利，他首先關心戰士、戰馬的體力消耗，關心部隊的給養，又授予遠征統帥一定的自主決斷權。

為使這次遠征萬無一失，當速不台出發後，成吉思汗又立即派出一支熟悉敵情、地形的後援部隊：「〔接著〕他又命令弘吉剌惕部人脫忽察兒把阿禿兒同速別台把阿禿兒子一起出征。」「成吉思汗出征乞台（金朝）時曾讓他率領兩千巡哨隊留在後方保護輜重和斡耳朵，他〔在那裡〕駐守了一段時期。」脫忽察兒曾出哨西部邊疆，瞭解忽都等人的活動情況。「脫忽察兒追上他（速不台）後，與他一起出發。」[194]速不台選派裨將阿里出領百人先行，負責偵察敵人動靜，對阿里出說：你率百人前行，要化裝成逃難的百姓，帶一些嬰兒前去。進入忽都等人的駐地後，就把嬰兒扔掉。使他們感到是挈家而逃的人們，這樣就不會引起他們的懷疑。阿里出依計而行，進入忽都等人所在的嶄河一帶時，扔下了不少車帳，並丟下了幾個嬰兒，蔑兒乞人果然認為他們是逃難的百姓，沒有引起警覺。速不台、脫忽察兒不久也進入了嶄河地區，「他們在那裡與忽都作戰，擊潰了蔑兒乞惕部，將他們全部殲滅，除〔脫黑台〕幼子蔑兒干以外，蔑兒乞惕人一個也沒剩下。」[195]

「蔑兒干」蒙語意為善射者，其本名為忽勒禿罕。速不台愛惜人才，未肯就地處死，當回師經達朮赤駐地時，將他獻給了朮赤。朮赤為了測驗一下忽勒禿罕的箭法，有意安排了一次射箭比賽，發現忽勒禿罕不僅百發百中，而且後邊的箭竟能射中前邊的箭杆，使兩支箭同時穿過箭靶。朮赤驚歎不已，「遣使至成吉思汗處請求赦免他。但是，成吉思汗〔以前〕從他們〔蔑兒乞惕人〕處吃過種種苦頭，〔當時〕他想道：『不行！再也不能讓他們作亂了！』於是派人答覆朮赤說：『我為你們爭得了這麼多國家和軍隊，〔區區〕蔑兒干算得了什麼！』」196又說：敵種之後不可留！免得他們死灰復燃，東山再起！197朮赤不敢違背父親的命令，脫脫的最後一個兒子也死在了朮赤的刀下，「這個部落遂全部絕滅了。」198

畏兀兒與哈剌魯的降附

一、畏兀兒的歸附

畏兀兒，又譯畏吾而、偉兀、衛吾、委兀、瑰古、烏鵠、外吾，皆「回鶻」蒙古語讀音的漢譯。畏兀兒乃回紇族的後裔，今維吾爾族的祖先。唐朝中期，回鶻汗國被推翻後，回鶻人分三支西遷，其中一支遷到今新疆吐魯番一帶，占據了以哈剌火州和別失八里為中心的地區，定都哈剌火州，並以別失八里為國王夏季駐地。南北朝時，柔然曾在這裡建立高昌國，「哈剌火州」即當時的高昌城，最早稱為「中國城」。唐朝時稱「高昌」為西州，遼、宋時又稱火州、和州，當地人稱為「哈剌火者」即哈剌火州。「別失八里」即北庭。因為那裡有五座小城，突厥語稱「五」為「別失」，

「城」為「八里」。其遺址在今新疆吉木薩爾破城子。高昌、北庭從西漢以來就曾接受中原王朝的管轄，經濟文化比較發達。遼、宋時的漢文史料中，稱畏兀兒為高昌回鶻、和州回鶻、西州回鶻。畏兀兒以族名為國名，其國土東至伊州，即今新疆哈密；西至龜茲（曲先），今新疆庫車；北至今準噶爾盆地的邊緣，與乃蠻部為鄰；南至鄯闡（今羅布泊附近）、酒泉，與吐蕃接壤。畏兀兒的國王稱「亦都護」，志費尼說意為「幸福之主」，實際上應為「神聖陛下」。199 因為畏兀兒又被稱為阿薩蘭回鶻，所以畏兀兒國王也稱阿薩蘭汗，漢語意為「獅子王」。

畏兀兒人有一個古老的傳說，認為他們的祖先最早興起於斡兒寒河畔（今鄂爾渾河）。那裡有一座哈剌和林山，有三十條河從那裡發源，每條河的兩岸都居住著不同的部族，畏兀兒則在斡兒寒河岸邊形成了兩支。當他們人數增多時，他們也仿效其他部落，推舉了一個首領，這樣一直過了五百年，出現了一個神話般的領袖。從哈剌和林山發源的三十條河流中，有一條叫做禿忽剌的河（今圖拉河）和一條叫做薛靈哥的河（今色楞格河）。在兩河中間的土地上長出了兩棵緊靠在一起的樹，一棵稱為忽速黑，即西伯利亞杉，形狀像松樹，樹葉在冬天像柏葉，果實的外形和滋味都與松仁相同；另一棵樹稱為脫思，即樺樹。兩樹中間冒出一個土丘，有一束神光自天空降落在土丘上，土丘日益增大。大約過了九個月零十天，土丘猶如孕婦分娩，裂開一扇門，展現出五間像營帳一樣的石屋，每間石屋裡坐著一個男孩，嘴上掛著一個吸奶的管子，帳篷上則鋪有一張銀網。畏兀兒各部落的人們爭先恐後地來觀看這件奇蹟，向他們頂禮膜拜。微風吹到這五個孩子身上，他們很快就強壯起來了，開始走動。終於，他們走出石室，被交給乳母照管。當他們長大以後，詢問誰是他們的父母，人們帶他們來到那兩棵樹前。他們像孝子對待父母一樣，跪倒在樹前感謝父母的生育之恩，突然兩棵樹說話了：「品德高貴的好孩子們，常來此地走動，恪盡為子之道。願你們長命百歲，名垂千古！」[200]當地人民十分尊重這五個人，稱他們為「ＸＸ的斤」，即「君主」或「諸侯」，據說別失八里的五座城就是為他們修建的。在這五子中，第五子品貌秀美，才智出眾，勝過其他四子，而且通曉各族的語言文字，因此大家推舉他為汗，號稱「不可汗」（《元史》稱「不古可汗」）。[201]這個傳說告訴人們：畏兀兒人認為，他們的祖先是松樹、樺樹的後代，是大地和上天的兒子。

不可汗傳了三十多代，出了一個名叫「玉倫的斤」的可汗，「數與唐人相攻戰，久之議和親，以息民罷兵。」[202]唐朝將金蓮公主嫁給了他的兒子。唐朝的使者帶著觀風水的「相地者」到了畏兀兒，發現那裡有一座天靈山、一座福山，認為「和林之盛強，以有此山也。盍壞其山，以弱其國」。[203]於是藉口需要福山的石頭，用烈火燒山，澆上濃醋，巨石皆碎，用車拉回唐朝。「國中鳥獸為之悲號。後七日，玉倫的斤卒，災異屢見，民弗安居，傳位者又數亡。」[204]老百姓不能安居樂業，繼位的「的斤」又往往短命。為了避難消災，他們才遷到了交州，即火州、高昌。到成吉思汗時代，畏兀兒人已在高昌居住了一百七十多年（應為幾百年）。遼朝建立後，畏兀兒歸附遼朝。遼朝滅亡後，它又成為西遼的藩屬國。當時在位的亦都護號稱巴而朮阿而忒的斤。[205]

西遼是契丹族的一支哈剌契丹在東突厥斯坦建立的一個國家，又被稱為哈剌契丹或黑契丹。它征服了周圍的一些國家，強迫他們繳納貢品。西遼的皇帝把一名「沙黑納」派到畏兀兒。「沙黑納」相當於突厥語的「八思哈」，蒙古語的「達魯花」，指征服者委派到被征服地區、特別負責徵收貢賦的代表，西遼人稱其為「少監」，實際上相當於畏兀兒的監國。「當他在職位上站穩了，就開始作威作福，對亦都護和他的將官百般凌辱，撕毀他們的榮譽面紗」；對畏兀兒人民進行殘酷的壓迫，「因而他成為貴族和平民共同憎恨的對象。」[206]

一二〇九年春，成吉思汗的大蒙古國已經建立四年，並派兵追擊蔑兒乞、乃蠻餘部，射死了蔑兒乞部長脫脫，趕走了太陽汗的兒子屈出律，同時已兩征西夏，西夏戰敗。成吉思汗「凱旋的消息傳遍四方」，[207]對畏兀兒震動很大。「畏兀兒君主亦都護聽得人們說成吉思汗偉大、堅強、慷慨好義，便傾向成吉思汗方面。」[208]他採納了相國的建議，決定借助蒙古的力量乘機擺脫西遼的統治。他命令士兵們包圍了西遼少監的住宅，西遼少監跑到樓上避難。畏兀兒的國相仳俚伽追上樓去，砍掉了這位少監的腦袋，然後讓士兵推倒那座房子，將西遼少監埋葬在瓦礫堆中。[209]

畏兀兒亦都護殺死西遼少監，公開宣告了與西遼的決裂，馬上派出使者，準備去朝見成吉思汗，表示要歸順蒙古。但畏兀兒的使者還未出發，成吉思汗招降的使者已經到了高昌城。「亦都護對他們的蒞臨十分高興，對他們很尊敬，表示了各種好感。」並立即讓自己的「兩個使臣同他們一起去覲見成吉思汗」。[210]畏兀兒的使臣帶去了一份國書，《親征錄》和《史集》分別做了詳細記載，《親征錄》說：「畏兀兒國主亦都護，聞上威名，遂殺契丹主所置臨國少監，欲求議和。」其使者入奏曰：「臣竊聞皇帝威名，故棄契丹舊好，方將遣使來通誠意，躬自效順。豈料遠辱天使降臨，下國譬雲開見日，冰泮得水，喜不自勝矣。而今而後，當盡率部眾，為僕為子，竭犬馬之勞也。」《史集》則這樣記載了這份國書：「我從來往的人們處聽得〔吾〕王、世界征服者、宇宙之王的強盛、偉大、威嚴和堅強，便起來造了哈剌契丹古兒汗的反。我願派遣使者完整、詳細地〔向您〕報告我所知道的有關古兒汗的情況及其他任何情況，忠心耿耿地〔為您〕效勞。在考慮這些事的當兒，我仿佛覺得天空中烏雲驅散，晴日當空。在陽光照射下，江面上冰封盡消，一江淨水。我整個身心歡騰起來。自今以後，我要將全部畏兀兒國土獻上，做成吉思汗的奴隸和兒子！」[211]

畏兀兒的使者剛剛上路，蔑兒乞脫脫的幾個兒子忽都、赤剌溫等，就帶著脫脫的腦袋來到畏兀兒邊界。他們派使者來見亦都護，希望與畏兀兒通好。「由於亦都護知道他們是成吉思汗的敵人，他不向他們屈服，同他們作戰，〔將他們〕趕跑了。」[212]隨後，他又派出第二批使者向成吉思汗告捷。

成吉思汗十分讚許亦都護的舉動，對畏兀兒的兩批使者優禮相待，再次派出使者對亦都護進行慰勞，並下詔敕說：「如果亦都護真誠〔為我們〕效忠，可讓他親自從他的財產和帑藏中拿出一些東西來進貢。」[213]於是，「亦都護打開金庫的門，取出些認為適宜的財物，動身到成吉思汗陛下處來。」[214]

一二一一年春，巴而朮亦都護到克魯倫河行宮去朝見成吉思汗，「向至尊表示臣服。他進獻了表示歸順的禮物，並奏道：若蒙成吉思汗垂青，顧念臣下老遠聽到消息後立即前來而予抬舉的話，請賜我以紅袍金帶，讓我做成吉思汗四子〔以外〕的第五子；我將更加順從，更加〔為他〕竭誠效勞！」[215]成吉思汗為亦都護的忠心所感動，答應收他做自己的第五子，並決定把自己的女兒阿勒阿勒壇嫁給他。「阿勒阿勒壇」即《元史》所說的「也立安敦」。從此畏兀兒亦都護成為蒙古國的貴戚，畏兀兒與蒙古的關係日益密切，「寵異冠於諸國。」[216]

當時，在中國北方，畏兀兒文化水準最高。直到這時成吉思汗還沒有大量吸收漢文化，而是主要吸收畏兀兒文化。他還從畏兀兒族得到了不少人才，這對於蒙古的社會進步、對加強蒙古的政治統治都起了很大作用。同時，畏兀兒又是中西交通要道，往東南可直通西夏，往西可直通西遼。成吉思汗不費一刀一槍就降服了畏兀兒，從而打開了蒙古與西方交往的通道，這對成吉思汗征服西夏、西遼，進行西征也發生了很大影響。

二、降服哈剌魯

一二一一年，成吉思汗派忽必來出征哈剌魯。

哈剌魯，又譯合兒魯、罕祿魯、匣剌魯、哈剌奴兒、柯耳魯，唐代作葛邏祿，本為西突厥的一部。西突厥被唐軍打敗後，葛邏祿人先是遷到北庭附近，後又進入伊犂河、楚河217一帶。八四〇年，回鶻汗國被黠戛斯顛覆後，有一支回鶻人遷徙到葛邏祿族居住的地區，後來逐漸與葛邏祿人融合為一個民族，這就是哈剌魯。

十世紀中葉，當五代末年、北宋初年之際，回紇撒吐克喀拉汗在中亞細亞建立喀拉汗國，又譯哈拉汗國，開始崇拜伊斯蘭教。哈剌汗國曾攻占阿姆河北岸的布哈拉城，並曾滅掉阿姆河北岸的波斯薩曼王朝。因此《史集》記載，哈剌魯與畏兀兒具有同一的族源，當他們的一個祖先烏思放棄佛教、改信伊斯蘭教時，內部發生了戰爭。「對那些歸附於他並成為他的協助者的人，烏古思賜以畏兀兒之名。」218而當烏古思在一次戰爭中從戰場返回老營時，「在途中到了一座大山下，當時下了一場雪；有幾個家族由於下了這場雪，落後了」，「他便給這幾個家族起名為哈剌魯，意即『有雪者、雪人』，哈剌魯諸部都出自這些人。」219

西遼統治時期，哈剌魯成為西遼的附屬國，其統治區域包括阿爾泰山以西、伊犁西北、巴爾喀什湖東南一帶，主要包括三座城：海押立，今蘇聯巴爾喀什湖東、卡帕爾城附近；阿力麻里，又作「阿力馬力」、「阿里馬」，意為蘋果城，其故址在今新疆霍城西北克根河西岸、阿爾泰古城一帶；不剌城，又譯普剌城，今新疆博樂縣。

成吉思汗興起前，哈剌魯有兩個國王，分別駐在海押立和阿力麻里城。駐在海押立城的哈剌魯首領稱為阿兒思蘭汗，這是一個世襲的稱號。西遼的菊兒汗（古兒汗）220派了一名沙黑納（少監）

協助阿兒思蘭汗管理該地的政事。西遼末年，周圍的附屬國先後起來反抗西遼的統治，忽炭的算端[221]也起兵造反。菊兒汗決定率軍討伐忽炭的算端，同時命令阿兒思蘭汗參戰。「他這樣做，動機是要把阿兒思蘭汗置諸死地；由此，若阿兒思蘭汗也和其他君主一樣謀反，他就可以乾脆把他除掉；另外，若他表示服從，但對穆斯林（伊斯蘭教徒）溫情脈脈，討伐忽炭不力，那以此為藉口，他同樣要他的命。」[222]阿兒思蘭汗並沒有識破菊兒汗這個陰謀，遵命率領部隊去與菊兒汗會合。菊兒汗的一名侍從官，名叫沙木兒—塔陽古，[223]他平時與阿兒思蘭汗很有交情，偷偷地把菊兒汗這個陰謀告訴了阿兒思蘭汗。阿兒思蘭汗不知所措，沙木兒—塔陽古給他出了一個主意，說：「要是菊兒汗對你下毒手，你的家室子女也將絕滅。若替你的子女的前途著想，你最好的辦法莫如服毒自盡，以此擺脫這不幸人生的苦難和那殘暴的君主。到時我將替你說話，讓你的兒子繼承你的位子。」[224]阿兒思蘭汗別無逃生之路或避難之地，只好含淚喝下了一杯毒酒，一命歸天了。

沙木兒遵守諾言，為阿兒思蘭汗的兒子爭得了汗位，這就是馬木篤汗，習慣上仍稱為阿兒思蘭汗。菊兒汗派了另一名監護官去監護馬木篤汗。這位西遼的監護官也像菊兒汗那樣陰險殘忍，他根本不把馬木篤汗當可汗對待，任意侮辱，無所不用其極；對哈剌魯的臣民百姓更加專橫暴虐。馬木篤汗君臣早就對這位監護官恨之入骨了。當成吉思汗派忽必來率軍開入哈剌魯境內時，馬木篤汗也學習畏兀兒的榜樣，殺死了那位可惡的西遼少監，率領臣民開城投降了蒙古。馬木篤汗隨同忽必來去朝見成吉思汗，「將表示歸順的禮物進獻到怯綠連〔河〕地方」，向成吉思汗「表示臣服，歸順了他」。[225]成吉思汗為了表彰馬木篤汗不戰而降，決定「賜以女」，[226]允許他「和一個皇女成親」。[227]後來，哈剌魯一帶成為察合台汗國的一部分，後又成為窩闊台之孫海都的領地。阿兒思蘭汗的幾代子孫都與蒙古的公主結婚，[228]在政治上享有很高的地位。

哈剌魯的另一個首領名叫斡匝兒（不扎兒），他原來是攔路搶劫的強盜，是一個勇猛絕倫的漢子。他經常偷盜別人的馬匹，還幹其他犯罪勾當。由於受到當地一些歹徒的擁護，他變得十分強大。他們經常進攻周圍的村落，誰起來反抗，他們就用武力征服。他們的勢力日益發展，最後竟攻占了阿力麻里，並攻占了不剌城，居然建立了一個割據政權，斡匝兒被擁立為脫黑魯兒汗。[229]

一二一一年，乃蠻部太陽汗之子屈出律奪取了西遼政權。乃蠻原來信奉景教，屈出律娶的西遼公主信奉佛教。於是屈出律強迫當地和附屬國的人民改信佛教或景教。斡匝兒是一個伊斯蘭教徒，被迫起來反對屈出律的統治。屈出律屢次派兵攻打他，但往往被他打敗。為了對付屈出律，他派出使者朝見成吉思汗，上報有關屈出律的情況，自稱是成吉思汗的臣僕。成吉思汗派人對他進行慰勞，後來又把朮赤的女兒嫁給了斡匝兒的兒子，與他結為姻親。「當他作為藩屬的基礎鞏固後，遵照成吉思汗的詔旨，他親身赴朝，在那裡得到殷勤的接待。」[230]臨行前，成吉思汗囑咐他戒獵，免得突然成為他人的獵物。為了不讓斡匝兒再外出打獵，成吉思汗特地贈送他一千隻羊，用以代替獵物。但斡匝兒出身於強盜，喜歡遊樂，一直熱中於狩獵活動。他返回阿力麻里後，無論如何也克制不住打獵的欲望。有一次出外打獵，由於他毫無戒備，終於在獵場上被屈出律的士兵捕獲了。他們用鐵鏈子拴著他，把他帶到阿力麻里城前，企圖讓他叫開城門，占領這座城市。阿力麻里人關閉城門，起來抵抗屈出律的軍隊。這時，忽然傳來蒙古軍隊前來支援的消息，屈出律的軍隊如驚弓之鳥，趕緊撤軍，在半路上殺死了斡匝兒。[231]

斡匝兒死後，他的兒子昔格納黑的斤繼承了他的位子，受到成吉思汗的恩寵，直到他的幾代子孫還奉命治理阿力麻里。[232]

三征西夏

西夏是党項族建立的國家，自一〇三八年李元昊稱帝，建國號為夏，到一二二七年被蒙古所滅，西夏統治我國西北地區近二百年之久。據《宋史》卷四八六〈西夏傳〉記載：「夏之境土，方二萬餘里。」「河之內外州郡，凡二十有二。」主要包括銀州（今陝西米脂縣西北）、夏州（今陝西橫山縣西）、甘州（今甘肅張掖縣）、涼州（今甘肅武威）、瓜州（今甘肅安西縣東南）、沙州（今甘肅敦煌縣）、肅州（今甘肅酒泉縣）、靈州（今寧夏靈武西南）、興慶府（今寧夏銀川市）等，其轄境相當於今寧夏回族自治區、甘肅以及陝西、青海等部分地區。開始定都西平府（靈州），後遷都興慶府。

党項統治者漢化程度較高，「其設官之制，多與宋同；朝賀之儀，雜用唐、宋，而樂之器與曲，則唐也。」[233]西夏是一個採用漢制的封建政權。西夏國文化繁榮，除使用漢文外還創造了自己的文字——西夏文，目前已發現用西夏文和漢文印刷的西夏書籍，數量很多。西夏統治者崇尚佛教，國內到處興建寺廟。

西夏的主要社會生產是農業和手工業。「其地饒五穀，尤宜稻麥。甘、涼之間，則以諸河為溉；興、靈則有古渠，曰唐來、曰漢源，皆支引黃河，故灌溉之利，歲無旱澇之虞。」

西夏境內居住著党項、漢、回鶻、吐蕃等各族人民。在封建統治者的殘酷剝削壓迫下，他們的生活十分困苦。勞動人民一般都住在土屋中，只有富人才能住瓦房。西夏統治階級生活奢侈，佛教首領也享有政治、經濟和生活上的特權，進一步加重了勞動人民的負擔。尤其是西夏末年，由於蒙古軍的抄掠和對金戰爭，西夏人民耕織無時，造成田野荒蕪，飢民四散，財用困乏，階級矛盾日益尖銳。

蒙古征伐西夏的戰爭是從一二〇五年開始的。綜合各種史籍所載，蒙古軍曾經六征西夏，前三次發生在南征金國之前，後三次發生在南征之後和西征前後。

一、一征西夏：以追擊逃敵為名的抄掠性戰爭

《元史．太祖紀》和《史集》在講到成吉思汗一攻西夏時，都沒有記載進攻的原因，只是大致記載了戰爭的經過。《元史．太祖紀》說：「歲乙丑（一二〇五年），帝征西夏，拔力吉里寨，經落思城，大掠人民及其槖駝而還。」《史集》說：牛年〔一二〇五年〕，「成吉思汗整集軍隊去征討被稱做唐兀惕的合申地區。〔他們〕進入該地區後，先到了力卜勒乞寨，[234]該寨修築得非常牢固。他們包圍了它，在短時期內攻了下來，將寨牆和基礎全部平毀。他們從那裡進到克鄰—羅失城，[235]這是座很大的城，他們攻下了它，進行了洗劫。〔接著，〕他們又占領了唐兀惕若干其他地區，進行了洗劫，並將那些地區找到的牲畜全部驅走。〔然後〕他們帶著許多戰利品和無數駱駝、牲畜回來，以奴隸順服之禮來見成吉思汗。」[236]

西夏立國於陝、甘、寧地區，位於黃河之西，因此宋、遼時往往稱之為「河西」。蒙古人讀「河西」為「合失」，轉音為「合申」，故「合申地區」即指西夏。西夏的主要居民為党項，遼時契丹人稱党項羌人為「唐古」，於是蒙古統治者又稱西夏為「唐古忒」或「唐兀惕」。「惕」是蒙古語多數的意思。因此，《史集》和《蒙古秘史》所說的「合申」、「合申種」、「合申地區」、「唐兀惕」、「唐古忒」等，都是指西夏和党項人而言。

我們知道，一二〇五年乃成吉思汗消滅乃蠻部之後，建立大蒙古國之前。那年春秋，他都駐

軍於金山之陽（阿爾泰山南面），正在派兵追擊太陽汗之子屈出律和蔑兒乞部脫脫父子。當此緊張的調兵遣將之際，成吉思汗為什麼無頭無腦地派出一支部隊去攻奪西夏一個不知名的寨子和一座方位不明的城池呢？同時伸出幾個拳頭打人，豈不是樹敵太多，戰線過長了嗎？力吉里寨和落思城究竟在什麼方位，攻占這兩個地方究竟有什麼戰略意義呢？這是研究成吉思汗一攻西夏的幾個關鍵問題。

屠寄先生在《蒙兀兒史記》（卷二）曾提到：《陝西通志》的地圖是把「落思城」繪在河套之北。岑仲勉先生在〈元初西北五城之地理的考古〉一文中，也斷言鐵木真一征西夏，是從蒙古本地直接南下。但屠寄先生並不同意落思城在河套之北的說法，他指出：「是年秋大軍本在金山，前逾漠即入河西，亦因利乘便也。」他認為成吉思汗一攻西夏是進攻西夏北部邊疆。

在談到成吉思汗五征西夏時，《元史・太祖紀》提出的藉口是「西夏納仇人赤臘喝翔昆」。《西夏書事》（卷四十二）認為此人乃太陽汗之孫、屈出律之子。而李文田注《元朝秘史》則認為「赤臘喝翔昆」即王罕之子桑昆亦刺合。屠寄先生也同意李文田的說法，但他認為這件事不應發生在五征西夏時，而是成吉思汗一征西夏的主要原因，他指出：「赤臘喝翔昆即亦勒合桑昆異文，桑昆西奔，經西夏徹勒之地，事在癸亥（西元一二〇三年），下距丙戌（一二二六年）已閱二十三年。蒙古用兵西夏，至是已是第五役；欲加之罪，何患無辭，顧乃遠追二十三年前已往故事，借為口實，太不近情。」因此，他將這件事改編在乙丑（一二〇五年）之下，並將此作為成吉思汗一攻西夏的起因，他認為這才「深合事情」。

根據以上考證，我們暫且可以這樣敘述成吉思汗一征西夏的原因和經過：

一二〇五年，成吉思汗平定乃蠻部後，駐軍於金山之陽。投降過來的乃蠻邊兵或邊民向成吉思汗報告：當王罕在乃蠻邊界被殺時，他的兒子桑昆乘機逃入西夏。根據「敵種之後不可留」的既定方針，成吉思汗一面派兵追擊脫脫和屈出律，一面又派出一支部隊去追擊桑昆。這支蒙古騎兵從金山出發，進入了西夏的西部邊境，攻克了一個邊界城堡——力吉里寨。途經落思城及其他城鎮時，聽當地人說：桑昆曾在這一帶劫掠為生，但早已被當地軍民趕跑了，據說已逃往西域。於是蒙古軍沒有再深入西夏內地，只是掠奪了一批人口、駱駝和其他牲畜就收兵回營了。這是一次以追擊逃敵為藉口的抄掠性戰爭，只對西夏略作試探性進攻。因為在此之前，蒙古草原還很少駱駝，所以這次見了駱駝竟如獲至寶似地搶走了不少，後人還鄭重其事地將這件事書之史冊，它說明駱駝在蒙古草原還是很受歡迎的有用之物。

二、二征西夏：攻克斡羅孩城

蒙古人的抄掠性戰爭，對西夏卻是一次很大的震動，它導致了西夏的一次宮廷政變，加深了西夏統治集團內部的派系鬥爭。當時，西夏建國已近二百年，隨著封建經濟文化的發展，統治階級生活日益腐化，內部爭權奪利的鬥爭十分激烈。西夏作為一個小國，長期處於遼與北宋，金與南宋等大國之間，在夾縫中生存，巧妙地使用降服和對抗的方針，有時聯遼抗宋，有時聯金抗宋，但有時又對周圍的強國同時表示臣服。對於初興的蒙古政權，西夏統治者一時未能統一認識，一派主張聯金抗蒙，另一派主張降蒙攻金。成吉思汗首攻西夏時，夏桓宗李純佑在位，他還沒有來得及部署反擊，蒙古騎兵已經大掠而還了。夏桓宗下令修復各地遭受破壞的城堡，大赦境內，並把首都興慶府改名為中興府。本來夏桓宗亡羊補牢，猶未為晚，決心中興再造，也算有一定氣魄。但另一派卻乘國難當頭、人心混亂之際發動了政變：一二〇六年，李安全與羅太后合謀，廢掉了夏桓宗，自立為帝，改元應天，這就是歷史上的夏襄宗。在對外政策上，夏襄宗主張聯金抗蒙，馮太后主動向金章宗上書要求冊封。金章宗封李安全為夏國王，承認了李安全的合法地位。夏、金合流，共同對付蒙古，這對成吉思汗自然是一個嚴重的威脅。

蒙古與金本有世代冤仇，在成吉思汗統一蒙古之前，只是由於他感到自己羽毛未豐，不僅沒有向金朝進攻，反而採取了聯合金朝對付塔塔兒等部的策略。但成吉思汗一天也沒有忘記向金人報仇雪恨。早在王罕滅亡以前，金章宗派耶律阿海出使克烈部，在王罕的金帳，耶律阿海偶然遇見了鐵木真。耶律阿海本是遼朝後裔，內心對金朝不滿，早就希望有朝一日能報亡國之恨。他發現鐵木真氣度不凡，又聽說了許多鐵木真的事蹟，於是暗中與鐵木真結交，告訴鐵木真：「金國不治戎備，俗日侈肆，亡可立待。」[237]從此鐵木真已注意積蓄力量，待機伐金。一二〇六年，成吉思汗建國稱尊，「始議伐金」，「然未敢輕動也」。[238]正是在這種情況下，西夏李安全奪權改元，企圖聯金抗蒙的消息傳到了蒙古，成吉思汗君臣對此自然不能等閒視之。從當時的天下大勢看，金國、蒙古、西夏三足鼎立，西夏東鄰金國，北界蒙古，夏、金合力，對蒙古來說大為不利。為了避免兩面受敵的危險，要對付金朝，必須首先征服西夏，拆散夏、金聯盟，斷金朝右臂。於是成吉思汗採取了先攻西夏、掃清周邊的戰略。先弱後強、各個擊破，揀弱的打，這是成吉思汗的一貫做法。

《史集》以大事記的形式簡略記載了成吉思汗二攻西夏的戰爭，其中說：「兔年〔一二〇七年〕秋，由於唐兀惕地區經常作亂，不納貢賦，沒有表示〔應有的〕尊敬，成吉思汗再次出兵征討他們，當時他將整個地區征服，如意地凱旋歸來。」[239]《元史·太祖紀》則記載說：「二年丁卯（一二〇七年）秋，再征西夏，克斡羅孩城。」

據岑仲勉先生考證，「斡羅孩」是党項語「長城中通道」之意，以漢文音義分譯之，猶稱「斡羅路」。因此他指出，斡羅孩即唐人所說之「回樂路」，「斡羅孩城應在狼山隘北口附近」，[240]它是西夏防禦北方敵人的一個軍事重鎮。成吉思汗集中兵力進攻斡羅孩城，這是一場攻堅戰。蒙古騎兵馳馬於大草原上，比較擅長的是運動戰。即使攻堅，也不過是環車為營的「古列延」，頂多是對方占領了哪一個山頭，從未遇到過以大軍攻堅城的戰役。為了攻下這座城，蒙古軍必須捨騎就步，架雲梯，運炮石，還必須向畏兀兒、契丹等各族人學習攻城的本領，因此一直過了幾個月，斡羅孩城才被攻破。成吉思汗在這一地區駐軍五個多月，後因糧草匱乏，於第二年春末夏初返回了蒙古草原，在龍庭避暑。因此，這次戰爭並不像《史集》說的那樣「如意地凱旋」，也沒有「將整個地區征服」。

三、三攻西夏：夏主獻女求和，拆散夏金聯盟

經過一年多練兵備戰，直到一二〇九年秋高馬肥之時，成吉思汗才發動了對西夏的第三次進攻。《元史·太祖紀》扼要地記載了這次戰爭的過程：太祖四年（一二〇九），「帝入河西。夏主李安全遣其世子率軍來戰，敗之，獲其副元帥高令公。克兀剌海城，俘其太傅西壁氏。進至克夷門，復敗夏師，獲其將嵬名令公。薄中興府，引河水灌之。堤決，水外潰，遂撤圍還。遣太傅訛答入中興，詔諭夏主，夏主納女請和。」

常言道：有再一再二，沒有再三、再四。蒙古兩征西夏，西夏沒有做出強烈反應，這對於號稱「應天順人」的夏國王李安全來說已經是奇恥大辱了，因此對於成吉思汗的第三次進攻，李安全來了一個步步為營，頑強抵抗。蒙古軍出黑水城北，向斡羅孩（兀剌海）關口挺進。李安全任

命自己的世子李承禎為元帥，高令公為副元帥，率領夏兵與蒙軍對抗。據岑仲勉先生考證，這個黑水城當在今河套北狼山山脈西北喀喇木倫之濱。蒙語「喀喇木倫」即「黑水」之意。李承禎為李安全世子，後來被廢，被李遵頊代替，估計此人無德無能。高令公名叫良惠，出身將門，其父高逸為西夏大都督府尹。高良惠身為右丞相，西夏人稱之為「令公」，雖為文臣，但也有一身武藝，其孫高智耀後來成為元朝的名臣。他們採取開關延敵的戰略，企圖通過野戰挫敗蒙古軍的攻勢。但西夏軍隊長期缺乏嚴格的訓練，已經不是能抵抗幾十萬北宋大軍的西夏勁旅了，因此雙方接戰不久，西夏的陣腳就被衝亂了，將領和士兵大批死亡。高令公不忍心棄眾逃跑，捨命抵抗，結果被蒙軍俘虜，不屈犧牲。而那位李安全的世子、正元帥則逃之夭夭了。

蒙軍乘勝前進，包圍了斡羅孩城。城中只有一位太傅協助斡羅孩守將堅守城池。這位太傅名叫訛答，《元史》稱為西壁氏，疑為鮮卑氏，因為西夏人本為鮮卑後裔，「鮮卑」轉音為「西壁」。他身居文職，並無武略。蒙古軍剛進攻幾天，那位斡羅孩守將就開城投降了。訛答太傅雖然帶領戰士進行了一段巷戰，但終究不是蒙軍的對手，最後也力盡被俘了。

突破了斡羅孩邊防重鎮，蒙古騎兵簡直如入無人之境，一直進軍到中興府周邊的要塞克夷門。這是賀蘭山的一處關口，是從蒙古草原進入銀州的一條重要通道。鎮守克夷門的是西夏的宗室重臣，人稱嵬名令公。《遼史．西夏傳》說，冠後垂紅的叫「嵬名」，以後就變成了姓氏。可見此人出身於名門顯貴。由於他既為宗室，又任丞相（令公），當然也會進行一番抵抗，但結果也很不美妙，不久即被打敗，也做了蒙古軍的俘虜。

西夏險塞盡失，蒙古軍直指西夏的首都中興府。中興府外有一座西夏的先王廟，成吉思汗觀察地形，曾進入這座廟中，他深有感慨地說：合申不兒罕創業也不容易，但不到二百年其子孫就如此腐敗，誠可畏也。

幾萬蒙古大軍兵臨城下，西夏國王李安全要兵無兵、要將無將，本身的「安全」已受到威脅，於是只好派人向金國求援。這時金章宗已經死去，衛王永濟剛剛繼位。他拒絕採納臣下聯夏抗蒙的主張，竟然宣稱：「敵人相攻，吾國之福，何患焉！」[241]採取了一個隔岸觀火、坐山觀虎鬥的策略，西夏王朝危在旦夕。

多虧中興府城高池深，其堅固程度遠遠超過斡羅孩城。蒙古騎兵儘管英勇，但攻堅戰術卻並不先進，因此中興府久攻不下。成吉思汗無計可施，於是求助於滔滔的黃河之水，引水灌城。沒想到城牆又高又厚，河水灌不進城中，反而沖毀了城外的堤防。蒙古軍的陣地眼看就要被淹沒了，成吉思汗不得不下令撤軍。在回師的路上，成吉思汗將訛答太傅召入自己的中軍大帳，希望他代表蒙古去招降西夏王。

訛答太傅從成吉思汗那裡回到西夏朝廷，對西夏王李安全分析了當時的天下大勢。李安全被迫無奈，答應每年向蒙古納貢，並忍痛將自己的女兒察合公主獻給成吉思汗。成吉思汗立察合為皇后，這就是當時人所說的察兒皇后。《史集》記載說：一二〇九年，「成吉思汗征討又名合申的唐兀惕去了。他到達阿里孩城，[242]整頓了唐兀惕領地。唐兀惕王將女兒嫁給了他，他遂凱旋而歸。」[243]《蒙古秘史》將這件事記載在征金之後，其中說：「成吉思汗自那裡征合申種。其主不兒罕降，將女兒名察合的，獻與成吉思汗說：『俺聽得皇帝的聲名曾怕有來。如今俺與你做右手出力。俺本是城郭內住的百姓，若有緊急征進，卒急不能到。蒙恩賜時，俺將地面所產的駱駝、毛段子、鷹鶻常進貢皇帝。』說罷遂將本國駝隻科斂，直至趕逐不動，送將來了。」[244]

李安全賠了夫人又折兵，聯金抗蒙的政策遭到了徹底失敗。老子無能，世子無用，將相非死即降，這種政府實在已失去了存在的價值。因此李安全在一二一一年即被廢而死，宗室李遵頊繼位為帝，是為夏神宗。李遵頊是夏朝齊忠武王之後，早年曾考中狀元，後充任大都督府主，估計是利用本身的威望和手中的軍隊政變奪權。他上台以後，改元為光定元年，並徹底改變了李安全聯金抗蒙的路線，不久即派兵攻占了金朝的邠州、涇州，進圍平涼府及東勝州，正式宣布與金朝斷絕外交關係，執行了一條聯蒙抗金的外交路線。

成吉思汗經過三征西夏，不僅掠奪了大量奴隸、財物以及駱駝、牛羊等，而且迫使西夏獻女求和，拆散了西夏和金朝的聯盟，解除了進攻金朝的後顧之憂。成吉思汗的戰略目的達到了，從而為南征金朝創造了充分的條件。

註釋

1 九腳白旄纛：用九條白馬尾做成的旄旗。蒙古人以九為吉數，以白色為純潔。大汗即位及大駕親征時才建這種旄旗。

2《元史》卷一〈太祖紀〉。

3 陶宗儀：《南村輟耕錄》卷一〇，「丘真人」條。

4、5《史集》（漢譯本），第一卷第二分冊，頁二〇八。

6 多桑著，馮承鈞譯：《多桑蒙古史》第三章，頁六〇，上海書店出版社，二〇〇一。

7、8、11 洪鈞：《元史譯文證補》卷一下〈太祖本紀譯證〉。

9《史集》（漢譯本），第一卷第二分冊，頁二〇八。

10、12《史集》（漢譯本），第一卷第二分冊，頁三四七。

13《世界征服者史》上冊，〈成吉思汗的興起，世界從帝王的國土落入其手的開端——一個簡要紀事〉，頁四〇。

14《史記．匈奴列傳》。

15《新譯簡注蒙古秘史》卷八，頁二二一—二二二。

16阿勒赤駙馬領有弘吉剌三千戶，不禿駙馬領有亦乞列思二千戶，阿剌忽失的吉惕忽里駙馬領有汪古五千戶。

17《新譯簡注蒙古秘史》卷八，頁二二五。

18、19、20、21、23《元史》卷一一九〈博爾朮傳〉。

22《史集》（漢譯本），第一卷第二分冊，頁三六一。

24、28《蒙古秘史》卷八，第二〇五節。

25《史集》（漢譯本），第一卷第二分冊，頁二七八。

26、27《元史》卷一一九〈木華黎傳〉。

29、30、31《新譯簡注蒙古秘史》卷八，頁二二八—二二九。

32、33、34《新譯簡注蒙古秘史》卷八，頁二二九—二三〇。

35《新譯簡注蒙古秘史》卷八，頁二三〇。

36《史集》（漢譯本），第一卷第二分冊，頁三〇五。

37《史集》（漢譯本），第一卷第二分冊，頁三五四。

38《史集》（漢譯本），第一卷第二分冊，頁三五五。

39《蒙古秘史》校勘本，第二〇九節。

40《蒙古秘史》校勘本，第二一一節。

41、42《史集》（漢譯本），第一卷第二分冊，頁二八四。

43《新譯簡注蒙古秘史》卷八，頁二四〇。

44《蒙古秘史》校勘本，第二二二節。

45《蒙古秘史》校勘本，第二二三節。

46《新譯簡注蒙古秘史》卷八，頁二三一。

47《蒙古秘史》校勘本，第二一六節。

48《蒙古秘史》校勘本，第二一〇節。

49《新譯簡注蒙古秘史》卷八，頁二四二。

50《蒙古秘史》校勘本，第二一九節。

51《世界征服者史》上冊，頁三九—四〇。

52《史集》（漢譯本），第一卷第二分冊，頁三六二—三八〇。

53、54《元史》卷九八〈兵志〉。

55〔蘇〕符拉基米爾佐夫著：《蒙古社會制度史》，中國社會科學出版社漢譯本，頁一六五—一六六。

56《世界征服者史》第一卷，頁三二。

57《蒙古社會制度史》（漢譯本），頁一八五—一八六。

58《蒙古社會制度史》（漢譯本），頁一七七。

59《蒙古社會制度史》（漢譯本），頁一七九。

60、61《蒙古社會制度史》（漢譯本），頁一七八。

62《黑韃事略》，「其賦斂」條。

63《蒙古社會制度史》（漢譯本），頁一八〇。

64《蒙古秘史》，第二七九節。多桑《蒙古史》，頁二、六三。

65《普蘭迦兒賓書》，頁二三。

66 忽卜綽兒：原意為「草原賦課」，指一般不規則的賦稅。

67《世界征服者史》上冊，頁三二。

68《世界征服者史》上冊，頁三三。

69《世界征服者史》（漢譯本）上冊，頁三三。

70《世界征服者史》（漢譯本）上冊，頁三二。

71 參見《蒙古社會制度史》。

72 參見高文德著：《蒙古奴隸制研究》。

73《世界征服者史》（漢譯本）上冊，頁二三—二四。

74、75《世界征服者史》（漢譯本）上冊，頁二四。

76、77、78、79、81《蒙古秘史》校勘本，第二三四節。

80《通制條格》卷三〈怯薛无役〉。

82、83《蒙古秘史》校勘本，第二二五節。

84、85《蒙古秘史》校勘本，第二二六節。

86《元史》卷九九〈兵志二〉。

87《新譯簡注蒙古秘史》卷九，頁二五〇。

88、89《蒙古秘史》校勘本，第二二七節。

90、91、92《蒙古秘史》校勘本，第二二九節。

93、94《新譯簡注蒙古秘史》卷九，頁二五四。

95《蒙古秘史》校勘本，第二三四節。

96《新譯簡注蒙古秘史》卷一〇，頁二六一。

97《蒙古秘史》校勘本，第二三七節。

98、99《蒙古秘史》校勘本，第二三七節。

100《新譯簡注蒙古秘史》卷九，頁二五四—二五五。

101《蒙古秘史》校勘本，第二三八節。

102《蒙古秘史》卷一〇，第二三〇節。

103《蒙古秘史》校勘本，第二三一節。

104、105、106、107《元史》卷一二四〈塔塔統阿傳〉。

108《黑韃事略》。

109《史集》（漢譯本），第一卷第二分冊，頁一八五。

110《史集》（漢譯本），第一卷第二分冊，頁二七二。

111、114《世界征服者史》（漢譯本），頁二八。

112《史記》卷一二二，〈杜周傳〉。

113《世界征服者史》（漢譯本），頁二七。

115《史集》（漢譯本），第一卷第二分冊，頁三五五。

116《史集》（漢譯本），第一卷第二分冊，頁三六〇。

117、118《史集》（漢譯本），第一卷第二分冊，頁三五六。

119《元史譯文證補》。

120《蒙韃備錄》，頁八。

121《黑韃事略》，頁一六—一七。

122、123《多桑蒙古史》上冊，第十章。
124《史集》（漢譯本），第一卷第二分冊，頁三五四。
125《史集》（漢譯本），第一卷第二分冊，頁三五七。
126《多桑蒙古史》上冊，頁一五七。
127《元朝秘史》卷九，頁三二、三九。
128《多桑蒙古史》上冊，頁三一。
129《蒙古秘史》校勘本，第一九九節。
130《史集》（漢譯本），第一卷第二分冊，頁三五九。
131《史集》（漢譯本），第一卷第二分冊，頁一五四。
132《史集》（漢譯本），第一卷第二分冊，頁三五四—三五五。
133《元史》卷八五〈百官一〉。
134《蒙古秘史》校勘本，第一五四節。
135《新譯簡注蒙古秘史》卷八，頁二二四。
136《蒙古秘史》校勘本，第二〇三節。
137《元史》卷一二〇、一二一、一二四。
138《多桑蒙古史》上冊，第十章。
139《史集》（漢譯本），第一卷第一分冊，頁一七四。
140《多桑蒙古史》上冊，頁一五七。
141《聖武親征錄》，頁九六。
142、143《蒙兀兒史記》卷二四〈豁兒赤兀孫、帖卜騰格理列傳〉。
144《蒙古秘史》校勘本，第二四六節。
145《蒙古秘史》校勘本，第二四四節。
146、147《蒙古秘史》校勘本，第二四四節。
148《蒙古秘史》卷一〇，頁二四四。
149《新譯簡注蒙古秘史》卷一〇，頁二七六。
150《蒙古秘史》校勘本，第二四四節。
151、153《新譯簡注蒙古秘史》卷一〇，頁二七七。
152、154、155、156、157、158、159《蒙古秘史》校勘本，第二四五節。
160、161、162《蒙古秘史》校勘本，第二四六節。
163《蒙兀兒史記》卷二四〈豁兒赤兀孫、帖卜騰格理列傳〉。
164《史集》（漢譯本），第一卷第一分冊，頁二四六。「阿勒壇」、「不忽剌」，《親征錄》、《元史》作「按彈」、「不兀剌」。
165《多桑蒙古史》上冊，頁六〇。
166《蒙古秘史》卷一〇，第二三九節。
167《蒙古秘史》校勘本，第二三九節。
168《世界征服者史》上冊，頁四〇。
169、170、171《史集》（漢譯本），第一卷第一分冊，頁二四五。

172《新譯簡注蒙古秘史》卷一〇，頁二七〇。

173、174《蒙古秘史》校勘本，第二四〇、二四一節。

175 今額爾濟斯河支流布克圖爾瑪河發源處。

176《史集》（漢譯本），第一卷第一分冊，頁二一〇。

177《史集》（漢譯本），第一卷第一分冊，頁二一二。

178《新譯簡注蒙古秘史》卷八，頁二〇五。《蒙古秘史》將脫脫之死寫在一二〇五年，今從《史集》。

179 亦都護：畏兀兒國王。

180《史集》（漢譯本），第一卷第一分冊，頁二一二。

181《史集》（漢譯本），第一卷第一分冊，頁二四四。

182《蒙古秘史》校勘本，第二三六節。

183、184《史集》（漢譯本），第一卷第一分冊，頁二四四。

185《新譯簡注蒙古秘史》卷八，頁二〇七。

186、187、188、189、190、191《蒙古秘史》校勘本，第一九九節。

192、193《新譯簡注蒙古秘史》卷八，頁二〇九。

194《秘史》作垂河。《元史·速不台傳》作蟾河。

195《史集》（漢譯本），第一卷第一分冊，頁二四四—二四五。

196、198《史集》（漢譯本），第一卷第一分冊，頁二四五。

197《多桑蒙古史》上冊，頁七六。

199《世界征服者史》上冊，頁六三。

200、201《世界征服者史》上冊，頁六三—六四。

202、203、204、205《元史》卷一二二〈巴而朮阿而忒的斤傳〉。

206、207《世界征服者史》上冊，頁四九。

208、210《史集》（漢譯本），第一卷第二分冊，頁二一一。

209《高昌偰氏家傳》；《世界征服者史》與此略有出入，其中說：「亦都護下令把少監圍困在……一所房屋中，把房推倒壓在他頭上。」

211《史集》（漢譯本），第一卷第二分冊，頁二一一—二一二。

212、213《史集》（漢譯本），第一卷第二分冊，頁二一二。

214《史集》（漢譯本），第一卷第二分冊，頁二一三。

215《史集》（漢譯本），第一卷第二分冊，頁二二六。

216 趙孟頫：《松雪齋文集》卷七〈全公神道碑銘〉。

217 楚河：中亞地區的一條河，在今哈薩克斯坦和吉爾吉斯斯坦境內。

218《史集》（漢譯本），第一卷第二分冊，頁一三六。

219《史集》（漢譯本），第一卷第二分冊，頁一三七—一三八。

220 菊兒汗：西遼皇帝，意為普天下的、英雄的和光榮的汗。

221 忽炭，又作斡端，今新疆和闐縣。算端即國王，又譯為莎勒壇、速里壇、算灘等。

222、224《世界征服者史》上冊，頁八六。
223 塔陽古：突厥語意為「侍從官」。
225《史集》（漢譯本），第一卷第二分冊，頁二二六。
226《新譯簡注蒙古秘史》卷一〇，頁二六五。
227《世界征服者史》上冊，頁八八。
228《元史・諸公主表》說：「脫烈公主，適阿兒思蘭汗也先不花駙馬。」「八八公主，適也先不花子忽納答兒駙馬，某公主適忽納答兒子剌海涯里那駙馬。」
229、230、231《世界征服者史》上冊，頁八七。
232《世界征服者史》上冊，頁八八。
233《宋史》卷四八六〈西夏傳〉。
234 力卜勒乞寨：即《元史》、《親征錄》所說的「力吉里寨」。
235 克鄰—羅失城：即《元史》、《親征錄》所說「落思城」。
236《史集》（漢譯本），第一卷第二分冊，頁二〇七。
237《元史》卷一五〇〈耶律阿海傳〉。
238《元史》卷一〈太祖紀〉。
239《史集》（漢譯本），第一卷第二分冊，頁二〇九。
240 岑仲勉：《元初西北五城之地理的考古》。
241《西夏書事》卷四〇。
242 阿里孩城：蒙古人對寧夏城（中興府）的稱呼。
243《史集》（漢譯本），第一卷第二分冊，頁二一三。
244《蒙古秘史》校勘本，第二四九節。

第五章　南下伐金

西元十三世紀是一個天翻地覆的世紀，是一個戰火紛飛的世紀，是分裂了四百餘年的中國完成第四次統一的世紀，也是中國打破閉塞狀態、真正走上世界歷史舞台的世紀。成吉思汗南下伐金是這個世紀初期令人矚目的一件大事。這既是一場弱小民族反對民族壓迫的復仇戰爭，又是草原民族對農業民族進行經濟擄掠的掠奪戰爭，同時又是爭奪中國最高統治權的征服戰爭和統一戰爭。它是當時的社會、階級、民族矛盾發展的結果，並非少數戰爭狂人隨心所欲的舉動！

南下伐金的原因與決策

綜觀蒙古與金的戰爭，其爆發的原因可以歸納為三條：一是蒙古各部反抗金朝的民族壓迫；二是蒙古貴族要求對中原地區進行經濟掠奪；三是成吉思汗君臣希望入主中原，與其他民族的統治者爭奪對中原地區的統治權。

《元史》及《宋史紀事本末》等書曾簡單地提示了成吉思汗伐金的原因，《宋史紀事本末·蒙古侵金》記載說：「先是，紹興中，金人屢擊蒙古不能克，遂與之和。金主嘗遣衛王允濟往靖州[1]受鐵（帖）木真之貢，允濟奇其狀貌，歸言於金主，請以事除之，金主不許。鐵木真聞而憾之。」《元史・太祖紀》說：「初，金殺帝宗親咸補海罕（俺巴孩汗），帝欲復仇。會金降俘等具言金主璟肆行暴虐，帝乃定議致討。」《元史・木華黎傳》則說：「金之降者，皆言其主璟殺戮宗親，荒淫日恣。帝曰：『朕出師有名矣。』」這裡主要揭示了成吉思汗伐金的政治原因及定議致討的時機。

對於統治中國北方的金朝來說，蒙古部本是一個弱小的部族。長期以來，它深受金朝的壓迫與剝奪，雙方的矛盾本來就十分尖銳。南宋紹興年間，蒙古的首領俺巴孩等被金人釘死在木驢上，仇恨的種子從此播下，為此才出現了當時的連年征戰，只是由於「金人屢擊蒙古不能克，遂與之和」。成吉思汗興起後，出於策略的考慮，才暫時依附金朝打敗了塔塔兒，並接受了金朝的封號，因此每年還要到淨州向金朝進貢，對中原天子履行臣民的義務。這本身正是民族壓迫的具體體現。當時正當金主完顏璟即金章宗統治的晚期。金朝自章宗以後（一一九〇—一二〇八年），國勢由盛轉衰。完顏璟本是金世宗嫡長孫，因其父死在世宗之前，於是他以皇太孫的身分繼承了世宗的皇位。章宗晚年縱情聲色，生活奢侈，君臣上下偷安，內外矛盾重重，政局不穩。他害怕自己的幾個叔叔爭奪皇位，殺死了鄭王永蹈、趙王永中。後來章宗無子，後繼無人，雖然幾個叔叔和兄弟都在，他卻不肯立為繼承人。只有一個衛王永濟（即允濟）「柔弱鮮智能」，[2]不會構成對章宗的威脅，因而得到章宗的喜愛。一二〇八年十一月，金章宗病死前，決定傳位於這位軟弱可欺、無德無才的衛王永濟，他就是以後的金帝衛紹王。

正是這位衛紹王直接引起了成吉思汗南征。金章宗在世時，衛王永濟曾代表金朝到淨州去接受蒙古的貢品。成吉思汗見永濟長得倒挺體面，大高個兒，「美髯，天資儉約，不好華飾。」[3]但一實際接觸，就發現他不過是個無能的貴族後代，要文無文，要武無武。精明強幹的成吉思汗當然不把他放在眼裡，因此「見永濟不為禮」，[4]就是不向永濟屈膝下跪，不按屬國的禮節對待他。衛王永濟自然很不高興，回去後就要求金章宗出兵討伐，說什麼鐵木真相貌不凡，野心勃勃，若不早點動手，就會養虎遺患。由於金章宗病魔纏身，自顧不暇，因此才沒有答應永濟的要求。

永濟繼位後，給蒙古下了一份詔書，金使要求成吉思汗跪拜接詔。成吉思汗問：「新君為誰？」金使回答說：「衛王也。」成吉思汗南面而唾，輕蔑地說：「我謂中原皇帝是天上人做，此等庸懦亦為之耶，何以拜為！」說完立即乘馬北去。「金使還言，允濟益怒，欲俟帝再入貢，就進場害之。」成吉思汗知道了這個情況，「遂與金絕，益嚴兵為備。」[5]從此成吉思汗與金朝正式斷絕了外交關係。

《多桑蒙古史》也曾敘述過成吉思汗伐金的原因，其中說成吉思汗出師以前，登上高山，祈天之助，解帶置項後，脫其衣紐，跪禱曰：「長生之天，阿勒壇汗（指金帝）辱殺我諸父別兒罕、俺巴孩二人，脫汝許我復仇，請以臂助；並命下地之人類以及善惡諸神聯合輔我。」[6]

以上記載說明，成吉思汗伐金的政治原因主要是由於成吉思汗對金朝的壓迫掠奪不滿，而他直接打出的伐金旗號卻是血族復仇。實際上，血族復仇不過是成吉思汗出兵的一個藉口而已。因為他提出來為之報仇的兩個蒙古族首領都不是成吉思汗的直接祖先，反而是他仇敵的祖先。別兒罕即斡勤巴兒合黑，他是主兒乞部的祖先，俺巴孩汗則屬於泰赤烏部。成吉思汗在統一蒙古的戰爭中，早已把別兒罕的孫子殺了，「將主兒乞百姓虜了」；俺巴孩汗的後代一直與成吉思汗為敵，也被成吉思汗斬殺或征服了。成吉思汗與主兒乞部、泰赤烏部的血緣關係早已被血族仇殺的鮮血淹沒了，哪裡還談得上什麼為他們的祖輩進行血族復仇呢？因此應該說，成吉思汗打出為別兒罕、俺巴孩汗復仇的旗號，則是因為蒙古草原各部曾多年遭受金朝的掠奪和屠殺，受害者不僅有泰赤烏部和主兒乞部的祖先，而且在成吉思汗的臣民中還大有人在。從這個角度來看，成吉思汗伐金就不僅僅是為別兒罕、俺巴孩汗復仇，而是帶有一定的反抗民族壓迫的性質，因此才能獲得廣大蒙古戰士的支持。《蒙韃備錄》說：「忒沒真（鐵木真）仇忿其欺凌，以此犯邊。」[7]成吉思汗力量強大了，遠非過去的蒙古乞顏部可比了，金朝還要他屈膝下跪，還要他年年進貢稱臣，這當然是成吉思汗絕對不能接受的。成吉思汗利用當時的民族矛盾發動戰爭，這是蒙古伐金的首要原因。

但對於戰爭的原因還不能只從政治上去尋找，成吉思汗反金有解除民族壓迫的性質，然而北方的少數民族自古以來經常與中原王朝發生矛盾，力量小時是「擾邊」、搶劫；力量大時就企圖入主中原，這裡還有更深的經濟上的原因。有的學者認為這是居於游牧圈的民族向農業民族的挑戰。游牧經濟是受自然條件影響較大的經濟，水草豐美，發展很快；天旱風雪，畜群就會大量死亡。經濟上的乍起乍落，帶來了政治上、軍事上的乍盛乍衰。正如《蒙韃備錄》所說：「蓋北方之國，或方千里，或方百里，興衰起滅無常。」[8]而且游牧經濟又是比較片面的經濟，牛羊馬駝可以給人們提供肉食、乳酪，也可以提供皮革毛絨，但牛羊馬駝身上卻長不出五穀雜糧，也長不出布帛綢緞，更長不出金銀銅鐵。因此，當其興盛時，就要求用自己的畜產品及其他土特產品與農業民族進行交換，一旦正常的交換不能滿足需要時就只好用暴力進行搶劫，發動戰爭；當其衰弱時，也需要尋找生活出路，富庶的中原當然是令人神往的目標。幾千年剝削階級的統治阻礙了兩種地區正常的經濟文化交流，生活於大漠南北的少數民族為了生活的需要，經常用武力向中原挑戰，這也是一種在所難免的歷史運動。

《蒙韃備錄》曾從經濟方面揭示過成吉思汗伐金的原因，其中說：「回鶻有田姓者饒於財，商販鉅萬，往來於山東、河北，具言民物繁庶，……說韃人治兵入寇。」[9]進軍山東、河北，搶奪「繁庶」的民和物，這是成吉思汗伐金的重要原因，因此史書上關於蒙軍進行搶掠的記載比比皆是，如《蒙古秘史》第二五〇節說：「成吉思那一次征進，金主歸附了，多得了段（緞）匹；合申（西夏）主歸附了，多得了駱駝。」一二一一年，「金人緣邊牧馬槖駝家畜悉為蒙兀所掠。」[10] 一二一三年，蒙古軍連破金九十餘郡，「金帛、子女、牛羊馬畜皆席捲而去。」[11] 一二一四年，蒙古與金議和，得「彩繡衣三千載，御馬三千匹，金銀珠玉等甚眾」。[12]《蒙兀兒史記》也說：「是時蒙兀志在虜掠，得城旋棄。」[13] 掠奪奴隸，搶劫財物，是蒙古當時的社會經濟和奴隸主貴族的階級本性所決定的，是無需掩蓋的歷史事實。「進行掠奪在他們看來是比進行創造（性）的勞動更容易甚至更榮譽的事情。以前進行戰爭，只是為了對侵犯進行報復，或者是為了擴大已經感到不夠的領土；現在進行戰爭則純粹是為了掠奪，戰爭成為經常的職業了。」[14] 這種情況不僅表現在蒙古滅金的戰爭中，而且在以後的西征中也有充分反映。因此，應該承認，進行經濟掠奪是蒙古伐金的重要原因。

除以上兩條原因外，蒙古伐金還有第三條原因，即成吉思汗君臣企圖入主中原，爭奪對中原地區的統治權。早在蒙古初興時，成吉思汗就曾向弟兄們說過：「取天下呵，各分地土，共用富貴。」[15] 儘管在開始階段，蒙古軍志在擄掠，入主中原的意識還不太明確。但成吉思汗所說的「取天下」似乎應包括奪取中原在內。他們之所以要奪取中原，歸根結柢底還是因為中原地區「民物繁庶」，入主中原有利可圖。因此成吉思汗才不滿足於做草原的皇帝，而要做整個中國的皇帝。正如金哀宗所說：「大元滅國四十，以及西夏，夏亡必及於我，我亡必及於宋。」[16] 逐鹿中原，爭奪中原的統治地位，是成吉思汗伐金的最高目標，這一目標越到後來越進一步清楚和確定。成吉思汗認為中原的皇帝不應由儒弱無能的衛王永濟去做，這也說明他南下伐金的目的是為了爭當中原的皇帝。柔弱鮮智能的永濟繼位稱帝，正好為成吉思汗伐金提供了有利時機，因此恰恰在這時成吉思汗才做出了伐金的戰略決策。

根據蒙古伐金戰爭的起因、藉口、過程和實質，我們可以把這場戰爭歸結為：反對民族壓迫的復仇戰爭，進行經濟擄掠的掠奪戰爭，爭奪最高統治權的征服戰爭和統一戰爭。這場戰爭既有合理的、正義的因素，又有不合理的、非正義的因素，它是當時的社會、階級、民族矛盾以及政治、經濟發展的結果，並非少數戰爭狂人隨心所欲的舉動。認真研究這場戰爭的原因和實質，對我們正確地理解歷史將會有一定的啟發。

野狐嶺之戰

建立金朝的女真族原是東北地區的少數民族。當其初起時，以很少的兵力，迅速推翻了遼朝。南下侵宋時也只有六萬軍隊，但卻打敗了北宋的數十萬大軍，長驅直下，攻克了開封，擄走了徽、欽二帝，宋室被迫南渡，兩國劃淮為界。經過上百年的經營，金朝的兵力已增加到上百萬人，全國人口在金世宗完顏雍時（一一六一—一一八九年）已增加到四千零七十萬五千人，而蒙古的人口不過一百多萬，兵力也只有十萬左右。這就是說，金的人口比蒙古多四十倍，兵力也在蒙古的十倍以上。當時金國的俘虜就曾對蒙古人說：「我國如海，汝國如一掬沙，豈能動搖！」[17]但二十多年戰爭的結果，卻是「一掬沙」「動搖」了「大海」，最後填平了「大海」。這個情況究竟是怎樣發生的呢？這就是以下各節所要交代的問題。

蒙古侵金時，金國正面臨一種內外交困、危機四伏的形勢。當時金朝內外共有五大矛盾，一是女真統治集團內部的矛盾，二是契丹、漢族地主階級與女真統治者的矛盾，三是各被壓迫民族與女真貴族的矛盾，四是金與西夏、南宋的矛盾，五是蒙古政權與金的矛盾。金章宗晚年誅戮宗室，自殘手足，「不治戎備，俗日侈肆」，[18]確定「柔弱鮮智能」的衛王永濟為皇位繼承人，組成了一個軟弱無能的中央政府，造成了一種「亡可立待」[19]的客觀局面。因此成吉思汗才敢決策南征，才敢於以小小的蒙古、十餘萬兵力來對付金朝這個龐然大物。在成吉思汗征金的過程中，其他幾大矛盾幾乎同時激化，從而為蒙古的勝利、金朝的失敗進一步創造了條件。

在戰略上，成吉思汗藐視敵人，樹立了必勝的信心，但對於實際戰鬥卻並不掉以輕心，而是十分重視。蒙古的十來萬軍隊幾乎全部出動，九十五個千戶只留兩千人駐守內地、出哨邊防，四個兒子、幾個弟弟、其他所有將領都隨軍參戰。正如《史集》所說：「當成吉思汗要發兵出征乞台國（指金國）時，他（深怕）潰散的部落會重新聯合起來舉行叛亂，便首先派出……弘吉剌惕部人脫忽察兒率領兩千人到（河的）下游去擔任巡哨。」「並守護（他的）斡耳朵。」[20]

一二一一年二月，成吉思汗在克魯倫河畔聚眾誓師，開始了為期七年的第一次伐金戰爭。蒙古軍越過大沙漠向陰山進軍，「首先來到了塔勒湖，占領了大水濼」，[21]進入汪古部駐地。汪古部本是替金朝防禦北族、鎮守淨州界壕的一個部族。但汪古部主阿剌兀思早在幾年前就投靠了成吉思汗，蒙古建國時還封他為第八十八功臣，命他統率汪古部的五個千戶。防禦北族的邊將居然變成了忠於北族的部將，而金朝中央對此似乎一無所知、毫無防範，可見其輕敵大意到了何等地步。與金朝的「不治戎備」相反，成吉思汗卻有敏銳的戰略眼光，正是在南下伐金的前夕，他將自己的第三個女兒阿剌合別姬嫁給了汪古部主的兒子為妻，與汪古部約為世友世婚，稱為「安答忽答」。因此，成吉思汗南下伐金，汪古部不僅不替金朝防守外長城，反而將邊城要塞拱手相送，使金朝的邊防前線變成了成吉思汗駐夏的場所和戰略後方。「汗避夏汪古惕之地，休養士馬，期以秋日進兵。」「金人緣邊牧馬橐駝家畜悉為蒙兀所掠。」蒙古軍隊在此得到了充分的休養和補充，然後汪古部主又「帥眾來會，為我軍嚮導」，[22]不僅打開了蒙古軍南下的通道，而且壯大了蒙古軍的聲勢。因此馮鈞認為：「太祖破金，得力於汪古歸附。」汪古部主「附於成吉思汗，導兵入隘，於是長城之險盡失，混一宇內，天意蓋有屬矣」。[23]實際上這一有利局勢的出現，並非「天意」，而是成吉思汗主觀努力的結果。

直到那年四月，金中央政府才收到了蒙古入侵、汪古部投降的情報。衛紹王永濟心存僥倖，首先「遣西北路招討使粘合合打乞和」，[24]遭到成吉思汗拒絕。然後才臨時拼湊了一個抗戰的班子，以「平章政事獨吉千家奴（思忠），參知政事胡沙（完顏承裕）行省事備邊。西京留守紇石烈胡沙虎行樞密事。參知政事奧屯忠孝為尚書右丞。戶部尚書梁瑭為參知政事」。[25]獨吉千家奴與完顏胡沙作為中央尚書省的特派代表，立行省於宣德（今河北宣化），駐兵撫州（今張北縣一帶，州治為柔遠）。他們在邊疆一線修築了烏沙堡，[26]並派出一支軍隊駐守烏月營。同時又任命西京（大同）留守紇石烈胡沙虎為行樞密院長官，負責據守西北重鎮大同。

一二一一年七月，蒙古軍經過幾個月的休整，開始了大規模的進攻。成吉思汗任命者別、耶律阿海為先鋒，向烏沙堡進軍。當時，獨吉思忠、完顏承裕等「方繕完烏沙堡，思忠等不設備，大元前兵奄至，取烏月營，思忠不能守，乃退兵，思忠坐解職」。[27]者別等旗開得勝，一舉攻下了金朝的前沿陣地烏沙堡，逼使金朝臨陣易將，獨吉思忠被罷免，「參知政事承裕行省」，[28]完顏承裕被提拔為前線的行省長官。承裕也無力抵抗蒙軍的進攻，節節敗退。蒙古軍兵分兩路攻城掠地。一路由成吉思汗及少子拖雷率領，相繼攻占了昌州（今狗泊）、桓州（今河北蔚縣、陽原和內蒙古、山西鄰近的地區）、撫州。另一路由朮赤、察合台、窩闊台率領，「攻占了雲內、東勝、武州、宣州（朔州）、寧州（豐州）諸城。」[29]據《親征錄》記載，朮赤等人乘勝向西京進攻，「金人懼，棄西京。」《史集》則說：朮赤等人攻占雲內、東勝等地後，「他們占領了屬於女真人的一座名叫西京的大城。」[30]《續通鑑綱目》則說，攻占西京的並非朮赤等人，而是成吉思汗率領的一路軍：「八月，蒙古主乘勝破白登城，遂攻西京，凡七日。胡沙虎懼，以麾下棄城突圍遁走，蒙古主以精騎三千馳之。金兵大敗，追至翠屏口，遂取西京及桓、撫州。」《元史．耶律禿花傳》則說：耶律禿花「從伐金，大破忽察虎軍」。「忽察虎」即指「胡沙虎」。估計當蒙古軍包圍西京後，胡沙虎未經激烈戰鬥即棄城逃走，因此究竟哪一路軍攻占了西京都說不清楚了。但負責追擊胡沙虎的既不是成吉思汗，也不是朮赤等人，而是耶律禿花。《金史．逆臣紇石烈執中傳》說：胡沙虎「以勁兵七千遇大兵，戰於定安之北，薄暮，先以麾下遁去，眾遂潰」。胡沙虎如驚弓之鳥，誤以為耶律禿花的幾千騎兵為「大兵」，根本沒有認真抵抗，就乘天黑率部下親信逃走了。直到那年十一月，《金史．衛紹王本紀》上才又出現了胡沙虎的大名：「紇石烈胡沙虎棄西京，走還京師。」以上記載說明，西京城早在野狐嶺之戰以前就不戰而下，金朝設在西北地區的軍事機構也同它的邊防行省一樣，統統不堪一擊，相繼被粉碎了。

為了阻止蒙古鐵騎前進的步伐，金朝被迫將主力集中到今張家口北面萬全縣偏西的野狐嶺（得勝口）一線，企圖與蒙古軍決戰。

《史集》說：「女真軍異密九斤……、招討……、萬奴……、監軍等萬夫長，率領大軍前來了。他們停駐在哈剌溫一只敦附近的野狐嶺，擺開了戰陣。」[31]《蒙韃備錄》則說：「虜（金朝）

君臣因其陷西京，始大驚恐，乃竭國中精銳，以忽殺虎元帥統馬步五十萬迎擊之。」[32]《元史·木華黎傳》說：「金兵號四十萬，陣野狐嶺北。」《親征錄》說：「金人以招討九斤，監軍萬奴等領大軍，設備於野狐嶺，又以參政胡沙，率軍為後繼。」

綜合以上各書的記載，對於野狐嶺之戰以及金軍的兵力、將帥可以得出如下幾個結論：

第一，《元史·太祖紀》曾兩次提到野狐嶺之戰，實際上是一次戰役誤寫為兩次戰役。一次是太祖六年（一二一一）「二月，帝自將南伐，敗金將定薛於野狐嶺。」另一次是太祖七年正月，「帝破昌、桓、撫等州。金將紇石烈九斤等率兵三十萬來援，帝與戰獾兒嘴，大敗之。」獾兒嘴就在野狐嶺附近，在撫州南，即野狐嶺北面之山嘴，《秘史》稱「撫州山嘴」。據《親征錄》和《蒙兀兒史記》記載，野狐嶺之戰成吉思汗即迎敵於獾兒嘴。從時間看，這次戰役既不是發生在一二一一年二月，也不是發生在一二一一年八月或九月。因此，這裡所說的兩次戰役，應是《史集》、《蒙兀兒史記》所說的一二一一年八月（或秋天）的野狐嶺之戰。

第二，關於這次戰爭的金軍將帥，各種史籍眾說紛紜，莫衷一是。《蒙韃備錄》與《蒙兀兒史記》都說是紇石烈胡沙虎（忽殺虎），《元史·太祖紀》則說是「紇石烈九斤」，而《史集》又說是「九斤」、「招討」，《親征錄》則說是「招討九斤，監軍萬奴」。而《宋史紀事本末·蒙古侵金》則說：「金主復命招討使完顏九斤、監軍完顏萬奴等率兵號四十萬，駐野狐嶺以備，胡沙率重兵為後繼。」遍閱《元史》、《金史》各有關傳記，看來「胡沙虎」與「九斤」並非一人。「胡沙虎」漢名「執中」，也並未有人稱其為「九斤」。而「九斤」究竟是姓「紇石烈」還是姓「完顏」，目前也難以斷定，因為無論「紇石烈九斤」還是「完顏九斤」，《金史》都未單獨列傳。但胡沙虎不像曾任野狐嶺之戰的統帥，否則野狐嶺之戰失敗後，負責後續部隊的完顏胡沙受到了降職處分，他不會毫無責任，仍被任命為右副元帥。估計這位招討九斤在野狐嶺之戰中已經陣亡，故《金史》對他未多做評論。我認為，招討九斤乃野狐嶺之戰的前線統帥，而前線監軍則為左丞（副宰相）完顏萬奴，即《蒙兀兒史記》所說的「完顏兀奴」，《史集》所說的「萬奴」、「監軍」。前鋒將領乃定薛。後繼則參知政事完顏胡沙，即完顏承裕，此時已升任宣德行省長官。

第三，金軍的數量一說是三十萬，一說是四十萬，一說是五十萬。估計招討九斤率領三十多萬大軍駐紮野狐嶺，號稱四十萬；參政胡沙的後繼部隊當有十幾萬，全軍的總數當在五十萬左右。

金軍指揮研究了當時的作戰方略，《史集》說：「乞台軍統帥巴胡沙和參政同女真軍統帥九斤進行商議。他（對九斤）說：『成吉思汗的軍隊洗劫了撫州城，瓜分了戰利品。他們漫不經心地牧馬於山麓下，消息不靈。如果我們突然向他們進攻，就可以把他們擊潰。』九斤答道：『他那裡很鞏固！我們同增援來的馬步大軍一起出動吧！』」[33]《親征錄》則說，提出突襲蒙軍建議的不是「乞台軍統帥」，乃是金軍中的「契丹軍師」；《蒙兀兒史記》將契丹軍師的名字寫作「巴古失・桑臣」。他對九斤說：「聞彼新破撫州，以所獲物分賜軍中，馬牧於野。出不虞之際，宜速騎以奄之。」九斤說：「此危道也，不若馬步俱進，為計萬全。」[34]當時，契丹族人石抹明安也在九斤部下，他曾出使蒙古，見過成吉思汗，九斤派他去蒙古軍中質問入侵的理由，說：「汝嘗使北方，素識蒙古國主，其往臨陣，問以舉兵之由，不然即詬之。」[35]「明安照著九斤的話到成吉思汗處去說了。成吉思汗下令將他抓住關押起來，等作戰以後再來問他的話。」[36]

當金軍出動的消息傳到蒙古軍中時，成吉思汗的「軍隊煮好了食物，正在進餐。他們倒掉鍋裡的東西，急忙出發」。[37]「進據獾兒嘴」，[38]占據了野狐嶺北面的山口。當時，金軍號稱四十萬，列陣於野狐嶺，蒙古軍才十來萬，從數量上看蒙軍處於絕對劣勢。四傑之一的木華黎對成吉思汗說：「彼眾我寡，弗致死力戰，未易破也。」[39]成吉思汗命木華黎為前鋒，「率敢死士，策馬橫戈，大呼陷陣，帝麾諸軍並進，大敗金兵，追至澮河，殭屍百里。」[40]《史集》則記載說：「當時兩軍相遇，廝殺起來。蒙古軍儘管人數不多，卻很快地擊潰了乞台、哈剌契丹和女真軍隊。（蒙古人）殺了許多人，整個原野都充滿了血腥氣。他們向逃兵追去，一直追到會河堡地方。」[41]

負責後應部隊的完顏胡沙早已被蒙古軍的攻勢嚇得魂飛膽破，根本不敢再與蒙古軍接觸。《金史・承裕傳》說：「大元大兵至野狐嶺，承裕喪氣，不敢拒戰，退至宣平。縣中土豪請以土兵為前鋒，以行省兵為聲援，承裕畏怯不敢用，但問此去宣德間道而已。土豪嗤之曰：『溪澗曲折，我輩諳知之。行省不知用地利力戰，但謀走耳，今敗矣。』」完顏胡沙既不想利用地利力戰，也不把民心、士氣放在眼裡，一心只想逃之夭夭，「其夜，承裕率兵南行，大元兵踵擊之。明日，至會河川，承裕兵大潰。承裕僅脫身，走入宣德。」成吉思汗的軍隊在會河川趕上了胡沙軍，雙方在會合堡展開一場大戰，金朝的十幾萬後繼部隊又被蒙古軍消滅，完顏胡沙隻身一人逃入宣德，成吉思汗揮軍追擊，「取宣德府」，[42]金朝的邊防行省落入蒙軍之手。

綜上所述可以看出，野狐嶺之戰是蒙古與金朝之間的一場決戰。金國朝廷吸取開戰以來「分兵把關、城自為戰」失敗的教訓，採取了「聚而眾」的戰略決策，集中全國精銳兵力四十—五十萬人於野狐嶺，企圖一戰而置蒙軍於死地。這是成吉思汗有生以來遇到的規模最大的一場戰爭。他採納名將木華黎的建議，選敢死士衝其中軍，隨後諸軍並進，集中十萬兵力攻擊一個主要目標。主帥臨危不亂、指揮若定，將士視死如歸、敢拚敢殺。金軍主力大敗，後軍潰逃，伏屍百里。它體現了成吉思汗高超的指揮才能和蒙古騎兵不畏強敵、勢不可擋的攻擊能力。《金史・承裕傳》說：「識者謂金之亡決於是役。」《史集》則說：「這是一次很大的仗，很出名；直到如今，成吉思汗野狐嶺之戰還為蒙古人所知，並引以為榮。這次戰役消滅了乞台和女真的著名人物。」[43]《蒙韃備錄・征伐篇》說：「是戰也，罄金虜百年兵力，銷折潰散殆盡，其國遂衰。」這是金朝失敗、蒙古勝利的一個重大轉折。

金國分崩，中都內變

野狐嶺之戰後，金軍主帥棄軍逃命，蒙古軍隊節節進逼。前鋒者別、古亦古揑克率領一支鐵騎，長驅直入，進抵居庸關下。這時金朝已增派兵將加強了居庸關的守禦，者別說：「可誘他戰。」於是蒙軍假裝退兵，「金家見了，果然盡出軍馬追襲。」[44]者別一直退到宣德府（今宣化）的雞鳴山嘴，然後率軍回戰，「擊敗絡繹而來之敵軍。時成吉思合罕之中軍繼至，衝動金軍，勝其黑契丹、女真，主因之攻戰精兵，直至居庸關，殺得積屍如爛木。者別遂取居庸關，奪嶺而越，成吉思合罕營於龍虎台矣。」[45]金中都戒嚴，「禁男子不得輒出中都城門。」衛紹王命「參知政事梁璒鎮撫京城」。[46]那年九月，者別率蒙古前軍至中都城下，「金主欲南奔汴。會衛卒誓死迎戰，蒙古兵多所損折，遂襲金群牧監，驅其馬而去，金主乃止。」[47]

成吉思汗分兵攻掠金朝各地，據《金史・衛紹王本紀》記載，那年十一月，「德興府、弘州、昌平、懷來、縉山、豐潤、密雲、撫寧、集寧，東過平、灤，南至清、滄，由臨潢過遼河，西南至忻、代，皆歸大元。」

面對著蒙軍的強大攻勢，金主衛紹王一籌莫展。這時，金上京留守徒單鎰選兵二萬，入衛中都。「朝廷嘉之，徵拜尚書右丞相。」[48]徒單鎰「穎悟絕倫」，曾中女真進士，以才力智謀著稱於世。早在野狐嶺之戰爆發之前，他就曾向衛紹王進言說：「自用兵以來，彼聚而行，我散而守，以聚攻散，其敗必然。不若入保大城，並力備禦。昌、桓、撫三州素號富實，人皆勇健，可以內徙，益我兵勢，人畜貨財，不至亡失。」但平章政事移剌、參知政事梁瑭卻不同意徒單鎰的建議，說：「如此是自蹙境土也。」[49]後來昌、桓、撫三州失守，衛紹王才後悔未聽徒單鎰之言。後來徒單鎰又建議說：「遼東國家根本，距中都數千里，萬一受兵，州府顧望，必須報可，誤事多矣。可遣大臣行省以鎮之。」建議設立遼東行省，保衛東京（今遼陽市）。衛紹王看不到這一個建議的重大意義，說什麼：「無故置行省，徒搖人心耳。」[50]正是在此後不久，一二一一年農曆十二月，成吉思汗「遣哲別（者別）率眾取東京，哲別知其中堅，難以眾墮城，即引退五百里，金人謂我軍已還，不復設備。哲別戒軍中，一騎牽一馬，一晝夜馳還，急攻，大掠之以歸」。[51]直到這時，衛紹王才大悔之，說：「我見丞相恥哉！」[52]

《元史·太祖紀》將者別攻掠東京記載在一二一二年十二月。《蒙古秘史》則說，當者別一攻中都後，成吉思汗曾派他進攻東昌城，「（者別）至東昌城攻之，不克，退至六宿之程，掉轉突馳，各具從馬，宵夜兼行，猝然而至，遂取東昌城。」[53]《金史·地理志》說：當時尚無東昌城，直到至元四年才設東昌路。結合《金史》本紀及《徒單鎰傳》所載，「東昌」當為「東京」之誤，而者別攻掠東京的時間應為一二一一年。當時，蒙古軍隊志在擄掠，每攻占一座城市後，並不留兵鎮守，搶掠一番就放棄了，因此無論是西京、東京以及昌、桓、撫等地，蒙古軍撤走後，又先後被金軍奪回了。

一二一二年秋，成吉思汗再次率兵向金朝進攻。這次進攻的目標是得而復失的西京城。金政府派元帥左都監奧屯襄率軍支援，成吉思汗採取誘兵深入的策略，將金軍「誘至密谷口逆擊之，盡殪」。[54]金軍全軍覆沒。成吉思汗「復攻西京，帝中流矢，遂撤圍」。那年九月，「察罕克奉聖州。」[55]由於成吉思汗受傷，蒙古軍未再深入，撤回陰山附近駐守。

成吉思汗的連續進攻，導致了金朝內外矛盾的迅速激化。首先，女真統治者與契丹、漢族地主階級的矛盾進一步表面化，大量契丹、漢族將領和地主階級代表人物叛金降蒙，其中包括石抹明安、郭寶玉、劉伯林、夾谷長哥、移剌捏兒等，這些人後來都成為蒙古的重臣和將帥。早在野狐嶺之戰後，金軍統帥派去質問成吉思汗的使者石抹明安就投降了蒙古，成吉思汗問他為什麼投降，他回答說：「臣素有歸志。」[56]契丹族與女真族的矛盾在第一次戰爭中就暴露了。成吉思汗放手任用契丹降將，立即讓他「領蒙古軍，撫定雲中東西兩路」。[57]

郭寶玉是華州鄭縣人，唐朝名將郭子儀的後裔。他雖身為金朝「汾陽郡公，兼猛安」，但對金人並不真心擁護，時刻希望「天改姓」。野狐嶺之戰後，木華黎率軍追擊金軍，「寶玉舉軍降」。當成吉思汗向他詢問取中原之策時，他說：「中原勢大，不可忽也。西南諸蕃勇悍可用，宜先取之，藉以圖金，必得志焉。」建議成吉思汗先征服西南地區，再征服中原。以後忽必烈統一中國，基本上採取這一策略。又說：「建國之初，宜頒新令。」正是根據他的建議，成吉思汗「頒條畫五章」，對蒙古征服漢地起了重大作用。[58]

一二一一年冬，成吉思汗「駐蹕金之北境。劉伯林、夾谷長哥來降」。[59]劉伯林「好任俠，善騎射，金末為威寧防城千戶」。成吉思汗「圍威寧，伯林知不能敵，乃縋城詣軍門請降」。成吉思汗立即將一支軍隊交他統率，與耶律禿花同征討，招降山後諸州。後又任命他為西京留守，兼兵馬副元帥。死後贈太師，封秦國公。其子劉黑馬，成為著名的漢軍十大萬戶之一。[60]

「移剌捏兒，契丹人也。幼有大志，膂力過人，沉毅多謀略。遼亡，金以為參議、留守等官，皆辭不受。聞太祖舉兵，私語所親曰：『為國復仇，此其時也。』率其黨百餘人詣軍門獻十策。」成吉思汗因其智勇雙全，「賜名為賽因必闍赤」，又因其生於霸州，「因號霸州元帥」。[61]後拜兵馬都元帥，協助木華黎進攻金朝，屢立戰功。

此後不久，史秉直、史天倪、史天澤父子，石抹也先、石天應、張柔、嚴實、董俊等也先後投靠了蒙古，在蒙古滅金的戰爭中，這些人都發揮了特殊的作用。

其次，正是在這幾年，遼東爆發了以耶律留哥為首的契丹人民起義。「耶律留哥，契丹人，仕金為北邊千戶。太祖起兵朔方，金人疑遼遺民有他志，下令遼民一戶，以二女真戶夾居防之。留哥不自安。」一二一二年，耶律留哥起兵反金，「因與耶的合勢募兵，數月眾至十餘萬，推留哥為都元帥，耶的副之，營帳百里，威震遼東。」[62]耶律留哥為了取得蒙古軍隊的支持，起兵後不久即「遣使來附」。成吉思汗立即派兵支援。一二一二年，耶律留哥自立為遼王，建立了一個契丹族政權。「於是盡有遼東州郡，遂都咸平（今遼寧開原），號為中京」，[63]在蒙軍的聲援下，耶律留哥屢次打敗金朝派來鎮壓的軍隊，一二一二年敗金軍三十萬，一二一三年敗金軍四十萬，大大牽制了金朝的兵力，占領了女真族的根本之地。

也正是在這幾年，北方不少地區連續發生天災，一二一二年「大旱」，「河東、陝西大飢，斗米錢數千，流莩滿野。」山東等地也發生「旱災」。[64]漢族人民不能忍受女真族的黑暗統治，紛紛起義反抗，其中著名的有楊安兒、李全領導的紅襖軍。他們於一二一二年起來造反，攻占了山東的許多州縣。

同時，在這幾年之內，西夏與金的關係發生了突變，由盟國變成了敵國。自從天會年間

（一二二三—一二三七年）金與西夏議和，八十餘年沒有發生兵戈之事。由於成吉思汗三攻西夏，西夏獻女求和。當金兵在野狐嶺、會合堡戰敗後，西夏人趁火打劫，進攻金朝邊境，從此雙方互有侵掠，十年不解，一勝一負，精銳皆盡，結果兩國俱斃，兩敗俱傷。

處有強敵主力亡，契丹、漢人叛又降，
盟友反目視如仇，人民造反舉刀槍。

這就是蒙金戰爭的第一階段，女真統治者所面臨的形勢。眾叛親離，分崩離析，女真中央政權已處於風雨飄搖之中。

隨著國內外矛盾的迅速激化，女真貴族內部的矛盾也爆發為對抗性的衝突和鬥爭，發展為公開的宮廷政變。面對著這種內外交困的形勢，金主永濟的「柔弱鮮智能」暴露得更加明顯了。他先是派使求和，失去了大國的氣魄；當蒙軍兵臨中都城下時，他又束手無策，只知與臣下相對哭泣；他自己拿不出什麼好主意，又拒絕採納臣下的正確意見，任人不當，賞罰不明，終於將自己送進了墳墓。

紇石烈胡沙虎身為西京留守、行樞密院長官兼安撫使，對於蒙軍的進攻沒有進行認真的抵抗，放棄西京，敗軍折將，在逃回中都的路上還胡作非為，無法無天。「行次蔚州，擅取庫銀五千兩及衣幣諸物，奪官民馬，與從行私入紫荊關，杖殺淶水令。」[65]衛紹王認為他是朝廷舊臣，不但不加罪，反而予以重用，「乃遷右副元帥，權尚書左丞。」結果，「執中（胡沙虎）益無所忌憚」，[66]搞得軍心不服，將士解體。後來，由於胡沙虎過於放肆，與衛紹王發生矛盾，這才「下有司按問，詔數其十五罪，罷歸田里」。[67]但不久之後，衛紹王又將他「復召至中都，預議軍事」。

左諫議大夫張行信上書反對，說：「胡沙虎專逞私意，不循公道，蔑省部以示強梁，媚近臣以求稱譽，骫（玩）法行事，枉害平民。……欲使改易前非，以收後效，不亦難乎。才誠可取，雖在微賤皆當擢用，何必老舊始能立功。一將之用，安危所繫，唯朝廷加察，天下幸甚。」[68]丞相徒單鎰以為不可用，參知政事梁瑝也跪奏其奸惡，衛紹王這才沒任用他。但胡沙虎「善結近幸，交口稱譽」。幾個月後衛紹王又讓他「預議軍事」。張行信再次上書反對：「伏聞以胡沙虎老臣，欲起而用。人之可否，不在新舊。彼向之敗，朝廷既知之矣，乃復用之，無乃不可乎。」[69]衛紹王於是又收回成命。

一二一三年七月，成吉思汗又親率大軍，發動了對金朝的第三次進攻。蒙軍順利地攻下了宣德、德興等州，進軍至中都附近的懷來（今河北省懷來縣），與金左丞完顏綱、元帥右監軍朮虎高琪大戰，金軍大敗，蒙軍追至北口。金軍嚴守居庸關，鑄鐵為門，當時人稱為鐵門關。布鐵蒺藜百里，派精兵鎮守，蒙古軍一時難以攻入。成吉思汗採用札八兒火者的計策，派客台、薄察[70]二將駐兵於居庸關北口外，與金軍相持；自己卻親自率領者別一軍，繞道而行，偷取飛狐道，南入紫荊關。「金主聞之，遣大將奧敦將兵據隘，勿使及平地。比其至，我眾度關矣。乃命者別率眾攻居庸關南口，出其不備，破之，進兵與怯台、薄察合。」[71]又一次打開了能通往中都的通道。

中都再次出現危機，衛紹王捉襟見肘，總覺得胡沙虎還有可用之處，因此終於賜給他金牌，讓他代理右副元帥，率領武衛軍五千人駐守中都城北。這年八月，蒙古軍再次逼近中都，衛紹王派使者「即軍中責執中止務馳獵，不恤軍事」。[72]胡沙虎幾次被處分免職，通過拉關係、走門子，好不容易才重掌兵權。皇上下旨切責，說不定又會被撤職拿問。為了維護個人的權勢與地位，他利用掌握在自己手中的軍隊，立即發動政變，率軍攻入皇宮，逼衛紹王退位，自稱監國都元帥。

殺死了掌握重兵、威望甚高的尚書左丞完顏綱，任命自己的政變死黨完顏丑奴等為防禦使、節度使，「雖除外官，皆留之左右。」「盡撤沿邊諸軍赴中都、平州，騎兵屯薊州以自重，邊戍皆不守矣。」[73]後來由於徒單鎰等人堅持鬥爭，胡沙虎在那年九月才被迫迎立完顏珣為帝（金宣宗），殺死了衛紹王。完顏珣懾於胡沙虎的權勢，封他為太師、尚書令、都元帥、監修國史，封澤王，授中都路和魯忽土世襲猛安。對於其弟、其子，其政變黨羽也分別加官晉爵，使得胡沙虎位極人臣，權傾天下。

元帥右監軍朮虎高琪與蒙軍作戰，屢戰不利。十月，蒙軍已進至中都城北，胡沙虎命朮虎高琪出戰，說：「今日出兵果無功，當以軍法從事矣。」[74]結果朮虎高琪出戰又敗。朮虎高琪害怕被殺，於是率糺軍進入中都，包圍了胡沙虎的住宅，殺死了胡沙虎。朮虎高琪手持胡沙虎的人頭向宣宗去請罪，宣宗赦免了他，並任命他為左副元帥。[75]

敵人已經兵臨城下了，金朝這些屢打敗仗的將領們不僅不引咎思過，振奮精神奮起抗敵，挽救危機，反而憑藉掌握在自己手中的武力，在朝內大動干戈，接連發動宮廷政變。它猶如火上澆油、冰上加霜，金朝的政局變得更加不可收拾了。

攻克中都

一、金宣宗獻女求和

朮虎高琪發動政變時，金朝所面臨的形勢十分嚴峻。在政變之前，成吉思汗曾派阿剌淺[76]為使者，入中都諭降；同時，「成吉思汗派遣怯台那顏帶著五千騎兵把守在通往中都城的路上。他親自出兵，駐紮在生產涿州絲綢的涿州城門旁。圍城二十天後，將城攻了下來。」[77]金朝的中都之變剛剛平息，涿州失守的消息就傳到了中都。金宣宗不知所措，召朮虎高琪問計。

宣宗發現，蒙古人都是騎兵，兵精馬壯；而金朝卻多為步兵，邊疆群牧監又被蒙古掠奪，於是想買馬加強騎兵隊伍，他問朮虎高琪：「往歲市馬西夏，今肯市否？」[78]

當時西夏已降蒙反金，自然不會賣給金朝戰馬，朮虎高琪說：「木波畜馬甚多，市之可得，括緣邊部落馬，亦不少矣。」木波乃河湟吐蕃諸部之一，依附金國，轄境八千里，有民四萬餘戶。但木波遠在西夏之西，今青海黃南及甘肅甘南藏族自治州一帶，遠水不解近渴；而向邊疆各部徵集戰馬，則會削弱邊疆戰鬥力，因此宣宗說：「盡括邊馬，緩急如之何？」朮虎高琪無言以對。過了三天，朮虎高琪才回答宣宗：「河南鎮防二十餘軍，計可得精騎二萬，緩急亦足可用。」[79]企圖用拆了東牆補西牆的辦法暫救燃眉之急，但最後還是議而不決，騎兵也無從加強。

宣宗發現，金軍不僅缺乏戰馬，而且軍器不佳，這也是金軍戰鬥力弱的一個重要原因，於是問朮虎高琪：「所造軍器往往不可用，此誰之罪也？」朮虎高琪回答說：「軍器美惡在兵部，材物則戶部，工匠則工部。」[80]他貌似全面公正，各打五十大板，但主要是誰的責任，如何提高軍器品質，他卻說不清楚，也提不出一個切實可行的解決辦法。宣宗無可奈何地說：「治之！且將敗事。」[81]

宣宗又問朮虎高琪，怎樣對付漢族起義軍楊安兒等人，朮虎高琪說：「賊方據險，臣令主將以石牆圍之，勢不得出，擒在旦夕矣。」他認為築一道高牆就能圍住起義軍，旦夕之間就能活捉楊安兒。這是一種自欺欺人的愚蠢做法。因此金宣宗說：「可以急攻，或力戰突圍，我師必有傷者。」[82]

朮虎高琪本來就不是什麼將材，也沒有很高的威望，只是為了保命才殺死了胡沙虎。對於軍國大事，他根本拿不出什麼好主意。而且「妒賢能，樹黨羽，竊弄威權，自作威福」。[83]有一個書生向朮虎高琪建議，「言糺軍不可信，恐生亂。高琪以刀杖決殺之，自是無復敢言軍國利害者。」[84]同時還培植親信，重用死黨，「滅亂紀綱，戕害忠良，實有不欲國家平治之意。」[85]金宣宗因朮虎高琪誅胡沙虎有功，且因其黨羽手握軍權，一時不敢處治他，反而讓他在朝中、軍中占據了舉足輕重的地位，從此金朝的政局更加混亂了。

金國朝廷自顧不暇，無力保護地方州縣，各地金軍將領只好自謀出路，紛紛投降蒙古。那年秋冬，成吉思汗留怯台、哈台屯駐大都城北，將降人楊伯遇、劉材等漢軍四十六都統及蒙古兵分為三道，「命皇子朮赤、察合台、窩闊台為右軍」，沿太行山東麓南下，連破保州、定州、邢州、衛、輝、懷、孟，再繞太行山西麓北行，掠澤、潞、平陽、太原等地，拔汾、石、嵐、忻，到代州、武州而還。「皇弟哈撒兒及斡陳那顏、拙赤䚟、薄剎為左軍」，取薊州，循海而東，破平、灤、遼西等郡返回。「帝與皇子拖雷為中軍」，自易州南下，至今河北省南部，再經河南省東北部，到山東登州一帶，直抵海濱，攻掠了山東全境。[86]蒙古三路大軍橫掃中原，幾乎攻占了黃河以北的所有郡、縣。開始，金國朝廷沒有估計到蒙軍會分兵深入中原，只注意守衛中都附近及山後諸州，中原各州的軍隊大多都調到這一帶防守。中原各州縣只好臨時簽派鄉民為兵，上城守禦。蒙古軍先攻下周圍鄉村，驅趕鄉兵的家屬去攻城，父子兄弟往往遙呼相認，於是人無固志，各地州縣望風而下。據《親征錄》、《元史》記載，那年蒙軍共攻下金朝九十餘郡，「河北郡縣盡拔，唯中都、通、順、真定、清、沃、大名、東平、德、邳、海州十一城不下。」[87]而《史集》則說，蒙軍曾攻下一座「巴剌合孫」城，「漢語稱為真定府」。雖然未曾攻下東平府城，但卻「沿途洗劫了東平府」。[88]今河北、山西、山東三省，方圓數千里，幾乎都遭到蒙古騎兵的踐踏。

當時蒙古軍仍然沿用草原貴族擄掠作戰的方式，以劫殺掠奪為主。「他們攻下了一路上所有的村鎮、城邑和哈撒必，[89]進行了破壞。」[90]「兩河、山東數千里，人民殺戮幾盡，金帛子女、牛馬羊畜，皆席捲而去，屋廬焚毀，城郭丘墟。」[91]劉因在《靜修文集》中如實記載了蒙古軍攻陷保州（今保定）後的一次大屠殺：「貞祐元年（一二一三）十二月七日保州陷」，蒙古軍「盡驅居民出」。「是夕下令：老者殺。卒聞命，以殺為嬉」，蒙古戰士將殺人當做遊玩娛樂活動，以殺人為莫大的樂趣，可見其何等野蠻，何等缺乏人性。「後二日，令再下，無老幼盡殺」，「唯匠者免」。武遂楊某「冒入匠中」。有人提出要檢查這些「匠者」有何技藝，楊某不知所措。旁邊一人低聲對他說：「能挾鋸，即匠矣。拔人於生，擠人於死，唯所擇。」於是楊某度過了難關，「凡冒入匠中者，皆賴以生。」[92]多虧當時蒙古人看重手工業技術，那些有一技之長或冒充有一技之長者才得以死裡逃生。對於其他被攻陷的城市，蒙古軍也採取了類似政策。甚至包括比較有政治家風度的木華黎在攻取密州（今山東諸城），還軍霸州（今河北霸縣）、涿州（今涿縣）時，也同樣執行了這種屠殺、掠奪政策，所過皆殘滅。永清人史秉直、史天倪父子聚族而居，面臨著亡家滅族的威脅，大家在一起商討應急措施，史秉直問：「方今國家喪亂，吾家百口，何以自保！」「既而知降者皆得免，乃率里中老稚數千人，詣涿州軍門降。」木華黎「乃以天倪為萬戶，而命秉直管領降人家屬，屯霸州」。[93]由於金朝無力保護自己的人民，因此面臨著死亡的威脅，越來越多的漢族、契丹族地主乃至窮苦百姓先後以「降者」或「匠者」的名義做了蒙古軍的順民。金朝中央不僅喪師失地，而且日益失掉民眾與人心，逐步變成了真正的孤家寡人，被圍困在中都一座孤城之內。

一二一四年春，各路蒙古軍會師於中都城下，成吉思汗駐紮在大都北郊的大口。「諸將請乘勝破燕，帝不從。」[94]「欲留孤城予敵，俾力守以自困也。」[95]蒙軍諸將要求乘勝攻克中都，成吉思汗沒有答應，估計是成吉思汗看到時機還不太成熟，中都城堅兵眾，一時難以攻下，倒不如留下一座孤城，讓金人集中力量守城，消耗金朝的財力、物力、人力，使其逐漸陷入絕境。從蒙古將士來說，當時進攻金朝，志在搶掠金帛子女、牛羊馬畜，還沒有打算占領中原的城池土地，也沒有徹底推翻金朝的打算。他們要求乘勝下中都，只不過是希望進入金國首都搶到更多的財物而已。只要得到了財物，攻占的城池可以放棄；未攻占的城池自動獻出財物，也可以免遭劫難。為了滿足將士們的要求，那年二月，成吉思汗派阿剌淺再入中都，迫使金宣宗「犒師」，說：「汝山東、河北郡縣悉為我有，汝所守唯燕京耳。天既弱汝，我復迫汝於險，天其謂我何。我今還軍，汝不能犒師以弭我諸將之怒耶？」[96]

金宣宗立即召集有關文武大臣到尚書省商議和戰之策，朮虎高琪說：「聞彼人馬瘦病，乘此決戰可乎？」平章政事、都元帥完顏承暉（福興）不同意孤注一擲，說：「不可。我軍身在都城，家屬多居諸路，其心向背未可知。戰敗，必散；苟勝，亦思妻子而去。祖宗社稷安危，在此一舉矣。當熟思之。今莫如遣使議和，待彼主還軍，更為之計。」[97]兵民是勝利之本。完顏承暉這一分析說明，當時女真貴族已經民心喪盡，士兵和老百姓都不願替他們賣命了，軍心渙散、士無鬥志已經到了無以復加的地步。因此，身為都元帥的完顏承暉，竟然不敢開城作戰了。金宣宗本來就畏敵如虎，也拿不出什麼好主意，於是馬上同意了完顏承暉的意見，接受了成吉思汗提出的議和條件。那年三月，金宣宗派完顏承暉為議和使者，「奉衛紹王女岐國公主及金帛、童男女五百、馬三千以獻，仍遣其丞相完顏福興送帝出居庸。」[98]「成吉思汗對他們的俯首聽命很滿意」，[99]娶岐國公主為妻，這就是《金史》所說的「公主皇后」。[100]完顏承暉一直將成吉思汗送到撫州野麻池一帶，[101]才返回中都，蒙、金之間出現了短暫的和平。

《多桑蒙古史》記載說：「成吉思汗既出居庸關，收所虜男女皆殺之，其數不可勝計。」蒙古南下伐金，目的是為了搶掠金帛子女、牛羊馬畜，剛剛出關就把「不可勝計」的男女俘虜都殺了，這有點不可思議。《元史・太祖本紀》沒有類似的記載，而《蒙古秘史》則未講俘虜的處置，只是說：「我軍盡其力馱緞匹、財物，以熟絹縛其馱而去矣。」[102]可見當時蒙古人搶到的緞匹、財物很多，而且不肯輕易丟掉，而是「盡其力」馱走。對於大批活的財富——男女俘虜是否就毫不顧惜、統統殺掉，也是值得懷疑的。

二、宣宗南遷，糺軍降蒙

蒙古軍隊雖然撤走了，但金朝君臣卻被蒙古人的強悍善戰、殘酷屠殺嚇得肝膽俱碎、坐臥不寧。「金主珣以國蹙兵弱財用匱乏，不能守中都，乃議遷於汴。」[103]金宣宗完顏珣主張放棄中都，南遷汴京。滿朝文武不少人反對這種逃跑主義的路線，左丞相徒單鎰說：「鑾輅一動，北路皆不守矣。今已講和，聚兵積粟，固守京師，策之上也。南京四面受兵。遼東根本之地，依山負海，其險足恃，備禦一面，以為後圖，策之次也。」[104]在這裡，他明確提出了抵抗蒙古的上、中、下三策：「聚兵積粟，固守京師」是上策；退守遼東，「以為後圖」是中策；而遷都於「四面受兵」的南京，則是下策。金宣宗一意孤行，根本聽不進徒單鎰的意見。不久，徒單鎰病死，抗戰派失去了首領，「尚書省奏巡幸南京，詔從之。」[105]一二一四年五月，金宣宗「決意南遷，詔告國內。」

太學生趙昉等上章極論利害，以大計已定，不能中止，皆慰諭而遣之」。[106]趙昉等見朝中無人堅持正確主張，只好集體上書請願，尖銳地指出了遷都的害處，希望宣宗放棄這個錯誤的決策。金宣宗藉口什麼大計已定，不能中止，慰諭了一番就算了事了。於是，封平章政事完顏福興（承暉）為右丞相、定國公、都元帥，尚書左丞抹撚盡忠為申國公、左副元帥，協助太子完顏守忠留守中都，金宣宗則立即率六宮啟行，逃之大吉了。

金宣宗行至涿州時，害怕從駕至良鄉的契丹糺軍「於後生變」、乘機造反，命令他們將原來發給的鎧馬器杖統統交還國家。[107]契丹軍怒氣衝天，「拒絕執行命令，進行反抗。」[108]「殺其本糺詳穩以叛。」[109]他們推舉斫答、比涉兒、札剌兒三人為帥，結隊北還，直指中都。負責留守中都的完顏福興接到事變的消息後，立即派兵扼守盧溝橋，企圖防止叛兵北渡。斫答等人「和塔塔兒部聯合，派一千人從渡口渡河，讓他們繞到守橋軍後方」。[110]守橋軍大敗。契丹糺軍乘勝進軍，奪取了守橋金軍的馬匹、武器和糧食。過橋後，又搶走了「放牧在中都城郊的馬群和羊群」。[111]只因中都守禦嚴密，契丹糺軍才未能攻入中都。他們「從那裡遣使向成吉思汗請降」，[112]並派人與耶律留哥取得聯繫。

那年六月，成吉思汗「避暑魚兒泊」。[113]當他聽到金主南遷的消息後，十分惱怒，說：「既和而遷，是有疑心而不釋，特以解和為議款我之計耳。」[114]於是成吉思汗一面派阿剌淺出使金朝，責問金宣宗遷都的原因；一面任命三木合拔都（三模合巴特兒）為主帥，契丹族將領石抹明安、耶律阿海、耶律禿花為前鋒，會合斫答的糺軍包圍中都。

金宣宗聽到蒙古軍進攻中都的消息後，立刻派人召太子南逃。應奉翰林文字完顏素蘭反對召回太子，朮虎高琪說：「主上在此，太子宜從，且汝能保都城必完乎？」難道你能保證都城不被攻破嗎？素蘭說：「完固不敢必。但太子在彼，則聲勢俱重；邊隘有守，則都城無虞。昔唐明皇幸蜀，太子實在靈武，蓋將以繫天下之心也。」[115]金宣宗只考慮骨肉之情，不考慮天下國家的得失，堅持要召回太子。那年七月，金莊獻太子完顏守忠離開中都，逃往汴京。「太子既行，中都益俱。」[116]皇帝和太子先後離開了中都，說明金宣宗已經放棄了固守中都的打算，中都城內自然人心惶惶，中都的陷落已經在所難免了。

將中都作為金朝的首都，是海陵王的一大歷史功績；而放棄中都，遷都開封，則是金宣宗的一大失誤。面對著兵力有限的蒙古軍的進攻，「聚兵積粟，固守京師」的確是當時的上策。而金宣宗與太子卻相繼南逃，無異於將首都和黃河以北拱手相讓，金朝滅亡的命運已經無可挽回了！

蒙將三木合拔都、石抹明安等「將兵由古北口徇景、薊、檀、順諸州」。諸將主張實行屠殺政策，石抹明安說：「此輩當死，今若生之，則彼之未附者，皆聞風而自至矣。」[117]成吉思汗採納了這個建議，從此蒙古侵金的戰爭逐漸變殺掠為招降。「乙亥（一二一五年）春正月，取通州，金右副元帥蒲察七斤，以其眾降，明安命復其職，置之麾下，遂駐軍於京南建春宮。」[118]蒙軍兵臨中都城下，中都的形勢已是岌岌可危了。

伴隨著石抹明安等對中都的進攻，成吉思汗於一二一四年十月派木華黎率領另一支軍隊進攻遼東，企圖切斷東北金軍對中都的支援。一二一五年二月，木華黎攻打金朝的北京，[119]契丹軍斬關來降。金北京守將銀青等率二十萬軍抵抗，敗退回城。金守兵殺死銀青，推舉烏古倫寅答虎為元帥。木華黎派史天祥等率兵攻城，寅答虎投降。「木華黎怒其降緩欲坑之」，契丹族將領石抹也先（肖也先）說：「北京為遼西重鎮，既降而坑之，後豈有降者乎？」[120]木華黎採納了也先的意見，命寅答虎代理北京留守，「以吾也而權兵馬都元帥鎮之。」[121]不久，金軍都統北京土豪田雄也率眾投降了木華黎。興中府吏民則殺死了拒不投降的金朝同知，推土豪石天應為元帥，舉城投降，木華黎以石天應為興中府尹、兵馬都提控。這種投降不殺、重用降將的政策，起到了瓦解敵軍的作用，隨後金朝成、順等州也相繼投降了蒙古。蒙軍攻占了金朝眾多的城邑，中都已成為一個四面受敵的孤島。

三、東北獨立，中都陷落

一二一四年十月，金朝錦州兵馬都提控張鯨殺其節度使，自稱臨海王，遣使投降木華黎。[122]

一二一五年四月，成吉思汗命木華黎以張鯨總北京十提控兵，配合其他蒙軍南征未附州郡。張鯨心存反側，「稱疾逗留，復謀遁去」，被監軍石抹也先逮捕，「執送行在，誅之。」[123]張鯨之弟張致據錦州叛，「僭號漢興皇帝，改元興龍。」[124]

一二一五年三月，金宣宗「諭遼東宣撫使蒲鮮萬奴選精銳屯沈州、廣寧，以俟進止」。[125]企圖進行垂死掙扎。蒲鮮萬奴率領幾十萬大軍打敗了耶律留哥，攻占了咸平，占領了東京。但他並未繼續南下去解中都之圍，而是自稱天王，改國號為大真，割據遼東。後來，他曾「倒向成吉思汗方面，為他效勞」。並曾「派其子鐵哥（帖哥）入侍。（既而）復叛，自稱東真王」，[126]國號東夏。從此，金朝的龍興之地東北地區出現了三個獨立、半獨立的政權：一個是遼寧開原的耶律留哥，一個是遼東的蒲鮮萬奴，一個是錦州的張致。金朝的政令在東北地區已無法推行了。正如《史集》所說，當成吉思汗進攻金朝時，「（他的）異密和人民則動搖不定，一會兒倒向這邊，一會兒又倒向那邊，由於大部分領地和地區無人過問，每個異密就像諸侯割據時代那樣地自立為王或成為某塊領地上的君主。」[127]

留守中都的完顏承暉忠心有餘，才力不足，尤其在軍事上是個外行。「承暉以尚書左丞抹撚盡忠久在軍旅，知兵事，遂以赤心委盡忠，悉以兵事付之，已乃總持大綱，期於保完都城。」[128]金莊獻太子離開中都，右副元帥蒲察七斤出降蒙古後，「詔以抹撚盡忠為平章政事，兼左副元帥」。[129]中都的軍政大權實際上掌握在抹撚盡忠手裡。完顏承暉派人向金宣宗告急，其奏書說：「七斤既降，城中無有固志，臣雖以死守之，豈能持久。伏念一失中都，遼東、河朔皆非我有，諸軍倍道來援，猶冀有濟。」[130]希望金宣宗動員諸軍支援中都。金宣宗下詔說：「中都重地，廟社在焉，朕豈一日忘也。已趣諸路兵與糧俱往，卿會知之。」[131]這時，金宣宗已「詔元帥左監軍永錫將中山、真定兵，元帥左都監烏古論慶壽將大名軍萬八千人、西南路步騎萬一千、河北兵一萬，御史中丞李英運糧，參知政事、大名行省孛朮魯德裕調遣繼發，救中都」。[132]這就是《史集》所說的：「由於阿勒壇汗一直聽說，中都城裡既無『塔合兒』、[133]又無供軍隊和居民食用的儲糧，便派遣被稱為元帥的萬夫長帶著其他三個異密，即慶壽、林坎賽、李英，[134]將『塔合兒』和食物運到中都城裡去。」[135]四面被圍的中都尚存一線生路。金宣宗為了鼓舞中都的士氣，對中都的官吏軍民特頒發一份詔書，其中說：「朕欲紓民力，遂幸陪都，天未悔禍，時尚多虞，道路久梗，音問難通。汝等朝暮矢石，暴露風霜，思唯報國，靡有貳心，俟兵事之稍息，當不愆地旌賞。今已會合諸路兵馬救援，故茲獎諭，想宜知悉。」[136]金宣宗父子既不肯「朝暮矢石」，又不肯「暴露風霜」，在大難臨頭時相繼南逃，卻用一紙空頭詔書安撫民眾，要求中都的官吏軍民「思唯報國，靡有貳心」，這不過是故作姿態，自欺欺人而已。

李英本為文官，出身進士，歷任主簿、判官、縣令、國子祭酒、御史中丞等職，雖有一定政治見識，但並無指揮軍隊的實踐經驗。金宣宗亂點鴛鴦譜，將援助中都的重任交給李英，這本身就屬於任人不當。「英至大名，得兵數萬」，但他「馭眾素無紀律」。[137]為了鼓舞士氣，他下令讓每人背三斗糧食，「甚至連萬夫長元帥也不例外。」[138]幾萬軍隊，從將帥到士兵千里背糧，雖說體現了官兵平等，但卻大大削弱了部隊的戰鬥力，沒有配備應有的機動性較強的護糧軍，這也是因缺乏實戰經驗所做出的一個錯誤決策。成吉思汗瞭解到這一情況後，立即命令石抹明安、右副元帥神撒等率領騎兵截擊。在霸州青戈一帶，蒙古騎兵與李英軍遭遇。當時，「英被酒」，李英剛剛喝過酒，神志不清，軍紀渙散，「大敗，盡失所運糧。英死，士卒殲焉。」[139]許多金兵被殺或被趕到河裡淹死了，一千多輛糧車也被蒙軍奪取。另一支運糧軍則在涿州北的旋風寨被蒙軍打敗，兩路軍沒有一個人到達中都。當時，河北地區多為朮虎高琪的黨羽，朮虎高琪與完顏承暉不和，中都附近的各州將領大都看朮虎高琪的眼色行事，因此他們並不認真執行金宣宗的命令，很少有人真心誠意地救援中都。「由於『塔合兒』和飼料沒有運到中都城」，中都糧盡援絕，「當地居民飢餓過度而吃人肉或死掉」，[140]中都城內出現了人吃人的現象。

完顏承暉與抹撚盡忠會議於尚書省，承暉約盡忠同死社稷，希望盡忠與自己一起誓死保衛金朝的江山。抹撚盡忠表面上答應，暗地裡卻準備棄城南逃。後來，承暉瞭解了盡忠的動向，但手中已無兵權，也無可奈何。他聽說這個壞主意是盡忠的心腹、元帥府經歷官完顏師姑提出的，於是把師姑叫到自己府中，說：「始我謂平章知兵，故推心以權畀平章，嘗許與我俱死，今忽異議，行期且在何日，汝必知之。」[141]完顏師姑肆無忌憚，毫不隱諱，告訴承暉，當天傍晚他們就要起程南逃。承暉怒形於色，說：「社稷若何？」你們把國家社稷置於何地？師姑無言以對，承暉命令手下人當場將他斬首。

中都危在旦夕，完顏承暉獨木難支，於是決定以死報效國家。「作遺表付尚書省令史師安石，其表皆論國家大計，辨君子小人治亂之本，歷指當時邪正者數人，曰：『平章政事高琪，賦性陰險，報復私憾，竊弄威柄，包藏禍心，終害國家。』」[142]並公開承認不能保全都城是自己的罪過。然後又對師安石說：「承暉於《五經》皆經師授，謹守而力行之，不為虛文。」[143]打發師安石上路後，他立即辭別家廟，仰藥而死。

就在這一天，留在中都的妃嬪們知道了抹撚盡忠要棄城逃走的消息，都打好行李集中到通玄門。抹撚盡忠欺騙她們說：「我當先出，與諸妃啟途。」我先走一步，為你們探探路，然後再來接你們。「諸妃以為信然。盡忠乃與愛妾及所親者先出城，不復顧矣。」走到中山時，盡忠對左右人說：「若與諸妃偕來，我輩豈能至此！」[144]抹撚盡忠為了保住自己的身家性命，連皇帝的妃嬪們也置之不顧了。金宣宗和完顏承暉將守衛中都的重任交給這種人，中都怎能不陷落呢？

一二一五年五月，「被成吉思汗派去同三木合把阿禿兒一起（出征）的明安進入了中都城，遣使向成吉思汗報告道：『托成吉思汗的福，我們攻下了中都城！』」[145]當時，成吉思汗「避暑桓州涼涇。遣忽都忽等籍中都帑藏」。[146]派失吉忽禿忽、汪古兒、阿兒孩合撒兒三人，到中都去清理府庫財產。金朝的中都守將向他們獻上了織金物和珍寶等禮物，汪古兒和阿兒孩合撒兒接受了，而失吉忽禿忽卻拒絕了。後來成吉思汗問忽禿忽為什麼拒絕接受禮物，他說：「（因為）我想起了在我們攻下城來之前，不論是一根繩子、一塊手帕，一切都是阿勒壇汗的。現在，我們占領了它，一切東西就都屬於成吉思汗的了。怎麼能把他的東西偷偷摸摸地送人呢？因此我什麼東西也沒拿！」[147]成吉思汗說：「忽禿忽識大體！」[148]於是加倍地器重他，同時卻批評了汪古兒和阿兒孩合撒兒。成吉思汗命令將中都府庫中的財產運回蒙古草原，然後才允許蒙古兵進行搶掠。中都吏民死傷無數，宮室被亂兵焚燒，大火月餘不熄，金朝祖宗的神御及諸妃嬪也被亂兵搶走了。

此後，成吉思汗一面兵分幾路繼續攻城掠地，一面派使者去招降金主。其西路軍由三木合巴特兒率領一萬蒙古騎兵，經過西夏地區攻克潼關、京兆（今西安市）、汝州等地，直達金朝的南京（今開封市）地區，大掠河南，前鋒到達開封附近的杏花營。其中路軍由蒙力克的兒子脫侖巴特兒率領，攻克真定，水淹東平，占領了東平所轄全境。史天倪、木華黎等則取兵東道，進攻平州、廣寧等地。蒙古使者阿剌淺到達汴京，轉達了成吉思汗講和的條件：「以河北、山東未下諸城來獻，及去帝號為河南王，當為罷兵。」[149]金宣宗拒不投降，各路蒙軍加強攻勢，「是秋，取城邑凡八百六十有二。」[150]在短短幾個月內，黃河以北幾乎成了蒙古人的天下。

木華黎父子經略中原

一、太師國王偏師經營，金軍主力南下侵宋

一二一六年春，成吉思汗從伐金前線回到克魯倫河草原。臨行前，任命札八兒為黃河以北、鐵門（居庸關）以南天下都達魯花赤，與諸將留守中都。木華黎一軍繼續經營遼東，消滅了錦州的張致，將降而復叛的蒲鮮萬奴趕入了海島。不久，林木中百姓降而復叛和花剌子模邊將殺死蒙古商隊的訛答剌事件發生，成吉思汗只得回師草原並決心率主力西征花剌子模。於是在一二一七年，封木華黎為太師、國王、都行省、承制行事，將經略漢地的全權交給了木華黎。《史集》則說：成吉思汗「封他為『國王』的原因是：以前成吉思汗曾將他派到女真地區邊境上去。女真諸部稱他為『國王』，意即『一國之君』。（成吉思汗）再次派他到那邊去時說道：這個稱號是個

幸福的徵兆，便封給了他。」[151]《元史．木華黎傳》則說：成吉思汗在詔封木華黎為太師國王時，曾賜給他誓券、黃金印，上刻八個字：「子孫傳國，世世不絕。」並對木華黎說：「太行之北，朕自經略，太行以南，卿其勉之。」還賜給他一面大駕所建九斿大旗，告誡諸將說：「木華黎建此旗以出號令，如朕親臨也。」自西漢初年以來，非宗室不王，非功臣不侯，這已經成為中原封建政權的一個傳統；蒙古政權也是只封同姓子、侄為王，異姓功臣只封為千戶或萬戶。木華黎被破格封為「國王」，這不僅說明成吉思汗對他格外看重，而且說明他所擔負的使命在蒙古政權的發展中具有極其重要的地位。他被允許建可汗大旗受命專征，實際上是以可汗代表的身分去統軍治民、經營中原。

木華黎的政治地位雖然如此崇高，但他所統率的南征軍既不是蒙軍的主力，也不是他原來統率的左手軍，而是一支名副其實的偏師。《元史．木華黎傳》說：「分弘吉剌、亦乞烈思、兀魯兀、忙兀等十軍，及吾也而契丹、蕃漢等軍，並屬麾下。」《元史．闊闊不花傳》說：「太祖命太師木華黎伐金，分探馬赤為五部，各置將一人。」《親征錄》則說，除以上四部外，尚有王孤（汪古）、火朱勒、札剌兒諸部，另有漢兵及契丹兵。其中札剌兒、弘吉剌、兀魯、忙兀、亦乞烈思即探馬赤軍五部。《史集》詳細記載了各支軍隊的人數及統軍將領的姓名，其中包括：「一萬汪古惕部隊、一千混成部隊、四千兀魯惕部人、孛禿駙馬率領的二千亦乞剌思部人、忽亦勒答兒（畏答兒）的兒子蒙可—哈勒札[152]率領的一千忙忽惕部人、阿勒赤那顏率領下的三千弘吉剌惕部人、木華黎國王的弟弟帶孫率領的一千札剌亦兒人，除蒙古人以外，還有吾也而元帥、（耶律）禿花元帥率領的哈剌契丹和女真軍。」由此可見，木華黎率領的主力軍只有一萬名汪古部騎兵、一萬二千名（一說為一萬三千名）蒙古探馬赤軍，外加吾也兒、耶律禿花等率領的契丹軍、糺漢諸軍，包括史天倪、劉伯林、劉黑馬父子的漢族地主武裝，也不過十萬人左右。「探馬」，漢語本意是指軍隊中的偵察人員，「赤」蒙語意為「人」。探馬赤軍指的是打先鋒的軍隊，它是以弘吉剌、札剌兒等五部為核心而有若干統帥將領參加指揮的龐大的軍事組織，《元史》上明確列舉的探馬赤五部將是肖乃台（笑乃歹）、闊闊不花、孛羅、怯烈台（怯烈歹）、按札兒（按察兒）以及不里合拔都兒等。他們分別被任命為五部前鋒都元帥、領前鋒總帥、先鋒等職，號稱「五先鋒」。[153]木華黎就是依靠這些屈指可數的將帥，為數不多的軍隊去對付仍然擁有幾十萬大軍的金朝的。

成吉思汗率主力西征，只留下少數軍隊對付金朝，這無異於兩個拳頭打人，違反了集中兵力打擊敵人的作戰原則。對於金朝來說，其軍事壓力已大大減輕了，這正是他們恢復失地的一個大好時機。但金宣宗君臣貪小利而不明大局，竟將金軍主力用於南下侵宋，只用少量軍隊和民間武裝去對付蒙軍，結果又一次鑄成了歷史的大錯。

南宋與金時戰時和，但在宋金關係中，金朝一直處於有利地位。一二〇六年，南宋寧宗開禧二年，金章宗泰和六年，正當蒙古國成立之際，南宋的韓侂冑發動開禧北伐，不久失敗。投降派史彌遠根據金方要求，殺死韓侂冑，將其首級送給金朝，並與金簽訂了「嘉定和議」（一二〇八年）：金宋約為「伯侄之國」，南宋每年向金貢納歲幣三十萬兩、匹。這一和約使金朝避免了兩線作戰。但隨著蒙古侵金戰爭的展開和金軍節節敗退，南宋軍民希望擺脫屈辱的和約。一二一四年七月，南宋政府採納了真德秀的建議，決定不再向金貢納「歲幣」。但當政的史彌遠卻於次年春派使臣向金表示，願意依舊貢納，只是希望「減歲幣如大定例」，[154]即改為每年二十萬，遭到金宣宗拒絕。

金室南遷後，朮虎高琪很快由平章政事進拜尚書右丞相，成為朝中的實權派。他「專固權寵，擅作威福，與高汝礪相唱和。高琪主機務，高汝礪掌利權，附己者用，不附己者斥」。他「止欲以重兵屯駐南京以自固，州郡殘破不復恤也」。「自不兼樞密元帥之後，常欲得兵權，遂力勸宣宗伐宋。置河北不復為意，凡精兵皆置河南，苟且歲月，不肯輒出一卒，以應方面之急。」[155]一二一七年正月，朮虎高琪慫恿金宣宗侵宋以廣疆土，企圖北方損失南方補，通過南下侵宋彌補被蒙古侵占的地域。一二一七年四月，金以南宋不貢納歲幣為由，出兵南侵襄陽。宋守將趙方被迫下令反擊，並請求宋廷下詔伐金。同年六月，南宋頒發了伐金詔書，宋金再次處於戰爭狀態。從此，金與蒙古、西夏、南宋都成為交戰國，金朝處在了三面臨敵的地位。

金朝一些有見識的政治家、軍事家擔心國家的前途，不斷對朝廷的決策提出異議。一二一七年十月，金又準備侵宋，右司諫兼侍御史許古上疏，請先遣使與宋議和，其中說：「今大兵少息，若復南邊無事，則太平不遠矣。」「河南既得息肩，然後經略朔方，則陛下享中興之福，天下賴涵養之慶矣。唯陛下略近功，慮後患，不勝幸甚。」[156]金宣宗本來感到許古言之有理，讓他起草議和牒文，牒文草成交朮虎高琪、高汝礪等宰臣審閱，「宰臣言其有哀祈之意，自示微弱，遂不用。」[157]這年年底，金宣宗命令平章政事胥鼎率兵伐宋，胥鼎從前線上書，提出了六條反對意見，其中說：目前西夏、蒙古雖「無入境之報」，與我國處於休戰狀態，「如聞王師南征，乘隙並至，雖有潼關、大河之險，殆不足恃，則三面受敵者首尾莫救，得無貽後悔乎？」「詔付尚書省，宰臣以為諸軍既進，無復可議，遂寢。」[158]正是在這種情況下，金朝從一二一七年至一二二三年底金宣宗去世，連續進行了七年侵宋戰爭。金哀宗繼位後，才開始糾正這種錯誤決策，於一二二四年六月宣布不再南侵，但為時已經太晚了。

正是在這一階段，金朝的財政經濟也發生了嚴重困難，居民逃亡，戶口銳減。正如《金史》

卷四六〈食貨志〉所說：「宣宗立而南遷，死徙之餘，所在為虛矣。戶口日耗，軍費日急，賦斂繁重，皆仰給於河南，民不堪命，率棄廬田，相繼亡去。」不少地區「不勝調發，相繼逃去，所存者曾無十一」，個別地區甚至「野無居民矣」。金朝的社會經濟已全面崩潰。

金朝的軍隊這時也已完全腐敗。女真的猛安、謀克戶南遷中原後，由於他們各占田地，依靠剝削佃農為生，所任將帥多為豪門膏粱子弟，他們既不能耕，又不能戰，只知「聚飲賭博，習以成風」。正如進士劉炳在給金宣宗的上疏中所說的那樣：「承平日久，人不知兵，將帥非才，既無靖難之謀，又無效死之命。……擇驍果以自隨，委疲懦以臨陣，陣勢稍動，望塵先奔，士卒從而大潰。」[159]《金史・兵志》則說：「及宣宗南遷，糺軍潰去，兵勢益弱，遂盡擁猛安戶之老稚渡河。」「初南渡時，盡以河朔戰兵三十萬，分隸河南行樞密院及帥府，往往蔽匿強壯，驅羸弱使戰，不能取勝。」原來以一百戶到三百戶組成一個謀克，十個謀克組成一個猛安，這時「乃以二十五人為謀克，四謀克為猛安」。每謀克「任戰者止十八人，不足成隊伍，但務存其名而已」。[160]而且金軍多為臨時召集，「故渾源劉祁謂：金之兵制最弊，每有征伐及邊釁，輒下令簽軍，使遠近騷動。民家丁男若皆強壯，或盡取無遺，號泣動乎鄰里，嗟怨盈於道路，驅此使戰，欲其勝敵難矣！」[161]面對著這種國貧兵弱、內外交困的形勢，金宣宗君臣本來已是泥菩薩過江自身難保了，但他們偏偏不自量力，伸出三個拳頭打人，將精兵猛將用於南線戰場，不僅沒有撈到多大便宜，反而損傷了國力軍威，削弱了抵抗蒙古的力量。正如《金史・宣宗紀》贊所說：金宣宗「狃於餘威，牽制群議，南開宋釁，西啟夏侮，兵力既分，功不補患」。[162]從而為木華黎的偏師經營提供了可乘之機。

二、地主武裝朝秦暮楚，大河以北所在紛爭

自從蒙古「兵入中原，金徙都汴，河朔盜起，郡縣守宰委印綬去，民莫能相保」。[163]這是當時北方地主階級所面臨的基本形勢。在開始階段，蒙古軍長驅直入，橫掃中原，來如疾風，去如閃電，所過殘破，「衣冠世族，強者戮，弱者俘」，[164]使北方地主的身家財產受到嚴重威脅。但在幾次南下侵金的戰爭中，蒙軍一向採取的是「秋來春去」、[165]以殺掠為主的政策，攻城不守，旋得旋失，這又為地主武裝的割據提供了機會。後來，「金駕而南，委河朔去，州又自顧不暇」，[166]河北、山東不少「郡縣望風而遁」，[167]「州縣官往往逃奔河南」，[168]金朝的州縣機構日趨瓦解，北方的地主階級普遍產生了一種失落感：「河北諸路，以都城既失，軍戶盡遷，將謂國家舉而棄之。」[169]同時，「群盜蜂起河朔」，[170]農民起義的烽火在山東、河北等地遍地燃燒。楊安兒建國號為大齊，眾至數十萬。楊安兒犧牲後，其妹楊妙真（楊四娘子）繼續堅持鬥爭，後與另一支起義軍領袖李全結婚。儘管後來他們曾歸附南宋，後又投降蒙古，但對北方的地主階級仍然是毫不客氣。另一支起義軍劉二祖的部將彭義斌也聲勢浩大，儘管他後來也投靠南宋，但蒙古軍、金軍和地主武裝都視之為勁敵。面對著外寇入侵，「內盜」交逼的形勢，北方的地主階級不得不紛紛起來尋找「自全之計」或「自圖富貴」，[171]於是有的人率鄉親父老投靠了蒙古，也有的人則「聚眾以自守」[172]組成了地主武裝，也有一些人「聚眾自保，未有定屬」。[173]正如魏初、郝經所說：「有金南渡，河北群雄如牛毛。」[174]「擁兵者萬焉，建侯者萬焉，甲者戈者騎者徒者各萬焉，鳩民者保家者聚而為盜賊者又各萬焉，積粟帛金貝子女以為己有者，斷阡陌占屋宅跨連州郡以為己業者，又各萬焉。」[175]這些成千上萬的地主武裝是北方地主階級自謀出路的產物，在很長時間內

都是群龍無首，人懷顧望；「一僨一興，迭為雄長」。[176]他們以保存自己，發展自己作為最高原則，不少人採取的是有奶便是娘的政策：蒙古至則從蒙古，金人至則從金，宋人至則從宋，有的甚至可以暫時投靠農民軍。總之，誰的力量大就服從誰，就跟誰走，朝秦暮楚，首鼠兩端，既可為楚，也不妨降漢，早已撤掉了敵我是非的界限，它使當時的鬥爭形勢進一步複雜化，因此蒙古與金的戰爭出現了拉鋸狀態。

木華黎受命專征，成吉思汗交給他的任務是「招集豪傑，勘定未下城邑」。[177]不僅「將乞台地區（漢地）和女真領地上已經征服的人民託付給他，讓他保護他們，並盡可能地將尚未歸附的人民征服」。[178]為此，木華黎「建行省於雲、燕，以圖中原」。[179]逐步放棄了過去以殺掠為主的作戰方針，開始注意占領城邑、安集百姓，為經久之計。一二一八年九月，木華黎攻下太原後，即「招民耕稼，為久駐之基」。[180]甚至金方也明顯地感到了這個變化，金晉陽公郭文振向金宣宗上奏說：「河朔受兵有年矣，向皆秋來春去，今已盛暑不回，且不嗜戕殺，恣民耕稼，此殆不可測也。」[181]木華黎將以擄掠奴隸、財物為目標的戰爭轉變為以爭城奪地、入主中原為目標的戰爭，這正是其「不可測」之處。

木華黎「招集豪傑」的做法早在前幾年已初見成效，凡率部或納土歸降者，他都承制授以統軍管民的各種職務，許其世襲，並聽其自辟僚屬。因此，史秉直、史天倪父子，劉伯林、劉黑馬父子當他受命專征時，已成為他的重要依靠力量。這次受命專征，他進一步注意招集「河朔豪傑」，「欲借之以成包舉之勢。」[182]從而使他的偏師經營增加了一個人多勢眾的同盟軍。

與此同時，金朝也逐步注意到了北方地主武裝的重要作用。從一二一五年起，同知太原府事古里甲石倫就「奏請招集義軍，設置長校，各立等差」。[183]分別授給地主武裝頭目以總領提控、都統、副統、萬戶、千戶、謀克等官號。同年，胥鼎也在所將「義軍」中置「總領義軍使副及彈壓」，[184]企圖用封官授職的辦法控制地主武裝。一二一九年三月、四月間，金政府正式頒發詔書：河東、河北「州縣官止令土著推其所愛者充，朝廷已授者，別議任使」。[185]一二二〇年二月，又進而封建河朔「九公」，即滄海公王福，河間公肥移剌眾家奴，恆山公武仙，高陽公張甫，易水公靖安民，晉陽公郭文振，平陽公胡天作，上黨公完顏開，東營公燕寧。「同時九府，財富兵強。」[186]允許他們「總帥本路兵馬，署置官吏，征斂賦稅，賞罰號令，得以便宜行之。」「除已劃定所管州縣外，如能收復鄰近州縣者，亦聽管屬。」[187]

蒙古和金政權對北方漢人地主武裝的招納政策，加速了北方地主階級的分化，引起了大河以北長達十來年的紛爭。在這一階段內，北部中國所進行的戰爭，雖然實質上還是蒙古和金朝的鬥爭，但具體進行戰爭的雙方大都是漢族的地主武裝，蒙古和女真政權不過是他們各自的主子，是他們背後的操縱者而已。他們拚死爭奪的目的，無非是希望自己投靠的那個政權能夠獲得勝利，自己也能從中撈到榮華富貴。而在戰爭中遭到屠殺和損害的，卻大都是各族的勞動人民。

正是在這種情況下，中都路安肅州苗道潤由河北「義軍」隊長被金朝升任為宣武將軍、同知順天軍節度使事，後又升任為中都經略使。張柔則以「力農」出身，被苗道潤提拔為昭毅大將軍，遙領永（定）軍節度使，兼雄州管內觀察使，權元帥府都監，行元帥府事。成吉思汗將主力撤回蒙古草原後，苗道潤乘機爭城奪地，「前後撫定五十餘城。」[188]而河北東路景州張開則收「復河間府、滄、獻等州並屬縣十有三」，又「復清州等十有一城」。[189]王福、移剌眾家奴、張甫、張進等也在各地攻占了不少州縣。河北西路威州武仙則控制了中山、真定府，沃、冀、威、鎮定、平定等州，抱犢寨、欒城、南宮縣等地。它為木華黎經略中原設置了不少障礙。

一二一八年六月，因地主武裝頭目爭權奪利，苗道潤被其副手賈瑀殺死。張柔「誓眾為之復仇」。八月，蒙古兵「出紫荊口，柔率所部逆戰於狼牙嶺，馬蹶被執，遂以眾降」。「柔招集部曲下雄、易、安、保諸州，攻破賈瑀於孔山，誅瑀」，「盡有其眾，徙治滿城。」後又與武仙反覆爭戰，先後攻占了完州、郎山、祁陽、曲陽、中山、鼓城等地，「深、冀以北，真定以東三十餘城，緣山反側鹿兒、野狸等寨，相繼降附。」「辟地千餘里」，[190]「威名震河朔。」[191]後來，張柔、史天倪又在蒙軍的配合下，不斷向武仙發動進攻，兵臨真定城下，武仙被迫於一二二〇年八月投降了蒙古。木華黎以史天倪為河北西路兵馬都元帥行帥府事，武仙副之。河北地區的張開、移刺眾家奴也相繼被打敗，只有張甫、張進據守的信安還保留在附金地主武裝手中。

一二一八年秋，木華黎自西京攻占太原、平陽等地及忻、代等州。附金地主武裝郭文振、胡天作、張開與蒙軍展開了對太原、平陽、河中等地的激烈爭奪。郭文振、趙益等五次爭奪太原，都沒有成功。相反，蒙軍利用投降的地主武裝爭奪河東北路的堡寨卻取得了節節勝利。汾州平遙梁瑛、孟州四蹄寨寨主劉某投降後，都為蒙古出了不少力。一二二二年八月，蒙軍攻陷榆次重原寨，趙益自殺。[192]同時派兵招捕各州寨柵，「三數年中，莫不弭耳聽約束。」[193]

胡天作，管州人，「初以鄉兵守禦本州」，因功升為州刺史，後封平陽公。一二一九年春，胡天作「復取平陽」，「守平陽凡四年，屢有功。」[194]與此同時，絳州曲沃的靳和卻率「義兵」三千投附了蒙古。木華黎南征，命靳和留守曲沃。胡天作與靳和反覆爭戰，一度處於相持狀態。一二二二年七月，木華黎再次自雲中南下，進攻胡天作據守的青龍堡。堡中「兵民皆潰」，眾執胡天作出降，不久被殺。附金地主武裝受到沉重打擊。

木華黎乘勝下滎州，汾東諸堡邑從風歸附。不久攻克河中府，附金地主武裝侯小叔退保樂李山寨。木華黎調葭州留守石天應駐守河中，任命他為權河東南北路陝右關西行台，平陽李守忠、太原攸哈剌拔都、隰州田雄並受節制，其地位與河北史天倪不相上下。[195]一二二三年正月，侯小叔以寨兵十餘萬夜襲河中，石天應倉促應戰，被殺。不久，蒙古騎兵又攻破河中，侯小叔戰死。

山東地區是反金農民軍紅襖軍的活動區域。由於金軍的血腥鎮壓，紅襖軍首領李全等於一二一八年初歸附南宋，被任命為京東路兵馬副都總管。[196]一二一九年，地主武裝頭目張林、嚴實相繼投降李全，「青齊之地，幾半為宋有。」[197]李全成為左右山東局勢，同金和蒙古並列的強大勢力。為了完成對山東的占領，木華黎於一二二〇年下半年進軍山東，開始與李全爭奪對山東的控制權。

這年九月，嚴實因「宋不足恃」，「謁太師木華黎於軍門，挈所部彰德、大名、磁、洺、恩、博、滑、濬等州戶三十萬來歸，木華黎承制拜實金紫光祿大夫、行尚書省事。」[198]當時嚴實「據上流之便，勁鋒之選，威望之著，隱若敵國。人心所以為楚為漢者，皆倚之以為重」。[199]他的投降，使蒙古不戰而取得了大片領土，木華黎攻略山東的力量大大加強了。不久，木華黎在黃陵岡大敗金軍二十萬眾，進陷楚丘，包圍東平。「金守將和立剛棄城遁，實入居之。」[200]從此，東平嚴實成為蒙古在山東的一支重要依靠力量。一二二一年，張林與李全發生摩擦，張林棄益都降蒙古。

在降蒙、附金的各支地主武裝的爭戰中，附金的地主武裝基本上是各自為戰，既沒有金軍主力的有力支持，又缺乏彼此之間的通力合作。正如郭文振所說：「公府雖號分封，力實單弱，且不相統攝，所在被兵。」[201]而且內部不斷出現矛盾衝突，乃至自相殘殺。與此相反，降蒙的地主武裝，在關鍵時刻往往能得到木華黎所率主力軍的有效支援。木華黎統帥的蒙古、契丹、女真軍和漢人的地主武裝，注意採用漢族地區的傳統政策，任用一些漢族地主階級知識分子從事經濟的恢復和維護社會的安定，從而不斷取得勝利。經過幾年爭戰，黃河以北的大部分城鎮又被他們相繼奪取了。一二二一年四月，金朝使者烏古孫仲端奉國書到西征前線去向成吉思汗求和，以「稱帝為兄」為求和條件。成吉思汗不願與屢吃敗仗的金帝稱兄道弟，拒絕了金朝的要求。一二二二年秋，金帝又派同一使者赴西域求和，成吉思汗說：「我向欲汝主授我河朔地，令汝主為河南王，彼此罷兵，汝主不從。今木華黎已盡取之，乃始來請耶？」金使乞哀，成吉思汗說：「念汝遠來，河朔既為我所有，關西數城未下者，其割付我。令汝主為河南王，勿復違也。」[202]金朝的使者掃興而歸，這次議和又以失敗告終。

一二二二年底，木華黎「遣按赤將兵三千斷潼關，遂西擊鳳翔」，開始了爭奪關西的戰爭。但鳳翔「月餘不下」，木華黎「謂諸將曰：『吾奉命專征，不數年取遼西、遼東、山東、河北，不勞余力，前攻天平、延安，今攻鳳翔皆不下，豈吾命將盡耶！』」[203]一二二三年三月，木華黎從鳳翔回軍，渡河至聞喜縣，得了重病，對其弟帶孫說：「我為國家助成大業，擐甲執銳垂四十年，東征西討，無復遺恨，第恨汴京未下耳！汝其勉之。」[204]在木華黎去世之前，蒙古對中原地區的占領已開始穩定下來了，這確實是蒙古政權的一個「大業」。但唯一令木華黎遺憾的是，他未能親自攻下汴京。它說明，這時蒙軍的奮鬥目標已是滅亡金朝、統治中原，這也反映了木華黎所依靠的漢族地主階級的共同願望。

三、孛魯繼承父志，掃平河北、山東

木華黎死後，蒙古的伐金戰爭遇到了重重困難。當時，朮虎高琪早已因罪被殺，金中央政府加強了對蒙軍的攻勢。就在木華黎去世的一二二三年三月，金「以完顏伯嘉權參知政事，行尚書省於河中府」。[205]同年四月，「設京兆南山安撫司。」並下令擴軍。五月，「復河中府及榮州，遣人持檄招前恆山公武仙。」「權平陽公史詠復霍州及洪洞縣。」同時，「以檄招東平嚴實。」六月，又「議遣人招李全、嚴實、張林」。[206]在加強軍事進攻的同時，又展開了政治誘降活動，加強了政治攻勢。

一二二三年底，金宣宗病死，金哀宗完顏守緒繼位。第二年改元「正大」，著手改組中央政府，改變了宣宗晚年的政策。這年三月，丞相高汝礪死，比較有見識的胥鼎、張行信等相繼被召入政府，擔任副丞相。「以延安帥臣完顏合達戰禦有功，授金虎符，權參知政事，行尚書省於京兆，兼統河東兩路。」[207]一二二四年六月，「榜諭宋界軍民更不南伐。」十月，「夏國遣使來修好。」一二二五年，金夏議和。從此，金朝擺脫了三面受敵的被動局面，開始將主要力量集中在陝西、西河地區，用來對付蒙古。

金朝政策的變化很快引起了戰場形勢的突變。首先在河北地區出現了武仙叛變。「仙與史天倪俱治真定且六年，積不相能，懼天倪圖己，嘗欲南走。宣宗聞之，詔樞密院牒招之，仙得牒大喜，正大二年（一二二五），仙賊殺史天倪，復以真定來降。」[208]一時「河朔諸郡，十九俱叛」，「南北裂分，危疑翻覆，勢不容喘」，[209]引起巨大震動和反響。其次，在山東地區，「李全陷益都，執元帥張琳（林）送楚州。」[210]彭義斌也支持反金抗蒙，東平嚴實還曾一度投降彭義斌。在河東（今山西）地區，附金地主武裝也曾一度活躍。一二二七年二月，金紇石烈牙吾塔復取平陽，擒蒙古河東南路兵馬元帥兼知平陽府事李守忠，並一度攻陷青龍堡。同年五月，太原也曾一度為武仙所據：「奸人夜獻太原東門於武仙，仙引兵入。」[211]蒙古守將攸哈剌拔都陣亡。蒙古失地折將，木華黎的幾年經營幾乎一朝全休。

這時，木華黎之子孛魯繼承父志，率領蒙軍、契丹、女真軍及漢族地主武裝展開了與金軍及附金勢力的激烈鬥爭。《元史·孛魯傳》說：「孛魯，沉毅魁傑，寬厚愛人，通諸國語，善騎射，年二十七，入朝行在所。」[212]他曾兩次去西征前線朝見成吉思汗，接受了攻夏滅金的重要使命。武仙叛變後，河北地區的降蒙地主武裝尚有一些人堅持鬥爭，如董俊「乃心太廟，夷險一節」，[213]拒不與武仙合作。「史氏之人與屬縣旁近豪傑納天倪之弟天澤為主帥攻仙」，[214]從而為孛魯的反攻打下了一個良好的基礎。於是孛魯「命天倪弟天澤代領帥府事」，[215]並命肖乃台率蒙古精甲三千火速赴援，「與天澤合兵進圍中山」，打敗了武仙的幹將葛鐵槍，「克中山，取無極，拔趙州。」[216]武仙放棄真定逃往汴京。

這時，投靠了南宋的起義領袖彭義斌已奪取東平，嚴實已被迫投降。一二二五年七月，彭義斌與嚴實合軍救援武仙，奪取真定。孛魯派孛里海率兵對付彭義斌。嚴實馬上反戈相向，「急赴孛里海軍與之合，遂與義斌戰」，[217]彭義斌戰敗被俘，不屈而死。

河北地區平定後，孛魯立即移軍山東。一二二五年九月，「郡王帶孫率兵圍全於益都。冬十二月，孛魯引兵入齊，先遣李喜孫招諭全，全欲降，部將田世榮等不從，殺喜孫。」第二年三月，李全企圖突圍逃走，被蒙軍截擊，「大敗之，斬首七千餘級。」「夏四月，城中食盡，全降」。[218]蒙軍諸將認為，李全「勢窮出降，非心服也，今若不誅，後必為患」。孛魯說：「不然，誅一人易耳。山東未降者尚多，全素得人心，殺之不足以立威，徒失民望。」[219]於是孛魯「乃以全為山東淮南楚州行省，鄭衍德、田世榮副之，郡縣聞風款附，山東悉平」。[220]從此，蒙軍才完成了對山東全境的占領。

當金軍攻克平陽、太原時，蒙軍正集中兵力進攻西夏。不久，西夏滅亡，金朝大受震動。

降蒙地主武裝乘機反攻，附金地主武裝分崩離析。當時，金晉陽公郭文振徙居於衛州，「然亦不可以為軍」；[221]平陽公史詠徙居解州；上黨公張開也處境不妙。他們互相之間仍不合作，「郭文振處開西北，當兵之沖，民貧地瘠，開又不奉命以糧賑文振軍。文振窮竄，開勢愈孤，以至於敗。」[222]「正大間，潞州不守，開居南京，部曲離散，名為舊公，與匹夫無異。」[223]正是在這種形勢下，降蒙地主武裝很快又奪取了太原、平陽等地，並占領了上黨地區。河中府在幾年以後也被蒙軍攻拔，河東全境最後被平定。

一二二七年八月，成吉思汗在征伐西夏的戰爭中死去，臨死前對左右說：「金精兵在潼關，南據連山，北限大河，難以遽破。若假道於宋，宋、金世仇，必能許我，則下兵唐、鄧，直搗大梁。金急，必徵兵潼關。然以數萬之眾，千里赴援，人馬疲弊，雖至弗能戰，破之必矣。」[224]成吉思汗因以主力進行西征，臨死前沒有滅掉金國。但木華黎父子經略十年，已經占領了金朝黃河以北的廣大地區，為蒙古滅金打下了良好基礎。而成吉思汗留下的作戰方略卻成為以後窩闊台滅金的指導方針，歷史證明這一方針是十分英明、正確的。因此，應該承認，摧垮金朝，統一北方，這是成吉思汗對中國歷史的一個重大貢獻。

註釋

1 靖州：《元史》作淨州，治所在天山，今內蒙古四子王旗西北城卜子村。

2、3《金史》卷一三〈衛紹王本紀〉。原名「允濟」，因避章宗父名，改為「永濟」。

4、5《元史》卷一〈太祖紀〉。

6《多桑蒙古史》上冊，頁六七。

7、9《蒙韃備錄．征伐》。

8《蒙韃備錄．國號年號》。

10 俄陸軍中將伊瓦：《帖木真用兵論》。

11、12 李心傳：《建炎以來朝野雜記》乙集卷一九〈韃靼款塞〉。

13《蒙兀兒史記》卷三〈成吉思汗本紀下〉。

14《馬克思恩格斯選集》卷四，頁一六〇。

15《多桑蒙古史》上冊。

16《金史》卷一八〈哀宗紀下〉。

17《蒙韃備錄．征伐》。

18《元史》卷一五〇〈耶律阿海傳〉。

19《金史》卷一三〈衛紹王本紀〉。

20《史集》（漢譯本），第一卷第二分冊，頁二二六—二二七。

21《史集》（漢譯本），第一卷第二分冊，頁二二八頁。塔勒湖即達賴諾爾湖。

22《蒙兀兒史記》卷三〈成吉思汗本紀第二〉。

23《元史譯文證補》卷一上。

24、25《金史》卷一三〈衛紹王本紀〉。

26《一統志》作「沙城」。在鑲黃旗牧廠西北二十里，舊興和城北十里。

27、28《金史》卷九三〈獨吉思忠傳〉。

29、30《史集》（漢譯本），第一卷第二分冊，頁二二九。

31《史集》（漢譯本），第一卷第二分冊，頁二二九—二三〇。

32《蒙韃備錄．征伐》。

33、37《史集》（漢譯本），第一卷第二分冊，頁二三〇。

34、38《聖武親征錄》。

35《元史》卷一五〇〈石抹明安傳〉。

36、41《史集》（漢譯本），第一卷第二分冊，頁二三一。

39、40《元史》卷一一九〈木華黎傳〉。

42《新譯簡注蒙古秘史》續集卷一，頁二八七。宣德府即今河北宣化市。

43《史集》（漢譯本），第一卷第二分冊，頁二三一。

44《蒙古秘史》校勘本，第二四七節。

45《新譯簡注蒙古秘史》續集卷一，頁二八七。「龍虎台」在南口、北口之間，昌平西二十里。

46《金史》卷一三〈衛紹王本紀〉。

47《宋史紀事本末》卷八五〈蒙古侵金〉。

48、49、50、52《金史》卷九九〈徒單鎰傳〉。

51《聖武親征錄》。

53《新譯簡注蒙古秘史》續集卷一，頁二八七。

54、55《元史》卷一〈太祖紀〉。

56、57《元史》卷一五〇〈石抹明安傳〉。

58《元史》卷一四九〈郭寶玉傳〉。

59《元史》卷一〈太祖紀〉。

60《元史》卷一四九〈劉伯林傳〉。

61《元史》卷一四九〈移剌捏兒傳〉。

62、63《元史》卷一四九〈耶律留哥傳〉。

64《金史》卷一三〈衛紹王本紀〉。

65、66、67、68、69、72《金史》卷一三二〈逆臣紇石烈執中傳〉。

70《元史・太祖紀》作「可忒、薄刹」。

71《聖武親征錄》。

73、74、75《金史》卷一三二〈逆臣紇石烈執中傳〉。

76《金史・宣宗紀》作「乙里只扎八」。

77《史集》（漢譯本），第一卷第二分冊，頁二三三。

78、79、80、81、82、83、84、85《金史》卷一〇六〈朮虎高琪傳〉。

86、87《元史》卷一〈太祖紀〉。

88、90《史集》（漢譯本），第一卷第二分冊，頁二三三、二三四。

89 哈撒必：指各省的州中心。

91《建炎以來朝野雜記》乙集卷一九〈韃靼款塞〉。

92 劉因：《靜修文集》卷一七〈孝子田君墓表〉、〈武遂楊翁遺事〉。

93《元史》卷一四七〈史天倪傳〉。

94、98《元史》卷一〈太祖紀〉。

95、96《蒙兀兒史記》卷三〈成吉思可汗本紀下〉。

97《聖武親征錄》。

99《史集》（漢譯本），第一卷第二分冊，頁二三六。

100《金史》卷一四〈宣宗紀上〉。

101《蒙古秘史》作「莫州」，《蒙兀兒史記》作「撫州獾兒嘴」。當從《親征錄》，「甘州」乃「野麻池」之誤。

102《新譯簡注蒙古秘史》續集卷一，頁二八八。

103《宋史紀事本末》卷八五〈蒙古侵金〉。

104《金史》卷九九〈徒單鎰傳〉。

105、106《金史》卷一四〈宣宗紀上〉。

107、109《蒙兀兒史記》卷三〈成吉思可汗本紀下〉。

108《史集》（漢譯本），第一卷第二分冊，頁二三六。

110《史集》（漢譯本），第一卷第二分冊，頁二三七。《蒙兀兒史記》說「塔塔兒」為斫答一員裨將。

111、112《史集》（漢譯本），第一卷第二分冊，頁二三七。

113《元史》卷一〈太祖紀〉。「魚兒泊」：今內蒙古昭烏達盟達里泊。

114、115畢沅撰：《續資治通鑑》卷一六〇，宋寧宗嘉定七年，頁四三三四，北京：中華書局。

116《宋史紀事本末》卷八五〈蒙古侵金〉。

117、118《元史》卷一五〇〈石抹明安傳〉。

119北京：今遼寧寧城縣西北大明城。

120、121、123《元史》卷一一九〈木華黎傳〉。

122、124《元史》卷一〈太祖紀〉。

125《金史》卷一四〈宣宗紀上〉。

126、127《史集》（漢譯本），第一卷第二分冊，頁二三八。

128、129、130《金史》卷一〇一〈完顏承暉傳〉。

131、132、136《金史》卷一〇一〈完顏承暉傳〉。

133塔合兒：指向居民徵收的供給駐防軍的丁稅。

134《親征錄》作元帥李英和檢點慶壽。

135《史集》（漢譯本），第一卷第二分冊，頁二三八—二三九。

137、139、140《金史》卷一〇一〈李英傳〉。

138、145《史集》（漢譯本），第一卷第二分冊，頁二三九。

141、142、143《金史》卷一〇一〈完顏承暉傳〉。

144《金史》卷一〇一〈抹撚盡忠傳〉。

146、149、150《元史》卷一〈太祖紀〉。

147、148《史集》（漢譯本），第一卷第二分冊，頁二四〇。

151、153《史集》（漢譯本），第一卷第二分冊，頁二四六。

152蒙可—哈勒札：《秘史》第二〇二節作蒙可和哈勒札。《親征錄》作木哥漢札。《元史·太宗紀》作蒙古寒札。

154《金史》卷六二〈交聘表〉下，宣宗貞祐三年三月。

155《金史》卷一〇六〈朮虎高琪傳〉。

156、157《金史》卷一〇九〈許古傳〉。

158《金史》卷一〇八〈胥鼎傳〉。

159《金史》卷一〇六〈劉炳傳〉。

160、161《金史》卷四四〈兵志〉。

162《金史》卷一六〈宣宗紀下〉。

163 張起岩：〈耿福先世墓碑〉，《畿輔道志》卷一六九。
164 黃溍：〈傳進墓誌銘〉，《金華黃先生文集》卷三八。
165 《金史》卷一〇八〈胥鼎傳〉。
166 王惲：〈史忠行狀〉，《秋澗先生大全文集》卷四七。
167 《金史》卷一二一〈忠義傳一．和速嘉安禮傳〉。
168、169 《金史》卷一〇九〈許古傳〉。
170 王惲：〈賈德行狀〉，《秋澗先生大全文集》卷四七。
171 黃溍：〈傳進墓誌銘〉，《金華黃先生文集》卷三八；姚燧：〈王興秀神道碑〉，《牧庵集》卷二一。
172 劉因：〈段直墓碑銘〉，《靜修先生文集》卷一六。
173 《金史》卷一〇〇〈完顏伯嘉傳〉。
174 魏初：〈重修北嶽露臺記〉，《青崖集》卷三。
175 郝經：〈萬卷樓記〉，《郝文忠公文集》卷二五。
176 郝經：〈賈輔神道碑〉，《郝文忠公文集》卷三五。
177 《元史》卷一四七〈史樞傳〉。
178 《史集》（漢譯本），第一卷第二分冊，頁二四七。
179 《元史》卷一一九〈木華黎傳〉。
180、183 《金史》卷一一一〈古里甲石倫傳〉。
181、184 《金史》卷一〇八〈胥鼎傳〉。
182 蘇天爵：〈鄭澧神道碑〉，《滋溪文稿》卷二〇。
185 《金史》卷一五〈宣宗紀中〉。
186 《金史》卷一一八〈武仙傳〉。
187 元好問：〈嚴實神道碑〉，《遺山先生文集》卷二六。
188 《金史》卷一一八〈苗道潤傳〉。
189 《金史》卷一五〈宣宗紀中〉；卷一一八〈張開傳〉。
190 《元史》卷一四七〈張柔傳〉。
191 王鶚：〈張柔墓誌〉，《元朝名臣事略》卷六〈萬戶張忠武王〉引。
192 《金史》卷一二二〈趙益傳〉。
193 李治：〈聶珪神道碑〉，《山右石刻叢編》卷二八。
194 《金史》卷一一八〈胡天作傳〉。
195 《元史》卷一四九〈石天應傳〉。
196 《宋會要輯稿》兵一七。
197 《大金國志》卷二五。
198、200 《元史》卷一四八〈嚴實傳〉。
199 元好問：〈嚴實神道碑〉，《遺山先生文集》卷二六。
201 《金史》卷一一八〈郭文振傳〉。
202 《元史》卷一〈太祖紀〉。
203、204 《元史》卷一一九〈木華黎傳〉。
205、206 《金史》卷一六〈宣宗紀下〉。
207 《金史》卷一七〈哀宗紀上〉。
208 《金史》卷一一八〈武仙傳〉。

209 李治：〈董俊神道碑〉、〈趙振玉神道碑〉，《畿輔通志》卷一七一、卷一七四。

210、212、215、218、219、220《元史》卷一一九〈孛魯傳〉。

211《元史》卷一九三〈攸哈剌拔都傳〉。

213 李治：〈董俊神道碑〉，《畿輔通志》卷一七一。

214《元史》卷一五三〈王守道傳〉。

216《元史》卷一二〇〈肖乃台傳〉。

217《元史》卷一四八〈嚴實傳〉。

221《金史》卷一一八〈郭文振傳〉。

222、223《金史》卷一一八〈張開傳〉。

224《元史》卷一〈太祖紀〉。

第六章　西征

如何看待成吉思汗西征，古今中外一直有不少爭議。描寫成吉思汗不寫西征，則等於是有意回避矛盾，也抹煞了這個歷史人物的主要特點。花剌子模邊將殺人越貨，確實是成吉思汗西征的導火線，這是一個不容爭辯的歷史事實！同時也必須承認，掠奪奴隸和財物，的確是成吉思汗西征的主要目的。這是當時東西方經濟文化交融與碰撞所導致的一場歷史的悲劇，但將西征看做「黃禍」，借此攻擊中國人與東方人野蠻好戰，則違背了基本的歷史事實和階級分析的基本方法。

西征的序幕——滅西遼

據《史集》記載，當成吉思汗決定西征花剌子模之後，「由於古失魯克（屈出律）在前面，他遂拿他開刀，派遣軍隊殲滅了他。」[1]

《世界征服者史》也說：「因為他軍隊追捕的兩個逃犯屈出律和脫黑脫罕（脫脫）尚擋住他的去路，所以他首先派兵去掃除他們的禍害和騷亂。」[2]因此，成吉思汗派兵滅西遼，不僅是為了殲滅殘敵屈出律，而且是為了掃清西征路上的絆腳石，它正是成吉思汗七年西征的一個序曲。

乃蠻部太陽汗的兒子屈出律在也兒的石河被打敗以後，惶惶如喪家之犬，狼狽逃竄。「他奔往別失八里，從那裡抵達苦叉，[3]在苦叉山裡東遊西蕩，既無糧食又乏給養，而跟隨他的那些人已作鳥獸散。」[4]屈出律幾乎陷入了絕境。從一二〇四年至一二〇八年，他在別失八里、苦叉一帶流亡了四年，後來他聽說，在西方有一個哈刺契丹國（西遼），國王是遼朝的後裔，人稱古兒汗（菊兒汗，直魯古汗）。於是屈出律想去投奔古兒汗，碰一碰運氣。

一二〇八年的一天，屈出律和幾個隨從來到西遼的首都虎思斡魯朵。[5]為了避免意外，他讓一個隨從用他的名字去見古兒汗，而他自己卻冒充馬夫坐在門口等待。古兒汗的妻子古兒別速從帳幕中走出，一眼就看出這個馬夫有點來歷，認定他才是真正的屈出律，命令手下人帶他進宮。「古兒別速是古兒汗的長后，她有一個名叫渾忽的女兒當下就愛上了古失魯克（屈出律）。過了三天，這個姑娘就嫁給了他。」[6]渾忽是古兒汗的掌上明珠，她從小嬌生慣養，而且有很大的權力欲。她宣布，她要像契丹族的皇后那樣來打扮自己，而拒絕戴蒙古已嫁婦女所戴的固姑冠。從此屈出律成為西遼古兒汗的駙馬和親信。

當時，「古兒汗是統治突厥斯坦和河中的所有各國和地區，擁有大量軍隊、武裝、人民、侍從的偉大君主」，包括花刺子模王摩訶末（馬合謀）算端[7]的祖先還必須按條約每年向他進貢，並給子孫留下遺囑，「讓他們忠於這一點，永遠不背叛，因為他是（他們的）堅強支柱。」[8]但時隔不久，花刺子模王摩訶末在西方崛起，企圖擺脫西遼的控制；「東方諸侯也造反，尋求成吉思汗庇護。」[9]而西遼國王古兒汗直魯古年老體衰，只顧娛樂遊獵，不理政務。屈出律發現古兒汗的地位搖搖欲墜，有機可乘，於是想把乃蠻軍隊的殘部召集起來，按照舊俗組成一支由自己親自掌握的軍隊，靠這支軍隊和跟他同心的一部分古兒汗軍隊占領古兒汗的國家。出於這種卑鄙的念頭，屈出律對四面楚歌的古兒汗變了心，對古兒汗說：「我離開我的國土和人民已經很久了。

成吉思汗現在正忙於同乞台國作戰。我聽說，我的許多部落和軍隊流落、分散在葉密立、海押立和別失八里境內。當他們聽到我（的音訊）時，便到處聚集起來反抗自己的敵人。如果古兒汗准許我去，我就去將他們召集起來。我要在（古兒汗）患難之時幫助他，只要他活在世上，我將對他竭誠效忠，聽他吩咐，決不違言！」[10]古兒汗心地單純，聽信了屈出律的花言巧語，贈送他許多禮物，並封他為屈出律汗，讓他想法去收集乃蠻部眾。乃蠻的族人從四面八方彙集到屈出律身旁，西遼軍隊中的一些人也暗中與他聯繫，他很快就有了一支人數眾多的軍隊。「他（率領他們）四出襲擊，掠取戰利品，人數逐漸增多，軍隊、武裝不斷加強起來。」[11]於是屈出律反戈相向，以恩為仇，開始向古兒汗進軍，攻打西遼的城邑，將那些城邑奪取到自己手裡。古兒汗年邁體衰，無力抵抗。

後來，屈出律聽到了摩訶末算端向古兒汗進攻的消息，於是主動派人聯繫，雙方使節來往不絕，結成了反對古兒汗的聯盟。「他們做出決定，算端從西面向古兒汗進攻，古失魯克（屈出律）從東面進攻，到中部（將他）消滅。如果算端趕在（古失魯克）前面，則一直到阿力麻里、忽炭和可失哈兒為止的地區將歸算端所有。如果古失魯克趕在算端前面，則這個國家直到別納客忒河（錫爾河）為止（的地區）將全部歸他所有。」[12]結果屈出律先勝後敗，他的士兵大半被俘。他退回自己的領地，著手重整兵力。這時，花剌子模王摩訶末聯合撒麻耳干算端從西面向古兒汗發動了進攻，古兒汗的統將塔陽古戰敗被俘。古兒汗顧此失彼，處於逆境。一二一一年，屈出律「乘古兒汗軍隊分散的時候向他進攻，將他包圍起來」。[13]出其不意地俘獲了古兒汗，奪取了古兒汗的國土和軍隊。古兒汗表示願意向他屈服稱臣。大概是為了緩和西遼人的不滿情緒，屈出律沒有答應。他將古兒汗奉為太上皇，「把他看做父親，表面上尊敬他，名正言順地將古兒汗統治下的突厥斯坦地區和他的王位奪取到自己手中。」[14]從此，契丹族的西遼實際上已經滅亡，乃蠻部的屈出律在可失哈兒（喀什噶爾）、和闐等地，西至錫爾河右岸地區建立起了自己的短期統治。

當他的王業在哈剌契丹的領地上獲得鞏固後，他又開始向西遼原來的附屬國進攻，並對臣民橫施苛政暴斂，進行殘暴的壓迫。

他屢次跟阿力麻里的斡匝兒汗交鋒，企圖迫使阿力麻里向他屈服。最後，他在獵場上擒獲了斡匝兒汗，並將他殺害。

他將古兒汗俘囚的可失哈兒汗從獄中釋放，企圖送他回國做自己的傀儡，結果當地貴族拒不接受，刺殺了可失哈兒汗。「因此，每逢收穫季節，屈出律便派兵去毀壞他們的莊稼，用火把莊稼燒光。三四年來，他們都收不到莊稼，發生大饑饉，百姓為飢餓所困。」人們不得已服從了他的命令，允許他的軍隊進駐城裡。為了嚴格控制這裡的百姓，屈出律在每一戶人家都派一個士兵居住，「他們全都跟居民共聚一堂，同住一屋。處處看得見姦淫燒殺」，[15]給當地人民造成了極大的災難。

在這些事件發生之初，屈出律又娶了一個西遼的少女為妻。「乃蠻人原本大多是基督徒，但這個少女勸屈出律隨她皈依偶像教，放棄他的基督教。」[16]因此在他的統治範圍內，「多神教徒想做什麼就做什麼，沒有人能反抗（他們）。」[17]當屈出律的軍隊占領忽炭地區後，「他強迫那裡的居民放棄穆罕默德教，強迫他們在（如下）兩件事中間進行選擇：或者信奉基督教三位一體說；或者信奉偶像教，改穿漢服。」[18]他想用暴力改變當地人的宗教信仰，不准伊斯蘭教徒和信士們進行禮拜，伊斯蘭教的學院也被封閉和拆毀。他還企圖「利用暴力和政權用證據和道理來揭發（伊斯蘭教）教長。他通過傳令官在城內宣布，要將穿學者和篤信宗教服裝的人全部趕到野外去。按照（這個）命令，忽炭的教長們一下子全部出了（城外）。這些人們的領袖阿剌丁—馬合謀—忽炭亦教長挺身而出，至古失魯克（屈出律）處語言鋒利地道出真理。他們展開了有關宗教的辯論。當時語言越來越響亮，真理壓倒了謊言，學者壓倒了不學無術之徒，阿剌丁教長在同古失魯克爭辯中取得了勝利，——古失魯克目瞪口呆、驚慌失措」。[19]他下令將這位教長抓起來，用各種酷刑拷打他，最後又將他釘死在教堂前的十字架上。當地的伊斯蘭教徒們恨透了屈出律，他們向真主禱告說：「仁愛的主，全知的主，你大發慈悲，把他投入海中直到他淹死。」這個「一意孤行的傢伙，為什麼不倒運呢？」「難道你不能把他逮住嗎？逮住他吧，國家才將得自由。」[20]

好像是祈禱之矢射中了人們心目中的仇敵，當成吉思汗準備進兵花剌子模時，首先於一二一八年派大將者別率領二萬騎兵去攻打屈出律。當時，屈出律已經捉住了阿力麻里的斡匝兒汗，正在攻打阿力麻里。者別軍到來，屈出律立即從阿力麻里撤退，向西逃跑。者別順利地進入西遼都城八剌沙袞。這時屈出律已逃往可失哈兒。蒙軍抵達後尚未交鋒，屈出律又立即逃之夭夭了。者別通過傳令官向當地人宣布：「每個人都可以有自己的信仰，保持自己祖先的（宗教）規矩。」[21]同時又宣布，除搜尋屈出律外，不侵害當地百姓。這一政策受到當地人民的熱烈擁護，他們說：「我們方明白，蒙古人的存在是真正的一種慈悲，神恩的一種仁愛。」[22]他們積極協助蒙古軍隊對付屈出律的士兵，「住在城中穆斯林家的所有他的士卒，如水銀瀉地般剎那間給消滅殆淨。」[23]接著，蒙軍繼續追擊屈出律，他逃到哪兒，蒙古人就追到哪兒。最後，他像一條瘋狗一樣逃入了巴達哈傷邊境，當他走近撒里黑綽般[24]的時候，他迷了路，進入了一個沒有出路的山谷。當時一些巴達哈傷獵人正在附近山中打獵，他們配合蒙古軍隊活捉了屈出律和他的部下，把他們交給了蒙古人。者別下令當即把他殺死，並割下他的腦袋在可失哈兒、忽炭等地傳首示眾。

附近各城相繼降附，從此西遼的部分國土納入了蒙古的統治範疇，成吉思汗西征花剌子模的通道暢通無阻了。

商隊與使者的遭遇

大約在一二一五—一二一六年之間，成吉思汗在中都停留之際，花剌子模的使團曾萬里迢迢來到中都。花剌子模摩訶末從伊斯蘭商人那裡聽說中國無比富庶，又聽說蒙古在東方興起，為了取得真實的情報，於是派遣了這個使團。成吉思汗以友好的態度接待了這批外國使者，明確指出了自己是東方的統治者，而摩訶末則是西方的統治者，並希望雙方保持和平友好的關係，要讓商人自由往來。花剌子模使者也表示希望與大蒙古國友好，並向成吉思汗介紹了花剌子模的情況。

花剌子模位於阿姆河下游，是當時中亞細亞的一個大國。它的領土東北至錫爾河，東南至印度河，北至鹹海、裏海，西北至阿塞拜彊，西臨報達（今巴格達），南濱印度洋，幾乎占有中亞細亞的全部地區。「花剌子模」在波斯語中意為「低平之地」，古代中國人稱其為「火尋」、「貨利習彌」、「火辭彌」等，玄奘《西域記》稱之為「貨利習彌迦」，蒙古人稱其為「撒兒塔兀勒」。「撒兒塔」是商人的意思，「兀勒」人具有伊朗和土耳其混血人的特徵。這個國家商人較多，也經營農業與畜牧業。

花剌子模與康國、安國、曹、石、何、史、戊地等國，合稱為「昭武九姓」。八世紀前期，它被阿拉伯人征服。九世紀後期，阿拉伯帝國瓦解，河中地區的薩曼王朝[25]（八七四—九九九年）

興起，花剌子模臣屬於薩曼王朝。十一世紀初，它又被哥疾寧王朝所征服。十一世紀中期，塞爾柱突厥貴族侵占了花剌子模。十一世紀末，塞爾柱帝國算端任命奴僕出身的突厥族大臣阿努思惕斤的兒子護都不丁摩訶末為花剌子模行政長官，並襲用花剌子模沙的稱號，相當於花剌子模的國王。

一一四一年，西遼進兵河中地區，打敗了塞爾柱算端辛札兒，花剌子模向西遼稱臣納貢，對塞爾柱王朝不再恪守臣職。後來，它又乘塞爾柱帝國衰落之機，進占呼羅珊[26]西部地區，占領了俄羅斯等國與阿富汗、伊朗交界處的大片土地，然後又消滅了塞爾柱王朝的最後一個算端，取而代之，其勢力伸展到西部。伊斯蘭教首領哈里發授給他護都不丁摩訶末「首相」的稱號。

一二〇〇年，新的算端花剌子模沙摩訶末繼位。在西遼的協助下，他打退了統治呼羅珊東部（今阿富汗地區）的古耳人的入侵，奪取了巴里黑、[27]也里[28]等許多重要城市，占領了今阿富汗西部赫拉特、馬札里沙里夫以西的大片土地，並迫使古耳朝算端臣服，力量日益強大起來，成為回教世界最有力量的統治者。一二〇九年，花剌子模拒絕向西遼交納貢品，殺死了西遼的使者，將其屍體拋入阿姆河中，公開宣布了與西遼的決裂。不久，他又聯合撒麻耳干的統治者共同反抗西遼，曾打敗西遼守軍。太陽汗的兒子屈出律正是利用了他們和西遼的矛盾，乘機奪取了西遼的王位。從此，花剌子模和撒麻耳干就不再為西遼所有。花剌子模沙摩訶末襲用塞爾柱王朝「算端辛札兒」的稱號，自比為伊斯蘭教世界的最高統治者。

在花剌子模及其周圍國家，居住著波斯人、阿拉伯人和突厥人、康里人等。波斯人與阿拉伯人主要居住在城市和農業區域，生活比較富裕，經濟文化比較發達。突厥各部人主要在沙地和草原游牧。花剌子模帝國的建立，主要是依靠突厥、康里部族的軍事力量，因此形成了一個有實力的突厥、康里軍事貴族階層，軍權和地方政權大都由突厥、康里人操縱。花剌子模沙摩訶末的母親禿兒罕哈敦（又稱特爾肯、禿兒肯可敦）就出生於康里部落，屬於突厥血統。在摩訶末即位時，她曾把鄰近花剌子模的所有突厥部落與新王合併在一起，從而增強了摩訶末的武力，鞏固了主權。因此，禿兒罕哈敦在國內有很大權勢。摩訶末每侵占一片土地，都要分出一份作為她的私產。禿兒罕對突厥人非常寵愛，因此她在世時，突厥人有權有勢。他們被稱為蠻人，總是十分蠻橫地對待各地居民。無論他們到了哪個地區、哪個國家，總是橫行無忌，把那裡搞得一塌糊塗。禿兒罕哈敦還有自己單獨的宮廷和政府官員，有自己單獨的俸祿和采邑，而且對摩訶末的財政、文武官員的任免，她也要插手過問。她不僅搞了一個國中之國，而且儼然成為花剌子模國家的主宰。她所庇護的突厥、康里貴族成為一個特殊的貴族集團，突厥、康里軍人更是無法無天，使人民深受其害，摩訶末對這支軍隊也指揮不靈，無能為力。

在宗教方面，花剌子模也遇到不少矛盾。摩訶末屬於伊斯蘭教的阿里派，與伊斯蘭教首領哈里發處於對立地位。「哈里發」，阿拉伯語意為「代理人」、「繼承者」，指的是伊斯蘭教的創始人穆罕默德的繼承人。阿拉伯國當時政教合一，哈里發就是阿拉伯國的國王，並有權對其他伊斯蘭教國家發號施令。摩訶末派使者到報達要求哈里發冊封他為算端，並允許他在報達置官監治，遭到哈里發的拒絕。於是摩訶末起兵西向，打敗了支持哈里發的兩個國王，只因大雪所阻，人民反抗，他才被迫撤兵。據說由於這一爭端，埃及的哈里發納昔兒對摩訶末十分不滿，曾派出使者去見成吉思汗，希望成吉思汗幫助自己對付花剌子模人。

開始，成吉思汗並沒有接受哈里發的要求，沒有打算征服花剌子模，而是首先派出一個和平使團對花剌子模進行回訪。這個使團的首腦共有三人，即花剌子模人麻哈茂德，不花剌的阿里－忽羅加，訛答剌的斯斯夫－康客。他們作為成吉思汗的代表，給花剌子模沙摩訶末帶去了大量金銀珠寶和昂貴的紡織品，並向他遞交了一份國書。[29]《多桑蒙古史》記載說：成吉思汗派三人出使花剌子模，「致成吉思汗之辭曰：『我知君勢之強，君國之大。我知君統治大地之一廣土，我深願與君修好。我之視君，猶愛子也。君當知我已征服中國，服屬此國北方之諸突厥民族。君應知我國戰士如蟻之眾，財富如銀礦之豐，實無須覬覦他人領土。所冀彼此臣民之間，得以互市，則為利想正同也。』」[30]

《史集》與《世界征服者史》記載說，成吉思汗這個三人為首的使團是與商隊同時出發的，其國書內容則大同小異，《史集》說：「成吉思汗命馬合木─花剌子迷，阿里─火者─不花里及玉速甫─堅客─訛答剌里擔任使者同那些商人一起（動身），派（他們）去告訴花剌子模沙說：『貴國商人來到我們這裡，（現在）正如你們所聽到的，我們又（將他們）遣回來了。此外，我們還派了一些商人跟著他們到貴國來，想將貴國的珍品和當地（出產的）珍貴織物運到我國來。您的家族的偉大和姓氏的高貴是盡人皆知的！大多數地區上的平民、貴族全都知道（您的）國土的遼闊和您的命令的威力。您是我的愛子和最好的穆斯林。（現在，）當（您）清除了敵人，將同我們鄰接的地區全部占領和征服後，我們兩國就成了鄰國，為了在兩國溝通協作一致的道路，要求（我們拿出）高尚明達（的態度來），擔負起患難相助的義務，將（兩國之間的）道路安全地維護好，避免發生險情，以使因頻繁的貿易往來而關係到世界福利的商人們得以安然通過。當（我們之間建立起）親睦關係以後，就沒有（人）動（壞）念頭了，也沒有（人）支持紛爭和叛亂了！」[31]

這份國書說明，當時成吉思汗還比較看重花剌子模，希望「在兩國溝通協作一致的道路」，「擔負起患難相助的義務」；希望建立親睦關係，保護兩國商人的正常貿易，使兩國「臣民之間，得以互市」，互通有無。但由於當時成吉思汗已經征服了大半個中國，自比為天下之主，老子天下第一的情緒溢於言表。他根本不懂得用什麼獨立平等的原則處理國與國之間的關係，反而認為用父子兄弟叔侄相稱正表示了雙方關係的密切，他稱花剌子模國王為「愛子」，恐怕主要出於這種考慮。當然，其中是否含有讓花剌子模臣服於自己的企圖，也未可知。《多桑蒙古史》認為：「成吉思汗言其視摩訶末如己子者，實欲其稱臣也。亞洲之君主鮮識根據平等獨立原則之政治交際，常用父子兄弟叔侄等稱，以判服屬之等差。」[32]正是這一點觸怒了摩訶末。當時摩訶末剛剛征服了大片領土，也是自以為天下無敵，正準備乘勝前進，繼續向外發展，甚至已計畫向東擴張，征服中國，創建一個世界帝國。兩雄不並立，他哪能容忍成吉思汗如此小視自己，哪能甘心充當別人的臣子呢？於是他對成吉思汗的使團首腦馬合木（麻哈茂德）說：「我之國大，汝所知也。顧乃敢謂我為子！彼虜何物，兵力幾何？」[33]馬合木見花剌子模國王如此惱怒，不想當面與他爭長比短，說：我們的軍隊不多，在裝備上也不能與花剌子模相比，明顯處於劣勢。摩訶末發現蒙古使團的氣焰被打下去了，心裡還比較滿意，最後在其他大臣的勸告下，答應與成吉思汗締結和約。但在第二天夜間，他又單獨召見馬合木，希望馬合木充當自己的間諜，在成吉思汗的宮廷裡活動，並答應給他優厚的報酬。據說馬合木表示同意。由此可見，成吉思汗這次遣使，並沒有增強雙方的友好關係，反而為以後的破裂埋下了禍根。

與此同時，花剌子模與蒙古國開始了商業往來。花剌子模人以經營商業著稱於世，東方的廣闊市場自然是他們心馳神往的地方。當時，蒙古草原雖已統一，但片面的游牧、狩獵經濟，仍不能滿足人們的生活需要，在蒙古草原既缺乏衣物，又缺乏其他許多生活日用品，商人們到蒙古草原去做買賣，很受草原人民歡迎，而西方商人則可以從中謀取幾倍的利益。為了促進西方各國與蒙古的商業往來，成吉思汗在商人來往的大道上設置了守衛（哈剌赤），並特地頒布了一條札撒：「凡進入他的國土內的商人，應一律發給憑照，而值得汗受納的貨物，應連同物主一起遣送給汗。」[34]當時，有三個不花剌商人[35]帶著各種貨物，包括織金料子、棉織品、曾答納赤——即不花剌附近曾答納村生產的彩色印花棉布，向蒙古進發。當他們到達蒙古邊境時，守衛商道的哈剌赤看中了他們的貨物，帶他們去見成吉思汗。他們當場打開了自己的貨物，成吉思汗問貨物的價錢。一個名叫巴勒乞黑的商人以為成吉思汗沒有見過什麼世面，竟漫天要價，把僅僅價值十到二十第納爾的織品，抬高到三個金巴里失，相當於二百五十五個第納爾。這就是說，這位西方商人把價錢提高了十倍、二十倍。成吉思汗對他的吹噓和欺騙十分震怒，說：「這傢伙是否認為我們這兒從前根本沒來過織品？」[36]於是吩咐把收藏在府庫中的所有織品給巴勒乞黑看，下令沒收他的貨物，作為贓物來分配，並且把他拘留起來。然後成吉思汗把另外兩個商人叫來，問他們的貨物是什麼價錢，他們不肯說出價錢，只是說：「我們是奉國王之命送這些織物來的！」[37]「我們把這些織品獻給汗。」[38]成吉思汗聽了很高興，每匹織金料子付給了一個金巴里失，每匹棉織品或彩色印花棉布付給一個銀巴里失。他們的同伴巴勒乞黑也被放回，他的貨物也以同樣的價錢收購，並予以種種安慰。成吉思汗「為了對他們表示更大的尊敬起見，在純白色的氈帳裡接待了他們」。[39]

此後不久，成吉思汗送花剌子模的商人歸國。同時讓后妃、諸王和大臣們各自挑選了兩三名親信，組成了一支四百五十人的商隊，帶著大量金銀巴里失，跟隨花剌子模商人到算端的國家去進行貿易，換取當地的珍品。商隊走到錫爾河畔的訛答剌城，[40]發生了一件意外的事變。訛答剌城的長官是亦納勒術，《史集》寫作「亦納勒出黑」，意為「郡王」，這既是一種爵位，又可以用做人名。《世界征服者史》說他是花剌子模的母后「禿兒罕哈敦的族人」，[41]《史集》也說他是算端的母親「禿兒罕哈敦的親人」，[42]但又說老花剌子模王曾稱他為「吾兒」，認為他可能是摩訶末的異母弟，其突厥名字為牙罕—脫黑迪，意為「大象降生」。[43]他被封為「海兒汗」（哈只兒汗），意即「強大的汗」。成吉思汗的商隊主要由伊斯蘭教徒組成，因為他們懂得花剌子模國伊斯蘭教徒的語言和生活習慣。其中有一個商人，原來是印度人，他從前就認識亦納勒術。亦納勒術按照他們的習慣接待了這個印度人，但這個印度人並沒有對亦納勒術表示應有的尊重。他直呼亦納勒術的名字，並不把亦納勒術當做「海兒汗」對待。同時又在亦納勒術面前誇耀成吉思汗的偉大。亦納勒術對此十分不滿，同時又貪圖商隊的金銀財寶，於是下令拘捕全部商人，派人報告了摩訶末。《史集》說：摩訶末「沒經深思就發出了殺死商人、沒收商人財產的命令」。[44]《世界征服者史》也說：「沒有稍加考慮，算端便同意要他們的命，認為剝奪他們的財貨是合法的。」[45]《多桑蒙古史》則說，海兒汗誣告這些商人是成吉思汗的間諜，「算端命守將監視之」，[46]但海兒汗卻自作主張，殺死了商人，奪取了貨物。

> 「在這個命令下達到（那裡）之前，有一個（商人）（一說是駱駝夫）從牢裡巧妙地逃了出來，跑到一個偏僻的角落裡躲了起來。當他得知自己的同伴死去以後，他馬上來到了成吉思汗那裡，報告了其餘諸人的悲慘遭遇。」[47]

花剌子模邊將這種殺人越貨的敵對行為使成吉思汗忍無可忍。當他聽到這一消息後，無論如何也平靜不下來，悲憤的眼淚奪眶而出，萬丈怒火使他暴跳如雷。他捶胸頓足，面向西方，決心要向花剌子模人討還這筆血債。正是在這種狂怒中，成吉思汗獨自登上一個山頭，摘去帽子，以臉朝地，解帶置於腦後，跪在地上，絕食祈禱了三天三夜，他說：「我不是挑起這次戰亂的肇禍者！請佑助我，賜我以復仇的力量吧！」[48]然後他走下山來，策畫行動，準備戰爭。

因為當時屈出律還占據著西遼，脫脫的幾個兒子還沒有捉拿歸案，因此成吉思汗先後派遣速不台、者別去肅清這兩個敵人，掃除西進的障礙。同時對花剌子模採取了一種先禮後兵的做法，再一次派出使者出使花剌子模，向摩訶末詢問商人被殺的真相，希望他認真追查，引渡罪犯。蒙古的使者見到摩訶末後，向他轉述了成吉思汗的質問：「君前與我約，保證不虐待此國任何商人。今遽違約，枉為一國之主。若訛答剌虐殺商人之事，果非君命，則請以守將付我，聽我懲罰；否則請即備戰。」[49]

面對著成吉思汗進攻的威脅，摩訶末也曾想將海兒汗獻給成吉思汗，但「哈亦兒汗（海兒汗）為算端母之親屬，摩訶末雖欲懲罰，抑執之以獻，勢所不能。蓋諸大將權重，不受算端之制也。」[50]而且他本人並沒有及時制止這一事件，負有不可推卸的責任。為了表示自己不失為一個大國君主，摩訶末乾脆一不做、二不休，殺掉了成吉思汗的正使，剃掉了兩個副使的鬍鬚，然後放他們回國，去見成吉思汗。鬍鬚對伊斯蘭教徒來說，是權利的象徵，甚至他們賭咒時都說「用鬍鬚擔保」。割掉鬍鬚，這對伊斯蘭教徒來說是一種奇恥大辱，這無異於繼續向成吉思汗示威和進行挑戰。把復仇行動當做光榮和勇敢的成吉思汗君臣們，當然不能不聲不響地吞下這顆苦果，不能忍受這種凶惨的殺戮和極大的侮辱。然而，直到這時，成吉思汗還沒有最後下定西征的決心。

花剌子模沙摩訶末趕走成吉思汗的兩個使者後，立即開始整軍備戰。他將伊拉克交給了自己的一個兒子魯克納丁，自己卻從哈馬丹向呼羅珊進軍。經過你沙不兒、不花剌，到了撒麻耳干。然後從那裡帶著大軍到了氈的，從氈的來到突厥斯坦，到了自己的國境線上。「這時，成吉思汗派去反擊乞兒吉思和禿馬惕部，捉拿戰敗逃走後合成一夥的古失魯克（屈出律）和蔑兒乞惕部主忽都的軍隊來到了」，[51]他們與花剌子模沙摩訶末的軍隊在突厥斯坦的邊境一帶遭遇。《世界征服者史》說，這是者別征服西遼的回軍之師；[52]而《史集》則說，這是在速不台和脫忽察兒（脫察哈兒）率領下，去攻打忽都的軍隊。「他們班師時，被算端尾隨上了。」[53]開始，蒙古軍隊避開了戰鬥，並說：「成吉思汗沒有讓我們同算端花剌子模王交戰，我們是為了別的事情來的！」[54]「儘管他們不去挑戰，算端卻不能抑制自己，而一頭栽進那謬誤和幻覺的荒原。既然他不接受警告，他們（蒙軍）便準備戰鬥。雙方都進行攻擊，兩軍的右翼各自擊敗對手。其餘的蒙古軍為這個勝利所鼓舞；他們攻擊算端親自坐守的中路；算端因此險些被俘。這時，札蘭丁（摩訶末之子）打退了進攻者，把他從那危境中救出。」「戰鬥整整持續了一天，直殺到晚禱時刻，此時，因為金烏消失，地面黑如惡人的面孔，地脊暗若井底。」[55]「於是他們鳴金收兵，各返己營安歇。蒙古軍接著回師。他們回見成吉思汗，成吉思汗則考驗了他們的勇力，摸清了算端的兵力強弱，同時也看到，他們之間已無尚未除去的障礙，已無能進行抗拒的敵人，這時，他動員他的軍隊，進攻算端。」[56]《史集》則說：「成吉思汗瞭解到，雙方（的戰事）是不可避免了，也沒有（居間）調停的國王，他遂做了部署和準備，把（自己的）軍隊裝備起來，打算向馬合謀算端的領地發動進攻。」[57]直到這時，成吉思汗才下定了西征花剌子模的決心。

拉施特在《史集》中對成吉思汗西征的原因做了如下概括，他說：「雖然算端是這次戰亂的肇禍人，成吉思汗按照以往的規矩仍不願向他進攻，他盡量採取友好行動，尊重鄰國關係。直到若干行動起自算端，令人悲憤，使人必須採取復仇手段，他才出兵和他作戰。花剌子模王的這些行動為：第一，他沒經深思，輕率地殺害了那些商人們。商人們是（成吉思汗）為了（友好）團結、尋求和平的目的派去的，他們帶著（寫得很）客氣的國書（來到花剌子模王處），但（花剌子模王）根本沒有理會（國書上所寫的）那些話；第二，（他迫使）（成吉思汗）違背（自己的）意志，不得不與他的軍隊作戰。還有，落到古失魯克（屈出律）手中的突厥斯坦領地當古失魯克被成吉思汗軍隊所殺時，被算端全部所占領。」[58]

《元史．太祖紀》在講到成吉思汗西征的原因時，只寫了一句話：「西域殺使者，帝率師親征。」《蒙古秘史》也寫得很簡單，其中說：「其後太祖征回回，為其殺使臣兀忽納等百人。」[59]世界各國多數史學家都認為，花剌子模王摩訶末及其邊將殺死蒙古使者和商隊，是成吉思汗西征的直接原因。但也有少數史學家認為，以上這些史書，無論《史集》也好，《元史》、《蒙古秘史》也罷，都是出自皇家御用文人之手，他們都是站在成吉思汗一邊為成吉思汗辯護，其中一定掩蓋或歪曲了事實真相。沙俄時的中將穆—伊—伊萬寧甚至認為，成吉思汗是奸詐百出的人，他派出的使者和商人都是間諜。而且他預知他們的命運。一旦他們的財物被搶奪，生命被虐殺，他就可以利用他們的親友和蒙古官兵的憤怒，十分順利地向花剌子模宣戰。因此，他在國書中以傲慢的態度稱花剌子模王為愛子，其目的正是為了激怒摩訶末，使他做出一些過分的舉動。但伊萬寧的推測並沒有找到應有的史料根據，至今也只能說是一種主觀臆斷。我認為，拉施特所概括的幾條原因基本上是符合歷史事實的，它並非拉施特有意的編造。

志費尼在《世界征服者史》中對海兒汗和花剌子模沙摩訶末進行了指責，這個指責也不是毫無道理的，他說：「哈只兒汗（海兒汗）執行算端的命令，剝奪這些人的生命和財產，更恰當說，他毀壞和荒廢了整個世界，使全人類失去家園、財產或首領。為他們的每一滴血，將使鮮血流成整整一條烏滸河；為償付他們頭上的每一根頭髮，每個十字路口都要有千萬顆人頭落地；而為每一個的底那（兒），都要付出一千個京塔兒。」[60]「誰要是種下枯苗，誰就決無收穫，可是，誰要是種下仇怨的苗，那大家一致認為，誰就將摘取悔恨的果實。因此，已故的算端，因脾氣暴戾，本性和作風凶殘，落入大難中；到頭來，他的子孫還得飽嘗懲罰的苦楚，他的後人還得經受災痛。」[61]花剌子模殺死蒙古商隊和使者，直接導致了成吉思汗西征，這是一個不可否認的歷史事實。

出師前的爭吵

為向花剌子模討還血債，成吉思汗召集諸子、諸將舉行了忽里台，商討西征事宜。他委託幼弟斡惕赤斤留守蒙古草原，決定親自率領四子和諸將進行遠征。「成吉思汗對諸子及萬戶長、千戶長、百戶長進行了任命和分派」，[62]並「對（自己的）領導規則、律令和古代習慣重新做了規定。」[63]他選擇了年輕的忽蘭妃從軍出征，承擔撫慰軍隊和照顧大汗的任務，其他各位夫人則留在自己的斡耳朵中。也遂妃心事重重，向成吉思汗提出了一條重要建議：

「合罕越高嶺渡大水，
所以出征長行者，
唯思平定諸國矣。
然凡有生之物皆無常也，
若汝似大樹之軀驟傾，

則將似績麻之百姓，
其委之與誰乎？
若汝似柱礎之軀猝傾，
則將似聚會之百姓，
其委之與誰乎？
所生英傑之四子中，
其委之與誰乎？」64

當成吉思汗決定西征時，已年近花甲。也遂妃擔心後嗣未定可能會引起內亂，於是當此臨別之際，公開提出了汗位繼承問題。她說：您有四個英傑的兒子，究竟由誰繼承您的寶座呢？您應該預先定下這件大事，讓諸位子弟、百姓和我們這些賤婢們知道您的旨意。65

成吉思汗覺得也遂妃的考慮很有道理，當場就對諸子、諸弟、諸位萬戶、千戶說：也遂妃雖是婦人，但所言極是。你們諸弟、諸子及博爾朮、木華黎等，不論何人都未曾提出這樣的建議，而我因為不是繼承先祖的汗位，是自己打的天下，也沒有想到確定繼承人的問題。「以未嘗有遭死之事」，因此忽略了這件大事。然後面向朮赤說：「拙赤乃我諸子之長也，汝其云何？試言之。」66

還沒等朮赤開口，第二子察合台就搶先站出來說話了：「父親問拙赤莫不是要委託他。他是蔑兒乞種帶來的，俺如何教他管！」67

察合台生在朮赤之後，關於朮赤的出身血統問題，察合台自然沒有多少發言權。但他居然敢於在確定汗位繼承人的大會上，公開提出這個敏感的問題，它說明在長時間內，不少人對這一問題都有懷疑、有議論，甚至乾脆就認定朮赤是蔑兒乞的後代。這既是有關朮赤的地位與前途的問題，又是有關其生身之母孛兒帖的聲譽問題。因此察合台的話音剛落，朮赤就跳了起來，一把揪住察合台的衣領，怒氣沖沖地說：我從來沒有聽到父汗有什麼異言，父母都沒有對我另眼相看，你憑什麼這樣胡說八道！你有什麼本事，你能戰勝我嗎？你不過性情暴烈、行為專橫略勝一籌罷了。假如比賽射箭，我若敗在你手裡，我就砍斷拇指扔掉；假如進行決鬥，我若敗在你腳下，我就倒在地上不再爬起來。願聽父汗聖旨裁奪。68

朮赤、察合台互相揪著衣領，相持不下。帳下諸將你看著我，我看著你，沒人出聲，不知所措。博爾朮、木華黎身為諸將之首，只好站出來解勸，博爾朮拉開朮赤的手，木華黎拉開察合台的手，但兩人仍然像兩隻好鬥的公雞一樣，掙扎著撲向前去，怒目而視。成吉思汗萬萬沒有想到會發生這場突然的衝突，一時氣得說不出話來，臉色鐵青，默然而坐。察合台的師傅闊闊搠思從東廂的諸將群中走了出來，當眾對察合台進行了嚴肅的批評：你察合台何必這樣性急呢？在諸子當中，你父汗本來就指望著你，當你們還沒有出生時。

「星天旋回焉，
列國相攻焉，
不入寢處而相劫焉。
大地翻轉焉，
普國相攻焉，

不臥其衾而相鬥焉。
當彼之時也，
未嘗思而行之也，
乃所遭之使然焉。
未嘗背而行之也，
乃相戰之使然焉。
未嘗愛而行之也，
乃相殺之使然焉。」[69]

意思是說，你母親不幸被人擄去，她不是有意相思而離家出奔，而是不幸的遭遇所導致的後果；不是偷偷摸摸去私下約會，而是戰爭所造成的無可奈何的事情；不是因為相愛而做的過格舉動，而是互相殘殺所招致的。你怎麼可以如此胡言亂語呢？這如何對得起你慈愛、純潔的母親呢？這豈不令人寒心嗎？難道你們不是一母同胞的兄弟嗎？不是孛兒帖夫人一腹所生的孩子嗎？你怎麼可以責怪你的生身之母，刺激她的感情呢？怎麼可以抱怨自己的母親，指責她終身悔恨的事情呢？[70]

闊闊搠思的一席話使衝突的雙方安靜下來了，於是他繼續說道：當你父親建立這個國家時，你母親同你父親一樣辛苦。他們同生死，共命運，從來沒有左顧右盼，三心二意。他們互相體貼，相依為命，以衣袖為枕，衣襟為巾，涎水為飲，失吉[71]為食。額上的汗流到足底，足底的汗直上額頭。他們在崎嶇不平的道路上並肩前進，你母親同樣經歷了不少艱辛。她緊裹固姑冠，嚴束衣短帶，寧肯自己忍飢挨餓，也要讓你們吃飽穿暖；從你們不會走路時起，一天天將你們養育成人。無非是希望你們成為一個好男子，希望你們不斷上進。「俺聖后之心，如日之明，如海之寬也。」[72]你怎麼可以如此亂說呢？

闊闊搠思的這些話是為孛兒帖夫人所做的一個全面的辯護，這裡無疑包括《蒙古秘史》的作者為了維護「聖后」威望而有意進行的加工潤色。面對著師長語重心長的教誨，察合台縱使心烈如火，也會無言相對；而為孛兒帖辯護，無疑對朮赤有利，因此朮赤自然也會不置一詞。成吉思汗發現矛盾已經緩和了，於是說出了自己的意見：「如何將拙赤那般說，我子中他最長，今後不可如此說。」[73]在這裡，成吉思汗對察合台提出了批評，也等於是公開承認朮赤是自己的親生子。

察合台聽了成吉思汗的話，露出一絲微笑，說：以後我不再說這種話了。朮赤的氣力、技能，也不用爭，用不著和我比試。諸子之中朮赤和我的年齡最大，我們願意一起在父汗前效力，打破那些躲避者的腦袋，砍斷那些落後者的腳跟。窩闊台敦厚，是否可以推舉他，讓他在父汗的近旁，接受繼位者的教育？[74]

成吉思汗面對朮赤問道：朮赤，你看怎麼辦？朮赤說：「察阿歹已說了。俺二人並出氣力，教斡歌歹（窩闊台）承繼者。」[75]

成吉思汗說：「你二人不必並行。天下地面盡闊，教您各守封國。你二人說的言語各要依著，休令人恥笑，如在前阿勒台、忽察兒二人，將自說的言語違了，後如何了來？如今他子孫見在，教隨您每（們）以為鑑戒。」[76]

然後成吉思汗又問窩闊台：「斡歌歹云何？其言之。」窩闊台說：父汗降恩讓我說話，我能說些什麼呢？我能說自己不行嗎？今後盡我的能力去做吧。「久後，我子孫中若生裏以藏草，不得為牛食，裹以脂膏，不得為狗食；麋越其前，鼠應其後，如此不肖者則奈何？所言若是，他何言哉？」[77]意思是說：將來我的子孫中如果出現一些無才無能之輩，裹在草裡牛不食，塗上脂膏狗不理，野獸敢在他面前橫越，老鼠也敢在他後頭穿行，這樣的不肖之輩如何付以重任呢？我最擔心的是這件事，其他還有什麼可說的呢？

成吉思汗說：窩闊台既如此說，就是同意了。又問四子拖雷有什麼意見？拖雷說：「願在父罕指名之我兄之側，言其所忘，警其所睡，為應聲之隨從，為策馬之長鞭，不後其聲諾，不空其序列，願為之長行征進，願為之短兵爭戰焉。」[78]

成吉思汗聽完四個兒子的表態，心裡變得舒服多了，面帶微笑向諸王及諸將說：就這麼辦了。諸王位下也請確定一位繼承人。合撒兒的子孫中報一人，阿勒赤歹的子孫中報一人，斡惕赤斤的子孫中報一人，別勒古台的子孫中報一人，四個弟弟的位子裡，各教一人管著。我的位子裡教一個兒子管著。「若不違我旨意，不撕毀之，則汝等將無過乎！將無失乎！斡歌歹子孫中若生裹以藏草不為牛所食，裹以脂膏不為狗所食者，則我子孫中寧不生一撒因哉？」[79]大家如果不違背我的旨意，不撕毀今天的協議，那你們就可以無過錯、無失誤。窩闊台的子孫中假如真生了那種藏於草中牛不食，裹以脂膏狗不理的不才之輩，難道我的子孫中就不會生出一個英雄嗎？

這場出師前的爭吵暴露了成吉思汗諸子之間的矛盾，也揭示了成吉思汗西征的真正目的。朮赤究竟是不是成吉思汗的親生骨肉，這並不是當時爭論的焦點，當時的關鍵在於究竟由誰繼承汗位。儘管人們對朮赤的出身血統有各種議論，但成吉思汗確實沒有對他另眼相看。朮赤從小隨成吉思汗征伐四方，驍勇善戰，屢立戰功，但性情急躁，缺乏政治才能，因此成吉思汗最後還是確定第三子窩闊台為自己的繼承人，它說明當時蒙古汗位的繼承還不是嫡長子繼承制，而是保留了一些推舉制的痕跡，從諸子的「賢者」中選拔繼位者，這實際上是一種「親中選賢」的制度。另外，這場爭吵還告訴我們，花剌子模殺死蒙古商隊和使者，不過是成吉思汗西征的直接導火線，更主要的或終極的原因卻是：成吉思汗企圖占領更多的領土，以便為自己的後代經營更遼闊、更理想的地盤，同時把內部矛盾引向國外，以促使大家共同對敵。花剌子模等地經濟發達，財豐物阜，花剌子模殺死商隊和使者又使成吉思汗師出有名，因此蒙古與花剌子模的戰爭就不可避免地爆發了。

掃清邊界，中間突破

一二一九年農曆四月，克魯倫河畔成吉思汗的大斡耳朵附近，「車帳如雲，將士如雨，馬牛被野，兵甲赫天，煙火相望，連營萬里。」[80]成吉思汗親率大軍西征花剌子模。五月進軍到乃蠻部故地。當越過金山（阿爾泰山）時，正當盛夏季節。跟隨在成吉思汗左右的耶律楚材如實記下了一路上的奇異景色：金山「山峰飛雪，積冰千尺許」，而山谷卻布滿了奇花異草。「上命斫冰為道以度師」，成吉思汗命令部下鑿冰開道，十多萬騎兵、數十萬匹戰馬，外加運輸的牛車，很快就踏出了一條通路。「金山之泉無慮千百，松檜參天，花草彌谷。從山巔望之，群峰競秀，亂壑爭流，真雄觀也。自金山而西水皆西流，入於西海。」[81]所有這些，對於生活在蒙古大草原和中國內地的人們來說，無異於進入了另一個世界。站在金山上的蒙古騎兵大有居高臨下、勢如破竹之勢。

越過金山後，成吉思汗的大軍「在也兒的石河（額爾濟斯河）沿岸的路上度夏，遣使通知馬合謀（摩訶末）算端道，自己已決定發兵出征，向算端過去的所作所為，如上述殺害商人等事進行報復」。[82]那年六月，成吉思汗起兵南向，「禡旗之際，雨雪三尺，上惡之。」成吉思汗以為是上天示警，心裡打鼓。耶律楚材說：「此克敵之兆也。」[83]認為天降瑞雪，乃是勝利的先兆。於是成吉思汗揮軍上路，「占領一路上的全部地區。」[84]當他們路經海押立、不剌、畏兀兒等地區時，「當地異密們的首領阿兒思蘭汗以奴隸順服之禮來拜見成吉思汗」，「加入蒙古軍隊助戰。」「畏兀兒亦都護從別失八里帶著自己的左右」，「都來為（成吉思汗）效勞。」[85]「不剌之南有陰山」，[86]即今天山西部的婆羅科努山。成吉思汗的近二十萬大軍從此爬上了天山頂峰，「其山之頂有圓池，周圍七八十里許。」[87]碧波蕩漾，別具特色，人稱天池，即今賽里木湖。探馬報告成吉思汗，前面道路不通。成吉思汗下令全軍駐紮在天池周圍，命令二子察合台帶領一支部隊，修橋開路。察合台督促部下，日夜鏖戰，鑿石伐木，架上了四十八座橋樑，如今尚存三十二座橋的遺跡。蒙軍通過一條風景如畫的果子溝，那裡長滿了沙果樹，「樹蔭蓊翳，不露日色。」[88]出山即進入西域的名城阿力麻里。阿力麻里已故首領斡匝兒之子昔格納黑的斤（《史集》作「速黑塔黑別乞」）率領其久經沙場的戰士，也前來與成吉思汗會合。成吉思汗西方的附屬國除西夏之外，都由其國王率軍會師參戰，「因有這些人馬，他的隊伍倍增。」[89]有人說，當時成吉思汗的軍隊已達六十萬，實際上蒙古軍隊只有十多萬，再加上三個小國的從征部隊，也不過二十萬左右。他們號稱六十萬大軍，大概是為了虛張聲勢。

成吉思汗在阿力麻里略做休整，然後率軍渡過伊犁河、楚河，進入西遼的首都虎思斡魯朵（八剌沙袞）。由於以上各地早已被蒙軍征服，除了克服自然條件所造成的困難之外，蒙軍一路上根本遇不到敵人的反抗，因此不到幾個月，他們就行軍萬里，當年秋天就到達了花剌子模邊界。

一、攻克訛答剌

訛答剌在庫車西北五百里，位於錫爾河右岸，阿里斯河注入錫爾河附近。這是歷史上的一座名城，花剌子模的邊疆重鎮。由於「此城渠酋嘗殺大朝使命數人、賈人百數，盡有其財貨。西伐之意始由此耳」。[90]一二一九年農曆九月，蒙古軍隊滿懷著為商隊和使者報仇的決心，鋪天蓋地湧向訛答剌。《世界征服者史》寫道：「他們都是神射手，發矢能擊落太空之鷹，黑夜擲矛能拋出海底之魚；他們視戰鬥之日為新婚之夜，把槍刺看成是美女的親吻。」[91]他們猶如疾風閃電，殺氣騰騰地兵臨訛答剌城下，千萬個營盤立即將訛答剌包圍得水洩不通。

面對著成吉思汗的進攻，花剌子模沙摩訶末早已做出了戰鬥部署，「他決定將數達四十萬左右的騎兵大部分軍隊留在突厥斯坦和河中（撒麻耳干地區），兩萬人留在訛答剌海兒汗處。」[92]幾萬人分別把守邊界各城，十一萬留守新都撒麻耳干，另有十來萬人分別守衛各地重要城市。採取了一個分兵把關，城自為戰的被動防禦戰略。花剌子模沙意識到訛答剌將是蒙軍進攻的首要目標，於是又特別加強了訛答剌的防禦。「算端將大軍交給海兒汗（指揮），又派自己的哈只卜哈剌察（汗）帶著一萬騎兵協助他；他們對城堡與城牆盡量設防加固，還把（全部）軍事裝備集中在（那裡）。」[93]當城內做好一切戰鬥準備後，海兒汗「派出馬步兵駐守城門，他本人則登上城頭；從那裡舉目眺望，一副料想不到的景象使他吃驚得咬手背。原來他看見郊外已變成一片無數雄師勁旅的洶湧海洋，而甲馬的嘶叫，披鎧雄獅的怒吼，鼎沸騷嚷，充塞空間」。「大軍層層包圍城池」，[94]軍營的數目無法計算，刀槍如林望不到盡頭。殺死四百多商人，招來了二十餘萬敵軍，海兒汗開始後悔，有些膽怯了。

但成吉思汗並不想用二十萬大軍進攻一座邊城，當全軍集中後，他立刻分兵四路，分頭前進：第一路由察合台、窩闊台率領，留攻訛答剌城；第二路由朮赤率領向氈的[95]和養吉干[96]進軍；第三路由若干將領率領，向忽氈[97]和別納客忒[98]方向進軍。他們的任務是從左右兩翼攻取錫爾河畔的各個城市，掃蕩花剌子模的邊界。第四路即成吉思汗的中軍，由成吉思汗及其幼子拖雷率領，直指不花剌城。[99]花剌子模的新都撒麻耳干在不花剌以東，舊都玉龍傑赤[100]在不花剌西北。國王駐新都，母后禿兒罕哈敦駐舊都。成吉思汗首戰的目標是攻取訛答剌等邊界城市，自率中軍進攻不花剌，目的在於避實擊虛，從中間突破，切斷花剌子模新舊二都之間的聯繫，「以斷摩訶末與河中之交通，而絕受圍各城之援。」[101]

留攻訛答剌的蒙軍從四面八方攻城，守軍也頑強不屈，一次又一次打退了蒙軍的進攻，雙方在訛答剌廝殺了五個月。最後，訛答剌軍民陷入絕境，援軍將領哈剌察建議海兒汗向蒙古投降，把城市獻給蒙古人，但海兒汗十分清楚，他是這場戰亂的肇禍人，他不能指望蒙古人饒他不死；蒙古人包圍得水洩不通，他也沒有逃生之路。因此他主張竭盡全力繼續戰鬥，不同意締結和約，他說：「倘若我們不忠於我們的主子（指算端），我們如何為自己的變節剖白呢？我們又拿什麼為理由，來規避穆斯林的譴責呢？」[102]

哈剌察見海兒汗不肯投降，也不便深勸。為了保全性命，他當天夜裡就率領本部人馬離開了訛答剌城，企圖溜之大吉。蒙古軍抓住了他，將他帶去見察合台、窩闊台二王。「哈剌札（察）請改事成吉思汗以免死」，[103]察合台、窩闊台對他進行了審訊，從他嘴裡瞭解了城內守軍的情況，然後向哈剌察及其部下宣布：「你們不忠於自己的主子，儘管由於過去的恩惠，他要求你們忠於他。因此，我們也不能指望你們的效忠。」[104]為了維護主奴關係和君臣關係，察合台、窩闊台下令把這批動搖變節的人統統殺掉了。

隨後不久，蒙軍攻下了訛答剌城，城裡的百姓像綿羊一樣全部被趕出城外，蒙古人則大肆劫掠。海兒汗率領兩萬名好漢和勇士退守內堡，決定進行殊死的反抗。他們視死如歸，在互相訣別後，一次衝出五十人，拿身子去拚刀槍。「只要他們有一個人一息尚存，他們就戰鬥不止；所以蒙古軍傷亡慘重。」「戰鬥如此持續了整個一個月，最後僅剩下哈只兒（海兒汗）和另外兩人，但他們仍不斷戰鬥，不願回頭逃跑。蒙古軍攻入內堡，把他們圍在屋頂；但他和他的兩個同伴仍不投降。」[105]察合台、窩闊台下令活捉海兒汗，不要在戰鬥中殺死他。蒙軍將士遵守這一命令，這反倒給海兒汗提供了堅持戰鬥的機會。最後只剩下他一個人了，武器也沒有了。「婦女們從宮牆上把磚頭遞給他；磚頭又用光了，蒙古人圍攏來逮他。他採用很多計策，進行多次攻擊，打倒許多人，終於被擒，給綁個結實，繫上沉重的鐵鏈。」[106]察合台、窩闊台將他送給成吉思汗處理。後來成吉思汗在撒麻耳干郊外的離宮闊克撒萊讓他「飲下死亡之杯，穿上永生之服」[107]——熔化銀液，灌進他的耳朵和眼睛，表示對貪財者的懲罰，為被殺害的商人報仇。

訛答剌的「內堡和城池被夷為平川，然後蒙古人離開。那些刀下餘生的庶民和工匠，蒙古人把他們擄掠而去，或者在軍中服役，或者從事他們的手藝」。[108]從此，這座錫爾河的歷史名城變成了一片廢墟。

二、進攻氈的、養吉干

皇子朮赤是負責進攻氈的和養吉干的蒙軍統帥。《元史・太祖紀》說：「皇子朮赤攻養吉干、八兒真等城。」《世界征服者史》說進攻氈的和養吉干的統帥是「兀魯失亦都」；《史集》則說「兀魯思—亦迪」是朮赤的副手。實際上，「兀魯失亦都」、「兀魯思—亦迪」都是朮赤死後的稱號，意為「兀魯思的主人」。後人為了對他表示尊重，在行文中一般不直呼其名，而使用他死後的稱號。因此不應把「朮赤」與「兀魯失亦都」看做兩個人。

朮赤的軍隊首先來到氈的州內、位於錫爾河畔的速格納黑城。此城又譯作「昔格納黑」，其遺址今名蘇納克庫爾干，在今哈薩克圖門阿魯克郵站以北十八公里處。他派哈散哈只帶一個使團去招諭速格納黑城民。「哈散哈只」又譯「忽辛—哈只」，即在班朱尼湖畔投靠成吉思汗的回回商人阿三。朮赤「想靠他（與居民）相熟、是（他們的）同胞，讓他勸告這一帶居民（不進行抵抗），號召他們投降，讓他們保全生命財產」。[109]但當他前往速格納黑時，他剛剛傳達完自己的使命，還沒有來得及以同胞的身分提出勸告，一些城民就「喧嚷了起來，倉促喊叫著：『安拉萬歲！』殺死了他，認為為國君立了功」。[110]朮赤得知這一消息後，「怒火焚燒，他命士卒從早到晚輪番作戰。軍士奉命連攻七天，襲取了速格納黑城。」[111]「蒙古人為了給一個人復仇關閉了赦免、寬容之門，將所有的人全部殺死。」[112]他們將這個地區交給被殺死的哈散哈只的兒子管轄，讓他去召集仍在窮鄉僻壤的殘存者。

蒙軍從該地繼續前進，攻占了位於錫爾河下游、速格納黑與氈的之間的兩座城市訛跡邗和巴耳赤邗。由於那裡的百姓沒有進行大規模的抵抗，所以蒙軍也沒有實行總屠殺。接著，他們進抵額失納思，[113]「當地軍隊絕大部分由各種流氓組成，他們在作戰時亂衝亂撞，大部分被殺。」[114]

有關這些戰事的消息傳到氈的，摩訶末派去防守那個地區的最高統將忽都魯汗如驚弓之鳥，三十六計走為上策，他乘夜間渡過錫爾河，橫越沙漠地帶，跑到花剌子模舊都玉龍傑赤去了。守將和軍隊的逃走為朮赤和平占領氈的創造了條件，為此他派成帖木兒帶著使團到氈的去招降居民，勸他們停止敵對行動。

「由於氈的城沒有掌大權的首領與長官，每個人各自為政、互不為謀，各自謀求最好的出路。」「百姓們喧譁了起來，向成－帖木兒進行攻擊。」[115]成帖木兒預感到情況不妙，立即發表了一篇機智、巧妙、溫和及安撫的講話，其中講到不久前發生的速格納黑事件以及那些謀害哈散哈只者的下場，從而緩和了他們的情緒；接著與他們訂立條約，申明不讓異軍來干擾氈的。城民對他的講話和條約表示滿意，沒有傷害他。成帖木兒離開氈的，向朮赤報告了他親眼看到的情況。他認為氈的群龍無首，當地的百姓軟弱無能，意見分歧，情緒不穩，攻占這個城市可以不費吹灰之力。

一二二〇年四月二十一日，朮赤兵臨氈的城下。將士們迅速填塞城壕，架設撞城器、投石機和雲梯。「城內的居民，除緊閉城門，像節日的觀眾那樣坐在城頭和城垛上外，沒有做戰鬥準備。因為大部分市民從來沒有戰爭經驗，他們對蒙古人的活動感到驚訝，說：『城牆上頭怎麼能爬上去呢？』」[116]當蒙古人造好橋，架上雲梯發動攻擊時，氈的人才被迫投入戰鬥。他們懷著恐懼心情去發動一架投石機，但由於他們不瞭解投石機的使用方法，發射出的石塊不是飛向敵人，而是落在了地面，恰好砸碎了那台投石機的鐵環。正當城頭的百姓們亂作一團時，蒙古人已從四面八方爬上了城牆，很快就打開了城門，大隊蒙古兵開入氈的城中。雙方無一人傷亡。蒙軍把居民趕到城外，「由於他們沒有抵抗，蒙古人赦免了他們，只殺死了侮罵成－帖木兒為首的幾個人。」[117]他們強迫居民在郊外停留九天九夜，蒙軍將士則在城內劫掠。然後，他們派阿里火者管理氈的。阿里火者是出身於不花剌的下層土著，早在成吉思汗興起之前就歸附了成吉思汗，後來又作為第一次出使花剌子模的使團首領之一見到了摩訶末。「他在這個職位上坐得很牢固，極受敬重，迄至死神要他離任的旨令從冥宮發出時，他一直擔任此職。」[118]

隨後，朮赤派一名將官分兵攻下鄰近城市養吉干。「養吉干」，突厥語猶言新城。它位於錫爾河南，距花剌子模湖（鹹海）二日程，距卡札林斯克約十五英里。他們在那裡留下了一名長官（沙黑納），負責管理養吉干事務。

開始，畏兀兒軍有萬人從征，至此朮赤「許其回國，別募突厥蠻之游牧部落萬人以補其額」，[119]派台納勒那顏率領去參加進攻花剌子模城的戰鬥。他們在中途發動叛亂，殺死了代替台納勒統軍的蒙古人。當時台納勒率先鋒前行，當他聽到這個消息後，便返回來殺死了大部分突厥蠻人，其他人則向阿母牙、[120]馬魯方向逃去，在那裡匯成了一支龐大的隊伍。

三、帖木兒—滅里的英勇抵抗

成吉思汗派出掃清花剌子模邊界的第三路軍開始只有五千人，統率這支軍隊的是三員戰將。他們是中軍萬戶納牙阿的兄弟阿剌黑；成吉思汗的八十八功臣之一速客禿，即《蒙古秘史》上所說的雪亦客禿；以及與雪亦客禿一起投靠成吉思汗的、速勒都思族人塔孩。他們都是成吉思汗的著名功臣，在歷次戰爭中屢立戰功。他們進攻的第一個目標是別納客忒。別納客忒守將名叫亦列惕古滅里，他帶領一支突厥、康里軍隊同蒙古人廝殺了三天，蒙古軍毫無進展。但到第四天，城民請求赦免，他們自動走出城來，納款投降。「士卒和市民給分為兩隊；前者悉數被殲，有的死於刀下，也有的死於亂箭，而後者則被分配給百戶、十戶。工匠、手藝人、看獵獸的人分配（適當的工作）；剩下來的年輕人被強制編入軍籍」，[121]被驅趕到其他城市去充當「哈沙兒隊」。「哈沙兒」的本意是同村人共同協助某一人收割莊稼、築渠道等，在蒙古史料中是指被征服地區的俘虜或居民，被蒙古人利用擔任圍攻工作，並充當先鋒掩護隊，也就是充當蒙軍的炮灰。

然後蒙古人向忽氈進發，當他們兵臨城下時，居民躲進了內堡，希圖逃脫噩運的殘害。城堡的守將是花剌子模的民族英雄帖木兒—滅里，即「任蔑力克之位的帖木兒」。這個城堡修在錫爾河中央、河水分為兩股的地方。城堡高大、堅固，由帖木兒—滅里率領幾千名驍勇的士卒和著名的武士駐守堡內。蒙軍到來後，發現河中央的城堡在箭和弩炮的射程之外，不可能很快攻下。於是他們把忽氈的青年男子強行編入「哈沙兒隊，又從訛答剌所占城、鄉調來五萬『哈沙兒』隊、兩萬蒙古兵助戰」。[122]他們從三程遠的山中將石頭運來，填入錫爾河中，企圖逐步接近城堡。

帖木兒—滅里造了十二艘密封的戰船，船上蒙一層濕氈，外塗一層揉有醋的黏土，上面留有若干窗口作為射箭之用。每天拂曉，他派六艘這樣的船，向一方駛去，與蒙軍激戰。無論是箭、火、石油對這些戰船都失去了效用。蒙古人投入河中的石頭，也被他們拋到岸上。夜裡他們向蒙軍發動突襲，搞得蒙軍疲憊不堪。後來，蒙軍準備了許多箭和弩炮進行激戰。帖木兒—滅里勢漸不支，便於夜裡裝備了七十隻船，準備逃跑。船上裝載了傷員、輜重和財物器用，他自己則率領一隊戰士登上一艘大艇，點燃火把，閃電般飛速沿河而下。蒙軍沿著河岸趕來，每逢成群的蒙軍出現時，帖木兒—滅里就把他的戰艇飛快地駛去，射箭驅逐他們，矢無虛發，一直到達別納克忒。蒙軍為了阻止他前進，攔河拉起了幾條鐵鏈。帖木兒—滅里無畏地衝在前面，砍斷了那些鐵鏈。在他到達氈的和巴耳赤邗境內之前，兩岸的蒙軍一直和他作戰。朮赤接到有關帖木兒—滅里的情報後，立即沿著錫爾河兩岸布置了兵力，結舟為橋，備好了弩炮，準備將這支頑抗的敵軍消滅在錫爾河中。

帖木兒—滅里得知蒙軍設伏的消息後，當接近巴耳赤邗時即捨舟上岸，騎上快馬，如火一樣飛馳。蒙軍尾隨不放，緊緊追趕。於是帖木兒—滅里打發輜重先行，親自殿後廝殺。他多次揮刀舞劍衝入蒙軍隊中，待輜重走遠了，他才設法擺脫敵人，重新追上隊伍。

他就這樣與蒙軍廝殺了幾天，人馬傷亡過半，蒙古軍卻越來越多。後來，他的輜重被蒙古人奪走了，他手下的人也所剩無幾了，但他依然倔強不降。當隨身的幾人戰死後，他也丟掉了武器，只剩下了三支箭，其中還有一支無頭的斷箭。這時，三個蒙古騎兵追到他身後，他用那支無鏃箭射瞎了一個蒙古人的眼睛，對另外兩個蒙古人說：「我還剩兩支箭，捨不得用，卻剛夠你們兩位消受。你們最好退回去，保全你們的性命。」[123]這兩個蒙古人目睹了帖木兒—滅里的箭法，為了保全自己的性命，只好放帖木兒—滅里逃走了。

帖木兒—滅里對蒙軍的英勇抵抗，是成吉思汗西征後所遇到的第一次硬仗。他以區區幾千人馬對付蒙古的兩路大軍，這說明在花剌子模軍隊中也有一些英勇善戰、不甘屈服的將領和勇士。

四、奪取不花剌

當成吉思汗派出的三支部隊掃蕩花剌子模邊界各城時，他和拖雷則率領中軍向不花剌進發。他們沿錫爾河東岸前進，首先來到匝兒訥黑城下。這是錫爾河左岸的一個堡寨，其廢墟在今卡拉庫爾湖附近，是從訛答剌通往不花剌、撒麻耳干的第一座城堡。「匝兒訥黑居民，不知天命的幻化，看見戰騎堵塞四郊，馬隊揚起塵土把天空變得漆黑如夜，因此，他們惶恐萬狀，嚇得要命。他們躲進城堡，緊閉城門」，[124]雖然有意進行抵抗，但卻失掉了抵抗的勇氣。根據一貫的做法，對於不進行武力反抗的城市，成吉思汗還是先禮後兵，於是他派答失蠻[125]哈只卜為使者，到他們那裡去通知蒙古軍的到來，勸他們投降，希望他們避免一場可怕的災禍。

如何對待這個敵國的使者呢？匝兒訥黑城民發生了分歧。有些主張進行抵抗的人「起意要傷害和謀殺他」。[126]為了制止事態的惡化，哈只卜高聲對市民們喻以禍福，他說：「我答失蠻哈只卜是伊斯蘭教徒，是伊斯蘭教徒所生的，奉成吉思汗之命來當使者，要把你們從死亡的深淵中拯救出來。成吉思汗已經帶著大軍來了。如果你們想抵抗他，他在霎時間就會使（你們的）城堡變為荒漠，使原野上的血流向質渾（河）（阿姆河）。如果你們聽我的勸告歸順他，你們的生命、財產就可獲得保全！」[127]城民們感到，這位伊斯蘭教學者的話是真誠的，是為他們著想的。面對著成吉思汗親自統率的幾萬大軍，少數人的反抗也是無濟於事的。「阻擋他的通行並不能阻止洪水奔流，靠他們腿的力量，也不能減輕或止息地動山搖。因此，他們認為，選擇和平有好處，接受勸告是有利的。」[128]於是群眾的情緒開始緩和了。這時哈只卜又建議百姓前去迎接成吉思汗，服從他的命令，並發誓說：如果「有人受到傷害，報應將落在他的頭上」。[129]在這種情況下，城中的首腦人物才站了出來，派遣一群人帶著禮物去見成吉思汗。當他們到達成吉思汗的營地時，「他問起他們的首腦及名紳，對他們遲遲不來表示憤怒。」[130]並派出急使召他們進見。於是他們立即去拜見成吉思汗，成吉思汗發現他們真心投誠，這才免他們死罪，和顏悅色地撫慰他們。然後，成吉思汗發下一份詔書，要求所有城民都到郊外去，城牆和護城河被夷為平地，青壯年被徵發到「哈沙兒」隊中，餘下的人則聽任他們回家。由於這座城沒有遭到屠殺，人們給它取名為「忽都魯八里」，即「幸福城」。

離開這座「幸福城」後，成吉思汗派晃豁壇氏的塔亦兒（答亦兒）巴特兒為前鋒，給主力軍開道。當地有個突厥蠻嚮導，很熟悉大道小徑，他領蒙古人走了一條很少有人走的道路，使蒙古人很快進入訥兒[131]境內。從此，這條由「幸福城」通往訥兒城的近路就被稱為「汗之路」。[132]

當蒙軍接近訥兒城時，途經幾座園林。他們在夜間伐木為梯，第二天騎著馬，抬著梯子，行軍異常緩慢。訥兒城頭上的守望者以為他們是商旅，眼看著他們直抵訥兒城下，這才緊閉城門。「塔亦兒拔都遣使去宣布征服世界的皇帝駕臨，勸諭居民投降，停止抵抗。居民的情緒是矛盾的，因為他們不相信世界征服者成吉思汗親自來臨，另一方面他們又害怕算端。他們因此不知如何是好，有些人主張納款投誠，另一些人主張抵抗，還有些人害怕（採取任何行動）。」[133]最後，經過使者多次往返，雙方達成了如下協議：訥兒人將糧草進獻給成吉思汗，借此表示已向他臣服；塔亦兒的軍隊則不開入城中，繼續前進。

當訥兒人將糧草獻給成吉思汗時，成吉思汗下令將該城交給正在率領前鋒逼近訥兒的速不台。訥兒人不敢違抗，遵命交出了城池，隨後雙方又達成一條協議：應免於訥兒人的危難，允許他們保留日常生活、從事農耕的所需之物，如牛羊等；訥兒人則暫時搬到城外，原封不動地留下屋舍，任憑蒙古軍隊抄掠。速不台的軍隊進城後，見什麼就拿走什麼，但他們遵守協議，絲毫沒有傷害訥兒人。於是訥兒人選出六十人作為城民的代表，跟隨蒙軍去進攻另一座城市。

後來，成吉思汗的中軍到達訥兒城，居民前去迎接他，並進獻了各種禮物。成吉思汗也對他們優禮相待，只讓他們交納應向摩訶末算端承擔的賦稅，不再向他們多徵。為了滿足成吉思汗的要求，訥兒人盡量搜集金錢，包括婦女的耳飾，如數交給了成吉思汗。訥兒人通過機智的談判，雖然在經濟上受到很大損失，但卻應付了蒙古的三支大軍，免除了殺掠之苦，解脫了「韃靼人的束縛和奴役之辱」。[134]當然，由於它的不抵抗政策，也使蒙軍大大提高了進軍速度，迅速加重了不花剌和首都的軍事壓力。

一二二〇年三月—四月初，成吉思汗的中路軍進至不花剌城下。不花剌即今烏茲別克的布哈剌，它位於河中地區的阿姆河東岸，除撒麻耳干外，它是當地最重要的城市，中亞封建時代最大的文明和宗教中心。志費尼寫道：「在東方郡邑中，它是伊斯蘭的圓屋頂，那些地方的和平城（巴格達）。它的四方有博士和律師的燦爛光輝作裝飾，它的周圍有高深學識的珍寶作點綴。自古以來，它在各個時代都是各教大學者的彙集地。不花剌的語意原為『不花兒』一詞，在祆教徒的語言中意為『學術中心』。」[135]《元史．太祖紀》及耶律楚材《西遊錄》稱其為「蒲華」城。耶律楚材說，它在撒麻耳干以西六七百里，「土產更饒，城邑稍多」，「蒲華之西有大河名曰阿謀（阿姆河），稍劣黃河，西入於大海（鹹海，即花剌子模湖）。」[136]《元史．太祖紀》說：「十五年庚辰（一二二〇年）春三月，帝克蒲華城。」這就是漢文史料中對於成吉思汗攻克不花剌的簡略紀錄。

《世界征服者史》和《史集》比較詳細地記載了成吉思汗奪取不花剌的情況。《世界征服者史》說：成吉思汗「把國王的營盤紮在城池前的郊野。他的軍隊多如螞蟻、蝗蟲，數都數不清。人馬一支接一支抵達，就像大海起伏，繞城紮營」。當時，不花剌共有守軍二萬人，他們的統將是闊克汗、哈迷的布爾、舍雲治汗、怯失力汗等。巴爾托德《突厥史》認為，「闊克汗」即「菊兒汗」，這不是別人，而是成吉思汗的老對頭札木合。志費尼則說：「據說闊克汗是名蒙古人，從成吉思汗那裡逃奔算端（這話得由說的人證明）。」[137]估計他是被成吉思汗打敗的一個蒙古草原貴族，但絕不會是札木合，具體是哪個部落的首領已不得而知。「哈迷的布爾」《史集》寫作「哈迷忒—普兒—塔陽古」，他是一個哈剌契丹人。「怯失力汗」，《史集》作「古失魯汗」，他本是摩訶末算端的馬夫，後成為花剌子模的大總管，不花剌城的長官。摩訶末將自己的親信和富於作戰經驗的將領放在不花剌，足見其對不花剌的重視。但不花剌的諸位將領和兩萬守軍卻辜負了算端的厚望，他們一見蒙古騎兵堵塞了四郊，城外塵土飛揚，天昏地暗，一個個驚恐萬狀，嚇得要命。他們互相傳誦一句所謂真主的預言：「在呼羅珊有條叫做烏滸水（阿姆河）的河流以東，將有一座城池被征服；該城叫不花剌。」[138]這種宗教的預言沒有給守軍帶來力量，反而為他們棄城逃跑提供了充分的根據。「蒙古軍陸續攻城數日，守城諸將度不支」，在拂曉時，率軍出走。「蒙古軍出不意，被襲，急退。」當時蒙軍正在營中熟睡，藉以恢復連日作戰的疲勞。不花剌人這種突如其來的衝擊，嚇得他們趕緊後退。「然算端諸將不乘勝進擊，反遁走。」[139]他們大概在想：反正真主的使徒說了，不花剌要被征服，我們跑得再快也沒有責任。蒙軍很快從慌亂中清醒過來，收集隊伍，隨後追擊，在阿姆河岸邊追上了逃軍，把他們斬殺殆盡。

第二天，當太陽剛剛升起時，不花剌人打開了城門，表示他們已自願停止抵抗，「教長、學者等到陛下處屈膝請降。」[140]成吉思汗騎馬巡視了城堡以後，進入城內。他縱馬進入大清真寺，停留在祭壇前，這是伊斯蘭教首領舉行祈禱，並於祈禱後宣布某人為主君的特殊場所。隨後拖雷也趕來了，登上了清真寺進行說教的講壇。成吉思汗問道：「這裡是算端的宮院嗎？」有人對他說：「這是主的廟宇！」這時，成吉思汗跳下馬來，踏上講壇的兩三級，向圍觀的城民們說道：「原野上沒有草了，將我們的馬餵肥吧！」[141]不花剌人打開了城內倉庫的門，把穀物搬取出來，裝《古蘭經》冊的箱子變成了養馬槽，古蘭經被扔得遍地都是。隨後，蒙古人又命令把盛酒的袋子堆在清真寺裡，他們傳杯遞盞，開懷痛飲，還把城中歌姬強拉了來，命她們唱歌跳舞。蒙軍將士們欣喜若狂，放聲用蒙古語歌唱。而那些伊斯蘭教首領、博士、學者，則替蒙古人看守馬廄中的戰馬，執行總管的命令。過了一個時辰，成吉思汗才動身回營，聚集在那裡的人群開始離開，古蘭經的書頁在他們的足下和馬蹄下被踩成了爛泥。一位以虔誠和苦行聞名的河中地區的宗教首領實在不能忍受這種侮辱，向「世界最優秀的一名學者」問道：「這成何體統？天啊，眼前的事，我在夢中看見，還是在清醒時看見？」那位「世界最優秀的學者」則說：「別出聲，這正是真主吹動的萬能之風，而我們無權發言。」[142]

接著，成吉思汗從城裡出來了。他把全體居民召集到城外舉行公共祈禱的廣場上，登上講壇發表講話，譴責算端的背信棄義，他說：「大家該知道，你們犯下了大罪，你們的大臣都是罪魁。在我面前顫抖吧。我憑什麼這樣說呢？因為我是代表上帝來懲罰你們的。如果你們沒有犯下大罪，偉大的主決不會讓我來懲罰你們的！」[143]因為我來征服你們，懲罰你們，所以你們是有罪的；「我為上帝之災」，假如你們沒有犯下大罪，「上帝何降災汝曹之首？」[144]這就是成吉思汗向不花剌的百姓和教徒們所宣布的理論，這是一種征服者的理論，但當地的教長和紳士們居然認為「這正是真主吹動的萬能之風」，默認了這種理論。

當成吉思汗講話結束後，他召見了城中的財主富翁們，要求他們獻出自己的財產。他共召見二百七十人，其中有本城財主一百九十人，其餘為外地人。他說：「不必說出你們在地面上的財物；把埋在地裡的東西告訴我。」[145]為此，他讓人們把那些富人的管家叫來，讓他們帶著蒙古人去搜查那些富人的財物。只要他們交出金錢就不施苦刑來折磨他們。從此，「每天，當太陽升起時，衛士要把一群名紳帶到世界皇帝的朝見殿。」[146]

當時，在不花剌城內，仍有一批戰士拒不投降，他們退到內堡堅守，不斷對蒙古人進行夜襲。為了對付這批反抗者，成吉思汗下令把整個市區用火焚毀。「因屋舍全用木頭蓋造，幾天之內市區大部分被焚蕩一空，僅餘下用燒磚修建的禮拜五清真寺和幾座宮殿。」[147]然後成吉思汗驅迫不花剌人去攻打內堡。「雙方戰火熾熱。堡外，射石機矗立，弓滿引，箭石齊飛；堡內，發射弩炮和火油筒。這好像通紅的爐子，從外往裡添乾柴，從爐膛往空中射火花。他們這樣戰鬥了幾天。」[148]最後，守軍陷入了絕境：堡前的壕溝被石頭與被殺死的人畜填平了。蒙古人在不花剌「哈沙兒」隊的協助下，奪下了堡前斜坡，放火燒毀城門，內堡終於被攻破。那些守軍將領有的變成戰俘，有的被「溺死在毀滅海洋中」。[149]「比鞭梢高的康里男子，一個都沒有剩下，遇害者計三萬多人；而他們的幼小子女，貴人和婦孺的子女，嬌弱如絲柏，全被夷為奴婢。」[150]

內堡的反抗被肅清後，成吉思汗下令把城牆和外壘蕩為平川，所有的居民都被集中到郊外的平原上，除隨身衣物外，不許攜帶其他任何物品。然後他放蒙古軍再次入城，搜集、搶劫一切有用的財物。「成吉思汗免他們不死；但適於服役的青壯和成年人被強徵入軍」，[151]隨同蒙軍去進攻撒麻耳干和其他城市。

當時，有一個人在不花剌陷落後逃到了呼羅珊，人們向他打聽不花剌的命運，他說：「他們到來，他們破壞，他們焚燒，他們殺戮，他們搶劫，然後他們離去。」[152]這就是蒙軍攻占不花剌的基本情況。

後來，成吉思汗委派塔兀沙擔任八思哈（鎮守官），負責治理不花剌。經過若干年的努力，不花剌才逐步恢復了昔日的繁榮。

攻克新都撒麻耳干

撒麻耳干，現屬烏茲別克，漢文譯作撒馬爾罕。《元史．太祖紀》作薛迷思干，《元朝秘史》作薛米思堅，耶律楚材《西遊錄》作尋思干，《長春真人西遊記》作邪米思干，《大唐西域記》

作颯秣建。「干」字（kand或cant）在波斯文中意為「城」，薛迷思、尋思、邪米思（Semis）源出突厥語，意為「肥沃」。因它建立在札拉扶桑河（澤拉夫善河）南岸，又被稱為河中府。西遼建立後，原以虎思斡魯朵（八剌沙袞）為都城，後來又以尋思干為都城，建立東西二都。屈出律夥同花剌子模推翻西遼後，河中府一帶即屬花剌子模所有，摩訶末於是將首都從玉龍傑赤遷徙到撒麻耳干。志費尼曾這樣描寫這座城市：「論幅員，它是算端諸州中最大的一個，論土地，它又是諸郡中最肥沃的一個，而且，眾所公認，在四個伊甸園中，它是人世間最美的天堂。」有一首波斯詩歌這樣形容它：「假如說這人間有一座樂園，那樂園便是撒麻耳干。哈，要是你把它跟巴里黑相比，苦和甜能彼此一般？」[153]

隨同成吉思汗西征的耶律楚材曾在撒麻耳干停留很長時間，他以「河中」為名寫下了不少詩篇，並在《西遊錄》中重點介紹了撒麻耳干。其詩云：「異域風光特秀麗」，「河中風物出乎倫」。「綠苑連延花萬樹，碧堤回曲水千重。」「誰知西域逢佳景」，「萬頃青青麥浪平」。[154]其文曰：「訛打剌之西（南）千餘里有大城曰尋思干。尋思干者西人云肥也，以地土肥饒故名之。西遼名是城曰河中府，以瀕河故也。尋思干甚富庶。用金銅錢，無孔郭。百物皆以權平之。環郭數十里皆園林也。家必有園，園必成趣，率飛渠走泉，方池圓沼，柏柳相接，桃李連延，亦一時之勝槩也。瓜大者如馬首許，長可以容狐。八穀中無黍糯大豆，餘皆有之。盛夏無雨，引河以激。率二畝收鍾許。釀以蒲桃，味如中山九醞。頗有桑，鮮能蠶者，故絲繭絕難，皆服屈眴（棉布）。土人以白衣為吉色，以青衣為喪服，故皆衣白。」[155]它是中亞地區的文化中心，在一個相當長的時期內被人們看做中亞的文化發祥地。

為了保衛首都，花剌子模沙摩訶末派了十一萬人駐守撒麻耳干，其中六萬是突厥人，由算端宮中的大臣、權貴率領，其首領是禿孩汗（塔海汗），他是禿兒罕哈敦的弟弟；五萬是大食人（這是突厥人對伊朗人的稱呼，不是指阿拉伯人）。這些人都是算端精選的英雄，是當時的「精銳之師」。[156]另外，還配備了「二十頭軀幹健全、貌似凶神的大象，這大象扭彎圓柱，和蛇作耍，披著五顏六色的鐵甲」，[157]企圖以此「作為國王的馬步兵在戰場上的防護，好使他們不在進攻和襲擊中回頭」。[158]除此之外，城中還有無法計數的城民。他們與守軍一起加固城防，「城牆增到與昴星一樣高，濠（壕）塹深掘至乾土下面的水層。」[159]「在城牆前圍築若干斜坡」，[160]「四周敷設了若干條外壘防線」，[161]「在城壕裡放滿了水。」[162]為了支持戰爭，摩訶末還下令預徵了三年的賦稅。

從一個城市的防守來看，撒麻耳干可以說是固若金湯、兵多將廣。但從整個戰略部署和抗戰的決心來看，摩訶末卻犯了致命的錯誤。花剌子模政出多門，母后、諸子及諸將分地而治，再加上花剌子模母族的將領殺人越貨，搶劫商隊，處於理虧的一面，其他不少將領並不願為此賣力作戰。儘管也曾有人向摩訶末建議，集中全國主力於錫爾河沿岸，以逸待勞，與蒙軍決戰，但摩訶末卻不敢集中全國軍隊進行野戰。尤其是當他在邊疆地帶與蒙軍親自較量之後，他親眼看到敵人的強大和威力，「慌亂和憂愁的心情逐漸支配了他，他的言語行動中時常流露出後悔之意。由於他滿心疑慮，已不能進行正常判斷，不得安眠和寧靜了。他便聽憑不可避免的命運的支配，按照『我聽安拉的決定和他的預定』（這句老話）採取行動。星相家們也說，……在惡運的星宿沒有走掉之前，為謹慎起見不宜對敵人採取任何行動。」[163]正是在這種情況下，摩訶末採取了分兵把守城堡的戰略方針，任憑各個城市各自為戰。這種消極防禦的方針使蒙軍可以對各個城市分割包圍，各個擊破，摩訶末一開始就擺出了一副被動挨打的架式。在蒙軍進攻撒麻耳干之前，摩訶末就喪失了勝利的信心，有一天他去巡視撒麻耳干改修城壕的工地，見壕與河水相接，他卻以為毫無用處，說：「前來進攻我們的軍隊，只要每個人扔下自己的鞭子，這條壕溝一下子就被填平了！」[164]他這種長敵人志氣、滅自己威風的言談自然會影響軍民的情緒，「臣民與軍隊大為沮喪。」[165]當蒙軍進入河中地區的消息傳到撒麻耳干後，摩訶末竟變得六神無主，坐臥不安，內心充滿了混亂和疑懼。他不是率領軍民堅守首都，而是慌慌張張地離開撒麻耳干，帶領一部分軍隊逃跑了。國王帶頭逃跑，軍心自然動搖。戰鬥還沒有開始，撒麻耳干的命運已經基本確定了。

更令人不可理解的是，摩訶末一路逃跑，還一路散布失敗主義情緒。「不管走到哪裡，到處都說：『（你們）自謀活命之計吧，蒙古軍隊是無法抵抗的！』他派人到花剌子模（指玉龍傑赤城）去讓他的嬪妃和母親禿兒罕哈敦取道禡拶答兒[166]而前來。他不管走到哪裡，都要問一問每個大臣，有什麼辦法能對這次災難有所幫助？每時每刻都有傳播到城中的可怕消息傳來，事情越來越亂。」[167]摩訶末及其大臣都一籌莫展。作為一個國家的最高統治者和軍隊的最高統帥，摩訶末不是身先士卒、堅決抗戰，而是畏敵如虎、帶頭逃跑；不是鼓舞軍民奮起抵抗，而是號召人們各奔前程，乃至屈膝投降。這種怯懦的行為、失敗主義的論調怎能不大大影響各地軍民呢？

與花剌子模國王摩訶末相反，成吉思汗則是充滿了必勝的信心，並在戰術上採取了穩紮穩打、力求必勝的措施。「當成吉思汗進抵訛答剌時，關於撒麻耳干守軍眾多，城堡不可攻破的消息早已傳遍四方。大家都認為，將撒麻耳干城攻下來需要好多年，因為這是怎麼樣的一座城堡呀！（成吉思汗）預先估計到這個情況，認為首先必須將四周地區掃清。因此，他先向不花剌進軍，占領了那裡，從不花剌將『哈沙兒』隊全部驅到了撒麻耳干。在沿途所過的地方，他絲毫沒有侵擾向他屈服的（城市），至於撒里普勒、答不思等進行抵抗的（城市），則留下軍隊進行圍攻。當他到達撒麻耳干時，被派到訛答剌及其他地區的皇子與異密們已結束了那些地方的戰事，帶著從攻占的（城市）驅來的『哈沙兒』隊來到了。」[168]成吉思汗利用幾個月時間成功地實現了剪其羽翼、掃清周邊的戰略目的，不僅集中了蒙軍的全部兵力，而且利用了花剌子模的人力、物力成功地採用了「因糧於敵」、「借兵於敵」的策略方針。各地的俘虜所組成的軍隊，每隊十人，一隊打著一面旗幟，諸隊來到城下，戰旗鋪天蓋地，人馬如潮如海，「其人數超過沙粒和雨滴。他們把城池團團包圍」，[169]故意讓撒麻耳干守軍看到蒙軍人多馬壯，起到了一個先聲奪人的威懾作用。

「成吉思汗親自圍繞城牆和堡前斜坡巡視了兩三天，考慮攻城和奪取（城）門的計畫。」[170]這時，他免除士卒們的戰鬥，讓他們得到充分的休息。直到第三天早晨，他才下令發動總攻。無法計算的蒙古軍隊和「哈沙兒」隊圍住了撒麻耳干城牆，從不同方向向城市猛衝。城裡的守將阿勒巴兒汗（勇敢的人）等，衝到城外，與蒙軍對陣，箭如雨下，雙方都傷亡很重。那一天，算端的突厥軍隊不斷與蒙古兵交鋒，他們殺死了一些蒙古兵，也俘獲了一些人，把俘虜帶進城內，同時他們自己也有一千多人喪身沙場。當太陽落山時，他們才各自返回自己的營房。

第四天天剛亮，「成吉思汗親自上馬，揮師包圍城池。城裡城外的軍隊均集合起來，準備戰鬥；他們緊束戰袍，殺到晚禱時刻。射石機和弓弩齊發，矢石橫飛。」[171]蒙軍堵住了撒麻耳干的各個城門，阻止花剌子模軍衝到戰場上。城內的軍隊多次發起衝擊，希望能衝開一條血路；城外的軍隊一批接一批地補充，寧願戰死也不肯後退一步。「雙方在交戰的棋盤上難解難分，那英勇的騎士再也不能縱馬馳騁於原野」[172]了。這時，花剌子模守軍「把大象投入戰鬥；但是，蒙古軍沒有逃跑，相反地，用他們的『擒王』之矢，解脫了被大象阻擋的人，打亂步兵的陣形。大象負傷，不比棋盤上的卒子更有用，牠們往回跑，腳下踐踏了許多人」。[173]當太陽消失在黑暗中時，撒麻耳干人只好關閉了城門。

「這天的戰鬥使撒麻耳干人憂慮重重，他們的心情和看法各不相同：有人渴望屈膝投降，有人擔心自己的命；還有人，因天命注定，不去乞和；再有人因成吉思汗散發的靈光，喪失了鬥志。」[174]其中有一些伊斯蘭教首領和一些披戴頭巾的人，他們感到蒙古軍英勇無畏，開始變得六神無主，從思想上打消了抵抗的念頭。他們私下議論，突厥人與蒙古人是同一種族，城破後說不定會受到優待，因此他們決定首先投降蒙古。第五天早晨，當蒙古人同猶豫不決的城民重新展開戰鬥時，「伊斯蘭教的法官、司教同教長們突然來到了成吉思汗處。」[175]他們得到了成吉思汗的鼓勵和撫慰，得到了投降不殺的許諾，並在取得成吉思汗的同意後，他們又返回城內。到了祈禱的時刻，他們不是祈禱真主保佑守軍取勝，而是關閉了戰鬥之門，打開了撒麻耳干的城門（西北門：祈禱門），放蒙軍進城。當天，蒙軍忙於拆毀城牆和外壘，城民們被集中到安全的地方，蒙古軍隊沒有傷害他們，直到全部城牆被鏟平、馬步兵可以自由往來為止。

第六天早晨，蒙古兵大隊大隊地開進城內，城裡的男女居民，以一百人為一群，由蒙古人監視，給趕到城外。只有那些去晉見成吉思汗的伊斯蘭教首領以及受他們庇護、與他們有些瓜葛的人，才免於出城。獲得這種保護的有五萬多人。然後蒙古人通過傳令官宣布了一道命令：「匿藏者格殺勿論。」[176]蒙軍將士開始進行搶掠，很多躲到地窖、地洞裡的人，被發現以後都遭到了殺害。

象夫帶著大象去見成吉思汗，請求發給大象食物。成吉思汗問大象靠什麼為生？象夫回答說：「原野上的草。」[177]成吉思汗下令放掉大象，讓牠們自己到原野上去吃草。曾經抵抗過蒙軍的二十頭大象破格得到赦免，但最後卻在荒野中餓死了。

當天夜裡，蒙古人離開市鎮。退守內堡的花剌子模守軍早已被「嚇得心膽俱裂，既不敢挺身抵抗，又不能轉身逃跑」。[178]只有「勇敢的人」阿勒巴兒汗表現出英勇無畏的氣概，他率領一千決死之士衝出內堡，從蒙古軍中殺出條血路，前去與算端會合。

第七天黎明，「（蒙古）軍又圍住了城堡，雙方矢石齊發。城牆和堡前斜坡被毀壞了，放滿水的『鉛』水渠也被毀壞了。到了晚上，蒙古人奪下城門，進了（城）。有一千多名（平）民和勇敢的戰士避入大清真寺內。他們用箭和石油（同蒙古人）展開激戰；蒙古人也噴射石油，縱火焚燒清真寺及寺內所有的人」，[179]大清真寺被焚燒一空。最後，他們將剩下的居民和城堡守軍驅趕到城外，將突厥人和大食人分開，全部分編為十人隊和百人隊。他們按照蒙古習慣將突厥人召集起來結髮為辮，為的是安定他們，打消他們的恐懼。但是，就在當天晚上，「所有康里男子都被溺斃於毀滅的海洋內，為死亡的火焰所焚化。」[180]共計有三萬多突厥、康里人被殺，他們的統帥是巴力失馬思汗，突厥語意為「不尋求和平的人」；塔海汗（禿孩汗）意為「舅父」，他是花剌子模的國舅；撒兒昔黑汗，意為「堅硬的」、「粗糙的」可汗，估計是一位勇敢、魯莽的將領，類似於一位草莽英雄；兀剌黑汗，意為「驛馬」。另外還有算端的著名大臣二十餘人，他們的名字詳細記載在成吉思汗頒發給也里迦兒忒朝始祖魯克那丁—迦兒忒的詔書（札兒黑）中。同時，還有許多花剌子模大臣、士兵和居民悲憤地自殺而死，以身殉國。

撒麻耳干的城鎮和內堡都化作了一片廢墟。第八天早晨，蒙古人開始清點那些刀下餘生者：三萬有手藝的人被挑選出來，分給了成吉思汗的諸子、諸妻和諸位大臣、將領；又從青壯年中挑選出三萬人，編為一支簽軍。[181]其餘的人也刀下留情，但要求他們交納二十萬的那[182]的贖金。那一年，成吉思汗在撒麻耳干境內度過了夏天和秋天，然後委派了幾名管理撒麻耳干的沙黑納（長官），親自率軍去征服呼羅珊，另一部分軍隊則由其諸子率領去進攻花剌子模舊都玉龍傑赤。

花剌子模新都撒麻耳干僅僅經過八天戰鬥就被攻克了。經過這次戰禍，繁榮的撒麻耳干遭到了極大的破壞。一二二一年十一月，撒麻耳干投降一年半以後，長春真人丘處機一行曾來到這裡，據他們所說：當算端沒有失敗時，城中常有十多萬戶，國破以來，存者不過四分之一。[183]耶律楚材也曾於一二二二年寫作了〈西域河中十詠〉，其中說：「寂寞河中府，頹垣繞故城。」「城隍連畎畝，市井半丘墳。」他在詩中流露了對成吉思汗西征的不同看法，說：「西行萬餘里，誰謂乃良圖。」[184]正是這種思想促使他在印度河邊向成吉思汗提出了結束西征的建議。

花剌子模國王摩訶末之死

當成吉思汗包圍撒麻耳干時，摩訶末算端的將領和臣子開始主動投降過來，蒙古哨兵也不斷擒獲一些俘虜，據他們說：花剌子模沙摩訶末從撒麻耳干逃跑後，已經渡過阿姆河，「把他的大部軍隊及近衛軍的將領分散到各村落和鄉間；他身邊只留下少數人。」[185]當時他「驚惶失措、猶豫不決，沒有一刻寧靜」。[186]成吉思汗宣布：「必須趕在人馬聚集在算端身旁、四方的貴族援助他之前，把他解決掉，把他消滅乾淨。」[187]於是他派者別率一萬軍隊做頭哨，速不台率一萬軍隊做後衛，又派脫忽察兒率一萬人繼進，分兵三路追擊花剌子模沙。這三萬軍隊是從他身邊的軍隊中按比例挑選的，「他們個個都敵得過一千名算端的軍隊，猶如狼入羊群，熱炭燒枯柴。」[188]

為了保證追擊的勝利，成吉思汗發布了一道作戰訓令：「朕命你們去追擊花剌子模沙算端，直到將他們追上為止，如果他帶領軍隊來攻打你們，你們無力抵抗，可馬上（向我）報告，如果他力量不大，可（與他）對敵！因為我們不斷接到消息說，他怯弱、害怕、心驚膽戰，他一定敵不過（你們）。我為你們向偉大的主的威力祝告，你們不擒獲他不要回來。如果他被你們打垮後，帶著幾個人躲進陡山、狹洞裡，或者像『必里』（伊朗神話中犯罪的天使）般地躲過人眼，你們要像強風似地吹進他的國土上去；歸順者可予獎勵，發給（保護）文書，（為他們指派）長官；流露出不屈服和反抗情緒者一律消滅掉！」[189]

根據成吉思汗的命令，者別、速不台像獵犬一樣咬住自己的獵物不放，即使其躲入山林、逃入海島，也要像疾風閃電般追上去。躲入山林的禿兒罕王后被迫投降了，逃往海島的摩訶末國王悲慘地死去了。這是歷史對他們無情的懲罰！但「城頭失火，殃及池魚」，其治下的人民也因此落入了滅頂之災！

摩訶末渡過阿姆河後，暫時駐軍阿姆河西南岸，開會研究今後的作戰方略，等待探事人員回報不花剌、撒麻耳干的消息。當時一些花剌子模宿將曾建議說：河中地區已無法挽救，應以全力防守呼羅珊、[190]伊拉克，召集各處之兵，合成一軍，並盡徵木速蠻（回教徒）入伍，共同據守阿姆河一線。但也有人主張將軍隊退到哥疾寧，[191]糾集諸軍以抗韃靼，如形勢不利，可以一直跑到印度。摩訶末同意了第二個比較軟弱的意見，並按照這個主意來到了巴里黑。[192]這時，又有人邀請摩訶末到伊拉克去，將伊拉克的軍隊召集起來，然後再考慮下一步的措施。摩訶末之子札蘭丁對於這兩種退兵策略都不以為然，再次向摩訶末建議說：「（對我們說來，）最好的出路是——把軍隊召集起來，去攻打他們（蒙古人），因為這一點（完全）辦得到。如果算端不打算（這麼辦），要到伊拉克去，那麼請把軍隊交給我，讓我到邊疆上去奪取勝利，去實現這項可能做到的事，讓我們在造物主和（他的）造物主面前表白一下。在（我們所）考慮的事取得成功之前，我們不（應）

成為眾矢之的受人譴責，不（應）（讓人們）用惡毒的話加到我們頭上，說什麼：他們以前向我們索取賦稅和『哈剌只』，如今（大難）臨頭，卻不管我們，把我們拋開了！」[193] 他將這些話反覆申述多次，竭力堅持自己所提出的計畫。但由於摩訶末心慌意亂、萬分恐懼，竟將札蘭丁的見解視做兒戲，斥責他年幼無知，說什麼目前福星已經隕落，幹什麼也不中用了：「吉凶有定，災禍之來，誰能抗之？不如待天象有利於我之時。」[194] 依靠所謂「福星」和「天象」，而不相信人力，這是當時的宗教精神對花剌子模人的毒害，也是花剌子模沙摩訶末的一個致命弱點。它不僅促使摩訶末放棄了首都，而且促使他放棄了可以據守的阿姆河一線，從而導致了花剌子模的徹底失敗。

當摩訶末停留於阿姆河西南岸、舉棋未定時，蒙古驍將者別已經率領第一支追擊部隊，從般札卜[195] 渡過了阿姆河。「他們一溜煙（似）地急進，追索和搜尋算端，像從山頭湧入河谷的洪水。」[196] 者別軍很快衝到花剌子模沙駐地，摩訶末的諸子及諸將為了保護自己的君父，奮起抵抗，者別初戰不利。這時，天色慢慢黑下來了，速不台率領的第二支追擊部隊也已到達阿姆河對岸。速不台下令軍中，每人點燃三支火炬，來往於阿姆河岸邊。花剌子模人以為成吉思汗的大軍已經趕到，害怕被蒙軍俘獲，這才連夜向巴里黑逃竄。

摩訶末逃到巴里黑後，派出一支偵察部隊到般札卜一帶去偵探敵情。不久，不花剌陷落、撒麻耳干投降的消息傳到巴里黑，摩訶末手足無措，不知如何應付。他對著自己的領地接連喊了四次「安拉萬歲！」便準備繼續逃跑。當時，「他母親的親族、一群突厥兀剌尼人跟隨他同行，他們想將他殺死。其中有一個人（將這事）報告了算端。夜裡，算端離開（自己的）帳幕，換了個睡處。黎明時人們看到帳幕的氈子已經被箭射穿了。」[197] 面對著亡國滅種的危機，花剌子模君臣不是團結一致，共同對敵，而是自相殘殺，爭權奪利，這只能進一步削弱抗戰的力量。「因此，算端愈來愈提心吊膽、暗地裡愈來愈恐怖。」[198]於是他重新組織了一批可靠的護衛人員，也來不及追查突厥人的謀殺陰謀就趕緊離開巴里黑，向呼羅珊的另一大城市、今伊朗境內的你沙不兒（內沙不兒）逃竄。「他每到一個地方，先進行恫嚇、威脅，然後就命令人們為城砦、保（堡）寨建築防禦工事，因此（人們的恐怖）擴大了一千倍。算端來到你沙不兒後，為驅除命運的陰影，（終日）縱酒取樂。」[199]

摩訶末逃走後，速不台下令蒙軍橫渡阿姆河。據說當時阿姆河上沒有橋樑，渡船也被花剌子模軍鑿沉，但蒙軍人人有一個用牛皮做成的皮筏，軍械衣物裝在筏中，緊繫筏口滴水不進。他們身坐筏上，手握馬尾，隨以泳水，舉軍截流而渡。[200]者別、速不台從此長驅直入呼羅珊。阿姆河防線輕而易舉地被蒙軍突破了。

者別、速不台首先抵達巴里黑，城內的紳士們深受摩訶末畏敵怯戰情緒的影響，為了保護自己的身家性命，主動向蒙軍投誠。他們派出代表去迎接蒙軍，向他們進獻食品和錢幣。根據「歸順者可予獎勵」的原則，蒙古人沒有傷害他們，只給他們派了一名沙黑納，負責管理這座城市。然後，蒙古人從他們中間找了一名嚮導，派一名將領做先鋒，繼續跟蹤追擊摩訶末。

蒙軍進至咱維縣，即今阿富汗東侯臘散的托巴特黑達里。他們要求城民供應糧草，但是城內的百姓關閉了城門，不理睬他們，拒絕供給任何東西。蒙軍急於追擊摩訶末，沒有在那裡停留，馳馬而去。咱維人見蒙軍已經走遠，就在城頭擂起大小戰鼓，破口大罵。「（蒙古人）目睹（這一）不敬之舉，便返回來，將（雲）梯架到城（牆）上，在第三天登上城牆，（將城）攻了下來，將找到的城民全部屠殺掉。」[201]因為他們不便久留，也不能攜帶過多的物品，於是搶走了一些必用的輕便的物品，把其他不便攜帶的東西全部放火燒毀、破壞乾淨。在這裡，他們也忠實地執行了成吉思汗的訓令：對那些「流露出不屈服和反抗情緒者一律消滅掉！」[202]「這次交鋒和殺戮，好像預示一場天降大禍，命定的災害。因這聲響動，一個大地震搖撼了呼羅珊，聽見這前所未聞的暴行，人們恐怖失色。」[203]為了使各地的人民瞭解成吉思汗這一政策，蒙軍還「分遣使者至諸城諭告成吉思汗將率大兵至，若拒不降，將蒙最大不幸。其降者則置一帶印之蒙古守將以鎮之」。[204]

蒙軍日益逼近的消息很快傳到你沙不兒，摩訶末藉口要外出打獵，企圖離開你沙不兒，向伊拉克進發。但突然有人向他報告，敵軍來了。於是他又撤銷了去伊拉克的決定，回到了可疾雲。當天，他首先將嬪妃、子女和母親送到了哈倫堡，同伊拉克大臣們舉行了對付敵人的會議。有人認為當時最好的出路是躲到附近的一座深山去，摩訶末立即巡視了這座山嶺，認為「這個地方不是我們的藏身之所」。[205]有人建議離開這裡，躲到另外一座根本無法通過的深山去，因為「那裡很富裕，我們（可以）拿它作為避難之所」，而且可以從周圍地區「召集起十萬步兵」，蒙古人來了還可以與他們廝殺。[206]摩訶末認為這個主意也不足取，他主張先停留在可疾雲，派遣急使到附近地區去把軍隊召集來。

與此同時，一二二〇年五月，者別和速不台的先頭部隊進至你沙不兒城下，他們責令守城軍民開城出降，城民請求等捉住國王後再投降，可以先饋送軍糧。蒙軍得到軍糧後就離開了，從此一連幾天都有蒙古軍隊經過，同樣得到了城民的供給。六月五日，者別與速不台進抵你沙不兒，他們遣使到當地的權貴——呼羅珊宰相和其他大臣處，向他們招降，要求他們服從成吉思汗的命令，同時向他們索取飼料和行軍給養。你沙不兒的權貴們派出三個人攜帶著酒席和其他禮物一起去進見者別等人，表示只同意供給飼料、給養。「者別向他們提出警告，叫他們不要對抗火和水：

『蒙古軍到來時，他們（必須）立即隆重地迎接（他們），你們休想憑藉堅固的城牆、人數眾多和武器來保護你們的家室。』」[207]同時將蓋有紅印的畏兀兒公文和成吉思汗詔敕的副本發給他們，其大意如下：「敕諭異密、大臣和諸臣民，萬能的主已將起自日出之地、直到日落之地為止的全部地區賜給了我們。凡降順者，本人及其妻子、兒女、親信都可得到赦免，而不投降的反抗者，將連同妻子、兒女、族人、近親一起殺死！」[208]然後他們離開你沙不兒，者別與速不台分兵兩路去尋找摩訶末的下落。

當時，有許多回教和異教的軍人以及企圖趁火打劫的人們自動參加了這兩支蒙古軍隊，為蒙軍充當嚮導，跟蹤追擊花剌子模沙，因此蒙軍進軍十分迅速。速不台經札木[209]至徒思，[210]兵臨答木罕、[211]西模娘，[212]最後到達著名的剌夷城。[213]「每到一地，凡出降迎接（大軍）者，獲得了赦免；抵抗者全部殲滅。徒思到訥堅間東部村鎮及那個方向上的全部地區降順（蒙古軍）獲得了赦免。徒思城民進行了頑抗，因此，蒙古軍對這個地區大肆殺掠。」[214]當他們到達哈不傷[215]時，只是由於速不台對當地居民沒有好感，於是他就下令大屠殺。

「就這樣，（蒙古人）每到一地，不停歇地用暴力掠奪糧食、衣服，然後（向前）開進。他們日夜進軍，得到算端的消息就追上去。他們路過繁華地區時，就將找到的良馬和好牲畜驅走。

呼羅珊有許多攻不破的地方和堅固的城市，都被他們放過了，因為他們面臨著一件大事辦。」[216]

當者別、速不台分兵追擊時，摩訶末之子及其他王侯、大臣已在可疾雲城組織了三萬伊拉克部隊，摩訶末決定堅守伊拉克。不久，剌夷城被攻破的消息突然傳來了，跟隨摩訶末的王侯、貴人們害怕與蒙軍交鋒，他們有的逃回自己的領地；有的則逃奔四方，自尋出路。臨時收集的軍隊也逃散過半。摩訶末無可奈何，只好帶著諸子和親信跑到可疾雲西面的哈倫堡去避難。「他在路上遇到了蒙古軍隊。由於蒙古軍隊是一隊隊陸陸續續開來的，他們沒有認出算端的隊伍，（只把它當成一支普通的花剌子模部隊），他們射過箭來，射傷了算端的馱載重物的馬。算端（急）馳之下才逃出了死亡的深淵。他到了哈倫，在那裡停留了一天，向異密們要了幾匹馬，在嚮導帶領下向報達[217]進發。蒙古軍立即（追）來了。他們起先認為算端在堡中，便發動大戰，（後來）得知算端已走，就向他追去。」[218]後來，摩訶末又折了回來，在黑海南岸的吉里陽停留了七天，然後進入了禡拶答而地區。「不管在什麼地方，他還沒住夠一天，蒙古軍就追上來了。他同當地掌大權和特別可靠的禡拶答而權貴們進行了商議。他們都認為（算端的）唯一出路是到額別思寬[219]的一個島上去躲上一段時期。」[220]他在岸邊的一個村莊逗留了幾天，每天都到禮拜寺去，做五次祈禱，讓教長為他誦古蘭經。他哭哭啼啼地對上帝發誓說：「將來如能光復舊物，必使國內悉遵正義而行。」[221]不久，摩訶末躲到裏海的一個島上，在乘船離岸時，摩訶末不斷長吁短歎，說：「君臨之國不少，乃無數吋之土可作墳墓。」[222]他在那個島上住了一段時間，後來，為了預防走漏消息，又秘密地轉移到另一個島上。

就在摩訶末在裏海的小島上進行轉移之時，者別與速不台已在剌夷會師。禡拶答而有一個小國，摩訶末征服這一帶時曾殺死國王的從父從兄。這個國王對摩訶末懷恨在心，希望借助蒙軍的力量恢復故國，報父兄之仇，因此很快投降了蒙軍，將蒙軍領到裏海岸邊。者別率軍進行搜捕，但卻沒有找到摩訶末的下落。於是他回軍包圍了摩訶末的嬪妃和母親避難的哈倫堡。哈倫堡所在的山中本來多霧多雨，得水比較容易，因此居民沒有蓄水備旱的習慣。但當這座城堡被圍時，幾個月都沒有下雨，守兵水源斷絕，被迫向蒙軍求降。禿兒罕哈敦及摩訶末的嬪妃都做了俘虜。者別派人將他們送給成吉思汗。成吉思汗下令殺死摩訶末的幾個幼子，將他的幾個女兒賜給了察合台等人，禿兒罕哈敦後來被成吉思汗帶回了蒙古草原，直到一二三三年才死於和林。

哈倫堡陷落的消息很快傳到摩訶末耳中，「他得知其嬪妃遭受凌辱、兒子喪命劍下，賢淑的后妃在異族的政權下成了俘虜，遂神智錯亂、惘然若失，明朗的世界在他眼裡變得一片昏暗。」[223]不久他得了肋膜炎，重病在身。臨死前，他把幾個兒子叫到面前，廢掉了根據禿兒罕哈敦意圖確立的太子斡思剌黑，說：「非札蘭丁不足以光復故國。」[224]命札蘭丁繼承君位，並親自將佩刀繫在札蘭丁腰上，命諸子發誓，保證今後守忠不貳。一二二〇年十二月，摩訶末就在裏海的那個小島上死去了，倉促之間沒有衣服裝殮，只用他的襯衫包裹了一下就埋葬了。「此滅國不少，斥地甚廣君主之結局，如斯而已。」[225]

西方史學家對摩訶末毀譽不一，有的說：「摩訶末處危難之時，畏敵甚，而又篤信星者之說，遂致一籌莫展。且不應以其怯敵之意流露於外，致使軍民志氣消沉。當敵人任其喘息之時，則以娛樂為事。聞摩訶末未走伊拉克以前，留居你沙不兒之三星期中，全以其光陰消磨於宴歡樂舞諸事。左右盡娛樂之人，此州官吏竟委棄政務，而專為之覓求舞人歌妓。」[226]有的史家則說：「摩訶末博識，尤精通法學，喜接學者律師教師而厚待之。其為人勤勞，不嗜奢華遊樂，關心國事，為人民謀幸福。」[227]另有一些史家認為：摩訶末「勤勵果敢，唯野心勃勃，致使其常為不義，而嗜殺人」。[228]多桑認為：「諸史家之毀譽雖不一致，然摩訶末當蒙古兵侵入時之怯敵行為，實無以自解也。」[229]本人認為，面對著蒙軍的進攻和追擊，摩訶末國王拒絕了集中兵力決戰的正確建議，採取了分兵把關、城自為戰的被動挨打的戰略。放棄首都，放棄天險，放棄一路上所有的城堡，祈靈於神靈與天意，只知率眾逃跑，從未組織過一次像樣的抵抗。由這樣一個人充當抗戰時的領袖，這個國家焉能不亡國滅種、生民塗炭呢？摩訶末本人被困死荒島，幼子被殺，嬪妃、母后被擄，這也是罪有應得，是歷史對他的無情懲罰！

玉龍傑赤爭奪戰

玉龍傑赤，即今烏茲別克的烏爾堅奇，當時它既是花剌子模的舊都，又是花剌子模地區的首府，因此又稱為花剌子模城。此城地處鹹海南岸，橫跨阿姆河。鹹海在古代被稱為花剌子模湖，因此其首府也以此命名。《世界征服者史》曾這樣讚美它：「時運變化前，它屬於『地誠良善，主誠仁慈』一類地方。它是世界眾算端的寶座所在，人類諸名人的駐地；它的四角供當代的偉人做歇肩之用，它的領域是容納現代奇珍的府庫；它的宅邸放射各種崇高思想的光輝，它的州邑、郡縣，因貴人光臨而成為許多玫瑰園。」「你期望的一切，精神的和物質的，都在其中。」[230]耶律楚材在《西遊錄》中寫道：阿姆「河之西有五里犍城，梭里檀（算端）之母后所居者也。富庶又盛於蒲華（不花剌）。」「五里犍」又譯「玉里犍」，都是指玉龍傑赤。當時的玉龍傑赤並非在阿姆河之西，而是橫跨阿姆河兩岸，位於今烏爾堅奇（葉尼烏爾堅奇）西北二百餘里，名為庫尼亞烏爾堅奇城，今天僅存一片遺址廢墟。

撒麻耳干被征服後，河中諸州及邊疆諸城也相繼被蒙軍攻占，玉龍傑赤留在中央，就像一個「繩子被割斷後倒塌下來的帳幕」。[231]早在攻占撒麻耳干之前，成吉思汗瞭解到摩訶末母子不和，曾派其近臣答失蠻為使者去見禿兒罕哈敦，進行反間活動。「答失蠻轉達汗言，謂汗知算端不孝其母。算端之將校有一部分願助蒙古軍，然汗無意侵入禿兒罕哈敦所主花剌子模之地。請遣親信之使者來，面達可敦之意，他日諸地完全略定後，將以呼羅珊之地奉可敦。」[232]禿兒罕哈敦沒有答應成吉思汗的要求。當她聽說摩訶末從撒麻耳干退走的消息後，「乃盡率摩訶末之諸妻、諸子，輕齎珍寶，棄花剌子模而去。意以為蒙古軍戰勝飽掠後，不久必退出本國。」[233]

禿兒罕哈敦倉惶出逃，沒有任命玉龍傑赤的留守長官，城市陷入一片混亂。一二二〇年夏，花剌子模名將、守衛忽氈城的帖木兒─滅里衝破蒙軍的包圍，來到玉龍傑赤，整頓軍備，舊都的秩序才稍微安定。帖木兒─滅里率軍出擊錫爾河下游的蒙古軍，曾一度奪回養吉干城。

撒麻耳干被攻克後，成吉思汗「派自己的兒子朮赤、察合台、窩闊台率領著多得像沙漠裡的沙子般的、就像當前戰爭中那樣浩浩蕩蕩的軍隊向花剌子模進發了。同年秋天，他們率領右翼諸異密向花剌子模方面進軍，派一支軍隊充當所謂『牙咱黑』的先鋒隊。」[234]

摩訶末死後，札蘭丁兄弟從裏海的小島逃回玉龍傑赤。城民見到新繼位的算端和諸王又回到了舊都，大家無不歡欣鼓舞。當時，玉龍傑赤已彙集了九萬突厥、康里部隊，但這支軍隊掌握在前王儲斡思剌黑及其母舅不只─別黑列汪等突厥、康里將領手中。這些突厥、康里人平常就與札蘭丁不和，開始他們與禿兒罕哈敦合謀，立札蘭丁之弟斡思剌黑為太子，想利用這個太子的軟弱無能，進一步實現他們的野心。摩訶末臨死時廢掉前王儲，改立札蘭丁為算端，這完全出乎他們的意料之外。札蘭丁意志堅強、武藝出眾，又有較高的政治才能，自然不甘心大權旁落，這對突厥、康里將領十分不利。「異密們懼怕札蘭丁算端之勇力，密謀用計將他突然殺死。」[235]札蘭丁探聽到了這一陰謀，但卻沒有力量平息這場政變，只好於一二二一年初，逃出玉龍傑赤，到呼羅珊一帶去避難。

花剌子模驍將帖木兒—滅里不滿意那些突厥、康里將領的所作所為，帶了三百名騎兵去追隨札蘭丁。他們用了十六天時間橫越花剌子模、呼羅珊兩地的沙漠，到達奈撒[236]一地。當時，成吉思汗已派出一支蒙古軍戍守沙漠南界，札蘭丁、帖木兒—滅里到達奈撒時，與七百名蒙古巡邏兵遭遇。札蘭丁發動猛攻，打敗了蒙軍，逃往你沙不兒。札蘭丁離開玉龍傑赤後，他的兩個弟弟「斡思剌黑—算端和阿里—算端沒有停留在花剌子模，他們騎馬來追隨算端。第二天他們遇上了與札蘭丁作戰的（蒙古）部隊；蒙古人不知道他們是王子，將他們連同跟他們一起來的人全部殺死了」。[237]

札蘭丁兄弟三人相繼離開玉龍傑赤後，花剌子模舊都又變得群龍無首了。儘管當時城內居民無數，還有許多著名的宗教首領、紳士和學者，也有一些花剌子模的文臣武將，以及近十萬軍隊，但玉龍傑赤城仍然是人心浮動、形勢危急。大家考慮到，在這樣大的城市裡，在外敵入侵的關鍵時刻，沒有一個領袖負責國政和公務，在非常事件到來時沒有一個長官來安排各項事情和重大問題，人們就無法應付不幸事故，就不能抵抗老天施加的暴力。當地有一個古老的民族傳統，在春分時舉行諾魯思，即元旦民族大典，選舉所謂「五月皇帝」。於是他們推舉禿兒罕哈敦的親屬忽馬兒異密為假算端，立做諾魯思王，即「一日之王」，由他攝政當國，負責玉龍傑赤的行政與防務。

一天，突然有一小隊蒙古騎兵像一股煙似地逼近了玉龍傑赤城門，在郊外驅掠牲畜，進行搶掠。玉龍傑赤人以為這是敵人故意向自己示威，向守軍挑釁。於是他們打開城門，不分馬步兵，不分軍與民，大家一齊湧到城外，向那一小股人馬衝去。蒙古人像飛出套索的飛禽般地飛快地騎馬逃走，城中軍民高聲吶喊，一窩蜂似地緊追不放，一直追到距城幾十里遠的一座城郊宴遊花園附近。埋伏在那裡的蒙古騎兵從牆後、從樹林、從四面八方衝了過來。城中軍民的退路被切斷了，前後左右都是蒙古人。他們像一群虎狼撲向失去牧人的羊群，向玉龍傑赤人放箭，槍挑刀砍，橫衝直撞，到黃昏時，他們殺死了一千多人。[238]志費尼則說，將近十萬花剌子模人被殺死在戰場上。[239]同時，有一支蒙古騎兵，尾隨逃回城裡的玉龍傑赤人，攻占了一座城門，殺入了城中，直到太陽落山時，他們才小心地撤走了。

第二天早晨，蒙軍的先頭部隊又向玉龍傑赤發動了一場進攻。花剌子模的一員大將——弗里敦—古里，率五百人在城門等候敵軍，由於做好了抵禦的準備，他們多次打退蒙軍的攻勢，但直到日落西山時雙方還在不斷廝殺。

不久，朮赤、察合台、窩闊台率領蒙古大軍相繼到達玉龍傑赤城下，他們一邊繞城巡視，一邊派出使者招諭城民投降。「朮赤且命人告城民，言其父已以花剌子模封彼，彼願其都城完全無缺，已下令禁止損害。」[240]城民中有些人主張投降，並且搬出了已故算端摩訶末從裏海發來的手諭：「汝等應感余恩，一如感我父祖之恩。茲為愛汝等計，特致勸告之詞，設力不能禦敵，最良之策莫若乞降。」[241]城民經過反覆爭論，否決了摩訶末的主張，拒絕向蒙軍投降。

朮赤等人見到勸降無望，只好動員自己的將士們準備攻城器械。玉龍傑赤附近沒有山石，蒙古人就用桑木代替炮石，未投射以前，先漬在水中增加重量。在準備工作沒有做好時，他們仍然每天用威脅、利誘的辦法勸城民投降，偶爾彼此也對射幾箭。直到擔任各方面工作的「哈沙兒」隊從四面八方先後到來後，他們才下達了填塞壕溝的命令。大概用了十天左右的時間，一切準備工作終於就緒了，於是蒙軍向玉龍傑赤發動了總攻。

「一聲雷霆閃電般的吶喊，他們把投擲器和箭矢，像孢子一樣傾泄出去。」[242]「接著，軍隊團團向前移動，去拆毀外壘的根基，把大地暴露在光天化日之下。」[243]「假算端和軍隊的統帥忽馬兒，為苦酒所醉，目睹蒙古軍進行殺戮，恐怕受辱，心膽俱裂，而韃靼軍獲勝的跡象符合他的私下揣度；他心裡無計可施，隨惡運的降臨，他再也不能出謀畫策了。他走下城樓門，因此，百姓中籠罩著更大的紛擾和混亂。」[244]「韃靼軍在城頭豎一面大旗，戰士們爬上去，呼嘯吶喊使大地鳴響。城內所有街道，所有角落，居民都在抗擊敵人：他們在每個街頭戰鬥，在每條巷尾展開頑強的白刃戰。蒙古軍這時用火油筒焚燒他們的屋舍、住宅，用弓箭和射石機聚殲百姓。但當陽光斗篷被茫茫夜色包圍時，他們開始回營。凌晨，城市百姓依舊戰鬥了一陣，用刀劍、弓矢、旌旗顯示抗爭之爪。迄至當時，城池大部被毀；屋舍及其中的財物、珍寶，僅成了一堆黃土」，[245]但蒙軍並未占領玉龍傑赤，反而在城內外留下了無數具屍體。

究竟如何攻下這座城市呢？如何對付這些不甘屈服的軍民呢？蒙古人不得不認真研究一下對策。他們發現，玉龍傑赤是一座橫跨阿姆河的城市，中間有座橋樑相連，而且城內的生活用水就由阿姆河供給。「他們因此一致同意放棄火攻，而去阻止百姓使用烏滸河（阿姆河）水。」[246]於是蒙古人派了三千勇士去奪取那座橋樑。他們在箭雨和桑木炮彈的遮護下，憑藉他們高超的武藝、勇猛的精神，終於衝上了那座橋。但城裡的居民們也深知這座橋和阿姆河水關係到城市的命運，因此他們像潮水一樣爭先恐後地湧上橋頭，包圍了那三千蒙古兵，與他們展開了白刃戰，最後全部殺死了他們，無一人生還。「打了這次勝仗後，城民的戰鬥熱情提高，進行抵抗的信心較堅定了。」[247]

七個月過去了，玉龍傑赤始終沒有被攻下。為什麼會發生這種情況呢？一是由於蒙軍的進攻受到了玉龍傑赤軍民的頑強抵抗；二是「朮赤和察合台兄弟倆由於個性和氣質不同，互相不和。由於他們不能取得一致、各執己見，戰事進行得很不順利，戰爭的成敗無人過問，軍中各種事情與成吉思汗的札撒執行得很亂。因此，蒙古軍被花剌子模人殺死了許許多多，據說屍骨堆積如山，迄今還堆在花剌子模舊城四郊」。248後來，他們不得不派人去見成吉思汗，彙報玉龍傑赤久攻不下的情況。其使者報告說：「花剌子模攻不下來，（蒙古）軍死亡甚眾，其部分原因是朮赤和察合台相互不和。」249

「成吉思汗聽了這些話後動了怒，他下令讓窩闊台擔任（全軍）統帥，統轄諸兄和全軍，指揮作戰。窩闊台素以足智多謀、能幹、有遠見著稱。使者來到（花剌子模），傳達了（成吉思汗的）敕命後，窩闊台奉命就任。他有分寸和靈活地每天會見諸兄，與他們相處得很好，並用極為巧妙的理事才幹使他們表面上保持了和睦。他堅定地執行著自己的職責，將軍中諸事安排得有條有理，加強了札撒（的執行）。」250

「此後，（蒙古）士兵齊心協力地投入了戰鬥，當天就將旗幟插上了城頭，進入了城內，用噴射石油的器械焚毀了街區，城民奔向城門。街頭巷尾又展開了戰鬥。」「蒙古人展開了激戰，將（城內）一個街區接著一個街區，一個院子接著一個院子地攻占下來，然後拆毀，付之一炬。」251玉龍傑赤人也不肯後退，節節防禦，婦女、兒童也投入了戰鬥。雙方進行了七天的反覆爭奪，最後城內軍民被包圍在三個居民區內，這時才開始乞降。他們派一個警長去見窩闊台、朮赤等諸王說：「吾屬已受王等之嚴威，使吾屬感王等之惻隱，此其時矣。」朮赤暴跳如雷，破口大罵：「彼等以抗拒而沒我軍之一部，則迄今受其嚴威者為吾曹；乃反謂彼等受吾曹之嚴威，茲吾曹將使彼等一受之。」252

最後，整個玉龍傑赤終於落入蒙軍手中。他們下令把所有城民驅逐出城，並告訴城民們，凡是工匠技師可以聚集在一起。「從他們中間將十萬名左右的工匠分出來，（押）送到東方去。青年婦女和孩子們也驅入了俘虜隊。」[253]當時，有些人擔心工匠技師要到很遠的地方去服勞役，混到居民中，不肯承認自己的工匠身分，結果這些人同其他居民一起被分配給蒙古軍人，據說每個軍人分到了二十四個俘虜，任憑他們刀砍槍刺、鍬鏟箭射，最後統統被殺死了。據一些史書記載，當時圍攻玉龍傑赤的蒙軍共五萬人，每人殺二十四人，即殺死了一百二十萬人。《世界征服者史》沒有列舉總數字，只是說：「提起此次戰役和屠殺，儘管如諺語說『像往常那樣幹』，但我聽說死者如此之多，以致我不敢相信傳聞，因此沒有記下數目。」[254]

總之，由於玉龍傑赤人對蒙軍進行了殊死的抵抗，因此蒙軍對玉龍傑赤實行了報復性的全城大屠殺。「（蒙古）軍將所有的人殺死後，便川流不息地入城任意洗劫。剩下的房屋和街區一下子全被毀掉了。」[255]據《多桑蒙古史》說，最後蒙軍還「決阿姆河堤，引水灌城，廬舍盡毀，藏者皆死。史家阿里額梯兒云：『其他諸城之陷，餘民或潛匿，或遁走，或藏積屍中而得免。唯花剌子模之人免於兵者盡溺於阿姆河水中。』」[256]從此，玉龍傑赤成為一片廢墟，幾十年後志費尼還這樣寫道：「花剌子模，這門士的中心，遊女的彙集地，福運曾降臨其門，鸞鳳曾以它為巢，現在則變成豺狼的邸宅，梟鳶出沒之處；屋宇內的歡樂消失殆盡，城堡一片淒涼，園林如此之凋落。」[257]往日繁榮富庶的花剌子模舊都，遭到了徹底破壞。

攻下玉龍傑赤以後，成吉思汗與自己的三個兒子發生了一場衝突。按成吉思汗的規矩，凡攻下城鎮，其中的財物、百姓要分成若干份，不從征的宗王、將領也各有份額。實行這種統一分配戰利品的制度，目的是有利於統一指揮，也有利於調動全軍將士的積極性。但攻下玉龍傑赤後，朮赤等三人卻私分城郭、百姓，既沒有分給其他將士，也沒有向成吉思汗貢獻一絲一毫。成吉思汗十分氣憤，三天不讓他們進見。博爾朮等人勸解說：「不服的回回百姓已屈服了，分了的城池，及分要的兒子皆是皇帝的。天地佑護，既屈服了回回百姓，俺眾人皆歡喜，皇帝如何這般怒。兒子每既知不是，已怕了，再後教他戒慎，可以召他來見。」[258]成吉思汗這才答應與他們見面，但卻把他們狠狠訓斥了一頓。蒙軍其他將領又紛紛解勸說：「三子如初調習的鷹雛一般，方才出征，如此怪責，恐向後學上的心怠慢了。如今，日出入所在，皆是敵人，將俺如西蕃狗般使去，天若佑護，將敵人勝了，凡金銀匹帛，都將來獻。」[259]經過這一番解勸，成吉思汗才息怒稱善，並馬上派各位將領，分頭去執行征服各地的任務。這一記載說明，征服「日出入所在」的一切地區，奪取那裡的金銀匹帛、財物、百姓，已成為成吉思汗的奮鬥目標。志費尼將他看做「世界征服者」，確實是有充分理由的。

根絕頑抗者，窮追新算端

一、毀滅呼羅珊

成吉思汗西征時，「呼羅珊分為四城區：巴里黑、馬魯、也里和你沙不兒。」[260]成吉思汗、拖雷父子在攻克撒麻耳干後，對整個呼羅珊地區進行了毀滅性的掃蕩。

者別、速不台追擊花剌子模國王摩訶末時，也曾經過呼羅珊地區。「他們猶如一股旋風，橫掃呼羅珊大部土地，幾乎沒有不被他們軍旅穿越的縣份。」[261]但他們的主要任務是追擊摩訶末，因此在進軍途中，他們遵照成吉思汗的命令，每到一地就派出使者，宣告成吉思汗即將駕臨，告誡當地人民不要反抗，不要拒絕投降，並且對居民極盡威脅、恐嚇之能事。只要那裡的居民表示投降，他們就派一名沙黑納，帶一份成吉思汗的文告為憑證，然後離開。只對那些拒絕投降、又容易攻打的城鎮發動進攻，毫不留情地進行殺戮。因此，在一段時間內，當地人民曾對蒙軍產生了一些錯覺和幻想：「這支軍隊也許是一股已經捲過去的洪流、或者是一陣曾在地面煽起塵暴的旋風，或者是一閃即逝的電光。」[262]他們壓根兒沒有想到，隨著這股捲過去的洪流、颳過去的旋風、一閃即逝的電光之後，卻有一場滅頂之災即將降臨。

成吉思汗攻下撒麻耳干以後，開始屯兵於撒麻耳干、那黑沙不[263]兩城之間，在那裡度過了春季和夏季。一二二〇年秋天，他帶著拖雷離開撒麻耳干，向那黑沙不的草地和矮樹林地區進發，經過碣石、[264]鐵門關[265]進抵忒耳迷。[266]他從那裡派遣拖雷去進攻呼羅珊，自己則向忒耳迷進兵。

抵達忒耳迷後，成吉思汗遣使招諭居民投降，要他們拆毀城池、壁壘。當地居民倚仗著城堡半築阿姆河上，難以攻克；而且又擁有軍隊、武器和裝備，變得狂傲，以勇敢自負，不肯屈服。於是雙方都豎起射石機，不分晝夜地酣戰苦鬥，到第十一天，蒙古人才攻下了這座城市。根據「頑抗者一律消滅」的慣例，成吉思汗命令部下將男女居民都趕到城外，有比例地分給軍士，然後將他們全部殺死，無一獲免。在大屠殺的過程中，有一位老婦人對蒙古兵說：「饒我的命，我把一顆大珠子獻給你們。」但當他們索取珠子時，她說：「我吞下肚了。」「因此，他們剖開她的肚子，找到了好幾顆珠。由於這個緣故，成吉思汗叫把所有死者的肚子都剖開。」[267]為了搶劫而大肆屠殺，甚至還要剖腹取珠，這種慘絕人寰的舉動怎能不令人怵目驚心呢！但這不過是征服戰爭中一個小小的插曲。

攻克忒耳迷後，成吉思汗又屠殺、襲擊了沿途其他地區，於一二二一年初渡過阿姆河，親自蕩平了呼羅珊地區的第一座大城市——巴里黑。這裡的城民本來在者別、速不台追擊摩訶末時就投降了蒙古，當成吉思汗到達時，他們又根據與蒙軍的協定，派人向成吉思汗請降，並獻上了各種食品和禮物。但由於當時「毀滅國土和民族的海濤正在怒嘯，災難風暴並未止歇」。[268]成吉思汗聽說札蘭丁逃入呼羅珊地區後，已收集了不少人馬，現正駐軍哥疾寧，時刻準備進行反撲。由於「札蘭丁仍在那些地區製造騷亂，馳馬於叛逆的戰場，因此蒙古人不相信巴里黑人的投降表示，在呼羅珊的情況下尤其如此」。[269]成吉思汗當時正準備進軍哥疾寧，害怕保留巴里黑這個民眾城堅的城市對自己不利。為了解除後顧之憂，於是他以檢查戶口為名，把巴里黑人統統趕到郊外，按慣例分為百人、千人一群，不分大小、男女，盡行誅戮，並縱火焚燒了該城的園林，摧毀了它的外壘、城牆、邸宅和宮殿。後來，成吉思汗回師又路經巴里黑，發現很多人藏身於角落、洞穴，在蒙古人走後又跑出來了。於是他下令把他們全部殺掉，並命部下將餘下的直立牆垣統統推倒，又一次洗劫了巴里黑。從此，「野獸飽餐死者的屍體，獅、狼相安地共同嚼食，鷹隼無爭地從同一張餐桌上享用」，[270]呼羅珊這座最重要的城市——巴里黑變得獸遊鬼哭，被徹底毀滅了。

成吉思汗父子兵分兩路掃蕩呼羅珊，呼羅珊的其他地區在拖雷的鐵蹄下遭到了同樣的命運。一二二一年春，拖雷率領本部人馬進入呼羅珊。據《世界征服者史》記載，成吉思汗的少子拖雷對於被征服的民族也是毫不心慈手軟，「論他的嚴酷，像猛烈若火的雪刃，為其刃風所及者，無不化為灰燼，而論其騎射，他又像雲幕後射出的閃電，把擊中之地變作焦土，不留一絲形跡，不作片刻延緩。」[271]他所率領的軍隊都是蒙軍的精銳，「成吉思汗從隨身的所有軍隊中，有比例地從諸子手下抽調人馬，每十人他指派一人去追隨拖雷。他們是這樣的軍士：若戰爭風浪稍稍有響動，他們的胸膛中就燃起烈火，任何鎖鏈都拴不住他們任性之手，那怕他們的敵人是大海，他們也要把它埋葬在黑土深處。」[272]

一二二一年二月，拖雷首先進軍到馬魯[273]城下。志費尼說：「馬魯是算端桑扎兒（辛扎兒）的駐蹕地，大小人物的中心。在呼羅珊諸地中，它的幅員最廣闊，境內飛翔著和平、吉祥的鳥兒。它的首領人物之多，不下於四月的雨滴，土壤可與天堂相媲美。」[274]世界文學名著《一千零一夜》正是產生在馬魯城。蒙軍到來前，摩訶末免去了抹智兒木勒克的長官和宰相之職，將該職交給了巴哈木勒克。摩訶末在逃往裏海的途中，給馬魯人下達了一道聖旨，其大意說：「簽軍、士兵及將官當避難於馬兒哈堡，的合罕及不能離開者當留在原地，韃靼軍至，均當隆重去迎接，接受一名沙黑納，聽從他們的指令，以保全自己的性命和財物。」[275]這是公開號召馬魯長官臨陣脫逃，號召馬魯人民投降敵人。正是根據這道旨意，馬魯長官巴哈木勒克帶領一些人逃到馬兒哈堡，後又奔赴塔里－赤－牙即兒堡，別的人也各按己見前往不同的地方，只有「那些在劫難逃者則返回馬魯」。[276]當者別、速不台臨近馬魯時，馬魯的代理長官「遣使去表示歸順和友善」；[277]馬魯周圍的城市則接受了蒙古派來的沙黑納，向蒙古投降了。

不久，一個名叫不花的突厥蠻人率領一批突厥人出其不意地進入馬魯城，「城內很多反對向韃靼屈膝投降的人，都擁戴他。」[278]那位馬魯的代理長官卸掉守城之職，不花獲得一支龐大的人馬。

摩訶末死後，馬魯原來的長官和宰相抹智兒木勒克「時而騎驢，時而步行」，從外地回到馬魯城。「馬魯的軍隊馬上效忠於他，不花也單獨去見他，得到寬恕。城內的突厥蠻人和氈的人，為數雖超過七萬，也服從他的領導。」[279]

抹智兒木勒克的母親本是摩訶末的寵姬，後來被賞賜給他的父親。當時他母親已身懷有孕，因此他實際上是摩訶末的後代。摩訶末死了，摩訶末的幾個兒子下落不明，於是抹智兒木勒克「遂自視比丞相地位還高，一心幻想著算端的寶座」。[280]他不僅奪取了馬魯的軍政大權，殺死了馬魯城投降派的首領，而且發兵進攻附近一些投降蒙古的城市，殺死了一些蒙古派來的沙黑納和當地的投降派。

這時，摩訶末任命的那位馬魯長官巴哈木勒克正在禡撈答而一帶，他主動去見蒙古人，把馬魯的局勢告訴他們，表示願意去那兒說降該城。他們贊同他的話，派他和七名蒙古人一起到馬魯去。他首先致函抹智兒木勒克說：「如果我們之間對職位的看法，以前有所分歧，那這一切現在都已成為過去。蒙古軍的力量是不可抗拒的，只有臣服歸順才能獲免。七千蒙古軍和一萬簽軍正在接近馬魯，而我是他們的同盟；他們在片刻間把奈撒和巴瓦兒的夷為平地。眼下，一來為同情心所驅使，二來期望我們言歸於好，我就此先遣使通知你，讓你不致頑抗下去，不致投身於毀滅的漩渦和沉淪的熔爐。」[281]

這封勸降信送到馬魯後，開始也引起了不少波動。後來，抹智兒木勒克把巴哈木勒克的使者一個個拉到一旁，向他們打聽敵軍的情況，然後斬掉這些使者，派出了兩千五百名突厥兵去對付蒙古人。蒙古人被迫後退，在撤軍的路上殺死了巴哈木勒克，這個賣身求榮的投降派也沒有得到好結果。

馬魯的奮起抗戰激勵了其他花剌子模人，後來有一支八百人的蒙軍向馬魯進攻，有兩名花剌子模將領率兩千人打敗了蒙軍，使他們橫屍沙場，並活捉了六十人，拿他們到市區和市場上遊行示眾，然後又處死了。

「正在此刻，成吉思汗派拖雷，帶領驍勇善戰的健兒和武士，出征呼羅珊諸州。」[282]馬魯城外駐紮著一萬二千名突厥騎兵，他們是抹智兒木勒克反對派的軍隊，企圖奪取馬魯城，時常對馬魯進行襲擊。他們的營盤成為蒙古軍隊首先攻擊的目標。蒙古只派四百騎兵出戰誘敵，將突厥兵引入自己的埋伏圈，很快就打垮了這支追擊部隊。隨後，他們像一陣風似的襲擊突厥兵的營盤，把他們趕到河裡，像狼撲向羊群一樣輕而易舉地消滅了一萬多突厥人，搶掠了突厥人的幾萬匹牲畜。

第二天，一二二一年二月五日，拖雷率領他的主力部隊浩浩蕩蕩地開來了，七萬多蒙古軍紮下了成千上萬的營寨，馬魯城外變成了一片騎兵的海洋。拖雷親自率領五百騎兵來到馬魯的凱旋門，然後繞城一周，觀察地形。他用了六天時間進行巡視，察看外壘、城池、壕溝和城上的塔樓，發現這座城市是一座禁得起攻擊的堅固堡壘。第七天，他把軍隊集合起來，向馬魯城發動總攻。拖雷跳下戰馬，高舉盾牌，走在部隊的最前面。蒙軍隨他前進，把衝出城門的敵人壓了回去。另一支馬魯兵從旁邊的城門衝出，在那裡把守的蒙軍也打退了他們的進攻。城中的軍隊一籌莫展，甚至不能把頭伸出城門。蒙古軍隊層層包圍了馬魯，馬魯人通宵警戒，形勢十分危急。

抹智兒木勒克剛回城不久，軍隊也是臨時湊集的，戰鬥力很差。他感到固守下去也只能是死路一條，於是在蒙軍總攻的第二天早晨就派了一名德高望重的教長去見拖雷。拖雷對他說了許多甜言蜜語，放他回城。然後抹智兒木勒克親自至蒙古營，拖雷答應讓他仍守舊職，赦免馬魯城民，並說想見見他那些助手，以便任命他們各種不同的官職。抹智兒木勒克信以為真，把手下的人們都召集到拖雷營中，拖雷下令全部逮捕了他們。隨後又命令他們交代誰是富豪，讓他們提供了一份二百人的名單。

「蒙古人接著入城，把市民不分貴賤統統趕到郊外。一連四天四夜，百姓不斷離城。蒙古人把他們全部拘留，把婦女和男子分開來。」[283]「他們從丈夫懷中奪走多少美人兒！他們拆散多少姊妹和兄弟！多少父母因他們的清白女兒遭到蹂躪而發狂！」[284]「蒙古人傳令：除了從百姓中挑選的四百名工匠，及掠走為奴的部分童男童女外，其餘所有居民，包括婦女、兒童統統殺掉，不管是男是女，一個不留。」285

蒙軍從馬魯撤走後，藏身於溝洞中的人們爬了出來，共計有五千人左右。一支殿後的蒙軍隨著到來，他們把這些人趕到郊外，其中大半人又被投進了毀滅的深淵。一二二一年十一月七日，一些劫後餘生的人們又集中到馬魯，擂鼓造反，蒙古騎兵再次進軍馬魯，很快鎮壓了馬魯人的反抗，把能找到的人統統殺死。據當時人統計，馬魯經過這場劫難，前後被殺死一百多萬人，只有幾個人逃得性命，散到鄉間；城內除了十個或半打住了十年的印度人外，無一活人。

呼羅珊的另一座大城你沙不兒，由於也曾抵抗蒙軍的進攻，因此它的遭遇也像馬魯那樣悲慘。一二二〇年九月，花剌子模沙摩訶末逃到這裡，因恐懼過度，他不斷拿韃靼軍來嚇唬百姓，慫恿百姓分散和離開，他說：「集中的百姓避不開，也打不退蒙古軍，蒙古如來到你沙不兒，這聞名的州郡，眾賽德爾的駐地，他們決饒不掉一個活人，而會讓所有人喪生刀下，你們的妻兒也會被貶為奴婢，那時再逃已來不及，不如你們現在就分散，那你們大部分人，至少你們中間一些人，可望得救。」286

「然而，人類愛戀故土，背井離鄉好像魂離軀殼」，「所以，大家不同意分散。」者別、速不台追擊摩訶末的軍隊來到你沙不兒後，你沙不兒城民表示向蒙軍屈服，供給蒙軍糧草，並接受了者別交給他們的一份成吉思汗文告。蒙軍離開後，你沙不兒及其周圍城市開始起來反抗蒙古人的統治，首先是徒思的簽軍殺死了蒙古人派到徒思的沙黑納，並把頭送到了你沙不兒。隨後你沙不兒人公開造反，蒙軍出現在哪裡，他們就派百姓到哪兒去襲擊他們。

正是在這種形勢下，成吉思汗派出的追擊摩訶末的第三支部隊——脫忽察兒的一萬人馬來到你沙不兒城下。脫忽察兒是弘吉剌部德薛禪之孫、按陳之子，是成吉思汗第四女禿滿倫的丈夫，《秘史》稱之為「赤窟古列堅（駙馬）」，又稱為「阿勒赤古列堅」。他既不知道你沙不兒城民曾經投降過者別，也不知道當時你沙不兒的變化。於是他企圖用武力攻占這座城市，而「城內的百姓鼓足了十分勇氣，因自己人多，蒙古軍少，他們時時出擊，進行交鋒」。[287]第三天，雙方在一個城頭激戰，從城堞和壁壘發射方鏃箭和弩矢。由於「一個不幸巧合，一支飛矢使脫察哈兒（脫忽察兒）喪身塵埃，市民不知他是誰就結束了他的生命」。[288]脫忽察兒的手下將領感到新失主將，兵力單薄，攻下這座大城比較困難，只好解圍退兵，沿途攻下徒思等一些小城市。

一二二一年四月，拖雷進圍你沙不兒，決心為他的妹夫脫忽察兒報仇。他一舉攻占了徒思境內的所有村落，並命令自己的軍隊從幾程遠的地方搬運石頭，隨身帶去。他們的石頭像莊稼一樣堆成山，射石機以及其他武器都排列在你沙不兒城前。你沙不兒百姓見事態嚴重，派一個教長去進見拖雷，請求寬恕，同意進貢。拖雷一口拒絕了他們的要求，並把那位教長扣押在營中，不准回城。

四月七日，禮拜三拂曉，蒙古兵飲過戰鬥晨酒，一窩蜂似地向城邊湧去。戰鬥進行到禮拜五午禱時刻，壕塹已有幾處被填平，城牆也給打開了一個缺口。一隊蒙古兵在城頭豎起了旌旗，不少蒙古人一個跟一個地爬上城牆，但到黃昏時，他們又被守城的軍民趕了下去。到了禮拜六晚上，所有的城牆和城頭都被蒙古人占領了，拖雷指揮他們湧下城頭，向城裡猛衝，市民們進行回擊，散入宮殿和宅院。最後，你沙不兒終於被占領了。「成吉思汗之女，脫察哈兒（脫忽察兒）的長妻，此時帶領她的衛士入城，他們把活人殺光，僅剩下四百人，這些人因有技藝而被挑選出來，並被送到突厥斯坦。」[289]拖雷命令把城池平毀，直到土地可以耕種為止，城內連一隻貓狗都不能留下。

拖雷聽說在屠殺馬魯時，有些人藏在屍體中逃脫了，於是他下令割下每個受害者的腦袋，並將男人、女人與小孩的頭分開，堆成三座人頭塔。這種大屠殺整整進行了十五天，你沙不兒變成了一個巨大的殺人場，蒼蠅和豺狼、野狗和山鷹爭先恐後地跑到那裡，飽餐男人的胸脯，美婦的脖頸。臨離開這裡以前，拖雷還留下了四百大食人（伊朗人），命令他們把發現的人都殺光。

離開你沙不兒後，拖雷率軍去進攻也里城。也里在你沙不兒東北，相距有五天的路程。它四周環山，中間有一平原，村落間園田遍布。也里城的守城官殺死了拖雷的諭降使者，鼓勵部下奮勇抗戰。蒙軍從四面攻城，戰鬥異常激烈。到第八天，守城的長官戰死，城中有人主張投降。拖雷瞭解到城中意見不一，於是再次招降，說：立刻投降可以免死。城中軍民為了保全性命，果真立刻投降了。拖雷這次果真沒有進行全城性的大屠殺，只殺死了札蘭丁的官吏、士兵一萬二千人，任命了一位回教徒為長官，派一位蒙古將領鎮守。

當拖雷殘破呼羅珊各地時，成吉思汗進軍到塔里寒山區。塔里寒位於今阿富汗巴達克山省塔利罕縣。「該地的城堡叫納思來忒忽，除壁壘堅固外，還駐滿準備獲得英名的武士。儘管成吉思汗遣使者、使臣去招諭居民投降，他們卻不屈服，一心要廝殺戰鬥。蒙古軍包圍城壘，開動許多弩炮；他們不倦地行動，守軍也奮戰不休；雙方進行激戰，都使對方重創。」290諸將攻打了六個月還沒有攻下。為此成吉思汗命令拖雷會師。拖雷的精銳部隊到來後，「成吉思汗乃驅俘虜下前敵，退者斬；蒙古軍造木架，運土成丘，高與敵壘等，置炮猛攻堡內。守者計窮，全軍突圍出走，騎兵竄山得脫，步卒盡殪。」291蒙軍殺死了那些被捉到的敵軍，「沒有留下一個活人，把堡壘、城砦、牆垣、宮殿、房屋都拆毀」了。292

總之，在一二二一年春夏的幾個月之內，成吉思汗、拖雷父子征服了呼羅珊的許多城鎮。霎時間，一個繁榮富庶的地區變成一片荒涼，土地變成了不毛之地，活人變成了一具具屍體，他們的皮骨化為黃土，尤其是那些起來抵抗的人們，先後被粉碎在蒙軍的毀滅之掌中。

二、追擊札蘭丁

一二二一年春，當成吉思汗渡過阿姆河、進入呼羅珊地區之後，札蘭丁途經你沙不兒逃往哥疾寧的消息不斷從各方面傳來。於是成吉思汗一面親自率軍進攻塔里寒城堡，一面派出了一支三萬人的部隊去對付札蘭丁。《世界征服者史》說：「成吉思汗從塔里寒派帖客出克及一隊將官去解決札蘭丁。」[293]《史集》則說：「這時成吉思汗為鎮守哥疾寧、哈兒赤、咱不里和可不里的道路，派失乞—忽禿忽同帖客扯客、木勒合兒、兀客兒—哈勒札、忽禿兒—哈勒札等異密帶著三萬人到那些地區去，讓他們盡可能將那些地區征服，並擔任警哨，使他自己和拖雷汗可以順利地去征服花剌子模領地。」[294]這支追擊部隊的統帥是塔塔兒部人、訶額侖夫人的四養子之一、蒙古國的大斷事官失吉忽禿忽，副統帥才是帖客出克（帖客扯客），木勒合兒、兀客兒—哈勒札、忽禿兒—哈勒札則是這支部隊的統軍將領。兀客兒、忽禿兒乃八鄰部人，「哈勒札」本意為禿子，又有詼諧者之意，這是兩位以俏皮、好鬧出名的蒙軍將領。從當時成吉思汗的作戰部署看，他並沒有將蒙軍主力用於追擊札蘭丁，而是由他和拖雷率領主力軍去征服花剌子模領地——主要指呼羅珊地區，失吉忽禿忽率領的三萬騎兵不過是一支偏師，目的是盡可能征服一些地區，牽制札蘭丁，藉以保證他和拖雷能順利地掃蕩呼羅珊。從此，成吉思汗用了半年多時間去奪取塔里寒城堡，長期屯兵於堅城之下，進展遲緩；而失吉忽禿忽的偏師卻面對著札蘭丁的主力軍，這種戰略部署的失策直接導致了八魯灣[295]之戰的失敗。

就在成吉思汗君臣分兵略地時，逃亡到哥疾寧的札蘭丁卻第一次相對集中了自己的兵力。據《史集》和《世界征服者史》記載，到哥疾寧與札蘭丁會師的花剌子模軍隊主要有三支：一支是阿明滅里（汗—滅里）所部突厥、康里騎兵四萬人；一支是白沙瓦的哈剌赤突厥首領賽甫丁—阿黑剌黑所部四萬騎兵；另一支是可不里長官與阿匝木滅里所部古兒人。再加上札蘭丁收集的軍隊，花剌子模軍當不下十幾萬人。

《史集》說，阿明滅里本是呼羅珊地區的馬魯都督，當者別、速不台途經呼羅珊時，他感到摩訶末大勢已去，於是離開馬魯，率軍退卻到古兒和哈兒赤296的山區，並派遣使者拜見成吉思汗，表示向蒙古臣服。為此，者別、速不台的軍隊沒有攻打他。後來脫忽察兒（脫察哈兒）侵犯了他的地區以及其他地區，在作戰時脫忽察兒被當地人殺死。阿明滅里害怕成吉思汗追究他的責任，這才帶領本部人馬去投奔札蘭丁了。失吉忽禿忽接到阿明滅里降而復叛的消息後，立即率領軍隊去追趕他。阿明滅里連夜前進，在哥疾寧附近的八魯灣與札蘭丁會合。這一戰場的形勢變得對蒙軍大大不利了。

在此之前，隨同忽禿忽一起出征的帖客扯克、木勒合兒率一支部隊包圍了瓦里安堡，馬上就要將它攻下來了。札蘭丁將輜重留在八魯灣，帶著軍隊去襲擊他們，殲滅了一千多蒙古先頭部隊。因蒙軍人少，於是他們撤回與失吉忽禿忽會合，重新去追擊阿明滅里。他們不知道札蘭丁已在八魯灣一帶集結了強大的兵力，一直追擊到八魯灣附近，於是爆發了著名的八魯灣之戰。

札蘭丁將自己的軍隊分為三路，右翼軍由阿明滅里指揮，左翼軍由賽甫丁—滅里—阿黑剌黑指揮，他親自指揮中軍。

失吉忽禿忽為了威懾敵人，命令每個騎兵連夜用氈子或別的東西做成一個假人，將這些假人綁在從馬的馬背上，第二天隨自己的三萬騎兵一起擺開了陣勢。「算端的軍隊看到這個萬人隊時，以為蒙古人開來了援軍，便想逃跑。」[297]

札蘭丁對自己的將士們喊道：「我們的軍隊人多，讓我們擺開隊伍，從左右二方面包抄過去將他們圍起來！」[298] 失吉忽禿忽命令自己的部下向敵人發起衝鋒，蒙軍像潮水一樣向札蘭丁軍衝殺。札蘭丁命令全軍下馬，將馬韁繩繫在一處，一齊向蒙軍射箭。一陣緊似一陣的箭雨終於煞住了蒙軍進攻的勢頭。然後札蘭丁一馬當先，向蒙軍發起了反衝鋒。當時札蘭丁的軍隊比蒙軍多兩三倍以上，其他將領分兩翼包抄，企圖圍成一個圓圈，將蒙古人包圍在中央。失吉忽禿忽一看形勢不妙，趕緊指揮軍隊後退。「由於那一帶的野地上有許多坑洞，蒙古軍（紛紛）落馬。算端軍擁有輕捷的好戰馬，他們趕上（蒙古人），（將他們）殺死了。這一戰中，蒙古軍死亡很大。」[299] 這是蒙古西征以來，花剌子模軍取得的一次最大勝利。

當時成吉思汗已在拖雷的援助下攻下了塔里寒城堡，正在休養士馬，慶祝勝利。「突然，有消息說札蘭丁取得大勝，打敗了帖客出克及其人馬。」[300] 成吉思汗雖然十分痛心，但卻不動聲色地說道：「忽禿忽以前老是打勝仗，沒有受過挫折；他受到這次挫折後，就會謹慎起來，從中取得經驗，獲得（活生生的）作戰知識。」[301] 於是他立即著手組織軍隊。這時失吉忽禿忽和隨同出征的將領帶著潰散後倖免的軍隊來到了塔里寒，忽禿忽向成吉思汗彙報了諸人的功過，訴說八鄰部的兀客兒—哈勒札和忽禿兒—哈勒札由於俏皮、大意所犯的過失。成吉思汗對他們一律不予追究，只是要求他們從中吸取教訓，在以後的戰爭中將功補過。

成吉思汗集結了自己的三路人馬，火速去迎擊札蘭丁。「途經古兒疾汪，因當地居民的抵抗，他在那裡滯留了一個月，最後方攻下它。」[302] 然後他率軍「踰欣都山，此山構成印度北界。踰山後，圍攻范延堡」。[303]「在范延堡戰役中，成吉思汗心愛的孫兒、察合台的兒子與嗣位者木—禿堅中箭後，傷發死去。因此成吉思汗加緊了圍攻。城堡被攻下後，他下令將人畜、禽獸全部殺絕，不留一個俘虜，又下令不掠一物，將城市毀成荒漠，以後不得恢復，不讓那裡生長任何造物。」從此這個地區被稱為「卯危八里」（卯忽兒罕），波斯語意為「歹城」。[304]志費尼說：「時至今日，沒有動物在其中安居。」[305]

戰爭是殘酷的，刀槍是無情的。只要戰端一開，作戰雙方都會陷入瘋狂的境地：抵抗者會視死如歸，征服者也會殺人不眨眼。玉龍傑赤爭奪戰、毀滅呼羅珊、八魯灣之戰、范延堡之戰，無不說明這一點。這是人類發展史上的一個悲劇！從悲劇中引出必要的教訓，可以增加人們的理智和遠見卓識，這正是研究歷史的一個重要目的之一。

成吉思汗的恣意報復已經延誤了蒙軍追擊札蘭丁的時機，但察合台、窩闊台這時卻率軍從花剌子模舊都與成吉思汗會師了。從而使蒙古集中了自己的大部兵力，這又構成了對札蘭丁的嚴重威脅。

由於花剌子模內部派系眾多，無論在失敗時還是在勝利時，總會出現一些矛盾和衝突。八魯灣之戰後，札蘭丁的軍隊也沒有禁受住勝利的考驗，而是為瓜分繳獲物發生了內訌。「他的軍隊從蒙古人處獲得了許多戰利品。在分配（戰利品）時，汗—滅里（阿明滅里）和賽甫丁—阿黑剌黑為了一匹阿拉伯馬爭吵了起來。汗—滅里用鞭子打了阿黑剌黑的頭。算端沒有下令處罰（汗—滅里），因為他不信任康里人。」[306]而且札蘭丁還是阿明滅里的女婿，他自然不肯向岳丈問罪，自覺不自覺地偏袒了阿明滅里。「賽甫丁感到受了委屈。當天他（還）在（算端營內），到了夜裡他一怒之下跑到起兒漫和昔黑蘭的山裡去了。」[307]同時，古兒部的首領阿匝木滅里也同情賽甫丁，對札蘭丁和阿明滅里不滿，於是也要自尋出路。札蘭丁反覆勸阻，結果還是無濟於事。於是札蘭丁剛剛收集起來的十幾萬軍隊又分崩離析、各奔前程了，札蘭丁身邊只剩下了阿明滅里的軍隊和自己收集的一部分花剌子模人。強大的蒙軍兵力集中了，弱小的花剌子模軍反而兵力分散了，戰爭的結果是顯而易見的。札蘭丁自知不是成吉思汗的對手，只好從八魯灣撤回哥疾寧，又從哥疾寧向申河308岸邊逃去，企圖渡過申河，逃往印度。

成吉思汗抵達哥疾寧時，得知札蘭丁打算渡過申河，已於十五天前退走了。成吉思汗立即委任禡禡—牙剌窪赤為哥疾寧長官，自己則以最快的速度率軍去追擊札蘭丁。當蒙軍追到申河岸邊時，札蘭丁的全部物資已裝在船上，正準備第二天全軍渡河逃到印度。札蘭丁派兀兒汗殿後，兀兒汗同蒙古先頭部隊作戰，抵擋了一陣就敗下陣來了。「成吉思汗得知算端想在黎明前渡過河去，便在算端未及渡河之前連夜急馳，黎明前將算端前後包圍起來。蒙古軍從四面八方將算端圍住，他們圍成一把弓子一樣的半圓形，辛（申）河像是（那弓上的）弦，太陽升起時，算端發現自己已處於水火之中。」309

成吉思汗事先下令說：「不得用箭射傷算端，要設法（將他活）捉到手！」310他派遣兀客兒—哈勒札和忽禿兒—哈勒札將札蘭丁從岸上趕出來，雙方在申河岸邊展開了一場血戰。蒙軍集中主力向阿明滅里所指揮的右翼軍衝殺過去，右翼軍大敗，士卒死傷過半。阿明滅里禁受不住蒙軍的攻擊，率殘部脫離戰場，向白沙瓦311方向潰逃。蒙軍截斷了他的去路，驕橫跋扈的阿明滅里死於蒙軍的亂刀之下。不久，札蘭丁的左翼軍也被打敗。札蘭丁率領著中軍一次又一次向蒙軍發動攻擊，一會兒從右面急攻到左面，一會兒又從左面攻擊蒙軍的中心。他一次再一次進攻，但蒙軍也是步步進逼，使他的活動地盤越來越小，戰場越來越窄。因為成吉思汗下令生俘他，蒙軍將士履行成吉思汗的命令，既不敢向他放箭，當面交鋒時也不敢將他置於死地，從而給札蘭丁提供了奮勇殺敵的機會。他從清早一直戰鬥到中午，最後身邊只剩下七百人了，札蘭丁仍然像一頭雄獅那樣橫衝直撞，東砍西殺。當他看到與成千上萬的蒙軍抗爭已於事無補時，他努力擺脫敵人，退下陣來換了一匹新的戰馬。札蘭丁跨上這匹生力馬，再次向蒙軍猛衝，迫使蒙軍節節後退。然後，他突然掉轉馬頭，一邊催馬疾馳，一邊脫下了鎧甲，背負盾牌，手握戰纛，縱馬從二十尺的高崖跳入申河。那匹戰馬很快從申河中掙扎起來，向對岸游去。

成吉思汗非常驚奇地將手放在嘴上，指著札蘭丁對兒子們說：「生兒當如斯人！」「誰也沒見過世上有這樣的好漢，在古代的勇士中也沒聽說（有這樣的人）！他既能從這樣的戰場上死裡逃生，（日後）定能成就許多事業，惹起無數亂子！」312

蒙軍將士正要跟蹤入水去追擊札蘭丁，但成吉思汗制止了他們。蒙古兵射死了一些跳入申河中的花剌子模士兵，全部消滅了岸上的敵人，俘虜了札蘭丁的妻子兒女。成吉思汗根據「敵種之後不可留」的信條，命令部下：凡屬男性，哪怕是嬰兒，也要統統殺死。「算端的國庫所藏大部分是金銀珠寶之類，算端當天下令將這些東西全部投進了河裡。後來成吉思汗曾命水夫（入水）搜索這些東西。」313

《史集》又說：「在一部十分可靠的編年史中載道，當算端看到無法進行抵抗時，便將自己的妻子、兒女、嬪妃們大部分投進河裡，免得她們當俘虜受辱，同時將金銀珠寶也投進了河裡，然後他才躍馬入河，渡過了河。」314

隨後，成吉思汗又分兵幾路去追擊殘敵，企圖徹底根絕敵人的反抗。他「自率大軍於一二二二年春沿申河右岸上溯行，以哥疾寧城將來或資敵用，命窩闊台往滅之。窩闊台至哥疾寧，借詞檢括戶口，命居民盡出。除工匠免，悉送蒙古外，餘悉屠之。已而縱掠，繼以毀壞，由是二百餘年來一強國之都會遂成荒址」。315

在離開申河後，成吉思汗得到消息說，札蘭丁重渡申河，埋葬死者。於是他派二子察合台繼續追索，尋找札蘭丁的下落。「察合台沒有找到算端而回，成吉思汗便派朵兒伯－朵黑申帶兩土綿（萬）蒙古軍，渡過申河進行搜索。」316 同朵兒伯－朵黑申一起進入古印度的還有札刺亦兒部的八剌那顏。他們首先進入南答納 317 地區，聽說札蘭丁曾在這一帶與朱提山區的羅納打過仗。他們攻陷了南答納堡，大肆殺戮。但他們一直追到古印度中部，也沒有找到札蘭丁的下落。於是他們回軍北上，攻占了沿途的一些地方。最後進攻木勒丹，「由於木勒丹沒有石頭，他們造了筏子，載著弩炮所用的石頭，順流而下，運到了木勒丹。到了木勒丹後，他們用弩炮攻城，幾乎快將城攻下來了，但是蒙古人不耐酷熱，他們解圍而去。」318 渡過申河，與成吉思汗會師。

那年夏天，成吉思汗屯駐在八魯灣的草原上，等候追擊札蘭丁的朵兒伯及八剌那顏。他將那一帶的地區全部攻占，進行了洗劫。「當八剌那顏和朵兒拜（朵兒伯）那顏來到後，成吉思汗就從那裡開拔了。」319

者別、速不台的遠征

摩訶末死後，者別、速不台的追擊任務本來已經完成，但他們為什麼沒有停止進軍的步伐，反而進行了一場更大規模的遠征呢？

據《史集》記載，當時者別、速不台曾派人向成吉思汗請示：「馬合謀算端死了，其子札蘭丁跑到那裡（哥疾寧）去了。現在我們對他們放下了心，上帝保護，按照成吉思汗詔旨的要求，我們可以（回）到蒙古來了，（但）一切全仗偉大的主的威力和成吉思汗的幸福。」[320]成吉思汗沒有直接答覆他們，《史集》只是說，當時「（被征服）地區還不很太平，一個使者必須在三四百個騎兵的護送下才能出發」。[321]暗示他們為了爭得「太平」，必須繼續對那些反抗者進行掃蕩，但並未揭示遠征欽察、斡羅思的原因。

當講到成吉思汗派遣者別、速不台追擊摩訶末時，《史集》曾說：「你們可以在三年內結束戰事，通過欽察草原回到我們的老家蒙古斯坦來。」[322]者別、速不台遠征的時間與回軍的路線恰恰與成吉思汗的這一「命令」完全吻合，這個「命令」恐怕不是當時由成吉思汗下達的，而是《史集》的作者拉施特事後加入的。

《元史》卷一二一〈速不台傳〉則說：「癸未（一二二三年），速不台上奏，請討欽察。」王惲在〈兀良氏先廟碑銘〉中也寫道：「癸未，（速不台）請征欽察，許焉。」[323]這就是說，摩訶末死後，速不台並沒有要求立即回軍，而是要求向欽察部進軍。其原因何在呢？《元朝名臣事略》說：「太祖征蔑乞國（蔑兒乞部），其主火都（忽都）奔欽察，遣使諭亦納思（欽察國王）曰：『汝奚匿予負箭之麋？亟以相還，不然，禍且及汝。』亦納思謂使者曰：『逃鸇之雀，翳薈猶能生之，吾顧不如草木耶？』」[324]正是因為欽察包庇成吉思汗的敵人，因此成吉思汗才同意者別、速不台向欽察等部宣戰。但據《蒙古秘史》記載，蔑兒乞部的忽都早已被速不台消滅，估計是蔑兒乞部的其他首領逃入了欽察，這才使者別、速不台的遠征師出有名；也許是忽都兄弟曾暫避欽察，當成吉思汗索取時，欽察國王又拒不交出，從而為者別、速不台的遠征製造了藉口。因此，《蒙兀兒史記》寫道：摩訶末死後，者別、速不台曾「遣使至成吉思汗行在所取進至，汗命者別等進討寬田吉思海（裏海）以北乞卜察兀兒部（欽察部），以其納蒙兀仇人蔑兒乞遺種忽禿、赤剌溫兄弟，索之不應故也」。[325]從此，一場以追逐逃敵為藉口，以屠殺、掠奪為目的的橫掃歐亞兩洲的遠征爆發了。

一、伊拉克、阿塞拜疆、谷兒只的不同命運

當摩訶末困守孤島、苟延殘喘之際，者別、速不台的追擊部隊正在向伊拉克進兵。「他們先攻下了哈耳和西模娘，從那裡進向列夷城。」[326]「列夷」又譯作「剌夷」，今名「賴依」，其遺址在德黑蘭以南幾英里處。《世界征服者史》說：剌夷城的「哈的（及別的幾個人）前去投誠」。[327]《史集》、《多桑蒙古史》則說，蒙古軍在那裡進行了屠殺、掠奪，摧毀了剌夷城。

摩訶末死後，蒙軍從剌夷進向忽木（庫姆），這是德黑蘭南面的一座重要城市。據《多桑蒙古史》所引史料說：「哲別以軍進迫忽木之時，軍中回教徒以城中居民屬剌非疾（阿里派），勸哲別（者別）盡屠之，哲別遂殺其男子，虜其婦孺。」[328]面臨著亡國滅種的威脅，花剌子模人不是捐棄前嫌，共同對敵，而是念念不忘宗教派別之爭，甚至借外敵之手誅除異己，殘害同胞，這恐怕是當時花剌子模不能團結抗戰、救亡圖存的一個重要原因！

隨後者別進軍哈馬丹，「哈馬丹的阿老倒剌表示歸順，進獻飲料、奴婢、食物、服飾及騎乘作貢禮，而且接受一名沙黑納。」[329]即同意接受一名蒙古長官，於是「蒙古軍置一戍將而去」。[330]

這時者別得到消息說，「算端的大部軍隊已在速札思[331]集中」，[332]於是他率軍向那裡的敵人進攻，將他們全部殲滅了。然後他們從那裡來到贊章，這是撒札思北面的重要城市，位於通往阿

塞拜疆的路上，其城民比其他城市多一倍，結果也被蒙軍殺得一個不剩。不久，他們又從贊章進軍可疾雲，「與可疾雲人發生激戰，將城強攻下來。可疾雲居民在城內照例展開了白刃戰，結果雙方共死亡五萬人。」[333]總之，蒙軍在伊拉克及其附近地區進行了大規模的屠殺和掠奪，目的是撲滅一切反抗的火星，藉以實現他們心目中的「太平」。

一二二〇年冬，蒙軍進入阿塞拜疆境內。當時，統治這裡的是阿答畢地方王朝。一一四六年，伊拉克國王封自己的一個突厥奴隸為阿答畢，相當於「太傅」，負責治理阿塞拜疆。不久，這位阿答畢即成為該地的國王，從此「阿答畢」一詞也含有「國王」之意。其首都在帖必力思，即今阿塞拜疆的大不里士。後來，此地成為旭烈兀王朝伊兒汗國的都城。者別、速不台遠征時，阿塞拜疆的阿答畢名叫月即伯（斡思別），人稱突厥王月即伯。月即伯年老嗜酒，留戀花天酒地，壓根兒不想用武力與蒙軍對抗。剛剛聽說蒙軍向帖必力思進軍的消息，他就帶著一些親信、宮女跑到其他地方避難去了，授命城中的貴族、官吏與蒙古人講和。這些貴族、官吏向城民勒索了大量貨幣、衣物、馬畜等，獻給蒙軍作為獻城費，於是帖必力思得到一份成吉思汗的文告，沒有遭到蒙軍的屠殺和掠奪。「二蒙古軍遂退出阿哲兒拜占境外，駐冬於裏海沿岸木干之原。」[334]

木干草原位於裏海西岸的阿臘斯河以南，今大部在阿塞拜疆境內。據多桑記載，蒙古軍從木干草原出發，「便道侵入谷兒只，敗谷兒只軍萬人，斬馘大半。」[335]《史集》則說：蒙軍離開帖必力思後，「他們向阿兒蘭進發，想在那裡過冬。他們路過谷兒只（格魯吉亞）。一萬谷兒只人前來迎擊（蒙古人），於是展開了戰鬥。谷兒只人（格魯吉亞人）戰敗，大部分被殺。」[336]如此看來，當時蒙軍並沒有制定進攻谷兒只的作戰計畫，只是為了尋找駐冬營地，「便道」「路過」谷兒只境內，只因谷兒只派一支萬人大軍「前來迎擊」，雙方才「展開了戰鬥」。這就是發生在一二二一年二月的梯弗利思（第比利斯）之戰。《多桑蒙古史》比較詳細地記載了這次戰爭的經過，其中說：蒙軍侵入谷兒只時，「其地之突厥人及曲兒忒人平日常受基督教徒之凌虐，蓄怨已深。聞蒙古兵進略此基督教民之國，多應募而投蒙古麾下，冀得乘機報復，且可飽掠富饒之地以自肥。」[337]者別、速不台將這些人編成一支前鋒軍，由阿塞拜疆的瑪麥里克部人阿忽失率領，首先殺入谷兒只境內。這支軍隊「所向焚殺」，直指梯弗利思。「谷兒只軍來禦，阿忽失軍力戰不利，多所損傷；而谷兒只軍亦因以疲弱，蒙古軍乘勢繼進，突擊敗之（西曆一二二一年二月，回曆六一七年十二月），斬殺過半。」[338]只是由於蒙古人發現谷兒只境內「叢林茂密、行軍困難」，[339]才沒有繼續深入。

這是蒙軍對谷兒只的首次攻擊，這次戰爭蒙古人之所以能夠取勝，主要得力於突厥蠻人和曲兒忒人的踴躍「應募」，得力於這支前鋒軍的「焚殺」和「力戰」。在這裡，宗教矛盾、當地的民族矛盾又成為一部分人投靠外敵、殘殺異己的藉口。

一二二一年春，蒙古軍再次來到了帖必力思，當地的都督送來了大批貢稅，於是他們滿意地走了。隨後，「蒙古人圍攻了蔑剌合城。由於當時城主為一女王，女王住在魯因的思，[340]城中無人決策抗戰。（但是蔑剌合居民）卻（同蒙古人）展開了戰鬥。蒙古人將伊斯蘭教徒俘虜前驅攻城；退者即斬。就這樣，他們廝殺了好幾天。最後，城被強攻下來，平民、貴族全都被殺死。」[341]蒙軍攻城，往往採取「借兵於敵」的策略，「置俘虜於前，其為敵兵所殺害者，故以此種不幸之人為多。」[342]蔑剌合的被殘滅，固然與城民拒不投降、奮起抵抗有關，但這種抵抗卻是群龍無首，民自為戰，而且有更多的居民並未投入戰鬥。據有些史書記載，「聞有一韃靼婦人入蔑剌合之一民宅，盡殺宅中之人。人以其為男子，不敢與抗；及見其為女子，其所俘之一回教徒遂起而殺之。

又聞蔑剌合一居民之語云：有一韃靼人入一居民過百之街中，陸續盡殺其居民，竟無一人敢自衛者。」[343]長期的和平生活和宗教精神使當地居民喪失了自衛的能力和勇氣，面對著蒙古人的進攻和屠殺，敢於奮起反抗者竟為數寥寥，多數人則是伸頸就戮，難怪當年幾萬蒙古騎兵竟可以橫掃歐亞，所向披靡。

不久，者別、速不台得到情報，說花剌子模的奴隸——者馬剌丁－阿必額等人在哈馬丹發動叛亂，殺死了蒙古長官，並將親附蒙古人的阿剌－倒剌抓起來關在位於羅耳的一個州內的哈里惕堡內（該堡位於今北盧里斯坦的侯臘馬巴德之南）。於是蒙古人重新向哈馬丹進軍，者馬剌丁－阿必額出來迎降，但蒙古人並沒有饒恕他，他與他的那些同謀者全部被折磨死了。據《多桑蒙古史》說，哈馬丹律士長率城民守城，「蒙古軍下令圍攻，城民擁戴律士長為帥，開門突擊。首二日戰甚勇，蒙古兵大受損折。至第三日，城民以律士長不能騎馬，往請市長代將，然市長已攜家從地道出亡，城民氣遂沮。雖有死守之決心，唯不敢復出戰；蒙古軍以死傷多，將欲退。及見城民中止突擊，料其意沮，劇攻入之。居民短兵巷戰不敵，卒受屠戮，亙數日，僅藏伏地穴者得免，蒙古兵焚城而去。」[344]

一二二一年秋，蒙古軍回師北進，第三次來到帖必力思城下。阿塞拜疆國王阿答畢月即伯之子哈木失表示歸降，「（蒙古人）將璽書和木牌發給了他。」[345]

在這一年之內（一二二〇年秋－一二二一年秋），者別、速不台的遠征軍掃蕩了伊拉克，擊潰了谷兒只，三臨帖必力思，降服了阿塞拜疆，從而為蒙軍進軍欽察解除了後顧之憂。

二、偷越打耳班，智勝阿速軍

者別、速不台率軍離開阿塞拜疆後，首先進入阿兒蘭地區。「阿兒蘭」，《世界征服者史》寫作「阿蘭省」，它位於高加索山以南、庫拉河和阿臘斯河會合後形成的三角洲中，西方古文獻中稱其為「阿勒班尼國」。其大部在今阿塞拜疆境內，一部分屬於亞美尼亞。據《史集》說，阿兒蘭的首府為別兒答阿，《多桑蒙古史》則說：阿蘭的都城是「干札」，又譯作「章札」，《史集》寫作「吉陽札」。

蒙軍一路攻城掠地，於一二二一年十月進軍到阿兒蘭重鎮拜勒寒城下。「拜勒寒」，《史集》作「拜剌罕」，其遺址叫做「米勒拜勒寒」，在今舒沙東南。拜勒寒「城外無石」，蒙軍「伐大樹以代炮石」，很快攻下了這座城市，「盡殺其男子，女子則辱而後殺，刳孕婦，戕其胎。」[346]「接著，他們向阿兒蘭最大的城吉陽札進攻。攻下城後，將該城完全毀掉了。」[347]多桑說，蒙軍並未攻下吉陽札（干札），「此城居民常與谷兒只人戰，以勇敢聞。蒙古軍不易與，索得銀幣衣服若干，即進兵入谷兒只境。」[348]這是蒙軍對谷兒只的第二次進攻。

有的史書記載說：「谷兒只畏敵之甚，致使蒙古軍自信所向無敵。」一個谷兒只使者甚至對人傳言：「此輩蠻人從來不敗逃，且不降敵。一日俘一韃靼人，其人自投馬下，首觸崖石而死。」[349]吃過一次敗仗的谷兒只人滋長了一種恐敵症。但谷兒只軍畢竟還是久經戰火考驗的，因此他們並沒有向蒙軍屈服，而是「列陣以待」。雙方相遇，哲別帶著五千人（埋伏在）一個隱秘的地方，速別台帶著軍隊衝上去。最初，蒙古人敗退，谷兒只人（格魯吉亞人）追了上來。哲別遂從埋伏處衝出來，將他們包圍在中間，一下子殲滅了三萬谷兒只人」。[350]這是對谷兒只軍的又一次沉重打擊。但「蒙古軍以谷兒只險隘遍國內，不敢深入，遂飽載鹵（虜）獲」，[351]繼續北進。

他們從那裡向設里汪進軍，企圖尋找一條越過太和嶺（高加索山）的通道。

「設里汪」是裏海西岸、庫拉河北面的一個地方王朝，《世界征服者史》寫作「失兒灣」，今為阿塞拜疆國的一部分。其首都為舍馬哈城，又譯作「沙馬合」。當時的君主是設里汪沙法魯黑咱忒。者別、速不台從當地人那裡瞭解到，太和嶺山勢險峻，在太和嶺與裏海之間只有一條通道可以進入欽察部駐地，這就是設里汪境內的打耳班城，它是該地區北面邊境上的一座大城，人們稱其為鐵門關，今為阿塞拜疆裏海上的一個著名港口。它是南北往來的必經之地，在當時也是一個有名的商業城市。在進軍打耳班的途中，蒙軍首先攻下了設里汪的首都舍馬哈，驅走了許多俘虜，屠殺了大量城民。但打耳班有一條設防堅固的隘道，一夫當關，萬夫莫開。為能順利地通過打耳班，他們派人與設里汪國王講和，說：「請你（派）幾個人來締結和約吧！」[352]於是設里汪國王派了十名使者去見者別與速不台。他們都是設里汪最著名的大臣，蒙古人殺死了其中的一個，然後威脅其他九個人說：「只要你們將通過打耳班的道路指引給我們，我們就饒恕你們，否則我們就把你們殺掉！」[353]那批顯貴的使者貪生怕死，背叛了自己的國家，告訴蒙古人沿著山谷可以繞過設防堅固的打耳班隘道。於是蒙古人順利地偷渡打耳班，越過太和嶺，進入了阿速與欽察部駐地。

「阿速部」，《史集》又作「阿蘭部」，它與居住在阿兒蘭地區的阿蘭人屬於同一種族。阿速部分布在太和嶺北麓，是一個伊朗民族沃舍梯人的祖先，其活動範圍在今亞美尼亞及俄羅斯一帶。阿速部的左鄰就是欽察人，這是者別、速不台進攻的主要目標。欽察分布在裏海之北，東起烏拉爾海，西至頓河的遼闊草原——波羅夫草原，即欽察草原上，拜占庭史學家稱其為「庫蠻」，俄羅斯編年史稱之為「波洛維赤」，伊斯蘭教著作稱他們為「欽察」。欽察人屬於突厥語部族，當時大部分人信奉伊斯蘭教，有一部分人信奉基督教。阿速部及其他高加索部族屬於當地的部族，都信奉基督教。蒙軍越過太和嶺後，立即遇到了欽察和阿速等高加索各部的聯合抵抗，聯軍人多勢眾，雙方激烈爭戰，「相持不下」，[354]勝負未決。這時，者別、速不台又採取了分化瓦解、利用矛盾的策略，派使者去見欽察部首領，進行反間活動。他們對欽察人說：「我們和你們是同一部落的人、出自同一氏族，而阿蘭人是我們的異己。讓我們締結互不侵犯的協定吧，你們想要金子、衣服，我們給你們，你們（將阿蘭人）給我們留下吧。」[355]欽察人聽信了蒙古使者的甜言蜜語，又貪圖蒙古人的財物，於是單獨與蒙古人講和停戰。蒙軍集中力量進攻阿速各部，阿速各部被打得大敗，遭到了「命定的掠奪、屠殺」。[356]當時，「欽察人相信了締結的和約，他們無所顧慮地在自己的地區上散開了」，將士們帶著大量金錢、財物，歡天喜地地各自向家中走去。但時隔不久，「蒙古人突然向他們襲來，見一個殺一個，奪回了（以前）給（他們）的東西。」[357]許多欽察人變成了蒙軍的刀下之鬼，蒙古軍搶劫的財物大大超過了議和時送的財物。

三、迦勒迦河之戰

欽察草原受到蒙古軍隊的突然襲擊，欽察人被迫離開原來的駐地，西遷到伏爾加河（亦的勒河）和第聶伯河（涅卜兒河）之間的欽察人處，希望得到他們的援助。蒙古軍隊占領了水草豐美的欽察大草原，在欽察草原的中心地帶度過了一個嚴寒的冬天。

一二二三年春，蒙古人繼續追擊欽察人，進軍到今克里米亞半島，占領了薩波羅什城。欽察人集合自己的軍隊迎擊蒙古軍。由於其首領臨陣脫逃，許多人喪失了生命，欽察人被迫向第聶伯河方向逃竄。

游牧於第聶伯河以西的欽察各部，分部游牧，各立可汗，其中的忽灘汗（又譯客察客汗）威望最高。他發現形勢危急，趕緊向斡羅思（俄羅斯）人求援。當時，斡羅思正處於諸侯割據時代，分裂為若干個公國。其中加里奇侯國的姆斯梯斯拉夫勇侯是忽灘汗的女婿。忽灘汗派人對加里奇勇侯說：「今天（韃靼人）掃蕩了我們的土地，明天就會進攻你們的土地了。」358加里奇勇侯分別致書斡羅思諸侯，提議到基輔（乞瓦）聚集，以便討論變化著的形勢。其信中說：「弟兄們，如果我們不幫助他們（波羅維赤人359——原編者註），那麼他們就會隸屬於他們（韃靼人——原編者註），那麼他們（韃靼人——原編者註）的勢力就會更大起來。」360他指出了欽察人和蒙古人聯合的危險性和支援欽察人的必要性。但是有些斡羅思諸侯很少考慮到斡羅思的整體命運，他們更為關心的是內部的政治糾紛。因此，並不是所有的諸侯都響應了加里奇勇侯的號召。但無論如何，與欽察相鄰的斡羅思南部的一些大公畢竟預感到唇亡齒寒的威脅，終於集會於基輔，決定與欽察部聯合，共抗蒙軍。他們說：「在別人的土地上總比在自己的土地上迎擊（他們——原編者註）好得多。」361

蒙古人又重演了對付欽察和阿速人的故伎，派使者對斡羅思諸大公說：我們「無犯斡羅思部之意，所討者僅其鄰部。況此部平昔侵擾斡羅思部有年，應乘此時期而謀報復，與蒙古軍結合，同分鹵獲。且在宗教一方面言，蒙古人只信一上帝，尤應與相結以討崇拜偶像之欽察也」。362這次斡羅思大公沒有上蒙古人的當，殺死了十個蒙古使者，乘勢進軍。

斡羅思諸大公的聯軍有一個致命的弱點，其「軍隊數量雖然十分龐大，但其組織卻具有封建零散的性質：指揮不統一，每一個侯都各自為戰，同時任何一個封建主也能隨意退出戰場。這就導致嚴重的後果。」[363]

蒙古人發現敵人兵力強大，主動向後方的草原撤退。「欽察人和斡羅思人以為他們害怕而退走了，便（向前）追擊蒙古人十二天。」[364] 一二二三年五月三十一日，輕敵冒進的加里奇勇侯率領部分斡羅思聯軍與欽察軍一起，在迦勒迦河與蒙軍主力接觸，兩軍發生了一場大決戰，這就是歷史上著名的迦勒迦河之戰。

在這場有關雙方生死存亡的大決戰爆發前夕，斡羅思聯軍內部卻出現了矛盾。基輔侯是斡羅思聯軍的首領，加里奇勇侯則是這支聯軍的實際組織者，他曾百戰百勝地打敗過波蘭人和匈牙利人，因此被人們稱為勇敢的人、常勝的人。「兩雄不並立」的原則在需要雙方團結的時候忽然發生了作用，他們二人都瞧不起對方，不知為什麼發生了爭吵，互相之間有些不和。因此，當加里奇勇侯與欽察軍向蒙古軍隊出擊時，基輔大公竟按兵不動，屯兵於迦勒迦河對岸的高崗上，採取了隔岸觀火、坐山觀虎鬥的幸災樂禍、袖手旁觀的態度。「在戰鬥正酣時，波羅維赤軍（欽察軍）『不支後退……衝潰了羅斯諸侯結紮的營寨』，[365] 因此後者『無法抗拒』韃靼軍。這一戰是非常激烈的：『戰鬥既凶猛而又殘酷。』但是軍力是不平衡的，因為基輔侯姆斯梯斯拉夫就不曾投入戰鬥：他據守迦勒迦河對過的山上以自固，一直袖手旁觀羅斯武士隊的覆滅。」[366] 斡羅思聯軍被擊潰了，六個大公當場陣亡，加里奇勇侯和沃倫侯丹尼爾逃過第聶伯河，破壞了所有餘下的船隻，使蒙古軍隊無法渡河，才得倖免於難。「而其餘的軍士則成群結隊地各自逃回家去了。」[367]

擊潰斡羅思主力以後，蒙軍包圍了自作聰明的基輔侯的軍營，對他圍攻達三天之久。基輔侯支持不住，被迫乞降，要求蒙古人不要殺死他和他的兩個女婿。蒙古人與基輔侯的使者對天盟誓，放其回營。但基輔侯投降後，蒙古人卻違背了自己的諾言，斡羅思的戰士全部被殺死了，基輔侯及其諸王也被捆綁起來，放倒在地。蒙古人在他們身上搭了一層木板，然後在木板上舉行了慶功宴，諸位大公及其將領在蒙古人的歡笑聲中悲慘地結束了自己的生命。斡羅思、欽察聯軍與蒙古人的第一次大會戰，就這樣以慘敗而告終了。諾夫哥羅得的編年史家寫道：「無數的人被殺死了，哀號悲泣之聲遍於城鄉各處。」「迦勒迦河一役是留在人民記憶中的一件大事，因為在這次的事件以後，『羅斯土地頹廢荒涼。』」[368]

迦勒迦河大戰之後，蒙軍長驅直入斡羅思境內，「沿途無抗者。」其中有一個城市的居民「聞蒙古軍至，不能敵，相率執十字架出城乞免死，蒙古軍盡殺之，死者萬人。蒙軍在斡羅思南部肆其焚殺」，[369]自聶伯河進至黑海北岸，一直進軍到克里米亞半島。一二二三年底，他們又經過伏爾加河，進入不里阿耳境內，然後經過裏海、鹹海北部，東歸與成吉思汗會師。

西征回師

成吉思汗西征轟轟烈烈，中外史籍的記載也相對詳盡，但在談到西征回師時各種史籍不是沒有提及，就是寥寥數語。

《元史》卷一〈太祖紀〉太祖十九年（一二二五）記載：「是歲，帝至東印度國，角端見，班師。」

《新元史》卷三〈太祖本紀下〉太祖十七年（一二二三）記載：「帝欲從印度斯單經唐古特（指西夏）而歸，行數城，聞唐古特復叛，又以道路險惡，乃改途渡質渾河循故道至撒麻耳干。或曰左右見一角獸，形如鹿而馬尾，作人言，曰：『汝主宜早還。』帝遂決意班師。」

《蒙兀兒史記》卷三〈成吉思可汗本紀下〉記載說：十七年秋，「汗以西域略平，分置答魯合臣（達魯花赤）、留太師耶律阿海監治不合兒（不花剌）、薛米思堅（撒麻耳干）、兀龍格赤（玉龍傑赤）……各城。秋九月丙午朔，車駕回渡阿梅河（阿姆河）。路途訪道於丘處機。駐蹕薛米思堅城東。冬十月丙子朔，下詔班師。」

《史集》記載說：「猴年（西元一二二四年），成吉思汗征服大食地區以後，決定回到（自己的）老營去。唐兀惕居民作亂的消息傳來，是成吉思汗急於回去的原因，唐兀惕人由於他長期不在，又動亂起來了。」「那年冬天，他渡過質渾河，屯駐在撒麻耳干城郊。」

多桑《蒙古史》記載說：一二二二年冬，成吉思汗「駐冬於申河河源附近不牙客的威兒之山地中，時軍中瘟疫流行」。「一二二三年春，疫止。成吉思汗遂決定取道印度、土蕃而還蒙古。」在其註釋中提到中國史志中的「角端」說和《史集》的「西夏復叛」說，明確表示不同意《史集》的意見：「《史集》謂成吉思汗之東還，蓋因唐兀之叛，欲回師平之。案：成吉思汗回蒙古約一年後，固曾進兵唐兀，大肆焚殺，然當時唐兀主實無謀脫桎梏之跡。」

《世界征服者史》未曾提到西征回師的原因。

以上幾種著作是有關蒙古史的權威性著作，其中五本書對同一個問題提出了四個時間、四種原因。最早涉及的時間是馬年，一二二二年冬；其次即羊年，太祖十七年、西元一二二三年，幾乎包括春夏秋冬；第三即猴年，西元一二二四年；第四種是雞年，太祖十九年即一二二五年。回師的原因一是「角端見」，二是「唐兀叛」，三是「西域略平」，四是「瘟疫流行」。究竟哪個時間、哪種原因是確切的呢？

關於「角端見」，元初名臣宋子貞在〈中書令耶律公神道碑〉中寫道：「行次印度國鐵門關，侍衛者見一怪獸，鹿形馬尾，綠色而獨角，能為人言曰：『汝君宜早回。』上怪而問公。公（曰）：『此獸名角端，日行一萬八千里，解四夷語，是惡殺之象，蓋上天遣之以告陛下。願承天心，宥此數國人命，實陛下無疆之福。』上即日下詔班師。」以後《元史》紀傳和《通鑑綱目》等基本上採用了這一說法。《元史》卷一四六〈耶律楚材傳〉在談到這一問題時，增加了「角端見」的具體時間：「甲申」，即猴年，西元一二二四年；耶律楚材對此怪獸的解釋與神道碑大同小異。其中說：「帝至東印度，駐鐵門關」，見一角獸，帝以問楚材，對曰：「此瑞獸也，其名角端，能言四方語，好生惡殺，此天降符以告陛下。陛下天之元子，天下之人，皆陛下之子，願承天心，以全民命。」「帝即日班師。」這就是說，元初統治者及中國古代的正史《元史》都將「角端見」當做成吉思汗西征班師的主要原因。

多桑《蒙古史》引用了《通鑑綱目》對這一問題的說法，基本上與宋子貞的說法相同，多桑講道：「中國史書志有一種神話，謂成吉思汗因此班師。」顯然是將這種說法當做神話，不以為然。從科學的角度看，一種野獸「日行一萬八千里」，「能言四方語」，還明確告訴成吉思汗的侍衛人員：「汝君宜早回。」這顯然是一種神話的編造。問題在於，當時掌握西征軍進止大權的成吉思汗是否有可能相信和接受這種說法。無論這種說法是否有科學根據，只要成吉思汗信以為真，他就有可能為此而下詔班師。「角端」應寫作「用端」，「用」應讀為「音祿」，西漢初年的四皓之一即名為「用里」。在北京故宮的珍寶館中，目前還陳列著這種「瑞獸」，其作用、功能也與耶律楚材的說法大同小異，當然應該看做神話傳說。從目前幾種記載看，「用端見」的具體時間既不應是太祖十九年（一二二五），也不應是猴年（一二二四），而應是羊年（一二二三）秋天，即成吉思汗等待追擊札蘭丁的部隊從印度回師之時。當時蒙軍經過四年西征，雖然取得了輝煌勝利，但也有不少傷亡，包括成吉思汗的愛孫和駙馬都死於戰爭之中，成吉思汗的母親也在草原去世，再加上一二二二年冬季的「軍中瘟疫流行」，蒙軍將士產生思鄉乃至厭戰之情應該是可以理解的，這種情緒在耶律楚材與長春真人丘處機的對詩唱和中已經有了充分的流露（見下章）。耶律楚材作為一位精通儒家和佛教學說的政治家，為了當時的政治需要，可能會借用佛教和薩滿教有關天神、長生天的教義編造一個瑞獸的神話，這在中國歷史上叫做「神道設教」，也可以看做是「善意的欺騙」。而從當時成吉思汗對長生天的迷信以及對耶律楚材的信任來看，他完全有可能相信這種神話，並因此而下詔班師。但「即日下詔班師」未免過於絕對化，當時不過是決定從印度河前線回軍，並未決定從哪條路線、何時回師蒙古草原；因此《新元史》改為「帝遂決意班師」，開始「帝欲從印度斯單經唐古特（指西夏）而歸，行數城，聞唐古特復叛，又以道路險惡，乃改途渡質渾河循故道至撒麻耳干」；而《蒙兀兒史記》則將具體下詔的時間改為太祖十七年（一二二二），「冬十月丙子朔。」從成吉思汗回師草原的具體時間看，《蒙兀兒史記》的說法可能更接近實際。

關於「唐兀叛」也不能說毫無道理，這裡的關鍵在於西夏國王從何時企圖脫離蒙古的控制，以及成吉思汗何時得到了這一情報？歷史事實是否像多桑說的那樣「唐兀主實無謀脫桎梏之跡」？據《宋史·夏國傳》、《元史·史天祥傳》、〈木華黎（孛魯）傳〉和《金史》卷一三四〈西夏傳〉、《西夏紀》記載，羊年（一二二三）春，偏師征金的蒙古大將木華黎病死，其子孛魯「入朝行在所。時太祖在西域，夏國李王陰結外援，蓄異圖，密詔孛魯討之。甲申秋九月，攻銀州，克之，斬首數萬級，獲生口馬駝牛羊數十萬」。[370] 西夏光定十三年（一二二三）二月，夏神宗李遵頊的太子德任不同意聯蒙侵金，夏神宗「廢太子德任，以德旺為太子」。[371]是為西夏獻宗。李德旺繼位後，企圖改變十餘年來聯蒙抗金的路線，利用成吉思汗大軍西征未歸之際，擺脫蒙古的控制，一方面「遣使結漠北諸部為外援，陰圖拒守計，諸部出兵應」；[372]另一方面又派使者與金修好。《金史·西夏傳》說：「正大元年，（金夏）和議成，自稱兄弟之國。」[373]《金史》卷一七〈哀宗紀〉則說：正大元年（一二二四）冬十月「夏國遣使來修好」；[374]第二年（一二二五年）「九月，夏國和議定，以兄事金，各用本國年號，遣使來聘，奉國書稱弟。」[375]以上兩件事雖然記載為一二二四年與一二二五年，但自從一二二三年初西夏內部就產生了利用蒙古主力西征、聯合漠北諸部及聯金抗蒙的主張，並因此導致了夏神宗換太子以及退位做太上皇的重大事件發生。對於這樣明顯的政治路線變化，成吉思汗君臣早已有所覺察，木華黎之子孛魯不遠萬里前往西征前線朝見成吉思汗主要就是為了這件事。這說明，早在一二二三年秋季前後，成吉思汗已經瞭解到「夏國李王陰結外援，蓄異圖」，故而才「密詔孛魯討之」。而不是像多桑說的那樣「唐兀主實無謀脫桎梏之跡」。在蒙古、西夏與金朝的關係中，是蒙夏聯合對金，還是夏金聯合對蒙，這是關係蒙古國前途與命運的大事，成吉思汗當然不會漠然視之。因此《史集》說：「唐兀惕居民作亂的消息傳來，是成吉思汗急於回去的原因。」這一說法是有一定道理的。

三是「西域略平」說。綜合分析一下各種相關記載，我認為成吉思汗西征回師的主要原因雖然與「角端見」、「西夏叛」都有很大關係，但最根本的原因還是「汗以西域略平」。即成吉思汗認為，已經基本上完成了西征花剌子模的任務。從為被殺的商人和使者報仇的角度看，直接殺人者海兒汗被處死了，支援海兒汗、殺死使者的摩訶末國王也已經死於海島；從征服戰爭的角度看，花剌子模國已經被推翻了，眾多城市和地區已經被蒙軍占領了，其新任國王札蘭丁也已經不知下落。因此從總體上看，應該說「西域略平」，也就是說成吉思汗西征的戰略目的已經基本達到了。這是成吉思汗決定回師的主要因素。如果沒有這個前提，即使有前兩條原因，成吉思汗也不會突然下詔班師的。

多桑提出的「瘟疫流行」說也不是毫無影響，在分析「角端見」的原因時我已經分析了「軍中瘟疫流行」對蒙古軍軍心士氣的影響，但正如多桑記載的那樣，「一二二三年春，疫止。」我認為，從成吉思汗的性格來看，一場已經過去的瘟疫，絕不會成為他決定西征是否回師的主要原因。

綜上所述，我認為可以這樣看待成吉思汗的西征回師：首先是一二二三年秋，札蘭丁被打敗後不知下落，而其他各地則陸續平定，所以成吉思汗認為是「西域略平」，這是西征回師的關鍵；其次，由於長年在外征戰和瘟疫的流行，當時蒙古軍中已經出現了思鄉之情和厭戰情緒，耶律楚材等人乘機製造了一個「角端見」的神話，這成為成吉思汗「遂決意班師」的直接動因；第三，具體班師的路線和具體班師時間，開始時成吉思汗君臣曾考慮經過吐蕃、西夏回到蒙古草原，估計正好在這時孛魯帶來了「西夏復叛」的消息，而長春真人還在撒麻耳干等待接見，於是成吉思汗決定改變原來設想的回師草原的路線，還是原路返回，先從阿姆河邊回撒麻耳干，並在此期間接見了長春真人；第四，正式下詔班師回草原應該是在接見長春真人之後，即屠寄先生所說的太祖十七年（一二二三）「冬十月丙子朔，下詔班師」；第五，從正式下詔班師，到回到蒙古草原大概用了一年半到兩年的時間，因此一二二四年一年都在回師的路上，故而波斯的史學家拉施特記載為「猴年（一二二四），成吉思汗征服大食地區以後，決定回到（自己的）老營去」。而《元史》的作者卻說成吉思汗班師回到草原的時間是太祖十九年，即一二二五年。這裡存在著出發與到達時間的差距，但也不排除修史者的大意與失誤。

註釋

1《史集》（漢譯本），第一卷第二分冊，頁二六〇。

2《世界征服者史》（漢譯本），上冊，頁九三。

3 苦叉：又譯曲先、曲鮮、苦先，今新疆庫車。

4《世界征服者史》（漢譯本），上冊，頁七一。

5 虎思斡魯朵：又譯虎思斡耳朵、骨斯訛魯朵、谷則斡兒朵。意為強大的宮帳。今楚河流域托克瑪克東南布拉納古城，當時又名八剌沙衮城。

6《史集》（漢譯本），第一卷第二分冊，頁二四八。

7 算端：又譯莎勒壇、梭里檀、速里壇、算灘、鎖潭、蘇丹等，意為「國王」。

8《史集》（漢譯本），第一卷第二分冊，頁二四八—二四九。

9《世界征服者史》（漢譯本），上冊，頁七一。

10、11、12《史集》（漢譯本），第一卷第二分冊，頁二五〇。

13、14《史集》（漢譯本），第一卷第二分冊，頁二五一。

15《世界征服者史》（漢譯本），上冊，頁七三。

16《世界征服者史》（漢譯本），上冊，頁七二。

17、18、19《史集》（漢譯本），第一卷第二分冊，頁二五二。

20、22《世界征服者史》（漢譯本），上冊，頁七四。

21《史集》（漢譯本），第一卷第二分冊，頁二五三。

23《世界征服者史》（漢譯本），上冊，頁七四。

24 撒里黑綽般：指薩雷科耳山脈以西的撒里黑庫耳，意為「黃湖」，即維多利亞湖地區，俄國人稱為佐爾庫耳。

25 薩曼王朝：其統治區域大致相當於以後的俄羅斯突厥斯坦，包括今烏茲別克、南哈薩克、塔吉克及吉爾吉斯的一部分。

26 呼羅珊：又譯霍拉贊、呼臘散、侯臘散。意為太陽升起的地方，指波斯東部阿姆河以南地區。

27 巴里黑：地名，呼羅珊城市之一，《西遊記》作班里城，今阿富汗境內。

28 也里：今名赫拉特，阿富汗西北部格里魯德河右岸的大城。

29 據《史集》記載，這個使團是與商隊同時出發的，這份國書似乎並未到達摩訶末之手。《多桑蒙古史》則認為是先派使團，後派商隊。

30、32、33《多桑蒙古史》上冊，第六章，頁九二。

31《史集》（漢譯本）第一卷第二分冊，頁二五九。

34、36、38《世界征服者史》（漢譯本），上冊，頁九〇。

35《史集》（漢譯本），第一卷第二分冊，頁二五八。《世界征服者史》上冊，頁九〇，寫作「忽氈」的三個商人。

37、39《史集》（漢譯本），第一卷第二分冊，頁二五八。

40 訛答剌：又譯兀提剌耳、斡脫羅兒、兀答剌兒等。在今哈薩克錫爾河右岸阿雷斯河口附近。

41《世界征服者史》（漢譯本），上冊，頁九一。

42《史集》（漢譯本），第一卷第二分冊，頁二五九。

43《史集》（漢譯本），第一卷第二分冊，頁八四註3。

44《史集》（漢譯本），第一卷第二分冊，頁二五九—二六〇。

45《世界征服者史》（漢譯本），上冊，頁九二。

46《多桑蒙古史》上冊，頁九三。

47、48《史集》（漢譯本），第一卷第二分冊，頁二六〇。

49、50《多桑蒙古史》上冊，頁九三。

51、53、54《史集》（漢譯本），第一卷第二分冊，頁二六一。

52《世界征服者史》（漢譯本），上冊，頁七五。

55、56《世界征服者史》（漢譯本），上冊，頁七五—七六。

57、58《史集》（漢譯本），第一卷第二分冊，頁二六二。

59《蒙古秘史》校勘本，第二五四節。

60《世界征服者史》（漢譯本），上冊，頁九二。

61《世界征服者史》（漢譯本），上冊，頁九三。

62、63《史集》（漢譯本），第一卷第二分冊，頁二七二。

64、65、66《新譯簡注蒙古秘史》續集第一，頁三〇四。

67《蒙古秘史》校勘本，第二五四節。

68《新譯簡注蒙古秘史》續集第一，頁三〇五。

69、70《新譯簡注蒙古秘史》續集卷一，頁三〇六。

71 失吉：牙縫中的肉。

72《新譯簡注蒙古秘史》續集卷一，頁三〇六。

73、74、75、76《蒙古秘史》校勘本，第二五五節。

77、78、79《新譯簡注蒙古秘史》續集卷一，頁三〇八。

80、81、86、87、88、90（元）耶律楚材：《西遊錄上》。

82、84、85《史集》（漢譯本），第一卷第二分冊，頁二七二。

83〈中書令耶律師公神道碑〉，《湛然居士文集》附錄。

89《世界征服者史》（漢譯本），頁九六。

91《世界征服者史》（漢譯本），頁九五。

92《史集》（漢譯本），第一卷第二分冊，頁二六三。《世界征服者史》說：摩訶末「撥給哈只兒汗五萬人」。

93《史集》（漢譯本），第一卷第二分冊，頁二七三。

94《世界征服者史》（漢譯本），頁九六。

95 氈的：其遺址在克孜爾奧爾達不遠處，錫爾河右岸。

96 養吉干：又譯巴耳赤邗。其廢墟名札內根特，位於錫爾河下游卡札林斯克南面。

97 忽氈：今塔吉克列尼納巴德城。

98 別納克忒：其廢墟在錫爾河右岸吉日根河流域。

99 不花剌：今布哈拉。

100 玉龍傑赤：今烏茲別克郭耳迦納契。

101、103《多桑蒙古史》上冊，第七章，頁九七。

102《世界征服者史》（漢譯本），上冊，頁九七。

104《世界征服者史》（漢譯本），上冊，頁九八。

105《世界征服者史》（漢譯本），頁九八。

106、107、108《世界征服者史》（漢譯本），頁九九。

109《史集》（漢譯本），第一卷第二分冊，頁二七四—二七五。

110、112、114、115《史集》（漢譯本），第一卷第二分冊，頁二七五。

111《世界征服者史》（漢譯本），頁一〇二。

113 額失納思：其遺址在錫爾河左岸，距河十七英里，距伯爾卡桑郵站二十英里。

116、118《世界征服者史》（漢譯本），頁一〇三。

117《史集》（漢譯本），第一卷第二分冊，頁二七六。

119《多桑蒙古史》上冊，頁九八。

120 阿母牙：一般稱為阿模里，位於烏滸水（阿姆河）左岸，馬魯東北約一百二十英里，即今土庫曼斯坦的查爾周。

121《世界征服者史》（漢譯本），頁一〇七。

122《史集》（漢譯本），第一卷第二分冊，頁二七七。

123《世界征服者史》（漢譯本），頁一〇九。

124《世界征服者史》（漢譯本），上冊，頁一一六。

125 答失蠻：波斯語意為「具有知識者」、「學者」，中亞河中地區以此為伊斯蘭教長老的稱號。

126、128、129、130《世界征服者史》（漢譯本），上冊，頁一一七。

127《史集》（漢譯本），第一卷第二分冊，頁二八〇—二八一。

131 訥兒：今烏茲別克斯坦的努臘塔。

132《世界征服者史》（漢譯本），上冊，頁一一八；《史集》同。

133《世界征服者史》（漢譯本），上冊，頁一一八—一一九。

134《世界征服者史》（漢譯本），上冊，頁一一九。

135《世界征服者史》（漢譯本），上冊，頁一一六。
136（元）耶律楚材：《西遊錄》。
137《世界征服者史》（漢譯本），頁一二〇。
138《世界征服者史》（漢譯本），頁一一三。
139《多桑蒙古史》上冊，第七章，頁一〇〇。
140、141《史集》（漢譯本），第一卷第二分冊，頁二八二。
142《世界征服者史》（漢譯本），頁一二一。
143《史集》（漢譯本），第一卷第二分冊，頁二八三。
144《多桑蒙古史》上冊，第七章，頁一〇一。
145《世界征服者史》（漢譯本），頁一二二。
146、147、148、149、150《世界征服者史》（漢譯本），頁一二二—一二三。
151、152《世界征服者史》（漢譯本），頁一二三。
153《世界征服者史》（漢譯本），上冊，頁一三五。
154（元）耶律楚材：《湛然居士文集》卷五，頁九六—一〇一。
155（元）耶律楚材：《西遊錄上》。
156、157、158、159、161《世界征服者史》（漢譯本），上冊，頁一三六。
160、162《史集》（漢譯本），第一卷第二分冊，頁二八四。
163《史集》（漢譯本），第一卷第二分冊，頁二六二—二六三。
164《史集》（漢譯本），第一卷第二分冊，頁二六三—二六四。
165、167《史集》（漢譯本），第一卷第二分冊，頁二六四。
166禡拶答兒：裏海南部地區。
168《史集》（漢譯本），第一卷第二分冊，頁二八四—二八五；撒里普勒：「橋頭」，烏茲別克札拉扶桑河流域卡塔庫爾崗附近。
169、171、172《世界征服者史》（漢譯本），上冊，頁一三七。
170、175、176《史集》（漢譯本），第一卷第二分冊，頁二八五。
173、174《世界征服者史》（漢譯本），上冊，頁一三八。
177、178《世界征服者史》（漢譯本），上冊，頁一三九。
179《史集》（漢譯本），第一卷第二分冊，頁二八六。
180《世界征服者史》（漢譯本），上冊，頁一三九。
181《世界征服者史》（漢譯本），上冊，頁一四〇。《史集》說：工匠與哈沙兒隊都是一千人，不確。
182的那：又譯底納兒，古代中亞一帶的貨幣單位。
183李志常：《長春真人西遊記》。
184耶律楚材：《湛然居士文集》卷六，頁一一四—

一一六。

185、187、188《世界征服者史》（漢譯本），上冊，頁一六九。

186《史集》（漢譯本），第一卷第二分冊，頁二八七。

189《史集》（漢譯本），第一卷第二分冊，頁二八七—二八八。

190呼羅珊：波斯語，意為太陽升起的地方。指東部阿姆河以南，今俄羅斯、烏茲別克、阿富汗、伊朗等國交界處的大片地區。

191哥疾寧：花剌子模王子札蘭丁封地，今阿富汗加茲尼。

192巴里黑：又譯班勒紇、班里城，當時呼羅珊四大城之一，今阿富汗巴爾克。

193《史集》（漢譯本），第一卷第二分冊，頁二六四。

194《多桑蒙古史》上冊，頁一〇五。

195般札卜：阿姆河邊瓦赫什河口附近的一個著名渡口，又譯班加普。

196《世界征服者史》（漢譯本）上冊，頁一六九。

197、202《史集》（漢譯本），第一卷第二分冊，頁二八八。

198《史集》（漢譯本），第一卷第二分冊，頁二八八—二八九。

199、201《史集》（漢譯本），第一卷第二分冊，頁二八九。

200《多桑蒙古史》上冊，頁一〇五—一〇六。

203《世界征服者史》（漢譯本），上冊，頁一七〇。

204《多桑蒙古史》上冊，第七章，頁一〇五。

205、206《史集》（漢譯本），第一卷第二分冊，頁二九〇。

207、208《史集》（漢譯本），第一卷第二分冊，頁二九〇—二九一。

209札木：今阿富汗托爾巴特—赤—舍黑—賈姆。

210徒思：今阿富汗塔巴蘭縣。

211答木罕：擔寒山中城堡。

212西模娘：位於伊朗西北部德黑蘭東面。

213剌夷：其遺址在德黑蘭以南幾哩遠。

214、216《史集》（漢譯本），第一卷第二分冊，頁二九一。

215哈不傷：其遺址在今霍臘散的密什赫德城西北。

217報達：今伊拉克巴格達。

218《史集》（漢譯本），第一卷第二分冊，頁二九二。

219額別思寬：原來裏海中的一個群島，現已陸沉。額別思寬為裏海東岸古兒干（今袞爾干）河口的港口。

220、223《史集》（漢譯本），第一卷第二分冊，頁二九三。

221《多桑蒙古史》上冊，頁一〇八。

222、224、225、226《多桑蒙古史》上冊，頁一〇九。

227、228、229、232、233《多桑蒙古史》上冊，頁一一〇。

230《世界征服者史》（漢譯本）上冊，頁一四四。

231《史集》（漢譯本），第一卷第二分冊，頁二九五。

234《史集》（漢譯本），第一卷第二分冊，頁二九五—二九六。

235、237《史集》（漢譯本），第一卷第二分冊，頁二九四。

236 奈撒：今土庫曼斯坦阿什哈巴特以西，巴吉爾村附近。

238《史集》（漢譯本），第一卷第二分冊，頁二九六。

239、243、244《世界征服者史》（漢譯本）上冊，頁一四六。

240《多桑蒙古史》上冊，第七章，頁一一一。

241《多桑蒙古史》上冊，第七章，頁一一一、一一二。

242《世界征服者史》（漢譯本）上冊，頁一四六—一四七。

245、246《世界征服者史》（漢譯本）上冊，頁一四七。

247、248、249《史集》（漢譯本），第一卷第二分冊，頁二九七。

250、251、253、255《史集》（漢譯本），第一卷第二分冊，頁二九八。

252《多桑蒙古史》上冊，頁一一三—一一四。

254、257《世界征服者史》（漢譯本）上冊，頁一四八。

256《多桑蒙古史》上冊，頁一一四。

258《蒙古秘史》校勘本，第二六〇節；奏事者《蒙古秘史》記為博爾朮、失吉忽禿忽、木華黎等三人，木華黎未至西征前線，此處有誤。

259《蒙古秘史》校勘本，第二六〇節。

260《世界征服者史》（漢譯本）上冊，頁一七九。

261、262《世界征服者史》（漢譯本）上冊，頁一七八。

263 那黑沙不：今烏茲別克斯坦之卡爾施。

264 碣石：今烏茲別克卡什卡河流域之沙赫夏卜茲。

265 鐵門關：從布哈拉、撒馬爾罕通往打耳班鎮的拜孫山的帖木兒—合黑剌合狹谷，當時有一座鐵門擋在山隘入口處。

266 忒耳迷：位於阿姆河右岸、帖爾美茲旁邊。

267《世界征服者史》（漢譯本）上冊，頁一五〇。

268、269《世界征服者史》（漢譯本）上冊，頁一五二。

270《世界征服者史》（漢譯本）上冊，頁一五三。

271《世界征服者史》（漢譯本）上冊，頁一七八。

272《世界征服者史》（漢譯本）上冊，頁一七八—一七九。

273 馬魯：今土庫曼馬勒城東廢城。

274《世界征服者史》（漢譯本）上冊，頁一八二。

275、276、277、278《世界征服者史》（漢譯本）上冊，頁一八三。

279、280《世界征服者史》（漢譯本）上冊，頁一八四。
281《世界征服者史》（漢譯本）上冊，頁一八五—一八六。
282《世界征服者史》（漢譯本）上冊，頁一八七。
283、284、285《世界征服者史》（漢譯本）上冊，頁一八九。
286《世界征服者史》（漢譯本）上冊，頁二〇二。
287、288《世界征服者史》（漢譯本）上冊，頁二〇五。
289《世界征服者史》（漢譯本），上冊，頁二〇七。
290、292《世界征服者史》（漢譯本），上冊，頁一五四。
291《多桑蒙古史》上冊，頁一一三。
293《世界征服者史》（漢譯本）上冊，頁一五六。
294《史集》（漢譯本），第一卷第二分冊，頁三〇三—三〇四。
295 八魯灣：今阿富汗必陽只失兒河流域的城市，位於喀茲尼附近。
296 哈兒赤：阿富汗西北部木爾加布河上游的山區。
297、298、299、301、306、307《史集》（漢譯本），第一卷第二分冊，頁三〇五。
300、302、304、305《世界征服者史》（漢譯本）上冊，頁一五四。
303《多桑蒙古史》上冊，第七章，頁一二〇。
308 申河：今巴基斯坦境內的印度河。此戰具體地點大概在今卡拉巴黑附近的丁科特。
309、310、312《史集》（漢譯本），第一卷第二分冊，頁三〇七。
311 白沙瓦：今巴基斯坦西北部與阿富汗交界處的地區的城名。
313、314《史集》（漢譯本），第一卷第二分冊，頁三〇八。
315《多桑蒙古史》上冊，頁一二六—一二七。
316《世界征服者史》（漢譯本）上冊，頁一六六。
317 南答納：位於印度旁遮普邦傑盧姆縣的品德達丹罕稅區，外索耳特嶺的一個大盆地中。
318《史集》（漢譯本），第一卷第二分冊，頁三〇八。
319《史集》（漢譯本），第一卷第二分冊，頁三〇九。
320、321《史集》（漢譯本），第一卷第二分冊，頁三一一。
322《史集》（漢譯本），第一卷第二分冊，頁二八八。
323 王惲：《秋澗先生大全文集》卷五〇。
324 閻復：〈句容武毅王紀績碑〉，《元朝名臣事略》卷三引。
325《蒙兀兒史記》卷二九〈速不台傳〉。
326《史集》（漢譯本），第一卷第二分冊，頁三一二。
327《世界征服者史》（漢譯本）上冊，頁一七一。
328《多桑蒙古史》上冊，頁一二九註。

329、332《世界征服者史》（漢譯本）上冊，頁一七二。

330《多桑蒙古史》上冊，頁一二九。

331 速札思：《史集》譯作「撒札思」，是座小鎮，在孫丹尼亞以西幾英里遠。

333《史集》（漢譯本），第一卷第二分冊，頁三一二。

334、335《多桑蒙古史》上冊，頁一三二。

336《史集》（漢譯本），第一卷第二分冊，頁三一二—三一三。

337、338、349、351《多桑蒙古史》上冊，頁一三三。

339、341、345《史集》（漢譯本），第一卷第二分冊，頁三一三。

340 魯因的思：一作魯雲的思，巨堡。一說該堡距蔑剌合三英里；一說該堡在帖必力思附近。

342、343《多桑蒙古史》上冊，頁一三一註。

344、346、348《多桑蒙古史》上冊，頁一三一。

347、350、352、353、354、355《史集》（漢譯本），第一卷第二分冊，頁三一四。

356、357、364《史集》（漢譯本），第一卷第二分冊，頁三一五。

358 **B. F.** 帕舒托等著：《蒙古統治時期的俄國史略》上冊，頁四一。

359 波羅維赤人：指欽察人。

360、361、363《蒙古統治時期的俄國史略》上冊，頁四二。

362《多桑蒙古史》上冊，頁一三五。

365、367《諾夫哥羅得編年史》，頁六三。

366《蒙古統治時期的俄國史略》上冊，頁四三。

368《蒙古統治時期的俄國史略》上冊，頁四四。

369《多桑蒙古史》上冊，頁一三八。

370（明）宋濂等：《元史》卷一一九〈木華黎附孛魯傳〉，頁二九三六，北京：中華書局，一九七六。

371、372 戴錫章編：《西夏紀》卷二八，頁六六四，銀川：寧夏人民出版社，一九八八。

373（元）脫脫等：《金史》卷一三四〈西夏傳〉，頁二八七六，北京：中華書局，一九七五。

374（元）脫脫等：《金史》卷一七〈哀宗紀上〉，頁三七五，北京：中華書局，一九七五。

375（元）脫脫等：《金史》卷一七〈哀宗紀上〉，頁三七六，北京：中華書局，一九七五。

第七章　回軍滅西夏

將征金滅夏當做主要奮鬥目標的成吉思汗，把儒家和佛教信徒耶律楚材視為國寶，置於身邊，傳之後世，這正是成吉思汗的明智之處。而成吉思汗接見長春真人，似乎是一個插曲，但他們討論的卻是有關人的生死和如何治理國家的重大問題。成吉思汗未能在自己的有生之年統一中國，但卻為其子孫留下了滅夏、滅金的三條方略，歷史一一證明了他預見的英明與偉大。

征服者與「聖人」門徒

日本學者小林高四郎在《成吉思汗》一書中寫道：「給血腥的西征送來一陣清風的恐怕就是道教真人長春被召至遙遠的西域，請教長生不老之道這件事。」[1]其實，自始至終伴隨成吉思汗西征的儒家和佛教信徒耶律楚材，對成吉思汗及其子孫發生了更大的影響。楚材自稱是孔子和釋迦牟尼的門徒，長春真人丘處機則是北方道教全真派的領袖，作為佛道儒的聖人門徒，他們的思想主張與成吉思汗這位征服者本有天淵之別，那麼究竟是什麼因素將他們的名字聯繫在一起了呢？

一、成吉思汗初遇耶律楚材

耶律楚材是契丹貴族的後裔，遼朝東丹王突欲的八世孫。其父耶律履在金章宗時位至副宰相——尚書左丞，死後「謚曰文獻」，其漢化程度已經很深。直到耶律履花甲之年，楚材降生。深通「術數」、會相面算命的耶律履曾對親人說：「吾年六十而得此子，吾家千里駒也，他日必成偉器，且當為異國用。」於是他根據《左傳》「楚雖有材，晉實用之」的典故，給自己的小兒子起名為「楚材」，字為「晉卿」，似乎他早已看到金朝必亡，自己的小兒子則會成為異國的名臣。[2]實際上，這不過是修史者為楚材降蒙辯護，故意將他投靠成吉思汗看做是天命安排。耶律履作為金章宗時的宰相，他很難預見幾十年後金朝會滅亡，即使他看到一點苗頭，也不會對別人講這種大逆不道的話。其實耶律履的話也可以從另一個角度理解：契丹族的後裔為金朝所用，也可看做是楚材晉用。

楚材三歲喪父，「母夫人楊氏誨育備至。稍長，知力學。年十七，書無所不讀，為文有作者氣。」[3]成吉思汗建國稱尊的一二〇六年，耶律楚材十七歲。「金制，宰相子得試補省掾。」楚材不願靠父親的特權做官，希望與其他士人一樣參加科舉。「章宗詔如舊制。問以疑獄數事，時同試者十七人，楚材所對獨優，遂辟為掾。」[4]二十四歲時被授為開州同知。在他二十五歲那年，金宣宗南逃，蒙軍圍攻中都。楚材之兄辨材、善材皆扈駕。楚材奉命留中都，被丞相完顏承暉選拔為尚書省左右司員外郎。楚材從小博覽群書，尤通經史，旁及天文、地理、律曆、術數及釋老、醫卜之說。在童年和青年時代，他目睹了連年戰亂給人民帶來了巨大的苦難，因此在中都被圍期間他拜萬松老人為師，皈依佛教，企圖從佛教理論中尋找精神寄託。正如他事後在文集中所說：

「予既謁萬松，杜絕人跡，屏斥家務，雖祁寒大暑，無日不參。焚膏繼晷，廢寢忘餐者幾三年。誤被法恩，謬膺子印，以湛然居士從源目之。」[5]二十七歲「受顯訣於萬松老人」，[6]成為一個佛門教外弟子，自稱「湛然居士」，法號「從源」。萬松老人主張「以儒治國，以佛治心」，[7]這一主張恰恰符合耶律楚材的思想實際。楚材長期接受儒家的思想教育，即使學佛之後，在他的思想深處依然保留著儒學的陣地，希望用儒家的政治主張治理國家，用儒家的倫理道德影響人民。因此有人說他「跡釋而心儒，名釋而實儒，言釋而行儒，術釋而治儒」。[8]應該承認，耶律楚材是一個崇佛宗儒的徹底漢化了的地主階級知識分子。一二一五年，蒙古軍隊占領中都，耶律楚材同其他金朝官員一起投降了蒙古。一二一八年，素有吞併天下之志的成吉思汗聽說楚材有學行，而且善於占卜，於是下詔召見他。二人初次見面，成吉思汗大概是為了爭取同盟者，對耶律楚材說：「遼與金為世仇，吾與汝已報之矣。」[9]耶律楚材不僅沒有感謝成吉思汗為契丹人報仇，反而表示了對金朝的一片忠貞：「臣父祖以來皆嘗北面事之，既為臣子，豈敢復懷貳心，仇君父耶？」[10]表示他忠於金朝的國君，不敢要求成吉思汗替他報契丹族的亡國之恨。沒想到這短短的一句話正中成吉思汗下懷，使他發現耶律楚材是一位忠於所事的人，是一位可以依賴的人，「上雅重其言，處之左右，以備咨訪。」[11]從此，耶律楚材受到成吉思汗極大的信任和尊重，成為成吉思汗的親臣和近臣。耶律楚材丰姿長髯，蒙古語稱長髯人為「吾圖撒合里」，於是成吉思汗親切地稱呼耶律楚材為「吾圖撒合里」而不直呼其名。[12]

幾年之後，當耶律楚材與丘處機吟詩唱和時，他曾回顧了自己當年北上謁見成吉思汗時的心情，其中說：「乍遠南州如夢蝶，暫遊北海若飛鵬。」「一聖龍飛德足稱」，「良平妙算足依憑。」「華夷混一非多日，浮海長桴未可乘。」「安得沖天暢予志，雲輿六馭信風乘。」[13]儘管他乍離中都，不免有如莊子「夢蝶」之感，但他仍對自己的前程充滿了信心，希望如大鵬展翅一樣遨遊北海。他把成吉思汗比做「龍飛九五」的聖人，把自己比做胸懷「妙算」的張良、陳平式的人物，希望協助成吉思汗完成「華夷混一」、統一天下的大業，乘風「沖天」而起，而不願乘「長桴」浮海而去。佛門寄希望於來世，耶律楚材卻想用胸中才學，協助成吉思汗追求當世的豐功偉業，立功北海，名傳後代，這正是他與避世修省的佛教徒的一個本質區別。

正是在這一思想指導下，耶律楚材參預了成吉思汗的萬里西征，而且基本上不離成吉思汗左右，為成吉思汗出了不少主意。比如，一二一九年，「太祖西征，公從。禡旗之際，雨雪三尺，上惡之。公曰：『玄冥之氣見於盛夏，克敵之徵也。』」[14]從而堅定了成吉思汗出師西征的信心。「夏六月過金山。」「九月望，過松關。」[15]後來，楚材與丘處機對詩唱和，如實記錄了一路的見聞和當時的心情。在〈過金山用人韻〉中，楚材寫道：「雪壓山峰八月寒，羊腸樵路曲盤盤。千嶺競秀清人思，萬壑爭流壯我觀。」[16]在和丘處機詩〈自金山至陰山紀行〉時，楚材又寫了著名的〈過陰山和人韻〉，如實再現了成吉思汗大軍橫越金山、陰山的壯麗景象，其中說：「陰山千里橫東西，秋聲浩浩鳴秋溪。猿猱鴻鵠不能過，天兵百萬馳霜蹄。」「雲霞掩翳山重重，峰巒突兀何雄雄。古來天險阻西域，人煙不與中原通。細路縈紆斜復直，山角摩天不盈尺。」「四十八橋橫雁行，勝遊奇觀真非常。臨高俯視千萬仞，令人懍懍生恐惶。百里鏡湖山頂上，旦暮雲煙浮氣象。山南山北多幽絕，幾派飛泉練千丈。大河西注波無窮，千溪萬壑皆會同。君成綺語壯奇誕，造物縮手神無功。山高四更才吐月，八月山峰半埋雪。遙思山外屯邊兵，西風冷徹征衣鐵。」[17]

在另幾首詩中，楚材不僅描寫了過陰山的景象，而且抒發了自己當時的壯志豪情，如〈再用前韻〉一詩寫道：「河源之邊鳥鼠西，陰山千里號千溪。倚雲天險不易過，驌驦跼蹷追風蹄。簽記長安五陵子，馬似游龍車如水。天王赫怒山無神，一夜雄師飛過此。盤雲細路松成行，出天入井實異常。王尊疾驅九折坂，此來一顧應哀惶。崢嶸突出峰峭直，山頂連天才咫尺。楓林霜葉聲蕭騷，一雁橫空秋色寂。西望月窟九澤重，嗟呼自古無英雄。出關未盈十萬里，荒陬不得車書通。天兵飲馬西河上，欲使西戎獻馴象。旌旗蔽空塵漲天，壯士如虹氣千丈。秦皇、漢武稱兵窮，拍手一笑兒戲同。塹山陵海匪難事，翦斯群醜何無功。」[18]在另兩首詩中楚材又寫道：「武皇習戰昆明上，欲討昆明致犀象。吾皇兵過海西邊，氣壓炎劉千萬丈。」「關山險僻重復重，西門雪恥須豪雄。定遠奇功正今日，車書混一華夷通。」[19]在這裡，楚材是站在西征的積極擁護者和支持者的立場上來描寫和頌揚成吉思汗的西征，因此他不僅將西征描寫為驚天地、泣鬼神的壯舉，而且毫不掩飾地透露了他崇拜成吉思汗、蔑視秦皇、漢武的思想感情。在他看來，號稱窮兵黷武的秦皇、漢武，與一代天驕成吉思汗相比，也不過如同兒戲一般，只值得拍手一笑而已。他希望自己能像定遠侯班超那樣，立功異域，「車書混一華夷通。」這正是他跟隨成吉思汗西征初期真實思想的寫照。

二、召見長春真人的兩份詔書

成吉思汗信任耶律楚材，不僅因為他忠於所事，還因為他確實是一位治理天下的傑出人才。成吉思汗以武力爭奪天下，開始比較重視軍事人才，迷信武力。西夏人常八斤善造弓矢，很受成吉思汗信用，經常自我吹噓，看不起耶律楚材等一幫儒臣，說：「國家方用武，耶律儒者何用。」[20]但在楚材看來，常八斤不過是個匠人而已，根本不配談什麼天下大事，因此他針鋒相對地回答說：「治弓尚須用弓匠，為天下者豈可不用治天下匠耶。」[21]他認為「儒者」正是「治天下匠」，要想治理好一個國家，就不能只靠武力，而要實行儒家的治國方針。「帝聞之甚喜，日見親用。」[22]成吉思汗聽到耶律楚材的主張後，感到楚材確實是一個非同一般的人，於是對他更加信任了。

對於天文曆法，耶律楚材也有很高造詣。成吉思汗初起時，蒙古人不懂天文曆法，任用了一批畏兀兒人觀測天象。他們預報某年五月十五日夜裡要出現月食，楚材認為這個推測不準確，結果那一天果然沒有發生月食。後來，楚材推測第二年十月十五日晚將發生月食，畏兀兒人則不同意楚材的推測，結果到了那天夜裡，果然「月食八分」。從此成吉思汗對耶律楚材更佩服了，說：「汝於天上事尚無不知，況人間事乎！」[23]正是在這種情況下，耶律楚材的思想主張逐步在成吉思汗身上發生了潛移默化的作用。

漢人劉溫，字仲祿，因善做鳴鏑得幸於成吉思汗，他不反對以武力爭奪天下，也不反對儒家所宣傳的以德治天下，但他更留意於所謂長生健身之術，在儒、佛、道三家中，最推崇道教。一二一九年五月，當成吉思汗西征路經乃蠻故地時，有一天劉仲祿向成吉思汗進獻醫藥，順便對成吉思汗說，金國有個長春真人丘處機，年高三百餘歲，此人不獨有治天下之術，恐怕還有長生不老之藥，建議成吉思汗召見丘處機問道。於是成吉思汗先後頒發了兩份詔書，從而出現了長春真人的萬里西遊。

耶律楚材是長春真人西遊的積極支持者，據他自己說，當丘處機遞來《陳情表》，表示不願西行時，正是他受命起草了第二份詔書，成吉思汗「命僕草詔，溫言答之，欲其速致也」。[24]而從第一份詔書的思想主張來看，它與第二份詔書是一脈相承的，這份詔書即使不是出於楚材之手，也是得到他的贊同的。

丘處機是金朝全真道的首領，因他出身漢族，不願接受異族的統治，隱居在山林聚徒講道，拒不出山做官。一二一九年，丘處機在山東萊州昊天觀講道。那年四月，金朝的河南提控派人請他出山，他婉言謝絕了；同年八月，投靠了南宋的李全、彭義斌請他協助共定大業，他也拒不前往。不久，劉仲祿帶著成吉思汗的虎頭金牌和詔書找到了丘處機，金牌上鑄有八個字：「如朕親行，便宜行事。」[25]其詔文說：「制曰，天厭中原，驕華太極之性；朕居北野，嗜欲莫生之情。反樸還淳，去奢從儉，每一衣一食，與牛豎馬圉共弊同饗。視民如赤子，養士若兄弟。謀素和，恩素蓄，練萬眾以身人之先，臨百陣無念我之後。七載之中成大業，六合之內為一統。非朕之行有德，蓋金之政無恆。是以受天之祐，獲承至尊，南連趙宋，北接回紇，東夏西夷，悉稱臣佐。念我單于國千載百世以來，未之有也。然而任大守重，治平猶懼有闕（缺）。且夫刳舟剡楫，將欲濟江河也；聘賢選佐，將以安天下也。朕踐祚已來，勤心庶政，而三九之位（三公九卿），未見其人。訪聞丘師先生體真履規，博物洽聞，探賾窮理，道沖德著，懷古君子之肅風，抱真上人之雅操。久棲岩谷，藏身隱形，闡祖宗之遺化，坐致有道之士，雲集仙逕（徑），莫可稱教。自干戈而後，伏知先生猶隱山東舊境，朕心仰懷無已。豈不聞渭水同車，茅廬三顧之事。奈何山川懸闊，有失躬迎之禮。朕但避位側身，齋戒沐浴，選差近侍官劉仲祿備輕騎素車，不遠千里，謹邀先生暫屈仙步，不以沙漠悠遠為念。或以憂民當世之務，或以恤朕保身之術，朕親侍仙座，欽唯先生將咳唾之餘，但授一言斯可矣。今者，聊發朕之微意萬一，明於詔章。誠望先生既著大道之端要，善無不應，亦豈違眾生之願哉！故茲詔示，唯宜知悉。五月初一日筆。」[26]

這份詔書充分表達了成吉思汗君臣對丘處機的無比景仰之情。他們不僅把他當做活神仙，希望從他那裡得到「保身之術」；而且把他比做姜子牙、諸葛亮式的人物，希望他成為新朝的輔佐，登上「三九之位」，做大蒙古國的三公九卿，協助他們「安天下」，治理好國家。接到這種詔書，丘處機即使有回天之力、治國平天下之才，也不得不認真考慮，費一番躊躇。劉仲祿讀完詔書，對丘處機說：「師名重四海，皇帝特詔仲祿逾越山海，不限歲月，期必致之。」[27]

丘處機一看盛情難卻，只好答應了成吉思汗的要求，願同劉仲祿去見成吉思汗，一二二〇年正月北行。但走到燕京以後，聽說成吉思汗已率軍離開乃蠻，到更遠的西方去了，他擔心自己年事已高，受不了一路上的辛苦、風霜，想等成吉思汗回師以後再朝見。劉仲祿不敢自作主張，派一個隨從的官員曷剌去請示成吉思汗，丘處機寫了一份《陳情表》，對成吉思汗說：「登州棲霞縣誌道丘處機，近奉宣旨，遠召不才。海上居民，心皆恍惚。處機自念謀生太拙，學道無成，辛苦萬端，老而不死。名雖播於諸國，道不加於眾人。內顧自傷，哀情誰測。前者南京及宋國屢召不從，今者龍庭一呼即至，何也?伏聞皇帝天賜勇智，今古絕倫，道協威靈，華夷率服。是故便欲投山竄海，不忍相違；且當冒雪沖霜，圖其一見。蓋聞車駕只在桓撫之北，及到燕京，聽得車駕遙遠，不知其幾千里。風塵滿轡，天氣蒼黃，老弱不堪，切恐中途不能到得。假之皇帝所，則軍國之事，非己所能，道德之心，令人戒欲，悉為難事。遂與宣差劉仲祿商議，不若且在燕京德興府等處盤桓住坐，先令人前去奏知。其劉仲祿不從，故不免自納奏帖。念處機肯來歸命，遠冒風霜，伏望皇帝早下寬大之詔，詳其可否。兼同時四人出家，三人得道（去世），唯處機虛得其名，顏色憔悴，形容枯槁，伏望聖裁。龍兒年（即庚辰年）三月X日奏。」[28]

丘處機這份《陳情表》的中心意思是說，他並不懂得軍國之事，沒有姜子牙、諸葛亮那種治國平天下的才能，因此難登三九之位；另外，他雖有「道德之心」，但時當亂世，「令人戒欲」，也不是那麼容易做到的；同時年事已高，形容枯槁，不耐風霜，因此他說不打算到西域去見成吉思汗，想等成吉思汗西征歸來後再去朝見。

成吉思汗收到丘處機的表文時，已經攻下了撒麻耳干，他讓耶律楚材給他翻譯講解了表文的內容，授命楚材起草一份詔書，敦請丘處機西遊撒麻耳干。這就是成吉思汗召見丘處機的第二份詔書，其詔文說：「成吉思汗皇帝敕真人丘師：省所奏應召而來者，具悉。唯師道逾三子（指丘處機的三位師兄），德重多方，命臣奉厥玄纁，馳傳訪諸滄海。時與願適，天不人違，兩朝屢召而弗行，單使一邀而肯起。謂朕天啟，所以身歸，不辭暴露於風霜，自願跋涉于沙磧。書章來上，喜慰何言！軍國之事，非朕所期，道德之心，誠云可尚。朕以彼酋不遜，我伐用張，軍旅試臨，邊陲底定。來從去背，實力率之故。然久逸暫勞，冀心服而後已。於是載揚威德，略駐車徒，重念雲軒既發於蓬萊，鶴馭可遊於天竺。達磨東邁，元印法以傳心；老氏西行，或化胡而成道。顧州途之雖闊，瞻幾杖似非遙。爰答來章，可明朕意。秋暑，師比平安好，旨不多及。十四日。」[29]這份詔書言簡意賅，十分明確地向丘處機表明，他即使不能輔佐成吉思汗處理軍國之事，成吉思汗仍然崇尚他的「道德之心」；因為成吉思汗知道，要征服敵人儘管需要「軍旅試臨」，「實力率之故」，但要達到「久逸暫勞」、長治久安的目的，還不能只憑武力，還要靠「心服而後已」。成吉思汗之所以從萬里之外派出使者專門尋找丘處機，「不限歲月，期必致之」，正是由於丘處機「名重四海」，希望能從他那裡找到征服人心的辦法，藉以從政治上、思想上加強對各地人民的統治，也就是向丘處機這個道教首領尋找統治術。

其實這種主張主要反映了詔書起草者耶律楚材的思想，正率領大軍攻城掠地的成吉思汗恐怕還沒有這麼明確的認識。耶律楚材「幼而學儒，晚而喜佛，常謂以吾夫子之道治天下，以吾佛之教治一心，天下之能事畢矣」。[30]他當時為什麼不竭力向成吉思汗宣傳儒家的「治天下」之道和佛教的治人心之術，反而捨近求遠，到千里萬里之外去敦請一個道教首領呢？他為什麼欣然接受成吉思汗的命令，樂於為成吉思汗起草一份召見長春真人的詔書，而對「夫子之教吾佛之道，置而不問呢」？[31]後來，耶律楚材寫了一篇〈西遊錄〉，其中就專門回答了這一問題。

自東漢以來，佛、道、儒被稱為三教，它們雖然都是漢族封建階級統治人民的工具，但互相之間也有一些矛盾和衝突。「其教門施設，尊卑之分，漢、唐以來，固有定論。」[32]但隨著時代的變化，君主的好尚不同，其社會地位也不是一成不變的。當蒙古貴族入主中原之初，道教的地位曾一度提高，直到忽必烈時佛教才上升到道教之上，而儒學在元朝卻一直排在第三位，並未引起統治者的真正重視。而在成吉思汗時，蒙古貴族主要著眼於掠奪、屠殺，很少有人瞭解佛、道、儒對治理國家有什麼用處，即使晨、昏、朝、夕不離成吉思汗左右的耶律楚材，也很難一下子使蒙古貴族明白這個道理。因此耶律楚材說：「余以為國朝開創之際，庶政方殷而又用兵西域，未暇修文崇善。三聖人教皆有益於世者。嘗讀《道》、《德》二篇，深有起予之歎，欲致吾君高蹈義皇之跡，此所以贊成之意也。亦將使為儒、佛之先容耳。」[33]他認為當時蒙古貴族還來不及修文崇善，還不知道佛、道、儒三聖人之教為何物。為了長治久安，首先有必要向成吉思汗宣傳三聖人之教。因此他願意將丘處機請來，讓丘處機向成吉思汗講一講用道德「匡時救世」的道理，從而為自己的佛、儒二教開闢一條途徑。所謂三聖人之教，說到底就是漢族地主階級比較文明的封建主義的統治方法，按耶律楚材的說法，用這種方法治理天下，就可以使老百姓「速以能仁，不殺、不欺、不盜、不淫」，也就是用「因果之誡化其心，以老氏慈儉自然之道化其跡，以吾夫子君君、臣臣、父父、子子之名教化其身，使三聖人之道若權衡然行之於世，則民之歸化，將若草之靡風，水之走下矣」。[34]這種三聖人之教深入人心之後，一些有見解的人就可以「策於朝廷，請定制度、議禮樂、立宗廟、建宮室、創學校、設科舉、拔隱逸、訪遺老、舉賢良、求方正、勸農桑、抑遊惰、省刑罰、薄賦斂、尚名節、斥縱橫、去冗員、黜酷吏、崇孝悌、賑困窮。若然，則指太平若運掌之易也」。[35]也就是全面實行漢族封建階級原有的制度和政策，這就是以後所說的「行漢法」。這種三聖人之教對於勞動人民來說雖然也是壓迫之道、剝削之道，但面對著蒙古貴族野蠻的屠殺和掠奪，實行這種三聖人之道，也可以說是「行文教，施善道」。正是在這種情況下，作為儒家和佛教信徒的耶律楚材才樂於替成吉思汗起草詔書，歡迎丘處機向成吉思汗宣傳三聖人之教，而他本人對丘處機也能以禮相待，來往密切。儘管以後佛、道、儒三家也曾發生一些矛盾和鬥爭，但三者的合流和合作卻成為不可改變的趨勢，用這種說教代替蒙古貴族的屠殺和掠奪，這是漢族和其他民族封建地主階級的共同願望。

三、丘處機西遊的目的和影響

丘處機接到成吉思汗的第二份詔書後，不便再次推辭，於是與劉仲祿等一起西行，「崎嶇數萬里之遠，際版圖之所不載，雨露之所弗濡」，[36]歷盡千辛萬苦去西域謁見成吉思汗。

丘處機與成吉思汗，一個是主張清心寡欲、反對殺伐的道教首領，一個是以征戰為樂的帝王，他們幾乎處於矛盾的兩極，丘處機為什麼不赴金、宋之召，反而樂於不遠萬里去謁見成吉思汗呢？丘處機的弟子李志常所寫的《長春真人西遊記》對這一問題做出了回答。

丘處機生在金朝不赴金朝之召，身為漢族人不嚮往南宋，這是由當時特定的歷史條件決定的。在成吉思汗南征金國時，金統治下的漢族和契丹等族的地主階級很多人不支持金朝，反而樂於和蒙古貴族合作，這主要是因為女真貴族的統治實在太黑暗、太腐朽了，並且大大侵犯了漢族和契丹族地主階級的利益。信奉全真教的漢族地主階級知識分子，他們之所以隱居不仕，正是因為他們不滿於女真貴族的統治，他們是女真貴族政治上的反對派。丘處機之所以不赴金、宋之召，而傾心於成吉思汗，則是因為他看到金和南宋的統治者都難於救世，而成吉思汗卻是「天啟」雄主，自己的一套主張可以通過成吉思汗變成現實。全真教曾在傳說中姜太公垂釣的磻溪講道，這本身又包含希望統治者重用的意思，他們並不是一味地隱居不仕，只要有周文王一類的人物出現，他們也會離開山林，大幹一場的。丘處機瞧不起南宋君臣，但卻十分佩服成吉思汗的「天賜勇智」，他雖然沒有成為姜子牙、諸葛亮一類的人物，但他對成吉思汗及其後人的影響也不可低估。他之所以不遠萬里去見成吉思汗，目的就是要對成吉思汗施加一些影響。

在西遊的路上，丘處機曾給燕京的道友寄回一首詩，其中說：「十年兵火萬民愁，千萬中無一二留。去歲正逢慈詔下，今春須合冒寒遊。不辭嶺北三千里，仍念山東二百州，窮急漏誅殘喘在，早教身命得消憂。」在以後的詩中又說：「十年萬里干戈動，早晚回軍復太平。」「道德欲行千里外，風塵不憚九夷行。」「我之帝所臨河上，欲罷干戈致太平。」[37] 這些詩句說明，長春真人丘處機對「十年兵火」，「萬里干戈」是十分反感的，因為它造成了「千萬中無一二留」的慘禍，自己雖然是一個「窮急漏誅」、「殘喘」暮年的人，「仍念山東二百州」，仍然有責任努一把力，以便盡快結束這種局面。究竟如何結束這種局面呢？這種局面是以成吉思汗為首的蒙古貴族造成的，丘處機作為一個道士既沒有力量，也沒有勇氣用武力去反抗蒙古貴族，但卻希望用自己的道德說教去打動他們，使之有所悔悟，「早晚回軍復太平。」他不遠萬里到阿姆河邊去見成吉思汗，正是為了「興道德」，為了達到「罷干戈致太平」的目的，也就是用道教的世界觀去影響成吉思汗的政策，使之採取比較文明的封建主義的統治方法，而逐漸放棄野蠻的屠殺政策和戰爭政策。

四、耶律楚材與丘長春的交往

一二二二年春，丘處機一行到達撒麻耳干。劉仲祿一路陪同，田鎮海從鎮海城相送，留守撒麻耳干的耶律阿海及耶律楚材等對他們進行了盛情的歡迎。

當時成吉思汗並不在撒麻耳干，丘處機一行曾在此等候成吉思汗的命令，故而在撒麻耳干逗留若干時日。後來，丘處機師徒雖曾到前線去會見成吉思汗，但由於戰事繁忙，成吉思汗又讓他們暫回撒麻耳干等候。丘處機師徒在撒麻耳干停留幾個月之久，在此期間主要由耶律楚材、耶律阿海等人陪同。耶律楚材的《湛然居士文集》以及李志常的《長春真人西遊記》都如實記載了耶律楚材與丘長春的交往。

耶律楚材的〈壬午西域河中遊春十首〉、〈遊河中西園和王君玉韻四首〉、〈河中春遊有感五首〉以及過金山、陰山、過閻居河等詩篇，多為與丘處機在撒麻耳干郊遊時的唱和之作。這些詩篇不僅反映了楚材對長春真人的盛情接待，如實描寫了撒麻耳干的異域風光，而且多少透露出耶律楚材對成吉思汗西征已產生一些不同的看法。

在〈遊春十首〉中，楚材以十分興奮的心情寫道：「幽人呼我出東城，信馬尋芳莫問程。」「土床設饌談玄旨，石鼎烹茶唱道情。」[38]「幽人」丘處機親切地招呼他一起到撒麻耳干郊外遊玩，他們信馬由韁，邊走邊談，感情十分融洽。甚至在郊外野餐烹茶，談玄說道，共同探討儒、佛、道的理論。

在遊河中西園時，耶律楚材又借丘處機詩韻和詩四首，其中說：「異域逢君本不期，湛然深恨識君遲。清詩厭世光千古，逸筆驚人自一時。」[39]又說：「異域風光特秀麗，幽人佳句自清奇。

臨風暢飲題玄語，方信無為無不為。」[40]這些詩句說明，當時耶律楚材對丘處機十分景仰，不僅歎服他的「清詩」、「佳句」，而且欣賞他的「逸筆」、「玄語」，甚至接受了道家「無為而治」的思想，因此才流露出了「深恨識君遲」的思想感情。長春真人丘處機與湛然居士耶律楚材，一為道家之首，一為佛門子弟，二人竟然在萬里之外的撒麻耳干邂逅相遇，豈不正說明聖人門徒心心相印，殊途同歸嗎？真所謂「心有靈犀一點通」。因此，無論是耶律楚材，還是丘長春師徒，都把他們的這一交往當做一件盛事吟入詩篇，記入了典冊。

楚材與丘長春多次郊遊，尋芳踏春，其唱和詩篇自然不乏一些自然風光的描寫，但其中也是情景交融，透露了詩人當時的真情實感。如二月二日春分，丘處機在郊遊時寫道：「陰山西下五千里，大石東過二十程。雨霽雪山遙慘淡，春分河府近清明。園林寂寂鳥無語，風日遲遲花有情。同志暫來閒睥睨，高吟歸去待昇平。」[41]耶律楚材自然瞭解長春真人的詩意所在，竟毫不顧忌地回詩十首，其中寫道：「三年春色過邊城，萍跡東歸未有程。」「何日要荒同入貢，普天鐘鼓樂清平。」又寫道：「春雁樓邊三兩聲，東天回首望歸程。」「天兵幾日歸東闕，萬國歡聲賀太平。」又說：「四海從來皆弟兄，西行誰復歎行程。」「野老不知天子力，謳歌鼓腹慶昇平。」[42]他們一方面不得不歌頌幾句成吉思汗的赫赫武功，但所有詩篇的落腳點都結在「待昇平」，「望歸程」，「賀太平」，「慶昇平」之上，也就是希望成吉思汗早日結束西征，早日恢復天下和平。

二月十五日，丘長春師徒再次與楚材等人遊西郊，丘處機寫詩二首，其中一首寫道：「深蕃古跡尚橫陳，大漠良朋欲遍尋。舊日亭台隨處到，向年花卉逐時新，風光甚解流連客，夕照那堪斷送人。竊念世間酬短景，何如天外飲長春。」[43]耶律楚材和詩四首，其中第四首寫道：「金鼓鑾輿出隴秦，驅馳八駿又西巡。千年際會風雲異，一代規模宇宙新。西域兵來擒偽主，東山詔下起幽人。股肱元首明良世，高拱垂衣壽萬春。」[44]通過這首詩，耶律楚材向丘處機師徒表明了自己對成吉思汗西征的看法：從前西周穆天子驅馳八駿，西征至昆崙、天山；如今成吉思汗驅馳數十萬匹駿馬、英傑，遠逾天山，西跨蔥嶺，深入異域，確實不愧為「千年際會」，「一代規模」。但如今偽主摩訶末已困死荒島，新主札蘭丁又不知去向，確實已到了「高拱垂衣壽萬春」的時候了。因此他希望，作為「東山詔下」的「幽人」——丘處機師徒，應乘此時機勸說成吉思汗回師東方，早日結束戰爭。丘處機師徒「風塵不憚九夷行」，也正是為了「罷干戈致太平」，為了勸說成吉思汗早日回軍，在這一點上，當時耶律楚材與丘長春達到了高度的默契和一致。正是在這種情況下，才出現了耶律楚材勸說成吉思汗回師的神話傳說，而丘處機的進言對成吉思汗自然也發生了一定影響。

五、成吉思汗會見長春真人

自從一二二一年追擊札蘭丁起，成吉思汗一直親臨戰場，當丘處機一行到達撒麻耳干時，他已派八剌等人進入印度，尋找札蘭丁的下落，他自己卻駐軍在哥疾寧附近的八魯灣，等待八剌等人會師。當他得到丘處機師徒到達撒麻耳干的消息後，立即命令阿里鮮帶回一道聖旨：「真人來自日出之地，跋涉山川，勤勞至矣。今朕已回，亟欲聞道，無倦迎我。」[45]又傳諭宣差劉仲祿說：「爾持詔徵聘，能副朕心，他日當置汝善地。」[46]但時隔不久，成吉思汗又給田鎮海發一道手諭，其中說：「汝護送真人來，甚勤。餘唯汝嘉。仍敕萬戶播魯只以甲士千人衛過鐵門。」[47]於是丘處機留下三個門人，與其他五六人及劉仲祿同行，於三月十五日起程，路經碣石城，越過鐵門關，渡過阿姆河，於四月五日到達八魯灣附近的成吉思汗行宮。

成吉思汗熱烈歡迎丘處機的到來，派人給他們安排館舍後，立即接見。成吉思汗說：「他國徵聘皆不應，今遠逾萬里而來，朕甚嘉焉。」丘處機回答說：「山野奉詔而赴，此乃天意。」成吉思汗賜坐，請丘處機進餐，然後問道：「真人遠來，有何長生之藥以資朕乎？」丘處機說：「有衛生之道，而無長生之藥。」[48]成吉思汗也像秦始皇、漢武帝那樣希望長生，希望永享人世間的權勢和富貴榮華，但卻不像他們那樣固執，並不因為丘處機沒有長生之藥而生氣，反而挺喜歡丘處機的誠實不欺，重設兩個帳篷在御帳之東，讓丘處機等人居住。後來，成吉思汗問田鎮海：「真人當何號？」田鎮海說：「有人尊之曰師父者、真人者、神仙者。」成吉思汗說：「自今以往，可呼為神仙。」[49]從此以後，成吉思汗君臣就把丘處機尊為活神仙，丘處機師徒受到特殊的禮遇。

由於當時天氣炎熱，丘處機隨成吉思汗到雪山避暑，約定四月十四日問道。後來，因巴里黑一帶有人發動叛亂，成吉思汗親自去平叛，丘處機一行只好暫時北歸撒麻耳干。

一二二二年秋，成吉思汗回師，丘處機一行則於中秋節渡過阿姆河，八月二十二日入見成吉思汗。然後又隨軍北上，九月十五日渡河而北。當天夜間，成吉思汗設帳齋戒，燈燭輝煌，揮退侍女左右，召見丘處機問道。開始只有耶律阿海、阿里鮮入帳陪同，田鎮海、劉仲祿等在帳外等候，丘處機說：「仲祿萬里同旋，鎮海數千里遠送，亦可入帳與聞道話。」[50]成吉思汗「於是召二人入，師（丘處機）有所說，即令太師阿海以蒙古語譯奏，頗愜聖懷。十有九日清夜，再召師論道，上大悅。二十有三日，又宣師入幄，禮如初，上溫顏以聽，令左右錄之，仍敕志以漢字意，示不忘，謂左右曰：『神仙三說養生之道，我甚入心，使勿泄於外。』自爾扈從而東，時敷奏道話」。[51]十月十五日，丘處機回到撒麻耳干的舊館。當時成吉思汗與丘處機的會見十分秘密，明確規定「使勿泄於外」，因此《長春真人西遊記》中並無明文記載。後來，在《玄風慶會錄》中記錄了成吉思汗召見丘處機的問答之詞，著者是「元侍臣昭武大將軍尚書禮部侍郎移剌楚才」，收入《道藏》致字十一號中。後人認為此錄並非耶律楚材所記，而是李志常的門人所作，[52]其中宣講了道教的基本理論、道教發展的歷史、修身養性之道以及清靜無為、治天下之道等。陶宗儀在寫到「丘真人」時，對這三次會見卻記載得很簡單，其中只是說：成吉思汗「設庭燎，虛前席，延問至道。真人大略答以節欲保躬，天道好生惡殺，治尚無為清淨之理。上說（悅），命左史書諸策」。[53]

自這三次會見後，丘處機在陪同成吉思汗東歸時還曾有些接觸，比如十二月二十八日，「帝問以震雷事，對曰：『山野聞國人夏不浴於河，不浣衣，不造氈，野有菌則禁其採，畏天威也。此非奉天之道也。嘗聞三千之罪莫大於不孝者，天故以是警之，今聞國俗多不孝父母，帝乘威德可戒其眾。』上悅曰：『神仙是言正合朕心。』敕左右記以回紇字，師請遍諭國人，從之。又集太子諸王大臣曰：『漢人尊重神仙猶汝等敬天，我今愈信，真天人也。』乃以師前後奏對語諭之，且云：『天俾神仙為朕言此，汝輩各銘諸心。』」[54]

一二二三年二月八日，成吉思汗在一座山下打獵，射一隻野豬，馬失前蹄，「豕傍立不敢前，左右進馬，遂罷獵還行宮。」長春真人入諫曰：「天道好生，今聖壽已高，宜少出獵。墜馬，天戒也。豕不敢前，天護之也。」成吉思汗說：「朕已深省神仙勸我良是，我蒙古人騎射少所習，未能遽已。雖然，神仙之言在衷焉。」並對左右人說：「但神仙勸我語，以後都依他。」[55]

一二二三年三月，丘處機請求與成吉思汗的大軍分路東歸，成吉思汗賞賜牛馬等物，丘處機師徒皆不接收，成吉思汗問阿里鮮：「漢地神仙弟子多少？」阿里鮮說：「甚眾。」成吉思汗下令說：「應於門下悉令蠲免，仍賜聖旨文字一通，且用御寶。」[56]

丘處機一行回到燕京後，成吉思汗又傳旨說：「神仙至漢地，以清淨化人每（們），日與朕誦經祝壽，甚好。教神仙好田地內愛住處住。道與阿里鮮，神仙壽高，善為護持。神仙無忘朕舊言。」[57]

自從成吉思汗召見丘處機以後，道教得到進一步發展，人數迅速增加。「甲申（一二二四年）乙酉（一二二五年），西來道眾甚多。」[58]耶律楚材也記載說：「今之出家人率多避役苟食者，若削髮則難於歸俗，故為僧者少，入道者多。」[59]成吉思汗竭力支持道教的發展，再次傳旨丘長春：「自神仙去，朕未嘗一日忘神仙，神仙無忘朕，朕所有之地，愛願處即住，門人恆為朕誦經祝壽則嘉。」[60]自此以後，「諸方道侶雲集，邪說日寢，京人翕然歸慕，若戶曉家諭，教門日闢，百倍往昔。」[61]

直到一二二七年五月二十五日，成吉思汗去世前幾個月，他還派一個道士給丘處機帶去一份聖旨，其中說：「改北宮仙島為萬安宮，天長觀為長春宮。詔天下，出家善人皆隸焉，且賜以金虎牌，道家事一仰神仙處置。」[62]從此，丘處機成為道教教主，被人們稱為「三朝之教主」，「萬乘之國師」，「為帝者之尊師，亦天下之教父。」[63]在這一時期，道教的地位明顯地高倨於佛、儒之上。

以成吉思汗為首的蒙古貴族，在離開蒙古草原以後，逐漸接受周圍高度發展的封建文化的影響，其中對成吉思汗影響較大的，先是畏兀兒人塔塔統阿，後是契丹人耶律楚材，然後就是漢人道士丘處機。塔塔統阿協助成吉思汗創造了文字，使蒙古族從野蠻進入了文明，並向蒙古貴族介紹了畏兀兒等族比較先進的制度和政策。耶律楚材向成吉思汗宣傳儒家思想，介紹漢地的統治經驗，但他對蒙古貴族的影響主要是在成吉思汗死後，窩闊台掌權的時期。據說成吉思汗結束西征，與楚材的建議也有一定關係，但這裡包含一定迷信色彩，並非成吉思汗回師的主要因素。丘處機對成吉思汗的影響也是不容忽視的。

道教主張：「敬天愛民為本，清心寡欲為要。」丘處機向成吉思汗宣傳「天道好生惡殺，治尚無為清淨之理」，這都是說：要治理國家，統治人民，不能單靠暴力，還要進行思想教化；不能一味地屠殺，也得注意休養生息。這些主張對成吉思汗君臣確實發生了一定影響，正如《元史・釋老傳》所說：「太祖時方西征，日事攻戰，處機每言欲一天下者，必在乎不嗜殺人。及問為治之方，則對以敬天愛民為本。問長生久視之道，則告以清心寡欲為要。太祖深契其言，曰：『天賜仙翁，以寤朕志。』命左右書之，且以訓諸子焉。」又說：「時國兵踐蹂中原，河南、北尤甚，民罹俘戮，無所逃命。處機還燕，使其徒持牒招求於戰伐之餘，由是為人奴者得復為良，與濱死而得更生者，毋慮二三萬人。中州人至今稱道之。」《長春真人西遊記》也記載過一些此類事例，比如有一次丘處機和一個蒙古的宣撫談話，丘處機慨歎自己已經年老，說我快要死了，這個蒙古宣撫說：「天下兵革未息，民甚倒懸，主上方尊師重道，賴師真道力保護生靈，何遽出此言耶？願垂大慈以救世為念。」[64]還有一次蒙古的宣差阿里鮮要到山東去諭降，懇求丘處機派弟子同行，丘處機不肯派，阿里鮮說：「若國主臨以大軍，生靈必遭殺戮，願父師一言垂慈。」[65]燕京尚書省的長官也說丘處機：「上以祝皇王之聖壽，下以薦生靈之福田。」[66]這些事例說明，全真教的道德說教已經在蒙古統治層內發生了作用。以屠殺掠奪為職業的蒙古君臣們也開始注意「保護生靈」了，這不能不說是一個重大的轉變。

在成吉思汗接見丘處機以後，蒙古軍征服西夏時，雖然也曾大肆殺掠，但在成吉思汗臨死前一個月，成吉思汗卻明確地對群臣說：「朕自去冬五星聚時，已嘗許不殺掠，遽忘下詔耶。今可布告中外，令彼行人知朕意。」[67]成吉思汗征戰殺伐了一生，在臨死時卻發布了一個不准殺掠的命令，這不僅僅是「人之將死，其言也善」，不是一時的良心發現，而是說明他已經意識到用游牧民族的奴隸制的殺掠方法，已經不能統治廣大漢族地區和其他地區，要想爭取民心，有效地統治封建化程度較高的廣大地區，就必須限制殺掠，逐步採取比較文明的封建主義的統治方法。這是一個重要的思想上、政策上的轉變，它與丘處機、耶律楚材以及其他漢人、契丹人、女真人的影響有著密切的關係。

丘處機師徒對蒙古君臣的影響，不僅表現在成吉思汗在世時，甚至到成吉思汗去世幾代之後，道教思想在蒙古統治層內還在發生作用。據《元史・釋老傳》記載，長春真人丘處機八十歲時去世，「其徒尹志平等世奉璽書襲掌其教，至大間加賜金印。」「至大」乃元武宗年號，他是元朝的第三代皇帝，成吉思汗之後的第七代君主。儘管自元世祖忽必烈當政時，佛教和儒學的地位已大大提高，但道教的影響也不可忽視，因此《元史・釋老傳》還特別記載了一段丘處機弟子與元世祖丞相安童的關係，其中說：「處機四傳有曰祁志誠者，居雲州金閣山，道譽甚著。丞相安童嘗過而問之，志誠告以修身治世之要。安童感其言，故其相世祖也，以清靜忠厚為主。」元世祖忽必烈不愧為一個徹底漢化的封建皇帝，他的徹底漢化不僅與儒家、佛教的影響有關，看來與道教也有一定關係。

六、耶律楚材在蒙古政權向封建制轉化中的重大作用

蒙古政權由奴隸制向封建制轉化，是從成吉思汗時開始，到元世祖忽必烈時完成的。其所以會發生這種轉化，起決定作用的當然是由於「經濟條件」發生了變化，但它與出身於漢族、契丹

族、女真族的大臣的影響也有重大關係。在這種轉化中，耶律楚材是一個不容忽視的人物。成吉思汗臨終前曾「指楚材謂太宗曰：『此人天賜我家。爾後軍國庶政，當悉委之。』」（《元史・耶律楚材傳》）窩闊台認真執行成吉思汗的遺志，繼位之後任命楚材為中書令，進一步發揮了耶律楚材的作用。在成吉思汗時，尤其是在成吉思汗死後，耶律楚材利用自己在蒙古汗廷的地位，對蒙古最高統治者的政策施加影響，促使蒙古政權由游牧奴隸制向封建制轉化，對蒙古政權的發展做出了傑出的貢獻。

1. 確定窩闊台的汗位，選擇有政治才能的大汗

窩闊台是成吉思汗的第三子，成吉思汗生前即認為窩闊台「敦厚」，旨意堅定卓絕，識見穎敏優越，比其他兒子高出一籌，因此確定他為汗位繼承人。成吉思汗死後，少子拖雷根據蒙古族少子「守灶」的傳統，繼承了成吉思汗統治的中心區域和主要軍隊。在未選出大汗之前，也由拖雷監國，於是拖雷成為當時蒙古國的實際統治者。由誰做蒙古國的大汗將影響蒙古國的發展方向和政局的穩定。耶律楚材傾向於立一個有政治才能的人做大汗，因此要求拖雷堅決執行成吉思汗遺詔，說：「此宗社大計，宜早定。」拖雷道：「事猶未集，別擇日可乎？」楚材說：「過是無吉日矣。」[68]拖雷這才改變了故意拖延、另擇吉日的打算。在大汗即位時，耶律楚材「定冊立儀禮，皇族尊長皆令就班列拜」，[69]從而鞏固了窩闊台的大汗地位。在這次汗位繼承問題上，耶律楚材發揮了關鍵作用，被窩闊台譽為「社稷臣」，[70]從此受到蒙古大汗更大的信任和尊重，對蒙古政權的政策發生了更大影響。

2. 保護農業經濟，實行封建的賦役制度

成吉思汗時率主力西征，「未暇經理中原，官吏多聚斂自私，資至鉅萬」，而國家的「倉廩府庫無斗粟尺帛」。[71]於是蒙古貴族得出了一個錯誤結論：「漢人無補於國，可悉空其人以為牧地。」[72]以為漢人對國家沒有什麼用處，主張將漢人全部從中原趕走或統統殺死，將中原變為游牧民族放牧牛羊的牧場，這是一種只看重牧業、忽視農業的游牧奴隸主貴族的偏見。耶律楚材當場予以駁斥，說：「陛下將南伐，軍需宜有所資，誠均定中原地稅、商稅、鹽、酒、鐵冶、山澤之利，歲可得銀五十萬兩、帛八萬匹、粟四十餘萬石，足以供給，何謂無補哉？」[73]窩闊台儘管對此還不大相信，但卻責成耶律楚材「試為朕行之」。[74]耶律楚材設立了十路徵收課稅所，第二年秋天就把大批金帛、糧食送到了窩闊台面前，窩闊台十分驚奇，問耶律楚材：你沒有離開我的左右，怎麼卻能使國用充足？他用實際成果讓蒙古大汗看到了漢人對國家大有用處，這是蒙古政權保護農業經濟、實行封建賦稅制度的開端。

3. 改革中央、地方的政治體制，提拔重用儒臣，限制蒙古貴族的權力

耶律楚材一貫認為，天下可以馬上得之，不可以馬上治之。要治理好天下，必須重用儒臣。成吉思汗在世時，雖然採取了一些重用道士、禁止殺掠的措施，但並沒有重用儒者來「治天下」。只是在窩闊台責成耶律楚材負責徵收賦稅工作時，才給他提供了一個提拔重用儒生的機會。十路徵收課稅所的正副長官「悉用士人」，並且都是「寬厚長者，極天下之選」，共選用了二十名天下著名的儒生，其參佐也全部任用熟悉封建制度的「省部舊人」。[75]這是蒙古政權第一次大規模

起用漢族知識分子做官。正是由於這些知識分子的共同努力，才使耶律楚材徵收賦稅的工作取得了可觀的成績。也正是在這種情況下，窩闊台才在中央正式設立了中書省，將更多的權力交給耶律楚材，「即日拜中書令」，規定「事無鉅細，皆先白之」。[76]從而出現了蒙古宗王、將領掌軍權，大斷事官掌司法權，中書省掌行政、財政大權的三權分立的局面。直到這時，耶律楚材才由掌文書、管占卜的必闍赤變成了蒙古大汗名副其實的親臣、重臣。

軍政分立，互相制約，削弱地方，中央集權，這是唐宋以來漢族封建制度的一個突出特點，遼金的政治體制也逐漸向這一方向轉化。窩闊台上台的第二年，耶律楚材就向他提出了十八條建議，其中第一條就是「郡宜置長吏牧民，設萬戶總軍，使勢均力敵，以遏驕橫」。[77]即主張改變蒙古貴族上馬管軍、下馬管民、暴虐百姓、橫行無法的狀況，使軍政與民政分開，由文臣牧民，萬戶總軍，互相牽制，防止蒙古軍人胡作非為。耶律楚材被任命為中書令之後，又一次重申了這一主張，建議窩闊台：「凡州郡宜令長吏專理民事，萬戶總軍政，凡所掌課稅，權貴不得侵之。」同時推舉熟悉漢族封建傳統的畏兀兒人田鎮海、女真人粘合重山「均與之同事」，[78]「同握韃柄」，[79]加強了漢化官員在地方和中央的實權。這種做法不僅限制了蒙古軍事貴族的勢力，而且推動了蒙古政權進一步向封建制轉化。

耶律楚材還主張採用漢族的中央集權制度，主張將經濟大權、司法大權都收歸中央。一二三〇年他提出：「中原之地，財用所出，宜存恤其民，州縣非奉上命，擅行科差者罪之。」主張徵收賦稅應由中央統一規定，反對地方政府違反「上命，擅行科差」。[80]同時還提出：「應犯死罪者，具由申奏待報，然後行刑。」[81]即禁止各地長官自專生殺、草菅人命，將刑法大權收歸中央。後來，窩闊台打算「裂州縣賜親王功臣」，即實行分民裂土的分封政策。耶律楚材根據漢族的歷史教訓，對窩闊台說：「裂土分民，易生嫌隙。不如多以金帛與之。」只因當時窩闊台已答應分封，不便收回成命，於是楚材建議由「朝廷置吏，收其貢賦，歲終頒之，使毋擅科徵」，[82]即由中央掌握分封地的官吏任免權和徵稅權，藉以防止分封勢力威脅中央集權。這是地方分權與中央集權同時並存的制度，它反映了窩闊台對蒙古貴族的讓步；而耶律楚材的建議，無疑對削弱貴族勢力，加強中央集權發生了重大作用。

一二三七年，耶律楚材再次建議選拔儒生做官，他上奏說：「製器者必用良工，守成者必用儒臣。儒臣之事業，非積數十年，殆未易成也。」窩闊台同意了楚材的主張，說：「可官其人。」[83]第二年，即戊戌年，蒙古汗廷派出宣課使「隨郡考試，以經義、詞賦、論分為三科，儒人被俘為奴者，亦令就試，其主匿弗遣者死。得士凡四千三十人，免為奴者四之一。」[84]這就是著名的「戊戌選」。在這次中選的儒士當中出現了大批傑出的人才，他們有的在窩闊台時期就做出了重大貢獻，有的成為元世祖忽必烈時期的名臣，這是元朝統一前一次最大規模的選拔儒生做官的舉動，是窩闊台落實知識分子政策的一項重大措施，它是耶律楚材奮鬥的結果，可惜在當時只舉行一次，並沒有形成制度。

4. 反對屠殺政策，保護人民生命

早在成吉思汗時，耶律楚材就不斷宣傳「好生惡殺」的道理，既反對蒙古軍隊的大肆屠殺，也反對「州郡長吏，生殺任情」。[85]窩闊台南征金朝時，他又建議窩闊台下達了一道詔令：「逃難之民，來降者免死。」有人說：「此輩急則降，緩則走，徒以資敵，不可宥。」耶律楚材「請製旗數百，以給降民，使歸田里，全活甚眾」。[86]根據蒙古舊制，當蒙軍進攻城邑時，只要對方「以

矢石相加，即為拒命，既克，必殺之」。金朝首都開封即將被攻破時，大將速不台派使臣到蒙古汗廷，說：「金人抗拒持久，師多死傷，城下之日，宜屠之。」準備攻下開封後實行屠城政策。耶律楚材聽到這個消息，趕快「馳入奏曰：將士暴露數十年，所欲者土地人民耳。得地無民，將焉用之！」[87]窩闊台一時無所適從，猶豫不決。楚材說：「奇巧之士，厚藏之家，皆萃於此，若盡殺之，將無所獲。」這時窩闊台才同意了楚材的建議，「詔罪止完顏氏，餘皆勿問。」當時汴梁城共有一百四十七萬人，正是由於耶律楚材的建議才得以保全生命。「其後攻取淮漢諸城，因為定例。」[88]從此蒙軍屠城的現象就大大減少了。這是蒙古貴族放棄屠殺政策，採用保護社會生產力政策的一個重大轉折。

5. 禁止掠民為驅，實行漢地的編戶制度

掠奪奴隸和財富是處於奴隸制階段的蒙古軍隊作戰的目的和動力，也是發展奴隸制的一個重要條件。宋子貞說：「國初方事進取，所降下者，因此與之。自一社一民各有所主，不相統屬。」[89]許多被征服的人民變成了蒙古貴族的驅口，淪為奴隸。「時諸王大臣及諸將校所得驅口，往往寄留諸郡，幾居天下之半。」[90]耶律楚材要求改變這種狀況，「奏括戶口，皆籍為編民」，[91]即將驅口解放為一般編戶齊民。但對於如何編戶，朝內大臣也意見分歧，多數人主張像蒙古和西域各國那樣「以丁為戶」。耶律楚材「獨以為不可」，說：「自古有中原者，未嘗以丁為戶。若果為之，可輸一年之賦，隨即逃散矣。」[92]從唐後期實行兩稅法，漢族政權即根據土地多少徵收地稅，根據財產多少徵收戶稅，若只看人丁多少，不問財產，這種辦法漢族人民是難以接受的。耶律楚材主張，制定政策要充分考慮當地的實際情況和歷史傳統，這是一種實事求是的態度。

6. 反對撲買課稅和高利貸剝削，禁止以權謀私，假公濟私

西域各國實行一種由商人包稅的撲買制度，後來一些西域和漢族商人要求把這種制度搬到中原，「以銀一百四十萬兩撲買天下課稅。」耶律楚材堅決反對，說：「此貪利之徒，罔上虐下，為害甚大。」[93]從表面看，用耶律楚材徵收賦稅的辦法，一年才能徵收五十多萬兩銀子，加上其他收入，數目也不太大。而那些商人提出包稅，一下子就上交國家一百四十萬兩白銀，確實對政府有一定誘惑力。但耶律楚材深知，商人的本性就是唯利是圖，他們拿出一百四十萬兩，就會向人民徵收成倍的賦稅，這樣就會大大加重人民的負擔，搞得民不聊生、天下大亂。因此他不同意採取這種辦法。這是兩種不同的賦稅制度的爭論，耶律楚材維護的是符合漢地實際和歷代傳統的封建政策。

當時，「所在官吏取借回鶻債銀，其年則倍之，次年則並息又倍之，謂之羊羔利。積而不已，往往破家散族，以至妻子為質，然終不能償。」[94]「楚材奏令本利相侔而止，永為定制，民間所負者，官為代償之。」[95]這是打擊高利貸剝削的一項重要措施。

剝削階級總是唯利是圖，蒙古貴族不僅搶掠奴隸、財富，還勾結回回商人經商謀利，往往借貸官錢作為本錢，實質上是挪用公款，借公物以肥私，既危害國家利益，又危害廣大人民。耶律楚材建議「貿易借貸官物者罪之」，要求禁止官吏以公款官物經商取利。他還提出：「監主自盜官物者死。」「貢獻禮物，為害非輕，深宜禁斷。」[96]反對監守自盜，化公為私；反對行賄受賄，走後門拉關係。這是懲辦貪官污吏的措施，也是當時反對經濟領域的不正之風。對於後一條主張窩闊台有不同看法，說：「彼自願饋贈者，宜聽之。」認為自願送禮的就不必追究了。耶律楚材說：

「蠹害之端，必由於此。」[97]他認為行賄受賄只能導致政治腐敗，允許人們自願送禮，即允許行賄受賄，這一定會成為「蠹害之端」。

7. 主張尊孔重教，保存整理儒家經典

孔孟之道是中國封建社會的正統思想，尊孔讀經是漢武帝以來歷代封建王朝的傳統政策，各朝各代包括遼、金、西夏等少數民族政權，為了維護自己的政治統治，幾乎都把孔子尊為先師，建立孔廟，興辦儒學。對孔子和儒學採取什麼態度成為是否實行封建政策的一個分水嶺。

一二三二年，當汴梁被攻破時，耶律楚材就建議窩闊台「遣人入城，求孔子後，得五十一代孫元措，奉襲封衍聖公，付以林廟地」。這既是向天下人表示蒙古政權尊重中原的封建傳統，又是為了讓人們知道孔教的正統已由金朝轉入蒙古國，藉以爭取大批儒生。同時「命收太常禮樂生，又詔名儒梁陟、王萬慶、趙著等，使直譯九經，進講東宮。又率大臣子孫，執經解義，俾知聖人之道」。[98]這是用儒家學說教育太子和大臣子孫，是培養接班人的重要措施。讓這些蒙古後人信仰「聖人之道」，就會為將來推行漢化政策掃清道路，這是與奴隸主貴族爭奪青年一代的明智的決策。一二三四年，蒙古汗廷正式建立了國子學，「以馮志常為國子總教，命侍臣子弟十八人入學。」[99]在此前後，各地的廟學也逐步恢復，並得到了耶律楚材的大力支持和鼓勵。《湛然居士文集》中收錄了他支持各地尊孔興學的七首詩，其中第一首是〈寄金城士大夫〉，其自序說：「遠聞金城學齋絕糧，因奉粟十斛虀鹽之資，故作小詩，以勵本土學士大夫。」詩云：「金城人士本多奇，何事庠宮久蔑資。周急無輕五秉粟，傷時因寄一篇詩。」這首詩說明，當時蒙古政權還沒有正式舉辦學校，因此地方庠宮的辦學經費十分困難，耶律楚材作為中央官員也只能拿出十斛粟

表示贊助，並寫了一首「傷時」詩。這裡所說的「傷時」，正是對蒙古政權不重視儒學表示不滿。

第二首是〈賈非熊修夫子廟疏〉：「天產宣尼降季周，血食千祀德難酬。重新庠序獨無力，試向滄溟下釣鉤。」這首詩說明耶律楚材曾希望重興儒學，只恨獨身奮鬥，心有餘而力不足，只好向滄溟尋找志同道合之人，賈非熊修廟興學正合楚材心意，因此使他大受鼓舞，使他看到「吾道不孤」。

第三首是〈重修宣聖廟疏〉：「精藍道觀已重新，獨有庠宮尚垝垣。試問中州士君子，誰人不出仲尼門。」此詩年代雖無法考證，但從「道觀已重新」來看，應在成吉思汗接見長春真人之後，窩闊台重修孔廟之前。耶律楚材在這裡也流露了一種不滿情緒，即蒙古政權重視道教，輕視儒學；而那些中州士君子們還不如長春真人師徒有能力、有辦法，眼看著道教的興旺，卻無人去修復那些殘垣斷壁的廟學。

此後他又寫了〈祁州（安國縣）重修宣聖廟疏〉、〈太原修夫子廟疏〉、〈雲中（大同）重修宣聖廟〉、〈周敬之修夫子廟〉等。這些詩說明，當時各地已陸續舉辦廟學，尤其是最後一首詩表現了耶律楚材對形勢的樂觀看法：「天皇有意用吾儒，四海欽風同讀書。可愛風流賢太守，天山創起仲尼居。」他認為蒙古大汗已認識到儒生的重要性，已下決心提拔重用廣大儒生，而各地的儒生則群起響應，「四海欽風」，同讀聖賢之書，甚至遠在天山也創起了仲尼居，真可謂形勢大好，鼓舞人心。

在尊孔興學的同時，耶律楚材還注意搜集整理儒家經典，早在一二二六年，當成吉思汗的軍隊攻下西夏靈武時，「諸將爭取子女玉帛，楚材獨收遺書及大黃藥材。」[100] 因為他認為儒家遺書可以使人瞭解聖人之道，而大黃藥材卻可以治病救命，它們比子女玉帛要重要千百倍。

成吉思汗去世後，拖雷監國，又派他去燕京搜集經籍，他很好地完成了這一任務。[101]一二三六年，他正式向窩闊台提出建議，在燕京、平陽兩地設置了編集經史的機構：「八年丙申……耶律楚材請立編修所於燕京，經籍所於平陽，編集經史，召儒士梁陟充長官，以王萬慶、趙著副之。」[102]燕京、平陽是北方的文化中心，這兩個編集經史機構的設立，對保存儒家經典、傳播封建文化起了重大作用。

由於耶律楚材十分注意搜集、保存儒家經典，因此在他死後家無餘財，「唯琴阮十餘，及古今書畫金石、遺文數千卷。」[103]遼朝耶律嚴所著《遼實錄》就是因為他的保存才得以流傳到元朝的。元修《遼史》，《遼實錄》成為主要資料來源。

成吉思汗從降臣中發現了耶律楚材，不僅將他放在自己左右予以重用，而且將他推薦給自己的繼承人。歷史證明，成吉思汗的這一選擇是十分英明的。耶律楚材出於對成吉思汗父子的無限感激之情，時時考慮蒙古政權的長治久安，從政治、經濟、思想文化等各個方面竭力推行封建化政策，大大促進了蒙古政權從奴隸制向封建制轉化，對蒙古政權的鞏固與發展，對中國的社會進步做出了不可磨滅的貢獻。因此宋子貞在〈中書令耶律公神道碑〉中對耶律楚材進行了充分的肯定，其中說：「國家承大亂之後，天綱絕，地軸折，人理滅。所謂更造夫婦，肇有父子，信之有矣！加之南北之政每每相戾，其出入用事者又皆諸國之人，言語之不通，趨向之不同。當是之時，而公以一書生孤立於廟堂之上，而欲行其所學，戛戛乎其難哉！……若此時非公，則人之類又不知其何如耳。」作為被征服的一介書生，「孤立於」蒙古政權的「廟堂之上」，但他卻時刻不忘中原傳統，終於對成吉思汗父子的政策發生了重大影響，從而使中原的封建傳統衰而復興，使中原先進的經濟文化得到恢復和發展的機會，使征服者最後被「聖人門徒」所征服。耶律楚材用自己的胸中才學促進了中華民族的發展，促進了歷史的進步，他在中華民族的發展史上理應占有一席重要地位。

滅西夏

蒙古與西夏的矛盾早在成吉思汗西征之前就再次爆發了。據《元史・太祖紀》記載，元太祖十三年（一二一八），成吉思汗「伐西夏，圍其王城，夏主李遵頊出走西涼」。西夏本來已經歸降蒙古，為什麼又會出現這次衝突呢？《蒙古秘史》說，當時成吉思汗決定西征花剌子模，派使者去西夏徵兵助戰，其使者對李遵頊說：「汝曾言，為汝右手焉。（今）撒兒塔兀勒（指花剌子模）百姓斷我金糜繩矣。將征討以折證，其為我右手而行之。」[104]意思是說：你曾經說過，將來一旦發生戰爭，你可以做我們的右翼。現在花剌子模人挑起了爭端，我已決定征討他們，請你做我的右手軍隨我一起出征吧。還沒等李遵頊開口，西夏的大臣阿沙敢不就搶先發話了：「氣力既不足，何以稱罕為？」拒絕出兵助戰，將蒙古的使者打發回去了。成吉思汗瞭解到這個情況後十分氣憤，說：哪能允許阿沙敢不這樣挖苦人呢？看他們能跑到哪裡去！但因為當時要集中兵力西征，成吉思汗只好「姑罷之」，暫時放下西夏，然而卻明確表示：「若獲長生天之佑護，得以牢握金勒歸來後，卻再理會之。」[105]也就是說在西征勝利回師後還要與西夏算帳。但這裡並沒有記載成吉思汗派兵進攻西夏，與《元史・太祖紀》略有出入。

《西夏書事》卷四〇記載了蒙、夏這次衝突的原因和經過，其中說：「夏與蒙古自納女請降，合兵攻金，遂為役屬；繼征發日多，不堪奔命，禮意漸疏。蒙古主怒，渡河來攻，列城不能禦，直抵中興府，圍之。遵頊命太子德任（按即德旺兄，後被廢）居守，己出走西涼，已而遣使請降，蒙古兵退，始還。」以上記載說明，蒙、夏這次衝突的原因主要是因為蒙古「徵發日多」，西夏「不堪奔命」。這與《秘史》所說的西夏拒絕出兵協助成吉思汗西征有類似之處。正因為這件事引起「蒙古主怒」，成吉思汗這才率軍四攻西夏，包圍了中興府，夏主李遵頊出奔西涼，不久派使求降。由於成吉思汗忙於西征，這次衝突才暫時告一段落。這就是蒙古四征西夏的基本情況。

一二二三年，負責偏師經營金國的木華黎率兵進攻金朝的鳳翔，西夏曾經派兵助戰。但由於蒙軍長期不能取勝，西夏統兵官中途撤兵。木華黎派使者責問，李遵頊害怕蒙古再攻西夏，讓位給次子李德旺。李德旺年輕氣盛，決定改變對蒙古屈辱求降的政策。當時蒙軍主力尚在西征前線，征金主將木華黎不久也病死了，於是李德旺派人去聯絡漠北諸部，「陰結外援，蓄異圖」，[106]企圖與蒙古對抗。於是木華黎之子孛魯根據成吉思汗的密旨發動了對西夏的第五次進攻，「甲申（一二二四年）秋九月，攻銀州，克之，斬首數萬級，獲生口馬駝牛羊數十萬，俘監府塔海，命都元帥蒙古不華將兵守其要害而還。」[107]西夏損兵折將，又受到一次沉重的打擊。

但西夏並未因此而放棄與蒙古敵對的政策，金朝也在求和失敗後重新整頓兵力，收復了部分失地。兩國君臣看到互相殘殺對自己不利，決定聯合起來對付蒙古。他們定立了盟約，互稱兄弟之國，各用本國年號，表示地位平等，同意相互支援。這是一個重要的戰略決策，這一戰略若能順利實現，將會構成對蒙古的嚴重威脅。

西征歸來的成吉思汗自然會十分關注這一事態的發展，如何擺脫腹背受敵的被動局面是他必須首先考慮的問題。只有首先征服西夏，才能拆散夏、金聯盟；西夏地處金國西方，位於黃河上游，只有占領了西夏，蒙軍才能居高臨下，直插金國的中央所在地——河南一帶。為此，在回師蒙古草原的當年秋天（一二二五年），成吉思汗才不顧七年西征的疲勞、六十四歲的高齡，親自率兵發動了對西夏的第六次進攻。

「他命令察合台留在斡耳朵後方二翼軍隊中；朮赤（已經）死了，窩闊台跟在父親身邊，拖雷汗由於唆兒忽黑塔尼別吉失明，落後了幾天，後來才來到成吉思汗處。」[108] 妃子中由也遂妃隨軍。在進軍途中，成吉思汗圍獵野馬。忽然，一群野馬迎面撞來，成吉思汗乘坐的那匹赤兔馬驚叫跳躍，把成吉思汗掀下馬背。成吉思汗受傷，當天夜裡就發起高燒來了。第二天早晨，也遂妃對諸子、諸臣說明了這個情況，建議他們商議軍隊的進退問題。晃豁壇氏的脫侖扯兒必說：「唐兀惕（西夏）百姓，有築就之城邑，有不動之營地者也。蓋不能負其築就之城邑而去，蓋不能負其不動之營地而去乎，俺且退去，俟合罕膚涼，卻再征焉可也。」[109] 但成吉思汗卻不甘心無功而返，說：「唐兀惕百姓其謂我心怯而歸乎！」[110] 主張暫時就地紮營，派使者去探聽西夏人的態度，然後再撤兵。

蒙古的使者到了西夏首都，對西夏君臣轉達了成吉思汗對他們的質問：以前你們的國王曾說過，我們西夏百姓願為您的右手云云，根據這種許諾，當花剌子模挑起爭端時，我派使者希望你們從征，你們國王卻不實踐自己的諾言，不但不派出從征人馬反而用惡言惡語諷刺挖苦。我當時就說過，等西征回來後再與你們算帳。今天我們來與你們「折證其言來矣」。[111] 李德旺聽了這段話，丈二的和尚摸不著頭腦，說：「我未嘗出言相識。」[112] 我從來沒有說過什麼譏諷的話。西夏的大臣阿沙敢不馬上站出來承擔責任，說：「相識之語，我嘗言之。今汝蒙古若以慣戰而欲戰，則我有阿剌篩[113] 之營地，有褐子之帳房，有駱駝之馱焉，可趨阿剌篩山奔我，在彼戰之。若需金、銀、緞匹、財物，則可奔額里合牙、[114]額里折兀。[115]」[116]意思是說，我們西夏有賀蘭山做營地，有銀川、西涼這個財物富足的後方，欲戰欲搶，悉聽尊便，老子不怕。西夏大臣面對強敵，不甘示弱，志氣可嘉。但阿沙敢不只顧說大話，卻沒有認真考慮敵我雙方的力量對比，這就未免有點螳臂擋車，不自量力了。西夏本來就是一個小國，它之所以能存在近二百年，除去自己有一定兵力外，主要是利用遼、金、宋之間的互相爭戰，時而聯此擊彼，時而聯彼擊此，或對雙方都稱臣降服。能戰則戰，不能戰則和，這樣才能維持下去。德旺君臣不顧大局，錯過了同蒙古議和的一次重要機會。蒙古的使者掃興而歸，向成吉思汗彙報德旺君臣的反應，當時成吉思汗儘管還在發高燒，但仍然堅持繼續進軍，說：「諾！聽彼出此大言，曷可退耶？即死也，亦應就其言而行之。長生天汝其知之。」[117]後來又發下一道聖旨說：「每飯則言『殄滅無遺？以死之，以滅之。』」決心「自唐兀惕百姓之父母直至其子孫之子孫，盡殄無遺矣」。[118]成吉思汗寧死不回，不滅西夏誓不罷休，從而加速了西夏的滅亡。

成吉思汗命令蒙軍分兩路進攻西夏，從斡羅思前線歸來的速不台軍從西面進攻。一二二六年夏季，西路軍先後攻占了沙州、肅州、甘州等地。據《元史》卷一二二〈昔里鈐部傳〉記載：「太祖時，西夏既臣服，大軍西征，復懷貳心。帝聞之，旋師致討。命鈐部同忽都鐵穆兒招諭沙州。」昔里鈐部本是西夏人，他希望沙州守將認清形勢，不要頑抗。「州將偽降，以牛酒犒師，而設伏兵以待之。」蒙古主將率部入城，西夏伏兵齊出，打斷了蒙軍主將的馬腿。「鈐部以所乘馬與首帥使奔，自乘所躓馬而殿後，擊敗之。」蒙軍占領了沙州。

隨後蒙軍進圍肅州。肅州守將乃昔里鈐部的兄長。鈐部怕城破後全家被害，向蒙軍主將要求赦免。肅州城軍民拒不投降，蒙軍久攻不下，成吉思汗「有旨盡屠之」。肅州被攻克後，唯有昔里鈐部的親族一百零六戶被赦免。119〈大元肅州路也可達魯花赤世襲之碑〉也記載了蒙軍進攻的情況，其中說：「太祖皇帝御駕親征，天戈一揮，五郡之民披雲睹日，靡不臣服。」這裡所說的「五郡」即沙、瓜、肅、甘、涼五州。「時有唐兀氏舉立沙者，肅州閥閱之家，一方士民咸口口化。舉立沙瞻聖神文武之德，起傾葵向日之心，率豪傑之士，以城出獻。」碑文所說的「舉立沙」，可能即「昔里沙」，大概與昔里鈐部為同輩兄弟。120看來他當時並非肅州主將，只不過是一個有影響的世家大戶而已。因此當蒙軍進攻時，肅州城曾長期堅守，只是到了最後階段，舉立沙才「率豪傑之士，以城出獻」。

不久，西路蒙軍包圍甘州。蒙軍名將察罕出身於西夏，其父曲也怯律是甘州主將，《元史》卷一二〇〈察罕傳〉記載了這次戰爭，其中說：察罕「從攻西夏，破肅州。師次甘州，察罕父曲也怯律居守城中，察罕射書招之，且求見其弟，時弟年十三，命登城於高處見之。且遣使諭城中，使早降。其副阿綽等三十六人合謀，殺曲也怯律父子，並殺使者，併力拒守。城破，帝欲盡坑之，察罕言百姓無辜，止罪三十六人。」

當西路軍相繼攻占西夏西方各州縣時，成吉思汗率蒙軍主力從東北方直入西夏境內。《元史·太祖記》主要記載了成吉思汗的進軍路線，其中說：「二月，取黑水等城。」「夏，避暑於渾垂山。」「秋，取西涼府搠羅、河羅等縣，遂逾沙陀，至黃河九渡，取應里等縣。」「冬十一月庚申，帝攻靈州。」據岑仲勉先生考證，黑水城當在今河套北狼山山脈西北哈喇木倫之濱。這是從東北方進攻西夏的必經之路。據《蒙古秘史》記載：「成吉思合罕遂直趨阿剌篩。」121估計在攻克黑水之後，成吉思汗率蒙軍主力直指賀蘭山，「至而與阿沙敢不戰，勝阿沙敢不，逼使寨於阿剌篩山上，遂擒阿沙敢不，擄其有褐子帳房，有駱駝馱伏之百姓，使如飛灰而盡矣。屠彼唐兀惕勇健敢戰之士。」[122]

《蒙古秘史》說：「成吉思合罕駐夏於察速禿山。」此山應為《元史》所說「渾垂山」，大概屬於賀蘭山群峰之一。盛夏過後，「成吉思合罕自察速禿起行，克兀剌孩城。」[123]隨後又攻占了西涼府等地，越過沙漠，前進到黃河九渡。[124]蒙古軍隊一路燒殺，西夏人穿鑿土石躲避鋒鏑，倖免者百無一二，白骨蔽野。這年十月，西夏的首都中興府陷於一片混亂，戰敗的消息不斷傳入，告急文書如雪片般飛來，夏獻宗李德旺要兵無兵，要將無將，捉襟見肘，顧此失彼，眼看著敵軍日益逼近，李德旺一籌莫展，在驚懼中死去。南平王李睍被擁立繼位，夏朝岌岌可危，進入了生死存亡的關鍵時刻。

這年十一月，成吉思汗率軍進攻靈州，西夏派大軍支援。《元史・太祖記》說：「帝攻靈州，夏遣嵬名令公來援。丙寅，帝渡河擊夏師，敗之。」《新元史・太祖記》說：李睍率五十營來援。《史集》則說：「當（該城）起火時，唐兀惕國王失都兒忽、唐兀惕語稱做李王者，從他的京都所在的大城裡，帶著五十萬人出來，與蒙古軍作戰。」[125]嵬名令公是西夏的老將，據說他的援軍共有十萬人。[126]李睍是否親率五十萬大軍支援，尚待考證。但西夏傾全國軍力支援靈州，看來確是事實。成吉思汗親自率軍出戰。蒙古騎兵乘黃河結冰，搶渡黃河。雙方在冰上展開了激戰。《史集》說：「成吉思汗站在冰上，下令發箭射（敵人的）腳，不讓他們從冰上過來，敵人們應弦而倒。」[127]蒙軍大敗西夏援軍，並攻下了靈州。然後攻占鹽州川，於十二月包圍了中興府。經過一年的連續作戰，西夏的主要城鎮都被蒙軍攻破，西夏國王李睍困守中興，完全失去了反抗的力量。

「二十二年丁亥春（一二二七），帝留兵攻夏王城，自率師渡河攻積石州。」[128]成吉思汗發現西夏「往後再也沒有什麼力量了，於是就不再注意他了。成吉思汗從這座城市旁走過，占領了若干其他城市和地區，到乞台方面去了」。[129]他只留下部分軍隊包圍中興府，自率主力南下進入了金國，攻下了積石州、臨洮府以及洮州、河州、西寧、德順等地。然後去六盤山（即隴山，在寧夏固原縣西）駐夏。一二二七年六月，成吉思汗進至清水縣。在此期間，「帝遣察罕入城，諭以禍福。」[130]成吉思汗派出身西夏的察罕到中興府諭降，夏主李晛見西夏國力已盡，心想：「我多次反叛成吉思汗，我的國土每次都遭到蒙古人的屠殺、掠奪，自今以後我再也不叛亂了，必須向成吉思汗表示奴隸般的順從！」[131]於是他派使者去晉見成吉思汗，請求和談並訂立誓盟，希望成吉思汗給他一個月期限，「以便準備禮物，將城裡居民遷出來，（成吉思汗）給了他所請求的期限。」[132]

成吉思汗出於一時的氣憤，墜馬跌傷後還帶病攻夏，這使他的體質受到很大損害。一年多的征戰操勞，進一步耗盡了體內的積蓄，兩度駐夏休養也未能使他的身體得到恢復。一二二七年夏，他終於因氣候不良而得了一種熱病，大概屬於斑疹傷寒。成吉思汗預感到這是一種不治之症，趕快命令自己的兒子窩闊台、拖雷等來到自己身邊，給他們留下了三條極其重要的遺囑。成吉思汗說：「我身後留下的孩兒們啊？（你們）知道，我的死日已近，快要到地府去了！我為你們（我的）兒子們，在主的威力和（長生）天的佑助下征服和開創了一個遼闊廣大的國家，從這個國家的中央向各方面走去都需要用一年時間。現在，我對你們立下如下遺言：你們要想過富足滿意的生活，享受掌大權的快樂，必須齊心協力抵禦敵人，尊崇朋友！」[133]「你們需有人保衛國威和帝位，支持這根基堅實的寶座。」[134]「因為，如我的兒子個個都想成為汗，想當帝王，不相互謙讓，豈非又像一頭蛇和多頭蛇的故事？」[135]為了啟發自己的兒子認識到團結的重要性，成吉思汗曾反覆對他們講過這個多頭蛇的故事：一天夜晚，天氣酷寒，多頭蛇的幾個頭為了禦寒，都想爬進洞去，結果你爭我奪，它們都沒有爬進去，全凍死了。而那條只有一個頭的蛇，卻爬進洞裡，抵抗住了嚴寒。成吉思汗接著說：「若你們想過安樂和幸福的生活，享受權力和富貴的果實，那麼，如我近來讓你們知道的那樣，我的意見是：窩闊台繼我登位，因為他雄才大略，足智多謀，在你們當中尤為出眾；我意欲讓他出謀畫策，統帥軍隊和百姓，保衛帝國的疆域。因此我立他當我的繼承人，把帝國的權柄交給他的勇略和才智。」[136]他要求自己的兒子們當場表態，然後又說：「若你們的願望和你們的話是一致的，若你們的口比著你們的心，你們應立下文書：我死後你們要承認窩闊台為汗，把他的話當做肉體的靈魂，不許更改今天當著我的面決定的事，更不許違反我的法令。」[137]窩闊台的弟兄們，包括非嫡系兄弟都遵照成吉思汗的聖訓，立下了文書。

隨後成吉思汗宣布了第二條遺囑，這就是關於滅金的戰略方針（見第五章第四節）。

第三條遺囑是對諸子和諸將講的，提出了如何徹底滅亡西夏的意見；他說：「我死後，你們不要為我發喪、舉哀，好叫敵人不知我已死去。當唐兀惕國王和居民指定時間從城裡出來時，你們可將他們一下子全部消滅掉！」[138]

成吉思汗不愧為一個頭腦清醒的政治家、軍事家，他臨死之前留下的這幾條遺囑對蒙古國的發展和鞏固，對滅西夏、滅金戰爭都發揮了極其重大的作用。以後的歷史事實證明，成吉思汗的這幾條戰略決策都是十分英明的。

一二二七年八月二十五日（七月己丑），成吉思汗死於清水縣，終年六十六歲。「異密們按照他的命令，秘不發喪，直到（唐兀惕）人民從城裡出來。（當時）就（把他們）全部殺死。」[139]成吉思汗曾說：即使我死了，也要滅掉西夏。事情僅僅過了一年多，成吉思汗死了，西夏也隨之滅亡了，這恐怕也是歷史的巧合吧。

成吉思汗的葬禮與成陵之謎

蒙古諸將根據成吉思汗的遺囑滅掉西夏，然後護送成吉思汗的靈柩返回三河源頭。為了不讓人們知道成吉思汗已死的秘密，防止出現意外的事變，「他們在抵達斡耳朵之前，將一路上遇到的人畜全部殺死。」[140]名義上是讓這些人去做成吉思汗的殉葬者。他們「殺時語之云：『往事汝主於彼世。』蓋彼等確信凡被殺者皆往事其主於彼世」。他們完全相信這些被殺的人，在陰間真正會變成他君主的奴僕。[141]當靈柩悄悄地送到怯綠連河的大斡耳朵時，才開始公布成吉思汗的死訊。其靈柩陸續陳列於「諸大婦斡耳朵中」。[142]據多桑說，成吉思汗共有五百妻妾，其中四人被稱為「大婦」，即孛兒貼、忽蘭妃、也遂妃、也速干妃，[143]她們的營地就被稱為四大斡耳朵。「每個斡耳朵都為死者舉哀一天。訃聞傳到遠近地區上時，后妃、諸王（奔馳）多日從四面八方來到那裡哀悼死者。由於某些部落離那裡很遠，大約過去三個月後，他們還陸續來到那裡。」[144]

根據幼子守社的原則，成吉思汗第一夫人的幼子拖雷主持了葬禮。人們「用梡木二片，鑿空其中。類人形小大合為棺，置遺體其中。加髹漆畢，則以黃金為圈，三圈定」，[145]做成了成吉思汗的棺木。並「殺其所乘良馬，俾其在彼世乘騎」。[146]同時「為成吉思汗在天之靈連續準備三天的祭品；又吩咐從那些容色可愛、性格溫和、美中帶甜、顧盼多姿、舉動優美、起坐文雅的月兒般處女中，挑選四十名出身於異密和那顏家族的女兒，用珠玉、首飾、美袍打扮，穿上貴重衣服，與良馬一道，被打發去陪伴成吉思汗之靈」。[147]當時蒙古人信奉宗教，他們認為人死後也和在世時一樣，死去的大汗也要有大批奴隸，要有豐盛的飲食，要有穿有用，還要有最好的戰馬供其乘騎，更要有美麗的侍女陪伴他、侍候他，為他消愁解悶。宗教的幻想給人們帶來了一些精神寄託，但在奴隸主貴族那裡卻又成為他們揮霍人民血汗、殘害人民生命的一個「合理」的藉口。

葬禮開始後，拖雷首先向成吉思汗的遺體敬酒，然後大家隨著雄壯的樂曲，高唱《出征歌》和《蘇魯錠歌》。歌聲逐漸蓋過了哭泣聲，在人們的眼前湧現出成吉思汗身跨赤兔馬、手持黃杆紅纓長矛、縱橫馳騁、所向披靡的威武形象。從此，成吉思汗的長矛——蘇魯錠就一直陳列在成吉思汗陵墓的正殿上，被奉為蒙古族戰神的象徵，每年三月十七日蒙古人都要舉行隆重的祭奠蘇魯錠的大會。

葬禮結束後，為了不讓人們知道成吉思汗的埋藏地點，只允許諸王、公主將遺體送到葬地。在三河源頭不兒罕山（肯特山）的群山中，有個風景秀麗的山谷，當時人稱為薩里川，它距離成吉思汗的出生地大概有六天路程。成吉思汗生前有一次出去打獵，發現有個地方長著一棵孤樹，他在那裡下馬，坐在孤樹下休息。面對著眼前的幽谷美景，成吉思汗看得入了迷，心情喜悅，脫口說道：「這個地方做我的墓地倒挺合適！在這裡做上個記號吧！」[148]但當他率軍西征時，經過鄂爾多斯草原，他又被那裡迷人的景色所陶醉，情不自禁地丟下馬鞭，坐在馬背上沉思良久，讚歎說：這裡是衰亡之朝復興之地，太平盛邦久居之地，梅花幼鹿成長之所，白髮老翁安息之鄉。我看這個地方很美，死後就把我葬在這裡吧！

成吉思汗說過的話，就是命令，就是訓言，就是不能違背的大札撒。絕對服從成吉思汗的命令，是他的諸子和諸將的天職。成吉思汗自己選中了兩個墓地，那麼究竟應將他的遺體埋葬在哪裡呢？這無異於給活著的人們出了一個難題。諸子和諸將經過反覆協商，認為這兩個命令都不能違背，但又不能將成吉思汗分屍兩處，於是根據這兩次命令的先後，將他的遺體埋葬在薩里川，而在鄂爾多斯草原卻根據傳說中的「衣冠塚」，埋葬了成吉思汗的衣冠，並建立了成吉思汗的陵園。那裡有八個白色的蒙古包，被蒙古族視為大汗、宰相的支柱，全民族的聖體，永存的八間白室或八間白帳。以後繼位的可汗要在這裡公開舉行繼位典禮，只有這樣才能被貴族和牧民承認其汗位的正統性。直到今天，在鄂爾多斯草原伊金霍洛旗的甘德爾敖包上，還有一座蒙古包式的陵墓，這就是聞名中外的成吉思汗陵。「伊金霍洛」漢語的意思就是「主人的陵園」。

在伊金霍洛的成陵中找不到成吉思汗的遺體，這是顯而易見的；即使在薩里川陵地，也早已找不到成吉思汗的遺體了。這是因為蒙古族有一個獨特的埋葬習慣：蒙古人作為游牧民，自古以來就沒有陵寢制度。直到近代，除蒙古王公外都是風葬，而無陵墓。這就是人們所說的「不封不樹」，即不起墳壟，不樹墓碑。《草木子》說：蒙古「國制不起墳壟。葬畢，以萬馬蹂之使平，殺駱駝子於其上，以千騎守之。來歲春草即生，則移帳散去，彌望平衍，人莫知也。欲祭時，則從所殺駱駝之母為導，視其躑躅悲鳴之處，則知葬所矣，故易世之久，子孫亦不能識也」。[149]《黑韃事略》也說：「其墓無塚，以馬踐蹂，使如平地。若忒沒真（帖木真）之墓，則插矢以為垣（闊逾三十里），邏騎以為衛。」[150]徐霆在疏證中也說：「霆見忒沒真之墓，在瀘溝河（克魯倫河）之側，山水環繞。相傳云：忒沒真生於斯，故死葬於斯，未知果否。」[151]《史集》則說：「諸王和異密們遂按照他的命令選定了那個地方。據說，在他下葬的那年，野地上長起了無數樹木和青草。如今那裡森林茂密，已無法通過；最初那棵樹和他的埋葬地已經辨認不出了。甚至守護那個地方的老守林人，也找不到通到那裡去的路了。」[152]「這塊偉大的禁地由兀良哈惕部的異密們擔任守護。」[153]

「在成吉思汗諸子之中：幼子拖雷就葬在那裡，拖雷的兒子蒙哥合罕、忽必烈合罕、阿里不哥及死在那邊的其他後裔們的埋葬地也在那裡。」[154]埋葬的辦法也像成吉思汗那樣「不封不樹」，因此直到現在人們都找不到這些可汗與皇帝的確實陵墓。於是人們為了紀念成吉思汗，都把那座沒有遺體的伊金霍洛成陵當做成吉思汗的真正陵園，每年都到那裡舉行祭祀儀式。屠寄先生指出：直到清朝時，「理藩院則例載鄂爾多斯伊克昭境內有青吉斯（成吉思）園陵，鄂爾多斯七旗向設有看守陵寢承辦祭祀之達爾哈特五百戶，每年共出銀五百兩，以供祭祀修理之用。於該盟內奉派賢能札薩克一員專司經理。張穆《蒙古游牧記》因此遂懷疑成吉思陵寢在鄂爾多斯之伊克昭，且引《蒙古源流》卷四所謂於彼處立白屋八間之說，又引卷六達延汗降旨云：鄂爾多斯者，乃為汗守御八白室之人，屬有大福者云云，以實之。」[155] 其實，這裡「尚非所卜久安之地」，並非埋葬成吉思汗遺體的葬地，只不過是因為成吉思汗「若有所戀，故後來蒙兀兒人作廟於其地祀之，即今之伊克昭大廟是也」。[156] 他認為，從嚴格的意義上說，伊克昭的成吉思汗陵園，並非真正的陵園，只不過是一個供後人祭祀的大廟而已。直到一九五四年四月，成陵才遷回了伊金霍洛。

今天的伊金霍洛成吉思汗陵園，正是一九五四年重新修建的陵園。它由正殿、東殿、西殿、後殿四部分組成。正殿簷下高懸「成吉思汗陵」金字豎匾。成吉思汗的巨幅畫像懸掛在正殿中央，象徵戰神的「蘇魯錠」豎立在畫像之旁。後殿安放著象徵性成吉思汗的靈柩，以及成吉思汗三位夫人的棺木。東殿裡安放著成吉思汗四子拖雷及其夫人的靈柩。拖雷是成吉思汗正妻孛兒帖所生的最小兒子，按蒙古風俗，幼子繼承父親遺產，代表整個家系「守灶」，因此拖雷夫婦受到了特殊的待遇。另外，自窩闊台之子貴由死後，蒙古的汗權轉移到拖雷一系手中，拖雷之子蒙哥繼承了汗位，建立元朝的忽必烈也是拖雷之子，元朝的皇帝都是拖雷一系的人，拖雷被當做列祖列宗擺在成吉思汗的陵園也是理所當然的。西殿是陳列成吉思汗遺物的地方，它象徵著成吉思汗的赫赫武功。如今，成吉思汗已經去世近八百年了，但「一代天驕」的勳業仍然使人難以忘懷。

註釋

1（日）小林高四郎：《成吉思汗》，頁一七九。

2、3（元）《湛然居士文集》附錄一〈中書令耶律公神道碑〉，北京：中華書局，一九八六。

4《元史》卷一四六〈耶律楚材傳〉，頁三四五五。

5（元）《湛然居士文集》卷八〈萬松老人評唱天童覺和尚頌古從容菴錄序〉。

6、12、14、15（元）《湛然居士文集》附錄二〈耶律文正公年譜〉，北京：中華書局，一九八六。

7（元）《湛然居士文集》卷一三〈寄萬松老人書〉。

8（元）《湛然居士文集》後序二，芳郭無名氏，北京：中華書局，一九八六。

9、10、11（元）《湛然居士文集》附錄，宋子貞：〈中書令耶律公神道碑〉，北京：中華書局，一九八六。

13（元）《湛然居士文集》卷五〈過閭居河四首〉，北京：中華書局，一九八六。

16（元）《湛然居士文集》卷一〈過金山用人韻〉，北京：中華書局，一九八六。

17（元）《湛然居士文集》卷二〈過陰山和人韻〉，北京：中華書局，一九八六。

18《湛然居士文集》卷二〈再用前韻〉。

19《湛然居士文集》卷二〈用前韻送王君玉西征二首〉。

20、21、22（明）宋濂等：《元史》卷一四六〈耶律楚材傳〉，北京：中華書局，一九七六。

23 宋子貞：〈中書令耶律公神道碑〉。

24 耶律楚材：《西遊錄》。

25、27 李志常：《長春真人西遊記》卷上。

26、28、29（元）陶宗儀：《南村輟耕錄》卷一〇，「丘真人」條，北京：中華書局，一九五九。

30、31、32、33、34、35（元）耶律楚材：《西遊錄》。

36、37 李志常：《長春真人西遊記》卷上。

38、42（元）耶律楚材：《湛然居士文集》卷五〈壬午西域河中遊春十首〉，北京：中華書局，一九七六。

39、40《湛然居士文集》卷五〈遊河中西園和王君玉韻四首〉。

41、43、48、49、50、51、53 李志常：《長春真人西遊記》卷下。

44（元）耶律楚材：《湛然居士文集》卷五〈河中遊西園四首〉，北京：中華書局，一九七六。

45、46、47 李志常：《長春真人西遊記》卷上。

52李志常：《長春真人西遊記》卷下；《全元文》第一冊卷一五，〈耶律楚材：玄風慶會錄〉，江蘇古籍出版社。

54、55、56、57、58、60、61、62、63、64、65、66 李志常：《長春真人西遊記》卷下。

59（元）耶律楚材：《西遊錄》。

67《元史》卷一〈太祖記〉。五星：古星名，屬畢宿，即御夫座和金牛座的五顆星。傳說是五帝的車舍，因此又稱為五車。

68、70、72、73、74、75（明）宋濂等：《元史》卷一四六〈耶律楚材傳〉，北京：中華書局，一九七六。

69（元）耶律楚材：《湛然居士文集》附錄，宋子貞：〈中書令耶律公神道碑〉，北京：中華書局，一九七六。

71《元史．耶律楚材傳》；宋子貞：〈中書令耶律公神道碑〉。

76、77、78、80、81、82、83、84、86、87、88《元史．耶律楚材傳》。

79《黑韃事略》。

85（明）宋濂等：《元史》卷一四六〈耶律楚材傳〉，北京：中華書局，一九七六。

89（元）耶律楚材：《湛然居士文集》附錄，宋子貞：〈中書令耶律公神道碑〉，北京：中華書局，一九七六。

90、91、92 宋子貞：〈中書令耶律公神道碑〉。

93、95、96、97、98（明）宋濂等：《元史》卷一四六〈耶律楚材傳〉。

94 宋子貞：〈中書令耶律公神道碑〉。

99（明）宋濂等：《元史》卷八一〈選舉志一．學校〉。

100、103《元史．耶律楚材傳》。

101《湛然居士文集》卷八〈燕京崇壽禪院故圓通大師朗公碑銘〉。

102《元史．太宗記》。

104、105《新譯簡注蒙古秘史》續集卷一，頁三二七。

106、107《元史》卷一一九〈孛魯傳〉。

108《史集》（漢譯本），第一卷第二分冊，頁三二七。

109、110《新譯簡注蒙古秘史》續集卷二，頁三五一—三五二。

111、112《新譯簡注蒙古秘史》續集卷二，頁三五二。

113 阿剌篩：今賀蘭山。

114 額里合牙：指寧夏，即今之銀川。

115 額里折兀：西涼，今甘肅武威西北。

116、117、121、122《新譯簡注蒙古秘史》續集卷二，頁三五二。

118、123《新譯簡注蒙古秘史》續集卷二，頁三五五。

119《元史》卷一二二〈昔里鈐部傳〉。
120 參見〈「大元肅州路也可達魯花赤世襲之碑」考釋〉，《民族研究》一九七九年第一期。
124 黃河九渡：今寧夏回族自治區應理市隊附近。
125《史集》（漢譯本），第一卷第二分冊，頁三一七。
126《元史》卷一二〇〈察罕傳〉：「夏人以十萬眾赴援。」
127、129《史集》（漢譯本），第一卷第二分冊，頁三一八。
128《元史》卷一〈太祖紀〉。
130《元史》卷一二〇〈察罕傳〉。
131、132《史集》（漢譯本），第一卷第二分冊，頁三二〇。
133、135《史集》（漢譯本），第一卷第二分冊，頁三一九。
134《世界征服者史》（漢譯本）上冊，頁二一三。
136、137《世界征服者史》（漢譯本）上冊，頁二一三—二一四。
138《史集》（漢譯本），第一卷第二分冊，頁三二一。
139、140《史集》（漢譯本），第一卷第二分冊，頁三二一。
141 馮承鈞譯：《馬可波羅行紀》第六十八章〈成吉思汗後之嗣君及韃靼人之風習〉，上海世紀出版集團，二〇〇一。
142 馮承鈞譯：《多桑蒙古史》上冊，第九章，頁一四七，上海書店出版社，二〇〇一。
143 有的史書將金衛紹王公主闊闊出也列為「大婦」。
144《史集》（漢譯本），第一卷第二分冊，頁三二三。
145（明）葉子奇：《草子木》卷三下，〈雜制篇，頁六〇，北京：中華書局，一九五九。
146 馮承鈞譯：《馬可波羅行紀》第六十八章〈成吉思汗後之嗣君及韃靼人之風習〉，上海世紀出版集團，二〇〇一。
147《世界征服者史》（漢譯本）上冊，頁二二〇。
148《史集》（漢譯本），第一卷第二分冊，頁三二二—三二三。
149 見屠寄：《蒙兀兒史記》卷三〈成吉思汗本紀下〉；（明）葉子奇：《草木子》卷三下〈雜制篇〉。
150、151（宋）彭大雅著，徐霆疏：《黑韃事略》。
152、153、154《史集》（漢譯本），第一卷第二分冊，頁三二三。
155、156《蒙兀兒史記》卷二下〈成吉思汗本紀〉。

第八章　解讀成吉思汗

千秋功罪，誰人曾與評說——世界名人眼裡的成吉思汗

成吉思汗是古今中外著名的歷史人物，同時又是一個在國內外史學界、政治界乃至平民百姓中很有爭議的人物。七八百年以來，中外各國的政治家、軍事家和名人學者從不同角度研究和探討這位偉大人物，留下了不計其數的名言與論著。二〇〇三年一月，民族出版社公開出版發行了蒙古族和漢族學者巴拉吉尼瑪等三位先生編著的《千年風雲第一人——世界名人眼中的成吉思汗》，彙集了五十多個國家和地區三百餘位名人、學者有關成吉思汗的精闢論述和相關媒體的報導，為我們進一步研究成吉思汗提供了重要的參考資料。「千秋功罪，誰人曾與評說？」看一看世界名人對成吉思汗的評說，可以使我們開闊眼界，將成吉思汗的研究推向一個新水準。

一、成功者的典範——世界歷史上最大的成功者之一

《千年風雲第一人》的作者在〈致讀者〉中寫道：「我們敬重成吉思汗，並不只是因為他是民族的驕傲，而很大程度上是因為他是世界公認的最偉大的成功者之一。每個人的經歷各不相同，但有一點是相同的，那就是每個人都企盼獲得成功。」[1] 在引言中，他們專門寫了對成吉思汗的全面介紹，其題目是〈成吉思汗創下了十二個世界之最〉，包括「創建了世界上版圖最大的帝國」、

「發動了人類歷史上規模最大的戰爭」、「千年來世界最富有的人」等，其中有的是不言而喻、世人公認的，但也有些「之最」不一定能得到多數人的認可，但其中提到的「人類歷史上最大的成功者」，[2]倒是基本上符合歷史事實。

日本學者太田三郎在《成吉思汗》一書中稱成吉思汗為「世界古今蓋世之英雄」，他說：「觀蒙古民族雄圖偉業，俯仰六百年間，當時都為龍盤虎踞之大版圖而讚歎。自有地球以來，英雄之席捲大陸者不知凡幾；自有歷史以來，君主之削平邦土者亦不知凡幾。然規模之大，版圖之廣，如蒙古成吉思汗者，前後無其儔匹。……亞歷山大、凱撒、拿破崙等較，基業之偉，領域之大，亦故不能同日而語耳。」故而他認為成吉思汗不僅是蒙古民族的英雄，「抑且為世界古今不見儔匹蓋世之雄也。」[3]成吉思汗及其子孫建立的大蒙古國包括中國境內的元朝、窩闊台汗國、察合台汗國和中國境外的欽察汗國、伊兒汗國，其疆域東起朝鮮半島，西抵波蘭、匈牙利，北至西伯利亞，南達爪哇中南半島，在北緯十五度至六十度、東經十五度至一百三十度之間，總面積達到三千萬平方公里。正如蘇俄著名學者巴托爾德說：「成吉思汗帝國的建立從某一點上說是世界上獨一無二的事件；把遠東和前亞的文明國統一在一個王朝之下是空前絕後的。」[4]由此可見，日本太田三郎先生對成吉思汗的評價並不過分。

英國學者萊穆在《全人類帝王成吉思汗》一書中說：「成吉思汗是比歐洲歷史舞台上所有的優秀人物更大規模的征服者。他不是通常尺度能夠衡量的人物。他所統帥的軍隊的足跡不能以哩數來計量，實際上只能以經緯度來衡量。」「拿破崙在軍事天才之點上，確實在歐洲上空，曾被稱做光輝的明星。」然而他卻「將自己的軍隊的命運任其自然，遺棄在埃及的遊途，又埋於俄羅斯的雪原之中，遂敗於滑鐵盧戰役。他的帝國即他在世時滅亡，其子的地位在其死前被剝奪了」。

亞歷山大馬其頓斯基，其英名也可以與成吉思汗相提並論，但「亞歷山大一死，他的高官都是因為奢望帝王寶座而互相鬥爭，亞歷山大的兒子遭到了逃亡的命運」。與以上兩人相反，「成吉思汗的兒子，沒有受到任何繼其父汗之位的影響，君臨西起亞美尼亞東至朝鮮，南自西藏北至伏爾加的廣闊領域。成吉思汗的孫子忽必烈支配了世界的一半（確切些說是當時世界的五分之四）。」為此，他稱成吉思汗為「全人類的皇帝」。[5]

伊兒汗國的重臣、伊朗著名史學家志費尼在其名著《世界征服者史》一書中說：「倘若那善於運籌帷幄、料敵如神的亞歷山大活在成吉思汗時代，他會在使計用策方面當成吉思汗的學生，而且，在攻略城池的種種妙策中，他會發現，最好莫如盲目地跟成吉思汗走。」[6]甚至拿破崙本人也說：「我不如成吉思汗，他的四個虎子都爭為其父效力，我無這種好運。」[7]

馬克思在談到成吉思汗時曾說：「成吉思汗戎馬倥傯，征戰終生，統一了蒙古，為中國統一而戰，祖孫三代鏖戰六七十年，其後征服民族多至七百二十部。」[8]在《馬克思印度史編年稿》一書中馬克思寫道，成吉思汗在統一蒙古的過程中組建了一支軍隊，他「依靠這支軍隊征服了東蒙與華北，然後征服了阿姆河以北的地方與呼羅珊，還征服了突厥族地區，即不花剌、花剌子模和波斯，並且還侵入印度。他的帝國的疆土從裏海一直延伸到北京，南面伸展到印度洋和喜馬拉雅山西面到阿斯特拉汗和嘉桑。他卒後這個帝國分為欽察汗國、伊兒汗國、察合台汗國、蒙古和中國；前三部分由汗分別統治；最後一部分作為帝國的主要部分，由大汗直接統治」。[9]

孫中山先生說：「亞洲早期最強大的民族之中元朝蒙古人居首位。」「元朝時期幾乎整個歐洲被元朝所占領，遠比中國最強盛的時期更強大了。」[10]

毛澤東將成吉思汗親切地稱為「一代天驕」，將他與中國歷史上著名的帝王秦皇、漢武、唐宗、宋祖、劉邦、朱元璋相提並論，在評點二十四史時寫道：「可不要看不起老粗，……一些老粗能辦大事，成吉思汗、劉邦、朱元璋。」[11]

以上記載說明，無論是各國的名人、學者，還是國家元首、革命領袖，大家都從不同角度承認成吉思汗是世界歷史上最大的成功者之一，我們說他是「成功者的典範」還是名副其實的。

二、東方戰神——世界歷史上最偉大的軍事統帥

中國蒙古兵學學者達林太先生曾經公開發表過一篇論文〈蒙古兵學是蒙古學的重要組成部分〉，其中說：「蒙古民族在中國和人類戰爭史上演出了有聲有色、威武雄壯的活劇，提供了極為豐富的鬥爭經驗，創造了豐富多彩、別具匠心、獨樹一幟的兵學，在相當程度上反映了戰爭的一般規律。」他認為「蒙古兵學的鼻祖」是「成吉思汗及其繼承者」，他們「成功地處理了戰爭與游牧狩獵經濟之間的關係，充分發揮和運用了游牧狩獵經濟在戰爭中的特長」。[12]不僅組建了一支天下無敵的強大的騎兵，出色地解決了軍隊給養、後勤供應，還創造性地運用了一系列符合騎兵作戰特點的戰略戰術，從而取得了一個又一個勝利。

印度前總理尼赫魯在《怎樣對待世界歷史》一書中說：「蒙古人在戰場上取得如此偉大的勝利，這並不靠兵馬之眾多，而靠的是嚴謹的紀律、制度和可行的組織。也可以說，那些輝煌的成就來自於成吉思汗的指揮藝術。」[13]他非常贊成勒．加特的說法：「蒙古人所進行的征戰，就其規模和藝術、突然性和靈活性、包圍的戰略和戰術而言，是史無前例的。」「成吉思汗即使不是世界上唯一的、最偉大的統帥，無疑也是世界上最偉大的統帥之一。」[14]

美國五星上將麥克阿瑟在給陸軍部長的一份報告中說：「如果有關戰爭的記載都從歷史上抹

掉，只留下成吉思汗戰鬥情況的詳細記載，且被保存得很好，那麼軍人將仍然擁有無窮無盡的財富。從那些記載中，軍人可以獲得有用的知識，塑造一支用於未來戰爭的軍隊。那位令人驚異的領袖（成吉思汗）的成功使歷史上大多數指揮官的成就黯然失色。」「他渡江河、翻高山，攻克城池，滅亡國家，摧毀整個文明。在戰場上，他的部隊運用得如此迅速和巧妙，橫掃千軍如捲席，無數次打敗了數量上占壓倒優勢的敵人。」「雖然他毀滅一切，殘酷無情，野蠻凶猛，但他清楚地懂得戰爭的種種不變的要求。」[15]

俄國將軍以葛那吉夫說：「橫覽宇內，歷年之少，而開拓疆土之廣大，如成吉思汗者，千古所未嘗見也。成吉思汗登蒙古大汗位之初，兵籍之戶數約一萬三千而已（約三萬），其後征服民族之數凡七百二十部之多，其言語信仰，大抵異類。其子孫蒙業開拓，所奄有之全版圖，包括今之清帝國，印度之北部，韓國半島，中央亞西亞之全城，俄羅斯帝國之大半，印度斯幼發拉的士兩河間之南部，兵刃之所斬刈，馬足之所蹂躪，由東達西，成一直線，徑長六千英里（約當中國一．六萬里），其間列國數十，成吉思汗及其子孫才以六七十年之短日月次第削平者也。此最大蓋世之雄，果如何而崛起者耶？」[16]

俄國軍事家柯列金也說：「通觀世界歷史，用很少兵力（拉施德丁說十二萬，小林高四郎說二十萬），在很短時間內（西元一二〇七年到一二二七年共二十年），攻略廣大土地（歐亞兩洲的大部），統治眾多人口（中小路彰說六億人口，我認為有些誇大），除成吉思汗時代的韃靼人和帖木兒時代的中亞細亞人之外，開天闢地以來從未有過。」[17]

以上記載說明，無論是中國的軍事學界還是外國的政治家、軍事家，大家都一致認為成吉思汗是世界歷史上最偉大的軍事統帥，至少可以說是世界上最偉大的軍事統帥之一。有人曾經統計過，成吉思汗一生共進行了六十多次戰爭，除十三翼之戰因實力懸殊主動撤退外，沒有一次失敗過。因此中國學者劉樂土先生在其「中國大皇帝書系」《成吉思汗》一書中說：「成吉思汗是後人難以比肩的戰爭奇才。他逢敵必戰，戰必勝的神奇將人類的軍事天賦窮盡到了極點。」「他麾下的鐵騎，勢如破竹，硝煙漫捲到了俄羅斯、阿富汗及印度北部。在廣袤的歐亞大陸，成吉思汗已經成了戰無不勝的神，對手無不聞風喪膽，屈服於腳下。」「什麼人才能稱得上戰神？唯有成吉思汗！」[18]

三、信仰自由——實行開明的宗教政策

成吉思汗及其子孫建立的蒙古國橫跨歐亞兩洲，當時世界上的各種宗教，在其統治的範圍之內幾乎是應有盡有。其中包括蒙古人原來信奉的薩滿教，西藏、西夏和漢人信奉的佛教，金和南宋的道教、摩尼教，畏兀兒和西方各國信奉的伊斯蘭教（回回教、答失蠻），蒙古高原一些部落乃至欽察、斡羅思各國信奉的基督教（包括景教，即聶斯脫里派；也里可溫，羅馬派）等等。蒙古貴族征服天下，基本上是採取屠殺和掠奪政策，但其宗教政策卻比較開明，並不強迫被征服者改信蒙古人的宗教，而是宣布信教自由，允許各個教派存在，而且允許蒙古人自由參加各種教派，對教徒基本上免除賦稅和徭役。實行這一政策，在一定程度上減少了被征服者的反抗，對蒙古貴族的得天下和治天下都曾發揮過不小的作用。

薩滿教是蒙古人的原始宗教，成吉思汗在其初起階段正是利用這種宗教竭力宣揚天命論，自稱自己是「得天地之贊力」，「天命眾百姓都屬我管」，[19]並依靠薩滿首領豁兒赤、通天巫闊闊出等人的支持登上了汗位，宣稱天神命鐵木真「為普世之君主」。[20]它說明這時的薩滿教已經具

有明顯的階級性，已經成為成吉思汗等蒙古貴族教化與欺騙人民、進行政治統治的工具。

但薩滿教畢竟是比較原始、比較落後的宗教，用這種宗教欺騙比較落後的人們還能發揮一定作用，但卻難以用它來統治其他先進民族。因此在成吉思汗西征的路上，就千方百計地將中國北方全真派的道教首領丘處機召至身邊，向他詢問統治漢人的辦法，並大力扶植道教，藉以加強對漢人的思想統治。本書在第七章中對這一問題已經做了比較充分的介紹。國內外名人、學者也比較一致地肯定成吉思汗的這一宗教信仰自由政策，如中國學者楊紹猷先生曾說：「成吉思汗並不把自己信仰的薩滿教強加於被征服的民族，也不消滅他們的宗教，而是利用各種宗教為自己的軍隊擴張服務，容許各種宗教存在。」「他雖然大量屠殺那些敢於抵抗的民族，但並不消滅他們的宗教，而是『宣布信仰宗教自由』。」「成吉思汗命其後裔切勿偏重何種宗教，應對各教之人待遇平等。」「成吉思汗在宗教為我所用的宗旨下，一是容許各種宗教的存在，二是允許各族包括本民族有信教自由，三是對宗教職業者進行優待，豁免其賦稅。」[21]比如乃蠻王子屈出律在用陰謀手段篡奪了西遼的王位之後，又強迫當地人民放棄自己的信仰。成吉思汗的大將者別正是巧妙地利用了這一事件，輕而易舉地打敗了屈出律。在西征花剌子模和俄羅斯時，成吉思汗與者別等也曾多次利用當地的宗教矛盾為自己的征服戰爭服務。

英國史學家道森在其《出使蒙古記》的緒言中曾介紹了成吉思汗的蒙古人與基督教世界的關係，其中說：「成吉思汗親自規定，一切宗教都應受到尊重，不得偏愛，對於各種教士都應恭敬對待，把它作為法令的一部分。他在東方和西方的所有後裔歷代都忠實地遵守了這項原則。」他分析了這一政策產生的原因，認為「蒙古和土耳其斯坦是世界上各種宗教會合的地方，蒙古人自己作為新來者發現，佛教、基督教、摩尼教和伊斯蘭教已經在一些民族中間紮下了根，而他們是從這些民族獲得初步文明的」。[22]在他們的部眾和同盟者中已經有相當多的人信奉以上各種宗教。基督教的聶思脫里派早在唐初就傳入中國，取了一個漢名叫景教。元代稱為也里可溫（阿拉伯語，修士），或稱聶思脫里。早在成吉思汗統一蒙古高原之前，汪古、乃蠻、克烈等部就信奉景教。窩闊台的妻子脫列哥那（蔑兒乞人），拖雷的妻子唆魯禾帖尼（克烈部人，蒙哥、忽必烈、旭烈兀的母親），汪古部駙馬，以及蒙哥朝的大必者赤（副丞相）孛魯合等，都是景教徒。因此景教在蒙古汗廷有強有力的勢力和靠山。取消或壓制這一宗教，顯然不利於成吉思汗的統治。

對於伊斯蘭教，成吉思汗及其子孫則是採取政治軍事上征服和宗教信仰上自由的兩手政策。早在成吉思汗建國之前，回教商人就在蒙古各部落中活動，回教徒札八兒火者曾參預了飲班朱尼河水，成為成吉思汗的開國功臣，後來被任命為鎮守中原漢地的第一個大達魯花赤。成吉思汗派到花剌子模經商和出使的人員中也有不少伊斯蘭信徒。甚至參預成吉思汗西征的畏兀兒等三國軍隊中，也有相當數量的人信奉伊斯蘭教。但成吉思汗第一次西征的對象花剌子模，則是政教合一的伊斯蘭教一派掌權的國家，對於這個政權成吉思汗在政治軍事上則是毫不留情，堅決征服、摧毀，但並不強迫當地人放棄自己的宗教。儘管伊斯蘭教的主流派哈里發帝國與花剌子模有矛盾，但成吉思汗及其子孫也沒有放過這個政權。一二五八年，成吉思汗的孫子旭烈兀攻克了巴格達，滅亡了阿拔斯王朝的哈里發帝國。正如中國學者周燮藩所說：「阿拔斯王朝的滅亡，正式結束了阿拉伯人在伊斯蘭教中的至上地位。」也就是結束了在此之前伊斯蘭教政教合一的體制，但也沒有限制當地人民的信教自由。「伊斯蘭教不顧以其名義進行統治的王朝廢立，發展為以自身體制維持的世界宗教。它不再依賴軍事和政治擴張，照樣往世界各地滲透，對於不同文化傳統的人們依然具有吸引力。」[23]

隨著中亞、波斯等地的被征服，來到東方的回回人空前增加。蒙古貴族利用回回上層分子和富商大賈作為壓迫與剝削中原漢民的幫手，如花剌子模人牙剌瓦赤，不花剌貴族賽典赤贍思丁，富商奧都剌合蠻、阿合馬等，都在統治機構中擔任很高的職務。移居漠北與中原各地的回回人被允許保留自己的宗教信仰，在其聚居地建立清真寺，回教教師答失蠻、苦行者迭里威失，享受與僧道、也里可溫同樣的免稅待遇。但一般的回教徒——木速魯蠻則同於編民，一樣要交納賦稅，負擔差發。總之，「在中國，由於蒙古人採取『信仰自由』和『兼容並包』的政策，伊斯蘭教乘機往東發展，大批穆斯林遷居來華，為中國各穆斯林民族的形成奠定了基礎。」24

成吉思汗的宗教政策是主張政教分離，即認為宗教世界與現實世界是不同的，不應該用宗教的主張與利益干預現實的政治。但在蒙古族內部也有另外一些人主張政教必須合一，由此又導致了不同派別乃至不同政權之間的矛盾與戰爭。比如在伊兒汗國，第三代帝王曾改信伊斯蘭教，並採用伊斯蘭教的名稱，自稱為阿合馬算端，結果遭到其他蒙古貴族的反抗，很快就被推翻並被處死了。但時過十三年之後，伊兒汗國著名的國王合贊汗，正是依靠伊斯蘭軍隊的支持奪取了國家政權，從此改信伊斯蘭教，並進行了一系列改革。他的後人也大都是伊斯蘭信徒。而欽察汗國的後人則改信了當地的宗教——回教和基督教。在語言文字上，蒙古人雖然創造了自己的文字，但統治各地的蒙古貴族，為了統治的需要，也逐步掌握了當地的文字和語言。而朮赤後王與伊兒汗國之間的對立與戰爭，實際上也與宗教不同有關。

自忽必烈以後，元朝統治者主要提倡喇嘛教，西藏人八思巴被尊為「大寶法王」、「大元帝師」。以後每一帝師死，必自西藏取一人為嗣，一直到元朝滅亡。元朝統治者如此重視佛教，也是出於統治天下的需要，據《元史》記載：「及得西域，世祖以其地廣且險遠，俗獷好鬥，思有以因其俗而柔其人，乃郡縣土番之地，設官分職，盡領之於帝師。乃立宣政院，其為使位居第二者，必以僧為之。……帥臣以下，亦僧俗並用，而軍民通攝。於是帝師之命，與詔敕並行西土。」[25]從此佛教掌握了西藏地方的政權，並將教義傳入了蒙古地區。中國內地自東漢以來佛教就已經傳入，唐、宋時期曾出現不少教派。蒙古統治者提倡佛教，對統治中國內地也很有利。

宗教與民族問題，自古以來就是一個十分敏感的問題，如何正確地解決這一問題關係到政權的鞏固、社會的安定。成吉思汗及其子孫的宗教政策值得進一步研究。

四、經商與戰爭——打破東西方壁壘的千年偉人

大家知道，成吉思汗西征導因於一次東西方的商業衝突：訛答剌城守將海兒汗慘殺蒙古商隊，成為成吉思汗西征的導火線。因此，訛答剌城成為成吉思汗西征的首要目標，並為此付出了慘痛的代價。但它又從一個側面說明：打破東西方之間「老死不相往來」的局面，已經成為歷史發展的必然趨勢。我認為，如何正確地分析經商與戰爭的關係，是能否正確評價成吉思汗的關鍵。

印度前總理尼赫魯先生在《翻開看世界歷史》一書中曾客觀地分析了成吉思汗西征與經商的關係，他說：成吉思汗在占領「朝鮮、唐古特之後，本想停止擴張。他並沒有打算攻占西方諸國，而且想要同花剌子模沙拉和平相處。但是沙拉的一個督統殺了蒙古商人。在這種情況下，成吉思汗仍然是希望和平相處，派使團要求處理殺死蒙古商人的督統。沙拉不但沒有同意成吉思汗的要求，反而殺害了使團團長，其餘的成員被剃光鬍鬚押出國境。成吉思汗當然不能容忍這種無理行徑，做好準備後於一二一九年進攻並摧毀了花剌子模」。「沙拉殺了成吉思汗的使者，這是血仇，所以成吉思汗攻打花剌子模，報了仇。」[26]尼赫魯先生的這一分析實際上包含了如下幾種含

意：第一，從成吉思汗的本意講，當時「他並沒有打算攻占西方諸國」，而是想在蒙古與花剌子模兩個東西方大國之間開闢一條和平商路，保護兩國的和平商人，促進雙方和平相處；第二，當四百五十名商人被殺死之後，成吉思汗也沒有立即選擇戰爭，這說明他和平相處、和平經商的誠意；只是在花剌子模國王殺死其正使、侮辱其副使之後，成吉思汗才不得不選擇戰爭。尼赫魯先生認為花剌子模的這種做法是「無理行徑」，「是血仇」，實際上是對國與國之間和平交往原則的粗暴踐踏；第三，成吉思汗攻打花剌子模，是為了替商人和使者報「血仇」，這就肯定了成吉思汗打擊花剌子模的正義性。從這個角度講，也可以說成吉思汗開始西征時具有一定的自衛反擊戰性質，只是以後才發展為民族征服戰爭。有一位華裔日籍學者陳舜臣先生在遠流出版公司出版的長篇歷史小說《成吉思汗一族》中，曾將花剌子模的這種行徑稱為「古代的恐怖主義」，[27]我認為這一說法並不過分。

　　中國學者德山先生在《元代交通史》中曾說：「國際陸路交通是成吉思汗祖孫三代三次西征的產物。」第一次西征「為建立橫跨歐亞、空前未有的大蒙古國奠定了基礎」；第二次西征即長子西征，「建立了蒙古四大汗國之一——欽察汗國」，「開闢了通往中國的國際交通——欽察道」；第三次西征即旭烈兀西征，建立了蒙古四大汗國的另一個汗國——伊兒汗國，「開闢了中國通往波斯的國際交通——波斯道。」[28]法國東方史學家格魯塞在《蒙古帝國史》中說：「蒙古人幾乎將亞洲全部聯合起來，開闢了洲際的通道，便利了中國和波斯的接觸，以及基督教和遠東的接觸。中國的繪畫和波斯的繪畫彼此相識並交流。馬可波羅得知了釋迦牟尼，北京有了天主教總主教。」「從蒙古人的傳播文化這一點說，差不多和羅馬人傳播文化一樣有利。對於世界的貢獻，只有好望角的發現和美洲的發現，才能夠在這一點與之相似。」[29]加拿大史學家斯塔夫里・阿塔斯說：

「由於蒙古帝國的興起，陸上貿易發生了一場大變革。歷史上第一次，也是唯一一次，一個政權橫跨歐亞大陸，即從波羅的海到太平洋，從西伯利亞到波斯灣。」「往來於這條大道的商人們說，無論白天還是黑夜，在塔那到中國的路上行走，是絕對安全的。」他認為，「橫穿中亞的商路」對於當時東西方商業的發展具有「重大意義」。[30]

美國傳記名家哈羅蘭姆將成吉思汗稱為「人類帝王」，他在其著作中說：「雖然當初的成吉思汗從未接受過物質文明的薰染，竟能為五十多個民族建立了切實可行的典章，維持大半個世界的和平與秩序」；「信使可以縱橫五十個經度，一個少女懷一袋金子，可以安心遨遊這個廣大的帝國。」使得東西交流為之暢通，歐亞文化為之交流，「這是人類之間最廣大而開放的一次握手。」[31]

一九九九年六月，韓國總統金大中說：「有人認為，由於有了蒙古人，人類才第一次擁有了世界史，而蒙古人的倔強不拔、勇猛無敵精神和機智敏捷的性格卻塑造了偉大的成吉思汗。同樣，我也贊成一些人的評價，網路還未出現的七百年以前，蒙古人卻打通了世界各國的關係，建立了國際往來關係。」[32]韓國著名學者金鐘日也說：「大地是人類的家園，我們只有一個家園，這是當今『全球化』的新概念。然而，『全球化』起源於成吉思汗的大統一。」[33]

中國著名的元史專家韓儒林先生，也曾經充分肯定過成吉思汗西征在促進中西交流方面的積極作用，他說：「成吉思汗在開始西征起，便採用中原的交通制度，在通往西域的大道上，開闢『驛路』、設置『驛騎』、『驛牛』和『郵人』，把中原原有的驛站系統延伸到西域。一直到他的子孫時代還繼續改善和發展這一艱巨事業。」「成吉思汗把東西交通大道上的此疆彼界掃除了，把阻礙經濟文化交流的堡壘削平了，於是東西方的交往開始頻繁，距離開始縮短了。中國的創造發明如火藥、紙幣、驛站制度等輸出到西方，西方的藥品、織造品、天文曆法等也輸入了中國。」[34]正由於蒙元時期用暴力掃除了亞歐各國之間的此疆彼界，又逐步建立了一個完善的驛站系統，於是將幾千萬平方公里之內的各個部分彼此聯繫起來了。比如在元朝境內就有陸站、水站、狗站等一千三百八十三處，擁有驛馬四萬四千三百零一匹，驛車三千九百三十七輛，驛船五千九百二十一條。「四方往來之使，止則有館舍，頓則有供帳，飢渴則有飲食，而梯航畢達，海宇會同」，「脈絡相通，朝令夕至。」[35]一個使者、商人或旅行者只要能領到帝國發的乘驛牌，就可以在亞歐各地通行無阻，所謂「之千里者，如在戶庭；之萬里者，如在鄰家」，[36]這種說法並非誇張。

亞歐之間經濟文化的交流直接促進了歷史的進步。比如，造紙術和印刷術傳入歐洲，促進了歐洲文化的發展，使歐洲文化從神學手裡解放出來，出現了文藝復興。火藥和火器傳入歐洲，也使它發揮了在中國未曾發揮的巨大作用。恩格斯說：「在十四世紀初，火藥從阿拉伯人那裡傳入西歐，它使整個作戰方法發生了變革，這是每一個小學生都知道的。」[37]並說：「火藥和火器的採用決不是一種暴力行為，而是一種工業的也就是經濟的進步。」[38]它對歐洲的資產階級戰勝封建貴族起了重大作用：「以前一直攻不破的貴族城堡石牆抵不住市民的大炮；市民的槍彈射穿了騎士的盔甲。貴族的統治跟身披鎧甲的貴族騎兵隊同歸於盡了。」[39]指南針傳入歐洲則促進了歐洲航海事業的發展，以後才出現了哥倫布等人的遠航，使他們發現了新大陸，促使歐洲進入了一個新時代。無怪乎有的學者這樣說：「成吉思汗這樣的天之驕子的誕生，使世界從沉睡中覺醒，東西文化交流促成。因《馬可波羅遊記》招致哥倫布探險，美洲大陸被發現，歐洲人一度掌握世界霸權，後又美國崛起，日本被美國打敗等等。所以，我把成吉思汗誕生可以看做改變世界方向，形成今日世界的誕生。」[40]

近年來，世界各國的學者和新聞界從「縮小地球」、「溝通歐亞」的角度研究成吉思汗，認為他「衝破了亞歐各國的封閉狀態，溝通了東西方經濟文化交流」，[41]是功不可沒的英雄和偉人。不同國家和地區在給世界名人排隊時，往往將成吉思汗列入中國乃至世界一百位名人之列，甚至列為十大名人之一，美國的《華盛頓郵報》還曾將成吉思汗評為「千年風雲第一人」。成吉思汗究竟是征服者還是民族英雄？是黃禍製造者，還是千年偉人？對同一個人、同一件事的評價為什麼會出現如此大的反差呢？是否西方人的評價都是站在征服者的立場上看問題呢？或者他們這樣做是不是一種民間遊戲，或者是譁眾取寵的惡作劇呢？我研究了一下美國《華盛頓郵報》提出的評價標準和理由，我認為還不能得出以上那些結論。第一，他們提出的世界「千年偉人」的一個標準是「依據由誰縮小了地球為原則」，經過民意測驗，多數人集中提到了兩個人，一是成吉思汗，一是哥倫布。經過認真分析，他們認為雖然成吉思汗殺人很多，但他與哥倫布一樣縮小了地球，而在外交方面卻不知比哥倫布勝出多少倍。第二，他建立了世界上版圖最大的蒙古帝國，東西從太平洋到東歐；南北從西伯利亞到波斯灣；比亞歷山大帝國、羅馬帝國、伊斯蘭世界和前蘇聯的地盤還大，衝破了亞歐各國的封閉狀態，溝通了東西方經濟文化交流。第三，《華盛頓郵報》還報導說：他們之所以評選成吉思汗為人類文明史上第二個一千年的頭號風雲人物，主要是因為他「從政治、軍事、民族心理上深深地影響了歐洲及世界」。那一年，他們還同時評選出第二個一千年最重要的發明，即源於中國的印刷術。他們指出：將印刷術與成吉思汗「這個人和這件事比較一下十分有趣。一個從政治、軍事、民族心理上深深地影響了歐洲及世界，一個從科學文化、教育手段、思想觀念上深刻地改變了歐洲乃至世界」。「印刷術改變了歷史，同樣，成吉思汗也影響了世界。」第四，他們提到，蒙古人後來並沒有統治好中國，對歐洲也造成了巨大的破壞，成吉思汗也並不是一個溫順和藹的人，也不是思想家與解放者，而是一個殘酷的人。那麼，他們為什麼偏要選擇這樣一個人為千年偉人呢？他們認為：「他是拉近世界的最偉大的人。」他們指出：「歷史並不是聖人、天才和解放者的傳說，成吉思汗最完美地將人性的文明與野蠻兩個極端集於一身，至今還未找到一位比成吉思汗更為合適的人選。」[42]他們將是否「縮小了地球」、「拉近了世界」當做評價世界風雲人物的主要標準，我認為，他們考慮問題的角度是值得引起我們深思的。

因為成吉思汗曾經大量殺人，而看不到他不可磨滅的歷史功績；因為他曾經進行了野蠻的征服戰爭，而看不到他為人類文明的發展所做的傑出貢獻；這實際上都是以偏概全的片面性認識。

本文既介紹了世界各國若干名人、學者對成吉思汗的評論，也概括了本人對成吉思汗評價問題的基本看法，其中難免有以偏概全或掛一漏萬之處，敬請學術界的同仁及讀者朋友們予以斧正。

從軍事上看成吉思汗成功的原因

成吉思汗及其子孫的成功是軍事征服的結果，是暴力鬥爭的勝利，這個問題是不言而喻的。成吉思汗統一蒙古高原，前後用了二十多年時間（一一八一—一二〇六年），大戰六次，小戰幾十次；成吉思汗滅西夏，出兵六七次之多，戰爭達二十三年之久（一二〇五—一二二七年）；蒙古推翻金朝，前後費時二十四年（一二一一—一二三四年），經過了成吉思汗攻金時期，木華黎偏師經營，窩闊台集中兵力滅金幾個階段，其戰爭時間之長，規模之大，傷亡之眾都是相當驚人的；蒙古滅亡南宋，所用時間更長，從一二三五年窩闊台大舉攻宋，中經蒙哥三路南征，直到一二七九年忽必烈才最後將南宋滅亡，前後花費四十五年之久，近半個世紀。而蒙古滅西遼、統一吐蕃、大理等，也主要是依仗自己強大的武力，只有畏兀兒、哈剌魯、林木中百姓等是為擺脫西遼的壓迫或迫於當時的形勢，自動或被迫向蒙古投降的。蒙古建立的四大汗國已超出今天中國的版圖，更是三次西征的產物。從一一八一年至一二七九年，蒙古經過五代帝王，前後進行近百年戰爭，逐步建立了一個疆域遼闊、人口眾多的大蒙古國。沒有一支強大的軍隊，就沒有蒙古國，這是一個基本的歷史事實。

但需要回答的是，為什麼只有一百多萬人口、十來萬軍隊的蒙古國，居然可以戰勝具有幾千萬人口、幾十萬、幾百萬大軍的金國、花剌子模和南宋？為什麼經濟落後的小國可以戰勝經濟文化先進的大國？為什麼奴隸制的國家可以戰勝封建制的國家？是不是可以從此得出結論說暴力是萬能的呢？是不是說誰掌握了強大的暴力誰就能為所欲為、任意改變歷史的面貌呢？暴力征服與經濟文化的發展究竟是什麼關係呢？分析一下成吉思汗及其子孫在軍事上取得成功的前因後果，對進一步理解這些問題會有一定好處。

一、暴力是受經濟制約的，任何暴力都要以一定的經濟發展作為基礎——鐵器和馬匹對蒙古族的發展起了巨大作用

隨著人類社會的產生和發展，暴力鬥爭也產生和發展起來，從原始人的拳頭和棍棒，到以後的弓箭和刀槍，戰車和馬匹，直至近現代的飛機、坦克、大炮、火箭、原子武器等等，都是為暴力鬥爭服務的。暴力的發展是人類社會經濟發展的一個結果，暴力是受經濟制約的，任何暴力都

要以一定的經濟發展作為基礎，蒙古族暴力的發展也完全說明了這一點。

據《黑韃事略》記載：「韃人始初草昧，百工之事，無一而有。其國除孳畜外，更何所產，其人椎朴，安有所能。止用白木為鞍橋，鞔以羊皮，鐙亦剜木為之，箭鏃則以骨，無從得鐵。後來滅回回，始有物產，始有工匠，始有器械。蓋回回百工技藝極精，攻城之具尤精。後滅金虜，百工之事於是大備。」《建炎以來朝野雜記》記載：「韃靼止以射獵為生，無器甲，矢用骨鏃而已，蓋以地不產鐵故也。契丹雖通其和市，而鐵禁甚嚴。及金人得河東，廢夾錫錢，執劉豫，又廢鐵錢，由是秦晉鐵錢皆歸之，遂大作軍器，而國以益強。」[43]

恩格斯曾經說過，鐵「是在歷史上起過革命作用的各種原料中最後的和最重要的一種原料。……鐵使更大面積的農田耕作，開墾廣闊的森林地區，成為可能；它給手工業工人提供了一種其堅固和銳利非石頭或當時所知道的其他金屬所能抵擋的工具。」[44]鐵器的廣泛使用大大促進了社會生產力的發展，無疑對提高軍隊的戰鬥力也起了一種「革命作用」。蒙古人從什麼時候開始使用鐵器，各書的記載不盡相同，據《史集》記載，早在蒙古的遠古祖先生活在東北地區時，他們就「找到了一處從前經常在那裡熔鐵的鐵礦產地」，他們找來木柴和煤，用七十張牛馬皮做成風箱，鼓風助火，使山壁熔化，「從那裡獲得了無數的鐵。」[45]製成鐵器，得以開闢山林，促進了生產的發展和活動範圍的擴大。《新五代史》也說：契丹之「東北，至韈劫子（蒙兀室韋）……其地多銅鐵金銀，其人工巧，銅鐵諸器皆精好。」[46]從這些材料看來，蒙古人居住地區並非「不產鐵」，蒙古人使用鐵器也不是在金人統治時期或滅回回之後，而是早在西遷以前。至蒙古諸部統一前後，蒙古就有了鐵製工具「錛、斧、鋸、鑿等器」；[47]畜產品加工工具則有刀、剪、針、錐及鐵鍬等；[48]還有鐵鐙、鐵蹄、鐵索、鐵鍋等，而且打鐵已使用「風箱」，有了專門的鐵匠。[49]《長春真人西遊記》也記載說：「儉儉州出良鐵。」[50]

綜合以上材料可以說明，蒙古人在遠古時期處於「草昧」狀態，「百工之事無一而有。」馬鞍、馬鐙只能用木材、羊皮製造，箭鏃也只能用骨頭磨成。這時的生產不會有太大的發展，也不可能有脫離生產的常備軍，臨時組織的隊伍也不會有太強的戰鬥力。後來發現了鐵礦，或者是經過與遼、金做買賣，獲得了大量的鐵，「遂大作軍器，而國以益強。」到成吉思汗前後，蒙古的鐵製軍器已有箭鏃、鐵甲、鋼槍、環刀、鐵車等等。正是在這一基礎上蒙古人才有可能組成一支強大的軍隊，才可能征服周圍比較先進的民族。而征服這些民族後，則進一步輸入大量的金屬材料，搜羅大批工匠，利用其先進的生產技術和生產經驗，進一步改進工具和武器裝備，這對於提高蒙古軍隊的戰鬥力，無疑也起了重大的促進作用。

不僅武器的改進與生產的發展有直接關係，軍隊的產生和發展也與經濟情況緊密相聯。我們知道，在生產力低下的情況下，人們不能提供太多的剩餘勞動，因此處於原始共產主義階段的各個部落，儘管彼此之間也不斷發生軍事衝突，但那時並沒有脫離生產的常備軍。各部落的成年男子平時從事生產，遇到戰事就臨時組織起來出征打仗。直到奴隸社會初期，蒙古各部基本上還是實行這種平時遊獵，戰時出征的全民皆兵的制度。正因為如此，身為一個部落軍事首領的成吉思汗的父親也速該，當他為自己的兒子去尋找對象時，既沒有帶領強大的衛隊，也沒有幾個貼身的隨從，致使自己半路上被塔塔兒人毒死。到了成吉思汗時代，這種全民皆兵的制度雖然還在一定程度上保留，但他的多達萬人的怯薛軍卻已經完全變成一支脫離了生產的常備軍，他的千戶軍雖然沒有完全脫離生產，但在連年不斷的戰爭中，從事遊獵的時間也越來越少，以後也逐步變成了一支常備軍。這說明蒙古的社會生產力已大大提高，社會產品已經比較豐富，已經有可能養活一支脫離生產的強大的軍隊了。因此應該說，正是在蒙古社會生產力發展的基礎上，蒙古的軍事力量才一步步發展壯大起來。它說明，暴力並不是憑空產生的，因此也絕不會是萬能的，它的產生與發展都受經濟條件的制約。任何暴力都要以一定的經濟發展作基礎，這一點對於強大的蒙古族也不例外。

鐵器的使用對蒙古族經濟的發展、軍事力量的增強起了重大作用，但蒙古周圍的其他民族早在幾百年、上千年前已使用鐵器，他們的軍事力量為什麼反而不如蒙古呢？這需要從多方面來分析其原因，其中重要的一條是馬匹。鐵在生產史上起過革命作用，馬匹對生產力的發展無疑也起過重大作用，而對軍事力量的發展也可以說起了一種革命的作用。在火藥被用於戰爭以前，特別是熱武器產生以前，馬匹被用於戰爭，尤其是騎兵代替步兵和車隊，這在軍事發展史上也是一個劃時代的變革。早在春秋戰國時期，以步兵和馬拉的戰車相混合的車隊就已經代替了單純的步兵，而與匈奴為鄰的趙武靈王甚至放棄車隊，學習游牧民族的胡服騎射，開始注意發展騎兵部隊。匈奴冒頓單于的四十萬騎兵，將戰勝了楚霸王的劉邦包圍在白登山上，面對著匈奴的軍事優勢，劉邦被迫獻女求和。經過幾代的發展，到了漢武帝時，衛青、霍去病主要依靠強大的騎兵部隊，戰勝了匈奴。但以農業為基礎的中原政權，為了裝備一支強大的騎兵，不知要花費多大的代價，漢武帝最後也被搞得財政危機，臨死前不得不下了一道輪台詔，表示要停止戰爭，注意發展生產。因此，儘管以後的中原王朝也不是沒有騎兵部隊，但基本上還是以步兵為主。而北方的游牧民族卻利用自己的有利條件，不斷發展騎兵，並在與中原王朝的鬥爭中發揮了騎兵的優勢。正如日本學者村上正二在〈征服王朝〉一文中所說的那樣：「採用這種機動的編成法的游牧民騎士團，對於農耕民所編成的遲鈍戰車集團，能夠臨機應變，順應當時戰況而巧妙地應用，將分散、集結重複地使用，令敵人眼花撩亂，使不夠小心的敵人兵團在瞬息之間被捕捉，一齊蒙受射擊而潰滅；但如果形勢不利的時候，則迅速地將大部隊分解，煙消雲散。」由於蒙古民族是游牧民族，馬匹既是其生產資源和生活資源，又是交通和作戰工具。「故無步卒，悉是騎軍」，[51]起兵數十萬，「人有數馬，日輪一騎乘之。」[52]而且蒙古的戰馬經過良好的訓練，「闊壯而有力，柔順而無性，能風寒而久歲月」，[53]從而建立了一支強大的騎兵部隊。蒙古的騎兵對於各國的步兵來說，在當時應該是一支「現代化的部隊」，它的威力不亞於現代化的裝甲兵和坦克。據《黑韃事略》記載：「其陣利野戰，不見利不進。動靜之間，知敵強弱；百騎環繞，可裹萬眾；千騎分張，可盈百里。摧堅陷陣，全藉前鋒。」「敵分立分，敵合立合。故其馳突也，或遠或近，或多或少，或聚或散，或出或沒，來如天墜，去如電逝，謂之鴉兵散星陣。其合而分視馬棰之所向；其分而合聽姑詭之聲，以自為號，自邇而遠，俄頃千里。其夜聚則望燎煙而知其所戰。」「其破敵則登高眺遠，先相地勢，察敵情偽，專務乘機。」「不潰則衝，其破可必；或驅降俘，聽其戰敗，乘敵力竭，擊以精銳；或才交刃，佯北而走，詭以輜重，故擲黃白。敵或謂是誠敗，逐北不至，衝其伏騎，往往全沒；或因其敗而巧計取勝，則在於彼縱此橫之間，有古法之所未言者。其勝則尾敵襲殺，不容逋逸；其敗則四散迸走，追之不及。」從以上記載可以看出，蒙古的騎兵至少有如下幾大優越性：一是擅長野戰，也就是運動戰，利求在運動中殲滅敵人；二是有利於集中兵力；三是機動性強，有利於掌握戰爭的主動權，及時捕捉戰機；四是有利於殲滅戰，敵人「往往全沒」，「不容逋逸」；五是在不利條件下能隨機應變，「去如電逝」，「追之不及」。這幾個特點概括了蒙古騎兵的作戰方式，他們最擅長的是野戰，也就是運動戰，包括快速殲滅敵人、快速撤退的閃電戰。法國學者米謝爾・黃說：作為一位軍事家，成吉思汗「在戰術上十三世紀就用了閃電戰」，[54]蒙古兵學專家達林太先生曾經概括過蒙古軍隊的幾個特點，其中第一個特點就是「使蒙古全軍騎兵化，組建了舉世無敵的強大騎兵，充分發揮了蒙古騎兵類似坦克部隊那樣的強大衝擊威力和類似機械化部隊那樣的快速機動能力」。[55]

馬克思、恩格斯在談到成吉思汗時曾說：「戰爭的奧妙就在於集中兵力」，[56]「成吉思汗所以是常勝將軍，他的秘訣在於集中」，[57]「正如商業上說，時間就是金錢一樣，在戰爭中也可以說時間就是軍隊」，[58]「時間就是勝利。」[59]成吉思汗所進行的閃電戰，其奧妙正是最大限度地集中兵力和最充分地利用時間。這種騎兵團的作戰特點確實「有古法之所未言者」，是步兵和車隊所不具備的，因此在對農業民族的作戰中，蒙古騎兵發揮了巨大的優勢。無怪乎金哀宗曾經發出如下的哀歎：「蒙古所以常取勝者，恃北方之馬力，就中國之技巧耳。」[60]這是金哀宗的切身體會，他雖然回避了人和戰略、策略的作用，但也從一個角度說明：強大的騎兵和先進的武器裝備是成吉思汗及其子孫能夠取得勝利的一個重要原因。

二、處於「以征服戰爭為職業」這一歷史階段的游牧民族，具有強大的戰鬥力

武器和馬匹是戰爭勝負的重要因素，但還不是決定因素，決定的因素是從事戰爭的人，是雙方的兵士和將領。《蒙韃備錄》說：「韃人生長鞍馬間，人自習戰，自春徂冬，旦旦逐獵，乃其生涯。」[61]《黑韃事略》也說：「其騎射，則孩時繩束以板，絡之馬上，隨母出入；三歲以索維之鞍。俾手有所執，從眾馳騁；四、五歲挾小弓、短矢；及其長也，四時業田獵。」因此《多桑蒙古史》說蒙古人是「生而為戰士者」。這種旦旦逐獵、年年游牧的生活，既鍛鍊了蒙古人強壯的體質，又磨練了他們堅強的意志，也培養了他們高超的騎射技術。以耕桑為主的農業民族無法與他們相

比，以手工業、商業為主的城市居民無法與他們相比，各國封建統治者臨時召集未經訓練的軍隊，以及那些紈袴子弟、烏合之眾更無法與他們相比。他們是蒙古軍隊的基礎。正是他們用自己的鮮血和生命為成吉思汗及其子孫創造了一個又一個輝煌的戰績。同時，由於蒙古人習慣於游牧生活，在作戰期間，也「只是飲馬乳以塞飢渴，凡一牝馬之乳可飽三人」。因此蒙古軍隊「出入只飲馬乳，或宰羊為糧」。[62]只要有牧場能供應馬匹和畜群的水草，蒙古軍隊就可以自給。即使一時缺乏馬乳、羊肉，還可以以射獵作為補充。正如《蒙韃備錄》所說：「如出征於中國，食羊盡則射兔鹿野豕為食，故屯數十萬之師，不舉煙火。」[63]後來雖然也需要一些糧食，但也不自備，而是「才犯他境，必務抄掠，孫武子曰：『因糧於敵』是也」。[64]這就是說：蒙古軍隊的生活來源主要靠馬匹和畜群，或靠「因糧於敵」，從前線得到補充，這就大大減少了蒙古軍隊作戰的困難，增強了部隊的機動性，因此蒙古軍隊的進軍速度往往是十分驚人的，一天能進軍數百里乃至上千里，如電閃雷擊，這就在很大程度上保證了蒙古軍隊作戰的勝利。正如達林太先生所說：蒙古騎兵的另一個特色是「出色地解決了軍隊的給養，出征時，『只是牛羊隨行，不用運餉』」，從而改變了漢族軍隊「兵馬未動，糧草先行」的傳統，「把蒙古軍建成了冷兵器條件下不受後勤供應約束的強大『機械化』軍隊。」

蒙古人的風俗習慣也有利於蒙古軍隊戰鬥力的加強。乃蠻部太陽汗說：「人曾說達達每剛硬，眼上刺呵，不轉睛；腮上刺呵不躲避。」[65]《黑韃事略》也說：蒙古人「俗以任事為當然，而不敢以為功，其相與告誡每曰：其主遣我火裡去或水裡去，則與之去，言及飢寒艱苦者謂之觧（不好）」。「其俗淳而心專，故言語不差。其法，說謊者死，故莫敢詐偽。」「韃人賤老而喜壯，其俗無私鬥事。」「凡諸臨敵不用命者，雖貴必誅。」戰士英勇無畏，以吃苦為榮，不怕飢寒艱苦，火裡敢衝，水裡敢闖，不敢進行私鬥，也就是怯於私鬥，勇於公戰，為人淳樸認真，甚至不敢說一句謊話，並在此基礎上建立了嚴格的紀律，「凡諸臨敵不用命者，雖貴必誅。」這樣一支軍隊是由蒙古族特有的民族精神維繫的軍隊，打個不太恰當的比喻，它與以後日本的武士道精神有某些類似之處，這種軍隊的戰鬥力自然是相當強大的。

掠奪，是蒙古軍隊作戰的主要目的和基本動力。蒙古戰士之所以捨生忘死去進行征戰，並不僅僅是為成吉思汗賣命，同時也是為了自己的切身利益。《黑韃事略》說：「其國平時無賞，唯用兵戰勝則賞以馬，或金銀牌，或紵絲緞。陷城則縱其擄掠子女玉帛。擄掠之前後視其功之等差，前者插箭於門，則後者不敢入。」《蒙韃備錄》則說：「凡破城守，有所得則以分數均之，自上而下，雖多寡每留一分為成吉思汗皇帝獻，餘物則裱敷有差，宰相等在於河漠不臨戎者有其數焉。」掠奪，大大激發了蒙古戰士的積極性，因此他們才樂於跟隨成吉思汗等到千里萬里之外去進行戰爭。成吉思汗曾問他手下的將領：「人生何者最樂？」有的回答說：春天出獵最樂。成吉思汗說：「不然，人生最大之樂，即在勝敵。逐敵，奪其所有，見其最親之人以淚洗面，乘其馬，納其妻女也。」[66]儒家常說：「惻隱之心，人皆有之。」處在「以征服戰爭為職業」這一歷史階段的成吉思汗君臣不但沒有什麼「惻隱之心」，反而以別人的痛苦和犧牲當做自己「最大之樂」。他們不僅通過戰爭掠奪其他民族的財物和馬匹牛羊，而且掠奪其他民族的婦女做自己的妻妾。成吉思汗明確規定，各級將領都可以在戰爭中搶奪戰敗者的妻女，他自己更是任意掠奪，娶妻妾近五百人（見多桑《蒙古史》）。正是這種「庸俗的貪欲、粗暴的情欲、卑下的物俗」促使成吉思汗的部隊取得了重大的勝利。這裡沒有什麼儒家所倡導的「存天理，滅人欲」，恰恰相反，是發展人欲，毀滅了儒家的所謂「天理」。而在成吉思汗看來，滿足廣大將士的物質需要才是最高的天理，因此他說：「我願其口饜肥甘，身饜文繡，居得華屋，牧得腴地，道途之內荊棘不生，此我之素志也。」[67]鼓勵其將士追求更多的物質利益，千方百計地滿足他們的這種要求，這是成吉思汗及其子孫取得成功的又一個重要原因。

三、成吉思汗在兵制、兵種、兵器和兵法戰略方面的發明創造

有人曾說，孫武是歷史上最偉大的軍事理論家，成吉思汗則是最偉大的軍事實踐家。他之所以能夠成為事實上的常勝將軍，還因為他在兵制、兵種、兵器乃至兵法戰策等各個方面都有不少新的發明創造，在這些方面也「有古法所未言者」。

1. **兵制**：在兵制方面，成吉思汗創建了十進位的千戶制，打破了原來氏族部落的界限，組建了九十五個千戶軍和由大汗直接指揮的中軍萬戶——怯薛軍。從兵民關係看，他實行的是兵民一體、壯者皆兵的制度，「男子十五以上，七十以下，無眾寡，盡簽為兵。」[68]這是一種全民族總動員的整體戰。正如一位美國學者所說：「他是第一個專為發動戰爭而將一個民族組織起來的人。大約在七百五十年前，他提出了『總體戰』這一現代戰爭的概念。」[69]從軍政關係、平戰關係看，這是一種軍事、政治、經濟三位一體的制度，是蒙古國統治體制中最重要的一環。它既是一種層層隸屬的軍事組織，又是蒙古各地的行政組織和經濟組織。其千戶長對於其所屬人民，既有軍事指揮權，又有行政統治權、法律治裁權，同時又有徵收賦役的權力。正如《世界征服者史》所說：「整個世界上，有什麼軍隊能跟蒙古軍相匹敵呢？戰爭時期，當衝鋒陷陣時，他們像受過訓練的野獸去追逐獵物；但在太平無事的日子裡，他們又像是綿羊，生產乳汁、羊毛和其他許多有用之物。」「組織軍隊的最好方法確實莫過於此。」[70]這支千戶軍還建立了一呼百應的管理指揮系統，

建立了上下一致的官兵關係，正是靠了這九十五個千戶軍，成吉思汗才能橫掃千軍，先後打敗了金朝、西夏，征服了西方。

2. **兵種**：成吉思汗及其子孫以騎兵為主，又先後組建了工兵（匠軍）、炮兵、水軍等。成吉思汗統一蒙古草原時，主要靠騎兵；進攻金朝、西夏、花剌子模時，組建了炮兵；至忽必烈南下征宋時，又組建了水軍、步兵等。他們注意學習其他民族先進的軍事鬥爭經驗，注意多兵種的有機配合。比如攻夏、攻金時既學會了攻堅戰，又巧妙地利用騎兵的機動性，誘敵出城、長途奔襲、聲東擊西，多次取得攻城戰的勝利；在西征中則使用了火器乃至利用凝固石油彈攻擊設防堅固的敵人城牆和內堡；在忽必烈南下滅宋時則做到了騎兵與水軍、炮兵的有機配合，如焦山之戰，先是對張世傑的十萬水師進行包圍，然後火燒戰船；襄樊之戰則騎兵、水軍、步兵、炮兵配合，最後取得了勝利；崖山之戰，也做到多兵種配合作戰，只用了幾百艘小船就戰勝了當時世界上最強大的海軍——張世傑的水師，從而最終滅亡了南宋。

3. **兵器與裝備**：蒙古騎兵的武器主要是蒙古彎刀和弓箭，當然也有其他十八般武器，這些武器殺傷力很強。而當他們占領了北京和金朝的部分地區後，蒙古軍隊逐步掌握了當時世界上最強大的軍事技術——中國的軍事技術即攻城器械、射火器等。正如北京大學教授余大鈞先生在《一代天驕成吉思汗〈傳記與研究〉》一書中所說：「成吉思汗把從金、夏俘虜的大批工匠，一部分送往蒙古高原從事武器生產、各種民用手工業生產和建築，一部分則編組為匠軍以便行軍、攻戰時開闢道路、架橋、造船和製造、修理各種攻城器械。此外，還特將俘虜、徵集來的大批炮手、水手編組為炮手軍、炮手水軍，提高了蒙古軍的攻戰水準，尤其提高了蒙古軍的攻城水準。」[71]法國的東方學者里夏爾說：蒙軍取勝的原因在軍事上「首先是裝備」，「拉丁人認為蒙古人的力量在兩個世紀以來一直在於騎兵穿很厚的鎖子甲，頭戴一頂柱形尖頂盔，盾牌裏有金屬，馬匹也披掛鐵甲，騎兵們可以不受箭支的襲擊而迫敵。他們在肉搏戰中基本是一支所向無敵的力量。」「作為進攻性武器，蒙古人的弓弩明顯是最可怕的。」他們除使用短小的單刃彎刀之外，還「使用一種與西方很不相同的長矛，有些蒙古人的長槍上配有撓勾，可以把對方騎兵拉下馬來」。在軍械方面，「韃靼人十分善於利用武器爭奪城堡。」[72]成吉思汗重視工匠，注意保護工匠，正是利用中國內地和中亞地區的大批工匠為蒙古軍隊製造了大量先進的武器和攻城器械，從而保證了成吉思汗南征和西征的勝利。

4. 戰略戰術：成吉思汗不僅是一個「只識彎弓射大鵰」、能征善戰的勇士，而且是一位精通戰略戰術、深明治國之道的軍事戰略家和政治家。縱觀成吉思汗一生的征戰，我們可以看到成吉思汗是十分重視戰略戰術的，而且確實有古法所未言者。第一，他十分重視利用矛盾、爭取多數、各個擊破這一政治、軍事鬥爭的原則。先是利用札木合、王罕與蔑兒乞部的矛盾，依靠前者打敗了後者；又利用金朝與塔塔兒等部的矛盾，依靠金朝、聯合王罕打敗了塔塔兒和札木合；然後又利用札木合、王罕、桑昆之間的矛盾，偷襲王罕，取得了勝利。在以後的南征和西征中他也注意利用矛盾，各個擊破，一個時期總是集中力量進攻一個主要敵人，盡量避免兩面作戰、同時樹敵過多。攻金前三攻西夏，破壞了西夏與金的聯盟，然後集中力量攻金；西征時雖未能避免兩面作戰，但主力部隊集中於西線，金國只留一兩萬軍隊經營；在西征過程中也不是全線出擊，而是一個時期集中解決一兩個主要問題，為了破壞敵人的聯合，甚至不惜使用離間的手段。第二，成吉思汗特別注意軍隊的建設和政權的建設，注意採取符合當時情況的政治經濟、軍事措施。他所建立的怯薛軍和千戶軍是他取得勝利的重要依靠，他所建立的各級政權組織是他統一蒙古高原、建立大蒙古國的重要保證，他所頒布的法律和訓言，促進了蒙古的統一和軍令、政令的貫徹執行。成吉思汗特別強調紀律的嚴明和軍隊的集中統一，規定了軍隊的各種紀律以及對違犯紀律者的處置辦法。「對於將校之有過者，只須遣派一最微賤之臣民，已足懲之。此將雖在極遠之地，統兵十萬，亦應遵守使者所傳之命。若為受杖，則應伏於地，若為死刑，則應授其首。」[73]第三，因敵攻敵，是成吉思汗取得勝利的又一秘訣。據《蒙韃備錄．軍政》記載：「凡攻大城，先擊小郡，掠其人民，以供驅使。乃下令曰：每一騎兵必欲掠十人，人足備則每名需草或柴薪或土石若干，晝夜迫逐，緩者殺之。迫逐填塞，壕塹立平。或供鵝洞炮座等用，不惜數萬人。以此攻城無不破者。」一個騎兵掠奪十個俘虜作為攻城的先頭部隊或用以修築作戰工事，這說明俘虜隊的人數遠遠超過了蒙古騎兵。人數較少的民族要征服人數眾多的民族，就必須從對方得到人力的補充和支援，必須收編和改造敵方的軍隊，充分利用俘虜組成作戰或後勤隊伍。這種從前線獲得人力補充，依靠敵方的力量攻擊敵人的策略，對保證蒙古軍隊作戰勝利起了巨大作用。第四，注意瞭解敵情，努力做到知己知彼是成吉思汗取得勝利的又一原因。成吉思汗雖然屢打勝仗，但其軍隊並不麻痹大意。《黑韃事略》說：「其行軍嘗恐衝伏，雖偏師亦先發精騎，四散而出，登高眺遠，深哨一二百里間，掩捕居者行者，以審左右前後之虛實，如某道可進，某城可攻，某地可戰，某處可營，某方有敵兵，某所有糧草，皆責辦於哨馬回報。」也就是說，蒙古軍一般不「屯重兵於城內」，「只城外村落有哨馬星散擺布，忽遇風塵之警，哨馬回應，四向探刺，如得其實，急報頭目及大勢軍馬也。」若遇敵人偷營劫寨，「一營有警，則旁營備馬，以待追襲，餘營則整整不動也。」像這樣注重瞭解敵情，規定遇到突然事變時的應急辦法，都進一步保證了蒙古軍隊作戰的勝利。德國學者加文．漢布里說：「成吉思汗的情報是由商人提供的，而商人們則將成吉思汗及其家族看做他們的保護人。」[74]實際上，為成吉思汗提供情報的不僅有商人，還有各部的奴隸和政治上的反對派，而其中很多情報自然是成吉思汗派出的專門化情報人員搜集的。為了及時得到各種情報，成吉思汗十分注意重賞和重用提供情報的有功人員，有人甚至被封為「自由自在的人」——答刺罕，有人則被任命為一個地區的長官。為了順利通商和及時得到各種情報，成吉思汗還特別修築了四通八達的驛路和驛站，包括軍事上專用的「望雲驛」。在七百多年前的古代，成吉思汗就如此重視資訊的收集和傳遞，這不能不說是他的另一個過人之處。正如陳獻國先生所說：「建立驛站，為以最快的速度傳遞政令、軍令，充分利用騎兵優勢，凡是戰爭所到之處都配置了『箭速傳騎』。以『箭速傳騎』逐步發展到設置驛站，這是當時世界上最完善、最迅速、最強有力和最可靠的通訊網和物資供應周轉站。」[75]韓國《千年歷史人物》一書認為：「成吉思汗的馳馬驛站是當時通訊業的最佳最快形式，是當今世界網際網路的前奏。」[76]

四、暴力具有相對的獨立性，暴力鬥爭的規律不完全等同於經濟發展的規律

暴力的發展受經濟發展的制約，暴力的強弱與經濟的先進和落後有關，這是問題的一個方面。但同時也不可忽視問題的另一個方面，即暴力一旦產生以後就具有相對的獨立性，暴力的發展與經濟的發展並不是完全成正比，暴力鬥爭的規律並不完全等同於經濟發展的規律。

我們常聽人講「國富兵強」，這說明一個國家經濟上「富」，往往也表現為軍事上「強」。經濟上先進，軍事上往往也比較強大；經濟落後，軍事力量一般也會比較衰弱。因此我們又說，落後就會挨打，就會受人欺侮，任人宰割。但蒙古貴族得天下的歷史，以及其他許多歷史事實又從另一個方面說明：國富不一定兵強，經濟上的富國，不一定是軍事上的強國。窮國可以打敗富

國，小國可以打敗大國，落後者也可以打敗先進者。這一事實說明，暴力鬥爭、軍事鬥爭具有區別於經濟發展規律的自己獨特的發展規律。

我們知道，成吉思汗所在的蒙古—孛兒只斤—乞顏部，是蒙古高原上比較落後的一個部，而被它征服的塔塔兒部、克烈部、乃蠻部等，在經濟上都比乞顏部先進。在蒙古統一以後，社會生產力雖然有了進一步發展，但與周圍的其他國家相比，經濟上仍然比較落後。當時的畏兀兒、西遼、西夏、金國以及南宋、花剌子模等，經濟的發展和經濟實力都比蒙古先進或強大。但近百年戰爭的結果，卻是經濟落後的戰勝了經濟先進的，經濟實力較弱的，戰勝了經濟實力較強的，人口較少的戰勝了人口眾多的，對這樣一個歷史現象究竟如何解釋呢？為什麼經濟上先進的國家，軍事上反而比較衰弱呢？

它首先說明，經濟先進與軍事強大並不完全是一回事。發展經濟主要是解決人和自然界的矛盾，生產力和生產關係的矛盾，要求不斷改進生產工具，不斷調整生產關係使之適應生產力的發展水準。當然也需要解決經濟基礎和上層建築之間的矛盾，但向自然界開戰，調整生產力和生產關係的矛盾，卻是經濟發展的關鍵問題。而暴力、軍隊卻屬於上層建築的問題，它的主要任務是解決不同階級、不同階層、不同政治集團，以及不同國家和民族之間的矛盾，摧毀過時的上層建築，解決政權歸誰所有的問題，保護或摧毀經濟基礎，調整生產關係使之適應生產力的發展水準。暴力的強弱儘管與生產力的發展水準有關，但它的主要目標卻是「與人鬥爭」。軍事力量是否強大，暴力鬥爭能否取得勝利，與武器、裝備的是否先進有重要關係，但起決定性作用的還不是武器，而是掌握武器的人。生產力發展的核心也是人，是勞動者，但暴力鬥爭對人的要求與發展經濟又有所不同。中國有句古語，叫做：「天時不如地利，地利不如人和。」進行軍事鬥爭、暴力鬥爭，成敗的關鍵不僅在人，而且在於「人和」，在於軍隊的統一和團結，在於上下一心，全軍一致，在於能否集中強大的軍力，能否進行統一指揮、統一調動，能否實行靈活、統一的戰略戰術。而經濟的發展卻不一定要求「人和」。在奴隸社會，奴隸主奴役大批奴隸進行集體勞動，但這卻是帶著鎖鏈的勞動，被迫的勞動，那裡並沒有什麼「人和」。而分配在井田裡或游牧民族的奴隸，也主要是進行個體勞動。在封建社會，一家一戶就是一個生產單位，這種個體勞動符合封建社會生產力的發展水準，因此也可以造成封建社會的經濟繁榮。它也不要求所謂「人和」。但進行軍事鬥爭、暴力鬥爭，既不能靠帶著鎖鏈的奴隸，也不能由一家一戶的個體農民去單獨進行，而需要把他們高度地組織起來、統一起來，還需要調動他們的積極性，使他們樂於或者不得不為戰爭獻身。因此，起義的奴隸、農民以及處於上升階段的剝削階級，他們所進行的戰爭不同程度地代表了當時多數人的利益，所以能比較好地做到「人和」，能組織一支強大的軍事力量。而反抗民族壓迫的戰爭，一般也符合一個民族多數人的利益，但關鍵在於這種戰爭的領導階級能否最大限度地動員人民，組織人民，關鍵在於他們有沒有做到「人和」的條件和能力。成吉思汗及其子孫正處於「以征服戰爭為職業」的階段，他們的社會組織有利於他們最大限度地動員自己的兵力；以征服和掠奪為號召，也能調動廣大戰士的積極性。因此他們比較容易地做到了「人和」。再加上他們以畜牧業為主，戰士具有善於征戰的素質，又能組織強大的騎兵部隊，因此就形成了一支比較強的軍事力量。而與它敵對的其他國家，經濟的發展造成了統治階級的腐化，內部階級矛盾、民族矛盾、統治階級內部矛盾日益尖銳，而廣大從事個體生產的農民，手工業者和商人，一方面不滿於統治者的壓迫和剝削，另一方面也缺乏戰爭的鍛鍊，因此很難組成一支強大的軍隊。即使有人數眾多的軍隊，也難以做到「人和」，難以形成強大的戰鬥力。這是蒙古得天下，其他國家失天下的首要原因。

其次，先進的經濟不等於強大的暴力，還因為經濟先進只是為加強軍事力量提供了可能性，而要把這種可能性變成現實卻需要各種社會條件的配合和人們的主觀努力，需要最大限度地調動全國的物力和財力，藉以裝備一支強大的軍隊。金國、南宋、花剌子模等統治階級，雖然有先進的社會經濟，但在這種先進的經濟中受益的只是少數皇親國戚和大地主、大商人，他們根本不願意拿出自己的財力和物力去裝備抗戰的軍隊，而只關心自己的富貴榮華和遊玩享樂。面對著國破家亡的嚴重局面，統治階級仍然過著醉生夢死的生活。因此在這些國家，經濟雖然先進，國家卻並不富裕，有的甚至倉無儲粟、國無積蓄，軍隊武器破舊，裝備可憐，在前線奮鬥犧牲的廣大將士，往往得不到後方的有力支持。即使國庫有錢，也是任憑少數人隨意揮霍。因此，就很難組成一支強大的軍事力量。相反，蒙古是個新建立的國家，它的經濟力量雖然沒有金國、南宋和花剌子模那麼雄厚，但它的統治階級也不像這些國家的統治階級那樣只知道醉生夢死，他們能夠最大限度地動員自己的財力和物力，並且採取了「因糧於敵」的掠奪方針，不斷加強和改善軍隊的武器裝備。這就使它的裝備力量得到了不斷的發展與加強。誰能最大限度地動員和集中自己的財力和物力，誰就能取得戰爭的勝利，這種規律與分散發展的封建經濟不僅不相同，而且還有不少的牴觸和矛盾。鼠目寸光的腐朽的封建地主階級沒有能力解決這個矛盾，因此他們的失敗是不可避免的。

五、暴力只有符合歷史發展的方向，才能對歷史的發展起促進作用，相反則會對社會起破壞作用，阻礙歷史的進程

成吉思汗及其子孫之所以能依靠暴力取得成功，首先是因為他們所從事的歷史活動，符合了

時代的要求。當時的時代要求究竟是什麼呢？概括說來，不外乎以下幾個方面：一是隨著蒙古高原社會生產力的發展，蒙古高原各部的社會經濟不斷有所進步，人口不斷增加，各部之間的交流和衝突也日益頻繁。原來那種「小國寡民」的初期奴隸制國家已經無法維持了，經濟的發展要求打破各部族的界限，要求有更大範圍內的統一。蒙古高原頻繁的戰爭，社會的混亂給各部族人民帶來了災難，人們希望自己的生命財產能夠得到保護，希望能有一個相對安定的社會環境。二是蒙古高原各部族人民要求擺脫金王朝的民族壓迫，反對金王朝的屠殺和掠奪政策。三是中國各族人民反對各地封建政權的割據混戰，要求實現中國的統一。成吉思汗所進行的戰爭，雖然是以個人復仇、血族復仇開始，而以民族征服告終的，但其中也包含了弱者反抗強者，被統治民族反抗統治民族的性質，這種戰爭在客觀上符合了時代發展的要求，成為掃除蒙古高原上各個割據力量、摧毀中國北方各個割據政權的強有力的手段。中華民族的統一是歷史發展的必然結果，是各族人民長期進行生產鬥爭、階級鬥爭，長期互相交往、互相融合的結果，蒙古族的暴力符合中國各民族人民要求中國統一的願望，因此才有可能取得勝利。

但另一方面，也必須承認，蒙古的暴力也對社會產生了破壞作用，他們是以落後的民族征服先進的民族，在一個很長的時間內都曾企圖用蒙古落後的生產方式改造其他民族先進的生產方式，因此曾經大規模地屠殺人民，摧殘社會生產力，大量地掠奪各族人民為奴，大量地掠奪和破壞社會財富，所有這些都對社會經濟的發展起了很大的破壞作用。各族人民反對他們的屠殺和破壞，起來對蒙古征服者進行反抗，這種鬥爭是正義的，也是應該肯定的。這與我們肯定成吉思汗等人的歷史功績，是一個問題的兩個方面，是並不矛盾的。歷史現象是複雜的，對一些歷史事件和歷史人物不能作絕對的肯定或絕對的否定。蒙古族所進行的統一戰爭，同時又是民族征服戰爭。而在當時的歷史條件下，各民族之間的統一不可能通過和平談判的形式完成，只能通過民族征服的方式完成。我們肯定成吉思汗及其子孫為統一中國所做的努力，又肯定反對民族征服的人們；我們肯定了忽必烈，又肯定了被忽必烈下令殺害的文天祥。看來好像自相矛盾，實際上是從不同角度、不同方面所做的肯定。而從另一個角度、另一個方面來講，他們又都有值得否定的一面。同世界上的一切事件一樣，蒙古族的暴力也具有兩重性，它是一把兩面鋒刃的尖刀，既有進步性，也有破壞性。

六、處於上升階段的奴隸主階級可以戰勝處於沒落階段的封建地主階級，少數民族統一中國是封建社會後期的特殊歷史現象

西夏、西遼、金朝以及南宋等，當時都是地主階級掌權的封建國家，經濟文化比較先進，但軍事力量卻不如蒙古強大。蒙古西征的對象是花剌子模、斡羅思等國，當時也處於封建割據的狀況，與金和南宋相比更加不堪一擊。先進的經濟和文化，腐朽沒落的統治階級，正是當時這些國家的基本狀況。與此相反，成吉思汗所代表的蒙古奴隸主階級在當時還是一個生氣勃勃的階級，他們所建立的蒙古國經濟文化雖然比較落後，但卻形成了一支中央集權的統一指揮的強大的軍事力量。近百年戰爭的結果，這些對手都先後被成吉思汗及其子孫所戰敗。它不僅說明經濟與軍事具有不同的發展規律，而且說明，處於上升階段的奴隸主階級也是一個真老虎、鐵老虎，處於沒落階段的封建地主階級卻是一個紙老虎、豆腐老虎。強大的奴隸主政權可以從軍事上打敗和征服沒落的封建主政權。這裡的關鍵在於，一個國家掌權的階級究竟處於什麼狀況，是生氣勃勃、奮發向上，還是腐朽沒落、江河日下。掌權的階級處於什麼狀況，關係到一個國家、一個政權的盛

衰興亡，這是一條值得注意的歷史經驗。

成吉思汗及其子孫戰勝這些國家的歷史事實還證明，割據分裂者無法保持自己的獨立。當時中國處在一個割據時代，不僅各個政權之間你爭我奪、矛盾重重，而且各個政權內部也充滿了各個階級、各個民族以及各個政治集團之間的矛盾和衝突。花剌子模、斡羅思等國情況更加嚴重。因此他們只能被蒙古軍隊各個擊破，被剝奪其生存的權力。作為一個國家、一個政權，沒有保護自己的能力，沒有戰勝敵人的力量，在強敵壓境時還只顧內部紛爭，不能聯合作戰，或者只顧乞降逃跑，或者乞靈於宗教，乞靈於上帝和十字架，這個國家、這個政權在亂世中就無法生存，就不能自立於世界民族之林，它的人民也就只能充當亡國奴，只能任人宰割、任人屠殺。相反，統一集權卻可以形成強大的力量，這種力量用於正確的方向，可以促進社會的發展；用於錯誤的方向，又可能帶來可怕的災難。但它卻揭示了一個重要真理，團結統一才有力量。在社會鬥爭中，各奔前程者必無前程，集體奮鬥者才能成功，這也是一條值得注意的歷史經驗。

另外，如何看待少數民族統一中國這一歷史現象呢？日本學者村上正二先生認為，元朝和清朝都屬於征服王朝，它們之所以能統一中國首先與它們所採取的生產方式、民族心理有關。而匈奴和北魏等還沒有形成一個統一的民族，與中原的農業完全對立的畜牧業還不足以支持他們征服中國，這是一個值得認真研究的歷史現象。自古以來，我國就是一個多民族的國家。多民族的國家理應由多民族聯合治理，這似乎是天經地義，理所當然的。但歷史事實卻不是這樣：自從夏、商、周以及春秋戰國，逐步形成了華夏族也就是後來的漢族以來，在多數時間內中國都是由漢族的剝削階級來統治，其他少數民族雖然也曾在邊疆地區建立過一些民族性的政權，或者也曾入主中國北方，但直到蒙古統一中國以前，少數民族從來沒有成為整個中華民族的統治者。漢族的統治階級，憑藉掌握在自己手中的暴力，不僅對廣大漢族人民進行殘酷的政治壓迫和經濟剝削，而且對周圍的少數民族進行民族征服和民族壓迫。這種統治是極少數人對絕大多數人的統治，因此必須用暴力來維持，必須要有一支強大的軍隊。自周秦以來，一些少數民族及其統治者，曾多次反抗漢族剝削階級的這種統治，或者企圖同他們爭奪對中華民族的統治權，但這種鬥爭往往以失敗告終。戰國和秦朝曾經抵抗或戰勝了北方的匈奴；西漢、東漢統治者迫使一部分匈奴人投降，另一部分匈奴人西遷歐洲；唐朝打敗了突厥並迫使一部分突厥人西遷；曾經占領了中國北方的北魏統治者，也沒能統一中國。

農業社會和游牧社會的對立，造成了不同生產方式、不同生活方式的對立，形成了不同的風俗習慣，不同的民族心理。幾千年以來的民族衝突正是從此產生的。但處在上升階段的漢族地主階級還具有比較強大的力量，他們假借民族鬥爭的旗號還能對廣大漢族人民起較大的號召作用，同時他們所要捍衛的封建生產方式，也能在不同程度上被多數漢族人民所接受，因此他們才有可能戰勝少數民族的進攻或侵擾。而自從北宋以後，漢族的地主階級在民族鬥爭中就屢打敗仗，最多只能維持屈辱的和平，最後南宋又與金朝劃淮為界，偏安一隅。這說明漢族的地主階級已經走過了它的興盛發展階段，正逐步走向衰弱和滅亡。只有十來萬軍隊的蒙古統治者最後卻戰勝了擁有上百萬軍隊、幾千萬人口的金朝和南宋，正是由於他們所面臨的對手是一個正在走下坡路的封建統治階級。蒙古貴族入主中原後也逐漸變成了封建統治者，繼續走著漢族地主階級腐化沒落的道路，因此最後只能被農民起義的暴力所推翻。憑藉農民起義力量上台的明朝統治者也沒有力量阻止封建社會的進一步衰落，最後又滅亡於人數不多的滿族。蒙古貴族和滿族建立的元朝和清朝，不僅是少數統治階級對廣大勞動人民的統治，而且是人口很少的少數民族對人口眾多的漢族和其他民族的統治，因此社會矛盾更加尖銳。

成吉思汗的傑出才能和與眾不同的用人政策

任何事業都要由人去完成，都離不開人的主觀努力。成吉思汗之所以能「以弱制強，以小勝大」並取得震撼古今、彪炳史冊的偉大勝利，他「個人政治、軍事、經濟方面的卓越天才，百折不撓的堅定意志，寬宏容忍的偉大人格」，以及其「股肱重臣的勇敢和智慧」起了關鍵的作用。這是美國學者札奇斯欽在《蒙古史論叢》中提出的一個基本觀點，他認為「沒有偉大的人格、堅定的個性、超人的天才，在歷史上不能完成超人的事業」。[77]成吉思汗及其子孫取得成功的歷史證明了以上論斷的正確性。

一、一代天驕與偉大的人格

「一代天驕成吉思汗」，多年來已經成為鐵木真的專用名詞，無論在蒙古族還是整個中華民族，幾乎是無人不知、家喻戶曉，在其他國家也有相當大的知名度。這不僅因為他像漢族的真龍天子一樣曾是蒙古國的大汗和元朝的太祖，而且因為他以「長生天」作為效法的榜樣，塑造了自己偉大的人格；並根據「長生天」的暗示、依靠「長生天的力氣」為血族復仇、民族振興而戰。在蒙古高原的幾十個部落中，與他爭奪霸權的大有人在；在以後的南征和西征中，他也曾遇到過許多強大的對手，但幾十年征戰的結果，他的對手都一個個倒下了，唯獨成吉思汗的力量從小到大、從弱到強，雖然也曾遇到嚴重的挫折，但最終還是戰勝了別人，這與他本人卓越的天才和偉大的人格的確有著直接的關係。

蒙古國著名史學家、國際蒙古學會秘書長沙・畢拉說：「成吉思汗是一位天才，不是野蠻人；他雖不識字，卻非無知之輩。」「如同歷史上的偉大人物一樣，成吉思汗是自己民族的一個傳奇式的英雄。」「成吉思汗堅信自己受到了『長生天』的保佑。他曾在一項命令中聲稱：『由於受到長生天的保佑，我才達到這麼高的地位。』」「事實上成吉思汗在歷史上既不是神靈，也不是惡魔。他是一位具有自身美德與內心矛盾，而不是以傳說和神秘色彩覆蓋著的偉大人物。」[78]

勇敢機智是一個游牧民族的領袖必須具備的起碼條件。成吉思汗曾說：「出生在巴兒忽真—脫窟木、斡難、怯綠連河的男孩子，每一個都很勇敢，未經教導就懂道理，很聰明。」[79]這句話既包含一定的民族偏見，也含有一定的民族自豪感。它從一個角度說明，蒙古草原的遊獵生活對造就一個機智勇敢的戰士是一個相當優越的客觀環境。成吉思汗正是在這種環境下長大的，尤其是青少年時代十幾年的艱苦生活培養了他勇敢的性格和堅強的意志，使他成為「英勇果決，有度量，能容眾，敬天地，重信義」[80]的人，使他在困難中不屈服，在勝利面前不滿足，對有用的人才十分重視，對天地鬼神十分虔誠，與人交往講究信義，從而使他戰勝了許多困難，爭取到了不少的支持。

日本學者村上正二在〈征服王朝〉一文中說：「對於這種騎馬戰爭能夠發揮作用的，是騎士或統率者個人勇武和機略。因此有正確的射擊技術和雄略的行動力和統率力者，受人尊崇，所以由此而獲得勝利的騎士團的首長是戰場上的風雲人物，是部族內的英雄。尤其部族間的戰爭拖久了，在全體部族間期望有英雄出現時，如果真有一個英雄登場能夠按照部族的期望而帶來勝利，則不僅僅是成為部族內的英雄而已，也會成為新的權力者，這在游牧部族社會裡也是自然的趨勢。」[81]成吉思汗正是這樣一個英雄人物，因此能夠得到各部貴族和屬民、奴隸的支持和擁戴，在二十餘歲時就被推舉為蒙古乞顏部的首領。在以後的歷次作戰中，他往往是帶兵親征，身先士卒，因此部下將士都佩服他的「神武」，公認他「無堅不破」，這是成吉思汗屢次取得戰爭勝利的重要條件。

其次，成吉思汗具有一種自強不息、勇往直前、協作奮進的團體精神。正是這種精神才使鐵木真從苦難中崛起，逐步擔當起歷史賦予他的重任：使他由一個弱小部落的首領，成為統一蒙古、統一中國北方、征服歐亞大陸的一代天驕。中國學者那仁敖其爾將這種精神稱為「乞顏精神」，他說：「乞顏是蒙古孛兒只斤族的祖先。」「乞顏在蒙古語中，意為從山上流下的狂暴湍急的洪流。因為乞顏人勇敢、大膽又極剛強，所以他們以這個詞為他們的名字。」他說：「據史料記載，乞顏人的勇敢和拚搏是無與倫比的。」這是一種「化鐵熔山」的精神，「其基本含意是：自強不息、勇往直前、協作奮進的團體精神。」鐵木真被推舉為乞顏部的可汗，就意味著他繼承了乞顏氏的傳統，使乞顏精神「變成一種巨大的物質力量，在蒙古草原上，以排山倒海之勢，所向披靡，無往而不勝」。他認為，「成吉思汗統一蒙古，創造統一的蒙古文化的偉大實踐，就是乞顏精神的勝利」，也就是勇往直前、協作奮進精神的勝利。從蒙古黃金家族的阿蘭始祖母起，折箭教子的故事一直在蒙古族內代代相傳，鐵木真的母親在極端困難的日子裡也是用這種精神教育鐵木真兄弟；成吉思汗臨死前用多頭蛇的故事教育自己的子弟，也是強調同舟共濟、協作奮進。後來，「成吉思汗的子孫超過萬人，他們各有自己的職位、禹兒惕、軍隊和裝備。他們之間融洽一致，依靠相互協助與支持，征服世界，徹底消滅他們的敵人。」可以這樣說，團結奮鬥的精神是「蒙古社會走向統一、穩定和發展的精神支柱和核心理念」。[82]

第三，成吉思汗還繼承和發揚了蒙古族恩仇必報，敢愛敢恨的民族傳統，十分注意維護個人的人格自尊。蒙古族是一個愛恨分明、恩仇必報的民族，成吉思汗則是他們當中的傑出代表。日本著名蒙古史學者小林高四郎在《成吉思汗》一書中說：成吉思汗「一生從始至終都是一個草原人」，他愛酒、愛色、愛馬，尤其嗜好狩獵，「蒙古人憎恨盜竊，討厭欺詐，忠於主君，是游牧民族共同的性格。尊敬上天，款待客人，生活光明磊落，都是成吉思汗所具備的。」[83]法國史學家勒內・格魯塞在其名著《草原帝國》一書中曾經分析了成吉思汗的性格與成就的關係，他說，成吉思汗的性格「顯示了對秩序和統治的天才，與粗野的蠻族感情融合在一起」，形成「一種高貴和崇高的思想」。其中包括對敵人和叛逆者本能的憎恨，「對友誼忠貞不渝，對堅定跟隨他的人十分慷慨和充滿深情。」[84]更為難能可貴的是，他沒有停留在「恩仇必報」的水準上，而是隨著鬥爭的發展，思想不斷昇華，將血族復仇戰爭發展為統一草原、統一中國的戰爭，並對中華民族的統一大業做出了巨大貢獻。他那種愛恨分明、自尊、自愛、自強自立的偉大人格，永遠值得今人與後人學習。

第四，成吉思汗具有雄才大略，無往而不勝的政治謀略與軍事才能。他不僅是一個「只識彎弓射大鵰」、能征慣戰的勇士，而且是一個精通戰略、戰術，深明治國之道的政治—軍事戰略家。德國柏林洪堡大學蒙元史專家拉契涅夫斯基教授說：「成吉思汗不僅為一軍事家，而且為一眼光遠大而又顧及現實的政治家。」[85]俄國傑出的蒙古學學者符拉基米爾佐夫在其《成吉思汗傳》中說：「他不僅有軍事經驗、指揮才能，而且是統率大軍團及特種部隊組織大戰役的才華橫溢的統帥者。」[86]蒙古國著名蒙古史學家策・達賚說：「他是創造蒙古歷史的偉人，是世界上最偉大的軍事家，同時也是歷史上第一流的擅長組織藝術的政治家。」87

二、成吉思汗得人的原因和人盡其才的措施

人才的得失去留，關係到事業的盛衰興亡。正確的用人政策是成吉思汗取得成功的另一個關鍵。劉邦在總結他為什麼能戰勝項羽、奪取天下時說他自己是「三不如」，軍事上不如韓信，謀略上不如張良，管理方面不如蕭何。但他卻有「將將之才」，天下三傑都為他所用，故而能夠取得勝利。在個人才能方面，成吉思汗遠遠高於劉邦，可貴的是他雖能身先士卒，但從不恃才傲物、剛愎自用，而是十分注意發現人才、使用人才，注意君臣同心，上下合力。成吉思汗初起時，在他手下只有兩個伴當（那可兒），再加上他的四個弟弟，也不過六七個人。但經過二十餘年的鬥爭，到統一蒙古時，就發展到九十五個千戶，十多萬大軍；經過南征和西征，又大量吸收了各族的文武人才。但與擁有幾十萬、上百萬大軍的花剌子模、金朝相比，成吉思汗在人數上還是處於絕對劣勢。然而鬥爭的結果卻是小國打敗了大國，人少戰勝了人多，這裡的原因雖然多種多樣，但成吉思汗「有度量，能容眾」，注意充分發揮各種人才的作用也是其中的一個重要因素。

1. 成吉思汗得人的幾個主要原因

中國有句古語：「良禽擇木而棲，賢臣擇主而事。」能否實現人才的政治抱負，能否滿足人們的物質利益，能否禮賢下士、推誠待人，這都是人才得失去留的重要原因。

古代的君臣關係是利害關係的結合，誰有政治才能，誰有發展前途，誰有可能統一天下，誰的追隨者就多。西元一一八九年，鐵木真被推舉為蒙古乞顏部的可汗之前，蒙古史上出現了第一

次大規模的人才流動。原來追隨札木合的許多人紛紛離開札木合，來到鐵木真身邊，其中有影響的人物就有四十四人。他們來自二十七個氏族和部落，除去四人屬於鐵木真的近親氏族——蒙古孛兒只斤氏以外，其他人有的屬於蒙古部的其他氏族，有的屬於蒙古部以外的其他部落。這些人在蒙古建國時的八十八位功臣中占去了二十三個名額，超過了四分之一。大批人才同時投靠，使鐵木真擺脫了十幾年的苦難流離，擺脫了對札木合的依附，不僅形成了一支獨立的力量，而且一躍而成為蒙古乞顏部的可汗，建立了一個粗具規模的奴隸制國家，為他進一步統一蒙古草原創造了有利條件。

這次人才流動是如何出現的呢？其原因不僅與札木合、鐵木真的出身有關，而且與他們的現實表現有很大關係。札木合是蒙古札答蘭氏的首領，不屬於蒙古黃金家族孛兒只斤氏的血統，而是屬於外族血統；鐵木真出身於孛兒只斤—乞顏氏，是蒙古可汗所在的氏族即黃金家族，鐵木真的父親也速該生前享有較大聲望。但更為重要的是，札木合為人殘暴，不得民心，不具備做天下之主的基本素質；而鐵木真在與蔑兒乞部的鬥爭中卻表現出了傑出的政治、軍事才能和組織能力，使處於社會動盪當中的蒙古各部人看到了希望和前途，因而受到許多人的佩服和擁戴。甚至連出身巴阿鄰氏，與札木合血緣關係很近的豁兒赤，也離開了札木合，投靠了鐵木真。豁兒赤說：我與札木合是「一腹而異胞者」，本不應離開札木合，但有神來告訴我「令鐵木真為國主」，[88]因此才前來投奔。當時蒙古部族信仰薩滿教，對所謂「神」的啟示深信不疑。豁兒赤經過認真觀察，發現了鐵木真的政治軍事才能，認為只有跟他走，自己才有前途，於是以所謂神的啟示宣傳了自己的政治主張，也說出了那些投靠鐵木真的人們的共同願望，希望鐵木真能成為蒙古族的「國主」，率領他們統一天下，自己也變成有權有勢的人。

一二〇六年，成吉思汗建國稱尊，「立即大封功臣，一口氣封了九十五個千戶，把原先一團糟的無數部族，冶於一爐，重新組合，納入軍事封建組織，把舊有部落系統根本打破，同時也就消滅了循環往復的民族戰爭。」這可以視為蒙古史上第二次大規模的人才流動與重新整合。「於是，在他的領導下，出現了一個大蒙古民族，不但蒙古人團結一致，克烈人、乃蠻人、弘吉剌人、汪古人、塔塔兒人、蔑兒乞人等，所有大漠南北的異族，都變成了蒙古人，萬眾一心，全力對外，內部不再有背叛或自相殘殺的事。」[89]它充分體現了成吉思汗用人政策的成功。

能否禮賢下士，推誠待人，是人才得失去留的另一個重要原因。蒙古草原各部的許多人之所以離開札木合而投靠鐵木真，正是因為他們不滿札木合等人的殘暴統治，發現鐵木真對部下「寬仁」，能「賜人以裘馬」，「有度量，能容眾」，[90]能夠錄人之功，忘人之過，推誠待人。十三翼之戰，札木合本來打敗了鐵木真，但因他乘勝報復，殘酷地對待原來屬於他，後又投靠鐵木真的部眾，用七十二口鍋灶活活煮死了赤那思氏的一批年輕戰士，於是激起了不少人的義憤，使他們紛紛投靠了鐵木真。闊亦田之戰時，札木合被東方十二部推舉為「古兒汗」，即眾汗之汗，各部本來有意擁戴他做「天子」，但在戰敗時他不僅不努力收拾殘局，反而趁火打劫，搶掠那些與他同盟的部落。勝利時殘酷報復，不顧昔日的情分；失敗時貪財搶劫，不分敵人朋友，肆意非為，鼠目寸光，結果只能是民心喪盡，眾叛親離。泰赤烏等部，當時也是蒙古草原有力量的大部，但他們的首領也與札木合相類似，昭烈部的人們說：「泰赤烏與我雖兄弟，常攘我車馬，奪我飲食，無人君之度。」[91]這正是他們失人的一個重要原因。

與他們相反，鐵木真在勝利時不忘錄人之功，在困難時關心將士的疾苦和生死存亡，甚至對敵對營壘的人也能以禮相待。泰赤烏氏的部眾昭烈氏的人們就曾得到過鐵木真的關懷和照顧，他們說鐵木真，「衣人以己衣，乘人以己馬。安民定國，教養軍隊必此人也。」[92]又說：「有人君之度者，其唯鐵木真太子乎？」[93]對那些為國立功、為戰爭獻身的人，他十分關心他們的家屬和後代，如畏荅兒在哈蘭真沙陀之戰後犧牲，博爾忽為平定林木中百姓獻身，他們的妻子、後人都受到成吉思汗及其子孫的特殊照顧；汪古部首領在戰爭中被殺，他將自己的女兒嫁給其子，確保其家族利益不受侵犯；遼東契丹族領袖耶律留哥在西征中去世，其遺孀帶著兩個兒子去見成吉思汗，受到成吉思汗慈父般的關懷，並授予要職。因此《元史．太祖紀》記載說：在統一蒙古草原的過程中，「帝功德日盛，泰赤烏諸部多苦其主非法，見帝寬仁，時賜人以裘馬，心悅之。若赤老溫，若哲別，若失力哥也不干諸人，若朵郎吉，若札剌兒，若忙兀諸部皆慕義來降。」赤老溫後來成為成吉思汗的「四傑」之一，者別則成為「四狗」即四虎將之一，成為南征西征的先鋒，札剌兒部是四傑之一木華黎所在的氏族，忙兀部是蒙古部內戰鬥力最強的氏族，這些人和氏族的歸附最能反映成吉思汗對人才的態度：闊亦田之戰時，者別還是泰赤烏部的屬民，為了抵抗成吉思汗軍隊的進攻，他一箭射中了成吉思汗的脖頸，成吉思汗的部隊幾乎陷入危機。當者別投降鐵木真後，鐵木真問那一箭是誰射的？者別毫不隱諱，說：「是我射來，如今皇帝教死呵，止汙手掌般一塊地。若教不死呵，我願出氣力，將深水可以橫斷，堅石可以沖碎。」成吉思汗說：「但凡敵人害了人的事，他必隱諱不說，如今你卻不隱諱，可以做伴當。」[94]成吉思汗不僅不記前仇，反而破格重用，使者別成為蒙古開國時的一代名將。

2. 破格用人，因才授任，努力做到人盡其才，才盡其用

得人與用人是一個問題的兩個方面，不能得人就談不上用人，得人不用則與無人同，用人不

當也不能充分發揮人才的作用。成吉思汗既能得人，又能打破舊貴族用人的界限，能夠不分等級、階級，不分氏族與民族，因才授任、破格用人，從而做到人盡其才，充分發揮了人才的作用。

成吉思汗曾說：「智勇兼備者，使之典兵。活潑蹺捷者，使之看守輜重。愚鈍之人則付之以鞭，使之看守牲畜。我由此意，並由次序紀律之維持，所以威權日增，如同新月，得天之保佑，地之敬從。我之後人繼承我之威權者，能守同一規例，將在五百年千年萬年之中，亦獲天佑。」[95]這是一條任人唯才、因才授任的用人路線。在這裡成吉思汗強調的是人們的特長和才能，沒有附加任何其他條件。根據這一原則，他要求「什人之長不盡職者去之，即於此什人中選擇為長」。他指出：「能治家者即能治國，能轄十人者即能轄千人萬人，能理己事即能理國事，為國禦敵。」[96]這樣就取消了各級將領的等級界限，為破格提拔人才提供了理論根據。這是一種不問出身，不問等級、資歷，只看實際才能的用人路線，是一條「猛將必發於卒伍」，從實際鬥爭中、從基層選拔人才的路線。成吉思汗正是根據這條用人路線來選擇各種人才的。因此在成吉思汗的將領中，有出身低微的牧馬者巴歹和乞失里黑，有牧羊者迭該，木匠古出古等。被成吉思汗委以重任的四傑、四狗，也是來源於不同的部族，出身於不同的階級，甚至有人還曾是成吉思汗的仇敵。如四傑之中的木華黎是札剌亦兒部人，四狗中的者別是泰赤烏部人，忽必來是巴魯剌思人，者勒蔑、速不台是兀良哈部人；至於失吉忽禿忽、博兒忽、曲出、闊闊出等則是從敵人營盤裡拾來的孩子。眾人之長、大將者勒蔑是鐵匠的兒子，最初是成吉思汗「門限內的奴隸，門戶內的私僕」。[97]木華黎兄弟是成吉思汗家族的部落奴隸，後又成為家庭奴隸。而者別則是成吉思汗的俘虜。在成吉思汗的八十八位功臣中，出身低微，有案可查的，就有二十幾人。其中，木華黎、者別、速不台、者勒蔑等都成為傑出的將帥。從這個意義上講，成吉思汗用人是無條件的。它打破了舊貴族根據出身和望族用人的路線，打破了各部貴族對政治的壟斷，把那些原來不被重視的或被貴族看不起的下層人物，破格提拔為各級文臣武將，用封官授職的官僚制度代替了各部貴族的分部而治，並大大擴大了選才的範圍，從而培養和鍛鍊了一大批過去被埋沒的人才，出現了人才輩出的大好局面。

成吉思汗用人不僅不問出身等級，而且打破了氏族和民族的界限。因此在成吉思汗手下收集了各民族大量有用的人才，如乃蠻太陽汗的掌印官畏兀兒人塔塔統阿，金國的降臣契丹人耶律楚材，畏兀兒人田鎮海，出身漢族地主階級的文臣武將，以及出身波斯、欽察、斡羅思、阿蘭等部的一批人才。有人記載說，當時大蒙古國的汗廷上服裝五顏六色，語言多種多樣，真是人才濟濟，五湖四海。美國學者札奇斯欽說：「可汗用人以才為本，決不因其出身而有畛域的偏見。在他的名臣之中，如耶律楚材是契丹人，鎮海是畏兀兒人，察罕是唐兀惕人，史天倪父子、嚴實父子都是漢人，牙剌瓦赤父子是花剌子模人。」[98] 這些人不僅積極執行成吉思汗的政治軍事路線，而且為成吉思汗出了不少主意，對他制定正確的政治軍事路線起了重要作用。如塔塔統阿幫助成吉思汗創造了畏兀字書，幫助成吉思汗完善了各種制度；耶律楚材對蒙古由奴隸制向封建制轉化，由游牧經濟向農業經濟轉化發揮了重大作用；田鎮海首開屯田，建立了有名的鎮海城；漢族和波斯等地的文臣武將對成吉思汗鞏固和加強對這些地區的統治也發揮了重大作用。總之，在成吉思汗部下中，既有出身於奴隸的將軍、國王，又有原為仇敵的先鋒大將，既有出身本族的宗王大臣，又有來自各部族、各民族的文臣和帥才。他們是貫徹成吉思汗政治軍事路線的各級骨幹，是成吉思汗取得勝利的主要依靠力量。

正如李則芬先生所說的那樣，成吉思汗是「統御天才」。「統御術中最重要的一件事，是知人善任，這是他的高明本領。統御之道，恩威並濟，恰到好處。他愛護部下，體貼入微。不姑息部下，重視紀律，言出法隨，決不寬貸。虛懷若谷，接納美言者尤多。」99美國學者札奇斯欽說：「識人，是歷史上偉人創業的最重要條件。在這方面，成吉思汗的確具有超過其他偉人之處。凡是他自己的戰友，或是由他所選拔的將帥功臣，沒有一個不是終身效忠的。我們查看他所用過的人，沒有一個背叛他的。」「他又是歷史上所有的創業之主當中，唯一的沒有殺過功臣的人。」「甚至連『杯酒釋兵權』一類的事情都未發生過。」100

成吉思汗的確對人才十分愛護，他不忘將士的功勳，十分注意以功頒獎，因功授職。他建國後大封功臣，對許多功臣都一一列舉了他們的功勞，根據他們的功勞和貢獻的大小，能力的高低，授以適當的官職。對於那些貼身的老護衛，成吉思汗甚至命令自己的子孫，以後要「將這些護衛的想著，如我遺念一般，好生抬舉，休教懷怨，福神般看著」。101成吉思汗還十分關心將士，有時還親自去看望傷員，「親付以善藥。」

當然，成吉思汗並不是一個功臣都沒殺，其第一功臣蒙力克的兒子通天巫闊闊出企圖利用薩滿教與成吉思汗兄弟抗衡，結果卻被成吉思汗的弟弟打死了，實際上是成吉思汗下令殺死的。而最初擁立成吉思汗為乞顏部可汗的幾位黃金家族貴族撒察別乞、阿勒壇、忽察兒等，由於走上與成吉思汗爭權奪利的道路，也先後被成吉思汗處死了。除此之外，其他功臣在成吉思汗在世時沒有人威脅到成吉思汗的可汗地位，也沒有人背叛成吉思汗，因此成吉思汗不僅沒有殺他們，反而公開宣布對其中功勞卓著者可以「犯九罪而不死」。但也曾經對兩個人產生過懷疑，一個是他的二弟合撒兒，一個是他的長子朮赤。成吉思汗曾下令責打合撒兒，只是由於老母親出面干預，才避免了一場悲劇的發生；他也曾經懷疑朮赤不聽調遣，甚至準備出兵親征，但是因為朮赤的死訊傳來後，他才停止了這次行動。以上事實說明，和其他帝王一樣，成吉思汗在涉及最高權力的問題上是決不讓步的，也是不會心慈手軟的。但從總體來看，成吉思汗思賢若渴、胸懷寬廣的用人政策的確有其過人之處。

3. 成吉思汗用人的道德標準

成吉思汗重視人們的實際才能，但也並不是只重才不重德，而是德才並重，有時甚至更看重人才的政治表現和道德水準。成吉思汗所強調的「德」，一是維護當時的主奴關係，不允許奴隸和屬民背叛本主。他認為只有忠於本主的人，才能忠於新的主人，實質上還是要求人們絕對忠於自己；二是要求人們忠誠老實，踏實履行自己的職責；三是要求部下在困難中不動搖、不背叛，禁得起困難和失敗的考驗。比如納牙阿父子本是泰赤烏部的家人，當泰赤烏部被鐵木真打敗後，他們捉住了自己的本主塔里忽台，想把他獻給成吉思汗。但納牙阿知道成吉思汗十分重視不背叛本主這個道德標準，於是在半路上放走了塔兒忽台，其父子三人空手歸附了鐵木真。從此納牙阿得到鐵木真器重，在蒙古統一後被任命為中軍萬戶。博爾朮、木華黎被任命為左右手萬戶，也不僅因為他們英勇善戰，而是因為他們與成吉思汗「共履艱危，義均同氣」，忠於成吉思汗，「君臣之契，猶魚水也。」甚至對耶律楚材的重用，也與他忠於故主有關。

相反，對於那些不忠於故主的人，無論他們的行為當時對成吉思汗如何有利，成吉思汗也堅守這條原則，毫不猶豫地將他們殺掉。比如，對捉拿札木合的五個那可兒，對背叛桑昆的掌馬官闊闊出，成吉思汗都是因為他們不忠於故主而處死了。而對於拚死保護王罕父子，與他苦戰了三天三夜的合答黑巴特兒，成吉思汗不僅不殺，反而提拔他做了百戶官。「忠臣不事二主」，這是漢族封建統治階級提倡的一條道德準則。成吉思汗如此維護主奴關係，強調忠於故主，忠於所事，與漢族封建階級提倡的忠君原則有類似之處，但比起漢族統治來他做得更堅決、更突出。這樣做符合當時蒙古民族的風俗習慣，也符合當時蒙古貴族的政治需要，這是成吉思汗維繫君臣關係、鼓勵臣下拚死效忠的一條重要紐帶。

綜上所述可以看出，成吉思汗的確不愧為一個「英勇果決」，雄才大略、「有度量、能容眾」的人，他既是一個傑出的歷史人物，同時又是一個重視人才、善於用人的偉大人物。他之所以能取得勝利，與他個人的才能和充分發揮人才的作用有十分重大的關係。從個人才能和人格方面，以及人才政策方面認真研究成吉思汗取得勝利的原因，對進一步認識成吉思汗，進一步掌握歷史發展的規律都會有一定好處。

關於蒙古族的族源與成吉思汗的國籍等問題

一、關於蒙古族的族源問題——近年來關於蒙古族族源問題的考古新發現

從上個世紀八〇年代起至本世紀初，中國和前蘇聯及俄羅斯的考古學界對內蒙古長城地帶和「外貝加爾」地區進行了考古考察，發現了不少很有特點的墓葬群，其中對於研究蒙古族的起源問題有很大幫助。科學出版社二〇〇二年出版的《邊疆考古研究》第一輯中收錄了吉林大學邊疆考古研究中心朱泓先生的一篇相關論文：〈內蒙古長城地帶的古代種族〉，比較集中地說明了對這一問題的看法。

朱泓先生指出：「『內蒙古長城地帶』這一歷史概念主要泛指中國華北、東北的長城沿線及其臨近地區。」「按照中國古代文獻史料的記載，從先秦時期的北方諸戎、狄，到秦漢以降的匈奴、東胡、鮮卑、烏桓、契丹、蒙古等游牧民族都曾在這片土地上居住和活動過，並且毫無例外地都把這裡當做他們南下進入中原甚至入主中原的根據地或集散地。長城的修築便充分說明了該地帶在古代政治、經濟、軍事舞台上的重要性。」「內蒙古長城地帶所具有的上述特點，決定了它同時兼有了古代文化熔爐和古代民族熔爐的雙重屬性。」

經過認真研究，他認為：「實際上，與東北地區一樣，內蒙古長城地帶的先秦時期居民也主要可以劃分為兩個古代人種類型：古華北類型和古東北類型，到了漢代以後，又出現了一個新的類型，即西伯利亞類型。」

「古華北類型的主要體質特徵是高顱窄面，較大的面部扁平度，同時還常常伴有中等偏長而狹窄的顱型。其與現代東亞蒙古人種的接近程度十分明顯，但在面部扁平程度上又存在著較大差異，他們或許是現代東亞人種的一個重要源頭。這種類型的居民在先秦時期的內蒙古長城地帶廣有分布，應該是該地區最主要的原始土著，其中心分布區可能是在內蒙古中南部到晉北、冀北一帶的長城沿線，……此外，就目前資料而言，該類型的居民也輻射到西遼河流域，如夏家店上層文化居民就是一個突出的例證。」

「古東北類型的主要體質特徵是顱型較高，面型較寬闊而且頗為扁平，其與現代東亞蒙古人種之間的接近程度也比較密切，所不同的主要是顴寬絕對值較大和較為扁平的面型，或許反映出現代東亞蒙古人種的某個祖先類型的基本形態。該類居民在東北地區先秦時期的分布相當廣泛，應該是東北地區遠古時期的土著類型，至少也是該地區最主要的古代土著類型之一。該類型的中心分布區就在中國的東北地區。」

「現有的古人種學資料表明，從漢代開始，內蒙古長城地帶的人種地理分布情況發生了較大的改變，其中主要是增加了一種新的種族類型因素，即西伯利亞人種類型。其特徵為短顱、闊顱、低顱、闊面和頗大的上面部扁平度，例如前文所提到的三道灣漢代鮮卑居民、南楊家營子拓拔鮮卑居民、朝鮮東部鮮卑居民以及毫欠營、山嘴子等遼代契丹居民都屬於此類型。值得注意的是，屬於西伯利亞人種類型的這些古代居民均為游牧民族，而這種具有短而低的顱型居民在先秦時期的內蒙古長城地帶古人種學資料中至今尚未發現。因此，我們似乎有理由推測這應該是一種外來的人種因素。如果究其根源，很可能與北匈奴人所代表的古西伯利亞人種類型有關。」

北方文物雜誌社一九九六年出版了一本《東北亞考古資料譯文集》（俄羅斯專號），其中刊登了（俄）H. B. 阿謝耶夫等著，王德厚、高秀雲先生譯的一篇考古考察論文：〈中世紀時代外貝加爾的游牧民族〉，其中說：在前蘇聯和俄國，從八〇年代末年起「『東外貝加爾』地區被納入考古考察的地域之內，……在石勒喀河和額爾古納河的考察就能夠區分出新的墓葬類型，其存在的年代被確定在西元前二世紀—西元二世紀之間，在時間上正好與匈奴—鮮卑的歷史相吻合。……我們推測，新的遺存同鮮卑部落有關」。「在額爾古納河還有為數不多的一些墓葬，其形式是於鋪蓋的大石板下深三．〇米—三．五米處，即為狹窄的墓穴，死者的頭朝向西北，安葬在獨木棺類型的棺材裡。這種墓葬目前還是一個謎。儘管隨葬品的整體組合與中世紀的游牧民族相一致，但在墓葬中發現的一件陶器卻與我們已知的不同，它的表面亮澤，灰色，小口，器身均稱而細長。這一現象使額爾古納河流域遺存的研究，呈現出一幅比貝加爾其他地區更加撲朔迷離的畫面。……它們同蒙古族，更確切些說是同蒙古語族的民族起源相關聯。」

明朝的葉子奇在《草木子》一書中曾經介紹過元朝皇族喪葬制度：「用梡木二片，鑿空其中。類人形小大合為棺，置遺體其中。加髹漆畢，則以黃金為圈，三圈定，送至其直北園寢之地深埋之。」此種埋葬方法有點類似於以上提到的額爾古納河地區的一些墓葬，「於鋪蓋的大石板下深三．〇米—三．五米處，即為狹窄的墓穴，死者的頭朝向西北，安葬在獨木棺類型的棺材裡。」成吉思汗及其子孫的埋葬方法與以上的埋葬方法是否有一定的淵源關係？以上的墓葬究竟說明了什麼問題？都值得進一步研究。

以上兩個考古報告對於蒙古族的起源問題提出了一些新的推測，認為先秦時代的蒙古族「主要可以劃分為兩個古代人種類型：古華北類型和古東北類型，到了漢代以後，又出現了一個新的類型，即西伯利亞類型。」俄國考古學家及我國部分考古學家甚至認為，蒙古族的族源可能是來自我國境外的古西伯利亞類型。

但直到今天所發現的考古材料還不足以取代我國蒙古史學界近半個世紀以來所形成的結論：「從族源的角度看，早期的原蒙古人是出自東胡種。這種看法，近半個世紀來，在蒙古史學界已大體上趨於一致。早在本世紀（指二十世紀）二〇年代，《蒙兀兒史記》一書的作者屠寄就指出：『蒙兀兒者，室韋之別種。』解放以來，中國的蒙古史學界大多數人都持東胡說，亦鄰真教授的〈中國的北方民族與蒙古族源〉一文，與韓儒林主編的《元朝史》一書，都是有代表性的著作。然而，其中不少的環節仍然是若明若暗，需要進一步研究解決。」[102] 這是周良霄先生在其一九九三年出版的《元代史》一書中對蒙古族族源的基本看法。我同意蒙古史學界多數學者和周良霄先生的基本意見，但認為對中國及俄羅斯考古學界提出的推測也應該引起足夠的重視。

二、關於成吉思汗的「國籍」和蒙古汗國的性質

成吉思汗是中國人還是蒙古人？一二〇六年成吉思汗建立大蒙古國是中國境內的民族政權還是一個獨立的國家?對於這一問題，在中國的老百姓當中，乃至國外的民眾和學者、政治家當中，似乎都有不同的看法。這一問題已經超出了歷史研究的範疇，必須有一個符合歷史實際的明確說法。

我認為：成吉思汗是中國人，同時又是中國境內的蒙古族和中國境外的蒙古族共同祖先，是歷史上蒙古民族的締造者。

蒙古族自古以來就是中華民族大家庭中的一員，這一歷史事實不可改變。據史籍記載，早在先秦時代，蒙古族的祖先東胡就生活在中國的東北地區。後來東胡與匈奴發生戰爭，戰敗後逃亡到東北額爾古納河流域的深山老林中。到唐朝時，史籍中出現了「蒙兀室韋」這樣的名稱，當時它還是室韋部族中的一支，與契丹、鮮卑一樣都是東胡的後代。後來他們分為幾支向西、向南遷徙，逐步遷到蒙古草原一帶，與當地的匈奴、突厥等族的後裔結合，逐步形成了蒙古族的各個氏族、部落。由此可見，從秦漢隋唐到宋元明清，蒙古族都是中華民族多民族國家中的一個民族，這應該是認識問題的基礎。

我們知道，成吉思汗的出生地在蒙古國境內，但也不能因此而認為成吉思汗就不是中國人。在成吉思汗出生前後，中國境內同時並存幾個政權，包括漢族掌權的南宋、女真族掌權的金朝，党項族掌權的西夏，白族段王爺掌權的大理國，以及蒙古草原的幾十個部落，其中著名的有五大兀魯思：蒙古、塔塔兒、克烈、蔑兒乞、乃蠻部等。當時，蒙古草原各部在金朝的管轄之下。蒙

古部的可汗每年都要按時向金朝進貢，直到成吉思汗建立蒙古國之後，他還親自到淨州給金朝進貢。當時蒙古部雖然不是年年去朝見金朝皇帝，但經常進貢卻是有記載的。這一事實說明，當時的蒙古部落是中華民族的一部分，因此成吉思汗出生時自然應該是中華民族的一員。

一二〇六年，成吉思汗統一了蒙古各部，建立了大蒙古國，開始時的政權中心以及第二代至第五代可汗的首都和林也都在蒙古國境內，直到忽必烈時才遷都開平（今內蒙古自治區錫林郭勒盟正藍旗），後又遷都燕京（今北京市）。從成吉思汗建立蒙古國起，蒙古族就成為一個真正統一的民族。但也必須承認，當時的蒙古國並非獨立於中華民族之外的一個國家，它與中國歷史上出現的匈奴、突厥、鮮卑、契丹（遼）一樣，是位於中國邊疆地區的民族政權；與當時並存的南宋、金國、西夏、大理一樣，都是中國境內的不同民族掌權的政權。一二七九年，成吉思汗的孫子忽必烈滅掉了南宋，統一了中國，這是中國歷史上的第四次統一，並不是中華民族的亡國滅種。中華民族是一個多民族國家，無論是出身漢族還是出身少數民族都可以成為中國的最高統治者。忽必烈是統一中國的第一位少數民族皇帝，元朝是中國歷史上疆域空前廣大的封建帝國。正由於成吉思汗為忽必烈統一中國打下了基礎，因此在中國二十四史中才尊成吉思汗為元太祖，忽必烈則被尊為元世祖。元朝是我國多民族國家鞏固和發展的重要時期，蒙古族是元朝的統治民族，第一等級的公民，自然應該是中華民族的一員。因此，我認為，作為中國歷史上一個重要王朝的「太祖」的成吉思汗，與忽必烈一樣，都是中華民族的祖先。成吉思汗不僅是蒙古族的英雄，也是中華民族的英雄。

元朝被明太祖打敗後，其皇族逃到北方草原，仍然保留元朝年號，史稱「北元」。在歷史上，北元是作為中國境內的一個民族政權與明朝對峙，並不是作為一個獨立的國家存在於明朝之外。清朝建立後，蒙古各部仍然處於清朝的統治之下，蒙古各部的居地包括外蒙古在清朝仍然是中國領土不可分割的一部分。一九二一年，蘇聯十月革命後，由於當時歷史及政治的原因，蒙古族分別居住在幾個國家、幾個地區內，包括今天的蒙古國和中國境內的內蒙古自治區。應該承認，無論是中國境內的蒙古族，還是中國境外的蒙古族，他們都是成吉思汗的後裔，他們也都承認成吉思汗是他們的共同祖先，並對成吉思汗充滿了崇敬之情。我們應該理解他們的這種感情，尊重他們的這種感情。但也必須承認，直到近代蒙古分立之前，無論是內蒙古，還是外蒙古，以及新疆境內的蒙古族，當時都是中華民族的一員。總之，我認為對待民族問題必須尊重歷史，儘管在近代蒙古族已經分散居住在不同的國家、不同的地區，但也並不能說明一二〇六年成吉思汗建立的大蒙古國自古以來就是獨立的國家，更不能說明成吉思汗不是中國人。

三、關於民族同化與民族融合問題

蒙古貴族得天下主要靠的是軍事征服、民族戰爭，對於被征服的民族和人們來說，他們是征服者。但在他們得天下之後，要完成「治天下」的任務，卻不能只靠屠殺與鎮壓，還要著重解決經濟問題和思想文化統治的問題。他們必須適應先進地區的經濟與文化，採取適合當地情況的政治經濟制度。因此，對於這種先進的經濟、文化來說，他們又成為被征服者。恩格斯曾經指出：「在長期的征服中，比較野蠻的征服者，在絕大多數情況下，都不得不適應征服後存在的比較高的『經濟情況』：他們為被征服者所同化，而且大部分還不得不採用被征服者的語言。」[103]蒙古貴族「治天下」的事實進一步證實了恩格斯的這一論斷。但蒙古族的這種「適應」與「被同化」又具有自己的特殊性。其中有「適應」與「被同化」的一面，同時也在先進民族的經濟與文化中加進了自己的內容，並大量保留了自己民族的落後因素。

成吉思汗及其子孫政策制度的改變主要是從窩闊台大汗開始，到忽必烈時完成的。在這一階段，他們根據統治地區情況的變化，採取了一系列漢化政策，歷史上稱為「行漢法」。從政治制度、經濟制度、軍事制度等都進行了改革。這種改革的不徹底性也是在這個階段產生的。蒙古國是一個多民族的國家，不僅採取什麼樣的政治制度、經濟制度是一個必須解決的問題，依靠什麼人進行統治也是個重要問題。因為制度是由人制定的，具體路線政策更要人去執行，只有任用熟悉先進制度的人，才能制定和維持一種先進的制度，才能做到「天下治」的效果。

忽必烈是蒙古皇帝中受漢族影響較深的人，在他當皇帝以前就結識了一批漢族地主階級知識分子，像劉秉忠、張文謙、姚樞、楊唯中、王鶚、郝經、王文統等人。同時，受漢化影響較深的畏兀兒人廉希憲、西夏人高智耀等也很受忽必烈重用。他們在忽必烈周圍組成了一個智囊團，幫助忽必烈制定和推行漢族傳統的政治經濟政策，為忽必烈在漠南地區經營了一個鞏固的根據地——金蓮川幕府。另外，忽必烈又大力拉攏漢族的地主武裝，木華黎所收降的地主武裝的子弟都受到忽必烈的重用，並在實際鬥爭中發揮了重要作用。蒙哥死後，忽必烈就是依靠這些人的力量打敗了自己的弟弟阿里不哥，打敗了固守蒙古傳統的諸王貴族，建立了元朝的統治。並依靠這些人，以及蒙古貴族中傾向於漢化的一批力量和南宋降將，滅亡了南宋，統一了中國。這說明，漢族地主階級不僅是忽必烈「治天下」的重要力量，而且也是他得天下的重要依靠。從某種意義上也可以說，忽必烈建立元朝，並不是蒙古貴族對漢族的征服，而是已經漢化了的蒙古貴族依靠漢族地主階級，對尚未漢化的蒙古貴族的征服。忽必烈滅亡南宋，則是已經漢化了的蒙古貴族支持北方漢族地主階級（包括南宋降將），對南方封建政權的鬥爭，是封建統治階級內部爭奪全國統治權的鬥爭。這一事實說明，能否較好地「治天下」也是能否奪取天下、統一天下的一個大問題。得天下也不能只靠暴力，還需要有一套符合當時情況的正確的政治經濟政策，需要任用一批熟悉當時政治、經濟制度的文臣武將。

但忽必烈稱帝之後，在依靠什麼人進行統治的問題上卻曾屢次反覆，這種反覆是從李全的兒子李璮叛亂後開始的。李璮當時已經成為漢族地主武裝的一個重要人物，他的叛亂引起了忽必烈對漢人軍閥的懷疑。儘管其他漢族地主武裝頭面人物史天澤也曾參與平定叛亂，但在叛亂平定後，史天澤迫於當時的形勢，第一個請求交出兵權，在一天之內史家就有十七人被解除了軍隊職務。從張柔也不得不退休，其子張弘範、張弘略也相繼解除兵權，嚴忠濟兄弟也交出了自己的軍隊。從制度上則開始實行軍民分治。而在財政上曾對忽必烈做出過一定貢獻的王文統，則因是李璮的岳父，也被忽必烈殺死。從此以後，忽必烈起用色目人掌權，他認為色目人多為商人出身，只知道賺國家的錢，但卻不會造反。以阿合馬為首的色目人在掌權之後，侵犯了漢族地主階級的利益，致使發生了漢族千戶王著殺阿合馬的事件——大都暴動。忽必烈的太子真金、蒙古丞相安童等當時都傾向於漢人。漢人地主階級在朝廷中還占有重要地位，因此後來忽必烈不僅沒有認真追查殺阿合馬的事件，反而懲治了阿合馬的黨羽，又開始信用漢族地主階級。但在元朝統一以後，忽必烈卻實行了露骨的民族壓迫與民族歧視政策，把全國各民族劃分為四個等級，對漢人南人信不過，在制定官制時明確規定不讓漢人當丞相，不讓漢人在樞密院掌握要職，不讓漢人瞭解軍機大事，不讓漢人當地方長官等。這種政策整整影響了元朝一代，直到元末才有所改變，但那時國事已無法挽救，「治天下」的目的也根本無法達到了。忽必烈前後政策的變化揭示了一個重要的歷史經驗：任何少數民族要想有效地統治中原，必須以漢法治漢地，用漢人治漢人。這裡不僅有一個適應先進地區經濟情況的問題，而且有一個複雜的民族問題。忽必烈政策的改變為元朝的衰亡埋下了禍根，它說明蒙古統治者治天下是並不成功的。

另外，進入了各個先進民族地區的蒙古上層統治者和人民中的一部分，逐步接受了先進的經濟和文化，逐步被先進民族所同化。但蒙古族大部分並沒有內遷或西遷，而是仍然留在蒙古草原，他們仍然保持蒙古族的傳統與習慣，只是吸收先進地區的某些影響，在自己原有的基礎上使經濟文化有所發展，並沒有被漢族或其他民族所同化。因此在元朝滅亡後，蒙古族既沒有在中國歷史舞台上消失，也沒有像匈奴、突厥那樣被迫西遷，而是仍然作為一個強大的民族生活在蒙古草原。同時，也必須看到，正因為蒙古族的大部分沒有被先進的經濟文化所同化，所以他們也就很難在先進地區長期統治下去，他們的暴力也只能為經濟文化的發展讓路。這一事實充分說明，在人類歷史的發展中，起決定作用的還是客觀的經濟規律，暴力最終還要服從經濟，落後的征服者雖然可以依靠暴力戰勝先進民族，但卻不能摧毀先進民族的經濟和文化，在多數情況下都是落後的征服者最終被先進民族的經濟文化所征服，否則就難以維持自己的暴力統治。蒙古貴族「治天下」的史實進一步證明了軍事征服與經濟文化征服的這種辯證關係。

註釋

1 巴拉吉尼瑪等：《千年風雲第一人——世界名人眼中的成吉思汗》，頁三八九，北京：民族出版社，二〇〇三。

2 巴拉吉尼瑪等：《千年風雲第一人——世界名人眼中的成吉思汗》，頁五——二四，北京：民族出版社，二〇〇三。

3（日）太田三郎：《成吉思汗》，武進屠寬元博編譯，上海作新社藏版，清光緒二十九年七月。

4（俄）巴托爾德：轉引自巴拉吉尼瑪等《千年風雲第一人——世界名人眼中的成吉思汗》。

5（英）萊穆：《全人類帝王成吉思汗》，轉引自《蒙古族古代軍事思想研究論文集》第二集，內蒙古自治區蒙古族古代軍事思想研究會編，一九九〇。

6（伊朗）志費尼：《世界征服者史》上冊，何高濟譯，頁二七，呼和浩特：內蒙古人民出版社，一九八一。

7 轉引自常保國：《成吉思汗》，中國民族攝影藝術出版社，一九九七。

8 馬克思：《馬克思恩格斯選集》卷二〇，頁一五五。

9 馬克思：《馬克思印度史編年稿》，頁二一——二二，北京：人民出版社，一九五七。

10 孫中山：《孫中山文集》，曹錦清選編，上海遠東出版社，一九九四。

11 毛澤東：《毛澤東評點二十四史人物精選》，頁一四〇二，北京：時事出版社，一九九七。

12（蒙古族）達林太：〈蒙古兵學是蒙古學的重要組成部分〉，《蒙古兵學研究》，軍事科學出版社，一九九〇。

13（印度）尼赫魯：《怎樣對待世界歷史》第一卷，扎布譯，一九八一。

14（印度）尼赫魯：《印度的發現》，譯自英文版，扎布譯，莫斯科，一九五五。

15（美國）麥克阿瑟：原文載〈十九顆星——對美國四位名將之研究〉，《千年風雲第一人》，頁二六六。

16 轉引自（日）太田三郎：《成吉思汗》，清光緒二十九年。

17（俄）柯列金：〈鐵木真、帖木兒用兵論〉，轉引自《蒙古族古代軍事思想研究論文集》第二集，內蒙古自治區蒙古族古代軍事思想研究會編，一九九〇。

18 劉樂土：《成吉思汗》代前言：〈征服歐亞大陸的中國戰神〉，北京圖書館出版社，二〇〇一。

19《元朝秘史》卷九，第二三四節。

20（波斯）拉施特：《史集》卷一，頁一六七，北京：商務印書館，一九九七。

21 楊紹猷：〈千年風雲第一人〉，頁二三九—二四〇，《民族研究》，一九八三年第一期。

22（英）道森：《出使蒙古記》緒言，呂浦譯，周良霄注，北京：中國社會科學出版社，一九五五。

23、24 周燮藩：《伊斯蘭文化面面觀》，濟南：齊魯書社，二〇〇一。

25（明）宋濂等：《元史》卷二〇二〈八思巴傳〉，頁四五一七，北京：中華書局，一九七六。

26（印度）尼赫魯：《翻開看世界歷史》，蒙古文版，扎布譯，烏蘭巴托出版社，一九八七。

27（華裔日籍）陳舜臣：《成吉思汗一族》，臺北：遠流出版公司，二〇〇三。

28 德山：《元代交通史》，北京：遠方出版社，一九九五。

29（法）格魯塞：《蒙古帝國史》，頁二七八，北京：商務印書館，一九九四。

30（加拿大）斯塔夫里·阿塔斯：《全球通史——一五〇〇年的世界》，上海社會科學出版社，二〇〇〇。

31（美）哈羅蘭姆：《人類的帝王——成吉思汗傳》，臺北：中華書局，一九七二。

32 轉引自《世界種地蒙古人》，二〇〇一年第一期。

33 轉引自《千年風雲第一人》，頁二三。

34 韓儒林：〈論成吉思汗〉，《歷史研究》一九六二年第一期。

35（明）宋濂等：《元史》卷一〇一〈兵制四〉，頁二五八三，北京：中華書局，一九七六。

36 轉引自《千年風雲第一人》，頁九。

37、39 恩格斯：《馬克思恩格斯選集》第三卷，頁二〇六，北京：人民出版社，一九五九。

38 恩格斯：《馬克思恩格斯全集》第七卷，頁三八六，北京：人民出版社，一九五九。

40（日本）飯村鑲：《大統帥成吉思汗兵略》日譯者序及後言，巴圖、都固爾扎布譯，頁二六八。

41、42《華盛頓郵報》一九九六年四月十九日阿米·伊·斯克維茲報導，轉引自《千年風雲第一人》，頁三二。

43《建炎以來朝野雜記》乙集十九。

44 恩格斯：《家庭、私有制和國家的起源》，頁一六〇。

45《史集》（漢譯本），第一卷第一分冊，頁二五二。

46《新五代史》卷七三。

47《元朝秘史》卷一〇。

48《元朝秘史》卷二、卷七、卷八。

49《元朝秘史》卷二。

50《長春真人西遊記》卷下，頁一二。

51《蒙韃備錄·軍政》。

52《蒙韃備錄·馬政》。

53《蒙韃備錄·馬政》。

54（法）米謝爾·黃：《成吉思汗》，一九八八年法文版，二〇〇〇年蒙古國烏蘭巴托蒙文版，扎布譯。

55（蒙古族）達林太：《蒙古兵學研究——兼論成吉思汗用兵之謎》，軍事科學出版社，一九九〇。

56 馬克思：《馬克思恩格斯全集》，卷一二，頁三二六，北京：人民出版社，一九五九。

57、59 恩格斯：《馬克思恩格斯軍事文集》，第三卷，頁五六九。

58 恩格斯：《馬克思恩格斯軍事文集》，第三卷，頁二一一〇。

60《金史》卷一一九〈完顏婁室傳〉。

61《蒙韃備錄·軍政》。

62、63《蒙韃備錄·糧食》。

64《黑韃事略》。

65《蒙古秘史》校勘本，頁一九四。

66、67《多桑蒙古史》上冊第一卷第七章。

68（明）宋濂等：《元史》卷九八〈兵制一〉，頁二五〇八，北京：中華書局，一九七六。

69（美）埃德溫·馬勒：《世界名人傳略》，山東人民出版社，一九八七。

70（伊朗）志費尼：《世界征服者史》上冊，頁三一。

71 余大鈞：《一代天驕成吉思汗〈傳記與研究〉》，呼和浩特：內蒙古人民出版社，二〇〇二。

72（法國）里夏爾著、耿升譯：《千年風雲第一人》，轉引自《蒙古學——資料與情報》一九八四年第二期，頁三五二。

73《多桑蒙古史》上冊，頁一五二。

74（德）加文·漢布里：《中嚴整我綱要》，轉引自《千年風雲第一人》，頁三四八。

75 陳獻國：《蒙古族經濟思想史研究》，瀋陽：遼寧人民出版社，二〇〇二。

76 轉引自《千年風雲第一人》，頁九。

77（美）札奇斯欽：《蒙古史論叢》，臺北：學海出版社，一九八〇。

78（蒙古）沙·畢拉：《蒙古學資訊》一九九五年第四期，

瞿大風譯，喬吉校。

79《史集》（漢譯本），第一卷第二分冊，頁三六〇。

80《蒙韃備錄·韃主始起》。

81（日本）村上正二：〈征服王朝〉。

82（蒙古族）那仁敖其爾：內蒙古教育出版社，一九九四，見《千年風雲第一人》，頁三一二—三二四。

83（日本）小林高四郎：《成吉思汗》。

84（法）勒涅·格魯塞：《草原帝國》（漢譯本），藍琪譯，項英傑校，商務印書館，一九九八。

85（德）拉契涅夫斯基：摘自蕭啟慶論文〈凱撒的還給凱撒——從傳記論中外成吉思汗的研究〉，載《成吉思汗研討會論文集》，臺灣，一九九八。

86（俄）符拉基米爾佐夫：《成吉思汗傳》，莫斯科出版，一九三二。

87（蒙古）策·達賚：《成吉思汗與蒙古國的成吉思汗研究》，扎布譯，轉引自《千年風雲第一人》，頁二五三。

88《多桑蒙古史》上冊第一卷第一章。

89李則芬：《宋遼金元歷史論文集》，臺北：黎明文化事業公司，一九九一。

90《蒙韃備錄·韃主始起》。

91、92、93《元史》卷一〈太祖紀〉。

94《蒙古秘史》卷四。

95、96《多桑蒙古史》上冊第十章。

97《蒙古秘史》。

98、100（美）札奇斯欽：《蒙古史論叢》，臺北：學海出版社，一九八〇。

99李則芬：《宋遼金元歷史論文集》，臺北：黎明文化事業公司，一九九一。

101《蒙古秘史》校勘本，頁二三二。

102周良霄、顧菊英：《元代史》第一章〈蒙古族的起源〉，上海人民出版社，一九九三。

103恩格斯：《反杜林論》，頁一八〇，北京：中華書局，一九七二。

附錄一　成吉思汗世系表

關係	名字	氏族		後代
始祖	捏古思	蒙古—答兒列斤氏		一般出身的蒙古人
	乞顏	蒙古—乞顏氏		成吉思汗乞顏氏後裔
二十二世祖	孛兒帖赤那（蒼狼）＝豁埃馬蘭勒（白鹿）	蒙古—乞顏氏		巴塔赤罕
十一世祖	都哇鎖豁兒	蒙古—乞顏氏		其四子後代為朵兒邊氏
	朵奔蔑兒干＝阿蘭豁阿	蒙古—乞顏氏		生五子
十世祖	別勒古訥台　不古訥台	蒙古—答兒列斤氏		一般出身的蒙古人
	不忽合塔吉	蒙古—合答斤氏	尼倫氏（純潔出身的蒙古人）	孛端察兒正妻之後為孛兒只斤氏；擄來婦人所生後代為札答蘭氏、巴阿鄰氏
	不合禿撒勒只	蒙古—山只昆氏		
	孛端察兒蒙合黑	蒙古—孛兒只斤氏		
八世祖	土敦蔑年＝莫拏倫	蒙古—孛兒只斤氏		七子納真：朮赤台、畏答兒祖先
六世祖	海都	蒙古—孛兒只斤氏		生三子

五世祖	伯升豁兒多黑申	蒙古—孛兒只斤氏	屯必乃薛禪
	察剌合領忽	蒙古—泰赤烏氏	想昆必勒格—俺巴孩汗
	抄真斡兒帖該	蒙古晃豁壇氏	蒙力克
		阿魯剌惕氏	博爾朮
四世祖	屯必乃薛禪	蒙古—孛兒只斤氏—乞顏氏	合不勒合罕
三世祖	合不勒合罕	蒙古—孛兒只斤氏—乞顏氏	長子斡勤巴兒合黑→主兒乞氏 五子忽圖剌罕→阿勒壇、拙赤罕
祖父	把兒壇把阿禿兒（合不勒罕二子）	蒙古—孛兒只斤氏—乞顏氏	二子捏坤太師→忽察兒； 少子答里台斡惕赤斤
父親	也速該把阿禿兒＝訶額侖（把兒壇第三子） 別妻	蒙古—孛兒只斤氏—乞顏氏	生六子
同母弟	合撒兒　合赤溫　帖木格	蒙古—孛兒只斤氏—乞顏氏	三弟合赤溫之子： 阿勒赤歹
異母弟	別克帖兒　別勒古台	蒙古—孛兒只斤氏—乞顏氏	
正妻之子	朮赤	蒙古—孛兒只斤氏—乞顏氏	二子拔都
	察合台		
	窩闊台		貴由
	拖雷		蒙哥、忽必烈、旭烈兀、阿里不哥

蒙古及有關各國紀年	西元	大事紀	世界大事紀要
南宋高宗紹興十七年 金熙宗皇統七年 西夏仁宗人慶四年	一一四七	蒙古忽圖剌可汗「舉兵入金界」，「金使都元帥兀朮來討，兵連數歲不解，金人乃議和而返，割西平河北二十七團寨來歸，仍歲遺牛羊米豆有常數。」（《蒙兀兒史記》卷一）	第二次十字軍東征。（一一四七—一一四九）
	一一五八		義大利波隆納大學成立，為歐洲第一所大學。
紹興三十一年 金世宗大定元年 天盛十三年	一一六一	金主完顏亮發兵六十萬南下侵宋。「宋劉錡等傳檄韃靼諸國同討金主亮。」（《三朝北盟會編》卷二三二）宋金發生采石之戰，金敗。金東京留守完顏雍自立為皇帝，是為金世宗，改元大定。完顏亮被部下殺死。鐵木真之父也速該搶親。	

紹興三十二年 金大定二年 西夏天盛十四年	一一六二	宋高宗傳位於太子眘（古慎字），是為孝宗。蒙古伐塔塔兒，也速該俘獲鐵木真兀格，成吉思汗鐵木真降生。《史集》說鐵木真生於豬年，一一五五年。	
南宋孝宗乾道三年 金世宗大定七年 天盛十九年	一一六七	《史集》說：這一年鐵木真之父也速該被塔塔兒人毒死。	
	一一六八		牛津大學建立。
南宋乾道六年 金大定十年 西夏仁宗乾祐元年	一一七〇	也速該帶鐵木真去弘吉剌部求婚，在回來的路上，也速該被塔塔兒人毒死。第二年，泰赤烏部叛離。「成吉思汗在那些年頭裡受盡了泰赤烏惕部等長幼族人及照烈惕、蔑兒乞惕、塔塔兒等部欺凌使他遭受了各種災難。各個部落不只一次地俘獲他，他用各種方法和手段從他們手裡逃了出來。」（《史集‧成吉思汗史編年紀要》）	
南宋孝宗淳熙六年 金大定十九年 西夏乾祐十年	一一七九	鐵木真十八歲。此年乃「亥豬多子之年」，鐵木真與孛兒帖結婚（《成吉思汗傳說》）。博兒朮、者勒蔑來到鐵木真身邊，成為其忠心耿耿的那可兒。	

一一八〇			諾曼人在南義大利建兩西西里王國。
一一八一	南宋淳熙八年 金大定二十一年 西夏乾祐十二年	大約在一一八〇年孛兒帖被蔑兒乞部搶走。鐵木真聯合克烈部的脫斡鄰勒罕和札答蘭部的札木合於此年進攻蔑兒乞部，奪回孛兒帖。在回軍路上，鐵木真長子朮赤降生。	
一一八三	南宋淳熙十年 金大定二十三年 西夏乾祐十四年	大約在一一八三—一一八四年之間，鐵木真離開札木合單獨設營，被推舉為乞顏部的可汗。亦鄰真先生指出：鐵木真「被一些貴族推戴為汗」，「這大約是十二世紀八〇年代初的事。」（《內蒙古大學學報》一九六二年第一期）	
一一八七			埃及的薩拉丁占領耶路撒冷。
一一八九	南宋淳熙十六年 金大定二十九年 西夏乾祐二十年	金世宗死，其子完顏璟繼位，是為章宗。宋孝宗禪位於太子惇，是為光宗。《蒙古秘史》說：此年鐵木真才被推舉為乞顏部的可汗。	神聖羅馬帝國皇帝腓特烈一世、英國國王理查一世、法國國王腓力二世等發動第三次十字軍

			東征，後基督教與伊斯蘭教雙方達成協議。（一一八九—一一九二）
	一一九二		日本源賴朝任征夷大將軍，建鎌倉幕府，為日本史上第一個幕府政權。
南宋寧宗慶元元年 金章宗明昌六年 西夏桓宗天慶二年	一一九五	鐵木真稱汗后，與札木合發生矛盾，在此之前爆發十三翼之戰，鐵木真主動撤退。此年，北阻轐（塔塔兒部）叛，金遣右丞相完顏襄討之。	
南宋慶元二年 金章宗承安元年 西夏天慶三年	一一九六	鐵木真、脫斡鄰勒汗配合金軍截擊塔塔兒部，發生浯勒札河之戰，塔塔兒戰敗。金封克烈部首領脫斡鄰勒為王，因稱「王罕」；封鐵木真為「札兀惕忽里」，承認他為統領數部的首領。乃蠻部的亦難察汗乘機攻王罕，將克烈政權交給王罕之弟，王罕逃往西遼。當年秋，又從西遼逃回，鐵木真協助他恢復了統治。雙方在黑林重申父子之誼。	

年號	西元	事蹟	世界大事
	一一九七		塞爾柱土耳其滅耶路撒冷王國。
南宋慶元五年 金承安四年 西夏天慶六年	一一九九	「這一年成吉思汗同王汗一起去攻打乃蠻王太陽汗的弟弟不亦魯黑汗。」（《史集・成吉思汗史編年紀要二》）「大敗之，盡殺其諸將族眾，積屍以為京觀。乃蠻之勢遂弱。」（《元史・太祖紀》）	
南宋慶元六年 金承安五年 西夏天慶七年	一二〇〇	鐵木真與王罕會師於薩里川，回軍東向，討伐泰赤烏部及其同盟者，「擊潰了他們，〔敵〕軍方面有許多異密和部落來降。」（《史集・成吉思汗史編年紀要二》）	
蒙古紀年酉年 南宋寧宗嘉泰元年 金章宗泰和元年 西夏天慶八年	一二〇一	蒙古紀年自此始。蒙古草原十二個部落舉行會盟，推舉札木合為共同首領——古兒汗。鐵木真、王罕與他們進行決戰，從而發生了闊亦田之戰。札木合聯軍被打敗，弘吉剌部歸附了鐵木真。鐵木真追擊泰赤烏部，泰赤烏覆滅。者別投降鐵木真。	
蒙古紀年戌年 南宋寧宗嘉泰二年	一二〇二	鐵木真討平塔塔兒。戰前發布「〔誰也〕不得掠奪戰利品和財物」的命令，阿勒壇、	教皇英諾森三世發動第四次十字軍東征，最後

金泰和二年 西夏天慶九年		忽察兒、答里台斡惕赤斤違反軍令，鐵木真下令奪回其戰利品，他們離開鐵木真，投靠了王罕。鐵木真希望與王罕父子親上加親，「雙方婚事不偕，以是有隙。」（《史集・成吉思汗史編年紀要二》）	卻攻擊東羅馬帝國。（一二〇二—一二〇四）
蒙古紀年亥年 南宋嘉泰三年 金泰和三年 西夏天慶十年	一二〇三	桑昆、王罕進攻鐵木真，雙方發生哈蘭真沙陀之戰，鐵木真退卻。由於軍隊逃散，鐵木真處境困難，十九名首領同飲班朱尼湖水。後拆散王罕聯盟，偷襲王罕金帳，王罕敗亡。	
蒙古紀年子年 南宋嘉泰四年 金泰和四年 西夏天慶十一年	一二〇四	鐵木真討伐乃蠻，乃蠻亡，太陽汗死，其子屈出律逃跑。札木合被捉，被鐵木真處死。蔑兒乞部脫脫父子逃脫。	
蒙古紀年丑年 南宋寧宗開禧元年 金泰和五年 西夏天慶十二年	一二〇五	鐵木真遣騎兵初侵西夏，還經落思城，大掠人畜而去。西夏將其首都興慶府改為中興府，修復被兵城堡，大赦境內。	
元太祖成吉思汗元年 南宋開禧二年	一二〇六	鐵木真統一蒙古，被推舉為成吉思汗，是為元太祖。宋韓侂冑出兵伐金，史稱開禧北	

金泰和六年 西夏襄宗應天元年		伐，宋大敗，與金議和。西夏鎮夷郡王李安全廢純佑自立，是為襄宗。金冊封李安全為夏國王。
元太祖成吉思汗二年 南宋開禧三年 金泰和七年 西夏應天二年	一二〇七	蒙古二伐西夏，破斡羅孩城。「同年他（成吉思汗）遣使至乞兒吉思人處。乞兒吉思人降順。」（《史集．成吉思汗史編年紀要二》）朮赤奉命征服林木中百姓。
元太祖成吉思汗三年 南宋寧宗嘉定元年 金泰和八年 西夏應天三年	一二〇八	夏遣使於金，奏告兵事。南宋以韓侂胄之首獻金朝求和。金章宗死，其叔衛紹王完顏永濟繼位。成吉思汗派速不台追擊脫脫、屈出律。脫脫戰死，其諸子及屈出律逃跑。
元太祖成吉思汗四年 南宋嘉定二年 金衛紹王大安元年 西夏應天四年	一二〇九	成吉思汗三攻西夏，圍中興府，西夏獻女請和。西州回鶻（畏兀兒）臣服於蒙古。蒙古與金斷絕外交關係。《史集》說，蒙古三攻西夏發生在一二一〇年（《史集．成吉思汗史編年紀要》）。
元太祖成吉思汗六年 南宋嘉定四年 金大安三年 西夏神宗光定元年	一二一一	成吉思汗南下伐金，有野狐嶺之戰。入居庸關，游騎四出掃蕩。夏襄宗李安全被廢，死；族子齊國忠武王彥宗子大都督府主李遵頊立，是為神宗。夏攻金，連破邠州、

		涇州，進圍平涼府及東勝州。哈剌魯歸附蒙古。西遼為屈出律所取代，自耶律大石稱帝，西遼存在七十八年。
元太祖成吉思汗七年 南宋嘉定五年 金衛紹王崇慶元年 西夏光定二年	一二一二	「這一年，成吉思汗將軍隊分給諸子，命他們各自去圍攻城市、征服乞台（金）的各地。他們占領了許多地區。」（《史集·成吉思汗史編年紀要二》）西夏乘金屢為蒙古所敗，侵擾金邊，同時又遣使與金通好，金冊封遵頊為夏國王。
元太祖成吉思汗八年 南宋嘉定六年 金宣宗貞祐元年 西夏光定三年	一二一三	蒙古軍圍金中都，並分兵攻掠河東、河北、山東九十餘州。金中都政變，衛紹王被殺，升王完顏珣立，是為宣宗，改元貞祐。西夏繼續攻金，從此雙方互有侵掠，十年不解，一勝一負，精銳皆盡，結果兩國俱斃，兩敗俱傷。
元太祖成吉思汗九年 南宋嘉定七年 金貞祐二年 西夏光定四年	一二一四	金以衛紹王公主獻成吉思汗，同時獻金帛、馬匹與蒙古和，中都圍解。不久金宣宗遷都南京（今開封）。蒙古以金遷都，復進圍中都。西夏約宋攻金，援金叛人。蒙古入夏境，破威哈喇城（萬里長城）。

元太祖成吉思汗十年 南宋嘉定八年 金貞祐三年 西夏光定五年	一二一五	蒙古軍下金中都，耶律楚材等降蒙。蒙軍分兵攻占金城邑八百六十二個。西夏攻金陝西保安、延安及綏德等地，陷臨洮府。	英王約翰（一一九九—一二一六）簽訂《英國大憲章》。
元太祖成吉思汗十一年 南宋嘉定九年 金貞祐四年 西夏光定六年	一二一六	蒙古軍破金潼關，前鋒至開封附近杏花营。西夏與蒙古聯合攻金延安、代州等地。夏兵頻擾金邊，金嚴備反擊。當年秋，成吉思汗「從伐金前線回到克魯倫河草原」。	
元太祖成吉思汗十二年 南宋嘉定十年 金宣示興定元年 西夏光定七年	一二一七	成吉思汗封木華黎為太師、國王，令其偏師經營中原。金議大舉伐夏，不果。金攻南宋。此時金國三面受敵，顧此失彼。成吉思汗派速不台討脫脫之子忽都等，為其配備了鐵車軍，忽都兄弟戰死、被俘。派博爾忽平定禿馬惕部，博爾忽陣亡。	
元太祖成吉思汗十三年 南宋嘉定十一年 金興定二年 西夏光定八年	一二一八	花剌子模殺蒙古四百五十名商人，成吉思汗遣團交涉，其正使被殺，成吉思汗決定西征。派者別征西遼，殺屈出律，占有西遼故地，與花剌子模接壤。蒙古徵兵於西夏，西夏拒不出兵。蒙古攻西夏，進	一二一八年—一二二一年，第五次十字軍東征，以埃及為目標。

紀年	西元	事略
		圍中興府，遵頊命太子德任居守，自己出走西涼，不久遣使請降，蒙軍退。
元太祖成吉思汗十四年 南宋嘉定十二年 金興定三年 西夏光定九年	一二一九	「這一年成吉思汗在其斡耳朵內舉行聚會，召集了大忽里勒台，他整集軍隊，出征大食地區。」（《史集‧成吉思汗史編年紀要二》）圍攻訛答剌城，分兵掃清邊界。木華黎利用地主武裝攻金，進展順利。西夏令邊吏通好於金，後又與南宋約共伐金。成吉思汗召全真道首領丘處機西遊。
元太祖成吉思汗十五年 南宋嘉定十三年 金興定四年 西夏光定十年	一二二〇	蒙古軍連破訛答剌、不花剌、撒麻耳干等城。花剌子模沙摩訶末放棄首都，逃亡裏海一帶。者別、速不台率軍追擊，摩訶末病死海島。朮赤、察合台、窩闊台進軍玉龍傑赤。金向蒙古請和，被拒。南宋、西夏合兵攻金。金兵攻夏宥州，圍神堆府。
元太祖成吉思汗十六年 南宋嘉定十四年 金興定五年 西夏光定十一年	一二二一	成吉思汗、拖雷率軍渡過阿姆河，毀滅呼囉珊地區。窩闊台等攻克花剌子模舊都玉龍傑赤。蒙軍會師追擊札蘭丁，發生申河之戰，札蘭丁逃往印度。者別，速不台擊敗谷兒

		只軍，征服阿塞拜疆，掃蕩伊拉克。宋與蒙古互遣使通好。金主詔樞密院議夏事。西夏主李遵頊遣塔哥甘普將兵五萬，受蒙古木華黎節制，取金葭州及綏德州，進攻延安府。
元太祖成吉思汗十七年 南宋嘉定十五年 金興定六年、元光元年 西夏光定十二年	一二二二	成吉思汗駐軍八魯灣，派八剌等深入印度追擊札蘭丁。長春真人丘處機西遊至撒麻耳干，前往八魯灣晉見成吉思汗。當年秋，成吉思汗向丘處機三次問道。成吉思汗回軍。者別、速不台侵入阿速、欽察等部。蒙古約西夏同伐金。蒙軍攻金河東、陝西。
元太祖成吉思汗十八年 南宋嘉定十六年 金元光二年 西夏光定十三年、獻宗乾定元年	一二二三	成吉思汗下詔東歸。者別、速不台率蒙軍與斡羅恩、欽察聯軍大戰於阿里吉河，斡羅恩、欽察聯軍大敗。蒙軍深入斡羅恩，然後東返。木華黎攻金鳳翔不下，西夏軍撤回。夏神宗李遵頊害怕蒙軍問罪，禪位於太子德旺，自稱太上皇。德旺即夏獻宗。木華黎病死。
元太祖成吉思汗十九年 南宋嘉定十七年	一二二四	成吉思汗東歸，至也兒的石河駐夏。西夏遣使結漠北諸部為外援，企圖抗拒蒙古。成吉

金哀宗正大元年 西夏乾定二年		思汗聞西夏有異圖，命木華黎子孛魯攻夏銀州。夏金恢復和好，稱兄弟之國，各用本國年號，同意相互支援。夏主遣使蒙古軍前乞降，許以質子為信。宋寧宗死，養子趙昀繼位，是為理宗。金哀宗宣布不再南侵宋朝。
元太祖成吉思汗二十年 南宋理宗寶慶元年 金哀宗正大二年 西夏乾定三年	一二二五	這年春天，成吉思汗回到蒙古草原。「〔這是〕他出征大食地區的第七年。他在斡耳朵裡過了夏，秋天他出征唐兀惕國（西夏）。」（《史集・成吉思汗史編年紀要二》）途中狩獵，墜馬受傷，高燒不退，帶病攻西夏。金哀宗以與西夏通好，詔告中外。
元太祖成吉思汗二十一年 南宋寶慶二年 金哀宗正大三年 西夏乾定四年、末帝寶義元年	一二二六	成吉思汗分兵兩路進攻西夏，西路軍由速不台等率領，連下沙州、肅州、甘州等地。成吉思汗親率蒙軍主力攻占黑水城，大戰賀蘭山，包圍西涼府。夏主李德旺驚悸而死，侄子南平王李晛繼位，是為末帝。成吉思汗打敗西夏援軍，進圍西夏首都中興府。

元太祖成吉思汗二十二年 南宋寶慶三年 金正大四年 西夏寶義二年	一二二七	經一年多征戰，西夏滅亡已成定局。成吉思汗因受傷後操勞過渡，體質大不如前。於是他將窩闊台、拖雷等諸子召到身邊，留下了三條重要遺囑。然後留兵攻中興府，派察罕入中興府諭降。自率師渡黃河攻積石州，進入金境。西夏主李晛力屈請降，要求寬限一月。成吉思汗病死於清水縣行官；諸將遵遺命，秘不發喪。西夏主李晛投降後被殺。西夏立國一百九十年，至此滅亡。 拖雷主持成吉思汗葬禮，將其遺體埋葬在薩里川，並於鄂爾多斯草原立「衣冠塚」。

主要參考資料

1. （明）宋濂等：《元史》，相關傳記、志，北京：中華書局，一九七六。
2. 《蒙古秘史》校勘本，額爾登泰、烏雲達賚校勘，呼和浩特：內蒙古人民出版社，一九八〇。
3. （後晉）劉昫等：《舊唐書》，相關傳記，北京：中華書局，一九七五。
4. 道潤梯步：《新譯簡注蒙古秘史》，呼和浩特：內蒙古人民出版社，一九七八。
5. 策．達木丁蘇隆編譯，謝再善譯：《蒙古秘史》。
6. （元）脫脫等：《金史》，相關傳記，北京：中華書局，一九七五。
7. （元）脫脫等：《遼史》，相關傳記，北京：中華書局，一九七四。
8. （元）脫脫等：《宋史》，相關傳記，北京：中華書局，一九八五。
9. （清）畢沅：《續資治通鑑》，北京：中華書局，一九八八。
10. 屠寄：《蒙兀兒史記》卷一〈世紀第一〉，北京市中國書店，一九八四。
11. 柯劭忞：《新元史》，北京：中國書店，一九八八。
12. 洪鈞：《元史譯文證補》。
13. 張郁文輯：《元朝地理通釋》。
14. 海王邨古籍叢書：《元典章》，北京：中國書店，一九九〇。
15. 李修生主編：《全元文》，江蘇古籍出版社，一九九七。

16. 王國維：《蒙古史料校注四種》、《遼金時期蒙古考》。
17. 佚名：《皇元聖武親征錄》。
18. （宋）趙珙：《蒙韃備略》。
19. （宋）彭大雅著、徐霆疏：《黑韃事錄》。
20. 徐夢莘：《三朝北盟會編》。
21. （宋）李心傳：《建炎以來朝野雜記》。
22. 薩囊徹辰著、道潤梯步譯：《新譯校注蒙古源流》，呼和浩特：內蒙古人民出版社，一九八一。
23. （元）李志常：《長春真人西遊記》。
24. （元）陶宗儀：《南村輟耕錄》，北京：中華書局，一九五九。
25. 羅桑丹津著、色道爾吉譯：《蒙古黃金史》，呼和浩特：蒙古學出版社，一九九三。
26. 朱風、賈敬顏譯：《漢譯蒙古黃金史綱》，呼和浩特：內蒙古人民出版社，一九八五。
27. （明）陳邦瞻：《元史紀事本末》，北京：中華書局，一九七九。
28. （明）葉子奇：《草木子》，北京：中華書局，一九五九。
29. （元）耶律楚材：《湛然居士文集》，北京：中華書局，一九八六。
30. （元）耶律楚材：《西遊錄》。
31. 佚名，明譯本：《元朝秘史》、《四部叢刊》，北京：商務印書館，一九三六。
32. 戴錫章編、羅矛昆校點：《西夏紀》，銀川：寧夏人民出版社，一九八八。
33. （元）蘇天爵：《元朝名臣事略》，北京：中華書局，一九九六。

34. 沙日勒岱等主編：《成吉思汗研究文集》，呼和浩特：內蒙古人民出版社，一九九一。
35. 巴拉吉尼瑪等：《千年風雲第一人——世界名人眼中的成吉思汗》，北京：民族出版社，二〇〇三。
36. 蔡美彪等著：《中國通史》，北京：人民出版社，一九八三。
37. 周良霄、顧菊英著：《元代史》，上海人民出版社，一九九三。
38. 高文德著：《蒙古奴隸制研究》。
39. 韓儒林：《元朝史》。
40. （波斯）拉施特著，余大均、周建奇譯：《史集》，北京：商務印書館，一九九七。
42. （波斯）志費尼：《世界征服者史》，呼和浩特：內蒙古人民出版社，一九八〇。
43. 多桑著，馮承鈞譯：《多桑蒙古史》，上海書店出版社，二〇〇一。
44. 馮承鈞譯：《馬可波羅行紀》，北京：中華書局，一九五五、二〇〇一。
45. 《蒙古統治時期的俄國史料》。
46. （蘇）**B. R.** 符拉基米爾佐夫：《蒙古社會制度史》（漢譯本），北京：中國社會科學出版社，一九八〇。
47. （法）勒尼·格魯塞著、魏英邦譯：《草原帝國》，北京：商務印書館，一九八九。
48. （日）小林高四郎著，阿奇爾譯：《成吉思汗》。

中國史

成吉思汗傳

作者	朱耀廷
發行人	王春申
編輯指導	林明昌
副總經理兼任副總編輯	高　珊
責任編輯	徐　平
封面設計	吳郁婷
封面題字	侯吉諒
校對	鄭秋燕
印務	陳基榮
出版發行	臺灣商務印書館股份有限公司
地址	23150 新北市新店區復興路43號8樓
電話	(02) 8667-3712 傳真：(02) 8667-3709
讀者服務專線	0800056196
郵撥	0000165-1
E-mail	ecptw@cptw.com.tw
網路書店網址	www.cptw.com.tw
網路書店臉書	facebook.com.tw/ecptwdoing
臉書	facebook.com.tw/ecptw
部落格	blog.yam.com/ecptw

局版北市業字第 993 號
臺灣初版一刷：2017 年 4 月
定價：新台幣 650 元

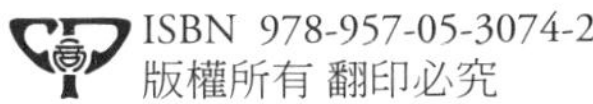

ISBN 978-957-05-3074-2

成吉思汗傳／朱耀廷 著. -- 臺灣初版. -- 新北市：
臺灣商務, 2017. 04
面 ； 公分. --（歷史. 中國史）

ISBN 978-957-05-3074-2（精裝）

1. 元太祖 2. 傳記

625.71 106002057

尊號「成吉思汗」位置示意圖（蒙古帝國時期）

一二〇六年春，鐵木真從阿爾泰山前線回到了蒙古乞顏部的「根本之地」——斡難河（鄂嫩河）源頭。自一二〇〇年鐵木真與王罕相會於薩里川、聯兵討伐東方各部以來，鐵木真連續取得了一個又一個的輝煌戰績，先後平定了泰赤烏部、塔塔兒部、克烈部、乃蠻部、蔑兒乞部、札答蘭部等幾個強大的部族，與蒙古兀魯思並駕齊驅的其他幾大兀魯思相繼土崩瓦解了，另外幾個比較弱小的部族如弘吉剌、山只昆、合答斤、朵兒邊以及汪古部等，則懾於鐵木真的威力，自願或被迫充當了蒙古乞顏部的附庸，已經沒有人再與鐵木真抗衡了。一次具有歷史意義的忽里台在斡難河源頭召開：歸附了鐵木真的諸部族首領和各級那顏一致推舉鐵木真為全蒙古的可汗，鐵木真告天即位，「諸王群臣共上尊號曰成吉思汗皇帝」。